Philip Ackermann

Node.js

Rezepte und Lösungen

Rheinwerk
Computing

Liebe Leserin, lieber Leser,

Philip Ackermann, selbst Senior Software Developer, kennt die Zeitnot, die oft im Alltag dieses Berufsfeldes herrscht: Wenn es um die Entwicklung und Programmierung geht, steht die nächste Deadline meistens schon vor der Tür. Lösungen zu auftretenden Problemen müssen schnell und gezielt auffindbar sein und genau dafür wurde dieses Buch konzipiert.

Mit Node.js können Sie auch komplexe Webanwendungen umsetzen, dabei leichtgewichtig und mit schnellen Resultaten arbeiten. Gute Stabilität und Performance: all das macht das JavaScript-Framework Node.js aus. Es ist ein fester Bestandteil der Webentwicklung und wird dies über viele Jahre auch noch bleiben. Mit diesem Buch haben Sie sich einen umfangreichen Helfer an die Seite geholt, der Ihnen alle wichtigen Fragen zur Arbeit mit Node.js beantwortet.

Mit diesem praxisorientierten Nachschlagewerk bietet Philip Ackermann Ihnen über 100 Rezepte, die konkrete Lösungen für wiederkehrende Problemstellungen garantieren. Die Rezepte sind nach wichtigen Aufgabengebieten sortiert und folgen einem immer gleichen Aufbau, sodass Sie sich leicht im Buch orientieren können und stets schnell zum Ziel gelangen. Zudem finden Sie unter jedem Rezept Verweise zu verwandten Rezepten, die Ihnen die Navigation im Buch zusätzlich erleichtern und Ihnen neue Ansätze, Ideen und Inspirationen für Ihre Arbeit mit Node.js bieten.

Dieses Buch wurde mit größter Sorgfalt geschrieben und hergestellt. Für den Fall, dass Sie dennoch Fehler finden oder inhaltliche Anregungen haben, scheuen Sie sich nicht, mit uns Kontakt aufzunehmen. Ihre Fragen und Vorschläge sind jederzeit willkommen.

Ihr Stephan Mattescheck
Lektorat Rheinwerk Computing

stephan.mattescheck@rheinwerk-verlag.de
www.rheinwerk-verlag.de
Rheinwerk Verlag · Rheinwerkallee 4 · 53227 Bonn

Auf einen Blick

Wir hoffen, dass Sie Freude an diesem Buch haben und sich Ihre Erwartungen erfüllen. Ihre Anregungen und Kommentare sind uns jederzeit willkommen. Bitte bewerten Sie doch das Buch auf unserer Website unter **www.rheinwerk-verlag.de/feedback**.

An diesem Buch haben viele mitgewirkt, insbesondere:

Lektorat Stephan Mattescheck, Anne Scheibe
Gutachter Sebastian Springer
Korrektorat Petra Schomburg, Hilter-Borgloh
Herstellung Melanie Zinsler
Typografie und Layout Vera Brauner
Einbandgestaltung Bastian Illerhaus
Coverbilder Shutterstock: 1173622156 © AdresiaStock; iStock: 655381184 © nd3000
Satz SatzPro, Krefeld
Druck Beltz Grafische Betriebe, Bad Langensalza

Dieses Buch wurde gesetzt aus der TheAntiquaB (9,35/13,7 pt) in FrameMaker.
Gedruckt wurde es auf chlorfrei gebleichtem Offsetpapier (90 g/m²).
Hergestellt in Deutschland.

Bibliografische Information der Deutschen Nationalbibliothek:
Die Deutsche Nationalbibliothek verzeichnet diese Publikation in der Deutschen Nationalbibliografie; detaillierte bibliografische Daten sind im Internet über *http://dnb.d-nb.de* abrufbar.

ISBN 978-3-8362-6453-2

1. Auflage 2019

Informationen zu unserem Verlag und Kontaktmöglichkeiten finden Sie auf unserer Verlagswebsite **www.rheinwerk-verlag.de**. Dort können Sie sich auch umfassend über unser aktuelles Programm informieren und unsere Bücher und E-Books bestellen.

Inhalt

Materialien zum Buch

Auf der Webseite zu diesem Buch stehen folgende Materialien für Sie zum Download bereit:

- **alle Beispielprogramme**

Gehen Sie auf *https://www.rheinwerk-verlag.de/4698*. Klicken Sie auf den Reiter MATERIALIEN ZUM BUCH. Sie sehen die herunterladbaren Dateien samt einer Kurzbeschreibung des Dateiinhalts. Klicken Sie auf den Button HERUNTERLADEN, um den Download zu starten. Je nach Größe der Datei (und Ihrer Internetverbindung) kann es einige Zeit dauern, bis der Download abgeschlossen ist.

Geleitwort des Fachgutachters

Seit Ryan Dahl 2009 Node.js auf der JSConf in Berlin vorgestellt hat, um Sponsoren für das Projekt zu finden, hat sich viel getan. Die Idee hinter Node.js, eine leichtgewichtige und flexible Plattform für serverseitiges JavaScript zu schaffen, hat sich jedoch nicht geändert. Node.js kann mittlerweile auf eine zehnjährige Entwicklungsgeschichte zurückblicken. In dieser Zeit hat sich sowohl der Kern der Plattform als auch das gesamte Ökosystem rasant weiterentwickelt. Der Kern der Plattform mag zwar leichtgewichtig sein, er bietet Ihnen jedoch alle Schnittstellen, die Sie für die Entwicklung von Applikationen benötigen. Das schließt auf der einen Seite klassische Webapplikationen und auf der anderen Seite auch Kommandozeilen-Werkzeuge mit ein. Die Schnittstellen der Plattform sind bewusst allgemein gehalten, das bedeutet, dass Ihnen das »HTTP«-Modul bspw. den Zugriff auf das HTTP-Protokoll, aber darüber hinaus nicht viel mehr bietet. Für Sie als Entwickler würde die direkte Verwendung der Schnittstellen der Node.js-Kernmodule viel Arbeit bedeuten, da Sie bei einer Webapplikation ausgehend von der grundlegenden Implementierung des HTTP-Protokolls den Rest vollständig selbst implementieren müssten. An dieser Stelle kommt Ihnen der Node Package Manager mit seinem umfangreichen Repository zu Hilfe und stellt für nahezu jede Problemstellung eine Lösung zur Verfügung.

Es ist jedoch nicht einfach, mit der Entwicklung von Node.js Schritt zu halten. Vor allem, wenn Sie sich vor Augen führen, dass es halbjährliche Major-Releases der Plattform gibt. Ganz zu schweigen vom Erscheinen ständig neuer Bibliotheken und Frameworks auf Basis von Node.js. Dieses Buch bietet Ihnen mit seinen Rezepten zu den verschiedenen Themen in der Node.js-Welt einen hilfreichen Wegweiser für die tägliche Arbeit. Lassen Sie sich beim Durchlesen und Stöbern von verschiedenen Lösungsansätzen inspirieren, und lernen Sie zahlreiche Pakete des Ökosystems kennen, die Sie in Ihre Applikation einbinden können.

Bei den Rezepten handelt es sich jedoch um mehr als eine Kurzfassung der jeweiligen Dokumentation. Sie erfahren mehr über die Konzepte hinter den einzelnen Paketen und sind so mit etwas Übung nach kurzer Zeit in der Lage, die benötigten Pakete selbst zu finden, sie zu bewerten und zu integrieren.

Auf den folgenden Seiten erfahren Sie, wie Sie Standardaufgaben wie die Umsetzung eines Webservers oder die Anbindung einer Datenbank meistern. Sie lernen, wie Sie mit dem Debugger auf Fehlersuche gehen, Ihre Applikation deployen und unter Last skalieren können. Aber auch exotischere Themen wie die Umsetzung und Einbindung nativer Module werden mit Erklärungen und konkreten Beispielen behandelt.

Diese Rezeptsammlung ist der ideale Wegbegleiter auf Ihrem täglichen Weg mit Node.js. Ich wünsche Ihnen viel Spaß mit diesem Buch und der Arbeit mit Node.js.

Sebastian Springer

Vorwort

Das erste Mal in Kontakt kam ich mit Node.js vor ungefähr acht Jahren: Im Jahr 2011 arbeitete ich beim Fraunhofer-Institut für Angewandte Informationstechnik an einer Software zur Evaluierung von Websites hinsichtlich Aspekten wie Barrierefreiheit, Suchmaschinenoptimierung, Corporate Identity und Web Compliance im Allgemeinen. Die Software war in der ersten Version unter Verwendung des GUI-Frameworks Swing als reine Java-Desktopanwendung implementiert und später in Version 2 als Client-/Server-Webanwendung auf Basis von Webservices migriert worden.

Die Software war zwar stabil, aber mit der Zeit merkten wir, dass wir immer mehr an die Grenzen von Java stießen. Bei den Websites, die mit der Software evaluiert werden sollten, handelte es sich größtenteils nicht mehr um statische Websites, sondern um Single-Page Applications, was wiederum verlangte, diese Applikationen auch auf Server-Seite zu rendern, um eine aussagekräftige Evaluierung durchführen zu können. Da die Möglichkeiten, die Java diesbezüglich zu dieser Zeit bot, für uns nicht zufriedenstellend waren, suchten wir nach Alternativen und fanden sie in dem Headless Browser PhantomJS, einem Browser ohne grafische Oberfläche, der über JavaScript gesteuert werden kann.

Mit diesem ersten Schritt von Java in Richtung JavaScript führte eines zum anderen, und wir entschieden uns, im Hinblick auf Version 3 der Software zunächst einzelne Komponenten und im Laufe des anschließenden Refactorings nahezu alle Komponenten in JavaScript neu zu schreiben. Ausschlaggebender Punkt dafür war aber nicht PhantomJS, sondern ein anderer neuer Player im JavaScript-Universum: die Laufzeitumgebung Node.js (damals noch in Version 0.1), die es überhaupt erst möglich machte, JavaScript effizient auf dem Server auszuführen, und die aus genau diesem Grund maßgeblich für den erneuten Erfolg von JavaScript mitverantwortlich war und immer noch ist.

Der Erfolg von JavaScript und Node.js ist nach wie vor ungebrochen. Ob im Bereich von Webanwendungen, mobiler Anwendungen, IoT-Anwendungen, Desktopanwendungen oder im Rahmen des Build-Prozesses. Ob auf einem herkömmlichen Server, in der Cloud oder auf einem Minicomputer wie dem Raspberry Pi: JavaScript und damit Node.js spielt mittlerweile in allen Bereichen eine wichtige Rolle und ist damit eine ernstzunehmende Konkurrenz für »die großen Sprachen« Java, C# oder PHP.

Aktuelle Umfragen, Trends und die Popularität von Node.js-Projekten bei GitHub sind nur einige Indikatoren hierfür. Hinzu kommt die große Community und die Menge an Open-Source-Projekten: So listet bspw. die Package-Registry des Node.js Package Managers derzeit mehr als 1.000.000 Packages (zum Vergleich: Vor etwa einem Jahr waren es noch rund 700.000 Packages) auf. Zudem gelten Node.js-Anwendungen als äußerst performant, sind dank nicht blockierender Ein- und Ausgabe hervorragend skalierbar und – auch aus Projektmanagementsicht – insofern erstrebenswert, als dass im besten Fall die gleichen JavaScript-Entwickler, die das Frontend entwickeln, auch in der Lage sind, das Backend zu entwickeln.

Doch wie soll man sich im Dschungel der Packages zurechtfinden, und welche Aspekte sind relevant für die Implementierung von Node.js-Projekten?

In diesem Buch habe ich Ihnen eine repräsentative Auswahl von praxiserprobten Techniken und Rezepten vorbereitet, die meine Erfahrung aus über acht Jahren Projekt- und (insbesondere) Produktentwicklung mit Node.js und über 20 Jahren in der Software- und Webentwicklung widerspiegeln. Dabei war mir wichtig, trotz komprimierter Rezept-Form ein Maximum an Informationsgehalt sicherzustellen und Ihnen so viel Insiderwissen wie möglich zu vermitteln.

Für wen ist dieses Buch?

Wenn ich als Entwickler – entsprechende Grundkenntnisse in der Programmierung vorausgesetzt – eine neue Programmiersprache lernen möchte und die Wahl hätte zwischen einem Buch, das alle Grundlagen behandelt, und einem Buch, das mir auf den Punkt genau Problemstellungen und die dazu passenden Lösungen präsentiert, würde ich zu letzterem greifen.

Mich würden in erster Linie nicht Fragen interessieren wie »Wie erstelle ich eine for-Schleife?«, »Wie erzeuge ich Objekte?«, »Wie erstelle ich eine Variable vom Typ String?« (okay, diese Fragen würde ich mir auch stellen, aber sie sind doch vermutlich innerhalb weniger Minuten geklärt), sondern Fragen wie »Wie implementiere ich eine REST-API?«, »Wie greife ich auf Datenbanken zu?«, »Welche Tools und Bibliotheken gibt es für welchen Anwendungsfall?« und »Wie strukturiere ich meine Applikation?«.

Node.js lernen Sie natürlich nicht allein dadurch, dass Sie ein Buch (oder mehrere) zu diesem Thema lesen. Sie müssen sich schon selbst die Hände schmutzig machen. Und hierbei, denke ich, eignet sich der rezeptartige Aufbau besonders gut. Mich haben immer schon Bücher, die diesem Aufbau folgen, mehr angesprochen, beispielsweise die Klassiker »Refactoring« von Martin Fowler, »Design Patterns – Elements of Reusable Object-Oriented Software« der »Gang of Four« oder – ebenfalls ein Klassiker, zumindest in der Java-Community – »Effective Java« von Joshua Block.

Wenn Sie dies ähnlich wie ich sehen und einen rezeptartigen Aufbau ebenso als effizienter empfinden, können Sie bedenkenlos zu dem vorliegenden Buch greifen.

Wie ist dieses Buch aufgebaut?

Insgesamt besteht das Buch aus 13 Kapiteln zu Themen, die ich als besonders wichtig empfinde, wenn es um die Entwicklung unter Node.js geht. Verteilt auf diese Kapitel sind insgesamt 105 Rezepte, mal mehr, mal weniger lang. Das liegt in der Natur der Sache: Wie man den Inhalt einer Datei einliest, ist einfach schneller erklärt als das Konzept und die Verwendung von GraphQL, Event-Handling ist schneller erklärt als die Besonderheiten und Features des MQTT-Protokolls, und wie man eine Webanwendung über HTTPS bereitstellt, ist schneller erklärt als das Deployment über Docker.

Jedes Rezept beginnt mit einer konkreten, meist aus einem Satz bestehenden Problemstellung, anhand derer Sie – zusammen mit der sprechenden Überschrift des Rezeptes – direkt erkennen können, ob das Rezept für Ihren konkreten Anwendungsfall relevant ist oder nicht. Anschließend folgt immer der Abschnitt »Lösung«, in dem ich erläutere, wie Sie das beschriebene Problem am besten angehen und lösen. Jedes Rezept endet mit einem Abschnitt »Ausblick«, in dem ich einerseits auf weiterführende Informationen und alternative Lösungsstrategien eingehe, aber auch auf andere Rezepte verweise, die mit dem jeweils aktuellen Rezept verwandt sind. Den Quelltext zu den Rezepten können Sie übrigens auf der offiziellen Website zum Buch unter *www.rheinwerk-verlag.de/nodejs_4698/* herunterladen. Alternativ dazu steht der Quelltext auch in einem GitHub-Repository unter *https://github.com/cleancoderocker/nodejskochbuch* zur Verfügung.

Wenn Sie mein JavaScript-Profibuch »Professionell entwickeln mit JavaScript – Design, Patterns und Praxistipps« gelesen haben, wissen Sie, dass es in JavaScript nicht immer nur die eine richtige Technik gibt, um ein Problem zu lösen. Stattdessen führen viele verschiedene Wege zum Ziel. Und genauso verhält es sich auch mit der Entwicklung unter Node.js. Unabhängig von den JavaScript-Techniken, die natürlich auch unter Node.js relevant sind, gibt es oft verschiedene weitere Techniken, um die gegebenen Problemstellungen zu lösen. Auch hier gibt es nicht immer den einen richtigen Weg. Vielmehr sollen Sie mit den Rezepten und Lösungen in diesem Buch lernen, Problemstellungen richtig einzuschätzen und selbstständig in der Lage zu sein, die richtige Lösung anzuwenden.

Wie sollte ich das Buch durchlesen?

Prinzipiell können Sie das Buch auf verschiedene Arten durchlesen bzw. durcharbeiten. Trotz des rezeptartigen Aufbaus folgt das Buch einem roten Faden, der sich vom ersten Rezept bis zum letzten Rezept durchzieht. In den allermeisten Fällen sind die Rezepte zwar vollständig unabhängig voneinander, und nur in einigen wenigen Fällen bauen einzelne Rezepte auf anderen Rezepten auf, allerdings sind Rezepte zu grundlegenden Themen tendenziell weiter vorn im Buch angeordnet als Rezepte zu fortgeschrittenen Themen. Persönlich würde ich Ihnen also raten, das Buch von vorn bis hinten durchzuarbeiten. Damit ist sichergestellt, dass Ihnen nichts Wichtiges entgeht und Ihnen für spätere Rezepte kein Wissen aus vorherigen Rezepten fehlt.

Als Kochbuch soll das Buch natürlich vor allem schnell für einen konkreten Anwendungsfall die entsprechende Lösung liefern. Es spricht also auch nichts dagegen, die Rezepte nach Bedarf durchzuarbeiten. Mit den sprechenden Rezept-Überschriften und dem Index sollten Sie schnell die entsprechende Lösung für eine konkrete Problemstellung finden.

Zu guter Letzt soll das Buch natürlich auch als Nachschlagewerk dienen, das Sie immer wieder gern aus dem Regal ziehen, um Wissen bei Bedarf aufzufrischen. Genauso, wie ich das selbst noch heute immer wieder mit den oben genannten Klassikern mache.

Danksagung

Am allermeisten möchte ich wie immer meiner Frau und meinen Kindern danken für ihre Geduld und Unterstützung während der Zeit, die ich an diesem Buch gearbeitet habe. Auch wenn ich dieses Mal versucht habe, das Schreiben in die sehr frühen Morgenstunden und sehr späten Abendstunden zu legen, bin ich dankbar für die Zeit, die sie mir hierfür gegeben haben.

Außerdem bedanke ich mich bei meinem Lektor Stephan Mattescheck für die wie immer sehr professionelle und freundliche Zusammenarbeit, meiner Korrektorin Petra Schomburg sowie bei dem gesamten beteiligten Team im Rheinwerk Verlag. Auch Sebastian Springer gilt mein Dank für das wertvolle Fachgutachten und die vielen nützlichen Hinweise.

Mein Dank gilt auch Max Bold von der Ebner Media Group, mit dessen freundlicher Genehmigung ich Auszüge aus Artikeln verwenden durfte, die ich für das Fachmagazin »web & mobile DEVELOPER« verfasst habe.

Zu guter Letzt danke ich Ihnen, nicht nur für den Kauf dieses Buches, sondern für die Zeit, die Sie mit dem Lesen und Durcharbeiten verbringen. Ich hoffe, Sie haben viel Spaß dabei und können viel Neues dabei lernen. Außerdem würde ich mich sehr über Ihr Feedback freuen und stehe Ihnen unter *info@philipackermann.de* auch gern für Fragen und Anregungen zur Verfügung. Unter *www.nodejskochbuch.de* finden Sie zudem weitere Informationen und Updates zum Buch.

Philip Ackermann

Kapitel 1
Initialisierung und Setup

Eine wichtige Grundlage für die effektive Entwicklung unter Node.js ist zum einen die richtige Konfiguration von Node.js und dem Node.js Package Manager (npm) sowie zum anderen das richtige Setup von Node.js-Projekten.

In diesem Kapitel zeige ich Ihnen, wie Sie Node.js und den Paketmanager von Node.js (npm) installieren und wie Sie schnell zwischen verschiedenen Node.js-Versionen hin und her wechseln (Rezepte 1 und 2). Außerdem zeige ich Ihnen, wie Sie Node.js-Projekte richtig aufsetzen, organisieren und konfigurieren (Rezepte 3 bis 7).

- Rezept 1: Node.js installieren
- Rezept 2: Mehrere Node.js-Versionen parallel betreiben
- Rezept 3: Ein neues Node.js-Package manuell erstellen
- Rezept 4: Ein neues Node.js-Package automatisch erstellen
- Rezept 5: Den Kommandozeilenwizard von npm anpassen
- Rezept 6: Abhängigkeiten richtig installieren und verwalten
- Rezept 7: Packages in Mono-Repositorys organisieren

1.1 Rezept 1: Node.js installieren

Sie möchten Node.js unter macOS, Linux oder Windows installieren und wissen, welche unterschiedlichen Möglichkeiten zur Installation zur Verfügung stehen.

1.1.1 Arten der Installation

Die Installation von Node.js ist unabhängig vom Betriebssystem relativ einfach und auf der Website von Node.js sehr gut dokumentiert. Ich möchte mich im Folgenden daher etwas kürzer halten und mich darauf konzentrieren, welche verschiedenen Möglichkeiten der Installation Sie haben und worin sich diese unterscheiden.

Prinzipiell kann Node.js auf verschiedene Arten installiert werden: über eine Installationsdatei, über ein Binärpaket, über Paketmanager des jeweiligen Betriebssystems, über einen sogenannten Node.js Version Manager und durch Kompilieren der Quelltextdateien von Node.js. Schauen Sie sich diese Möglichkeiten der Reihe nach an.

- über eine **Installationsdatei**: Installationsdateien stehen unter *https://nodejs.org/en/download/* derzeit nur für macOS und Windows zum Download zur Verfügung (Abbildung 1.1). Für die meisten Anwendungsfälle reicht es dabei, die sogenannte LTS-Version, also die Version mit »Long Term Support« (siehe Kasten) zu verwenden. Möchten Sie für Ihre Applikation neuere Features nutzen, können Sie sich alternativ unter dem Register »Current« auch die Installationsdateien der jeweils letzten Node.js-Version herunterladen. Für den Produktiveinsatz empfiehlt sich der Einsatz der »Current«-Version in den meisten Fällen allerdings nicht, bzw. sollten Sie dann darauf achten, in Ihrer Applikation nur stabile Features von Node.js zu nutzen.

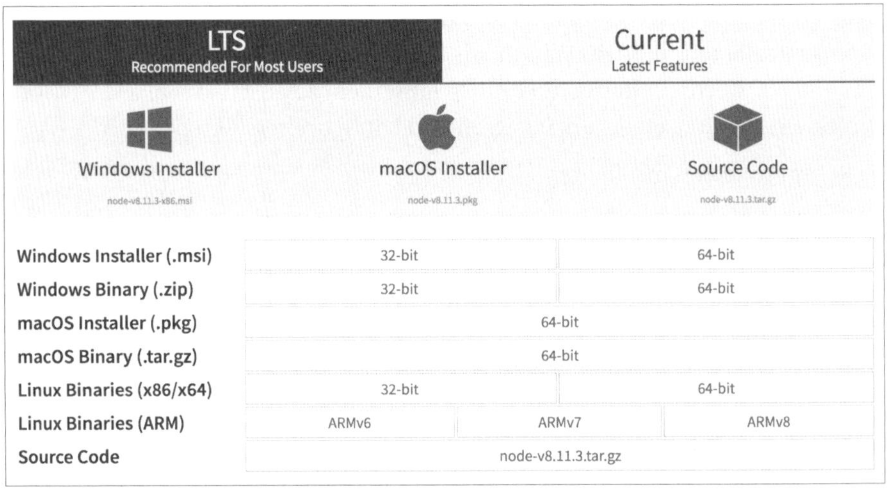

Abbildung 1.1 Node.js-Versionen zum Download

- über ein **Binärpaket**: Die Binärpakete können Sie ebenfalls unter *https://nodejs.org/en/download/* herunterladen und anschließend ohne weitere Installation ausführen. Allerdings hat diese Variante den Nachteil, dass Node.js erst mal nicht systemweit in der Kommandozeile zur Verfügung steht. Um dem entgegenzuwirken, müssen Sie den Suchpfad des Systems manuell erweitern bzw. die Binärdateien entsprechend an einen Ort kopieren, der bereits im Suchpfad enthalten ist.
- über den **Paketmanager** des jeweiligen Betriebssystems: Für viele Betriebssysteme wie bspw. die unterschiedlichen Linux-Distributionen, aber auch für macOS und Windows stehen spezielle Paketmanager zur Verfügung, über die sich Software zentral installieren bzw. verwalten lässt. Auch Node.js lässt sich für die meisten Betriebssysteme auf diese Weise installieren. Dabei ist allerdings zu beachten, dass die jeweiligen Packages nicht vom Node.js Core Team gepflegt werden und es

gegebenenfalls sein kann, dass Sie auf diesem Weg nicht die aktuellste Version von Node.js installieren können. Weitere Informationen zu dieser Installationsform finden Sie unter *https://nodejs.org/en/download/package-manager/*.

- über einen sogenannten **Node.js Version Manager**: Der Vorteil bei dieser Installationsart ist, dass Sie hierüber relativ komfortabel mehrere Versionen von Node.js parallel installieren und bei Bedarf von einer zur anderen Version wechseln können (Stichwort »Kompatibilitätstests«). Ich persönlich verwende diese Art der Installation und kann Ihnen das auch nur empfehlen – insbesondere, wenn Sie verschiedene Projekte verwalten oder wenn Sie schnell prüfen möchten, wie sich eine Applikation unter einer bestimmten Version verhält. Details zu der Installation über einen Node.js Version Manager finden Sie in Rezept 2.
- durch **Kompilieren der Quelltextdateien**: Dies ist sicherlich die aufwendigste Installationsmöglichkeit, die nur in Ausnahmefällen sinnvoll ist, bspw. wenn Sie sich aktiv an der Entwicklung von Node.js beteiligen möchten. Auf diese Art der Installation werde ich aus Platzgründen nicht weiter eingehen und verweise daher auf die entsprechende Dokumentation von Node.js unter *https://github.com/nodejs/node/blob/master/BUILDING.md*.

LTS-Versionen

Der Release-Plan von Node.js sieht alle sechs Monate eine neue Major-Version vor, wobei die Releases mit geraden Versionsnummern im April und die Releases mit ungeraden Versionsnummern im Oktober veröffentlicht werden. Bei Veröffentlichung eines Release mit ungerader Versionsnummer geht die zuvor veröffentlichte Version in den LTS-Plan (»Long Term Support«) über. Mit anderen Worten: Jede LTS-Version hat immer eine gerade Versionsnummer, jede »Nicht-LTS-Version« eine ungerade Versionsnummer. Im LTS-Plan wird die jeweilige (gerade) Version 18 Monate lang gewartet (»maintained«).

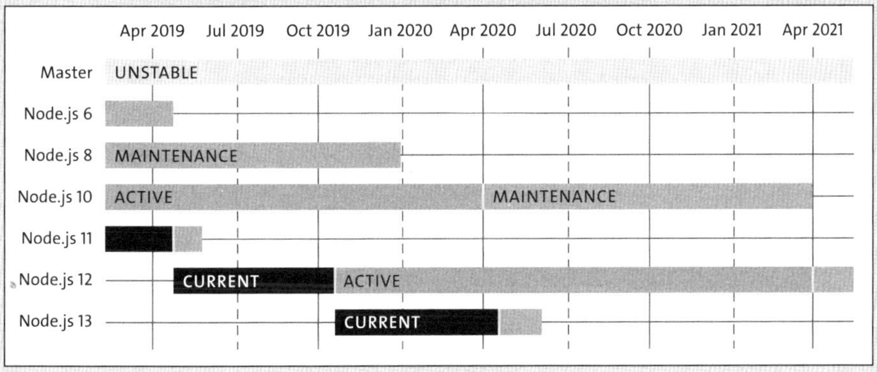

Abbildung 1.2 Release-Plan von Node.js

1.1.2 Lösung: Installation über Installationsdatei unter macOS

Für die Installation unter macOS laden Sie die *pkg*-Datei von der Downloadseite *https://nodejs.org/en/download* herunter. Wenn Sie diese Datei durch Doppelklick starten, öffnet sich der in Abbildung 1.3 gezeigte Installationswizard, der Sie durch die Installation führt (Abbildung 1.4 bis Abbildung 1.6).

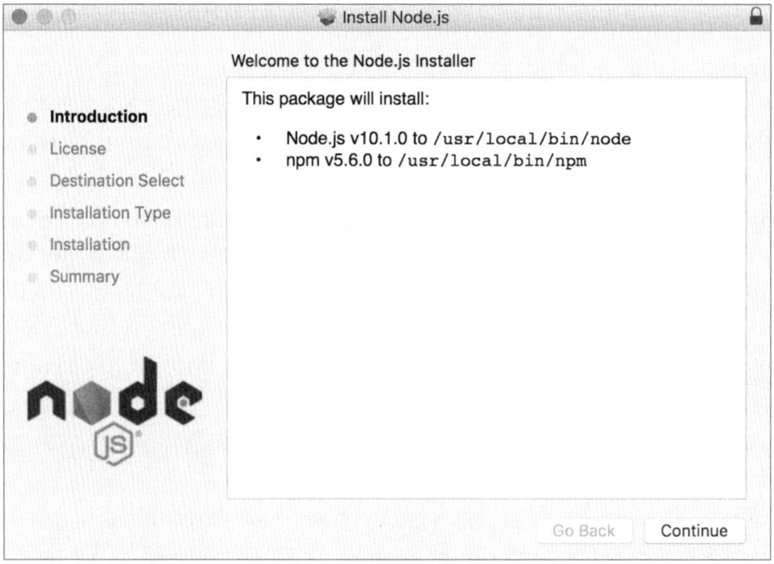

Abbildung 1.3 Begrüßungsdialog der Node.js-Installation unter macOS

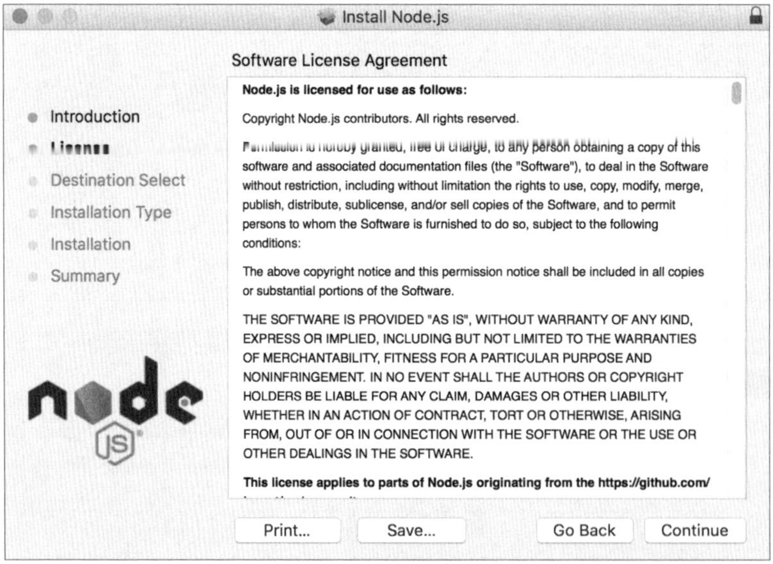

Abbildung 1.4 Lizenzinformationen für Node.js unter macOS

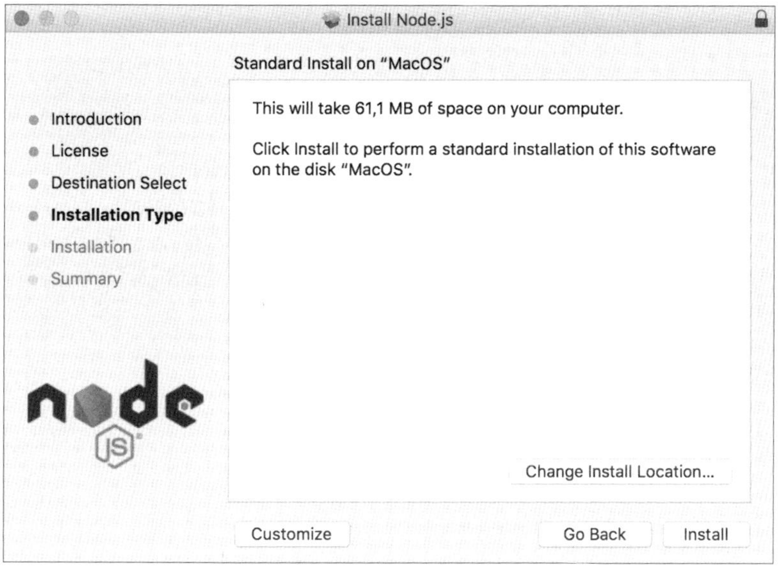

Abbildung 1.5 Beginn der Installation von Node.js unter macOS

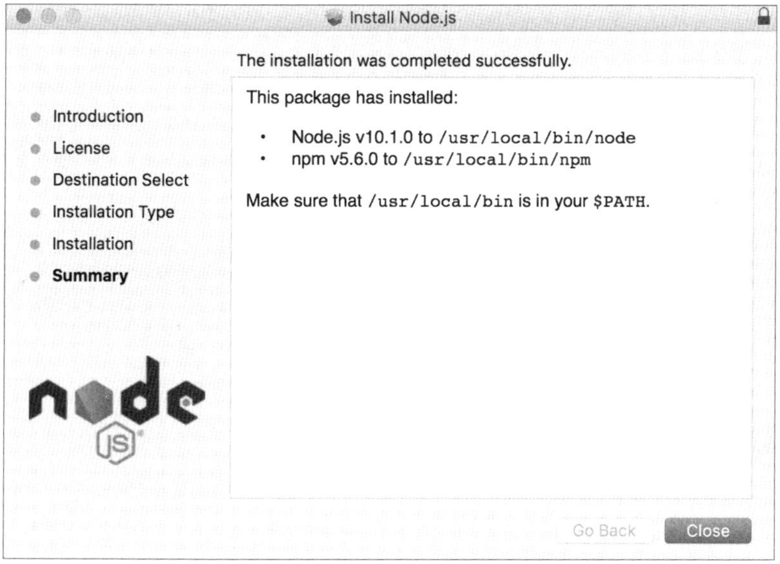

Abbildung 1.6 Bestätigungsdialog zur Installation von Node.js unter macOS

Nach erfolgreicher Installation steht Ihnen auf Ihrem System global der Befehl `node` zur Verfügung, über den Sie Node.js-Applikationen starten können. Um die Installation zu überprüfen, können Sie sich bspw. mithilfe von `node -v` die installierte Node.js-Version ausgeben lassen:

```
$ node -v
v12.3.1
```

Listing 1.1 Ausgabe der aktuell installierten Node.js-Version

Durch die Installation von Node.js werden noch zwei weitere wichtige Tools installiert: zum einen (seit Node.js-Version 0.6.3) der *Node.js Package Manager* (kurz npm), zum anderen (seit npm-Version 5.2.0) der *npm Package Runner* (kurz npx). Auf beides werde ich noch gesondert an anderer Stelle genauer eingehen, trotzdem können Sie schon jetzt prüfen, ob beide Tools erfolgreich installiert wurden:

```
$ npm -v
6.9.0
$ npx -v
6.9.0
```

Listing 1.2 Ausgabe der aktuell installierten Versionen von npm und npx

1.1.3 Lösung: Installation über Installationsdatei unter Windows

Für die Installation unter Windows verwenden Sie die *msi*-Datei, die ebenfalls auf der Downloadseite *https://nodejs.org/en/download/* zum Download angeboten wird. Ein Starten dieser Datei öffnet den in Abbildung 1.7 gezeigten Installationswizard, wobei auch hier das meiste selbsterklärend und ähnlich wie bei der Installation unter macOS sein dürfte, sodass ich auf eine detaillierte Beschreibung und Abbildung entsprechender Screenshots verzichte.

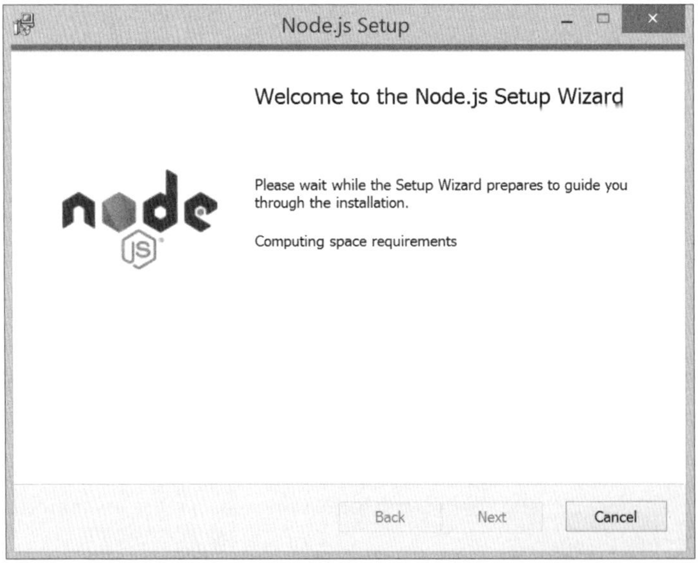

Abbildung 1.7 Begrüßungsdialog der Node.js-Installation unter Windows

Wie schon bei der Installation unter macOS werden durch die Installation von Node.js auch die Tools npm und npx installiert. Testen können Sie die erfolgreiche Installation über die folgenden Befehle:

```
$ node -v
v8.11.3
$ npm -v
5.6.0
$ npx -v
9.7.1
```

Listing 1.3 Ausgabe der aktuell installierten Versionen von Node.js, npm und npx

1.1.4 Lösung: Installation über Binärpaket unter macOS

Das Binärpaket für macOS steht als gezipptes Tar-Archiv für 64 Bit auf der Downloadseite zur Verfügung. Wenn Sie diese Datei herunterladen und entpacken, finden Sie die ausführbare Datei *node* in dem entpackten Ordner unterhalb des Verzeichnisses *bin*.

```
$ bin/node -v
v8.11.3
$ bin/npm -v
5.6.0
$ bin/npx -v
9.7.1
```

Listing 1.4 Ausgabe der aktuell installierten Versionen nach Installation des Binärpakets unter macOS

1.1.5 Lösung: Installation über Binärpaket unter Windows

Das Binärpaket für Windows steht als ZIP-Datei sowohl für 32 Bit als auch für 64 Bit zur Verfügung. Laden Sie die passende Datei herunter und entpacken Sie diese, finden Sie anschließend in dem entpackten Ordner u. a. die Datei *node.exe*. Diese Datei können Sie direkt per Doppelklick oder über die Kommandozeile ausführen:

```
$ node.exe -v
v8.11.3
$ npm -v
5.6.0
$ npx -v
9.7.1
```

Listing 1.5 Ausgabe der aktuell installierten Versionen nach Installation des Binärpakets unter Windows

1.1.6 Lösung: Installation über Binärpaket unter Linux

Das Binärpaket für Linux steht als Archiv-Datei für 32 Bit und 64 Bit zur Verfügung. Nach dem Download und dem anschließenden Entpacken dieser Datei finden Sie die ausführbare Datei *node* in dem entpackten Ordner unterhalb des Verzeichnisses *bin*:

```
$ bin/node -v
v8.11.3
$ bin/npm -v
5.6.0
$ bin/npx -v
9.7.1
```

Listing 1.6 Ausgabe der aktuell installierten Versionen nach Installation des Binärpakets unter Linux

1.1.7 Lösung: Installation über Paketmanager

Node.js steht für viele verschiedene Betriebssysteme bzw. Paketmanager als Package zur Verfügung, wobei – wie eingangs erwähnt – die Packages nicht vom Node.js Core Team verwaltet werden und damit die Zuverlässigkeit und Aktualität vom Verwalter des Packages abhängt. Eine zumindest halbwegs offizielle Liste von vertrauenswürdigen Quellen finden Sie unter *https://nodejs.org/en/download/package-manager/*. So stehen dort u. a. Packages für Debian, Ubuntu, FreeBSD, OpenBSD, openSUSE, Android (experimentell) und viele weitere zur Verfügung.

Ebenfalls einen Blick wert in diesem Zusammenhang ist das Git-Repository unter *https://github.com/nodesource/distributions*, in dem verschiedene Shell-Scripts angeboten werden, um Node.js auf unterschiedlichen Linux-Distributionen zu installieren. Auch für den Fall, dass Sie Node.js auf einem Raspberry Pi installieren möchten (bei dem oft das auf Debian basierende Betriebssystem Raspbian zum Einsatz kommt), ist das genannte Git-Repository eine gute Einstiegshilfe. So reichen bspw. die folgenden beiden Befehle, um Node.js auf einem Raspberry Pi zu installieren:

```
curl -sL https://deb.nodesource.com/setup_11.x | sudo -E bash -
sudo apt install -y nodejs
```

Paketmanager für macOS und Windows

Alternativ zu den in den vorherigen Abschnitten gezeigten Installationsmöglichkeiten für macOS und Windows können Sie auch die entsprechenden Paketmanager dieser Betriebssysteme nutzen, bspw. im Fall von macOS die Paketmanager Homebrew (*https://brew.sh/index_de*) oder MacPorts (*https://www.macports.org/*) und im Fall von Windows den Paketmanager Chocolatey (*https://chocolatey.org/*).

1.1.8 Ausblick

In diesem Rezept haben Sie gesehen, auf welche unterschiedlichen Weisen sich Node.js für verschiedene Betriebssysteme installieren lässt. Eine weitere Möglichkeit, die insbesondere dann interessant ist, wenn Sie parallel an verschiedenen Projekten arbeiten, die jeweils eine andere Node.js-Version voraussetzen, habe ich schon genannt, aber noch nicht im Detail gezeigt. Die Rede ist von einem Node.js Version Manager, dessen Verwendung ich Ihnen in folgendem Rezept im Detail vorstellen werde.

Verwandte Rezepte

- Rezept 2: Mehrere Node.js-Versionen parallel betreiben

1.2 Rezept 2: Mehrere Node.js-Versionen parallel betreiben

Sie möchten mehrere Versionen von Node.js parallel betreiben, um während der Entwicklung schnell zwischen einzelnen Versionen wechseln zu können.

1.2.1 Lösung

Bei der Entwicklung von Node.js-Applikationen ist es in vielen Fällen hilfreich, wenn man ohne großen Aufwand schnell zwischen verschiedenen Versionen von Node.js wechseln kann. Beispielsweise, wenn man in unterschiedliche Projekte involviert ist, die jeweils andere Versionen von Node.js erfordern, oder aber, wenn man die Kompatibilität einer Applikation bezüglich verschiedener Node.js-Versionen testen möchte. Ich empfehle Ihnen daher, langfristig unbedingt einen *Node.js Version Manager* zu verwenden.

Einen Node.js Version Manager installieren

Einer der bekanntesten Node.js Version Manager ist nvm (*https://github.com/creationix/nvm*), der für Linux und macOS zur Verfügung steht (Alternativen für Windows finden Sie in Abschnitt 1.2.2, »Alternativen«.

Als Voraussetzung für die Installation muss allerdings ein C++-Compiler installiert sein. Unter Linux installieren Sie dazu das »build-essential«-Package:

```
$ sudo apt-get update
$ sudo apt-get install build-essential
```

Für macOS reicht es, hierfür die Xcode Command Line Tools zu installieren:

```
$ xcode-select --install
```

Anschließend installieren Sie nvm wie folgt entweder über cURL oder Wget:

```
$ curl -o- https://raw.githubusercontent.com/creationix/nvm/v0.33.11/
install.sh | bash
```

bzw.

```
$ wget -qO- https://raw.githubusercontent.com/creationix/nvm/v0.33.11/
install.sh | bash
```

Hinweis

Durch die oben gezeigten Script-Aufrufe wird zum einen das Git-Repository von nvm lokal in das Verzeichnis *~/.nvm* geklont, zum anderen das lokale Nutzerprofil (*~/.bash_profile*, *~/.zshrc*, *~/.profile* oder *~/.bashrc*) angepasst, sodass nvm anschließend global verwendet werden kann. Alternativ können Sie diese Schritte auch manuell durchführen (siehe *https://github.com/creationix/nvm#git-install*).

Node.js-Versionen installieren

Nach erfolgreicher Installation von nvm lassen sich einzelne Node.js-Versionen gezielt über den Befehl `nvm install` installieren. Um bspw. die aktuellste Version von Node.js zu installieren, verwenden Sie folgenden Befehl:

```
$ nvm install node
```

Die aktuellste LTS-Version installieren Sie dagegen wie folgt:

```
$ nvm install --lts
```

Alternativ können Sie dem Befehl auch eine exakte Versionsnummer übergeben. Um bspw. die Version 8.1.1 zu installieren, verwenden Sie folgenden Befehl.

```
$ nvm install 8.1.1
```

Da sich nvm an der *semantischen Versionierung* orientiert, können Sie dabei auch einzelne Teile der Versionsnummer weglassen. Der Befehl

```
$ nvm install 8.1
```

bspw. installiert die aktuellste Version 8.1, sprich die Version 8.1.x, wobei x für die aktuellste Patch-Version steht.

Node.js-Versionen wechseln

Wenn Sie über `nvm install` eine neue Node.js-Version installieren, wird diese implizit auch als Standardversion gesetzt. Um explizit zu einer bereits installierten Version zu wechseln, können Sie den Befehl `nvm use` verwenden:

```
$ nvm use 8.9.4  # Wechsel zu Version 8.9.4
$ nvm use 9.3    # Wechsel zu Version 9.3.0
$ nvm use node   # Wechsel zur aktuellsten Version
```

Intern erstellt nvm bei einem Wechsel der Node.js-Version einen symbolischen Link vom `node`-Befehl zu der jeweiligen Node.js-Instanz.

Hinweis

Über die Konfigurationsdatei *.nvmrc* (*https://github.com/creationix/nvm#nvmrc*, nicht zu verwechseln mit der npm-Konfigurationsdatei *.npmrc*) können Sie die zu verwendende Node.js-Version auch pro Projekt definieren. Ein anschließender Aufruf von `npm use` wechselt dann die Node.js-Version basierend auf dieser Konfigurationsdatei.

Ebenfalls nützlich: Über den Befehl `nvm alias` haben Sie die Möglichkeit, Aliasse zu erzeugen, die Sie dann in Kombination mit `nvm use` verwenden können:

```
$ nvm alias development-version 8.9.4 # Erstellen eines Alias
$ nvm use development-version         # Wechsel zu Version 8.9.4
$ nvm unalias development-version     # Löschen des Alias
```

Verfügbare Versionen ermitteln

Welche Versionen von Node.js auf Ihrem Rechner installiert sind bzw. über nvm verwaltet werden, können Sie über den Befehl `nvm ls` ermitteln:

```
$ nvm ls
  v7.10.0
   v8.1.3
   v8.4.0
->      v9.11.1
   system
default -> node (-> v9.11.1)
node -> stable (-> v9.11.1) (default)
stable -> 9.11 (-> v9.11.1) (default)
iojs -> N/A (default)
lts/* -> lts/carbon (-> N/A)
lts/argon -> v4.9.1 (-> N/A)
lts/boron -> v6.14.1 (-> N/A)
lts/carbon -> v8.11.1 (-> N/A)
```

Listing 1.7 Auflistung der verfügbaren Node.js-Versionen

Um dagegen zu ermitteln, welche Versionen generell zur Verfügung stehen, verwenden Sie den Befehl `nvm ls-remote`:

```
$ nvm ls-remote
  v0.1.14
  v0.1.15
  v0.1.16
  v0.1.17
  v0.1.18
  v0.1.19
  v0.1.20
  ...
  v8.11.0   (LTS: Carbon)
  v8.11.1   (Latest LTS: Carbon)
  v9.0.0
  ...
  v9.10.0
  v9.10.1
  v9.11.0
->  v9.11.1
```

Listing 1.8 Auflistung der installierten und zur Verfügung stehenden Node.js-Versionen (gekürzte Ausgabe)

Node.js-Versionen deinstallieren

Wenn Sie eine einzelne Node.js-Version nicht länger benötigen, können Sie diese über den Befehl `nvm uninstall` wieder deinstallieren:

```
$ nvm uninstall 0.11
```

Globale Packages beim Versionswechsel aktualisieren

Wie Sie in Rezept 1 gesehen haben, wird bei der Installation von Node.js direkt auch der Node.js Package Manager npm installiert. Wenn Sie mithilfe von nvm verschiedene Versionen von Node.js installieren, werden folglich auch verschiedene Versionen von npm installiert. Dabei ist zu beachten, dass globale Packages nicht wie bei der »Single-Node.js-Installation« in einem einzigen Verzeichnis installiert werden, sondern jeweils getrennt pro Node.js-Version unter »~/.nvm/versions/node/<version>/lib/node_modules«. Dies hat zwar den netten Nebeneffekt, dass zur Installation von Packages keine sudo-Rechte notwendig sind (siehe auch Abschnitt 1.6.5, »Lösung: Installieren von globalen Packages ohne sudo-Rechte«), allerdings bedeutet dies auch, dass globale Packages nicht automatisch global für alle Node.js-Versionen zur Verfügung stehen: Wenn Sie für eine spezielle Node.js-Version ein globales Package installieren und dann zu einer anderen Node.js-Version wechseln, ist das jeweilige Package für diese Version nicht installiert. Doch nvm hat diesbezüglich vorgesorgt: Über den Parameter `--reinstall-packages-from` können Sie bei der Installation einer neuen Node.js-Version angeben, von welcher bereits installierten Version die globalen Packages übernommen (und nachinstalliert) werden sollen:

```
$ nvm install v9.0.0 --reinstall-packages-from=8.9
```

Tabelle 1.1 gibt Ihnen eine Übersicht über die wichtigsten Befehle, die nvm zur Verfügung stellt.

Befehl	Beschreibung
`nvm install <version>`	Installiert die angegebene Node.js-Version.
`nvm uninstall <version>`	Deinstalliert die angegebene Node.js-Version.
`nvm use <version>`	Verwendet die angegebene Node.js-Version.
`nvm current`	Gibt die aktuell verwendete Node.js-Version aus.
`nvm alias <aliasname> <version>`	Erzeugt ein Alias für die angegebene Node.js-Version.
`nvm ls`	Listet die lokal verfügbaren Node.js-Versionen auf.
`nvm ls-remote`	Listet die verfügbaren Node.js-Versionen auf, die generell für die Installation zur Verfügung stehen.

Tabelle 1.1 Übersicht über die wichtigsten Befehle von nvm

1.2.2 Alternativen

Neben nvm gibt es noch einige andere Alternativen, um verschiedene Versionen von Node.js zu verwenden, die ich Ihnen im Folgenden vorstellen möchte.

Alternative Node.js Version Manager

Alternativ zu nvm stehen eine Reihe weiterer Node.js Version Manager zur Verfügung. Die prominenteste Alternative dürfte »n« (*https://github.com/tj/n*) von TJ Holowaychuk sein, die Sie direkt als Node.js-Anwendung über npm installieren können (allerdings funktioniert »n« ebenfalls nicht unter Windows).

Ebenfalls interessant ist das Tool avn (für »Automatic Version Switching«, *https://github.com/wbyoung/avn*), welches das automatische Wechseln der Node.js-Version abhängig von einer *.node-version*-Datei vornimmt. Wechselt man in ein Projekt mit solch einer Datei, wird automatisch die in dieser Datei enthaltene Version verwendet. Als Node.js Version Manager unterstützt avn dabei sowohl nvm als auch »n«.

Node.js Version Manager für Windows

Der Node.js Version Manager nvm funktioniert, wie bereits gesagt, nicht unter Windows. Es steht mit nvm-windows (*https://github.com/coreybutler/nvm-windows*) allerdings eine Alternative zur Verfügung (die übrigens trotz des ähnlichen Namens nicht von dem nvm-Team gewartet wird). nvm-windows ist in Go geschrieben und kann als Installationsdatei unter *https://github.com/coreybutler/nvm-windows/releases* heruntergeladen werden. Die Befehle von nvm-windows sind im Großen und Ganzen ähnlich den Befehlen von nvm (Tabelle 1.2).

Befehl	Beschreibung
nvm install <version>	Installiert die angegebene Node.js-Version.
nvm uninstall <version>	Deinstalliert die angegebene Node.js-Version.
nvm use <version>	Verwendet die angegebene Node.js-Version.
nvm list	Listet die verfügbaren Node.js-Versionen auf.
nvm list available	Listet die verfügbaren Node.js-Versionen auf, die generell für die Installation zur Verfügung stehen.

Tabelle 1.2 Übersicht über die wichtigsten Befehle von nvm-windows

CI-Systeme und Docker

Ein Node.js Version Manager eignet sich sehr gut für das schnelle Wechseln zwischen verschiedenen Versionen auf einem Entwicklungsrechner. Für das automatische Testen einer Applikation unter verschiedenen Versionen empfiehlt es sich natürlich, langfristig auf automatisierte Techniken zurückzugreifen wie bspw. die Verwendung von CI-Systemen (Travis CI, Circle CI, GitLab CI, Jenkins etc.).

Auch der Einsatz von Docker Images, die jeweils eine spezielle Node.js-Version verwenden, ist sinnvoll. Docker-Images können Sie ohne viel Aufwand lokal erstellen und dann Ihre Node.js-Anwendung innerhalb eines Docker-Containers laufen lassen. Wie das geht, zeige ich Ihnen in Kapitel 13, »Publishing, Deployment und Microservices«.

1.2.3 Ausblick

In diesem Rezept habe ich Ihnen gezeigt, wie Sie mithilfe eines Node.js Version Managers mehrere Versionen von Node.js parallel installieren und verwenden. Damit ist das Thema der Node.js-Installation abgeschlossen, und ich möchte Ihnen in den folgenden Rezepten zeigen, wie Node.js-Packages aufgebaut sein sollten und welche verschiedenen Möglichkeiten Sie haben, neue Node.js-Packages zu erstellen.

Verwandte Rezepte

- Rezept 1: Node.js installieren
- Rezept 100: Ein Docker Image für eine Node.js-Applikation erstellen

1.3 Rezept 3: Ein neues Node.js-Package manuell erstellen

Sie möchten ein neues Package für Node.js manuell erstellen und wissen, wie ein solches Package aufgebaut sein sollte.

1.3.1 Lösung

Node.js-Packages werden im Wesentlichen (neben dem eigentlichen Quelltext versteht sich) durch die Konfigurationsdatei *package.json* definiert. In dieser Datei sind bspw. der Name eines Packages, dessen Versionsnummer, Links zur GitHub-Seite, Angaben zu den Autoren, Lizenzinformationen und vieles andere mehr enthalten. Auch der Einstiegspunkt in das Package (standardmäßig und in den meisten Fällen eine Datei mit dem Namen *index.js*) ist in der *package.json*-Datei verlinkt.

Für ein einfaches Package reicht es also, wenn Sie über folgende Befehle entsprechende Dateien erstellen und mit dem Inhalt aus den folgenden Listings befüllen:

```
$ mkdir codenode
$ cd codenode
$ touch package.json
$ mkdir src
$ touch src/Calculator.js
$ touch index.js
```

Listing 1.9 Manuelles Erstellen eines Node.js-Packages über die Kommandozeile

```
{
  "name": "codenode",
  "version": "1.0.0",
  "description": "A simple Node.js package.",
  "main": "index.js",
  "scripts": {},
  "keywords": [
    .   "javascript",
    .   "node.js"
  ],
```

```
  "author": "Philip Ackermann",
  "license": "MIT"
}
```

Listing 1.10 Typischer initialer Aufbau der »package.json«-Datei

```
// src/Calculator.js
module.exports = class Calculator {
  add(x, y) {
    return x + y;
  }
}
```

Listing 1.11 Einfache Beispiel-Klasse

```
// index.js
const Calculator = require('./src/Calculator');

module.exports = {
  Calculator
}
```

Listing 1.12 Initialer Aufbau der »index.js«-Datei

1.3.2 Modulsyntax

Node.js richtet sich, wie Sie in den Listings für die Dateien *index.js* und *Calculator.js* sehen können, hinsichtlich der Moduldefinitionen nach der *CommonJS-Modulsyntax* (*https://nodejs.org/docs/latest/api/modules.html*). Dabei wird der Inhalt jeder Datei als eigenständiges Modul angesehen, und Sie definieren über `module.exports`, welche Komponenten eines Moduls nach außen exportiert werden sollen und damit von anderen Komponenten importiert werden können. Letzteres, das Importieren von Modulen, funktioniert über die globale Funktion `require()`.

ES-Modulsyntax

Langfristig wird es unter Node.js auch möglich sein, die Standardsyntax von ECMAScript, die sogenannte ES-Modulsyntax, zu verwenden, bei der die Schlüsselwörter `export` und `import` zum Einsatz kommen. Momentan befindet sich entsprechender Support für Node.js jedoch noch in einem experimentellen Zustand, sodass Sie bis auf Weiteres die CommonJS-Syntax verwenden sollten. Wenn in Zukunft entsprechender Support vorhanden ist, können Sie übrigens mithilfe von JavaScript-Transformatoren (siehe Rezept 46) die Modulsyntax auch automatisch an die neue Syntax anpassen.

1.3.3 Weitere Dateien

Neben den gezeigten Dateien ist es sinnvoll, einige weitere Konfigurationsdateien anzulegen. Folgende Tabelle 1.3 zeigt einige häufig verwendete Dateien, die typischerweise in Node.js-Packages zum Einsatz kommen.

Datei	Beschreibung
.editorconfig	Enthält Konfigurationen bezüglich des verwendeten Code-Editors (siehe auch *https://editorconfig.org/*).
.gitattributes	Enthält Konfigurationen für Git
.gitignore	Enthält Dateien, die von Git ignoriert werden sollen. Wenn Sie den Quelltext Ihres Packages mithilfe von Git versionieren, sollten Sie hier das `node_modules`-Verzeichnis hinzufügen.
.npmrc	Enthält Konfigurationen für npm.
.travis.yml	Stellvertretend für alle CI-Systeme: enthält Konfigurationen für Travis-CI. Alternativ verwenden Sie je nach CI-System andere Konfigurationsdateien.
index.js	Einstiegsdatei in das Package.
LICENSE.md	Lizenzinformationen für das Package.
package.json	Konfigurationen für das Package.
README.md	Eine Datei, die das Package beschreibt, eventuell ergänzt durch Code-Beispiele und eine Dokumentation der öffentlichen API.

Tabelle 1.3 Relevante Konfigurationsdateien für Node.js-Projekte

1.3.4 Best Practices für Node.js-Packages

Neben der in den vorherigen Abschnitten beschriebenen gängigen Struktur gibt es verschiedene Best Practices, die Sie beim Erstellen von Node.js-Packages beachten sollten. Nachfolgend eine Auswahl der wichtigsten Punkte:

- **Schreibweise**: Package-Namen sollten in Kleinbuchstaben (»lower case«) geschrieben sein, einzelne Bestandteile des Namens gegebenenfalls durch Bindestriche getrennt. Beispiele hierfür sind »codenode«, »code-node« oder »codenode2«. Möchten Sie ein Package zudem über die offizielle *npm-Registry* (unter *https://www.npmjs.com/* bzw. *https://registry.npmjs.org/*) veröffentlichen, sollten Sie dies bereits bei der initialen Namenswahl beachten, da der Name des Packages global eindeutig sein muss. Privaten Packages muss dabei zusätzlich ein sogenannter Scope (auch: Namensraum) vorangestellt werden, bspw. »@myorganization/codenode«. Da dieser Name auch innerhalb des Quelltextes angegeben werden muss, bspw. beim Import (`require('@myorganization/codenode')`), kann es mit relativ viel Aufwand verbunden sein, wenn Sie diesen Namen nachträglich an allen Stellen im Code anpassen müssen.

- **Größe**: Packages sollten hinsichtlich der enthaltenen Komponenten und Funktionalitäten möglichst klein sein, um eine möglichst große Wiederverwendbarkeit zu gewährleisten.
- **Wiederverwendung**: Wie immer in der Softwareentwicklung gilt auch für Node.js-Packages: Erfinden Sie das Rad nicht jedes Mal neu. In der offiziellen npm-Registry sind derzeit (Februar 2019) rund 780.000 Packages gelistet (damit zählt npm in dieser Hinsicht übrigens zu den erfolgreichsten Package Managern; für einen Vergleich zu anderen Package Managern siehe auch *http://www.modulecounts.com/*). Bevor Sie sich die Arbeit machen, für eine bestimmte Problemstellung ein neues Package zu erstellen, recherchieren Sie zunächst, ob es nicht bereits eine entsprechende Lösung gibt. Achten Sie bei der Auswahl eines Packages auf Kennzahlen wie die Anzahl der Downloads (Popularität), den Zeitpunkt des letzten Updates (Aktualität), die Regelmäßigkeit von Updates (Aktivität), auf Aspekte wie Lizenz, Sicherheitslücken und Bug-Reports und darauf, welche Entwickler hinter dem Package stehen. Was Sie generell bezüglich der Verwendung von externen Packages beachten sollten, werde ich in Rezept 6 näher erläutern.
- **Versionierung**: Bezüglich der Versionierung von Node.js-Packages sollten Sie die *semantische Versionierung* verwenden. Eine Versionsnummer, die sich nach der *semantischen Versionierung* richtet, besteht aus drei Teilen: der *Major-Versionsnummer*, der *Minor-Versionsnummer* und der *Patch-Versionsnummer*. Beispiele hierfür sind 1.0.0, 2.3.4 oder 2.3.15. Im Detail werde ich auf dieses Thema noch in Rezept 8 eingehen.

1.3.5 Ausblick

Der in diesem Rezept besprochene Ansatz, ein Node.js-Package manuell anzulegen, ist, wenn man so will, der aufwendigste, weil Sie alle Konfigurationen von Hand anlegen müssen. Daher eignet sich dieser Ansatz eher nur zu Beginn, um die Struktur von Node.js-Packages zu verstehen. Wenn Sie mit dem Aufbau dagegen bereits vertraut sind, bietet es sich an, auf eine der automatisierten Lösungen zurückzugreifen, die ich Ihnen im folgenden Rezept vorstelle.

Verwandte Rezepte

- Rezept 4: Ein neues Node.js-Package automatisch erstellen
- Rezept 5: Den Kommandozeilenwizard von npm anpassen
- Rezept 8: Semantische Versionierung richtig einsetzen

- Rezept 12: Informationen zu verwendeten Abhängigkeiten abrufen
- Rezept 13: Lizenzen der verwendeten Abhängigkeiten ermitteln
- Rezept 14: Nicht verwendete oder fehlende Abhängigkeiten ermitteln
- Rezept 15: Veraltete Abhängigkeiten ermitteln

1.4 Rezept 4: Ein neues Node.js-Package automatisch erstellen

Sie möchten ein neues Node.js-Package automatisch erstellen und wissen, welche Möglichkeiten es hierzu gibt.

1.4.1 Möglichkeiten zur Initialisierung von Packages

Für das automatische Erstellen neuer Packages für Node.js bieten sich je nach Anwendungsfall verschiedene Möglichkeiten, die ich Ihnen im Folgenden vorstelle:

- Packages über den *Kommandozeilenwizard* erstellen (Abschnitt 1.4.2)
- Packages über *Starter-Kits* erstellen (Abschnitt 1.4.3)
- Packages über *Code-Generatoren* erstellen (Abschnitt 1.4.4)
- Packages über einen angepassten *Kommandozeilenwizard* erstellen (Rezept 5)

1.4.2 Lösung: Packages über den Kommandozeilenwizard erstellen

Prinzipiell können Sie die Konfigurationsdatei *package.json*, wie in Rezept 3 gezeigt, manuell erstellen und entsprechenden Inhalt hinzufügen. Alternativ dazu stellt npm einen Kommandozeilenwizard zur Verfügung, den Sie über `npm init` starten können und der dann entsprechend Ihren Angaben eine vorkonfigurierte *package.json*-Datei erstellt (Listing 1.13).

```
$ mkdir codenode
$ cd codenode
$ npm init
This utility will walk you through creating a package.json file.
It only covers the most common items, and tries to guess sensible defaults.
See `npm help json` for definitive documentation on these fields
and exactly what they do.
Use `npm install <pkg>` afterwards to install a package and
save it as a dependency in the package.json file.
Press ^C at any time to quit.
package name: (codenode)
version: (1.0.0)
```

```
description: A simple Node.js package.
entry point: (index.js)
test command: jest
git repository:
keywords: javascript, node.js
author: Philip Ackermann
license: (ISC)
About to write to /Users/philipackermann/workspace/nodejskochbuch/codenode/
package.json:
{
  "name": "codenode",
  "version": "1.0.0",
  "description": "A simple Node.js package.",
  "main": "index.js",
  "scripts": {
    "test": "jest"
  },
  "keywords": [
    "javascript",
    "node.js"
  ],
  "author": "Philip Ackermann",
  "license": "ISC"
}
Is this ok? (yes)
```

Listing 1.13 Kommandozeilenwizard für das Erstellen neuer Node.js-Packages

Um den Kommandozeilenwizard zu beschleunigen, können Sie dem Befehl `npm init` den Parameter `-y` anhängen, was dazu führt, dass alle Fragen im Wizard direkt mit den jeweils vorausgewählten Standardantworten beantwortet werden:

```
$ npm init -y
Wrote to /Users/philipackermann /workspace/nodejskochbuch/codenode/
package.json:
{
  "name": "codenode",
  "version": "1.0.0",
  "description": "",
  "main": "index.js",
  "scripts": {
    "test": "echo \"Error: no test specified\" && exit 1"
  },
```

```
  "keywords": [],
  "author": "",
  "license": "ISC"
}
```

Listing 1.14 Schnelles Erstellen neuer Node.js-Packages mit Standardwerten

Standardwerte für Initialisierung

In Rezept 5 zeige ich Ihnen, wie Sie Standardwerte für Autor, E-Mail etc. definieren können. Wenn Standardwerte gesetzt sind, wird im Wizard nicht danach gefragt und die entsprechenden Werte werden direkt für die Generierung der *package.json*-Datei verwendet.

Hinweis

Wenn Sie das Verzeichnis, in dem Sie `npm init` ausführen, bereits als Git-Repository initialisiert haben, verwendet `npm init` die entsprechenden Metainformationen von Git und erzeugt die Eigenschaften `repository`, `homepage` und `bugs` in der *package .json*-Datei automatisch.

```
$ echo -e "node_modules" > .gitignore
$ git init
$ git add .
$ git commit -m "Initial commit"
$ git remote add origin http://github.com/<username>/<package>
$ git push -u origin master
$ npm init
...
```

Sie können auch ein mit `npm init` initialisiertes Package nachträglich mit `git init` als Git-Repository initialisieren und dann erneut `npm init` aufrufen. In diesem Fall werden die oben genannten Eigenschaften einfach in der bereits existierenden *package.json*-Datei ergänzt.

Der Weg über `npm init` stellt die generischste Möglichkeit dar, Node.js-Packages zu erstellen. Wie Sie gesehen haben, wird hierüber allerdings nur die *package.json*-Datei erzeugt, nicht aber die *index.js*-Datei oder andere projektspezifische Dateien und Verzeichnisstrukturen. Je nachdem, welche Art von Package Sie entwickeln, kann es daher hilfreich und vor allem zeitsparender sein, auf eine der im Folgenden beschriebenen Lösungen zurückzugreifen, die initial komplexere Package-Strukturen erzeugen bzw. bereitstellen.

1.4.3 Lösung: Packages über Starter-Kits erstellen

Eine Möglichkeit zur Generierung komplexerer Projektstrukturen sind sogenannte Starter-Kits bzw. Boilerplate-Projekte. Diese stehen meist in Form eines Git-Repositorys zur Verfügung, können lokal geklont und dann nach Belieben an die eigenen Anforderungen angepasst werden. Beispiele hierfür sind node-module-boilerplate (*https://github.com/sindresorhus/node-module-boilerplate*), das ein reines Node.js-Package mit einer Reihe von Konfigurationsdateien erzeugt, und nodejs-api-starter (*https://github.com/kriasoft/nodejs-api-starter*), das eine komplette Struktur für API-Backends in Node.js unter Verwendung von GraphQL (*https://graphql.org/*, siehe Rezept 60) bereitstellt.

1.4.4 Lösung: Packages über Code-Generatoren erstellen

Eine Alternative zu Starter-Kits sind Code-Generatoren, die ähnlich wie `npm init` funktionieren, dabei aber verschiedene Projekttypen unterstützen. Beispiele hierfür sind Neutrino.js (*https://neutrino.js.org/*, siehe Abbildung 1.8) und Yeoman (*http://yeoman.io/*). Für Express.js-Anwendungen (siehe Rezept 54) bietet sich zudem der offizielle *Express Application Generator* (*https://expressjs.com/en/starter/generator.html*) an, für React-Anwendungen der create-react-app-Generator (*https://github.com/facebook/create-react-app*), der das Grundgerüst einer React-Anwendung generiert.

Project	Project Type	Middleware
React	Application	`@neutrinojs/react`
Preact	Application	`@neutrinojs/preact`
Vue	Application	`@neutrinojs/vue`
Web	Application	`@neutrinojs/web`
Node.js	Application	`@neutrinojs/node`
Web	Library	`@neutrinojs/library`
React Components	Components	`@neutrinojs/react-components`

Abbildung 1.8 Die verschiedenen Projekttypen bei Neutrino.js

Prinzipiell können Code-Generatoren auf drei verschiedene Weisen ausgeführt werden:

- **Ausführen als globales Package**: Hierbei wird der Generator als globales Package installiert und anschließend über den entsprechenden globalen Befehl ausgeführt. Im Fall von create-react-app bspw.:

```
$ npm install create-react-app -g
create-react-app example-react
```

- **Ausführen über den npm Package Runner (npx)**: Hierbei wird der Generator temporär installiert und über npx ausgeführt:

  ```
  $ npx create-react-app example-react
  ```

- **Ausführen über einen npm Initializer**: Seit npm 6.1.0 gibt es die Möglichkeit, dem Befehl `npm init` einen sogenannten Initializer als Parameter zu übergeben. Intern lädt npm dann mithilfe von npx ein entsprechendes Package (wobei ein »create-« vorn an den Namen des Generators angefügt wird) und führt die Main-Datei dieses Packages aus:

  ```
  $ npm init react-app example-react
  ```

1.4.5 Ausblick

In diesem Rezept haben Sie gesehen, welche Möglichkeiten es gibt, Node.js-Packages automatisch zu erstellen. Im nächsten Rezept gebe ich Ihnen einige Tipps dazu, wie sich npm konfigurieren und der Initialisierungsprozess des Kommandozeilenwizards individualisieren lässt, damit das Erstellen von Node.js-Packages noch einfacher und effektiver von der Hand geht.

Verwandte Rezepte

- Rezept 3: Ein neues Node.js-Package manuell erstellen
- Rezept 5: Den Kommandozeilenwizard von npm anpassen

1.5 Rezept 5: Den Kommandozeilenwizard von npm anpassen

Sie möchten den Node.js Package Manager (npm) und dessen Kommandozeilenwizard für das Erstellen neuer Packages anpassen.

1.5.1 Lösung: Standardwerte anpassen

npm speichert die Konfigurationen als Schlüssel/Wert-Paare in einer globalen Datei mit dem Namen *.npmrc* (siehe *https://docs.npmjs.com/files/npmrc*). Den Inhalt dieser Datei bzw. die dort definierten Konfigurationseigenschaften können Sie sich mit folgendem Befehl ausgeben lassen:

```
$ npm config ls -l
```

Bezüglich der Initialisierung von Packages sind in der anschließenden Ausgabe insbesondere die Eigenschaften interessant, die mit dem Präfix »init-« beginnen. Diese

Eigenschaften werden beim Anlegen neuer Node.js-Packages (siehe Rezept 4) von npm ausgelesen und direkt als Standardwerte für die Projektkonfigurationsdatei (*package.json*) verwendet. Konkret sind folgende Eigenschaften verfügbar:

- `init-author-email`: die E-Mail-Adresse des Package-Autors
- `init-author-name`: der Name des Package-Autors
- `init-author-url`: die URL zur Homepage des Package-Autors
- `init-license`: die verwendete Lizenz
- `init-module`: Pfad zu dem Modul, das für die Initialisierung von neuen Packages verwendet wird (dazu gleich mehr in Abschnitt 1.5.2, »Lösung: Eine individuelle Package-Initialisierung einrichten«).
- `init-version`: die Versionsnummer, die für neue Packages verwendet werden soll

Diese Eigenschaften können Sie entsprechend Ihren Bedürfnissen anpassen. Wie das geht, zeige ich Ihnen im folgenden Abschnitt.

Verwalten der Konfigurationsdateien

Für das Arbeiten mit der Konfiguration stellt npm den Befehl `npm config` bzw. weitere Unterbefehle zur Verfügung. Über den Befehl `npm config set <key> <value>` bzw. dessen Shortcut `npm set <key> <value>` haben Sie bspw. die Möglichkeit, die Standardwerte für E-Mail, Name etc. zu definieren:

```
$ npm set init.author.email "info@philipackermann.de"
$ npm set init.author.name "Philip Ackermann"
$ npm set init.url "philipackermann.de"
$ npm set init.license "MIT"
```

Anschließend speichert npm die Werte intern in der Datei *.npmrc*:

```
$ cat ~/.npmrc
init.author.email=info@philipackermann.de
init.author.name=Philip Ackermann
init.url=philipackermann.de
init.license=MIT
```

Über den Befehl `npm config get <key>` können Sie sich für eine Eigenschaft den entsprechenden Wert ausgeben lassen:

```
$ npm config get init.author.email
info@philipackermann.de
```

Wenn Sie nun wie über den Befehl `npm init` den Kommandozeilenwizard für das Erstellen eines neuen Packages aufrufen, verwendet npm die in der Konfiguration definierten Standardwerte:

```
npm init -y
Wrote to /Users/philipackermann/workspace/example/package.json:

{
  "name": "example",
  "version": "1.0.0",
  "description": "",
  "main": "index.js",
  "scripts": {
    "test": "echo \"Error: no test specified\" && exit 1"
  },
  "keywords": [],
  "author": "Philip Ackermann <info@philipackermann.de>",
  "license": "MIT"
}
```

Hinweis

Die Konfigurationsdatei `.npmrc` kann an verschiedenen Stellen definiert werden: zum einen *global pro Nutzer*, zum anderen aber auch *global für alle Nutzer* sowie (lokal) *pro Package*. Darüber hinaus verwendet npm selbst *intern* eine weitere Konfigurationsdatei, die sich allerdings nicht verändern lässt.

1.5.2 Lösung: Eine individuelle Package-Initialisierung einrichten

Wenn Ihnen das Definieren der im vorherigen Abschnitt genannten Standardwerte nicht ausreicht, haben Sie auch die Möglichkeit, den Initialisierungsprozess, der durch `npm init` angestoßen wird, über ein eigenes Script zu erweitern bzw. anpassen, das über die Konfigurationseigenschaft `init-module` definiert werden kann. Standardmäßig ist diese Eigenschaft mit dem Wert *~/.npm-init.js* belegt, zeigt also auf eine Datei *.npm-init.js* im Nutzerverzeichnis:

```
$ npm config get init-module
/Users/philipackermann/.npm-init.js
```

Um das Initialisierungsscript anzupassen, müssen Sie die entsprechende Datei jedoch zunächst anlegen, denn standardmäßig gibt es unter dem angegebenen Pfad gar keine solche Datei. Um zu sehen, wie sich der Initialisierungsprozess nach eigenen Bedürfnissen anpassen lässt, erstellen Sie also diese Datei und fügen den Code aus Listing 1.15 hinzu. Über `module.exports` definieren Sie hier die Struktur der *package.json*-Datei, die über die Initialisierung erstellt werden soll. Hier können Sie zum einen Standardwerte festlegen, bspw. wie in Listing 1.15 den Bereich für die `devDependencies` vorgeben. Zum anderen können Sie auch Dateien oder Verzeichnisstrukturen erzeugen, wie im Beispiel die Dateien *LICENSE*, *README.MD* und *.eslintrc.json*. Darüber hinaus haben Sie durch Verwendung der Funktion `prompt()` die Möglichkeit, Eingaben vom Nutzer abzufangen.

```
const fs = require('fs');

fs.writeFileSync('LICENSE');
fs.writeFileSync('README.md');
fs.writeFileSync('.eslintrc.json');
fs.mkdirSync('test');

const GIT_USER = 'cleancoderocker';

module.exports = {
  name: prompt('Name', basename || package.name),
  version: prompt('Version', '0.0.1', package.version),
  description: prompt('Description', (description) => description),
  main: prompt('Entry point', 'index.js', (entryPoint) =>
    fs.writeFileSync(entryPoint, '')
  ),
  author: 'Philip Ackermann',
  license: 'MIT',
  scripts: {
    test: 'npx jest --verbose',
    lint: 'npx eslint test/*.js index.js',
    coverage: 'npx jest --coverage'
  },
  repository: {
    type: 'git',
    url: `git://github.com/${GIT_USER}/${basename}.git`
  },
  files: ['package.json', 'README.md', 'LICENSE', 'index.js'],
  bugs: { url: `https://github.com/${GIT_USER}/${basename}/issues` },
  homepage: `https://github.com/${GIT_USER}/${basename}`,
  keywords: prompt('Keywords', (keywords) => keywords.split(/\s+/)),
  devDependencies: {
    eslint: '*',
    jest: '*'
  }
};
```

Listing 1.15 Angepasstes Initialisierungsscript

Rufen Sie nun den Befehl `npm init` auf, sieht die Ausgabe des Kommandozeilenwizards wie folgt aus:

```
$ npm init
This utility will walk you through creating a package.json file.
It only covers the most common items, and tries to guess sensible defaults.

See `npm help json` for definitive documentation on these fields
and exactly what they do.

Use `npm install <pkg>` afterwards to install a package and
save it as a dependency in the package.json file.

Press ^C at any time to quit.
Name: (codenode)
Version: (0.0.1)
Description: Custom npm init
Entry point: (index.js)
Keywords: javascript nodejs
About to write to /Users/philipackermann/codenode/package.json:

{
  "name": "codenode",
  "version": "0.0.1",
  "description": "Custom npm init",
  "author": "Philip Ackermann",
  "license": "MIT",
  "scripts": {
    "test": "npx jest --verbose",
    "lint": "npx eslint test/*.js index.js",
    "coverage": "npx jest --coverage"
  },
  "repository": {
    "type": "git",
    "url": "git://github.com/cleancoderocker/codenode.git"
  },
  "files": [
    "package.json",
    "README.md",
    "LICENSE",
    "index.js"
  ],
```

```
  "bugs": {
    "url": "https://github.com/cleancoderocker/codenode/issues"
  },
  "homepage": "https://github.com/cleancoderocker/codenode",
  "keywords": [
    "javascript",
    "nodejs"
  ],
  "devDependencies": {
    "eslint": "*",
    "jest": "*"
  }
}

Is this ok? (yes)
```

Listing 1.16 Ausgabe des angepassten Initialisierungsscripts

1.5.3 Ausblick

In diesem Rezept haben Sie gesehen, wie Sie npm bezüglich der Initialisierung von neuen Packages anpassen können. Dank der Möglichkeit, das Initialisierungsscript von npm nach Belieben zu implementieren, können Sie Ihren Ideen freien Lauf lassen und sehr komplexe Initialisierungsprozesse implementieren. Im nächsten Rezept wenden wir uns dem Thema Abhängigkeiten zu, und ich werde ich Ihnen zeigen, wie Sie diese richtig installieren und verwalten.

1.6 Rezept 6: Abhängigkeiten richtig installieren und verwalten

Sie möchten Abhängigkeiten für ein Package richtig installieren und verwalten.

1.6.1 Die verschiedenen Typen von Abhängigkeiten verstehen

Bei der Installation von Abhängigkeiten für ein Package oder eine Applikation sind vorab folgende Punkte zu beachten:

- Handelt es sich um eine Abhängigkeit, die zur Laufzeit benötigt wird, oder um eine Abhängigkeit, die nur während der Entwicklung benötigt wird?
- Handelt es sich bei der Abhängigkeit um ein Tool, das Sie global installieren möchten, oder um eine Abhängigkeit, die von einem Ihrer Packages verwendet wird?

- Welche Version einer Abhängigkeit möchten Sie installieren, und wie können Sie sicherstellen, dass Sie immer mit der exakten Versionsnummer arbeiten?
- Welche Informationen bezüglich Aktualität, Lizenzen, Stabilität etc. sind verfügbar (siehe die Rezepte in Kapitel 2, »Package Management«)?

Abhängigkeiten eines Packages werden, wie bereits erwähnt, in der Konfigurationsdatei *package.json* verwaltet. Dazu gibt es in dieser Datei folgende Bereiche:

- `dependencies`: In diesem Bereich sind die Abhängigkeiten aufgelistet, die für das Ausführen des Packages, also zur Laufzeit, benötigt werden (*Laufzeitabhängigkeiten* bzw. *Runtime Dependencies*). Beispiele hierfür sind das Webframework Express (*https://expressjs.com*) oder die Hilfsbibliothek zur funktionalen Programmierung »lodash« (*https://lodash.com/*).
- `devDependencies`: Dieser Bereich enthält diejenigen Abhängigkeiten, die während der Entwicklung benötigt werden (*Entwicklungsabhängigkeiten* oder etwas gebräuchlicher das englische Äquivalent *Development Dependencies*). Dies können bspw. Testframeworks wie Jest (*https://jestjs.io/*) oder mocha (*https://mochajs.org/*), Linting-Tools wie eslint (*https://eslint.org/*) oder prettier (*https://prettier.io/*), Dokumentationstools wie esdoc (*https://esdoc.org/*) oder Transpiler wie Babel (*https://babeljs.io/*) sein (etwas detaillierter als in dem vorliegenden Buch gehe ich auf die genannten Tools übrigens in meinem Buch »Professionell entwickeln mit JavaScript – Design, Patterns, Praxistipps« ein, das ebenfalls im Rheinwerk Verlag erschienen ist).
- `peerDependencies`: Dieser Bereich enthält Abhängigkeiten, die nicht direkt von dem Package benötigt werden, aber doch zur Laufzeit vorhanden sein müssen. Typisches Beispiel dazu, wann dies der Fall ist, ist die Entwicklung von Plugins: Wenn Sie bspw. ein Plugin für Express entwickeln, besteht von diesem Plugin nicht zwangsweise eine direkte Abhängigkeit zu Express. Wohl aber muss zur Laufzeit Express vorhanden sein, damit das Plugin ausgeführt werden kann.
- `bundledDependencies`/`bundleDependencies`: Dieser Bereich enthält die Abhängigkeiten, die beim Publishing des Packages im Bundle enthalten sein sollen. Mit anderen Worten: Der Quelltext dieser Abhängigkeiten ist Teil des entsprechenden Packages und wird mit dem Package publiziert.
- `optionalDependencies`: Dieser Bereich enthält die Abhängigkeiten, die nicht zwangsweise benötigt werden. Wenn eine als optional definierte Abhängigkeit während der Installation nicht gefunden wurde oder die Installation der Abhängigkeit fehlschlägt, liefert npm keinen Fehler, sondern fährt mit der Installation fort. Trotzdem sollten Sie innerhalb Ihrer Applikation (bspw. durch die Verwendung von `try`/`catch`) entsprechende Maßnahmen treffen, wenn die Abhängigkeit nicht vorhanden ist.

Hinweis

Globale Packages sind keine Abhängigkeiten und werden daher auch nicht in der Datei *package.json* verwaltet.

In der Praxis werden Sie es wahrscheinlich in den meisten Fällen mit Laufzeitabhängigkeiten oder Entwicklungsabhängigkeiten zu tun haben. Daher werden im Folgenden nur diese beiden Fälle detaillierter betrachtet.

1.6.2 Lösung: Installieren von Laufzeitabhängigkeiten

Neue Laufzeitabhängigkeiten lassen sich über den Befehl `npm install <dependency>` bzw. dessen Shortcut `npm i <dependency>` installieren. Seit npm 5 werden Abhängigkeiten dabei direkt auch in die Konfigurationsdatei geschrieben (davor mussten Sie dies über den Parameter `--save` selbst angeben: `npm install <dependency> --save`).

```
$ mkdir dependencies-example
$ cd dependencies-example
$ npm init -y
$ npm install express
$ cat package.json
{
  "name": "dependencies-example",
  "version": "1.0.0",
  "description": "",
  "main": "index.js",
  "scripts": {
    "test": "echo \"Error: no test specified\" && exit 1"
  },
  "keywords": [],
  "author": "Philip Ackermann <info@philipackermann.de>",
  "license": "MIT",
  "dependencies": {
    "express": "^4.16.3"
  }
}
```

Listing 1.17 package.json nach der Installation einer Laufzeitabhängigkeit

Rufen Sie innerhalb eines Packages `npm install` dagegen ohne Parameter auf, werden automatisch alle Abhängigkeiten installiert, die in der *package.json*-Datei des Packages aufgeführt sind, inklusive aller *indirekten Abhängigkeiten* (auch: *transitiven Abhängigkeiten*) versteht sich.

1.6.3 Lösung: Installieren von Entwicklungsabhängigkeiten

Für das Installieren von Abhängigkeiten, die während der Entwicklung eines Packages relevant sind, verwenden Sie dagegen den Parameter `--save-dev` oder dessen Shortcut `-D`. Anschließend wird die entsprechende Abhängigkeit (seit npm 5) automatisch in den Bereich `devDependencies` geschrieben:

```
$ npm install supertest --save-dev
$ cat package.json
{
  "name": "dependencies-example",
  "version": "1.0.0",
  "description": "",
  "main": "index.js",
  "scripts": {
    "test": "echo \"Error: no test specified\" && exit 1"
  },
  "keywords": [],
  "author": "Philip Ackermann <info@philipackermann.de>",
  "license": "MIT",
  "dependencies": {
    "express": "^4.16.3"
  },
  "devDependencies": {
    "supertest": "^3.0.0"
  }
}
```

Listing 1.18 »package.json« nach der Installation einer Testabhängigkeit

1.6.4 Lösung: Installieren von globalen Packages

Ein Package global zu installieren ist eigentlich nur dann sinnvoll, wenn es sich dabei um ein Tool handelt, das Sie projektunabhängig und global über die Kommandozeile verwenden wollen. Ein Beispiel hierfür ist das Tool »license-checker« (*https://www.npmjs.com/package/license-checker*), auf das ich in Rezept 13, »Lizenzen der verwendeten Abhängigkeiten ermitteln«, näher eingehen werde. Mit dem seit npm-Version 5.2.0 verfügbaren *npm Package Runner* (npx) ist es allerdings auch möglich, solche Tools bequem auszuführen, ohne dass sie global installiert sein müssen.

Globale Packages lassen sich installieren, indem Sie dem Befehl `npm install` den Parameter `-g` anhängen. Dabei ist zu beachten, dass das Installieren von globalen Packages unter macOS und Linux sudo-Rechte erfordert, da sich das Verzeichnis für globale Packages standardmäßig unter */usr/local* befindet. Den entsprechenden Installationsbefehl müssen Sie daher unter diesen Betriebssystemen als `sudo` ausführen:

```
$ sudo npm install jest -g
```

Alternativ dazu stehen Ihnen aber auch verschiedene Möglichkeiten zur Verfügung, um globale Packages ohne sudo-Rechte zu installieren, wie im nächsten Abschnitt beschrieben wird.

1.6.5 Lösung: Installieren von globalen Packages ohne sudo-Rechte

Wie oben gesagt, werden globale Packages standardmäßig unter dem Verzeichnis */usr/local* installiert (Details hierzu finden Sie auch unter *https://docs.npmjs.com/files/folders*). Überprüfen können Sie dies, indem Sie sich die entsprechende npm-Konfiguration `prefix` ausgeben lassen:

```
$ npm config get prefix
/usr/local
```

Um globale Packages ohne sudo-Rechte installieren zu können, haben Sie nun verschiedene Möglichkeiten:

- **Ändern der Rechte**: Hierbei ändern Sie die Rechte an dem Verzeichnis */usr/local* derart, dass nicht nur der Superuser, sondern auch der aktuelle Nutzer Schreibrechte an diesem Verzeichnis bekommt:

  ```
  $ sudo chown -R $(whoami) $(npm config get prefix)/{lib/node_modu-
  les,bin,share}
  ```

- **Alternatives Verzeichnis**: Hierbei definieren Sie ein anderes Verzeichnis als */usr/local* für das Speichern von globalen Packages:

  ```
  # neues Verzeichnis erstellen
  $ mkdir ~/npm-global-packages
  # Konfiguration anpassen
  $ npm config set prefix ~/npm-global-packages
  # Pfad anpassen
  $ export PATH=$PATH:~/npm-global-packages/bin
  # Terminal aktualisieren
  $ source ~/.profile
  ```

- **Node.js Version Manager**: Dies ist die meiner Meinung nach effektivste und nutzerfreundlichste Variante, die ich Ihnen in Rezept 2 vorgestellt habe.

Hinweis

Wenn ich im weiteren Verlauf des Buches globale Packages installiere, verwende ich den jeweiligen Installationsbefehl ohne die Angabe von `sudo`, weil ich einen Node.js Version Manager verwende. Dies empfehle ich Ihnen übrigens auch unbedingt!

Falls Sie dies aber aus bestimmten Gründen nicht möchten und auch nicht wie oben beschrieben entsprechende Anpassungen vorgenommen haben, um globale Packages ohne sudo-Rechte installieren zu können, müssten Sie gegebenenfalls entsprechende Angaben hinzufügen.

1.6.6 Ausblick

In diesem Rezept haben Sie gesehen, wie Sie Sie mithilfe von npm Abhängigkeiten installieren können. In Kapitel 2, »Package Management«, werde ich Ihnen zwei alternative Package Manager vorstellen, die beide ihre eigenen Vorteile gegenüber npm versprechen.

1.7 Rezept 7: Packages in Mono-Repositorys organisieren

Sie möchten nicht jedes Ihrer Node.js-Packages als eigenes Git-Repository verwalten.

1.7.1 Lösung

Ein wesentliches Designprinzip bei der Entwicklung mit Node.js ist es, den Code getreu dem Motto »small is beautiful« in möglichst kleine, wiederverwendbare Packages zu strukturieren. In der Extremform kann dies so weit gehen, dass sogar einzelne Funktionen in Form eines Packages bereitgestellt werden (dann spricht man auch von *Micro-Packages*). Schnell sammeln sich dann mehrere Dutzend, wenn nicht Hunderte verschiedene Packages im eigenen Workspace an.

Doch auch ohne die Extremform der Micro-Packages kann es in komplexeren Projekten schnell unübersichtlich werden, wenn diese aus 50, 100 oder noch mehr Packages bestehen und jedes Package dabei in einem eigenen Git-Repository verwaltet werden muss. Abhängigkeiten wollen verwaltet, Build-Prozesse organisiert und das Deployment in die npm-Registry konfiguriert werden. Wenn dies für jedes Package separat pro Repository gemacht werden muss, kann dies schnell zu relativ viel Verwaltungs- und Organisationsaufwand führen.

Aus diesen Gründen strukturieren Entwickler bekannter Frameworks wie Angular (*https://angular.io/*), React (*https://reactjs.org/*), Meteor (*https://www.meteor.com/*)

und Ember (*https://www.emberjs.com/*) oder bekannte Tools wie Babel (*https://babeljs.io/*) und Jest (*https://jestjs.io/*) ihren Code mittlerweile in sogenannten *Mono-Repositorys*, kurz *Mono-Repos* oder auch *Multi-Package-Repositorys*. Die Idee dabei ist es, nicht jedes Package in einem eigenen Git-Repository zu speichern, sondern mehrere zusammengehörige Packages in einem einzelnen Git-Repository zu verwalten.

Die Vorteile liegen auf der Hand: Zum einen müssen Sie sich dann nicht mit mehreren Git-Repositorys herumschlagen, zum anderen lassen sich der Build-Prozess und das Deployment für alle Packages stark vereinfachen.

1.7.2 Lerna

Ein Tool, das Ihnen beim Anlegen und Verwalten von Mono-Repositorys helfen kann, ist Lerna (*https://github.com/lerna/lerna*). Ursprünglich als Teil von Babel (*https://babeljs.io/*) entwickelt, ist Lerna mittlerweile ein eigenständiges Node.js-Package, sodass Sie es wie gewohnt über npm als globale Abhängigkeit installieren können:

```
$ npm i -g lerna
```

Anschließend verwenden Sie das Tool über den Befehl `lerna`, wobei, wie Sie gleich sehen werden, eine Reihe verschiedener Parameter zur Verfügung stehen.

1.7.3 Aufbau von Mono-Repositorys

Mono-Repositorys definieren sich im Wesentlichen durch ihre Struktur und über zwei globale Konfigurationsdateien: zum einen über eine *package.json*-Datei, die Metainformationen für alle verwalteten Packages enthält, zum anderen über eine Konfigurationsdatei namens *lerna.json*, die wiederum Lerna-spezifische Metainformationen enthält. Die einzelnen Packages wiederum werden standardmäßig in einem Unterverzeichnis mit dem Namen packages einsortiert, sodass die Gesamtstruktur eines Mono-Repositorys wie folgt aussieht:

```
multirepo/
  node_modules/
  packages/
    package1/
      node_modules/
      src/
      index.js
      package.json
    package2/
```

```
    package3/
    package4/
    package5/
    package6/
  package.json
  lerna.json
```

Diese Struktur können Sie zwar manuell erzeugen, einfacher ist aber der Weg über die bereitgestellten Kommandozeilentools mithilfe des Befehls `lerna init`, worüber sich zumindest die beiden Konfigurationsdateien automatisch generieren lassen:

```
$ mkdir multirepo
$ cd multirepo
$ lerna init
lerna notice cli v3.2.1
lerna info Creating package.json
lerna info Creating lerna.json
lerna info Creating packages directory
lerna success Initialized Lerna files
$ cat package.json
{
  "name": "root",
  "private": true,
  "devDependencies": {
   "lerna": "^3.2.1"
  }
}
$ cat lerna.json
{
  "packages": [
    "packages/*"
  ],
  "version": "0.0.0"
}
```

Durch den oberen Befehl wird zum einen das Package Lerna als Abhängigkeit zu der *package.json*-Datei hinzugefügt und zum anderen die Konfigurationsdatei *lerna.json* erzeugt. Zu Anfang enthält diese Datei lediglich eine Angabe darüber, in welchem Verzeichnis die Packages liegen, sowie eine Versionsnummer, die global für alle Packages gilt. Darüber hinaus wird durch den Befehl das Mono-Repository auch als Git-Repository initialisiert, zu erkennen an dem versteckten Verzeichnis *.git*, das die entsprechenden Daten für Git enthält.

1.7.4 Packages innerhalb eines Mono-Repositorys anlegen

Die Struktur der einzelnen Packages in einem Mono-Repository unterscheidet sich nicht von Packages, die als Single-Package-Repository verwaltet werden. Das heißt bspw., dass jedes Package weiterhin über seine eigene *package.json*-Datei verfügt und darüber z. B. auch seine eigenen Abhängigkeiten definieren kann.

Durch folgende Befehle legen Sie bspw. zwei Packages an und installieren jeweils eine externe Abhängigkeit pro Package:

```
$ cd packages
$ mkdir my-first-package
$ cd my-first-package/
$ npm init -y
# Installation einer Beispiel-Abhängigkeit
$ npm i express
$ cd ..
$ mkdir my-second-package
$ cd my-second-package/
$ npm init -y
# Installation einer weiteren Beispiel-Abhängigkeit
$ npm i mqtt
```

1.7.5 Projekt-globale Abhängigkeiten

Für Abhängigkeiten, die von allen oder den meisten Packages verwendet werden, bspw. solche, die nur während der Entwicklung benötigt werden, ist es in den meisten Fällen sinnvoll, diese in der »globalen« *package.json* anzugeben:

```
$ cd ../.. # Wechsel auf oberste Projektebene
$ npm i jest -D
$ cat package.json
{
  "name": "root",
  "private": true,
  "devDependencies": {
    "jest": "^23.5.0",
    "lerna": "^3.2.1"
  }
}
```

Dieses Vorgehen hat mehrere Vorteile: Zum einen ist auf diese Weise sichergestellt, dass alle Packages die gleiche Version der verwendeten Abhängigkeit haben, zum anderen reduziert sich die Installationszeit für die entsprechende Abhängigkeit, da sie – logisch – nur einmal für alle Packages (und nicht einmal für jedes Package) installiert wird.

Scoped Packages

Wenn Sie sich dafür entscheiden, ein Mono-Repository zu verwenden, ist es sinnvoll, die Packages als Scoped Packages anzulegen (siehe Rezept 3 und *https://docs.npmjs.com/misc/scope*), damit die Zugehörigkeit beim Publishing auch durch den Namen widergespiegelt wird.

1.7.6 Voraussetzung: Git

Damit Lerna korrekt funktioniert, greift es auf Informationen aus Git-Commits zu. Um einen ersten Commit zu erzeugen und in ein entferntes Git-Repository zu übertragen, gehen Sie daher wie folgt vor.

Zunächst sollten Sie sicherstellen, dass die Dateien unter *node_modules* in Git hochgeladen werden, und einen entsprechenden Eintrag in der Datei *.gitignore* anlegen:

```
$ echo "node_modules" >> .gitignore
```

Fügen Sie anschließend alle bereits angelegten Dateien zu einem ersten Git-Commit zusammen:

```
$ git add .
$ git commit -m "Initial commit"
[master (root-commit) 7e08437] Initial commit
 7 files changed, 5746 insertions(+)
 create mode 100644 .gitignore
 create mode 100644 lerna-debug.log
 create mode 100644 lerna.json
 create mode 100644 package-lock.json
 create mode 100644 package.json
 create mode 100644 packages/my-first-package/package.json
 create mode 100644 packages/my-second-package/package.json
```

Anschließend definieren Sie über `git remote add origin` das entfernte Git-Repository (Voraussetzung hierfür ist, dass Sie ein entsprechendes Git-Repository bereits angelegt haben, bspw. über die Weboberfläche von GitHub oder GitLab, je nachdem, welchen Anbieter Sie verwenden).

```
$ git remote add origin https://github.com/cleancoderocker/monorepo.git
```

Waren die Schritte bis hierher erfolgreich, laden Sie über `git push` die Änderungen auf den Git-Server:

```
$ git push -u origin master
Counting objects: 12, done.
Delta compression using up to 4 threads.
Compressing objects: 100% (9/9), done.
Writing objects: 100% (12/12), 42.58 KiB | 0 bytes/s, done.
Total 12 (delta 1), reused 0 (delta 0)
remote: Resolving deltas: 100% (1/1), done.
To https://github.com/cleancoderocker/monorepo.git
 * [new branch]      master -> master
Branch master set up to track remote branch master from origin.
```

1.7.7 Workflow

Lerna stellt wie erwähnt eine Reihe von Befehlen zur Verfügung, von denen Sie die wichtigsten in Tabelle 1.4 sehen:

Befehl	Beschreibung
`lerna init`	Initialisierung eines Multi-Package-Repositorys
`lerna bootstrap`	Installation aller Abhängigkeiten der Packages
`lerna publish`	Veröffentlichen aller Packages auf npm
`lerna updated`	Überprüfen, welche Packages seit dem letzten Release geändert wurden
`lerna import`	Importieren eines Packages aus externem Repository
`lerna clean`	Entfernen aller *node_modules*-Verzeichnisse in allen Packages
`lerna diff`	Vergleich von Packages mit vorherigem Release
`lerna run`	Ausführen eines npm-Skripts in jedem Package
`lerna exec`	Ausführen eines Kommandozeilenbefehls in jedem Package
`lerna ls`	Auflisten aller Module

Tabelle 1.4 Die wichtigsten Befehle von Lerna

Den Befehl `lerna init` haben Sie bereits kennengelernt. Ebenfalls nützlich ist der Befehl `lerna bootstrap`, der dafür sorgt, dass die Abhängigkeiten aller Packages installiert werden. Mit anderen Worten: Lerna ruft für jedes Package den Befehl `npm install` auf (sehr praktisch!). Zusätzlich werden für alle Packages im Mono-Repository, die als Abhängigkeit von einem anderen Package im Repository verwendet werden, symbolische Links erzeugt, was bei der Entwicklung enorm hilfreich ist (siehe auch Rezept 11).

```
# Aus Demonstrationszwecken:
# löschen der installierten Abhängigkeiten
$ lerna clean
lerna notice cli v3.2.1
lerna info Removing the following directories:
lerna info clean packages/my-first-package/node_modules
lerna info clean packages/my-second-package/node_modules
? Proceed? Yes
lerna info clean removing /Users/philipackermann/workspace/multirepo/packages/
my-first-package/node_modules
lerna info clean removing /Users/philipackermann/workspace/multirepo/packages/
my-second-package/node_modules
lerna success clean finished
$ lerna bootstrap
lerna notice cli v3.2.1
lerna info Bootstrapping 2 packages
lerna info Installing external dependencies
lerna info Symlinking packages and binaries
lerna success Bootstrapped 2 packages
```

Nimmt Ihnen Lerna bis hierhin schon viel Arbeit ab, wird es bezüglich des Deployments bzw. Publishings noch besser. Der Befehl `lerna publish` sorgt dafür, dass die Versionsnummer für alle Packages, die sich seit dem letzten Release geändert haben, entsprechend hochgezählt wird. Dabei kann über einen Kommandozeilendialog ausgewählt werden, ob es sich um einen »Patch«, einen »Minor Change«, einen »Major Change« oder um einen »Custom Change« handelt:

```
$ lerna publish
lerna notice cli v3.2.1
lerna info current version 0.0.0
lerna info Looking for changed packages since initial commit.
? Select a new version (currently 0.0.0) (Use arrow keys)
> Patch (0.0.1)
  Minor (0.1.0)
  Major (1.0.0)
  Prepatch (0.0.1-alpha.0)
  Preminor (0.1.0-alpha.0)
  Premajor (1.0.0-alpha.0)
  Custom Prerelease
  Custom Version
```

Aber nicht nur das: `lerna publish` sorgt außerdem dafür, dass entsprechende Tags und Commits für die neue Version in Git erzeugt und alle Packages separat bei npm publiziert werden.

1.7.8 Ausblick

Für kleinere Projekte, die aus wenigen Packages bestehen, ergibt die Struktur in einem Mono-Repository nur wenig Sinn. Bei größeren Projekten allerdings, die aus 20, 30 oder mehr Packages bestehen, sollten Sie durchaus frühzeitig überlegen, ob die Packages nicht als Mono-Repository strukturiert werden sollten. Einen Eindruck hiervon können Sie sich bspw. im Git-Repository von Babel.js unter *https://github.com/babel/babel/tree/master/packages* verschaffen. Stellen Sie sich den Konfigurationsaufwand vor, der hierfür notwendig wäre, wenn all diese Packages in separaten Git-Repositorys verwaltet würden!

1.8 Zusammenfassung

In diesem Kapitel haben Sie verschiedene Rezepte bezüglich der Initialisierung von Node.js-Projekten kennengelernt. Sie wissen jetzt, wie Sie

- Node.js installieren (Rezept 1),
- mehrere Node.js-Versionen parallel betreiben (Rezept 2),
- ein neues Node.js-Package manuell erstellen (Rezept 3),
- ein neues Node.js-Package automatisch erstellen (Rezept 4),
- den Kommandozeilenwizard von npm anpassen (Rezept 5),
- Abhängigkeiten richtig installieren und verwalten (Rezept 6),
- Packages in Mono-Repositorys organisieren (Rezept 7).

Damit ist der Grundstein für die nächsten Kapitel gelegt, und Sie können sich voll auf die Entwicklung von Node.js-Applikationen konzentrieren. Im folgenden Kapitel gehe ich auf das Thema Package Management und das Verwalten von Abhängigkeiten ein.

Kapitel 2
Package Management

In diesem Kapitel zeige ich Ihnen, wie Sie die Abhängigkeiten von Node.js-Projekten richtig verwalten. Dazu zählen Aspekte wie Versionierung, Sicherheit, Updates, Lizenzen und einiges mehr.

Im Folgenden zeige ich Ihnen, wie Sie Packages richtig versionieren (Rezept 8), zwei alternative Package Manager anstelle von npm verwenden (Rezepte 9 und 10) und was bezüglich des Package Managements bzw. des Verwaltens von Abhängigkeiten zu beachten ist (Rezepte 11 bis 15).

- Rezept 8: Semantische Versionierung richtig einsetzen
- Rezept 9: Den alternativen Package Manager »Yarn« verwenden
- Rezept 10: Den alternativen Package Manager »pnpm« verwenden
- Rezept 11: Lokale Abhängigkeiten für die Entwicklung verlinken
- Rezept 12: Informationen zu verwendeten Abhängigkeiten abrufen
- Rezept 13: Lizenzen der verwendeten Abhängigkeiten ermitteln
- Rezept 14: Nicht verwendete oder fehlende Abhängigkeiten ermitteln
- Rezept 15: Veraltete Abhängigkeiten ermitteln

2.1 Rezept 8: Semantische Versionierung richtig einsetzen

Sie möchten verstehen, was es mit der *semantischen Versionierung*, quasi dem Standard in Bezug auf die Versionierung von Software – die auch in vielen Open-Source-Projekten eingesetzt wird –, auf sich hat und wie sich diese konkret im Fall von Node.js-Packages einsetzen lässt.

2.1.1 Exkurs: semantische Versionierung

Die Versionsnummern von Node.js-Packages richten sich nach der sogenannten *semantischen Versionierung* (*https://semver.org/*). Dabei haben Versionsnummern einen besonderen Aufbau, bestehend aus einer Major-Version, einer Minor-Version und einer Patch-Version, jeweils getrennt durch ein Komma: <Major>.<Minor>.<Patch>. Ein Beispiel: Bei der Versionsnummer 1.2.27 hätte die Major-Version den

Wert 1, die Minor-Version den Wert 2 und die Patch-Version den Wert 27. So weit, so einfach. Doch was genau kennzeichnet die unterschiedlichen Bestandteile einer semantischen Versionsnummer?

- **Major**: Major bezeichnet die *Hauptversionsnummer*, die dann erhöht wird, wenn die öffentliche API des Packages sich geändert hat und inkompatibel mit der vorherigen Version ist (**API Change**).
- **Minor**: Minor bezeichnet die *Unterversionsnummer*, die dann erhöht wird, wenn neue **Features** zu einem Package dazukommen, die öffentliche API aber weiterhin abwärtskompatibel bleibt.
- **Patch**: Patch bezeichnet die *Patchversionsnummer*, die bei **Bugfixes** erhöht wird. Die öffentliche API bleibt – selbstredend – wie auch bei der Minor-Version weiterhin abwärtskompatibel.
- Darüber hinaus ist es möglich, über sogenannte **Labels** die Versionsnummer weiter zu verfeinern. Labels werden dabei – durch einen Bindestrich getrennt – hinter die Patch-Version geschrieben, bspw. 2.0.0-beta oder 2.0.0-rc (»rc« für Release Candidate).

Im Folgenden möchte ich Ihnen zeigen, wie sich diese semantische Versionierung bei Node.js-Packages verwenden lässt und was Sie hierbei beachten sollten.

2.1.2 Lösung: variable Versionsnummern verwenden

Wenn Sie bei der Installation von Packages mit `npm install` keine exakte Versionsnummer angeben, wird standardmäßig die aktuelle Version installiert (das ist jeweils die Version, die in der npm-Registry mit dem Tag »latest« versehen ist).

```
$ npm install express
$ cat package.json
{
  "name": "dependencies-example",
  "version": "1.0.0",
  "description": "",
  "main": "index.js",
  "scripts": {
    "test": "echo \"Error: no test specified\" && exit 1"
  },
  "keywords": [],
  "author": "Philip Ackermann <info@philipackermann.de>",
  "license": "MIT",
  "dependencies": {
```

```
    "express": "^4.16.3"
  }
}
```

Listing 2.1 Installation mit variablen Versionsnummern

Die generierte Versionsnummer für die jeweilige Abhängigkeit in der *package.json*-Datei hat dabei ein ^-Zeichen vorangestellt. In der semantischen Versionierung bedeutet dies, dass eine Abhängigkeit erfüllt ist, wenn sich die Patch-Version oder die Minor-Version ändern, nicht aber, wenn sich die Major-Version ändert. Ein Beispiel: Die Angabe »^4.16.3« bedeutet, dass sowohl die Version »4.16.4« (Änderung der Patch-Version) als auch die Version »4.17.0« (Änderung der Minor-Version) gültig wären, nicht aber die Version »5.0.0« (Änderung der Major-Version).

Mit anderen Worten: Bei einer Angabe von »^4.16.3« würde npm bei der Installation der entsprechenden Abhängigkeit auch eine Version »4.16.4« oder eine Version »4.17.0« installieren (soweit verfügbar), nicht aber eine Version »5.0.0« (für weitere Informationen zu diesem Verhalten empfehle ich Ihnen die Websites unter *https://docs.npmjs.com/about-semantic-versioning* und *https://semver.npmjs.com/*).

Neben dem ^-Zeichen können Sie bei der Definition von semantischen Versionsnummern in der *package.json*-Datei auch das ~-Zeichen verwenden, und zwar, um Versionsnummern zu definieren, für die sich nur die Patch-Version ändern darf. Dazu auch ein Beispiel: Die Angabe »~4.16.3« würde bedeuten, dass die Version »4.16.4« gültig wäre, nicht aber die Version »4.17.0« und schon gar nicht die Version »5.0.0«.

Prinzipiell eignet sich die Auszeichnung über das ^-Zeichen und das ~-Zeichen meiner Ansicht nach nur während der Entwicklung, sprich wenn man mit mehreren Entwicklern parallel an verschiedenen Packages und Abhängigkeiten arbeitet: Ändert sich dann während der Entwicklung eine Versionsnummer (was zu diesem Zeitpunkt ja häufig passieren kann), muss nicht jedes Mal die Versionsnummer in der *package.json*-Datei angepasst werden, damit man den aktuellen Stand bekommt.

Hinweis

Während der parallelen Entwicklung an mehreren Packages, die sich gegenseitig als Abhängigkeit haben, bietet es sich zudem an, die Packages lokal miteinander zu verlinken (siehe Rezept 11) oder direkt als Mono-Repository zu strukturieren (siehe Rezept 7).

Im Produktiveinsatz rate ich Ihnen jedoch vom Gebrauch des ^-Zeichens und des ~-Zeichens ab, da sich hierdurch schwer zu findende Fehler einschleichen können. Das Problem ist nämlich, dass in der Praxis nicht sichergestellt ist, dass sich wirklich alle Entwickler von Packages an die Regeln der semantischen Versionierung halten. So kommt es durchaus vor, dass sich die API eines Packages ändert, vom Entwickler aber nur die Minor- oder Patch-Version erhöht wird. Wenn Sie dann ein Update machen, können innerhalb Ihrer Anwendung Fehler auftreten, die nicht immer auf den ersten Blick erkannt werden können.

2.1.3 Lösung: exakte Versionsnummern verwenden

Um das vorgenannte Problem zu umgehen, rate ich Ihnen, ausschließlich *exakte Versionen* für die Abhängigkeiten Ihres Packages verwenden. Hierzu haben Sie zwei Möglichkeiten: Zum einen können Sie bei der Installation eines Packages den Parameter `--save-exact` bzw. dessen Shortcut `-E` verwenden. Durch diesen zusätzlichen Parameter wird die Abhängigkeit unter Angabe der exakten aktuellen Versionsnummer in die *package.json*-Datei geschrieben:

```
$ npm install express -E
$ cat package.json
{
  "name": "dependencies-example",
  "version": "1.0.0",
  "description": "",
  "main": "index.js",
  "scripts": {
    "test": "echo \"Error: no test specified\" && exit 1"
  },
  "keywords": [],
  "author": "Philip Ackermann <info@philipackermann.de>",
  "license": "MIT",
  "dependencies": {
    "express": "4.16.3"
  }
}
```

Listing 2.2 Installation mit exakten Versionsnummern

Alternativ dazu können Sie in der Konfigurationsdatei *.npmrc* die Eigenschaft `save-exact` auf `true` setzen. Dadurch werden im Folgenden bei allen Aufrufen von `npm install` exakte Versionsnummern verwendet.

```
$ echo -e "save-exact = true" > .npmrc
$ npm install express
$ cat package.json
{
```

```
  "name": "dependencies-example",
  "version": "1.0.0",
  "description": "",
  "main": "index.js",
  "scripts": {
    "test": "echo \"Error: no test specified\" && exit 1"
  },
  "keywords": [],
  "author": "Philip Ackermann <info@philipackermann.de>",
  "license": "MIT",
  "dependencies": {
    "express": "4.16.3"
  }
}
```

Listing 2.3 Installation mit exakten Versionsnummern über Konfigurationsdatei

2.1.4 Die Datei package-lock.json

Im vorherigen Abschnitt haben Sie gesehen, wie Sie bei der Installation von direkten Abhängigkeiten exakte Versionsnummern verwenden können und warum dies wichtig ist. Allerdings haben Sie dadurch das Problem der variablen semantischen Versionsnummern nur halb gelöst. Denn was dadurch noch nicht sichergestellt ist, ist, dass direkte Abhängigkeiten ihrerseits in ihrer *package.json*-Dateien Abhängigkeiten mit exakten Versionsnummern definieren. Direkte Abhängigkeiten Ihres Packages können also durchaus bei der Definition der (für Ihr Package indirekten) Abhängigkeiten variable Versionsnummern verwenden. Ein `npm install` vor einer Woche könnte sich dann prinzipiell von einem `npm install` heute unterscheiden, und zwar, wenn sich die indirekten Abhängigkeiten zwischenzeitlich geändert haben.

Aus diesen Gründen generiert npm seit Version 5 standardmäßig beim Ausführen von `npm install` eine Datei mit dem Namen *package-lock.json*, die alle Abhängigkeiten mit ihren exakten Versionsnummern (inklusive der Abhängigkeiten von Abhängigkeiten) enthält und damit den exakten Stand des Packages zu einem bestimmten Zeitpunkt repräsentiert. Wenn Sie innerhalb eines Packages, das die Datei *package-lock.json* enthält, den Befehl `npm install` aufrufen, werden exakt die Versionen der Abhängigkeiten installiert, die in dieser Datei enthalten sind.

```
$ cat package-lock.json
{
  "name": "dependencies-example",
  "version": "1.0.0",
  "lockfileVersion": 1,
```

```
    "requires": true,
    "dependencies": {
      ...
      "express": {
        "version": "4.16.3",
        "resolved": "https://registry.npmjs.org/express/-/express-4.16.3.tgz",
        "integrity": "sha1-avilAjUNsyRuzEvs9rWjTSL37VM=",
        "requires": {
          "accepts": "1.3.5",
          "array-flatten": "1.1.1",
          "body-parser": "1.18.2",
          "content-disposition": "0.5.2",
          "content-type": "1.0.4",
          "cookie": "0.3.1",
          "cookie-signature": "1.0.6",
          "debug": "2.6.9",
          "depd": "1.1.2",
          "encodeurl": "1.0.2",
          ...
        }
      },
      ...
    }
}
```

Listing 2.4 Aufbau der Datei »package-lock.json« (Ausschnitt)

Hinweis

Damit alle Entwickler im Team mit der exakt gleichen Version arbeiten, sollten Sie die Datei *package-lock.json* in das verwendete Versionsverwaltungssystem hochladen.

2.1.5 Die Datei npm-shrinkwrap.json

Die älteren Versionen von npm (< 5) generieren bei einem `npm install` keine Datei *package-lock.json*. Um den exakten Stand eines Packages bzw. seiner Abhängigkeiten zu erhalten, musste man sich des Befehls `npm shrinkwrap` bedienen (*https://docs.npmjs.com/cli/shrinkwrap*). Dieser Befehl generiert eine Datei *npm-shrinkwrap.json*, die exakt den gleichen Inhalt hat wie die Datei *package-lock.json*. Wie man in der folgenden Ausgabe des Programms sieht, wird eine vorhandene *package-lock.json* automatisch in *npm-shrinkwrap.json* umbenannt.

```
$ npm shrinkwrap
npm notice package-lock.json has been renamed to npm-shrinkwrap.json.
npm-shrinkwrap.json will be used for future installations.
```

Doch auch wenn beide Dateien den gleichen Inhalt haben, gibt es einige Unterschiede, wie npm die Dateien behandelt:

- Die Datei *package-lock.json* wird beim Publishing eines Packages nicht hochgeladen, *npm-shrinkwrap.json* dagegen schon.
- *package-lock.json*-Dateien von Abhängigkeiten werden ignoriert, *npm-shrinkwrap.json*-Dateien von Abhängigkeiten dagegen nicht.
- *npm-shrinkwrap.json*-Dateien sind abwärtskompatibel, d. h., sie funktionieren auch mit älteren npm-Versionen, *package-lock.json*-Dateien dagegen erst seit npm 5

2.1.6 Ausblick

Sie wissen jetzt, wie Sie Packages in Node.js mithilfe der semantischen Versionierung richtig versionieren und was es dabei zu beachten gilt. Besonders wichtig ist Folgendes: Auch wenn ein Package, das Sie als Abhängigkeit einbinden, die semantische Versionierung verwendet, ist dies noch keine Garantie dafür, dass sich die Entwickler des jeweiligen Packages auch wirklich an die Regeln der semantischen Versionierung halten. Es kann immer sein, dass ein Package bspw. ein API Change einführt, aber lediglich die Minor-Version hochzählt o. Ä. In solchen Fällen sollten Sie die Entwickler auf dieses Missgeschick hinweisen, denn die semantische Versionierung ergibt nur Sinn, wenn sich alle an die entsprechenden Regeln halten.

2.2 Rezept 9: Den alternativen Package Manager »Yarn« verwenden

Sie möchten statt npm den alternativen Package Manager Yarn verwenden.

2.2.1 Lösung

Konkurrenz belebt das Geschäft. So auch bei den Package Managern, die es mittlerweile für Node.js gibt. Auch wenn standardmäßig npm derjenige Package Manager ist, der mit Node.js installiert wird, spricht nichts dagegen, auf einen anderen Package Manager zurückzugreifen. In diesem und dem nächsten Rezept stelle ich Ihnen dazu zwei Alternativen vor. Los geht es mit dem bekannteren Yarn, im anschließenden Rezept folgt dann die Beschreibung von pnpm, einer (noch) nicht so verbreiteten Alternative.

2.2.2 Einführung und Vergleich zu npm

Yarn (*https://github.com/yarnpkg*) wurde von Facebook entwickelt und ist vor allem aus der Tatsache heraus entstanden, dass npm lange Zeit keine Möglichkeit vorsah, eine exakte Beschreibung der verwendeten Abhängigkeiten anzugeben. So war es bei Verwendung von *variablen semantischen Versionsnummern* innerhalb der Konfigurationsdatei *package.json* nicht sichergestellt, dass `npm install` für eine Applikation beim Aufruf zum Zeitpunkt x die identischen Abhängigkeiten installierte wie beim Aufruf zum Zeitpunkt y, weil sich zwischen zwei Installationen natürlich immer die Versionsnummer von Abhängigkeiten oder von deren Abhängigkeiten ändern kann (siehe Rezept 8). Erst seit Version 5 generiert npm die Datei *package-lock.json*, die wirklich die exakten Versionsnummern für alle Abhängigkeiten (auch der indirekten) zum Zeitpunkt x festhält, sodass spätere Installationen auf Basis dieser Lock-Datei den exakt gleichen Stand haben.

Die ursprüngliche Idee einer solchen Lock-Datei allerdings stammt von Yarn (dort heißt die entsprechende Lock-Datei *yarn.lock*). Und auch darüber hinaus wirbt Yarn mit einer Reihe weiterer Vorteile gegenüber npm, von denen die folgenden beiden die wichtigsten sind:

- **Parallele Installation von Abhängigkeiten**: Im Gegensatz zu npm, bei dem die Abhängigkeiten sequenziell installiert werden, geschieht die Installation von Packages bei Yarn parallel, d. h., die Installation von Abhängigkeiten ist in der Regel schneller als bei der Installation mit npm.
- **Zusätzliche Befehle**: Yarn bietet eine Reihe nützlicher Befehle von Haus aus an, bspw. zum Ermitteln von Lizenzen, für das Sie normalerweise auf Third-Party-Tools angewiesen sind (siehe Rezept 13).

Facebook

Da Yarn von Facebook entwickelt wird, ist es auch häufig in Projekten zu finden, die ebenfalls von Facebook stammen, bspw. React, GraphQL oder React Native.

2.2.3 Installation

Yarn steht für alle gängigen Betriebssysteme zur Verfügung, für entsprechende Installationsbeschreibungen möchte ich Sie an dieser Stelle auf die offizielle Dokumentation unter *https://yarnpkg.com/en/docs/install* verweisen. Dort finden Sie bspw. Beschreibungen für die Installation unter macOS, Windows sowie für verschiedene Linux-Distributionen. Prinzipiell kann Yarn auch mithilfe von npm über `npm install -g yarn` installiert werden, allerdings wird von dieser Möglichkeit aus Sicherheitsgründen abgeraten.

Wenn Sie Yarn nicht auf Ihrem Rechner installieren bzw. es vor der Installation erst einmal testen möchten, bietet sich die Verwendung eines Docker-Containers an (Docker lässt sich relativ einfach für alle Betriebssysteme installieren, Details dazu finden Sie auf der entsprechenden Website unter *https://docs.docker.com/install/*). Sowohl die häufig für Node.js verwendeten Docker-Images unter *https://hub.docker.com/r/mhart/alpine-node/* als auch die offiziellen Docker-Images unter *https://hub.docker.com/_/node/* haben mittlerweile sowohl npm als auch Yarn standardmäßig vorinstalliert. Um bspw. einen Docker-Container auf Basis des offiziellen Node.js-Docker-Images zu erzeugen und sich direkt mit der Kommandozeile innerhalb des Containers zu verbinden, verwenden Sie folgenden Befehl:

```
$ docker run -it node /bin/bash
```

2.2.4 Verwendung

Nach erfolgreicher Installation (bzw. Starten des Docker-Containers) steht Ihnen global der Befehl `yarn` zur Verfügung, über den Sie den Package Manager verwenden können. Ähnlich wie bei npm können Sie bspw. den Befehl `yarn init` dazu verwenden, ein neues Node.js-Package zu erzeugen. Anschließend startet ein gegenüber npm leicht abgewandelter Wizard, mit dessen Hilfe Sie allgemeine Informationen zum Package wie z. B. den Namen, eine Beschreibung, die Versionsnummer, Angaben zum Autor und der Lizenz definieren können:

```
$ mkdir app
$ cd app/
$ yarn init
yarn init v1.9.4
question name (app):
question version (1.0.0):
question description:
question entry point (index.js):
question repository url:
question author: Philip Ackermann
question license (MIT):
question private:
success Saved package.json
Done in 9.98s
```

Listing 2.5 Generierung eines Packages mit Yarn

Prinzipiell stellt Yarn die gleichen Befehle wie npm zur Verfügung, auch wenn sie sich vom Namen her teilweise unterscheiden (siehe Tabelle 2.1 für einen direkten Vergleich der Befehle zwischen npm und Yarn). So geschieht die Installation von Abhängigkeiten nicht wie bei npm über den Unterbefehl `install`, sondern über den Unterbefehl `add`. Um bspw. »express« als Abhängigkeit zu installieren, verwenden Sie folgenden Befehl, der im Übrigen gegenüber der Installation mit npm auch eine deutlich umfangreichere Ausgabe erzeugt:

```
$ yarn add express
yarn add v1.9.4
info No lockfile found.
[1/4] Resolving packages...
[2/4] Fetching packages...
[3/4] Linking dependencies...
[4/4] Building fresh packages...
success Saved lockfile.
success Saved 27 new dependencies.
info Direct dependencies
└─ express@4.16.3
info All dependencies
├─ accepts@1.3.5
├─ array-flatten@1.1.1
├─ body-parser@1.18.2
├─ content-disposition@0.5.2
├─ cookie-signature@1.0.6
├─ cookie@0.3.1
├─ destroy@1.0.4
├─ ee-first@1.1.1
├─ express@4.16.3
├─ finalhandler@1.1.1
├─ forwarded@0.1.2
├─ ipaddr.js@1.8.0
├─ media-typer@0.3.0
├─ merge-descriptors@1.0.1
├─ methods@1.1.2
├─ mime-db@1.36.0
├─ mime@1.4.1
├─ negotiator@0.6.1
├─ path-to-regexp@0.1.7
├─ proxy-addr@2.0.4
├─ raw-body@2.3.2
├─ safe-buffer@5.1.1
├─ serve-static@1.13.2
├─ type-is@1.6.16
├─ unpipe@1.0.0
```

```
├─ utils-merge@1.0.1
└─ vary@1.1.2
Done in 2.60s.
```

Listing 2.6 Hinzufügen einer Abhängigkeit mit Yarn

npm-Befehl	yarn-Befehl
npm install react --save	yarn add react
npm uninstall react --save	yarn remove react
npm install jest --save-dev	yarn add jest --dev
npm update --save	yarn upgrade
npm install react --global	yarn global add react
npm init	yarn init
npm link	yarn link
npm outdated	yarn outdated
npm publish	yarn publish
npm run	yarn run
npm cache clean	yarn cache clean
npm login	yarn login
npm logout	yarn logout
npm test	yarn test

Tabelle 2.1 Analoge npm-Befehle in Yarn

2.2.5 Lock-Datei

Jedes Mal, wenn Sie über `yarn add` eine neue Abhängigkeit installieren oder innerhalb eines existierenden Projekts den Befehl `yarn` ausführen, generiert Yarn eine Datei *yarn.lock*, die – genau wie die Datei *package-lock.json* – einen exakten Stand aller Abhängigkeiten enthält und die Sie ebenfalls in Ihr Versionsverwaltungssystem einchecken sollten. Wenn andere Entwickler sich dann Ihr Package herunterladen, ist dadurch sichergestellt, dass alle mit den gleichen Versionen der Abhängigkeiten arbeiten.

Seit Yarn 1.7.0 ist es zudem möglich, eine bestehende Datei *package-lock.json* bzw. den dort enthaltenen Zustand der Abhängigkeiten über `yarn import` zu importieren.

Prinzipiell ist es ohnehin relativ einfach, von npm zu Yarn zu wechseln, zumal beide das Format der *package.json*-Konfigurationsdatei nutzen und standardmäßig auf die offizielle npm-Registry zugreifen.

2.2.6 Ausblick

Yarn ist eine ausgereifte Alternative zu npm, die immer wieder neue, produktive Ideen entwickelt, um das Package Management noch einfacher zu machen. Einige dieser Ideen (wie bspw. das Konzept der Lock-Datei) hat npm mittlerweile übernommen. Die Entscheidung, ob man Yarn oder npm für das Package Management einsetzt, ist letztendlich auch eine Frage des persönlichen Geschmacks und in welchem Projekt und mit welchem Team man arbeitet. Im nächsten Rezept stelle ich Ihnen einen weiteren Package Manager vor, der noch ein bisschen anders arbeitet als Yarn und npm.

Verwandte Rezepte

- Rezept 10: Den alternativen Package Manager »pnpm« verwenden

2.3 Rezept 10: Den alternativen Package Manager »pnpm« verwenden

Sie möchten statt npm den alternativen Package Manager pnpm verwenden.

2.3.1 Lösung

Eine weitere, jüngere Alternative zu npm und dem im vorherigen Rezept vorgestellten Yarn ist der Package Manager pnpm (*https://pnpm.js.org/*), der laut eigenen Angaben bis zu dreimal so schnell arbeitet wie npm.

2.3.2 Einführung und Vergleich zu npm

Das Vorgehen von pnpm unterscheidet sich dabei in zwei Punkten grundsätzlich sowohl von npm als auch von Yarn. Während die letzteren beiden die Abhängigkeiten innerhalb des jeweiligen Packages speichern, speichert pnpm die Abhängigkeiten immer *global*. Und während npm (seit Version 3) und Yarn die Abhängigkeiten in einer flachen Hierarchie speichern, verwaltet pnpm die Abhängigkeiten *hierarchisch*.

Um die Bedeutung dessen im Detail zu verstehen, muss man sich zunächst in Erinnerung rufen, wie npm die Abhängigkeiten vor der Version 3 speicherte. Damals hatte jede Abhängigkeit eines Packages ihrerseits ein *node_modules*-Verzeichnis, in dem die Abhängigkeiten der jeweiligen Abhängigkeit gespeichert waren, von denen wiederum jede ihrerseits ein *node_modules*-Verzeichnis hatte, usw.:

```
node_modules
└─ foo
   ├─ index.js
   ├─ package.json
   └─ node_modules
      └─ bar
         ├─ index.js
         └─ package.json
```

Wie sich herausstellte, hatte dieser Ansatz allerdings zwei Probleme: Zum einen führte dies schnell zu einer sehr tiefen Verzeichnisstruktur, was wiederum zu sehr langen Pfadangaben und zu Problemen unter Windows führte. Zum anderen wurde auf diese Weise innerhalb eines Projekts ein und dasselbe Package häufig mehrfach gespeichert, nämlich immer dann, wenn es als Abhängigkeit von mehreren anderen Packages referenziert wurde.

Aus diesen beiden Gründen speichert npm seit Version 3 die Abhängigkeiten in einer flachen Hierarchie:

```
node_modules
├─ foo
│  ├─ index.js
│  └─ package.json
└─ bar
   ├─ index.js
   └─ package.json
```

pnpm löst die genannten Probleme auf eine andere Weise: Und zwar verwendet es dazu keine flache Anordnung der Abhängigkeiten, sondern eine hierarchische Anordnung unter Verwendung von Links, die jeweils auf die globale Installation des jeweiligen Packages zeigen:

```
node_modules
├─ foo -> .registry.npmjs.org/foo/1.0.0/node_modules/foo
└─ .registry.npmjs.org
   ├─ foo/1.0.0/node_modules
   │  ├─ bar -> ../../bar/2.0.0/node_modules/bar
   │  └─ foo
   │     ├─ index.js
   │     └─ package.json
   └─ bar/2.0.0/node_modules
```

```
   └─ bar
      ├─ index.js
      └─ package.json
```

Der Vorteil dieses Ansatzes: Jedes Package, das als Abhängigkeit verwendet wird, muss nur einmal (global) gespeichert werden und nicht für jedes Projekt, welches das Package einbindet. Daraus ergibt sich eine enorme Einsparung von Speicherplatz. Darüber hinaus ist auch die Installation im Einzelfall schneller, weil bereits global vorhandene Packages (die bereits durch andere Projekte installiert wurden) einfach nur verlinkt, aber nicht bei jeder Installation neu heruntergeladen werden müssen.

Links werden zudem nur für die direkten Abhängigkeiten eines Packages erstellt. Das ist zum einen sehr viel übersichtlicher, weil dann im *node_modules*-Verzeichnis des jeweiligen Packages auch nur die direkten Abhängigkeiten auftauchen und nicht wie bei npm oder Yarn auch die Abhängigkeiten der Abhängigkeiten (ein Beispiel dazu folgt in wenigen Momenten). Zum anderen läuft man so aber auch nicht Gefahr, versehentlich eine indirekte Abhängigkeit direkt in seinem Package zu verwenden, ohne diese Abhängigkeit als direkte Abhängigkeit zu definieren.

Hinweis

Exakte Informationen zu den Abhängigkeiten speichert pnpm pro Package in der Datei *shrinkwrap.yaml*, die damit die Aufgabe der Datei *package-lock.json* (und *npm-shrinkwrap.json*, siehe Rezept 8) von npm bzw. der Datei *yarn.lock* von Yarn übernimmt (Rezept 9).

2.3.3 Installation

pnpm kann entweder über ein Installationsskript oder über npm installiert werden. Möchten Sie das Installationsskript nutzen, verwenden Sie dazu folgenden Befehl:

```
$ curl -L https://unpkg.com/@pnpm/self-installer | node
```

Für die Installation über npm verwenden Sie dagegen folgenden Befehl:

```
$ npm install -g pnpm
```

Weiterführende Informationen zu Installationen finden Sie unter *https://pnpm.js.org/docs/en/installation.html*.

Wie schon für Yarn gilt auch für pnpm: Wenn Sie diesen Package Manager zunächst einmal in einer unabhängigen Umgebung testen möchten, bietet sich auch hier die Verwendung eines Docker-Containers an. Zwar gibt es zum Zeitpunkt der Drucklegung dieses Buches noch kein offizielles Docker Image für pnpm, allerdings ist es relativ einfach, ein solches selbst zu erzeugen (ein installiertes Docker vorausgesetzt). Speichern Sie dazu einfach folgenden Code in einer Datei *Dockerfile*:

```
FROM node:latest
RUN curl -L https://unpkg.com/@pnpm/self-installer | node
```

Rufen Sie jetzt folgenden Befehl auf, um auf Basis dieser *Dockerfile*-Datei ein Docker Image mit dem Namen `pnpm` zu erzeugen (im Detail werden wir uns des Themas Docker noch in Kapitel 13, »Publishing, Deployment und Microservices«, annehmen. Dort zeige ich Ihnen auch, wie Sie eine Node.js-Applikation in Form eines Docker-Images deployen können):

```
$ docker build -t pnpm .
```

Anschließend starten Sie mit folgendem Befehl wie schon im vorherigen Rezept einen Docker-Container, dieses Mal aber auf Basis des gerade manuell erzeugten Docker-Images:

```
$ docker run -it pnpm /bin/bash
```

Innerhalb des Containers steht Ihnen nun neben Node.js auch pnpm zur Verfügung:

```
$ node -v
v10.11.0
$ pnpm -v
2.16.2
```

2.3.4 Verwendung

Die Verwendung von pnpm hat Ähnlichkeit mit der Verwendung von npm. Die meisten Befehle haben dabei sogar den gleichen Namen, sodass man sich nicht wie bei Yarn an neue Befehle gewöhnen muss. Um ein neues Package zu generieren, verwenden Sie bspw. den Befehl `pnpm init`, wodurch genau wie bei `npm init` ein entsprechender Wizard gestartet wird, über den Sie Informationen wie den Namen, die Version und eine Beschreibung des Packages sowie Angaben zu Package-Autor und Versionsnummer definieren können:

```
$ mkdir app
$ cd app/
$ pnpm init
This utility will walk you through creating a package.json file.
It only covers the most common items, and trics to guess sensible defaults.
See `npm help json` for definitive documentation on these fields
and exactly what they do.
Use `npm install <pkg>` afterwards to install a package and
save it as a dependency in the package.json file.
```

```
Press ^C at any time to quit.
package name: (app)
version: (1.0.0)
description:
entry point: (index.js)
test command:
git repository:
keywords: javascript
author: Philip Ackermann
license: (ISC)
About to write to /app/package.json:
{
  "name": "app",
  "version": "1.0.0",
  "description": "",
  "main": "index.js",
  "scripts": {
    "test": "echo \"Error: no test specified\" && exit 1"
  },
  "keywords": [
    "javascript"
  ],
  "author": "Philip Ackermann",
  "license": "ISC"
}
Is this OK? (yes)
```

Listing 2.7 Generierung eines Packages mit pnpm

Einen Überblick über die in pnpm zur Verfügung stehenden Befehle und die analogen Befehle in npm finden Sie in Tabelle 2.2. Die Installation von Abhängigkeiten bspw. erfolgt wie auch bei npm über den Unterbefehl `install`:

```
$ pnpm install express
Packages: +51
+++++++++++++++++++++++++++++++++++++++++++++++++++
Resolving: total 51, reused 0, downloaded 51, done
dependencies:
+ express 4.16.3
```

Listing 2.8 Hinzufügen einer Abhängigkeit mit pnpm

Wenn Sie sich nach der Installation des Packages den Inhalt des Verzeichnisses ausgeben lassen, werden Sie übrigens – wie zu Beginn gesagt – feststellen, dass wirklich auch nur »express« als Abhängigkeit aufgelistet ist und das Verzeichnis dementsprechend sehr aufgeräumt wirkt:

```
$ ls node_modules/
express
```

Zum Vergleich: Wenn Sie das Gleiche über npm oder Yarn machen, enthält der *node_modules*-Ordner auch die Abhängigkeiten der Abhängigkeiten:

```
$ cd ..
$ mkdir app2
$ cd app2/
$ npm init -y
$ npm install express
$ ls node_modules/
accepts
content-disposition
debug
encodeurl
finalhandler
iconv-lite
...
```

npm-Befehl	pnpm-Befehl
npm install react --save	pnpm install react
npm uninstall react --save	pnpm uninstall react
npm install jest --save-dev	pnpm install jest --save-dev
npm update --save	pnpm update
npm install react --global	pnpm install react --global
npm init	pnpm init
npm link	pnpm link
npm outdated	pnpm outdated
npm publish	pnpm publish
npm run	pnpm run

Tabelle 2.2 Analoge npm-Befehle in pnpm

npm-Befehl	pnpm-Befehl
`npm login`	`pnpm login`
`npm logout`	`pnpm logout`
`npm test`	`pnpm test`

Tabelle 2.2 Analoge npm-Befehle in pnpm (Forts.)

Neben den in Tabelle 2.2 gezeigten Befehlen stellt pnpm noch einige weitere nützliche Befehle zur Verfügung. Beispielsweise können Sie über `pnpm import` auf Basis einer *package-lock.json-* oder einer *npm-shrinkwrap.json*-Datei eine entsprechende *shrinkwrap.yaml*-Datei generieren. Über `pnpm recursive` können Sie zudem verschiedene Unterbefehle wie `install`, `update` oder `outdated` rekursiv auf mehrere Packages anwenden (sehr praktisch!). Letzterer Befehl ermittelt übrigens die veralteten Abhängigkeiten von einem Package (wie das mit npm funktioniert, zeige ich Ihnen in Rezept 13).

2.3.5 Ausblick

Sie kennen jetzt mit npm, Yarn und pnpm die wichtigsten und relevantesten Package Manager für Node.js und wissen, worin sie sich unterscheiden. Es gibt zwar noch einige andere Package Manager, die aber nicht wirklich relevant geworden sind bzw. keine große Verbreitung gefunden haben. Ein Projekt, das man aber im Auge behalten sollte, ist tink (*https://www.npmjs.com/package/tink*), das vom npm-Team entwickelt wird, sich derzeit aber noch in einem sehr experimentellen Status befindet und noch nicht für den Produktiveinsatz verwendet werden sollte.

Verwandte Rezepte

- Rezept 9: Den alternativen Package Manager »Yarn« verwenden

2.4 Rezept 11: Lokale Abhängigkeiten für die Entwicklung verlinken

Sie möchten Packages lokal miteinander verlinken, um Änderungen an lokalen Abhängigkeiten direkt mitzubekommen und so die parallele Entwicklung an mehreren Packages zu beschleunigen.

2.4.1 Lösung

Wenn Sie den allgemeinen Best Practices für Node.js folgen, möglichst kleine Packages mit dedizierten Aufgaben zu erstellen (siehe Abschnitt 1.3.4, »Best Practices für Node.js-Packages«, in Rezept 3), werden Sie bereits innerhalb kürzester Zeit eine ansehnliche Anzahl von Packages in Ihrem Workspace wiederfinden. Wenn Sie dabei gleichzeitig an mehreren Packages arbeiten und einige dieser Packages Abhängigkeiten von anderen dieser Packages sind, ist es am einfachsten, die entsprechenden Packages miteinander zu verlinken. Auf diese Weise werden Änderungen in einem Package direkt für die anderen Packages sichtbar, ohne dass Sie umständlich erst die Änderungen in die npm-Registry oder das entsprechende Git-Repository hochladen und dann im anderen Package wieder über ein `npm install` herunterladen müssen.

Im Folgenden zeige ich Ihnen anhand eines einfachen Beispiels, wie Sie Packages lokal miteinander verlinken. Erstellen Sie dazu zwei Beispiel-Packages mit folgenden Konfigurationen.

Zunächst die Konfiguration für das Package, das als Abhängigkeit verwendet werden soll:

```
{
  "name": "my-first-package",
  "version": "1.0.0",
  "description": "",
  "main": "index.js",
  "scripts": {},
  "keywords": [],
  "author": "Philip Ackermann <info@philipackermann.de>",
  "license": "MIT"
}
```

Listing 2.9 Konfigurationsdatei für my-first-package

Anschließend die Konfigurationsdatei für das Package, welches das erste Package als Abhängigkeit einbindet:

```
{
  "name": "my-second-package",
  "version": "1.0.0",
  "description": "",
  "main": "index.js",
  "scripts": {},
  "keywords": [],
  "dependencies": {
    "my-first-package": "1.0.0"
```

```
  },
  "author": "Philip Ackermann <info@philipackermann.de>",
  "license": "MIT"
}
```

Listing 2.10 Konfigurationsdatei für my-second-package

Legen Sie zusätzlich im ersten Package folgende *index.js*-Datei an:

```
// my-first-package/index.js
module.exports = {
  sayHello() {
    return 'Hello';
  }
}
```

Und ergänzen Sie im zweiten Package folgende Datei *start.js*, in die das erste Package eingebunden wird:

```
// my-second-package/start.js
const myFirstPackage = require('my-first-package');
console.log(myFirstPackage.sayHello());
```

Um Packages miteinander zu verlinken, stellt npm den Befehl `npm link` zur Verfügung, wobei das Erstellen einer Verlinkung in zwei Schritten erfolgt. In unserem Beispiel hat das Package `my-second-package` das Package `my-first-package` als Abhängigkeit. Daher wechseln Sie als Erstes in das Verzeichnis *my-first-package* und führen dort folgenden Befehl aus:

```
$ npm link
```

Durch diesen Befehl erstellt npm einen symbolischen Link von dem globalen Package-Verzeichnis (bei mir z. B. *usr/local/lib/node_modules/my-first-package*) auf das aktuelle Verzeichnis (also auf das Verzeichnis *my-first-package*). Die Ausgabe des Befehls bestätigt dies:

```
up to date in 0.079s
/usr/local/lib/node_modules/my-first-package -> /Users/philipackermann/
workspace/nodejskochbuch/linking/my-first-package
```

Im zweiten Schritt wechseln Sie in das Verzeichnis *my-second-package* und führen dort folgenden Befehl aus:

```
$ npm link my-first-package
```

Dies wiederum erstellt einen symbolischen Link von dem *node_modules*-Verzeichnis im aktuellen Projekt auf den symbolischen Link von eben:

```
/Users/philipackermann/workspace/nodejskochbuch/linking/my-second-package/
node_modules/my-first-package -> /usr/local/lib/node_modules/my-first-
package -> /Users/philipackermann/workspace/nodejskochbuch/linking/my-first-
package
```


Wenn Sie nun das Start-Script aus dem zweiten Package aufrufen, dann sollte auf der Konsole die Meldung »Hello« erscheinen:

```
$ node my-second-package/start.js
Hello
```

Ändern Sie jetzt die Implementierung der Methode `sayHello()` im ersten Package, und geben Sie statt »Hello« den Wert »Hello World« zurück. Wenn Sie anschließend erneut das Start-Script aufrufen, sollte jetzt direkt die aktualisierte Ausgabe erscheinen:

```
$ node my-second-package/start.js
Hello World
```

Sie sehen also: Änderungen an abhängigen Packages sind durch die Verlinkung direkt für andere Packages sichtbar. Effektiver ist das Arbeiten an mehreren Packages nur, wenn Sie diese in Mono-Repositorys organisieren (siehe Rezept 7).

2.4.2 Alternativen

Prinzipiell gibt es auch noch zwei andere Möglichkeiten, Packages lokal miteinander zu verknüpfen, von denen ich Ihnen aber abrate (zu dem Warum gleich mehr). Aus Gründen der Vollständigkeit seien die beiden Möglichkeiten dennoch kurz erwähnt.

Die erste Möglichkeit besteht darin, eine Abhängigkeit über `npm install` unter Angabe des relativen Pfades zu der Abhängigkeit zu installieren:

```
$ npm install ../my-first-package
...
+ my-first-package@1.0.0
updated 1 package in 0.642s
```

Dadurch wird in der *package.json*-Datei das entsprechende Package als relative Pfadangabe referenziert:

```
$ cat package.json
{
  "name": "my-second-package",
  "version": "1.0.0",
  "description": "",
  "main": "index.js",
  "scripts": {},
```

```
  "keywords": [],
  "dependencies": {
    "my-first-package": "file:../my-first-package"
  },
  "author": "Philip Ackermann <info@philipackermann.de>",
  "license": "MIT"
}
```

Die zweite Lösung besteht darin, ein verwendetes Package innerhalb Ihres Packages nicht über den Namen, sondern über den relativen Pfad einzubinden:

```
const otherPackage = require('../my-first-package');
```

Der Nachteil beider Lösungen dürfte klar sein: Der Code funktioniert nur dann, wenn das eingebundene Package auf dem jeweiligen Rechner oder Server auch in dem angegebenen Verzeichnis liegt. Das widerspricht aber in gewisser Weise dem modularen Gedanken von Node.js, und spätestens beim Deployment werden Sie hierbei Probleme bekommen. Es sei denn, Sie verwenden Mono-Repositorys, bei denen diese Vorgehensweise aufgrund der Struktur der Packages erlaubt ist. Ansonsten gilt: Vergessen Sie die beiden Lösungen ganz schnell wieder, und verwenden Sie stattdessen `npm link`, um Packages lokal zu verknüpfen.

Verwandte Rezepte

- Rezept 7: Packages in Mono-Repositorys organisieren

2.5 Rezept 12: Informationen zu verwendeten Abhängigkeiten abrufen

Sie möchten Informationen über Packages abrufen, bspw. hinsichtlich der Lizenzen, der Popularität, der aktiven Entwickler o. Ä.

2.5.1 Lösung: allgemeine Informationen für ein Package ermitteln

Bevor Sie ein Package das erste Mal als Abhängigkeit verwenden, sollten Sie sich die Mühe machen, ein paar generelle Informationen zu dem Package einzuholen. Hierzu zählen Angaben zur Popularität, den Entwicklern hinter dem Package, Lizenzinformationen und einiges mehr. In diesem Rezept zeige ich Ihnen einige Möglichkeiten, diese Informationen zu ermitteln.

Allgemeine Informationen können Sie über die npm-Registry unter *https://www.npmjs.com* abrufen. Da die meisten Packages zudem über ein entsprechendes (öffentliches) Git-Repository verwaltet werden, finden Sie entsprechende Informationen auch auf den jeweiligen Projektseiten. Darüber hinaus stellt npm von Haus aus den Befehl `npm view` zur Verfügung, über den Sie bestimmte Informationen zu einem Package direkt über die Kommandozeile einholen können (*https://docs.npmjs.com/cli/view*).

Um bspw. die Informationen für das Package »express« zu ermitteln, verwenden Sie den Befehl wie folgt:

```
$ npm view express
```

Anschließend erhalten Sie einen Kurzbericht mit verschiedenen Informationen über das Package (Listing 2.11). Dazu zählen:

- die aktuelle Version des Packages
- die Lizenz des Packages
- die Abhängigkeiten des Packages
- die Anzahl der Versionen
- eine Kurzbeschreibung
- Kategorien bzw. Schlüsselwörter
- Angaben zur Art der Distribution
- die Maintainer des Packages
- der Zeitpunkt der zuletzt veröffentlichten Version

```
express@4.16.3 | MIT | deps: 30 | versions: 259
Fast, unopinionated, minimalist web framework
http://expressjs.com/
keywords: express, framework, sinatra, web, rest, restful, router, app, api
dist
.tarball https://registry.npmjs.org/express/-/express-4.16.3.tgz
.shasum: 6af8a502350db3246ecc4becf6b5a34d22f7ed53
.unpackedSize: 205.6 kB
dependencies:
accepts: ~1.3.5
cookie: 0.3.1
finalhandler: 1.1.1
path-to-regexp: 0.1.7
array-flatten: 1.1.1
debug: 2.6.9
fresh: 0.5.2
proxy-addr: ~2.0.3
body-parser: 1.18.2
depd: ~1.1.2
merge-descriptors: 1.0.1
```

```
qs: 6.5.1
content-disposition: 0.5.2
encodeurl: 1.0.2
methods: 1.1.2
range-parser: ~1.2.0
content-type: 1.0.4
escape-html: 1.0.3
on-finished: ~2.3.0
safe-buffer: 5.1.1
cookie-signature: 1.0.6
etag: 1.8.1
parseurl: 1.3.2
send: 0.16.2
(...and 6 more.)
maintainers:
- dougwilson <doug@somethingdoug.com>
- hacksparrow <captain@hacksparrow.com>
- jasnell <jasnell@gmail.com>
- mikeal <mikeal.rogers@gmail.com>
dist-tags:
latest: 4.16.3
published 5 months ago by dougwilson <doug@somethingdoug.com>
```

Listing 2.11 Ausgabe von npm view

Um gezielt auf einzelne Informationen aus dieser Auflistung zuzugreifen, stehen Ihnen darüber hinaus verschiedene Unterbefehle zur Verfügung, bspw.:

```
$ npm view express license
MIT
$ npm view express version
4.16.3
```

Möchten Sie die Informationen automatisch verarbeiten (bspw. im Rahmen eines Build-Prozesses, um gegebenenfalls eine Warnung bei Lizenzen zu generieren, die nicht verwendet werden sollen), verwenden Sie am besten den Parameter `--json`, wodurch Sie die Informationen zum Package im JSON-Format erhalten.

2.5.2 Lösung: Downloadstatistik eines Packages ermitteln

Von der Popularität eines Packages lassen sich in den meisten Fällen auch Rückschlüsse auf die Qualität des Packages ziehen: Bei Packages, die häufig verwendet werden, ist die Wahrscheinlichkeit höher, dass Bugs schneller gefunden und auch schneller behoben werden als bei Packages, die weniger häufig verwendet werden.

Manuell können Sie die Downloadstatistik eines Packages über die Weboberfläche der offiziellen npm-Registry (*https://www.npmjs.com*) ermitteln (Abbildung 2.1). Eine alternative Weboberfläche finden Sie unter *https://npm-stat.com* (Abbildung 2.2).

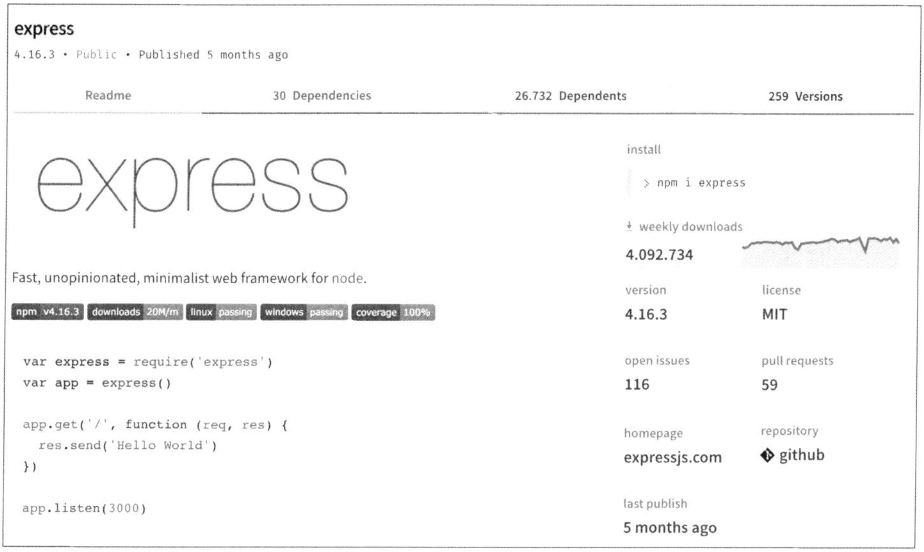

Abbildung 2.1 In der npm-Registry finden Sie nützliche Informationen zu Packages.

Abbildung 2.2 npm-stat.com stellt detaillierte Informationen zu Downloadstatistiken für Packages zur Verfügung.

2.5.3 Lösung: den Abhängigkeitsbaum eines Packages ermitteln

Um einen allgemeinen Überblick über Ihre bereits verwendeten Abhängigkeiten in Form eines vollständigen Abhängigkeitsbaums zu ermitteln, bietet npm den Befehl `npm ls` an. Über diesen Abhängigkeitsbaum können Sie zum einen relativ einfach herausfinden, welche indirekten Abhängigkeiten Sie in Ihrem Package eingebunden haben, zum anderen sehen Sie auch, über welchen Abhängigkeitspfad eine Abhängigkeit eingebunden ist.

Schauen Sie sich das anhand eines Beispiels an. Erstellen Sie zunächst ein einfaches Beispiel-Package, und installieren Sie eine Laufzeitabhängigkeit und eine Entwicklungsabhängigkeit:

```
$ mkdir example
$ cd example
$ npm init -y
$ npm install express
$ npm install supertest --save-dev
```

Rufen Sie anschließend `npm ls` auf, und Sie erhalten den vollständigen Abhängigkeitsbaum inklusive der exakten Versionsnummern (im folgenden Listing 2.12 aus Platzgründen nicht komplett abgebildet).

```
$ npm ls
dependencies-example@1.0.0 /Users/philipackermann/workspace/nodejskochbuch/
example
├─┬ express@4.16.3
│ ├─┬ accepts@1.3.5
│ │ ├─┬ mime-types@2.1.18
│ │ │ └── mime-db@1.33.0
│ │ └── negotiator@0.6.1
│ ├── array-flatten@1.1.1
│ ├─┬ body-parser@1.18.2
│ │ ├── bytes@3.0.0
│ │ ├── content-type@1.0.4 deduped
│ │ ├── debug@2.6.9 deduped
│ │ ├── depd@1.1.2 deduped
│ │ ├─┬ http-errors@1.6.3
│ │ │ ├── depd@1.1.2 deduped
│ │ │ ├── inherits@2.0.3
│ │ │ ├── setprototypeof@1.1.0 deduped
│ │ │ └── statuses@1.4.0 deduped
│ │ │
```

```
│ │ ├── iconv-lite@0.4.19
│ ...
└─┬ supertest@3.0.0
  ├── methods@1.1.2 deduped
  └─┬ superagent@3.8.2
    ├── component-emitter@1.2.1
    ├── cookiejar@2.1.1
    ├─┬ debug@3.1.0
    │ └── ms@2.0.0 deduped
    ├── extend@3.0.1
    ├─┬ ...
```

Listing 2.12 Ausgabe des Abhängigkeitsbaums (Ausschnitt)

Über den Parameter `--depth` können Sie dabei auch die Tiefe definieren, bis zu welcher die Abhängigkeiten aufgelistet werden. Der Aufruf `npm ls --depth 1` bspw. listet nur die direkten Abhängigkeiten der von Ihrem Package eingebundenen Packages auf, der Befehl `npm ls --depth 2` die direkten Abhängigkeiten und deren direkte Abhängigkeiten usw.

Möchten Sie lediglich die Runtime-Abhängigkeiten auflisten, verwenden Sie den Parameter `--production` bzw. dessen Shortcut `--prod`. Analog dazu lassen sich über `--development` bzw. `--dev` nur die Test-Abhängigkeiten auflisten.

Hinweis

Bei dem Package »supertest« handelt es sich übrigens um ein Package für das Testen von REST-APIs bzw. allgemeiner zum Testen von HTTP-Schnittstellen. Im Detail schauen wir uns das Package noch in Rezept 77 an.

2.5.4 Ausblick

In diesem Rezept haben Sie gesehen, wie Sie allgemeine Informationen zu Packages abrufen können. In den folgenden Rezepten werden wir uns damit beschäftigen, was zu beachten ist, wenn Sie Packages als Abhängigkeit ausgewählt haben, und welche Dinge Sie dann grundsätzlich und regelmäßig überprüfen sollten.

Verwandte Rezepte

- Rezept 77: Unit-Tests für REST-APIs implementieren

2.6 Rezept 13: Lizenzen der verwendeten Abhängigkeiten ermitteln

Sie möchten die Lizenzen aller verwendeten Abhängigkeiten ermitteln, inklusive der Lizenzen von indirekten Abhängigkeiten.

2.6.1 Lösung

Bei der Fülle an Packages, die man in der Regel bei der Entwicklung einer Node.js-Anwendung verwendet, ist es unabdingbar, einen Überblick über die verwendeten Lizenzen zu haben. In Rezept 12 haben Sie bereits gesehen, wie Sie die Lizenz für ein einzelnes Package ermitteln können. Wenn Sie viele verschiedene Abhängigkeiten verwenden (inklusive indirekter Abhängigkeiten ist man schnell im dreistelligen Bereich), ist es natürlich wenig praktikabel, wenn Sie die Lizenzen für jedes Package einzeln ermitteln.

Ein Tool, das Ihnen diesbezüglich einiges an Arbeit abnehmen kann, ist »license-checker« (*https://github.com/davglass/license-checker*), das Sie über folgenden Befehl installieren:

```
$ npm install -g license-checker
```

Anschließend steht Ihnen der gleichnamige Befehl `license-checker` zur Verfügung, der Ihnen für alle (direkten und indirekten) Abhängigkeiten Lizenzangaben ausgibt:

```
$ license-checker
├─ accepts@1.3.5
│  ├─ licenses: MIT
│  ├─ repository: https://github.com/jshttp/accepts
│  ├─ path: /Users/cleancoderocker/Documents/workspaces/nodejskochbuch/
example/node_modules/accepts
│  └─ licenseFile: /Users/cleancoderocker/Documents/workspaces/nodejskochbuch/
example/node_modules/accepts/LICENSE
├─ array-flatten@1.1.1
│  ├─ licenses: MIT
│  ├─ repository: https://github.com/blakeembrey/array-flatten
│  ├─ publisher: Blake Embrey
│  ├─ email: hello@blakeembrey.com
│  ├─ url: http://blakeembrey.me
│  ├─ path: /Users/cleancoderocker/Documents/workspaces/nodejskochbuch/
example/node_modules/array-flatten
│  └─ licenseFile: /Users/cleancoderocker/Documents/workspaces/nodejskochbuch/
example/node_modules/array-flatten/LICENSE
```

Listing 2.13 Ausgabe von »license-checker« (Ausschnitt)

Hinweis

Alternativ können Sie dieses Tool auch über npx ausführen. Dies gilt im Übrigen für alle Tools, die ich in diesem Buch verwende. Der Befehl wäre dann im konkreten Fall:

```
$ npx license-checker
```

Um diese Informationen (bspw. für die automatische Weiterverarbeitung) im JSON-Format zu bekommen, können Sie einfach den Parameter `--json` anhängen.

Wenn Sie lediglich an einer Übersicht über die verschiedenen verwendeten Lizenzen interessiert sind, verwenden Sie stattdessen den Parameter `--summary`:

```
$ license-checker --summary
├─ MIT*: 15
├─ MIT: 3
├─ UNKNOWN: 2
├─ Custom: https://secure.travis-ci.org/shtylman/node-cookie.png: 1
└─ ISC: 1
```

Darüber hinaus haben Sie über weitere Parameter verschiedene Möglichkeiten, das Ermitteln der Lizenzen zu beeinflussen: So können Sie über die Parameter `--production` und `--development` bestimmen, ob nur die Laufzeitabhängigkeiten oder nur die Entwicklungsabhängigkeiten überprüft werden sollen. Über den Parameter `--exclude` können Sie zusätzlich einzelne Packages ausschließen, die beim Ermitteln der Lizenzen nicht berücksichtigt werden sollen. Eine genaue Beschreibung weiterer Parameter finden Sie auf der Webseite des Tools unter *https://www.npmjs.com/package/license-checker.*

Lizenzen

Wenn Sie sich nicht sicher sind, welche Lizenzen für Sie infrage kommen, empfehle ich Ihnen die Website *https://choosealicense.com/licenses/*, die einen sehr schönen und verständlichen Überblick über die Bedeutungen und Unterschiede verschiedener Lizenzen gibt.

2.6.2 Alternativen

Über das Tool »npm-consider« (*https://github.com/delfrrr/npm-consider*) können Sie sich Informationen zu den Lizenzen eines Packages (und dessen Abhängigkeiten) einholen, ohne das Package vorher zu installieren:

```
$ npm install -g npm-consider
$ npm-consider install --save express
express@4.16.3 (updated 5 months ago)
```

```
Packages  51
Size      535 KB
Licenses  Permissive  51
? What is next? Details
# ... (siehe Screenshot)
```

content-disposition@0.5.2	6.47 KB	2 years ago	Permissive	MIT	
cookie@0.3.1	5.83 KB	2 years ago	Permissive	MIT	
array-flatten@1.1.1	1.95 KB	3 years ago	Permissive	MIT	
accepts@1.3.5	5.28 KB	6 months ago	Permissive	MIT	mime-types@~2.1.18, negotiator@0.6.1
content-type@1.0.4	4.55 KB	a year ago	Permissive	MIT	
body-parser@1.18.2	13.3 KB	a year ago	Permissive	MIT	bytes@3.0.0, content-type@~1.0.4, debug@2.6.9, depd@~1.1.1, http-errors@~1.6.2, iconv-lite@0.4.19, on-finished@~2.3.0, qs@6.5.1, raw-body@2.3.2, type-is@~1.6.15
escape-html@1.0.3	1.87 KB	3 years ago	Permissive	MIT	
methods@1.1.2	2.42 KB	3 years ago	Permissive	MIT	
encodeurl@1.0.2	3.18 KB	7 months ago	Permissive	MIT	
parseurl@1.3.2	3.7 KB	a year ago	Permissive	MIT	
merge-descriptors@1.0.1	2.26 KB	3 years ago	Permissive	MIT	
cookie-signature@1.0.6	2.06 KB	4 years ago	Permissive	MIT	
finalhandler@1.1.1	5.88 KB	6 months ago	Permissive	MIT	debug@2.6.9, encodeurl@~1.0.2, escape-html@~1.0.3, on-finished@~2.3.0, parseurl@~1.3.2, statuses@~1.4.0, unpipe@~1.0.0

Abbildung 2.3 Ausgabe von »npm-consider«

2.6.3 Ausblick

Sie wissen jetzt, wie Sie die Lizenzen für alle Abhängigkeiten eines Packages ermitteln können. Im nächsten Rezept zeige ich Ihnen, wie Sie solche Abhängigkeiten ermitteln, die in der Konfigurationsdatei eines Packages fehlen oder von einem Package nicht (mehr) verwendet werden.

Verwandte Rezepte

- Rezept 14: Nicht verwendete oder fehlende Abhängigkeiten ermitteln
- Rezept 15: Veraltete Abhängigkeiten ermitteln

2.7 Rezept 14: Nicht verwendete oder fehlende Abhängigkeiten ermitteln

Sie möchten diejenigen Abhängigkeiten ermitteln, die entweder nicht verwendet werden oder die verwendet werden, aber nicht als Abhängigkeit in der Konfigurationsdatei des jeweiligen Packages definiert sind.

2.7.1 Lösung

Im Laufe der Entwicklung eines Node.js-Packages kann es schnell passieren, dass sich Abhängigkeiten in der *package.json*-Datei ansammeln, die in der endgültigen Version des Packages nicht mehr benötigt werden. Dies kann bspw. passieren, wenn Sie auf der Suche nach einem geeigneten Package mehrere Packages testweise installieren und sich letztendlich für nur eines davon entscheiden, oder auch dann, wenn Sie im Laufe der Entwicklung ein Package durch ein alternatives Package ersetzen und vergessen, das vorherige Package zu deinstallieren bzw. aus der *package.json*-Datei zu entfernen.

Umgekehrt kann es natürlich auch vorkommen, dass Sie vergessen, Packages korrekt in der *package.json*-Datei zu definieren und das Package lediglich über `require()` innerhalb Ihres Packages importieren. Dies kann in der Praxis schnell übersehen werden, z. B. wenn das eingebundene Package eine indirekte Abhängigkeit und daher im *node_modules*-Verzeichnis vorhanden ist. Wird das Package im Laufe der Zeit als Abhängigkeit von der direkten Abhängigkeit entfernt, kommt es dann zu einem Fehler (der Package Manager pnpm beugt dem vor, indem er im *node_modules*-Verzeichnis nur die direkten Abhängigkeiten speichert, siehe Rezept 10).

Aus diesen Gründen rate ich Ihnen dazu, Ihre Packages regelmäßig hinsichtlich nicht benötigter bzw. überflüssiger und fehlender Packages zu überprüfen. Ein Tool, das Ihnen hierbei helfen kann, ist npm-check (*https://github.com/dylang/npm-check*).

Installieren können Sie npm-check über folgenden Befehl:

```
$ npm install -g npm-check
```

Um das Tool in der Anwendung zu sehen, erstellen Sie sich zunächst ein Beispiel-Package:

```
$ mkdir example
$ cd example
$ npm init -y
```

Installieren Sie nun »express« als Abhängigkeit, ohne es innerhalb des Packages zu verwenden:

```
$ npm install express
```

Erzeugen Sie anschließend eine Datei *start.js*, in die Sie die Bibliothek »lodash« einbinden, ohne diese jedoch in Ihre *package.json*-Datei einzubinden:

```
$ echo "const _ = require('lodash');" > start.js
```

Wenn Sie jetzt den Befehl `npm-check` aufrufen, werden zwei Probleme erkannt: zum einen, dass »express« zwar als Abhängigkeit definiert ist, aber nicht im Quelltext verwendet wird, zum anderen, dass »lodash« im Quelltext verwendet wird, aber nicht als Abhängigkeit definiert ist:

```
$ npm-check
express      NOTUSED?  Still using express?
  Depcheck did not find code similar to require('express') or
  import from 'express'.
  Check your code before removing as depcheck isn't able to foresee
  all ways dependencies can be used.
  Use --skip-unused to skip this check.
  To remove this package: npm uninstall --save express
lodash       MISSING!  Not installed.
             PKG ERR!  Not in the package.json. Found in: /start.js
```

2.7.2 Weitere Features

Neben dem reinen Überprüfen von nicht verwendeten und veralteten Abhängigkeiten bietet npm-check auch die Möglichkeit, die entsprechenden Fehler direkt zu aktualisieren, indem Sie dem Befehl den Parameter `--update` (interaktives Update) oder den Parameter `--update-all` (automatisches, nicht interaktives Update) übergeben. Zudem haben Sie die Möglichkeit, die Überprüfung auf Laufzeitabhängigkeiten oder Entwicklungsabhängigkeiten zu begrenzen (Parameter `--production` bzw. `--dev-only`).

Ebenfalls praktisch: Der Parameter `--save-exact` sorgt dafür, dass für alle Abhängigkeiten die exakte Versionsnummer in der *package.json*-Datei aktualisiert wird (siehe auch Abschnitt 2.1.3 in Rezept 8).

2.7.3 Ausblick

Sie wissen jetzt, wie Sie fehlende und nicht mehr verwendete Abhängigkeiten ermitteln. Im nächsten Rezept zeige ich Ihnen, wie Sie veraltete Abhängigkeiten ermitteln, also solche Abhängigkeiten, zu denen es Updates gibt und für die Sie in Ihrem Package noch eine veraltete Versionsnummer verwenden.

2.8 Rezept 15: Veraltete Abhängigkeiten ermitteln

Sie möchten ermitteln, welche Abhängigkeiten veraltet sind bzw. zu welchen Abhängigkeiten es Updates gibt.

2.8.1 Lösung

Wenn es für eine Ihrer Abhängigkeiten ein Update gibt, sollten Sie dieses – sofern möglich – auch anwenden. Ob es ein Update gibt, können Sie entweder über die Homepage des jeweiligen Packages herausfinden oder über die offizielle npm-Registry. Darüber hinaus stellt Ihnen npm den Befehl `npm outdated` zur Verfügung, um direkt alle veralteten Abhängigkeiten eines Packages zu ermitteln.

Um die Funktionsweise besser zu veranschaulichen, installieren Sie zunächst eine ältere Version von »express«.

```
$ npm install express@3.2
```

Rufen Sie nun `npm outdated` auf, erhalten Sie als Ausgabe verschiedene Angaben zu der veralteten Abhängigkeit. Dies sind zum einen die aktuell installierte Version (im Beispiel die Version 3.2.6) sowie zum anderen die Version, die getreu der semantischen Versionierung ohne Kompatibilitätsprobleme installiert werden kann (im Beispiel 3.21.2), und des Weiteren die aktuellste zur Verfügung stehende Version (im Beispiel 4.16.3).

```
$ npm outdated
Package  Current  Wanted  Latest  Location
express    3.2.6  3.21.2  4.16.3  example
```

Um nun die aktuellste Version zu installieren, die laut semantischer Versionierung keine Kompatibilitätsprobleme bereitet, verwenden Sie den Befehl `npm update`:

```
$ npm update
npm WARN deprecated connect@2.30.2: connect 2.x series is deprecated
npm WARN example@1.0.0 No description
npm WARN example@1.0.0 No repository field.
+ express@3.21.2
added 79 packages from 37 contributors, removed 5 packages, updated
16 packages and audited 213 packages in 7.207s
found 21 vulnerabilities (11 low, 2 moderate, 8 high)
  run `npm audit fix` to fix them, or `npm audit` for details
```

Ein erneuter Aufruf von `npm outdated` zeigt nun, dass die Version entsprechend den Vorgaben der semantischen Versionierung aktualisiert wurde:

```
$ npm outdated
Package  Current  Wanted  Latest  Location
express   3.21.2  3.21.2  4.16.3  example
```

2.8.2 Alternativen

Alternativ zu `npm outdated` können Sie das Tool npm-check-updates (*https://github.com/tjunnone/npm-check-updates*) verwenden. Installieren können Sie das Tool wie folgt:

```
$ npm install -g npm-check-updates
$ npm install express@3.2
$ ncu
Using /Users/cleancoderocker/Documents/workspaces/digital-landscape/
nodejskochbuch/example/package.json
[====================] : :
 express  ^3.2.6  →  ^4.16.3
Run ncu with -u to upgrade package.json
```

Über den Befehl `ncu -u` können Sie anschließend die Abhängigkeit in der aktuellsten Version installieren:

```
$ ncu -u
Using /Users/cleancoderocker/Documents/workspaces/digital-landscape/examples/
example/package.json
[====================] : :
 express  ^3.2.6  →  ^4.16.3
Upgraded /Users/cleancoderocker/Documents/workspaces/digital-landscape/
examples/example/package.json
$ ncu
Using /Users/cleancoderocker/Documents/workspaces/digital-landscape/examples/
example/package.json
[====================] : :
All dependencies match the latest package versions :)
```

Ebenfalls einen Blick wert ist der Online-Dienst unter *https://david-dm.org/* (Abbildung 2.4), der Ihnen einen visuellen Überblick über die Abhängigkeiten Ihres Packages gibt. Den Status kann man sich zudem in Form eines Icons auf seine Projekt-Website (oder die entsprechende GitHub- oder Projektseite auf der Website der npm-Registry) einbinden. So lässt sich auf einen Blick an zentraler Stelle erkennen, ob Abhängigkeiten veraltet sind oder nicht.

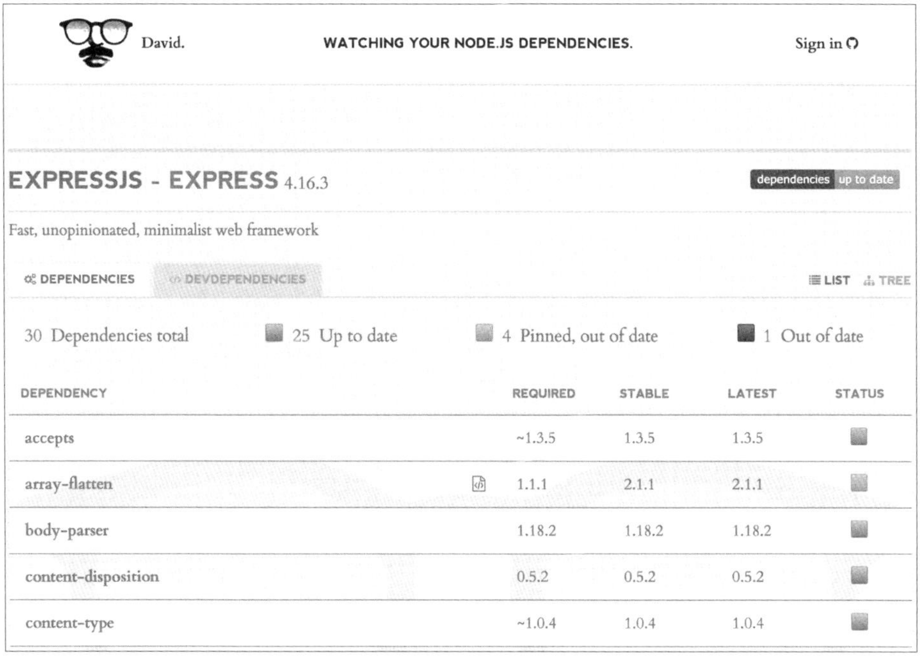

Abbildung 2.4 Die Webseite »david-dm.org«

2.9 Zusammenfassung

In diesem Kapitel haben Sie verschiedene Rezepte bezüglich des Package Managements kennengelernt. Sie wissen jetzt, wie Sie

- semantische Versionsnummern richtig verwenden (Rezept 8),
- den Package Manager Yarn verwenden (Rezept 9),
- den Package Manager pnpm verwenden (Rezept 10),
- Packages lokal miteinander verlinken (Rezept 11),
- Informationen zu verwendeten Abhängigkeiten einholen (Rezept 12),
- Lizenzen verwendeter Abhängigkeiten ermitteln (Rezept 13),
- nicht verwendete oder fehlende Abhängigkeiten ermitteln (Rezept 14),
- veraltete Abhängigkeiten ermitteln (Rezept 15).

Im nächsten Kapitel lernen Sie, welche Möglichkeiten Sie haben, Node.js-Applikationen zu debuggen, und wie Sie Logging richtig einsetzen.

Kapitel 3
Logging und Debugging

In diesem Kapitel zeige ich Ihnen, wie Sie Node.js-Anwendungen debuggen und für das Logging konfigurieren.

Im Folgenden schauen wir uns zwei wichtige Aspekte an, die bei der Fehlersuche in Node.js-Applikationen helfen können: In den Rezepten 16 bis 18 zeige ich Ihnen, wie Sie das Logging einrichten, und in den Rezepten 19 bis 21 stelle ich Ihnen verschiedene Möglichkeiten vor, Node.js-Anwendungen zu debuggen.

- Rezept 16: Logging für Node.js-Packages einrichten
- Rezept 17: Logging für Node.js-Applikationen einrichten
- Rezept 18: Logging über Adapter-Packages einrichten
- Rezept 19: Applikationen mit Chrome Developer Tools debuggen
- Rezept 20: Applikationen mit Visual Studio Code debuggen
- Rezept 21: Applikationen über die Kommandozeile debuggen

3.1 Rezept 16: Logging für Node.js-Packages einrichten

Sie möchten dafür sorgen, dass in Ihren Node.js-Packages Logging-Informationen ausgegeben werden.

3.1.1 Exkurs: Logging

Während des Lebenszyklus einer Applikation ist es hilfreich, gewisse Informationen zu protokollieren, z. B. Zustände von Objekten, Werte von Variablen, Fehlermeldungen, Nutzerinformationen oder andere Informationen bezüglich des aktuellen Programmzustands. Solche Informationen können Ihnen dann bspw. dabei helfen, in Produktivsystemen Fehlerursachen zu finden oder generell einen Überblick über die Abläufe einer Applikation zu erhalten.

Node.js und andere JavaScript-Laufzeitumgebungen, wie sie z. B. in Browsern zum Einsatz kommen, stellen standardmäßig das `console`-Objekt zur Verfügung, mit dessen Hilfe Sie auf die Kommandozeile zugreifen und Informationen darauf ausgeben können. Das `console`-Objekt stellt dabei u. a. die Methoden `info()`, `warn()` und `error()`

zur Verfügung, um allgemeine Informationen, Warnungen oder Fehler auszugeben (Listing 3.1). Je nach Laufzeitumgebung und verwendeter Methode wird die Ausgabe dann gegebenenfalls farbig hervorgehoben und/oder mit einem entsprechenden Icon versehen, damit Sie schnell zwischen dem Typ der Ausgabe unterscheiden können.

```
console.log('Program started');

const throwError = () => {
  throw new Error('Example error');
};

try {
  throwError();
} catch (error) {
  console.error(error.message);
}
```

Listing 3.1 Logging über das »console«-Objekt

Auch wenn man während der Entwicklung relativ schnell dazu neigt, das Logging über das console-Objekt zu implementieren, rate ich Ihnen dringend davon ab, sobald ein Package oder eine Applikation etwas umfangreicher wird. Das wesentliche Problem bei der Verwendung des console-Objekts ist nämlich, dass sich einzelne Typen von Ausgaben nicht gezielt an- bzw. abschalten lassen. So ist es bspw. nicht ohne Weiteres möglich, für Ihre gesamte Applikation nur Fehlermeldungen auszugeben, normale Meldungen aber zu unterdrücken. Auch das gezielte An- bzw. Abschalten der Log-Ausgabe bestimmter Komponenten einer Applikation oder das Umleiten von Log-Ausgaben in eine Datei oder auf einen Logging-Server ist auf diese Weise nicht möglich.

Besser ist es daher, auf professionellere Lösungen zurückzugreifen. Welche Sie dabei verwenden, hängt im Wesentlichen davon ab, welche Art von Node.js-Projekt Sie entwickeln:

- Entwickeln Sie ein **Node.js-Package**, das von anderen Node.js-Packages oder Node.js-Applikationen eingebunden werden soll, greifen Sie am besten auf das »debug«-Package (*https://github.com/visionmedia/debug*) zurück (dieses Rezept), weil dies eine besonders schlanke Logging-Bibliothek ist.
- Entwickeln Sie eine komplexere **Node.js-Applikation**, verwenden Sie am besten eine Logging-Bibliothek wie »winston« (*https://github.com/winstonjs/winston*), »bunyan« (*https://github.com/trentm/node-bunyan*) und »log4js-node« (*https://github.com/log4js-node/log4js-node*), einen Port von log4js (*https://github.com/stritti/log4js*) für Node.js (Rezept 17).

- Entwickeln Sie eine **Microservice-Anwendung** oder generell eine komplexere Node.js-Anwendung, ist es zudem sinnvoll, die Logging-Ausgabe zur besseren Analyse zentral zu verwalten bzw. an zentraler Stelle zu sammeln, bspw. über Tools wie den ELK-Stack (bestehend aus der Suchmaschine Elasticsearch, dem Log-Verarbeitungs-Tool Logstash und der Weboberfläche Kibana, *https://www.elastic.co/de/elk-stack*). Übrigens: Wie Sie mithilfe von Node.js Microservice-Anwendungen konzipieren und implementieren, zeige ich Ihnen in Kapitel 13, »Publishing, Deployment und Microservices«, in den Rezepten 102 (Microservice-Architekturen verstehen) und 103 (Microservice-Architekturen aufsetzen mit Docker Compose).

Die Verwendung der genannten Logging-Lösungen bietet verschiedene Vorteile:

- **Timestamps**: Logging-Meldungen können mit einem Zeitstempel versehen werden, was später bei der Analyse der Log-Daten hilfreich ist.
- **Log-Levels**: Über sogenannte *Log-Levels* können Sie gezielt – auch zur Laufzeit einer Applikation – die Art einer Meldung definieren, z. B. ob es sich um einen Fehler, eine Warnung, eine Debug-Ausgabe oder eine generelle Information handelt (siehe Tabelle 3.1).
- **Namespaces**: Bestimmte Komponenten einer Applikation lassen sich zu Namespaces bzw. Logging-Gruppen zusammenfassen, sodass sich gezielt definieren lässt, für welche Komponenten das Logging aktiviert sein soll und für welche nicht.
- **Log-Analyse**: Das Ziel der protokollierten Meldungen lässt sich nahezu frei wählen. So ist es bspw. möglich, die Meldungen in Dateien, Datenbanken, über HTTP an spezielle Webservices oder über UDP an Logging-Dienste wie Logstash (*https://www.elastic.co/de/products/logstash*) zu übertragen. Dies hilft Ihnen bei der Analyse von Logs und beim Finden von Fehlern. Analysetools wie der erwähnte ELK-Stack sind in diesem Zusammenhang auf jeden Fall einen Blick wert.

Log-Level	Beschreibung
`fatal`	Die Anwendung wird aufgrund eines Fehlers gestoppt und steht nicht mehr zur Verfügung.
`error`	Die aktuelle Anfrage konnte nicht bearbeitet werden bzw. erzeugte einen Fehler, die Anwendung als Ganzes wird aber weiterhin ausgeführt.
`warn`	Hinweis über eine Auffälligkeit im Programmablauf
`info`	Informationen zu einer normalen Operation

Tabelle 3.1 Typische Levels für das Logging

Log-Level	Beschreibung
debug	detaillierte Informationen zu einer normalen Operation
trace	sehr detaillierte Informationen

Tabelle 3.1 Typische Levels für das Logging (Forts.)

3.1.2 Lösung: das »debug«-Package

Falls Sie ein Package entwickeln, dessen Ziel es ist, von anderen Packages oder Node.js-Applikationen verwendet zu werden, empfehle ich Ihnen den Einsatz des »debug«-Packages (*https://github.com/visionmedia/debug*), das Sie wie folgt installieren:

```
$ npm install debug
```

Anschließend binden Sie das Package wie gewohnt über `require()` ein und erstellen über den Aufruf von `debug()` eine Logger-Funktion, wobei Sie als Parameter einen *Namespace* übergeben, über den Sie später den Logger an- oder ausschalten können. Anschließend rufen Sie die Logger-Funktion wie folgt auf:

```
// src/start-debug.js
const debug = require('debug');
const logger = debug('my-application');

logger('Program started');

const throwError = () => {
  throw new Error('Example error');
};

try {
  throwError();
} catch (error) {
  logger(error.message);
}
```

Listing 3.2 Logging mit dem »debug«-Package

Standardmäßig produziert das »debug«-Package keine Ausgabe, d. h., wenn Sie das obige Programm über `node src/start-debug.js` starten, sehen Sie auf der Konsole erst mal nichts. Um das Logging zu aktivieren, müssen Sie den verwendeten Namespace als Wert für die Umgebungsvariable `DEBUG` hinzufügen. Diese können Sie über entsprechende Kommandozeilenbefehle definieren, am einfachsten ist es aber, diese beim Start des Programms wie folgt mitzugeben (siehe auch Rezept 22 in Kapitel 4, »Konfiguration und Internationalisierung«):

```
$ DEBUG=my-application node src/start-debug.js
  my-application Program started +0ms
  my-application Example error +3ms
```

Hinweis

Da das »debug«-Package sehr weit verbreitet ist und von vielen anderen bekannten Packages verwendet wird (laut npm-Registry derzeit von mehr als 27.000), können Sie das Logging dieser Packages ebenfalls über die Umgebungsvariable `DEBUG` steuern. Für eine Applikation, die das Webframework Express verwendet können Sie das Logging bspw. wie folgt aktivieren:

```
$ DEBUG=express* node server.js
```

Auf die weiteren Möglichkeiten von Namespaces und die Funktion von Wildcards gehe ich im Folgenden genauer ein.

Wildcards

Über Namespaces können Sie exakt steuern, welche Log-Meldungen ausgegeben werden sollen und welche nicht. Um das noch besser nachvollziehen zu können, passen Sie das obige Programm wie in Listing 3.3 zu sehen an.

```
const debug = require('debug');
const logger = debug('my-application');
const errorLogger = debug('my-application:error');
const function1Logger = debug('my-application:function1');
const function2Logger = debug('my-application:function2');

logger('Program started');

const throwError = () => {
  throw new Error('Example error');
};

try {
  throwError();
} catch (error) {
  errorLogger(error.message);
}
```

```
function function1() {
  function1Logger('function1() executing');
  setTimeout(function1, 500);
}

function1();

function function2() {
  function2Logger('function2() executing');
  setTimeout(function2, 500);
}

function2();
```

Listing 3.3 Verwenden von hierarchischen Namespaces mit dem »debug«-Package

Das Programm wurde hier um zwei Funktionen (`function1()` und `function2()`) sowie um drei weitere Logger (`function1Logger`, `function2Logger` und `errorLogger`) ergänzt: Der Logger `function1Logger` wird dabei von der Funktion `function1()` verwendet, der Logger `function2Logger` von der Funktion `function2()` und der Logger `errorLogger` für das Logging von Fehlermeldungen.

Wenn Sie nun das Programm über den gleichen Befehl wie eben starten, werden Sie feststellen, dass nur Folgendes ausgegeben wird:

```
my-application Program started +0ms
```

Der Grund: Die drei neu hinzugefügten Logger werden durch die Namespace-Angabe `my-application` nicht abgedeckt. Um alle Log-Meldungen unterhalb dieses Namespaces zu aktivieren, müssen Sie daher *Wildcards* einsetzen. So können Sie bspw. über `DEBUG=my-application.*` *nur* die drei neu hinzugefügten Logger aktivieren und über `DEBUG=my-application*` *alle* der insgesamt vier Logger:

```
$ DEBUG=my-application* node start-debug.js
  my-application Program started +0ms
  my-application:error Example error +0ms
  my-application:function1 function1() executing +0ms
  my-application:function2 function2() executing +0ms
  my-application:function1 function1() executing +505ms
  my-application:function2 function2() executing +505ms
```

3.1.3 Ausblick

Das »debug«-Package eignet sich insbesondere dann, wenn Sie ein Node.js-Package implementieren. Wenn Sie dagegen eine Node.js-Applikation implementieren, gibt es noch einige andere Logging-Bibliotheken, die Sie in Betracht ziehen sollten. Welche das sind und welche zusätzlichen Features sie anbieten, zeige ich in dem folgenden Rezept.

Allerdings spricht auch nichts dagegen, das »debug«-Package auch für das Logging in Node.js-Applikationen zu verwenden und umgekehrt die im Folgenden beschriebenen Bibliotheken auch für das Logging in Node.js-Packages. Die in diesem Buch vollzogene Unterscheidung gibt Ihnen nur eine grobe Richtlinie, was ich für sinnvoll halte.

Verwandte Rezepte

- Rezept 17: Logging für Node.js-Applikationen einrichten
- Rezept 18: Logging über Adapter-Packages einrichten

3.2 Rezept 17: Logging für Node.js-Applikationen einrichten

Sie möchten dafür sorgen, dass Ihre Applikation Logging-Informationen speichert.

3.2.1 Lösung: Logging mit »winston«

Ein Package, das sich für das Logging in Node.js-Applikationen anbietet, ist das Package »winston« (*https://github.com/winstonjs/winston*), das Sie über folgenden Befehl installieren können:

```
$ npm install winston`
```

Um »winston« verwenden zu können, erstellen Sie, wie in Listing 3.4 zu sehen, über die Methode `createLogger()` zunächst eine Logger-Instanz. Als Parameter übergeben Sie dabei ein Konfigurationsobjekt, über das Sie bspw. das Log-Level, das Format der Log-Meldungen sowie sogenannte Transports definieren können. Über Letztere lässt sich die Ausgabe der Log-Meldungen z. B. in Dateien, in Datenbanken oder an Webservices weiterleiten. »winston« liefert von Haus aus schon einige Transport-Möglichkeiten mit, lässt sich dank Plugin-System aber um beliebige weitere Transports erweitern. Eine Übersicht über existierende Transports finden Sie unter *https://github.com/winstonjs/winston/blob/master/docs/transports.md*. Dazu zählen bspw. Transports für MongoDB (Rezept 49), Cassandra (Rezept 53) und Elasticsearch. Transports lassen sich zudem kombinieren, sodass Sie z. B. die Log-Ausgabe gleichzeitig auf die Konsole ausgeben, in eine Datei schreiben und per UDP an Logstash zur Log-Analyse senden können. In Listing 3.4 sehen Sie zudem, dass ein Transport-Typ auch mehrfach verwendet werden kann. Hier werden bspw. zwei Transports vom Typ `winston.transports.File` definiert: Der eine schreibt nur die Fehlermeldungen in die Datei *error.log*, der andere alle Arten von Meldungen in die Datei *all.log*.

```
const winston = require('winston');

const logger = winston.createLogger({
  level: 'info',
  format: winston.format.json(),
  transports: [
    new winston.transports.Console(),
    new winston.transports.File({
      filename: 'error.log',
      level: 'error'
    }),
    new winston.transports.File({
      filename: 'all.log'
    })
  ]
});

// Ausgabe auf Konsole
logger.info('Program started');

const throwError = () => {
  throw new Error('Example error');
};

try {
  throwError();
} catch (error) {
  // Ausgabe in Datei
  logger.error(error.message);
}
```

Listing 3.4 Logging mit »winston«

In Listing 3.4 wird als Ausgabeformat für die Meldungen das JSON-Format verwendet. Neben JSON unterstützt »winston« aber auch weitere Formate und erlaubt über die Methode `winston.format()` sogar die Definition individueller Ausgabeformate.

Browser-Support

Beachten Sie: Derzeit kann »winston« noch nicht wie andere JavaScript-Logging-Bibliotheken im Browser verwendet werden, sondern nur unter Node.js. Zum Zeitpunkt der Drucklegung dieses Buches ist laut offizieller Roadmap (*https://github.com/winstonjs/winston/blob/master/CONTRIBUTING.md#roadmap*) Browser-Support erst mit einer der nächsten Versionen geplant. Sollten Sie also ein Package entwickeln, das sowohl unter Node.js als auch in Browsern funktionieren soll (Stichwort *Isormophic JavaScript*), ist »winston« momentan keine Option.

3.2.2 Lösung: Logging mit »bunyan«

Das Package »bunyan« (*https://github.com/trentm/node-bunyan*) gilt als besonders schlanke und schnelle Logging-Bibliothek, bietet allerdings im Gegensatz zu »winston« auch nur JSON als Logging-Format an. Installieren können Sie »bunyan« über folgenden Befehl:

```
$ npm install bunyan
```

Wie schon bei »winston« erstellen Sie auch bei »bunyan« über `createLogger()` zunächst eine Logger-Instanz (Listing 3.5) und definieren dabei über ein Konfigurationsobjekt Details wie das Log-Level und das Ziel für die Log-Meldungen. Letzteres definieren Sie über die Eigenschaft `streams` (wollen Sie nur eine einzelne Ausgabe definieren, können Sie dies auch über Eigenschaft `stream` machen). Streams funktionieren dabei ähnlich wie die Transports bei »winston« und lassen sich ebenfalls kombinieren. So ist es auch bei »bunyan« relativ einfach möglich, die Log-Ausgabe parallel an mehrere Streams weiterzuleiten. In Listing 3.5 bspw. werden zwei Streams verwendet: Meldungen vom Typ »info« werden an die Standardausgabe weitergeleitet und Meldungen vom Typ »error« in die Datei *error.log*.

```
const bunyan = require('bunyan');

const logger = bunyan.createLogger({
  name: 'example-logger',
  level: 'info',
  streams: [
    {
      level: 'info',
      stream: process.stdout
    },
    {
      level: 'error',
      path: 'error.log'
    }
  ]
});
```

```
// Ausgabe auf Konsole
logger.info('Program started');

const throwError = () => {
  throw new Error('Example error');
};

try {
  throwError();
} catch (error) {
  // Ausgabe in Datei
  logger.error(error.message);
}
```

Listing 3.5 Logging mit »bunyan«

Browser-Support

Im Unterschied zu »winston« kann »bunyan« sowohl unter Node.js als auch – dank Browserify (*http://browserify.org/*) und Webpack (*https://webpack.js.org/*) – im Browser verwendet werden. Für Packages, die sowohl unter Node.js als auch im Browser funktionieren sollen, ist »bunyan« als Logging-Bibliothek daher momentan die bessere Wahl.

3.2.3 Lösung: Logging mit »log4js-node«

Ein weiteres Package für das Logging unter Node.js ist das Package »log4js«. Die Installation des Packages geschieht über folgenden Befehl:

```
$ npm install log4js`
```

Anschließend binden Sie das Package über `require('log4js')` in Ihre Applikation ein. Das Konfigurieren und Erzeugen einer Logger-Instanz geschieht im Gegensatz zu dem bei »winston« und »bunyan« in zwei Schritten: Wie in Listing 3.6 zu sehen, konfigurieren Sie zunächst über die Methode `configure()` u. a., wohin die Meldungen geschrieben werden sollen. Auch hierbei übergeben Sie ein Konfigurationsobjekt, über das Sie u. a. über die Eigenschaft `appenders` verschiedene Ausgaben definieren können (analog zu den Transports in »winston« und den Streams in »bunyan«). Anschließend erzeugen Sie über einen Aufruf von `getLogger()` eine entsprechend konfigurierte Logger-Instanz.

```
const log4js = require('log4js');

log4js.configure({
```

```
  appenders: {
    file: {
      type: 'file',
      filename: 'error.log'
    }
  },
  categories: {
    default: {
      appenders: ['file'],
      level: 'info'
    }
  }
});

const logger = log4js.getLogger('file');

// Ausgabe auf Konsole
logger.info('Program started');

const throwError = () => {
  throw new Error('Example error');
};

try {
  throwError();
} catch (error) {
  // Ausgabe in Datei
  logger.error(error.message);
}
```

Listing 3.6 Logging mit »log4js-node«

3.2.4 Ausblick

Ob Sie für das Logging »winston«, »bunyan« oder »log4js-node« verwenden, ist letztendlich wie so oft bei Third-Party-Node.js-Packages eine Frage des persönlichen Geschmacks. Alle drei Bibliotheken sind mehr oder weniger gleich stark vertreten und unterscheiden sich nur in den Details (Ausnahme: Browser-Support). Wenn Sie sich nicht festlegen möchten, bietet sich die Verwendung einer sogenannten *Adapter-Klasse* bzw. eines *Adapter-Packages* an. Was dahintersteckt, zeige ich Ihnen im nächsten Rezept.

3.3 Rezept 18: Logging über Adapter-Packages einrichten

Sie möchten den Zugriff auf die konkrete Logging-Bibliothek abstrahieren und sich die Flexibilität erhalten, diese im Laufe der Entwicklung auszutauschen.

3.3.1 Lösung

Wenn Sie sich nicht entscheiden können, welches der vorgestellten Logging-Packages Sie verwenden möchten, oder wenn Sie sich die Flexibilität erhalten möchten, ohne großen Aufwand von einem Package zu einem anderen Package wechseln zu können, sind Sie am besten beraten, ein sogenanntes *Adapter-Package* zu erstellen. Dessen Prinzip ist nicht auf das Logging beschränkt und lässt sich auch auf andere Aspekte wie bspw. den Datenbankzugriff oder den Zugriff auf Messaging-System anwenden.

Die Idee dabei ist es, den Zugriff auf den jeweiligen Aspekt (in diesem Fall auf das Logging) innerhalb Ihres Packages oder Ihrer Applikation zu abstrahieren und über dieses Adapter-Package zu steuern (Abbildung 3.1). Dieses Package stellt dann die einzige Verbindung zu der konkreten externen Bibliothek bzw. dem externen Package dar (vergleiche auch das *Adapter-Entwurfsmuster* der Gang of Four).

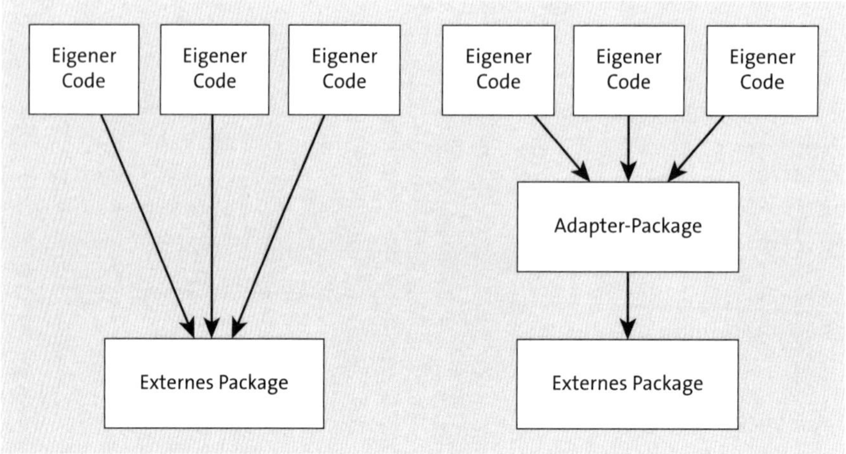

Abbildung 3.1 Das Prinzip von Adapter-Packages

Der Vorteil: Möchten Sie im Laufe eines Projekts von einer Bibliothek zu einer anderen Bibliothek wechseln, müssen Sie nicht mehrere Hundert Stellen innerhalb Ihres Quelltextes anpassen, sondern nur die entsprechende *Adapter-Klasse*.

Um das besser zu veranschaulichen, möchte ich Ihnen im Folgenden zeigen, wie Sie eine entsprechende Adapter-Klasse für den Zugriff auf eine Logging-Bibliothek implementieren.

Erstellen Sie dazu zunächst eine Datei *LoggerAdapter.js* mit dem Code aus Listing 3.7. Diese Klasse bildet die Basisklasse für die im weiteren Verlauf des Rezepts implementierte konkrete Adapter-Klasse und stellt gewissermaßen die API bereit (man könnte auch von Interfaces sprechen, wenn JavaScript Interfaces hätte).

```
Const error = method =>
  new Error(Method ${method}() must be implemented by subclass.);

module.exports = class LoggerAdapter {
  info(/* message, …optionals */) {
    throw error('info');
  }

  error(/* message, ...optionals */) {
    throw error('error');
  }

  warn(/* message, ...optionals */) {
    throw error('warn');
  }

  debug(/* message, ...optionals */) {
    throw error('debug');
  }

  trace(/* message, ...optionals */) {
    throw error('trace');
  }

  fatal(/* message, ...optionals */) {
    throw error('fatal');
  }
};
```

Listing 3.7 Basis-Adapter-Klasse

Erstellen Sie anschließend eine weitere Datei *BunyanLoggerAdapter.js*, die als konkrete Logging-Bibliothek »bunyan« verwenden wird, und kopieren Sie den Code aus Listing 3.8 in diese Datei. Die Klasse `BunyanLoggerAdapter` stellt die konkrete Implementierung der API von `LoggerAdapter` bereit. Die Implementierung ist dabei relativ simpel, weil die Methodenaufrufe einfach an die Logger-Instanz (`this._logger`) delegiert werden. Je nachdem aber, inwieweit die API Ihrer Adapter-Klasse und die API der jeweiligen externen Bibliothek auseinanderliegen, kann die Implementierung auch durchaus komplexer sein.

```
const bunyan = require('bunyan');
const LoggerAdapter = require('./LoggerAdapter');

module.exports = class BunyanLoggerAdapter extends LoggerAdapter {
  constructor({ name = 'Bunyan Logger Adapter', level = 'debug' } = {}) {
    super();
    this._logger = bunyan.createLogger({
      name,
      level
    });
  }

  info(message, ...optionals) {
    this._logger.info(message, ...optionals);
  }

  error(message, ...optionals) {
    this._logger.error(message, ...optionals);
  }

  warn(message, ...optionals) {
    this._logger.warn(message, ...optionals);
  }

  debug(message, ...optionals) {
    this._logger.debug(message, ...optionals);
  }

  trace(message, ...optionals) {
    this._logger.trace(message, ...optionals);
  }

  fatal(message, ...optionals) {
    this._logger.fatal(message, ...optionals);
  }

  get logger() {
    return this._logger;
  }
};
```

Listing 3.8 Logging-Adapter für »bunyan«

Eigentlich wären Sie jetzt schon fertig und hätten eine Adapter-Klasse für »bunyan«, die Sie über `new BunyanLoggerAdapter()` instanziieren und anschließend entsprechend der definierten API verwenden könnten. Allerdings empfiehlt sich noch eine kleine Erweiterung, damit Sie diesen Konstruktoraufruf nur an zentraler Stelle verwalten müssen und damit vermeiden, bei dem Wechsel der Adapter-Klasse den Konstruktoraufruf überall im Code aktualisieren zu müssen.

Erreicht werden kann dies auf verschiedene Art und Weise, z. B. über folgenden Code, der in einer separaten Datei *Logger.js* gespeichert wird:

```
const LoggerAdapter = require('./BunyanLoggerAdapter');
module.exports = LoggerAdapter;
```

Anschließend kann die Datei wie folgt eingebunden werden und Ihr Code bleibt sowohl frei von Abhängigkeiten zur konkreten Logging-Bibliothek (denn die befindet sich in der Klasse `BunyanLoggerAdapter`) als auch frei von einer Verbindung zum konkreten Konstruktor (denn die befindet sich in der Datei *Logger.js*):

```
const Logger = require('./Logger');
const logger = new Logger();

logger.info('Program started');

const throwError = () => {
  throw new Error('Example error');
};

try {
  throwError();
} catch (error) {
  logger.error(error.message);
}
```

Listing 3.9 Einbinden und Verwenden der Adapter-Klasse

3.3.2 Ausblick

In diesem Rezept haben Sie gesehen, wie der Zugriff auf konkrete externe Bibliotheken durch Adapter-Klassen bzw. Adapter-Packages abstrahiert werden kann. Das Prinzip bietet sich wie gesagt nicht nur im Fall des Loggings an, sondern eignet sich prinzipiell immer dann, wenn Sie sich die Flexibilität bewahren möchten, im Laufe der Entwicklung die konkrete externe Bibliothek auszutauschen. Andere Anwendungsfälle, in denen der Einsatz von Adapter-Packages sinnvoll ist, sind der Zugriff auf Datenbanken (siehe Kapitel 7, »Persistenz«) und die Kommunikation mit Messaging-Systemen (siehe Kapitel 9, »Sockets und Messaging«).

3.4 Rezept 19: Applikationen mit Chrome Developer Tools debuggen

Sie möchten eine Node.js-Applikation mit den Chrome Developer Tools debuggen.

3.4.1 Vorbereitung

Node.js-Applikationen können Sie auf verschiedene Arten debuggen. In diesem und den nächsten Rezepten möchte ich Ihnen eine Auswahl davon vorstellen, wobei als Grundlage das Beispielprogramm aus Listing 3.10 dienen soll.

Konkret werde ich Ihnen folgende Debugging-Möglichkeiten zeigen:

- Debugging über Chrome Developer Tools (dieses Rezept)
- Debugging über Visual Studio Code (Rezept 20)
- Debugging über die Kommandozeile (Rezept 21)

Erstellen Sie also zunächst ein Beispielprojekt über folgende Befehle:

```
$ mkdir example
$ cd example
$ npm init -y
$ mkdir src
$ touch src/start.js
```

Kopieren Sie anschließend den Code aus Listing 3.10 in die Datei *start.js*. Zu sehen ist hier eine einfache for-Schleife, die für zehn Iterationen läuft und in jeder Iteration die Methode (asynchrone) `wait()` aufruft, die wiederum nach fünf Sekunden den zurückgegebenen Promise »resolved«. Mit anderen Worten: In jeder Iteration der for-Schleife wird fünf Sekunden gewartet und dann die Schleife fortgeführt.

```
const wait = (timeout = 5000) => {
  return new Promise((resolve, reject) => {
    setTimeout(resolve, timeout);
  });
};

(async () => {
  for (let i = 0; i < 10; i++) {
    console.log('wait');
    await wait();
    console.log('waited');
  }
})();
```

Listing 3.10 Beispielprogramm für das Debugging

3.4.2 Lösung

Eine der gängigsten Möglichkeiten, eine Node.js-Applikation zu debuggen, führt über die im Chrome-Browser integrierten Chrome Developer Tools (*https://developers.google.com/web/tools/chrome-devtools/*). Der Vorteil: Diese Tools sind im Chrome-Browser bereits vorinstalliert und den meisten Webentwicklern ohnehin aus der Webentwicklung bekannt. So ist in der Regel keine große Umstellung bzw. Eingewöhnung notwendig, um sich zurechtzufinden. Damit Sie eine Node.js-Applikation aber überhaupt mit den Chrome Developer Tools debuggen können, müssen Sie die Applikation zunächst mit dem Parameter `--inspect` aufrufen:

```
$ node --inspect src/start.js
Debugger listening on ws://127.0.0.1:9229/11c10f5e-3b45-4de2-a029-9fa162fd709f
For help see https://nodejs.org/en/docs/inspector
```

Durch diesen Parameter startet Node.js intern den Debugger und stellt standardmäßig über den Port 9229 einen WebSocket-Server zur Verfügung, über den entsprechende Debugging-Tools die Verbindung mit der jeweiligen Applikation im Debug-Modus aufnehmen können.

Starten Sie jetzt den Chrome-Browser, und öffnen Sie die URL *chrome://inspect* (Abbildung 3.2).

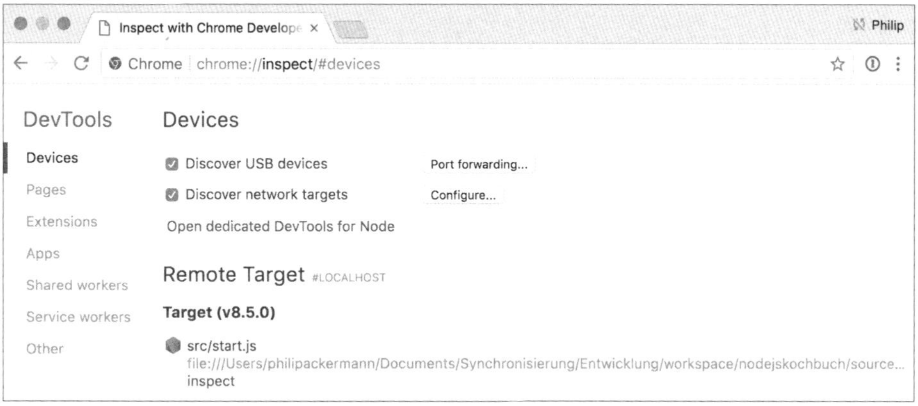

Abbildung 3.2 Verwaltung der Debugger in Chrome

Hinweis

Wenn Sie mehrere Node.js-Anwendungen parallel debuggen, können Sie über `--inspect=[host:port]` auch zusätzlich den Port (und den Hostnamen) angeben, unter dem der Debug-Server gestartet werden soll. Allerdings müssen Sie dabei beachten, dass Sie eventuell unter *chrome://inspect* erst noch unter CONFIGURE... den entsprechenden Port (und Hostnamen) in den TARGET DISCOVERY SETTINGS ergänzen müssen.

> **Merke**
>
> Verwenden Sie für das Starten einer Node.js-Applikation im Debug-Modus den Parameter `--inspect` (bzw. `--inspect-brk`, um den Debugger automatisch an der ersten Code-Zeile anzuhalten). Die beiden Parameter `--debug` und `--debug-brk` werden seit Node.js 12 nicht mehr unterstützt.

Unter dem Bereich REMOTE TARGET sollte nun die eben gestartete Anwendung aufgelistet sein. Klicken Sie unterhalb des Eintrags auf INSPECT, öffnen sich die Chrome Developer Tools (Abbildung 3.3). Über den Reiter SOURCES gelangen Sie nun in die Ansicht, in der Sie den Debugger steuern können. So können Sie wie gewohnt *Haltepunkte* (*Breakpoints*) definieren, indem Sie links neben eine Code-Zeile klicken, über die Tool-Leiste schrittweise durch den Code navigieren, Variablenbelegungen einsehen, Ausdrücke auswerten und vieles andere mehr.

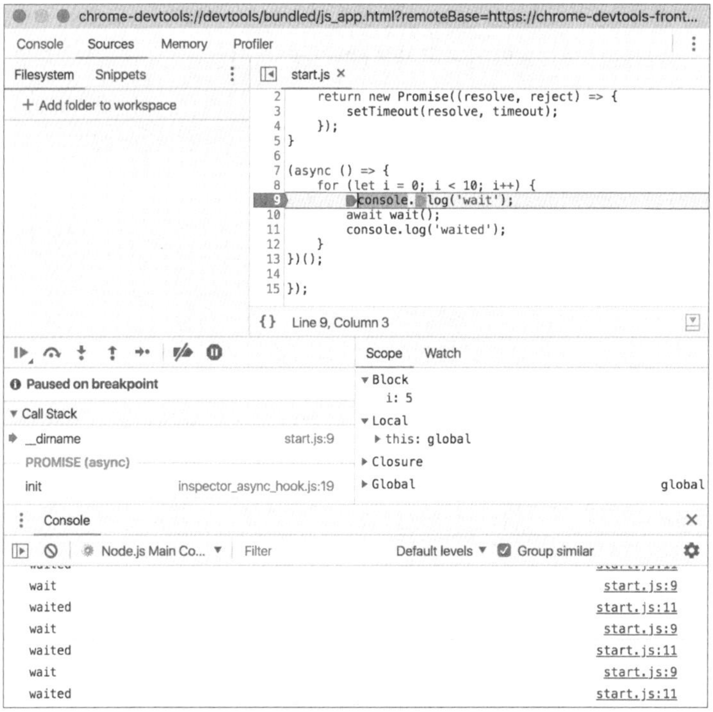

Abbildung 3.3 Chrome Developer Tools

Breakpoints von außen definieren

Manchmal reicht es nicht, den Debugger erst dann zu öffnen bzw. Breakpoints erst dann zu definieren, wenn die Applikation schon gestartet wurde, bspw. wenn Sie den Startprozess Ihrer Applikation debuggen möchten. Für Anwendungsfälle wie diesen haben Sie zwei Möglichkeiten: Zum einen können Sie den Debugger direkt dazu veranlassen, bei der ersten Anweisung Ihrer Applikation anzuhalten, und zwar, indem Sie statt des Parameters `--inspect` den Parameter `--inspect-brk` übergeben:

```
$ node --inspect-brk src/start.js
```

Zum anderen können Sie innerhalb Ihres Applikationscodes an beliebiger Stelle das `debugger`-Schlüsselwort verwenden, durch das der Debugger an genau dieser Stelle im Code anhält (Listing 3.11 und Abbildung 3.4).

```
const wait = (timeout = 5000) => {
  return new Promise((resolve, reject) => {
    setTimeout(resolve, timeout);
  });
};

(async () => {
  for (let i = 0; i < 10; i++) {
    console.log('wait');
    debugger;
    await wait();
    console.log('waited');
  }
})();
```

Listing 3.11 Verwendung des »debugger«-Schlüsselworts

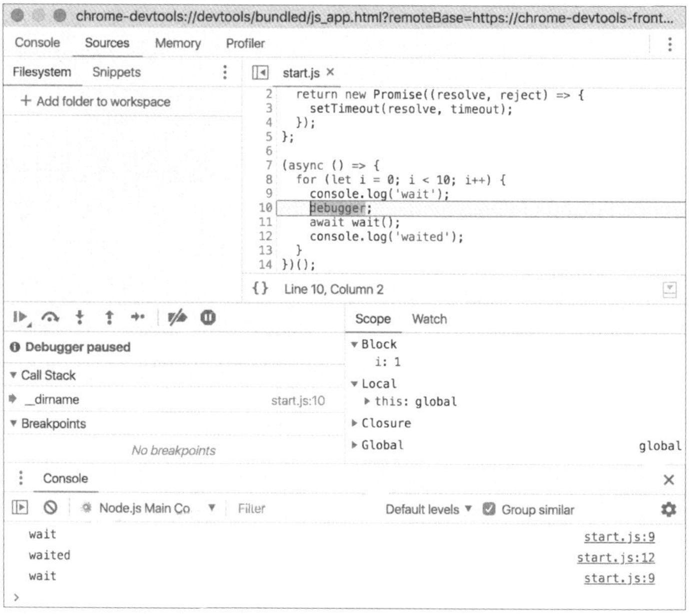

Abbildung 3.4 Am »debugger«-Schlüsselwort hält der Debugger

Produktivcode

Im Produktivcode hat dieses Schlüsselwort allerdings nichts zu suchen, auch wenn es von Node.js nur dann berücksichtigt wird, wenn die entsprechende Anwendung im Debug-Modus gestartet wird.

3.4.3 Ausblick

Die Chrome Developer Tools eignen sich meines Erachtens hervorragend, um Node.js-Applikationen in verschiedenen Kontexten zu debuggen. Wenn Sie dagegen alles aus einer Hand haben wollen, sprich Entwicklungsumgebung und Debugger, dann kann ich Ihnen auch das im nächsten Rezept vorgestellte Visual Studio Code empfehlen.

3.5 Rezept 20: Applikationen mit Visual Studio Code debuggen

Sie möchten eine Node.js-Applikation mit Visual Studio Code debuggen.

3.5.1 Lösung

Neben den Chrome Developer Tools, die praktischerweise direkt mit Chrome installiert sind, bieten verschiedene IDEs wie z. B. WebStorm (*https://www.jetbrains.com/webstorm/*) oder Visual Studio Code (*https://code.visualstudio.com/*) ebenfalls Möglichkeiten, direkt aus der IDE heraus eine Applikation im Debug-Modus zu starten. Intern passiert hierbei nichts anderes, als dass die Applikation mit dem Parameter `--inspect` gestartet und im Hintergrund ein Socket-Server hochgefahren wird, mit dem sich die IDE dann verbindet.

Im Folgenden möchte ich Ihnen zeigen, wie Sie Node.js-Anwendungen mit Visual Studio Code debuggen können, mittlerweile die IDE meiner Wahl, wenn es um die Entwicklung von Node.js- bzw. JavaScript-Anwendungen im Allgemeinen geht.

Applikationen aus dem Menü debuggen

Um mit Visual Studio Code ein Programm im Debug-Modus zu starten, wählen Sie aus dem Hauptmenü den Eintrag DEBUGGEN und im anschließenden Untermenü den Eintrag DEBUGGING STARTEN (alternativ dazu können Sie den Debug-Modus auch direkt über die [F5]-Taste starten). Anschließend wechselt Visual Studio Code (sofern noch nicht geschehen) in die Debugging-Ansicht (Abbildung 3.5), in der Ihnen die typischen Bereiche zur Verfügung stehen:

- Über den Bereich VARIABLEN können Sie bspw. die Belegung der aktuellen Variablen einsehen.
- Über den Bereich ÜBERWACHEN ist es möglich, Ausdrücke zu formulieren, die zur Laufzeit ausgewertet werden.
- Der Bereich AUFRUFLISTE enthält den Stack-Trace.
- Über den Bereich HALTEPUNKTE verwalten Sie die Breakpoints.
- Über die Toolbar am oberen Rand des Editors steuern Sie den eigentlichen Debugger.

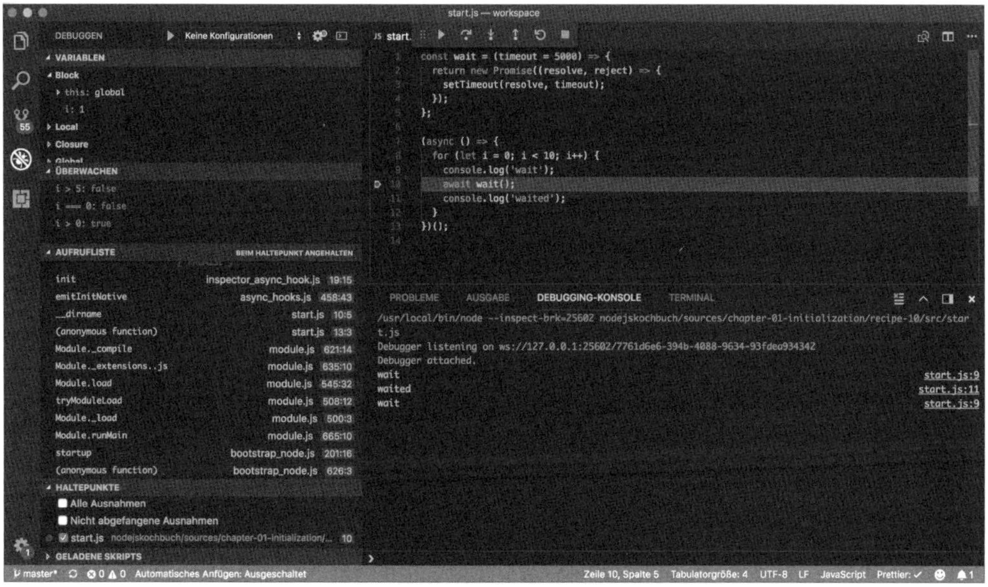

Abbildung 3.5 Debugging-Ansicht in Visual Studio Code

Applikationen über die Start-Konfiguration debuggen

Alternativ zu dem im vorherigen Abschnitt beschriebenen Weg, eine Node.js-Applikation zu debuggen, haben Sie in Visual Studio Code auch die Möglichkeit, sogenannte *Launch Configurations* zu definieren. Der Vorteil: In diesen Konfigurationen können Sie bspw. auch Umgebungsvariablen definieren, die für die Applikation notwendig sind, und andere Aspekte wie z. B. das automatische Transpilieren von JavaScript-Code.

Die Launch Configurations werden in der globalen Konfigurationsdatei *launch.json* verwaltet. Um diese zu öffnen, wählen Sie aus dem Hauptmenü den Eintrag DEBUG • OPEN CONFIGURATIONS oder DEBUG • ADD CONFIGURATION..., um direkt eine neue Konfiguration in der Datei anzulegen. Fügen Sie nun unter dem Bereich `configurations` die Konfiguration aus Listing 3.12 hinzu:

```
{
  "version": "0.2.0",
  "configurations": [
    {
      "type": "node",
      "request": "launch",
      "name": "My example debug application",
      "program": "${workspaceFolder}/nodejskochbuch/example/src/start.js"
    },
  ...
}
```

Listing 3.12 Launch Configuration von Visual Studio Code

Anschließend können Sie die Anwendung aus der Debug-Ansicht heraus über das Drop-down-Menü oben links direkt im Debug-Modus starten (siehe Abbildung 3.6).

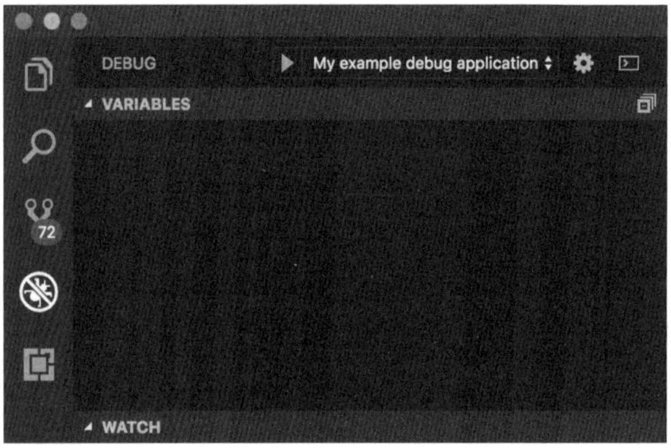

Abbildung 3.6 Starten einer Launch Configuration

> **Hinweis**
> Für weitere Details zum Thema Debugging unter Visual Studio Code empfiehlt sich die offizielle Dokumentation unter *https://code.visualstudio.com/docs/nodejs/nodejs-debugging*. Dort finden Sie bspw. Informationen zum Thema *Source Maps* (für den Fall, dass Sie Code debuggen möchten, der bspw. von TypeScript nach JavaScript transpiliert wurde).

3.5.2 Ausblick

Die Chrome Developer Tools und Visual Studio Code (oder andere IDEs) bieten mittlerweile hervorragende Möglichkeiten, um Node.js-Applikationen zu debuggen.

Dank des *Remote-Debuggings* über WebSockets können Sie dabei auch auf entfernte Rechner zugreifen, vorausgesetzt der entsprechende Debug-Port ist freigegeben. So ist es bspw. ohne Weiteres möglich, auf diese Weise eine Node.js-Anwendung zu debuggen, die innerhalb eines Docker-Containers läuft, und auch Anwendungen, die innerhalb eines Kubernetes-Clusters in einem Pod laufen, stellen kein Problem dar (das Einzige, was Sie hierbei machen müssen, ist, mit den Kommandozeilentools von Kubernetes den entsprechenden Port über den Befehl `kubectl port-forward` von dem jeweiligen Cluster auf Ihren Rechner weiterzuleiten).

Für Fälle, in denen Ihnen entweder keine IDE oder keine Chrome Developer Tools zur Verfügung stehen oder in denen Sie generell nicht per Remote-Debugging auf eine Anwendung zugreifen können und Ihnen nur der Zugriff per Kommandozeile gewährt ist, können Sie Node.js-Anwendungen auch per Kommandozeile debuggen. Wie das funktioniert, zeige ich Ihnen im nächsten Rezept. In Kapitel 10, »Testing und TypeScript«, werde ich Ihnen außerdem zeigen, wie Sie TypeScript-Anwendungen debuggen können, und in Kapitel 12, »Native Module«, wie Sie native Module bzw. nativen (C/C++)-Code debuggen können.

Verwandte Rezepte

- Rezept 21: Applikationen über die Kommandozeile debuggen
- Rezept 97: Native Node.js-Module debuggen

3.6 Rezept 21: Applikationen über die Kommandozeile debuggen

Sie möchten eine Node.js-Applikation über die Kommandozeile debuggen.

3.6.1 Lösung

Um eine Node.js-Applikation mit dem Node.js-Debugger zu starten, rufen Sie diese mit dem Unterbefehl `inspect` auf (nicht zu verwechseln mit dem Parameter `--inspect`, über den Sie, wie in den vorherigen Rezepten gesehen, eine Applikation im Debug-Modus starten):

```
$ node inspect start.js
< Debugger listening on ws://127.0.0.1:9229/ea17562c-4906-4884-872a-
c981ceb92f77
< For help see https://nodejs.org/en/docs/inspector
< Debugger attached.
Break on start in start.js:1
> 1 (function (exports, require, module, __filename, __dirname) { const wait =
 (timeout = 5000) => {
```

```
  2   return new Promise((resolve, reject) => {
  3     setTimeout(resolve, timeout);
debug>
```

Dies startet den Debugger, pausiert ihn an der ersten Code-Zeile und öffnet eine Debugger-Konsole, über die Sie verschiedene Befehle absetzen können. Um z. B. einen Breakpoint hinzuzufügen, verwenden Sie den Befehl `setBreakpoint()`, wobei Sie als ersten Parameter den Namen des Scripts und als zweiten Parameter die Code-Zeile übergeben. Folgender Befehl bspw. setzt einen Breakpoint an Zeile 9 im Script *start.js*:

```
debug> setBreakpoint('start.js', 9)
  4   });
  5 };
  6
  7 (async () => {
  8   for (let i = 0; i < 10; i++) {
> 9     console.log('wait');
 10     debugger;
 11     await wait();
 12     console.log('waited');
 13   }
 14 })();
```

Über den Befehl `cont` bzw. dessen Shortcut `c` können Sie die Programmausführung fortsetzen, was im Beispiel dazu führt, dass der Debugger das Programm bis zu dem gerade definierten Breakpoint ausführt:

```
debug> cont
break in start.js:9
  7 (async () => {
  8   for (let i = 0; i < 10; i++) {
> 9     console.log('wait');
 10     debugger;
 11     await wait();
```

Um den Wert einzelner Variablen einzusehen, verwenden Sie den Befehl `exec`, gefolgt von dem Namen der Variablen. Um bspw. den aktuellen Wert der Variablen `i` auszugeben, rufen Sie Folgendes auf:

```
debug> exec i
0
```

Über den Befehl `next` (bzw. `n`) bewegen Sie den Debugger um einen Schritt weiter. Wenn Sie diesen Befehl dreimal hintereinander ausführen, hält der Debugger anschließend am Aufruf der Funktion `wait()`:

```
debug> next
< wait
break in start.js:10
  8   for (let i = 0; i < 10; i++) {
* 9     console.log('wait');
>10     debugger;
 11     await wait();
 12     console.log('waited');
debug> next
break in start.js:11
* 9     console.log('wait');
 10     debugger;
>11     await wait();
 12     console.log('waited');
 13   }
debug> next
break in start.js:11
* 9     console.log('wait');
 10     debugger;
>11     await wait();
 12     console.log('waited');
 13   }
```

Über step (bzw. s) springen Sie in eine Funktion hinein:

```
debug> step
break in start.js:2
  1 (function (exports, require, module, __filename, __dirname) { const wait =
    (timeout = 5000) => {
> 2   return new Promise((resolve, reject) => {
  3     setTimeout(resolve, timeout);
  4   });
debug> exec timeout
5000
```

Und über den Befehl out (bzw. o) springen Sie aus einer Funktion wieder heraus:

```
debug> out
break in start.js:11
* 9     console.log('wait');
 10     debugger;
>11     await wait();
 12     console.log('waited');
 13   }
```

Darüber hinaus können Sie über `pause` mit der Ausführung des jeweiligen Scripts pausieren, über `watch()` bzw. `unwatch()` Überwachungsausdrücke definieren bzw. wieder löschen, über `backtrace` den aktuellen Methodenaufruf-Stack ausgeben und über `list()` den die aktuelle Code-Zeile umgebenden Code ausgeben (siehe auch Tabelle 3.2). Weitere Informationen zum Debuggen auf der Kommandozeile finden Sie unter *https://nodejs.org/api/debugger.html*.

Befehl	Shortcut	Beschreibung
`cont`	`c`	Setzt die Programmausführung fort.
`next`	`n`	Setzt den Debugger einen Schritt weiter.
`step`	`s`	Springt in eine Funktionhinein.
`out`	`o`	Springt aus einer Funktion heraus.
`pause`	–	Pausiert den Debugger.
`setBreakpoint()`	`sb()`	Setzt einen Breakpoint an der aktuellen Zeile.
`setBreakpoint(line)`	`sb(line)`	Setzt einen Breakpoint an einer bestimmten Zeile.
`setBreakpoint('fn()')`	`sb('fn()')`	Setzt einen Breakpoint an der ersten Anweisung der übergebenen Funktion.
`setBreakpoint( 'script.js', line )`	`sb( 'script.js', line )`	Setzt einen Breakpoint an einer bestimmten Zeile des übergebenen Scripts.
`clearBreakpoint( 'script.js', line )`	`cb( 'script.js', line )`	Löscht einen Breakpoint von einer bestimmten Zeile des übergebenen Scripts.
`backtrace`	`bt`	Gibt den Methodenaufruf-Stack aus.
`list(lines)`	–	Gibt den aktuellen Script-Kontext aus, wobei die Anzahl der vorher und nachher mit ausgegebenen Zeilen durch den Parameter `lines` beeinflusst werden kann.

Tabelle 3.2 Überblick über die Befehle des kommandozeilenbasierten Node.js-Debuggers

Befehl	Shortcut	Beschreibung
`watch(expr)`	–	Fügt einen Ausdruck zu den Watch-Expressions hinzu.
`unwatch(expr)`	–	Entfernt einen Ausdruck von den Watch-Expressions.
`watchers`	–	Gibt die aktuellen Watch-Expressions inklusive ihrer aktuellen Werte aus.
`repl`	–	Öffnet einen *REPL* (*Read-Eval-Print Loop*) in dem aktuellen Script-Kontext.
`exec expr`	–	Führt einen Ausdruck in dem aktuellen Script-Kontext aus.
`run`	–	Führt ein Script aus.
`restart`	–	Startet ein Script neu.
`kill`	–	Beendet ein Script.

Tabelle 3.2 Überblick über die Befehle des kommandozeilenbasierten Node.js-Debuggers (Forts.)

3.6.2 Ausblick

Sie wissen jetzt, wie Sie Node.js-Anwendungen mithilfe der Kommandozeile debuggen können. Allerdings ergibt die Verwendung eines kommandozeilebasierten Debuggers meiner Meinung nach nur in Ausnahmefällen Sinn (oder wenn man ein gewisses Faible für das reine Arbeiten mit der Kommandozeile hat). Die Komfortabilität eines GUI-gestützten Debuggers wie den in den vorherigen Rezepten gezeigten Chrome Developer Tools und Visual Studio Code ist mit einem kommandozeilenbasierten Debugger einfach nicht gegeben.

Verwandte Rezepte

- Rezept 19: Applikationen mit Chrome Developer Tools debuggen
- Rezept 97: Native Node.js-Module debuggen

3.7 Zusammenfassung

In diesem Kapitel haben Sie verschiedene Rezepte bezüglich des Loggings und des Debuggings kennengelernt. Sie wissen jetzt, wie Sie

- Logging für Node.js-Packages einrichten (Rezept 16),
- Logging für Node.js-Applikationen einrichten (Rezept 17),
- Logging über Adapter-Packages einrichten (Rezept 18),
- Applikationen mit den Chrome Developer Tools debuggen (Rezept 19),
- Applikationen mit Visual Studio Code debuggen (Rezept 20),
- Applikationen über die Kommandozeile debuggen (Rezept 21).

Im nächsten Kapitel lernen Sie dann, was es bezüglich der Konfiguration von Node.js-Applikation alles zu beachten gibt.

Kapitel 4
Konfiguration und Internationalisierung

In diesem Kapitel lernen Sie, wie Sie Anwendungen optimal konfigurieren und für den mehrsprachigen Einsatz vorbereiten.

Konfigurationsdaten einer Anwendung, wie z. B. bei Webservern der Hostname und der Port oder bei Datenbanken die Verbindungseinstellungen wie Nutzername und Passwort, sollten Sie nicht direkt im Code definieren, sondern von außen konfigurierbar machen. Das gilt nicht nur für JavaScript unter Node.js, sondern auch für andere Programmiersprachen und ist Bestandteil der *Twelve-Factor-App*-Methodologie (siehe *https://12factor.net/* und insbesondere *https://12factor.net/config*).

Der Vorteil einer flexiblen Konfiguration gegenüber hart kodierten Werten liegt auf der Hand: Anwendungen können auf diese Weise dynamisch konfiguriert und an die entsprechenden Bedingungen angepasst werden, ohne dass sie neu gebaut oder deployed werden müssen.

Darüber hinaus ist es in den meisten Fällen sinnvoll, eine Applikation auch so zu strukturieren, dass sie relativ einfach an verschiedene Sprachen angepasst werden kann (Stichwort *Internationalisierung*).

In diesem Kapitel zeige ich Ihnen daher, wie Sie Node.js-Applikationen am besten konfigurieren (Rezepte 22 bis 25) und was es bezüglich der Mehrsprachigkeit von Node.js-Applikationen zu beachten gilt (Rezepte 26 und 27).

- Rezept 22: Applikationen konfigurieren über Umgebungsvariablen
- Rezept 23: Applikationen konfigurieren über Konfigurationsdateien
- Rezept 24: Applikationen konfigurieren über Kommandozeilenargumente
- Rezept 25: Applikationen optimal konfigurierbar machen
- Rezept 26: Mehrsprachige Applikationen erstellen
- Rezept 27: Sprachdateien verwenden

4.1 Rezept 22: Applikationen konfigurieren über Umgebungsvariablen

Sie möchten Ihre Applikation über Umgebungsvariablen konfigurierbar machen.

4.1.1 Exkurs: Konfiguration von Applikationen

Prinzipiell lassen sich Node.js-Applikationen über folgende Techniken konfigurieren, die ich Ihnen in diesem und den folgenden Rezepten vorstellten möchte:

- über *Umgebungsvariablen* (dieses Rezept)
- über *Konfigurationsdateien* (Rezept 23)
- über *Kommandozeilenargumente* (Rezept 24)
- Eine *optimal konfigurierbare Applikation* ist zudem zugleich über alle drei Techniken konfigurierbar (Rezept 25).

4.1.2 Lösung: Umgebungsvariablen mit der Node.js-API auslesen

Unter Node.js werden Umgebungsvariablen über das Objekt `process.env` verwaltet, auf das sowohl lesend als auch schreibend zugegriffen werden kann. Listing 4.1 zeigt ein Beispiel für den lesenden Zugriff: In diesem Beispiel wird über das »http«-Modul ein einfacher Webserver erstellt (siehe auch Rezept 54, »Einen HTTP-Server implementieren«), wobei der zu verwendende Port über eine Umgebungsvariable definiert werden kann. Ist keine entsprechende Umgebungsvariable definiert, wird der Default-Wert »8080« verwendet (dafür sorgt das logische ODER `||`). In der Funktion `connectDatabase()` werden zudem drei weitere Umgebungsvariablen ausgelesen (wobei die Funktion nur zu Demonstrationszwecken enthalten ist und keine wirkliche Logik enthält).

```
const http = require('http');

const PORT = process.env.PORT || 8080;
const DB_HOST = process.env.DB_HOST || 'localhost';
const DB_USER = process.env.DB_USER;
const DB_PASS = process.env.DB_PASS;

const connectDatabase = () => {
  console.log(`Connecting to database at ${DB_HOST}`);
  // Die folgenden beiden Zeilen nur zu Demonstrationszwecken
  console.log(`Username: ${DB_USER}`);
```

```
  console.log(`Password: ${DB_PASS}`);
};

const app = http.createServer((request, response) =>
  response.send('Hello World')
);

app.listen(PORT, () => {
  connectDatabase();
  console.log(`Server is running on port ${PORT}`);
});
```

Listing 4.1 Verwenden von Umgebungsvariablen unter Node.js

Kopieren Sie den Code, und speichern Sie ihn innerhalb Ihres Projekts unter *src/server.js*. Rufen Sie anschließend die Anwendung wie folgt auf:

```
$ node src/server.js
```

Da noch keine Umgebungsvariablen definiert sind, verwendet die Applikation jeweils die Standardwerte. Die Ausgabe lautet daher:

```
Connecting to database at localhost
Username: undefined
Password: undefined
Server is running on port 8080
```

Stoppen Sie nun die Anwendung, und definieren Sie die in der Applikation verwendeten Umgebungsvariablen. Unter Linux und macOS verwenden Sie dazu den Befehl `export`:

```
$ export PORT=8081
$ export DB_HOST=127.0.0.1
$ export DB_USER=admin
$ export DB_PASS=secret
```

Unter Windows verwenden Sie dagegen den Befehl `set`:

```
$ set PORT=8081
$ set DB_HOST=127.0.0.1
$ set DB_USER=admin
$ set DB_PASS=secret
```

Starten Sie anschließend die Applikation erneut, werden die Werte aus den Umgebungsvariablen gelesen und entsprechend ausgegeben:

```
$ node src/server.js
Connecting to database at 127.0.0.1
Username: admin
Password: secret
Server is running on port 8081
```

Der Einfachheit halber lassen sich Umgebungsvariablen auch direkt beim Starten einer Node.js-Applikation angeben, und zwar indem Sie diese dem Befehl `node` voranstellen:

```
$ PORT=8082 DB_HOST=127.0.0.1 DB_USER=root DB_PASS=12345 node src/server.js
Connecting to database at localhost
Username: root
Password: 12345
Server is running on port 8082
```

Praktischer als das Definieren von Umgebungsvariablen per Kommandozeile ist allerdings die Verwendung einer Konfigurationsdatei, in der die Umgebungsvariablen definiert werden. Wie das funktioniert, zeige ich Ihnen im nächsten Abschnitt.

4.1.3 Lösung: Umgebungsvariablen über .env-Datei definieren

Ein Package, das ich Ihnen für die Definition und das Verwenden von Umgebungsvariablen empfehlen kann, ist das Package »dotenv« (*https://github.com/motdotla/dotenv*). Der Vorteil: Umgebungsvariablen können in Form von Schlüssel/Wert-Paaren bequem über eine Konfigurationsdatei *.env* definiert werden, die dann von »dotenv« eingelesen und entsprechend am Objekt `process.env` gesetzt werden. Zudem kann die Konfigurationsdatei relativ schnell zwischen Entwicklern ausgetauscht werden und nach den eigenen Wünschen lokal angepasst werden.

Hinweis

Beachten Sie aber, dass Sie *.env*-Dateien nicht in Ihr Versionskontrollsystem hochladen sollten. So vermeiden Sie, dass sensible Daten wie bspw. Zugangsdaten für Datenbanken in falsche Hände geraten. Ergänzen Sie gegebenenfalls einen entsprechenden Eintrag in der *.gitignore*-Datei Ihres Projektes.

Das Package »dotenv« lässt sich über folgenden Befehl installieren:

```
$ npm install dotenv
```

Wie Sie das Package verwenden, sehen Sie in Listing 4.2. Prinzipiell müssen Sie lediglich das Package über `require()` einbinden und die Funktion `load()` aufrufen. Standardmäßig sucht »dotenv« dann im Wurzelverzeichnis des jeweiligen Projekts nach der Datei *.env* und liest die dort definierten Umgebungsvariablen ein.

```
const http = require('http');

if (process.env.NODE_ENV !== 'production') {
  // Ausnahmsweise: require() mitten im Code
  require('dotenv').load();
}

const PORT = process.env.PORT || 8080;
const DB_HOST = process.env.DB_HOST || 'localhost';
const DB_USER = process.env.DB_USER;
const DB_PASS = process.env.DB_PASS;

const connectDatabase = () => {
  console.log(`Connecting to database at ${DB_HOST}`);
  // Die folgenden beiden Zeilen nur zu Demonstrationszwecken
  console.log(`Username: ${DB_USER}`);
  console.log(`Password: ${DB_PASS}`);
};

const app = http.createServer((request, response) =>
  response.send('Hello World')
);

app.listen(PORT, () => {
  connectDatabase();
  console.log(`Server is running on port ${PORT}`);
});
```

Listing 4.2 Verwenden von Umgebungsvariablen mit »dotenv«

Die Umgebungsvariable NODE_ENV

Wenn Sie das »dotenv«-Package nicht im Produktiveinsatz verwenden möchten, können Sie dies übrigens, wie in Listing 4.2 gezeigt, über die Umgebungsvariable `process.env.NODE_ENV` sicherstellen. Dieser Variablen kommt unter Node.js eine besondere Bedeutung zu: Über sie lässt sich definieren, in welcher Umgebung eine Node.js-Anwendung ausgeführt wird. Entsprechend kann sie verschiedene Werte annehmen, wie bspw. »development«, »staging«, »production« oder »testing«. Frameworks wie Express (*https://expressjs.com*), SailsJS (*https://sailsjs.com*) oder Mongoose (*https://mongoosejs.com*) nutzen diese Angabe dann, um ihr Verhalten je nach Umgebung entsprechend anzupassen. Beispielsweise sind die Log-Ausgaben unter »development« umfangreicher als unter »production«.

Kopieren Sie sich den Code aus Listing 4.2, und speichern Sie ihn unter *src/server-dotenv.js*. Legen Sie außerdem im Wurzelverzeichnis des Projekts eine *.env*-Datei mit folgendem Inhalt an:

```
PORT = 8081
DB_HOST = 127.0.0.1
DB_USER = admin
DB_PASS = secret
```

Rufen Sie nun die Anwendung wie folgt auf:

```
$ node src/server-dotenv.js
```

Dann sollte die Ausgabe wie folgt lauten:

```
Connecting to database at 127.0.01
Username: admin
Password: secret
Server is running on port 8081
```

Hinweis

Achten Sie beim Aufruf darauf, dass Sie die Anwendung aus dem Wurzelverzeichnis des Projekts aufrufen. Ansonsten kann der Pfad zur *.env*-Datei nicht richtig aufgelöst werden. Beachten Sie auch, dass durch »dotenv« bereits existierende Umgebungsvariablen nicht überschrieben werden. Wenn Sie also noch die Umgebungsvariablen gesetzt haben, werden die Werte aus diesen Umgebungsvariablen gelesen und nicht aus der gerade erstellten *.env*-Datei.

Wenn Sie Ihren bestehenden Code nicht anpassen möchten, sprich das »dotenv«-Package nicht direkt im Code einbinden möchten, können Sie dies auch beim Starten der Anwendung über den Zusatz `-r dotenv/config` dynamisch machen. Auf diese Weise bleibt Ihr Code frei von diesbezüglichen Anpassungen.

```
$ node -r dotenv/config src/server.js
Connecting to database at localhost
Username: admin
Password: secret
Server is running on port 8081
```

Merke: Packages beim Starten laden

Der Parameter `-r` (bzw. die Langform `--require`) sorgt dafür, dass das als weiterer Parameter übergebene Package beim Starten einer Node.js-Applikation dynamisch geladen wird, ohne dass Sie das Package per `require()` im Code einbinden müssen.

4.1.4 Ausblick

Eine Applikation über Umgebungsvariablen konfigurierbar zu machen gehört mittlerweile zum guten Stil und erlaubt es Ihnen, Ihre Applikation relativ einfach und dynamisch zu konfigurieren. Jedes Mal, wenn Sie innerhalb einer Applikation Konstanten verwenden (bspw. Verbindungseinstellungen zu Datenbanken oder Webservices), sollten Sie sich genau überlegen, ob es nicht Sinn ergibt, den Wert der Konstanten auch über Umgebungsvariablen konfigurierbar zu machen. Darüber hinaus ist es sinnvoll, Applikationen auch über Konfigurationsdateien konfigurierbar zu machen. Wie das funktioniert, schauen wir uns im nächsten Rezept an.

4.2 Rezept 23: Applikationen konfigurieren über Konfigurationsdateien

Sie möchten Ihre Applikation über Konfigurationsdateien konfigurierbar machen.

4.2.1 Lösung: Konfigurationsdateien mit JSON

Neben der Konfiguration über Umgebungsvariablen, wie im vorherigen Rezept gezeigt, lässt sich die Konfiguration einer Applikation auch über Konfigurationsdateien vornehmen. Ansatzweise haben Sie dies bereits am Beispiel von *.env*-Dateien im vorherigen Rezept gesehen, dort allerdings nur als Mittel zum Zweck, die Umgebungsvariablen an zentraler Stelle definieren zu können. Komplexere Konfigurationen, die eine geschachtelte Struktur aufweisen, können mit *.env*-Dateien allerdings nicht definiert werden. In solchen Fällen müssen Sie auf andere Formate zurückgreifen.

Am naheliegendsten ist dabei das JSON-Format. Es wird nativ von Node.js (bzw. JavaScript) unterstützt und ist aufgrund seiner Einfachheit sehr beliebt und verbreitet (und hat auch als Austauschformat in den vergangenen Jahren dem XML-Format ernsthaft Konkurrenz gemacht, wenn nicht sogar XML als Austauschformat verdrängt).

Listing 4.3 zeigt ein Beispiel für eine JSON-Konfiguration:

```
{
  "server": {
    "port": 8080
  },
  "database": {
    "host": "localhost",
    "user": "admin",
```

```
    "pass": "secret"
  }
}
```

Listing 4.3 Konfigurationsdatei in JSON

Bequemerweise lassen sich JSON-Dateien direkt über `require()` in eine Anwendung einbinden (Listing 4.4). Das Einlesen der entsprechenden Datei und das Parsen in ein JSON-Objekt übernimmt Node.js intern für Sie, sodass Sie anschließend direkt auf die definierten Konfigurationseigenschaften zugreifen können:

```
const http = require('http');
const config = require('./config.json');

const PORT = config.server.port;
const DB_HOST = config.database.host;
const DB_USER = config.database.user;
const DB_PASS = config.database.pass;

const connectDatabase = () => {
  console.log(`Connecting to database at ${DB_HOST}`);
  // Die folgenden beiden Zeilen nur zu Demonstrationszwecken
  console.log(`Username: ${DB_USER}`);
  console.log(`Password: ${DB_PASS}`);
};

const app = http.createServer((request, response) =>
  response.send('Hello World')
);

app.listen(PORT, () => {
  connectDatabase();
  console.log(`Server is running on port ${PORT}`);
});
```

Listing 4.4 Einlesen einer JSON-Konfiguration über »require()«

Sie sollten allerdings beachten, dass bei der Verwendung von `require()` der Caching Mechanism von Node.js aktiv wird: Dateien, die über `require()` eingebunden sind, werden nur beim ersten Mal vom Dateisystem geladen, alle weiteren Aufrufe greifen direkt auf den Cache zu. Mit anderen Worten: Die JSON-Datei wird über `require()` nur beim ersten Mal eingelesen. Wenn Sie aber die gleiche Konfiguration innerhalb einer Applikation an anderer Stelle über `require()` einlesen, werden die Daten dann aus dem Cache geladen. Dies kann in vielen Fällen ausreichend sein und dank des

Cachings auch genau das, was man möchte. Sollten Sie allerdings zur Laufzeit innerhalb der Applikation (oder von außerhalb) auch in die JSON-Konfigurationsdatei schreiben, werden diese Aktualisierungen nicht in den Cache übernommen und bei weiteren Ladevorgängen der Konfigurationsdatei nicht berücksichtigt. Möchten Sie dagegen, dass eine Konfigurationsdatei auch zur Laufzeit einer Anwendung aktualisiert werden kann, verwenden Sie besser das Modul »fs« aus der Node.js-Standard-API (siehe Rezept 28), um die Datei jedes Mal aus dem Dateisystem zu lesen:


```
const http = require('http');
const fs = require('fs');
const path = require('path');
const configPath = path.join(__dirname, 'config.json');
const content = fs.readFileSync(configPath);
const config = JSON.parse(content);
...
```

Listing 4.5 Einlesen einer JSON-Konfiguration über das »fs«-Modul

> **Hinweis**
>
> Das Verwenden der Funktion `readFileSync()` aus dem »fs«-Modul eignet sich übrigens nur für das Einlesen von kleinen Dateien (für Konfigurationsdateien in der Regel der Fall). Größere Dateien sollten Sie dagegen mit der asynchronen Variante `readFile()` oder besser direkt über sogenannte *Streams* einlesen. Auf diese Möglichkeiten werde ich in Kapitel 5, »Dateisystem, Streams und Events«, in Rezept 28 und Rezept 30 näher eingehen.

4.2.2 Lösung: Konfigurationsdateien mit JavaScript

Eine Einschränkung von JSON ist, dass die Konfigurationen nur statisch definiert werden können, eine weitere Einschränkung, dass keine Kommentare erlaubt sind. In dieser Hinsicht flexibler ist die Verwendung von Konfigurationsdateien direkt in JavaScript, in denen Sie die Konfiguration als Objekt definieren und über `module.exports` entsprechend exportieren:

```
const config = {
  // Server-Konfiguration
  server: {
    port: 8080
  },
  // Datenbank-Konfiguration
  database: {
    host: 'localhost',
```

```
    user: 'admin',
    pass: 'secret'
  }
};
module.exports = config;
```

Listing 4.6 Konfigurationsdatei in JavaScript

Der Vorteil gegenüber JSON: Innerhalb einer JavaScript-Konfigurationsdatei sind Sie viel flexibler bezüglich der Definition der Konfigurationsdaten. So ist es z. B. relativ einfach möglich, innerhalb von JavaScript-Konfigurationen Daten dynamisch aus Umgebungsvariablen einzulesen, indem Sie (wie im vorherigen Rezept gesehen) auf das Objekt `process.env` zugreifen:

```
const config = {
  server: {
    port: process.env.PORT || 8080
  },
  database: {
    host: process.env.DB_HOST || 'localhost',
    user: process.env.DB_USER || 'admin',
    pass: process.env.DB_PASS || 'secret'
  }
};
module.exports = config;
```

Listing 4.7 Einlesen von Umgebungsvariablen in JavaScript-Konfiguration

Ebenso wie JSON-Konfigurationen können Sie selbstverständlich auch JavaScript-Konfiguration wie gewohnt über `require()` einbinden:

```
const http = require('http');
const config = require('./config');

const PORT = config.server.port;
const DB_HOST = config.database.host;
const DB_USER = config.database.user;
const DB_PASS = config.database.pass;

const connectDatabase = () => {
  console.log(`Connecting to database at ${DB_HOST}`);
  // Die folgenden beiden Zeilen nur zu Demonstrationszwecken
  console.log(`Username: ${DB_USER}`);
  console.log(`Password: ${DB_PASS}`);
};
```

```
const app = http.createServer((request, response) =>
  response.send('Hello World')
);

app.listen(PORT, () => {
  connectDatabase();
  console.log(`Server is running on port ${PORT}`);
});
```

Listing 4.8 Einlesen einer JavaScript-Konfiguration über »require()«

4.2.3 Ausblick

In diesem Rezept haben Sie gesehen, wie Sie Node.js-Applikationen mithilfe von Konfigurationsdateien konfigurieren können. Als Datenformate bieten sich dank der nativen Unterstützung JSON und JavaScript an. Aber auch andere Formate sind in diesem Zusammenhang stark verbreitet. In Kapitel 6, »Datenformate«, werde ich Ihnen diesbezüglich noch die Formate YAML, TOML und INI vorstellen und zeigen, wie sich diese Formate unter Node.js verarbeiten lassen. Doch zunächst schauen wir uns im nächsten Rezept an, wie man unter Node.js auf Kommandozeilenargumente zugreifen kann.

Verwandte Rezepte

- Rezept 42: YAML verarbeiten und generieren
- Rezept 43: TOML verarbeiten
- Rezept 44: INI verarbeiten und generieren

4.3 Rezept 24: Applikationen konfigurieren über Kommandozeilenargumente

Sie möchten eine Applikation über Kommandozeilenargumente konfigurierbar machen oder generell auf Kommandozeilenargumente zugreifen.

4.3.1 Lösung: auf Kommandozeilenargumente zugreifen über die Standard-Node.js-API

Für den Zugriff auf Kommandozeilenargumente stellt Node.js über die Standard-API das `process`-Objekt zur Verfügung. Bei diesem Objekt handelt es sich um ein globales Objekt, das implizit in jeder Node.js-Anwendung zur Verfügung steht, ohne zuvor importiert werden zu müssen (*https://nodejs.org/api/process.html*). In der Eigenschaft `argv` dieses Objekts wiederum ist ein Array hinterlegt, das die gesamten Argumente enthält, die beim Starten der entsprechenden Anwendung übergeben wurden. An erster Stelle in diesem Array ist dabei der absolute Pfad der ausführbaren Datei enthalten, über die die Anwendung gestartet wurde (bspw. */usr/local/bin/node*), und an zweiter Stelle der absolute Pfad zu der JavaScript-Datei, die gestartet wurde. Erst an dritter Stelle beginnen die eigentlichen Argumente, die der jeweiligen Anwendung übergeben wurden:

```
#!/usr/bin/env node
process.argv.forEach((value, index) => {
  console.log(${index}: ${value});
});
```

Listing 4.9 Zugriff auf Kommandozeilenargumente

Ruft man dieses Programm z. B. mit dem Befehl `node src/start.js nodejs is cool` auf, lautet die Ausgabe wie folgt:

```
0: /usr/local/bin/node
1: /Users/philipackermann/workspace/nodejskochbuch/configuration/src/start.js
2: nodejs
3: is
4: cool
```

Flags definieren

Komplexere Kommandozeilenanwendungen ermöglichen es in der Regel, Argumente mithilfe von *Flags* anzugeben, die bspw. durch ein oder zwei vorangehende --Zeichen definiert werden. Für eine Kommandozeilenanwendung z. B., über die HTTP-Anfragen gestellt werden sollen, würden entsprechende Parameter vermutlich wie folgt aussehen:

```
$ node src/start-arguments.js
  --url http://localhost:8080/api/v1.0/users
  --method GET
  --headers "Accept: application/json"
```

Der Vorteil dieser Vorgehensweise ist, dass Nutzer beim Aufruf der jeweiligen Anwendung nicht auf die exakte Reihenfolge der Argumente achten müssen. Obigen Aufruf könnte man bspw. auch wie folgt abändern:

```
$ node src/start-arguments.js
  --method GET
  --url http://localhost:8080/api/v1.0/users
  --headers "Accept: application/json"
```

Wenn Sie diese Flexibilität innerhalb Ihrer Kommandozeilenanwendung zur Verfügung stellen wollen, ist das unter Verwendung von `process.argv` relativ umständlich, weil Sie dazu über alle Argumente iterieren und die entsprechenden Werte den Parameternamen zuordnen müssten. Eine einfache Implementierung würde z. B. wie folgt aussehen:

```
#!/usr/bin/env node
const parameters = {};
let current;

process.argv.forEach((value, index) => {
  if (value.startsWith('--')) {
    current = value.substring(2);
  } else {
    parameters[current] = value;
  }
});

const {
  url = 'http://localhost',
  method = 'GET',
  body = '',
  headers = ''
} = parameters;

console.log(`Sending HTTP request
  URL: ${url}
  Method: ${method}
  Body: ${body}
  Headers: ${headers}`);
```

Listing 4.10 Unterstützung von benannten Argumenten

Alternativ zu dem direkten Zugriff auf die Argumente über `process.argv` empfiehlt sich daher die Verwendung von Packages, die den Zugriff abstrahieren und auch komplexere Anwendungsfälle wie die eben gezeigten Flags vereinfachen. Beispiele hierfür sind »minimist« (*https://github.com/substack/minimist*), »node-optimist« (*https://github.com/substack/node-optimist*), »yargs« (*https://github.com/yargs/yargs*) oder »commander« (*https://github.com/tj/commander.js*). Persönlich empfehle ich Ihnen die beiden letztgenannten, da sie kaum Wünsche offen lassen und zudem auf GitHub eine höhere Aktivität seitens der Entwickler aufweisen.

Hinweis

Die erste Zeile aus den vorherigen Listings wird aufgrund der vorangestellten Raute und des Ausrufezeichens (`#!`) auch als *Shebang Line* (oder auch *Magic Line*) bezeichnet (*https://de.wikipedia.org/wiki/Shebang*). Über sie lässt sich unter Unix-basierten Betriebssystemen ein Befehl definieren, der beim direkten Aufruf der jeweiligen Datei intern zum Ausführen der Datei verwendet wird.

Wenn Sie diese Zeile weglassen würden, könnten Sie das entsprechende Node.js-Programm nur über den Befehl `node` ausführen. Mit der Zeile `#!/usr/bin/env node` ist es dagegen auch möglich, die Datei direkt auszuführen. Voraussetzung hierfür ist allerdings, dass die Datei zuvor als ausführbar definiert wurde:

```
$ chmod +x ./src/start-arguments.js
$ ./src/start-arguments.js
  --url http://localhost:8080/api/v1.0/users
  --method GET
  --headers "Accept: application/json"
```

4.3.2 Lösung: auf Kommandozeilenargumente zugreifen über »yargs«

Das Package »yargs« (*https://github.com/yargs/yargs*) vereinfacht den Zugriff auf Kommandozeilenargumente, indem es Ihnen ein Objekt zur Verfügung stellt, dessen Eigenschaften den (benannten) Argumenten mit den dazugehörigen Werten entsprechen.

Installieren können Sie das Package für ein Projekt wie folgt:

```
$ npm install yargs
```

Erstellen Sie anschließend eine Script-Datei *start-yargs.js*, und kopieren Sie den Inhalt aus Listing 4.11 hinein.

```
#!/usr/bin/env node
const yargs = require('yargs');

const {
  url = 'http://localhost',
  method = 'GET',
  body = '',
  headers = ''
} = yargs.argv;

console.log(`Sending HTTP request
  URL: ${url}
```

```
  Method: ${method}
  Body: ${body}
  Headers: ${headers}`);
```

Listing 4.11 Zugriff auf Kommandozeilenargumente mit »yargs«

Wie Sie in Listing 4.11 sehen können, enthält das Objekt `yargs.argv` die gesamten Argumente als gleichnamige Eigenschaften und bietet damit das von Haus an, was wir vorhin in Listing 4.10 von Hand implementiert hatten. Der Aufruf der Applikation dagegen ist der gleiche:

```
$ node src/start-yargs.js \
  --url http://localhost:8080/api/v1.0/users \
  --method GET \
  --headers "Accept: application/json"
Sending HTTP request
  URL: http://localhost:8080/api/v1.0/users
  Method: GET
  Headers: Accept: application/json
```

4.3.3 Lösung: auf Kommandozeilenargumente zugreifen über »commander.js«

Ein alternatives Package, das Ihnen ebenfalls beim Zugriff auf Kommandozeilenargumente hilft, ist das Package »commander.js« (*https://github.com/tj/commander.js/*).

Über folgenden Befehl installieren Sie das Package für Ihr Projekt:

```
$ npm install commander
```

Erstellen Sie anschließend eine Script-Datei (*start-commander.js*), und kopieren Sie den Inhalt aus Listing 4.11 hinein.

```
#!/usr/bin/env node
const program = require('commander');

program
  .version('1.0.0')
  .option('-u, --url [url]', 'The request URL')
  .option('-m, --method [method]', 'The HTTP method')
  .option('-b, --body [body]', 'The request body')
  .option('-h, --headers [headers]', 'The request headers')
  .parse(process.argv);

const {
  url = 'http://localhost',
```

```
  method = 'GET',
  body = '',
  headers = ''
} = program;

console.log(`Sending HTTP request
  URL: ${url}
  Method: ${method}
  Body: ${body}
  Headers: ${headers}`);
```

Listing 4.12 Zugriff auf Kommandozeilenargumente mit »commander.js«

Wie Sie in Listing 4.12 sehen, stellt das über `require('commander')` eingebundene Objekt `program` seine API in Form einer sogenannten *Fluent API* zur Verfügung (siehe Kasten), über die Sie die Konfiguration der Kommandozeilenanwendung vornehmen. Über den Aufruf `option()` definieren Sie dabei, welche Parameter die Anwendung akzeptiert. Dieser Methode übergeben Sie den Namen des jeweiligen Parameters (bzw. einen entsprechenden Shortcut, bspw. `--url` und `-u`), einen Platzhalter für das konkrete Argument (bspw. `[url]`) sowie eine Kurzbeschreibung. Über den Aufruf `parse()`, dem Sie die in `process.argv` enthaltenen Argumente übergeben, werden diese geparst, den zuvor definierten Parametern zugeordnet und dem Objekt `program` als gleichnamige Eigenschaften hinzugefügt. Anschließend können Sie einfach auf die entsprechenden Eigenschaften des Objekts `program` zugreifen.

Fluent APIs

Unter einer Fluent API versteht man eine API, deren Methodenaufrufe jeweils ein Objekt zurückgeben (in der Regel immer das gleiche), auf dem erneut die API bzw. Methoden der API aufgerufen werden. Der Code wirkt dadurch flüssiger und leichter zu lesen, weil nicht bei jedem Methodenaufruf das jeweilige Objekt angegeben werden muss. Im Detail gehe ich auf das Thema Fluent APIs in meinem Buch »Professionell entwickeln mit JavaScript – Design, Patterns, Praxistipps« ein. Dort zeige ich u. a. auch, welche Techniken es gibt, um eine Fluent API zu erstellen.

Hilfe

Basierend auf den über `option()` definierten Parametern, erzeugt »commander.js« praktischerweise direkt eine Hilfe. Aufrufen können Sie diese über folgenden Befehl.

```
$ ./src/start-commander.js --help
  Usage: start-commander [options]
```

```
Options:

  -V, --version               output the version number
  -u, --url [url]             The request URL
  -m, --method [method]       The HTTP method
  -b, --body [body]           The request body
  -h, --headers [headers]     The request headers
  -h, --help                  output usage information
```


4.3.4 Ausblick

Sowohl »yargs« als auch »commander.js« bieten deutlich mehr Features als den vereinfachten Zugriff auf Kommandozeilenargumente. Prinzipiell lassen sich mit beiden Packages auch komplette Kommandozeilenanwendungen implementieren. Darauf möchte ich an dieser Stelle aus Platzgründen jedoch nicht weiter eingehen.

Stattdessen möchte ich Ihnen im nächsten Rezept ein Package vorstellen, mit dem sich Node.js-Applikationen *optimal* konfigurieren lassen. Optimal deswegen, weil es das Package sehr einfach ermöglicht, Konfigurationen über Konfigurationsdateien, über Umgebungsvariablen und über Kommandozeilenargumente zu definieren.

4.4 Rezept 25: Applikationen optimal konfigurierbar machen

Sie möchten eine Node.js-Applikation optimal konfigurierbar machen, sprich diese über Umgebungsvariablen, Kommandozeilenargumente und Konfigurationsdateien konfigurierbar machen.

4.4.1 Lösung

Wie in Rezept 22: Applikationen konfigurieren über Umgebungsvariablen erwähnt, gilt es als Best Practice, eine Applikation sowohl über Umgebungsvariablen als auch über Konfigurationsdateien und des Weiteren über Kommandozeilenargumente konfigurierbar zu machen. Prinzipiell haben Sie in den vorherigen drei Rezepten auch die entsprechenden Techniken bzw. Packages kennengelernt, um dieses Best Practice zu implementieren. Langfristig ist es allerdings sinnvoll, hierfür auf entsprechende Helfer-Packages zurückgreifen, bspw. »nconf« (*https://github.com/indexzero/nconf*), »node-config« (*https://github.com/lorenwest/node-config*) oder »convict« (*https://github.com/mozilla/node-convict*).

Im Folgenden möchte ich Ihnen Letzteres vorstellen, das Sie über folgenden Befehl installieren können:

```
$ npm install convict
```

Anschließend binden Sie das Package wie gewohnt über `require()` ein und definieren über den Aufruf `convict()` die entsprechende Konfiguration (Listing 4.13). Als Parameter übergeben Sie dabei ein Objekt, welches das Schema für die Konfiguration definiert. Über dieses Schema können Sie exakt bestimmen, woher die jeweilige Konfiguration geladen wird und welche Kriterien sie erfüllen soll. So können Sie z. B. über `default` den Standardwert einer Konfigurationsvariablen definieren, über `env` eine entsprechende Umgebungsvariable, aus welcher der Wert gelesen wird, und über `arg` den Namen eines Kommandozeilenarguments, das von »convict« dann entsprechend für die jeweilige Konfigurationsvariable verwendet wird. Die Angabe `sensitive` sorgt zudem dafür, dass bei der Ausgabe der Konfiguration über `toString()` für den Wert der jeweiligen Variable der Platzhalter »[Sensitive]« verwendet wird, was wiederum verhindert, dass sensible Informationen wie Passwörter oder API-Keys ungewollt auf die Konsole bzw. in Log-Dateien geschrieben werden.

Nach der Definition des Schemas laden Sie über den Aufruf von `loadFile()` schließlich die konkrete Konfigurationsdatei im JSON-Format. »convict« erstellt dann eine Konfiguration, in der die Daten aus dieser JSON-Datei, eventuell vorhandene Umgebungsvariablen und Kommandozeilenargumente sowie die im Schema definierten Default-Werte zusammenfügt sind. Über die Methode `validate()` haben Sie zudem die Möglichkeit, die eingelesene Konfiguration im Abgleich mit dem Schema auf Gültigkeit hin zu überprüfen.

```
const convict = require('convict');
const path = require('path');

// 1.) Definition des Konfigurationsschemas
const config = convict({
  server: {
    port: {
      doc: 'The server port',
      format: 'port',
      default: 'localhost',
      env: 'PORT',
      arg: 'port'
    }
  },
  database: {
    host: {
      doc: 'Database host',
```

```
      format: '*',
      default: 'localhost'
    },
    user: {
      doc: 'Username',
      format: String,
      default: 'admin'
    },
    pass: {
      doc: 'Password',
      format: String,
      default: 'secret',
      sensitive: true
    }
  }
});

/ 2.) Laden der Konfigurationsdatei
config.loadFile(path.join(__dirname, config.json));

// 3.) Validierung gegen Konfigurationsschema
config.validate({ allowed: 'strict' });

module.exports = config;
```

Listing 4.13 Konfigurationsdatei mit »convict«

Um das Package in Aktion zu sehen, speichern Sie den Code aus Listing 4.13 in einer Datei *server.js*. Erstellen Sie außerdem eine Datei *config.json* mit folgendem Inhalt:

```
{
  "server": {
    "port": 8080
  },
  "database": {
    "host": "127.0.0.1",
    "pass": "12345"
  }
}
```

Listing 4.14 Eine einfache Konfigurationsdatei in JSON

Wenn Sie nun die Applikation starten, sollte die Ausgabe wie folgt aussehen, da die Konfiguration aus der JSON-Datei und den Default-Werten gebildet wird. Genauer heißt dies, die Werte »127.0.0.1« (Datenbank-Hostname), »12345« (Datenbank-Passwort) und »port« (Server-Port) werden aus der Konfigurationsdatei gelesen, der Wert »admin« (Datenbank-Nutzer) dagegen aus den Standardwerten.

```
$ node server.js
Connecting to database at 127.0.0.1
Username: admin
Password: 12345
Server is running on port 8080
```

Definieren Sie nun zusätzlich (entweder über einen separaten Befehl oder direkt beim Aufruf) für die Konfigurationsvariable `server.port` eine entsprechende Umgebungsvariable, und rufen Sie das Programm erneut auf:

```
$ PORT=8081 node server.js
```

Wie in der anschließenden Ausgabe zu sehen, wird nun der Wert für den Port von der Umgebungsvariable verwendet:

```
Connecting to database at 127.0.0.1
Username: admin
Password: 12345
Server is running on port 8081
```

Wenn Sie jetzt beim Aufruf des Programms stattdessen ein Kommandozeilenargument angeben, wird der Wert für den Port aus diesem verwendet:

```
$ node server.js --port 8082
Connecting to database at 127.0.0.1
Username: admin
Password: 12345
Server is running on port 8082
```

4.4.2 Ausblick

Zusammenfassend bietet Ihnen ein Package wie »convict« von Haus aus die größte Flexibilität hinsichtlich der Konfiguration von Node.js-Applikationen. Damit geben Sie den Nutzern Ihrer Applikation die Möglichkeit, die Konfiguration flexibel über Dateien, Umgebungsvariablen und Kommandozeilenargumente zu steuern.

Im den nächsten beiden Rezepten zeige ich Ihnen, wie sich Node.js-Applikationen zudem im Hinblick auf Internationalisierung konfigurieren lassen.

Verwandte Rezepte

- Rezept 22: Applikationen konfigurieren über Umgebungsvariablen
- Rezept 23: Applikationen konfigurieren über Konfigurationsdateien

- Rezept 24: Applikationen konfigurieren über Kommandozeilenargumente
- Rezept 42: YAML verarbeiten und generieren
- Rezept 43: TOML verarbeiten
- Rezept 44: INI verarbeiten und generieren

4.5 Rezept 26: Mehrsprachige Applikationen erstellen

Sie möchten mehrsprachige Applikationen erstellen.

4.5.1 Exkurs: i18n

Internationalisierung (bzw. die Kurzform *i18n*, die für das i und das letzte n sowie die dazwischenliegenden 18 Buchstaben in dem englischen Wort *Internationalization* steht) bezeichnet das Vorgehen, eine Applikation so zu strukturieren, dass sie ohne großen Aufwand an verschiedene Sprachen (oder noch allgemeiner: an verschiedene Regionen) angepasst werden kann. Das betrifft die Aspekte Sprachdateien, Zahlenwerte, Datums- und Zeitangaben sowie Locales, die ich im Folgenden beschreibe, bevor ich auf die weitere Einteilung eingehe.

Sprachdateien

Für die Anpassung an verschiedene Sprachen werden Textbausteine einer Applikation pro unterstützte Sprache bzw. Region in separaten Dateien als Schlüssel/Wert-Paare vorgehalten und innerhalb der Applikation über den jeweiligen Schlüssel referenziert. Abhängig von der vom Nutzer eingestellten Sprache werden dann die für diese Sprache definierten Textbausteine geladen.

Zahlenwerte, Datums- und Zeitangaben

Neben solchen Sprachbausteinen muss hinsichtlich der Internationalisierung auch die Formatierung von Zahlenwerten, Datums- und Zeitangaben berücksichtigt werden, da sich je nach Sprache bzw. Region auch hier die Formatierung unterscheidet: In Deutschland steht bei Datumsangaben z. B. zuerst der Tag, dann der Monat, dann das Jahr, jeweils mit einem Punkt voneinander getrennt (z. B. 12.08.2017). In den USA dagegen steht an erster Position der Monatsname, gefolgt von Tag und Jahr, wobei das Slash-Symbol als Trennzeichen verwendet wird (z. B. 08/12/2017). In Großbritannien wiederum wird dagegen eine Anordnung wie in Deutschland verwendet, als Trennzeichen aber wie bei der amerikanischen Schreibweise das Slash-Symbol (z. B. 12/08/2017).

Bei Zahlenwerten oder Währungsangaben ist es ähnlich: Während in Deutschland der Punkt als Tausendertrennzeichen verwendet wird, als Trennzeichen der Nachkommastellen das Komma und das Währungssymbol hinter dem Zahlenwert steht (bspw. 123.456,79 €), verhält es sich in den USA genau umgekehrt: Als Tausendertrennzeichen wird dort das Komma verwendet, als Nachkommatrennzeichen der Punkt, und das Währungssymbol steht vor dem Zahlenwert (bspw. € 123,456.79).

Locales

Das Festlegen von Sprache bzw. einer Region, in der eine bestimmte Sprache gesprochen wird, geschieht über sogenannte *Locales*. Dabei handelt es sich um Identifier (auch *Language Tags* genannt), die genau definieren, welche Sprache verwendet werden soll und wie Zahlenwerte, Datums- und Zeitangaben formatiert werden sollen. Generell besteht ein Language Tag aus durch Minuszeichen getrennten Buchstaben- und Zahlenkombinationen, sogenannten *Sub Tags*. An erster Stelle steht das *Language Sub Tag*, bspw. »de« für Deutsch, »en« für Englisch oder »it« für Italienisch. Alle weiteren Sub Tags sind optional, bspw. das *Region Sub Tag*: Das Locale »de-DE« z. B. steht für Deutsch, wie es in Deutschland gesprochen wird, das Locale »de-AT« dagegen für Deutsch, wie es in Österreich gesprochen wird, das Locale »en-US« definiert Englisch, wie es in den USA gesprochen wird, und das Locale »en-UK« Englisch, wie es in Großbritannien gesprochen wird (weitere Informationen zu *Locales* und deren Aufbau finden Sie im IETF-Dokument BCP47 unter *https://tools.ietf.org/html/bcp47*).

Einteilung

In diesem Rezept möchte ich Ihnen die sogenannte *Internationalization API* vorstellen und Ihnen zeigen, wie Sie mithilfe dieser API (und jeweils unter Berücksichtigung von i18n) Datums- und Zeitangaben sowie Zahlenwerte formatieren und Zeichenketten miteinander vergleichen können. Im nächsten Rezept gehe ich dann darauf ein, wie Sie eine Node.js-Applikation mit Sprachdateien konfigurierbar machen und abhängig von der Sprache (bzw. dem Locale) unterschiedliche Sprachdateien in die Applikation laden.

4.5.2 Die Internationalization API

Die ECMAScript 2017 Internationalization API (*https://tc39.github.io/ecma402/*) adressiert die in der Einleitung geschilderte Problematik und ermöglicht die sprachabhängige Formatierung von Zahlenwerten, Datums- und Zeitangaben sowie den sprachabhängigen Vergleich von Zeichenketten. Die API orientiert sich an bestehenden Internationalization APIs wie denen des .NET Frameworks oder der Java Internationalization API und wird sowohl im Browser als auch unter Node.js unterstützt (*https://nodejs.org/api/intl.html*).

Den Einstiegspunkt in die *Internationalization API* bildet das globale Objekt `Intl`, das folgende drei Typen zur Verfügung stellt:

1. `Collator`: Dieser Typ ermöglicht den Vergleich von Zeichenketten unter Berücksichtigung von i18n (Abschnitt 4.5.3).
2. `DateTimeFormat`: Der Typ `DateTimeFormat` ermöglicht die Formatierung von Datums- und Zeitangaben unter Berücksichtigung von i18n (Abschnitt 4.5.4).
3. `NumberFormat`: Dieser Typ ermöglicht die Formatierung von Zahlenwerten unter Berücksichtigung von i18n (Abschnitt 4.5.5).

4.5.3 Lösung: Vergleich von Zeichenketten

Für den Vergleich von Zeichenketten steht Ihnen der Typ `Collator` zur Verfügung, über dessen Methode `compare()` Sie zwei Zeichenketten miteinander vergleichen können (Listing 4.15). Die Methode gibt dabei wie üblich für Vergleichsfunktionen einen von drei Zahlenwerten zurück, je nachdem ob die erste Zeichenkette in der Sortierung hinter der zweiten Zeichenkette eingeordnet wird (Wert 1), davor eingeordnet wird (Wert –1) oder ob beide Zeichenketten als gleichwertig erkannt werden.

```
const nameCollator = new Intl.Collator('de-DE');
console.log(nameCollator.compare('Mustermann', 'Meier'));  // 1
console.log(nameCollator.compare('Meier', 'Mustermann'));  // -1
console.log(nameCollator.compare('Meier', 'Meier'));       // 0
```

Listing 4.15 Vergleich von Zeichenketten unter Berücksichtigung von Lokalisierungsinformationen

Über die Eigenschaft `sensitivity` des Konfigurationsobjekts, das Sie der Konstruktorfunktion `Collator` optional als zweiten Parameter übergeben können (Listing 4.16), ist es möglich, die Art und Weise, wie zwei Zeichenketten miteinander verglichen werden, weiter anzupassen. Der Wert `base` bspw. sorgt dafür, dass alle Zeichen, die die gleiche Basis haben (z. B. die Buchstaben á, a und A), als gleichwertig interpretiert werden:

```
const nameCollator = new Intl.Collator('de-DE');
const nameCollatorBase= new Intl.Collator('de-DE',
  {
    sensitivity: 'base'
  }
);
console.log(nameCollator.compare('Mueller', 'mueller'));
// Rückgabewert 1, da "M" und "m" als verschieden interpretiert
// werden
```

```
console.log(nameCollatorBase.compare('Mueller', 'mueller'));
// Rückgabewert 0, da "M" und "m" als gleich interpretiert werden
```

Listing 4.16 Vergleich von Zeichenketten unter Berücksichtigung von Lokalisierungsinformationen

Sortierung von Zeichenketten

Praktischerweise lässt sich die `compare()`-Methode auch für die Sortierung von Arrays einsetzen. Dazu übergeben Sie die Methode einfach, wie in Listing 4.17 gezeigt, der Array-Methode `sort()` als Parameter:

```
const names = [
  'Mustermann, Max',
  'Müller, Max',
  'Mustermann, Moritz',
  'Mueller, Moritz',
  'Meier, Petra',
  'Meier, Peter'
  ];
const nameCollator = new Intl.Collator('de-DE',
  {
    usage: 'sort'
  }
);

const sorted = names.sort(nameCollator.compare);
console.log(sorted);
// [
// "Meier, Peter",
// "Meier, Petra",
// "Mueller, Moritz",
// "Müller, Max",
// "Mustermann, Max",
// "Mustermann, Moritz"
//]
```

Listing 4.17 Sortierung mit »Intl.Collator«

Über den Kennzeichner `u` können Sie innerhalb eines *Locales* zudem sogenannte *Unicode-Extensions* definieren, wobei jeweils Schlüssel/Wert-Paare anzugeben sind: Listing 4.18, das auf Listing 4.17 aufbaut, zeigt bspw., wie mithilfe des *Locales* »de-DE-u-co-phonebk« eine Sortierung wie im Telefonbuch erreicht wird, sprich ä wie ae interpretiert wird, ö wie oe und ü wie ue:

```
const names = [
  'Mustermann, Max',
  'Müller, Max',
  'Mustermann, Moritz',
  'Mueller, Moritz',
  'Meier, Petra',
  'Meier, Peter'
  ];

const phonebookCollator = collator(
  'de-DE-u-co-phonebk',
  {
    usage: 'sort'
  }
);

const sorted = names.sort(phonebookCollator.compare);
console.log(sorted);
// [
// "Meier, Peter",
// "Meier, Petra",
// "Müller, Max",
// "Mueller, Moritz",
// "Mustermann, Max",
// "Mustermann, Moritz"
//]
```

Listing 4.18 Sortierung wie im Telefonbuch

Insgesamt bietet die Internationalization API bzw. die `Intl.Collactor`-Klasse verschiedene Konfigurationsmöglichkeiten für den Vergleich von Zeichenketten.

Eine Übersicht dazu liefert Tabelle 4.1:

Eigenschaft	Events
`localeMatcher`	Der zu verwendende *Matching-Algorithmus*. Kann entweder den Wert »lookup« oder den Wert »best fit« haben. Ersterer definiert den in unter *https://tools.ietf.org/html/rfc4647#section-3.4* spezifizierten Algorithmus, letzterer liefert den besten Treffer für die jeweilige Laufzeitumgebung.

Tabelle 4.1 Übersicht über die Konfigurationsmöglichkeiten von »Intl.Collator«

Eigenschaft	Events
usage	Angabe darüber, ob der Vergleich durch den *Collator* für die Sortierung von Zeichenketten oder für die Suche nach Zeichenketten verwendet werden soll. Mögliche Werte sind entsprechend »sort« und »search«.
sensitivity	Angabe darüber, welche Zeichen als ungleich erachtet werden sollen. Mögliche Werte sind »base«, »accent«, »case« und »variant«.
ignorePunctuation	Boolesche Angabe darüber, ob Satzzeichen ignoriert werden sollen.
numeric	Boolesche Angabe darüber, ob Zeichenketten numerisch verglichen werden sollen.
caseFirst	Boolesche Angabe darüber, ob Kleinbuchstaben oder Großbuchstaben in der Sortierung vorn stehen.

Tabelle 4.1 Übersicht über die Konfigurationsmöglichkeiten von »Intl.Collator« (Forts.)

4.5.4 Lösung: Formatierung von Datums- und Zeitangaben

Für die Formatierung von Datums- und Zeitangaben verwenden Sie den Typ `DateTimeFormat` bzw. dessen Methode `format()`, die eine Objektinstanz von `Date` als Parameter erwartet und eine den Konfigurationen entsprechende Zeichenkette zurückgibt, die das Datumsobjekt repräsentiert (Listing 4.19).

```
const date = new Date(Date.UTC(2016, 8, 15, 8, 0, 0));
// 2016-9-15
console.log(new Intl.DateTimeFormat('de').format(date));
// 9/15/2016
console.log(new Intl.DateTimeFormat('en').format(date));
// 2016-9-15 10:00:00
```

Listing 4.19 Formatierung von Datums- und Zeitangaben

Alternativ dazu können Sie die Methoden `toLocaleString()`, `toLocaleDateString()` und `toLocaleTimeString()` direkt an der entsprechenden `Date`-Objektinstanz verwenden:

```
const date = new Date(Date.UTC(2016, 8, 15, 8, 0, 0));
console.log(date.toLocaleString('de'));
// 9/15/2016, 10:00:00 AM
console.log(date.toLocaleString('en'));
```

```
// 2016-9-15
console.log(date.toLocaleDateString('de'));
// 9/15/2016
console.log(date.toLocaleDateString('en'));
// 10:00:00
console.log(date.toLocaleTimeString('de'));
// 10:00:00 AM
console.log(date.toLocaleTimeString('en'));
```

Listing 4.20 Formatierung von Datums- und Zeitangaben über »Date«-Methoden

Darüber hinaus kann dem Konstruktor von `DateTimeFormat` auch ein Konfigurationsobjekt übergeben werden, über das weitere Eigenschaften der Formatierung beeinflusst werden können (Details siehe Tabelle 4.2).

```
console.log(new Intl.DateTimeFormat('de', {
  weekday: 'long',
  era: 'long',
  year: '2-digit',
  month: '2-digit',
  day: '2-digit',
  hour: '2-digit',
  minute: '2-digit',
  second: '2-digit',
  timeZoneName: 'long'
}).format(date));
// Donnerstag, 15. 09 16 n. Chr.,
// 10:00:00 Mitteleuropäische Sommerzeit
```

Listing 4.21 Anpassen der Formatierung über weitere Konfigurationseigenschaften

Eigenschaft	Events
`localeMatcher`	Der zu verwendende Matching-Algorithmus.
`timeZone`	Die zu verwendende Zeitzone.
`hour12`	Boolesche Angabe darüber, ob 12 Stunden oder 24 Stunden als Basis zugrunde gelegt werden sollen.
`formatMatcher`	Der zu verwendende Matching-Algorithmus.

Tabelle 4.2 Übersicht über die Konfigurationsmöglichkeiten von »Intl.DateTimeFormat«

Eigenschaft	Events
weekday	Angabe zur Formatierung des Wochentags. Mögliche Werte sind »narrow«, »short« und »long«.
era	Angabe zur Formatierung des Zeitalters. Mögliche Werte sind »narrow«, »short« und »long«.
year	Angabe zur Formatierung des Jahres. Mögliche Werte sind »numeric« und »2-digit«.
month	Angabe zur Formatierung des Monats. Mögliche Werte sind »numeric«, »2-digit«, »narrow« und »short«.
day	Angabe zur Formatierung des Tages. Mögliche Werte sind »numeric« und »2-digit«.
hour	Angabe zur Formatierung der Stunden. Mögliche Werte sind »numeric« und »2-digit«.
minute	Angabe zur Formatierung der Minuten. Mögliche Werte sind »numeric« und »2-digit«.
second	Angabe zur Formatierung der Sekunden. Mögliche Werte sind »numeric« und »2-digit«.
timeZoneName	Angabe zur Formatierung der Zeitzone. Mögliche Werte sind »short« und »long«.

Tabelle 4.2 Übersicht über die Konfigurationsmöglichkeiten von »Intl.DateTime-Format« (Forts.)

4.5.5 Lösung: Formatierung von Zahlenwerten

Die Formatierung von Zahlenwerten funktioniert vom Prinzip her ähnlich wie die Formatierung von Datums- und Zeitangaben: Auch der Konstruktor von `NumberFormat` erwartet als ersten Parameter das Locale sowie optional als zweiten Parameter ein Konfigurationsobjekt zur weiteren Verfeinerung der Formatierung (Details siehe Tabelle 4.3). So können Sie z. B. bei Währungsbeträgen über die Eigenschaft `currency` die Währung und über die Eigenschaft `minimumFractionDigits` bzw. die Eigenschaft `maximumFractionDigits` die minimale und maximale Anzahl an Nachkommastellen definieren:

```
const number = 123456.789;
console.log(
  new Intl.NumberFormat('de-DE',
    {
```

```
      style: 'currency',
      currency: 'EUR'
    }
  ).format(number)
);
// 123.456,79 €
console.log(
  new Intl.NumberFormat('en-US',
    {
      style: 'currency',
      currency: 'EUR'
    }
  ).format(number)
);
// €123,456.79
console.log(
  new Intl.NumberFormat('de-DE',
    {
      style: 'currency',
      currency: 'USD'
    }
  ).format(number)
);
// 123.456,79 $
console.log(
  new Intl.NumberFormat('en-US',
    {
      style: 'currency',
      currency: 'USD'
    }
  ).format(number)
);
// $123,456.79
console.log(
  new Intl.NumberFormat('de-DE',
    {
      style: 'currency',
      currency: 'EUR',
      maximumSignificantDigits: 5
    }
  ).format(number)
);
```

```
// 123.460 €
console.log(
  new Intl.NumberFormat('de-DE',
    {
      style: 'currency',
      currency: 'EUR',
      minimumFractionDigits: 5
    }
  ).format(number)
);
// 123.456,78900 €
```

Listing 4.22 Formatierung von Zahlenwerten

Eigenschaft	Events
`localeMatcher`	Der zu verwendende Matching-Algorithmus.
`style`	Der zu verwendende Formatierungsstil. Zur Auswahl stehen »decimal« für normale Zahlenformatierung, »currency« für Währungsformatierung und »percent« für Prozentangaben.
`currency`	Die bei der Währungsformatierung zu verwendende Währung, bspw. »EUR« für Euro oder »USD« für US-Dollar.
`currencyDisplay`	Angabe darüber, wie bei der Währungsformatierung die Währung dargestellt werden soll. Mögliche Werte sind »symbol« für die Verwendung von Symbolen, »code« für den entsprechenden ISO-Währungscode oder »name« für den Namen der Währung (»Euro«, »Dollar«).
`useGrouping`	Boolesche Angabe darüber, ob Trennzeichen (wie bspw. Tausendertrennzeichen) verwendet werden sollen (z. B. »1.000.000«).
`minimumIntegerDigits`	Minimale Anzahl der Stellen, die eine Zahl bei der Formatierung haben soll. Verfügt eine Zahl nicht über diese Mindestanzahl, wird – von vorn beginnend – mit Nullen aufgefüllt.

Tabelle 4.3 Übersicht über die Konfigurationsmöglichkeiten von »Intl.NumberFormat«

Eigenschaft	Events
`minimumFractionDigits`	Minimale Anzahl der Nachkommastellen, die eine Zahl bei der Formatierung haben soll. Verfügt eine Zahl nicht über diese Mindestanzahl, wird – von der letzten Ziffer ausgehend – mit Nullen aufgefüllt.
`maximumFractionDigits`	Maximale Anzahl der Nachkommastellen, die eine Zahl bei der Formatierung haben soll. Verfügt eine Zahl über mehr Stellen, wird entsprechend gerundet.
`minimumSignificantDigits`	Minimale Anzahl der signifikanten Stellen, die eine Zahl bei der Formatierung haben soll. Verfügt eine Zahl nicht über diese Mindestanzahl, wird – von der letzten Ziffer ausgehend – mit Nullen aufgefüllt.
`maximumSignificantDigits`	Maximale Anzahl der signifikanten Stellen, die eine Zahl bei der Formatierung haben soll. Verfügt eine Zahl über mehr signifikante Stellen, wird entsprechend gerundet.

Tabelle 4.3 Übersicht über die Konfigurationsmöglichkeiten von »Intl.NumberFormat« (Forts.)

4.5.6 Ausblick

In diesem Rezept haben Sie gesehen, wie Sie abhängig von i18n-Einstellungen Zeichenketten vergleichen sowie Datums- und Zeitangaben sowie Zahlenwerte formatieren können. Im nächsten Rezept zeige ich Ihnen, wie Sie abhängig von i18n-Einstellungen Sprachdateien in eine Applikation laden.

4.6 Rezept 27: Sprachdateien verwenden

Sie möchten die Texte einer Applikation in Sprachdateien verwalten, um diese abhängig von der gewählten Sprache laden und damit die Applikation mehrsprachig konfigurieren zu können.

4.6.1 Verwenden von Sprachdateien mit »i18n«

Für das Verwalten von Textbausteinen in Sprachdateien bietet die Internationalization API leider keinen Support an. Allerdings stehen Ihnen ausgereifte Bibliotheken zur Verfügung, die Ihnen diesbezüglich die Arbeit erleichtern. Ein Beispiel hierfür ist das Package »i18n«, das Sie wie folgt installieren:

```
$ npm install i18n
```

Legen Sie anschließend in Ihrem Projekt ein Verzeichnis *locales* an, und speichern Sie dort die beiden folgenden JSON-Sprachdateien als Dateien *de.json* und *en.json*.

```
{
  "Greeting": "Hallo Welt",
  "Message": "Dies ist ein Beispiel für Internationalisierung.",
  "Questions": {
    "Question1": "Wie lautet Ihr Name?",
    "Question2": "Wie alt sind Sie?"
  }
}
```

Listing 4.23 Sprachdatei für die deutsche Übersetzung (de.json)

```
{
  "Greeting": "Hello World",
  "Message": "This is an internationalization example.",
  "Questions": {
    "Question1": "What's your name?",
    "Question2": "What's your age?"
  }
}
```

Listing 4.24 Sprachdatei für die englische Übersetzung (en.json)

Das Package »i18n« binden Sie anschließend wie gewohnt über `require()` ein (Listing 4.25) und initialisieren es über die Methode `configure()`. Als Parameter übergeben Sie hierbei ein Konfigurationsobjekt, über das sich bspw. die von Ihrer Applikation unterstützten Locales, das Default-Locale und das Verzeichnis mit den JSON-Sprachdateien definieren lassen. Um außerdem wie in den Beispiel-JSON-Dateien die geschachtelte Objektschreibweise verwenden zu können, müssen Sie im Konfigurationsobjekt die Eigenschaft `objectNotation` auf `true` setzen (weitere Informationen zur Konfiguration finden Sie unter *https://github.com/mashpie/i18n-node#i18nconfigure*). Anschließend können Sie innerhalb Ihrer Applikation über die Methode `i18n.__()` unter Angabe des jeweiligen Schlüssels auf den entsprechenden Sprachbaustein zugreifen.

```
const i18n = require('i18n');
const path = require('path');
const directory = path.join(__dirname, '..', 'locales');

i18n.configure({
  locales: ['en', 'de'],
```

```
  directory,
  defaultLocale: 'de',
  objectNotation: true
});

console.log(i18n.__('Greeting'));
console.log(i18n.__('Message'));
console.log(i18n.__('Questions.Question1'));
console.log(i18n.__('Questions.Question2'));
```

Listing 4.25 i18n für Zeichenketten

Pluralization

Unabhängig von i18n bietet das Package »i18n« ein sehr nützliches Feature, das allgemein als *Pluralization* bekannt ist. Die Idee dabei ist es, einzelne Textbausteine abhängig davon zu laden, ob etwas im Singular oder im Plural ausgegeben werden soll. Ein Beispiel: Angenommen, Sie schreiben eine Anwendung, über die man Musikkünstler und deren Alben verwalten und u. a. nach Alben und Songs suchen kann. Oberhalb der Suchergebnisse soll ausgegeben werden, ob nur ein Song oder mehrere Songs gefunden wurden. Analog dazu sollte die Ausgabe entweder »Es wurde 1 Song gefunden« oder (bspw.) »Es wurden 5 Songs gefunden« lauten. Was Sie unter normalen Umständen per Hand mit Template Strings implementieren müssten, liefert das Package »i18n« praktischerweise direkt mit.

4.6.2 Ausblick

Dank der Techniken aus diesem und dem vorherigen Rezept wissen Sie jetzt, wie Sie eine Node.js-Applikation auf Basis von i18n-Einstellungen konfigurieren können. Auch wenn Sie anfangs noch nicht planen sollten, eine Applikation mehrsprachig anzubieten, sollten Sie sich trotzdem überlegen, ob es nicht sinnvoll ist, Textbausteine in Sprachdateien auszulagern. Der Mehraufwand ist dank des »i18«-Packages sehr überschaubar, erlaubt es Ihnen aber später, ohne viel Aufwand weitere Sprachen zu unterstützen.

4.7 Zusammenfassung

In diesem Kapitel haben Sie verschiedene Rezepte bezüglich der Konfiguration und Internationalisierung von Node.js-Projekten kennengelernt. Sie wissen jetzt, wie Sie

- Applikationen konfigurieren über Umgebungsvariablen (Rezept 22),
- Applikationen konfigurieren über Konfigurationsdateien (Rezept 23),

- Applikationen konfigurieren über Kommandozeilenargumente (Rezept 24),
- Applikationen optimal konfigurieren (Rezept 25),
- Mehrsprachige Applikationen erstellen (Rezept 26),
- Sprachdateien verwenden (Rezept 27).

Im nächsten Kapitel lernen Sie, wie Sie die Ein- und Ausgabe richtig verwenden, mit Dateien arbeiten und wie Sie Events und Streams verwenden.

Kapitel 5
Dateisystem, Streams und Events

In diesem Kapitel beschäftigen wir uns mit dem Zugriff auf das Dateisystem und schauen uns zwei wesentliche Konzepte von Node.js an: Datenverarbeitung über Streams und event-basierte Kommunikation.

In den folgenden Rezepten zeige ich Ihnen, wie Sie mit Dateien und Verzeichnissen arbeiten, wie Sie bspw. Dateien lesen oder schreiben, wie Sie Dateien und Verzeichnisse anlegen und wieder löschen, wie Sie über Verzeichnisinhalte iterieren, Dateien bezüglich Änderungen überwachen und vieles Nützliche mehr (Rezepte 28 und 29). Anschließend stelle ich Ihnen zwei wichtige allgemeine Konzepte von Node.js vor: zum einen, wie Sie Daten effektiv mit *Streams* (Rezepte 30 bis 33) verarbeiten, z. B. dann, wenn Sie große Mengen von Daten verarbeiten müssen. Zum anderen werden wir uns das Thema der *event-basierten Kommunikation* anschauen: Hier werden Sie lernen, wie Sie unter Node.js *Events* versenden und empfangen können, um auf diese Weise eine Entkopplung zwischen einzelnen Komponenten einer Node.js-Applikation zu erreichen (Rezepte 34 und 35).

- Rezept 28: Mit Dateien und Verzeichnissen arbeiten
- Rezept 29: Dateien und Verzeichnisse überwachen
- Rezept 30: Daten mit Streams lesen
- Rezept 31: Daten mit Streams schreiben
- Rezept 32: Mehrere Streams über Piping kombinieren
- Rezept 33: Eigene Streams implementieren
- Rezept 34: Events versenden und empfangen
- Rezept 35: Erweiterte Features beim Event-Handling verwenden

5.1 Rezept 28: Mit Dateien und Verzeichnissen arbeiten

Sie möchten wissen, wie Sie unter Node.js mit Dateien und Verzeichnissen arbeiten, bspw. Dateien lesen, Verzeichnisse anlegen oder löschen.

5.1.1 Lösung

Für das Arbeiten mit Dateien und Verzeichnissen stellt Node.js standardmäßig das »fs«-Modul zur Verfügung, das bereits eine Reihe von Datei- und Verzeichnisoperationen enthält (eine Übersicht über die entsprechenden Funktionen der API finden Sie in der API-Dokumentation von Node.js unter *https://nodejs.org/api/fs.html*).

Ich würde Ihnen aber dazu raten, statt des »fs«-Moduls direkt das Package »fs-extra« (*https://github.com/jprichardson/node-fs-extra*) zu verwenden. Es enthält alle Funktionen von »fs«, erweitert dieses Modul aber um zusätzliche nützliche Funktionen, die bspw. das Kopieren, Löschen oder Anlegen von Dateien und Verzeichnissen vereinfachen.

Darüber hinaus können Sie die (asynchronen) Funktionen von »fs-extra« optional in Kombination mit Promises verwenden, während Sie bei dem »fs«-Modul je nach Node.js-Version mit *Callbacks* vorliebnehmen müssen (auf die Nachteile von Callbacks bzw. die daraus teils resultierende *Callback Hell* möchte ich an dieser Stelle nicht näher eingehen. Im Internet finden Sie dazu jede Menge Beispiele, und auch in meinem Buch »Professionell entwickeln mit JavaScript« gehe ich detaillierter auf diese Problematik ein und zeige auch, wie man sie vermeiden kann).

Erst seit Node.js 10 stehen die Funktionen des »fs«-Moduls alternativ auch in Form einer Promise-basierten Variante zur Verfügung (das Modul müssten Sie dann aber über den Namen »fs/promises« importieren).

In den folgenden Abschnitten möchte ich Ihnen daher zeigen, wie Sie das Package »fs-extra« verwenden. Installieren können Sie das Package über folgenden Befehl:

```
$ npm install fs-extra
```

Tipp

Wenn Sie innerhalb einer bestehenden Applikation bereits das Modul »fs« eingebunden haben, aber auch die Vorzüge der Funktionen aus »fs-extra« nutzen möchten, brauchen Sie beim Importieren nur das »fs-extra«-Package anstatt des »fs«-Moduls anzugeben:

```
const fs = require('fs');
```

wird also zu:

```
const fs = require('fs-extra');
```

Da die API von »fs-extra« kompatibel mit der API von »fs« ist, müssen Sie in Ihrer Applikation sonst nichts weiter ändern (die API von »fs-extra« funktioniert übrigens auch mit Callbacks).

5.1.2 Dateien lesen

Um Dateien zu lesen, haben Sie (wie auch bei vielen der anderen Dateioperationen) die Möglichkeit, dies entweder asynchron oder synchron auszuführen. Ersteres machen Sie mithilfe der Funktion `readFile()`, die, wie in Listing 5.1 zu sehen, entweder über eine Promise-API verwendet werden kann oder – so würden Sie kompatibel mit dem »fs«-Modul bleiben – über eine Callback-API.

Der jeweilige *Callback* wird aufgerufen, wenn die Datei vollständig gelesen wurde. Innerhalb des Callbacks haben Sie dann Zugriff auf den Inhalt der eingelesenen Datei in Form eines *Buffers*, den Sie über die Methode `toString()` wiederum in eine Zeichenkette umwandeln können.

Alternativ dazu können Sie der Funktion `readFile()` als zusätzlichen Parameter auch ein Konfigurationsobjekt übergeben, über das sich u. a. das *Encoding* der einzulesenden Datei angeben lässt. Für den Fall, dass Sie ein solches Encoding mit angeben, wird der Callback direkt mit einem String anstatt mit einem Buffer aufgerufen.

```
const fs = require('fs-extra');
const path = require('path');

const INPUT = path.join(__dirname, '..', 'data', 'input', 'input.txt');

// Callback-API
fs.readFile(INPUT, (error, content) => {
  if (error) {
    return console.error(error);
  }
  console.log(content.toString());
});

// Promise-API
fs
  .readFile(INPUT)
  .then((content) => {
    console.log(content.toString());
  })
  .catch((error) => {
    console.error(error);
  });
```

Listing 5.1 Asynchrones Lesen von Dateien

Tipp

Für das Erstellen von Pfaden empfehle ich Ihnen, wie in Listing 5.1 gezeigt, den Einsatz des »path«-Moduls der Standard-Node.js-API. Dieses Modul bietet nützliche Funktionen rund um das Arbeiten mit Pfadangaben für Dateien und Verzeichnisse, und Sie müssen sich nicht um betriebssystemspezifische Eigenarten wie Pfadtrenner o. Ä. kümmern.

Alternativ zu `readFile()` können Sie über die Funktion `readFileSync()` das Lesen einer Datei synchron durchführen. Das äquivalente synchron arbeitende Beispiel zu dem Code von eben sehen Sie in Listing 5.2. Anstatt wie bei der asynchronen Variante den Inhalt der eingelesenen Datei im entsprechenden Callback zu erhalten, liefert die Funktion `readFile()` diesen direkt als Rückgabewert. Dabei gilt wie zuvor: Haben Sie nicht explizit über ein Konfigurationsobjekt das Encoding angegeben, liefert die Funktion einen Buffer zurück, den Sie über `toString()` in eine Zeichenkette umwandeln können.

```
const fs = require('fs-extra');
const path = require('path');

const INPUT = path.join(__dirname, '..', 'data', 'input', 'input.txt');

try {
  const content = fs.readFileSync(INPUT);
  console.log(content.toString());
} catch (error) {
  console.error(error);
}
```

Listing 5.2 Synchrones Lesen von Dateien

Das synchrone Lesen von Dateien bietet sich allerdings eigentlich nur an, wenn die einzulesenden *Dateien vergleichsweise klein* sind, da der Aufruf von `readFileSync()` ein blockierender Aufruf ist. Das heißt, durch diesen Aufruf wird das Ausführen weiteren JavaScript-Codes so lange unterbrochen, bis der vollständige Inhalt der Datei eingelesen wurde (siehe auch *https://nodejs.org/de/docs/guides/blocking-vs-non-blocking/*).

Unabhängig davon bietet sich in den meisten Fällen jedoch ohnehin die Verwendung der asynchronen Funktion `readFile()` an. Diese Funktion ist nicht blockierend und entspricht demnach – wie alle asynchronen Funktionen – den Best Practices unter Node.js.

Allerdings sollten Sie für das Lesen von *großen Dateien* weder `readFileSync()` noch `readFile()` verwenden, da in beiden Fällen (also egal ob synchron oder asynchron) der gesamte Inhalt der jeweiligen Datei in den Speicher gelesen wird, bevor Sie damit weiterarbeiten können. Stattdessen sollten Sie für das Arbeiten mit großen Dateien auf Streams zurückgreifen. Wie Sie Streams für das Lesen von Dateien verwenden, zeige ich Ihnen in Rezept 30.

5.1.3 Dateien schreiben

Auch bezüglich des Schreibens von Dateien steht Ihnen sowohl eine asynchron arbeitende Funktion als auch eine synchron arbeitende Funktion zur Verfügung. Die Anwendung ersterer, der Funktion `writeFile()`, sehen Sie in Listing 5.3: Als Parameter übergeben Sie dabei den Pfad zu der Datei, die geschrieben werden soll, und den zu schreibenden Inhalt. Optional können Sie als dritten Parameter noch ein Konfigurationsobjekt übergeben, mit dessen Hilfe sich weitere Optionen wie bspw. das Encoding angeben lassen.

```
const fs = require('fs-extra');
const path = require('path');

const OUTPUT = path.join(__dirname, '..', 'data', 'output', 'output.txt');
const content = 'Hello World';

fs
  .writeFile(OUTPUT, content)
  .then(() => {
    console.log('Datei erstellt');
  })
  .catch((error) => {
    console.error(error);
  });
```

Listing 5.3 Asynchrones Schreiben von Dateien

In Listing 5.4 dagegen sehen Sie die Anwendung der synchron arbeitenden Funktion `writeFileSync()`:

```
const fs = require('fs-extra');
const path = require('path');

const OUTPUT = path.join(__dirname, '..', 'data', 'output', 'output.txt');
const content = 'Hello World';
```

```
try {
  fs.writeFileSync(OUTPUT, content);
  console.log('Datei erstellt');
} catch (error) {
  console.error(error);
}
```

Listing 5.4 Synchrones Schreiben von Dateien

Wie für das Lesen großer Dateien gilt auch für das Schreiben großer Dateien: Verwenden Sie statt der Methoden `writeFile()` und `writeFileSync()` besser Streams, weil es dabei nicht zu Speicherproblemen kommen kann. Wie Sie Dateien mithilfe von Streams schreiben, lernen Sie in Rezept 31.

5.1.4 Weitere Methoden

Neben den Methoden, die ohnehin schon implizit durch die Standard-Node.js-API bzw. das »fs«-Modul zur Verfügung stehen, bietet »fs-extra« die in Tabelle 5.1 gezeigten zusätzlichen Methoden. Dies sind insbesondere Utility-Methoden, die man beim Arbeiten mit dem »fs«-Modul vermisst bzw. teils aufwendig selbst implementieren muss.

Methode	Beschreibung
`copy()`/`copySync()`	Kopiert eine Datei oder ein Verzeichnis.
`emptyDir()`/ `emptyDirSync()`	Stellt sicher, dass ein Verzeichnis existiert und leer ist. Wenn das Verzeichnis nicht leer ist, werden die Inhalte gelöscht. Wenn es das Verzeichnis nicht gibt, wird es entsprechend angelegt.
`ensureFile()`/ `ensureFileSync()`	Stellt sicher, dass es eine Datei gibt. Wenn es die Datei nicht gibt, wird sie angelegt, inklusive eventuell benötigter Verzeichnisse, die sich aus dem Dateipfad ergeben.
`ensureDir()`/ `ensureDirSync()`	Stellt sicher, dass es ein Verzeichnis gibt. Wenn es das Verzeichnis nicht gibt, wird es angelegt, inklusive eventuell benötigter weiterer Verzeichnisse, die sich aus dem Pfad ergeben.
`ensureLink()`/ `ensureLinkSync()`	Stellt sicher, dass es einen Link gibt. Wenn es den Link nicht gibt, wird er angelegt, inklusive eventuell benötigter weiterer Verzeichnisse, die sich aus dem Pfad ergeben.

Tabelle 5.1 Zusätzliche Methoden des »fs-extra«-Packages

Methode	Beschreibung
ensureSymlink()/ ensureSymlinkSync()	Wie ensureLink() bzw. ensureLinkSync(), allerdings für symbolische Links.
mkdirp()/mkdirpSync()	Alias für ensureDir() bzw. ensureDirSync()
mkdirs()/mkdirsSync()	Alias für ensureDir() bzw. ensureDirSync()
move()/moveSync()	Verschiebt Dateien und Verzeichnisse.
outputFile()/ outputFileSync()	Wie writeFile() bzw. writeFileSync(), allerdings werden Verzeichnisse angelegt, die sich aus dem Dateipfad ergeben und noch nicht existieren.
outputJson()/ outputJsonSync()	Wie writeJson() bzw. writeJsonSync() (siehe unten), allerdings werden Verzeichnisse angelegt, die sich aus dem Dateipfad ergeben und noch nicht existieren.
pathExists()/ pathExistsSync()	Prüft, ob es einen Datei- oder Verzeichnispfad gibt.
readJson()/ readJsonSync()	Liest JSON-Dateien und wandelt sie entsprechend in JSON-Objekte um.
remove()/removeSync()	Löscht eine Datei oder ein Verzeichnis.
writeJson()/ writeJsonSync()	Speichert ein JSON-Objekt in einer Datei.

Tabelle 5.1 Zusätzliche Methoden des »fs-extra«-Packages (Forts.)

5.1.5 Über Verzeichnisse iterieren

Ein Anwendungsfall, dem man bei dem Arbeiten mit Dateien relativ häufig begegnet, ist das rekursive Iterieren über Verzeichnisstrukturen. Das Package »fs-extra« bietet hierfür leider keine entsprechende Funktionalität an. Zumindest nicht mehr, denn das Package »klaw« (*https://github.com/jprichardson/node-klaw*), das genau diese Funktionalität bereitstellt, war ursprünglich Teil von »fs-extra«, wurde aber vor einiger Zeit als eigenes Package ausgelagert.

Installieren können Sie das Package über folgenden Befehl:

```
$ npm install klaw
```

Über den Aufruf von klaw() erzeugen Sie, wie in Listing 5.5 zu sehen, ausgehend von einem Verzeichnispfad einen sogenannten *Readable Stream* (siehe Rezept 30), also einen *lesbaren Datenstrom*, der rekursiv alle Dateien und Unterverzeichnisse in dem entsprechenden Verzeichnis durchwandert (ein gebräuchlicher Fachbegriff hierfür ist übrigens auch *File Walking*).

Jedes Mal, wenn dieser *File Walker* auf eine Datei oder ein Verzeichnis trifft, wird das Event »data« ausgelöst. In dem entsprechenden Event-Listener haben Sie dann Zugriff auf ein Objekt, das den jeweiligen Pfad sowie einige Statistiken zu der Datei beziehungsweise dem Verzeichnis enthält (siehe auch *https://nodejs.org/api/fs.html#fs_class_fs_stats*).

In Listing 5.5 bspw. wird auf diese Weise rekursiv über alle Verzeichnisse und Dateien in dem Verzeichnis *../data/input* iteriert. Für jedes Verzeichnis und jede Datei wird der entsprechende Pfad ausgegeben sowie der Zeitpunkt, an dem das Verzeichnis bzw. die Datei erstellt wurde. Handelt es sich um eine Datei, wird zudem der Inhalt der Datei eingelesen und ebenfalls auf die Konsole ausgegeben.

```
const fs = require('fs-extra');
const klaw = require('klaw');
const path = require('path');

const INPUT = path.join(__dirname, '..', 'data', 'input');

const stream = klaw(INPUT);
stream.on('data', (item) => {
  const filePath = item.path;
  const timeCreated = item.stats.birthtime.toUTCString();
  console.log(filePath);
  console.log(timeCreated);
  if (item.stats.isFile()) {
    const content = fs.readFileSync(filePath).toString();
    console.log(content);
  }
});
stream.on('end', () => {
  console.log('done');
});
```

Listing 5.5 Rekursives Iterieren über Verzeichnisse

5.1.6 Ausblick

Sie kennen jetzt die wichtigsten Funktionen, die Ihnen über das Modul »fs« der Node.js-Standard-API und über das Package »fs-extra« für das Arbeiten mit Dateien und Verzeichnissen zur Verfügung stehen. Wenn Sie dagegen mit großen Dateien arbeiten, egal ob lesend oder schreibend, stoßen Sie mit den entsprechenden Funktionen aus »fs« und »fs-extra« an ihre Grenzen. In solchen Fällen greifen Sie besser auf Streams zurück, die ich Ihnen später in diesem Kapitel vorstelle.

Für das rekursive Iterieren über Verzeichnisse mithilfe des Packages »klaw« gibt es viele Anwendungsfälle, bspw. um bestimmte Dateien zu finden oder generell bestimmte Operationen auf Dateien auszuführen. Wenn Ihre Node.js-Applikation unter einem Unix-basierten Betriebssystem läuft, stehen durch die jeweilige Kommandozeile unter Umständen direkt entsprechende Befehle zur Verfügung (z. B. der Befehl `find` für das Suchen nach Dateien), und es ist eventuell zielführender und effektiver, diesen Befehl einfach aus Node.js heraus aufzurufen und dessen Ausgabe zu verarbeiten, anstatt entsprechende Funktionalität in JavaScript mühsam selbst zu implementieren. Wie Sie externe Anwendungen aus einer Node.js-Applikation heraus aufrufen, zeige ich Ihnen in Kapitel 11, »Skalierung, Performance und Sicherheit«, in Rezept 80 und Rezept 81.

Verwandte Rezepte

- Rezept 30: Daten mit Streams lesen
- Rezept 31: Daten mit Streams schreiben
- Rezept 80: Externe Anwendungen als Unterprozess ausführen
- Rezept 81: Externe Anwendungen als Stream verarbeiten

5.2 Rezept 29: Dateien und Verzeichnisse überwachen

Sie möchten über Änderungen an Dateien oder Verzeichnissen informiert werden, bspw. wenn eine Datei neu erstellt, überschrieben oder gelöscht wird.

5.2.1 Einführung

Das Überwachen von Dateien und Verzeichnissen kann für verschiedene Anwendungsgebiete hilfreich sein. Viele Tools, die bspw. bei der Entwicklung von Webanwendungen zum Einsatz kommen, wie etwa der Entwicklungs-Server von Webpack (*https://github.com/webpack/webpack-dev-server*), überwachen Dateien und Verzeichnisse, um bei Änderungen die entsprechenden Dateien zu kompilieren (z. B. TypeScript in JavaScript oder CSS-Präprozessorsprachen wie Sass in CSS) und anschließend die Webanwendung im Browser neu zu laden. Auch bei Synchronisierungstools wie Dropbox, Google Drive oder OneDrive von Microsoft werden Dateien und Verzeichnisse überwacht und bei Änderungen mit dem Server synchronisiert.

5.2.2 Lösung: Dateien und Verzeichnisse überwachen mit dem »fs«-Modul

Für Node.js steht Ihnen in der Standard-API die Methode `watch()` des »fs«-Moduls zur Verfügung (Listing 5.6). Die Methode erwartet als ersten Parameter den Pfad zu der Datei oder dem Verzeichnis in Form eines Strings, eines Buffers oder einer URL. Optional können Sie als weiteren Parameter ein Konfigurationsobjekt übergeben, über das sich bspw. konfigurieren lässt, ob bei der Überwachung von Verzeichnissen auch Unterverzeichnisse mit einbezogen werden sollen.

Als letzter Parameter kann zudem eine Funktion als Event-Listener übergeben werden, die bei Änderungen an Dateien und Verzeichnissen aufgerufen wird. Alternativ lassen sich über die Methode `on()` an dem von `watch()` zurückgegebenen Objekt weitere Event-Listener registrieren.

Jeder Event-Listener wird dabei mit zwei Parametern aufgerufen: zum einen mit dem Typ des Events und zum anderen mit dem Namen der entsprechenden Datei bzw. des entsprechenden Verzeichnisses.

```
const fs = require('fs');

const watcher = fs.watch(__dirname, (event, filename) => {
  console.log('Listener 1');
  console.log(event);
  console.log(filename);
});

watcher.on('change', (event, filename) => {
  console.log('Listener 2');
  console.log(event);
  console.log(filename);
});
```

Listing 5.6 Dateien überwachen mit der Node.js Standard-API

So einfach die Verwendung der Funktion `watch()` ist, so hat sie doch auch ihre Nachteile. Der größte Nachteil dürfte dabei sein, dass die Funktion nicht unter allen Betriebssystemen konsistent ist und unter bestimmten Umständen überhaupt nicht zur Verfügung steht (siehe *https://nodejs.org/docs/latest/api/fs.html#fs_caveats*).

Die ebenfalls in dem »fs«-Modul vorhandene Funktion `watchFile()`, die noch aus frühen Node.js-Tagen stammt und nur das Überwachen von Dateien ermöglicht (nicht aber von Verzeichnissen), sollte übrigens nicht verwendet werden: Sie funktioniert zwar unter allen Betriebssystemen, ist dafür aber nicht sehr performant: Während `watch()` native Funktionalitäten des jeweiligen Betriebssystems verwendet, um Änderungen zu registrieren, prüft `watchFile()` in regelmäßigen Abständen aktiv, ob sich eine Datei geändert hat, was sich wiederum auch auf die CPU auswirkt, wenn überhaupt keine Änderungen vorliegen.

Aus diesen Gründen rate ich Ihnen zu einer anderen Lösung, wenn es um das Überwachen von Dateien und Verzeichnissen geht, und zwar zu dem im Folgenden vorgestellten Package »chokidar«.

5.2.3 Lösung: Dateien und Verzeichnisse überwachen mit »chokidar«

Wie eben erwähnt, haben die Methoden `watch()` und `watchFile()` aus dem »fs«-Modul einige Nachteile. Dies haben auch die Entwickler des Packages »chokidar« (*https://github.com/paulmillr/chokidar*) erkannt und einen *Wrapper* um die Standard-API gebaut, der einige Verbesserungen bezüglich des Überwachens von Dateien und Verzeichnissen mit sich bringt.

Das Package »chokidar« wird mittlerweile in vielen Tools eingesetzt wie bspw. – um nur einige der bekannteren Tools zu nennen – dem Build-Tool Gulp (*https://gulpjs.com/*), dem Testrunner karma (*https://karma-runner.github.io*), dem Process Manager PM2 (*http://pm2.keymetrics.io/*), den Synchronisierungstools BrowserSync (*https://browsersync.io/*) und nodemon (*https://github.com/remy/nodemon*), dem Code-Editor Visual Studio Code (*https://code.visualstudio.com/*) sowie dem eingangs erwähnten Webpack. Allein schon aufgrund dieser Popularität können Sie das Package relativ bedenkenlos in Ihren Projekten einsetzen.

Installation und Verwendung

Um »chokidar« in Aktion zu sehen, legen Sie ein neues Package an, und installieren Sie »chokidar« als Abhängigkeit mithilfe von npm. Erzeugen Sie außerdem ein Verzeichnis, das »chokidar« gleich bezüglich Änderungen überwachen soll:

```
$ mkdir watchfiles
$ cd watchfiles
$ npm init -y
$ npm install chokidar
$ mkdir files
```

Wie Sie »chokidar« verwenden, sehen Sie in Listing 5.7. Über die Methode `watch()` können Sie einzelne *Watcher*-Instanzen erstellen (also Objektinstanzen, die für das Überwachen von Dateien bzw. Verzeichnissen verantwortlich sind), wobei als erster Parameter die zu überwachenden Dateien und Verzeichnisse und als zweiter Parameter verschiedene optionale Konfigurationen zu übergeben sind.

Die Pfade zu den Dateien und Verzeichnisse lassen sich entweder in Form eines Strings, eines String-Arrays oder als sogenanntes *Glob-Pattern* (siehe *https://en.wikipedia.org/wiki/Glob_(programming)*) angeben. An den einzelnen Watcher-Instanzen wiederum lassen sich Event-Listener für verschiedene Events registrieren, bspw. für das Hinzufügen und Löschen von Verzeichnissen oder das Hinzufügen, Löschen und Ändern von Dateien (siehe Tabelle 5.2 für eine vollständige Übersicht).

```
const chokidar = require('chokidar');

const watcher = chokidar.watch('./files/*.css', {
  ignored: /[\/\\]\./,
  persistent: true
});

watcher
  .on('add', path => {
    console.log(`Datei ${path} hinzugefügt`);
  })
  .on('addDir', path => {
    console.log(`Verzeichnis ${path} hinzugefügt`);
  })
  .on('change', path => {
    console.log(`Datei ${path} geändert`);
  })
  .on('unlink', path => {
    console.log(`Datei ${path} entfernt`);
  })
  .on('unlinkDir', path => {
    console.log(`Verzeichnis ${path} entfernt`);
  })
  .on('error', error => {
    console.error('Fehler aufgetreten', error);
  })
  .on('ready', () => {
    console.log(`Initialer Datei-Scan abgeschlossen. Warte ...`);
  });

watcher.on('change', (path, stats) => {
  if (stats) {
    console.log(`Datei ${path} geändert, neue Dateigröße: ${stats.size}`);
  }
});
```

Listing 5.7 Überwachen von Dateien und Verzeichnissen mit »chokidar«

Event	Beschreibung
add	Wird ausgelöst, wenn eine Datei hinzugefügt wurde.
addDir	Wird ausgelöst, wenn ein Verzeichnis hinzugefügt wurde.
change	Wird ausgelöst, wenn eine Datei geändert wurde.
error	Wird ausgelöst, wenn ein Fehler auftritt.
raw	Enthält die rohen Informationen bei Änderungen. Wird bspw. auch dann ausgelöst, wenn Dateien hinzugefügt oder geändert werden, die nicht durch die definierte Watch-Expression berücksichtigt werden.
ready	Wird ausgelöst, wenn der initiale Scan der zu überwachenden Dateien und Verzeichnisse abgeschlossen wurde.
unlink	Wird ausgelöst, wenn eine Datei gelöscht wurde.
unlinkDir	Wird ausgelöst, wenn ein Verzeichnis gelöscht wurde.

Tabelle 5.2 Events von »chokidar«

Erzeugen Sie nun eine Datei mit dem Namen *start.js*, kopieren Sie den Code aus Listing 5.7 dort hinein, und starten Sie das Programm anschließend über folgenden Befehl:

```
$ node start.js
Initialer Datei-Scan abgeschlossen. Warte ...
```

Wenn Sie nun innerhalb des Verzeichnisses *files* eine CSS-Datei erzeugen, sprich eine Datei mit der Endung »css«, wird der Event-Listener für das »add«-Event aufgerufen und die entsprechende Meldung auf der Konsole ausgegeben. Analog werden die Event-Listener für das »change«-Event aufgerufen, wenn Sie den Inhalt der Datei ändern und dann speichern, und die Event-Listener für das »unlink«-Event, wenn Sie die Datei wieder löschen:

```
Datei files/styles.css hinzugefügt
Datei files/styles.css geändert
Datei files/styles.css entfernt
```

Dieses relativ einfache Programm können Sie nun nach Belieben erweitern: Beispielsweise wäre es denkbar, neu hinzugefügte oder geänderte CSS-Dateien automatisch mit einem CSS-Parser zu parsen und auf syntaktische Korrektheit zu überprüfen (wie Sie CSS mit JavaScript verarbeiten können, lernen Sie übrigens in Rezept 47).

Statt CSS können Sie das Ganze natürlich auch für andere Datenformate anwenden. In Kapitel 6, »Datenformate«, werde ich Ihnen zeigen, wie Sie verschiedenste Datenformate unter Node.js verarbeiten oder erzeugen können. Den Fantasien sind diesbezüglich also keine Grenzen gesetzt.

5.2.4 Ausblick

Das Überwachen von Verzeichnissen und Dateien wird Ihnen bei der Entwicklung von Node.js-Applikationen immer mal wieder begegnen. Im weiteren Verlauf des Buches werden wir noch an einigen Stellen auf dieses Thema zurückkommen, bspw. wenn ich Ihnen in Rezept 75 zeige, wie Sie Unit-Tests automatisch neu ausführen, wenn sich der für die Tests relevante Quelltext ändert, oder auch in Rezept 79, in dem ich Ihnen zeige, wie Sie TypeScript-basierte Node.js-Applikationen bei Änderungen am Quelltext automatisch neu kompilieren.

Alternativ zu dem in diesem Kapitel vorgestellten Package »chokidar« können Sie natürlich auch bestehende Unix-Befehle wie bspw. `tail` (*http://man7.org/linux/man-pages/man1/tail.1.html*) als Unterprozess aus einer Node.js-Applikation heraus aufrufen und die entsprechende Ausgabe des Befehls innerhalb Ihrer Applikation weiterverarbeiten. In diesem Fall lohnt sich ein Blick auf Rezept 80 und Rezept 81 in Kapitel 11, »Skalierung, Performance und Sicherheit«, in denen ich Ihnen zeige, wie Sie externe Anwendungen oder Befehle aus Node.js heraus aufrufen.

Verwandte Rezepte

- Rezept 47: CSS verarbeiten und generieren
- Rezept 75: Unit-Tests automatisch neu ausführen
- Rezept 79: TypeScript-basierte Applikationen automatisch neu kompilieren
- Rezept 80: Externe Anwendungen als Unterprozess ausführen
- Rezept 81: Externe Anwendungen als Stream verarbeiten
- Rezept 104: Den Quelltext bundeln und komprimieren mit Webpack

5.3 Rezept 30: Daten mit Streams lesen

Sie möchten eine große Menge an Daten lesen und dabei sicherstellen, dass es zu keinen Speicherproblemen kommt.

5.3.1 Exkurs: Streams

Ein wesentliches Konzept, das bei Node.js eine wichtige Rolle spielt, sind sogenannte *Streams*. Dabei handelt es sich um *Datenströme*, die ihre Daten entweder aus einer Quelle lesen (dann spricht man von *Readable Streams* bzw. *lesbaren Streams*) oder in ein Ziel schreiben (dann spricht man von *Writable Streams* bzw. *schreibbaren Streams*). Der wesentliche Vorteil von Streams gegenüber anderen Arten der Ein- und Ausgabe ist die Performance und die Möglichkeit, sie miteinander zu kombinieren.

Neben Readable Streams und Writable Streams gibt es unter Node.js noch zwei weitere Arten von Streams: *Duplex Streams* bezeichnen Streams, die sowohl lesbar als auch schreibbar sind. *Transform Streams* basieren auf Duplex Streams, vereinfachen aber deren API.

Anwendungsfälle von Streams

Der Einsatz von Streams ist bspw. immer dann sinnvoll, wenn es tendenziell zu Performance- oder Speicherproblemen beim Lesen oder Schreiben von Daten kommen könnte. Wenn Sie z. B. eine große Menge von Daten verarbeiten möchten, etwa große Dateien einlesen oder schreiben (Bild-, Video- oder Log-Dateien) oder große Daten von einem Webserver herunterladen möchten, sollten Sie dies immer mithilfe von Streams machen.

Würden Sie dagegen große Dateien ohne Streams einlesen (etwa wie in Rezept 28 gezeigt unter Verwendung der Methode `readFile()` aus dem Modul »fs«), muss die gesamte Datei in den Speicher geladen werden, was schnell zu Performance- bzw. Speicherproblemen führen kann. Mit Streams dagegen ist es möglich, Daten Stück für Stück einzulesen und diese Daten über entsprechende Event-Listener zu verarbeiten.

Weitere Anwendungsfälle für Readable Streams

Neben dem Verarbeiten von großen Dateien ist die Verwendung von Streams auch in vielen anderen Fällen sinnvoll. Eine Übersicht über weitere Anwendungsfälle für Readable Streams finden Sie in nachstehender Auflistung (eine entsprechende Auflistung für Writable Streams finden Sie dagegen im nächsten Rezept):

- *HTTP-Anfragen* vom Client, die auf dem Server verarbeitet werden
- *HTTP-Antworten* vom Server, die auf dem Client verarbeitet werden
- Übertragung von Daten über *Sockets*
- *Standardausgabe* und *Standardfehlerausgabe* von Kindprozessen, die im Elternprozess verarbeitet werden
- *Standardeingabe* von Anwendungen, die im jeweiligen Prozess verarbeitet werden

Darüber hinaus stellen viele der Node.js-Packages, die ich Ihnen in diesem Buch zeige, ihre APIs oftmals in Form einer *Stream-API* zur Verfügung. Beispiele hierfür sind der XML-Parser »sax-js« (Rezept 36) und der RSS- bzw. Atom-Parser »feedparser« (Rezept 38).

5.3.2 Lösung

Um große Dateien mithilfe von Readable Streams einzulesen, gehen Sie wie in Listing 5.8 vor. Im Gegensatz zu `readFile()` aus dem »fs«-Modul verwenden Sie `createReadStream()` aus dem gleichen Modul, um zunächst einen Readable Stream für die jeweilige Datei zu erzeugen. Standardmäßig geben Readable Streams die eingelesenen Daten als rohen Binär-Buffer zurück. Alternativ können Sie, wie weiter unten in Listing 5.8 gezeigt, der Funktion `createReadStream()` ein Konfigurationsobjekt übergeben und dort über die Eigenschaft `encoding` das zu verwendende Encoding definieren.

Da alle Stream-Klassen von der Klasse `EventEmitter` ableiten (der Standardklasse aus der Node.js-API für das Unterstützen von Events, siehe auch Rezept 34), können Sie entsprechende Event-Listener über die Methode `on()` registrieren. Eine Übersicht der Events, die bei der Verwendung eines Readable Streams ausgelöst werden können, zeigt Tabelle 5.3.

Event	Beschreibung
`close`	Wird ausgelöst, wenn der Stream geschlossen wurde.
`data`	Wird ausgelöst, wenn Daten gelesen wurden.
`end`	Wird ausgelöst, wenn keine weiteren Daten im *Stream* vorhanden sind.
`error`	Wird ausgelöst, wenn ein Fehler aufgetreten ist.
`readable`	Wird ausgelöst, wenn Daten im Stream zum Lesen bereitstehen.

Tabelle 5.3 Events bei Readable Streams

Prinzipiell unterscheidet die Stream-API zwischen zwei verschiedenen Modi: Im *Paused Mode* (den Sie in Listing 5.8 sehen und der standardmäßig aktiviert ist) werden Sie über das »readable«-Event darüber informiert, dass Daten im Stream zum Lesen bereitstehen. Um die Daten dann konkret auszulesen, rufen Sie auf der Stream-Instanz die Methode `read()` auf.

```
const fs = require('fs');
const path = require('path');

const INPUT = path.join(__dirname, '..', 'large.file');

const readableStream = fs.createReadStream(INPUT, {
  encoding: 'utf-8'
});
```

```
readableStream.on('readable', () => {
  const data = readableStream.read();
  console.log(data);
});

readableStream.on('end', () => {
  console.log('File reading completed');
});
```


Listing 5.8 Lesen von Dateien über Readable Streams im Paused Mode

Im *Flowing Mode* dagegen werden die Daten von der Datenquelle *so schnell wie möglich* in den Stream geschrieben. Dieser Modus ist standardmäßig nicht aktiviert und muss erst explizit aktiviert werden, bspw. wie in Listing 5.9 zu sehen, indem Sie einen Event-Listener für das »data«-Event registrieren.

```
const fs = require('fs');
const path = require('path');

const INPUT = path.join(__dirname, '..', 'large.file');

const readableStream = fs.createReadStream(INPUT);

readableStream.on('data', (data) => {
  console.log(data.toString('utf-8'));
});

readableStream.on('end', () => {
  console.log('File reading completed');
});
```

Listing 5.9 Lesen von Dateien über Readable Streams im Flowing Mode

Wenn Sie vom Flowing Mode wieder in den Paused Mode wechseln möchten, können Sie dies über einen Aufruf der Methode `pause()` auf dem Stream-Objekt erreichen. Um umgekehrt wieder vom Paused Mode in den Flowing Mode zu wechseln, verwenden Sie dagegen die Methode `resume()`.

Beachten Sie aber, dass im Flowing Mode die Daten nur fließen, wenn auch ein Event-Listener für das »data«-Event registriert wurde. Ist dies nicht der Fall, und Sie wechseln trotzdem über den Aufruf von `resume()` vom Paused Mode in den Flowing Mode, werden keine Daten verarbeitet.

5.3.3 Ausblick

Readable Streams eignen sich für das Lesen bzw. Verarbeiten von Daten. Im nächsten Rezept zeige ich Ihnen, wie Sie mithilfe von Writable Streams Daten schreiben können. Auf das Kombinieren von Streams (Stichwort: Piping) komme ich dagegen in Rezept 32 zurück.

Verwandte Rezepte

- Rezept 28: Mit Dateien und Verzeichnissen arbeiten
- Rezept 31: Daten mit Streams schreiben
- Rezept 32: Mehrere Streams über Piping kombinieren
- Rezept 36: XML verarbeiten
- Rezept 38: RSS und Atom generieren und verarbeiten

5.4 Rezept 31: Daten mit Streams schreiben

Sie möchten eine große Menge an Daten schreiben und dabei sicherstellen, dass es zu keinen Speicherproblemen kommt.

5.4.1 Lösung

Im vorherigen Rezept haben Sie gesehen, wie Sie Daten mithilfe von Readable Streams lesen können. In diesem Rezept zeige ich Ihnen, wie Sie Daten mithilfe von *Writable Streams* schreiben können. Einige Beispiele, in denen die Verwendung von Writable Streams sinnvoll sein kann, zeigt folgende Liste:

- *HTTP-Anfragen*, die von dem Client versendet werden
- *HTTP-Antworten*, die vom Server an den Client versendet werden
- *Schreiben* von großen Dateien
- Übertragung von Daten über *Sockets*
- *Standardeingabe* von Kindprozessen
- *Standardausgabe* und *Standardfehlerausgabe* von Anwendungen, die im jeweiligen Prozess verarbeitet werden

Wie Sie eine (große) Datei mithilfe eines Writable Streams schreiben, zeigt Listing 5.10. Analog zu `createReadStream()` zum Erzeugen eines Readable Streams verwenden Sie hier die Methode `createWriteStream()` des »fs«-Moduls und haben anschließend die Möglichkeit, über die Methode `write()` Daten in den Stream zu schreiben. Als ersten Parameter übergeben Sie dabei die zu schreibenden Daten entweder in

Form einer Zeichenkette oder in Form eines Buffers. Optional können Sie als zweiten Parameter das Encoding definieren und als dritten Parameter eine Callback-Funktion, die nach Schreiben der jeweiligen Daten aufgerufen wird.

Beim Schreiben in einen Stream kann es allerdings passieren, dass das Schreiben der Daten über die Methode `write()` schneller geschieht, als der Stream die Daten verarbeiten kann. Die Daten werden innerhalb des Streams zwar in einem Buffer vorgehalten, dieser kann unter Umständen aber auch zu einem *Bottleneck* hinsichtlich der Performance und Speicherauslastung werden.

Ob ein Stream bereit ist, weitere Daten zu empfangen, können Sie daher an dem booleschen Rückgabewert der Methode `write()` erkennen: Hat dieser den Wert `true`, können Sie bedenkenlos weitere Daten in den Stream schreiben. Hat er dagegen den Wert `false`, sollten Sie auf das »drain«-Event warten (siehe Tabelle 5.4), das immer dann ausgelöst wird, wenn der Buffer des Streams geleert wurde und der Stream wieder bereit ist, neue Daten zu empfangen. Tun Sie dies nicht, kann es zu Speicherproblemen und infolgedessen zum Absturz der jeweiligen Applikation kommen.

Um zu signalisieren, dass das Schreiben der Daten beendet ist, können Sie zudem die Methode `end()` verwenden. Optional können Sie dabei als ersten Parameter weitere Daten übergeben, die vor dem Schließen des Streams noch geschrieben werden sollen, als zweiten Parameter das zu verwendende Encoding und als dritten Parameter eine Callback-Funktion, die aufgerufen wird, wenn die Bearbeitung des Streams beendet wurde.

```
const fs = require('fs');
const path = require('path');
const INPUT = path.join(__dirname, '..', 'large.file');

const writableStream = fs.createWriteStream(INPUT);

writableStream.on('finish', () => {
  console.log('File writing completed');
});

for (let i = 0; i <= 100000; i++) {
  writableStream.write(
    'Lorem ipsum dolor sit amet, consectetur adipisicing elit, sed do eiusmod
     tempor incididunt ut labore et dolore magna aliqua...\n',
    'utf-8',
    () => {
      // Callback, wenn Daten geschrieben
    }
  );
```

```
}

writableStream.end();
```

Listing 5.10 Schreiben von Dateien über Writable Streams

Event	Beschreibung
`close`	Wird ausgelöst, wenn der Stream geschlossen wurde.
`drain`	Wird ausgelöst, wenn der Stream wieder bereit ist, Daten zu verarbeiten.
`error`	Wird ausgelöst, wenn ein Fehler aufgetreten ist.
`finish`	Wird ausgelöst, wenn die Verarbeitung des Streams abgeschlossen bzw. die Methode `end()` aufgerufen wird.
`pipe`	Wird ausgelöst, wenn ein Readable Stream in den Writable Stream weitergeleitet wird (siehe Rezept 32, »Mehrere Streams über Piping kombinieren«).
`unpipe`	Wird ausgelöst, wenn ein Readable Stream nicht mehr in den Writable Stream weitergeleitet wird (siehe Rezept 32).

Tabelle 5.4 Events bei Writable Streams

5.4.2 Ausblick

Im vorherigen Rezept haben Sie gelernt, wie Sie Readable Streams verwenden, im aktuellen Rezept, wie Sie Writable Streams verwenden. Ausgerüstet mit diesem Basiswissen für die Funktionsweise und Verwendung von Streams, möchte ich Ihnen im nächsten Rezept zeigen, wie Sie verschiedene Streams über sogenanntes Piping miteinander kombinieren können, also bspw. Daten über einen Readable Stream einlesen und diese Daten direkt in einen Writable Stream weiterleiten können.

Verwandte Rezepte

- Rezept 28: Mit Dateien und Verzeichnissen arbeiten
- Rezept 30: Daten mit Streams lesen
- Rezept 32: Mehrere Streams über Piping kombinieren

5.5 Rezept 32: Mehrere Streams über Piping kombinieren

Sie möchten mehrere Streams mithilfe von Piping kombinieren.

5.5.1 Lösung

Ein weiteres wichtiges Konzept von Streams ist das sogenannte *Piping*. Hierüber ist es möglich, die Daten eines Readable Streams (oder eines Transform Streams) direkt in einen Writable Stream (oder einen Transform Stream) weiterzuleiten. Vergleichbar ist das Piping unter Node.js mit dem gleichnamigen Konzept aus Unix-basierten Shells oder auch MS-DOS, bei denen Kommandozeilenbefehle jeweils über das |-Symbol sehr vielfältig miteinander kombiniert werden können.

In Node.js können Sie die Methode `pipe()` wie folgt verwenden, um einzelne Streams miteinander zu kombinieren:

```
readablestream
  .pipe(transformStream1)
  .pipe(transformStream2)
  .pipe(writableStream);
```

Als Praxisbeispiel möchte ich Ihnen im Folgenden zeigen, wie Sie mithilfe des Pipings Dateien komprimieren und dekomprimieren können.

Anwendungsbeispiel: Komprimieren von Dateien

Für das Komprimieren und das Dekomprimieren von Dateien stellt die Node.js-API das Modul »zlib« (*https://nodejs.org/api/zlib.html*) zur Verfügung, das praktischerweise direkt entsprechende Streams bereitstellt.

Um bspw. eine Datei zu komprimieren, gehen Sie, wie in Listing 5.11 gezeigt, vor, und erstellen folgende drei Streams:

1. Über die Methode `fs.createReadStream()` erzeugen Sie zunächst einen Readable Stream. Mit diesem Stream sollen die zu komprimierenden Daten eingelesen werden.
2. Die Methode `zlib.createGzip()` liefert als Rückgabewert einen Transform Stream, der die eingelesenen Daten komprimiert.
3. Anschließend erzeugen Sie über einen Aufruf der Funktion `fs.createWriteStream()` einen Writable Stream. Dieser Stream wiederum ist dafür zuständig, die komprimierten Daten in eine (neue) Datei zu schreiben.

Nachdem alle drei Streams initialisiert sind, geschieht der eigentliche Aufruf der Komprimierung durch das Hintereinanderschalten der einzelnen Streams mithilfe der Methode `pipe()`. Diese wird im ersten Schritt auf dem Readable Stream (`inputStream`) aufgerufen, wobei der Methode derjenige Stream zu übergeben ist, an den die eingelesenen Daten weitergeleitet werden sollen. Mit anderen Worten: Hier ist der Stream zu übergeben, der für die Komprimierung zuständig ist (`gzip`).

Dank *Fluent API* lassen sich die einzelnen Aufrufe von `pipe()` sehr übersichtlich direkt hintereinanderschalten. Durch den zweiten Aufruf von `pipe()`, dem Sie wiederum den Writable Stream übergeben (`outputStream`), definieren Sie, dass die Daten, die aus dem Komprimierungs-Stream herauskommen, direkt in den Writable Stream weitergeleitet werden.

```
const fs = require('fs-extra');
const path = require('path');
const zlib = require('zlib');

const INPUT = path.join(__dirname, '..', 'data', 'input', 'logs.log');
const OUTPUT = path.join(__dirname, '..', 'data', 'logs.log.gz');

// 1. Stream zum Einlesen der zu komprimierenden Datei
const inputStream = fs.createReadStream(INPUT);

// 2. Stream für das Komprimieren der eingelesenen Daten
const gzip = zlib.createGzip();

// 3. Stream für das Schreiben der Archiv-Datei
const outputStream = fs.createWriteStream(OUTPUT);

inputStream                // Einlesen der Datei
  .pipe(gzip)              // Komprimieren der eingelesenen Daten
  .pipe(outputStream);     // Schreiben der Archiv-Datei
```

Listing 5.11 ZIP-Dateien packen

Anwendungsbeispiel: Dekomprimieren von Dateien

Das analoge Beispiel für das Dekomprimieren, also das Entpacken von gezippten Dateien, sehen Sie in Listing 5.12. Die Vorgehensweise ist dabei die gleiche wie zuvor, nur in die andere Richtung: Jetzt dient die gezippte Datei als Eingabe, weswegen Sie hierfür einen Readable Stream erzeugen. Dessen Ausgabe wird über die Methode `pipe()` als Eingabe für den Dekomprimierungs-Stream verwendet und dessen Ausgabe als Eingabe für den Writable Stream, der die entpackten Datei letztendlich in die Zieldatei schreibt.

```
const fs = require('fs-extra');
const path = require('path');
const zlib = require('zlib');

const INPUT = path.join(__dirname, '..', 'data', 'logs.log.gz');
const OUTPUT = path.join(__dirname, '..', 'data', 'output');
const OUTPUT_FILE = path.join(OUTPUT, 'logs.log');
```

```
fs.emptyDirSync(OUTPUT);

inputStream.pipe(gunzip).pipe(outputStream);
// 1. Stream zum Einlesen der zu dekomprimierenden Datei
const inputStream = fs.createReadStream(INPUT);

// 2. Stream für das Dekomprimieren der eingelesenen Daten
const gzip = zlib.createGunzip();

// 3. Stream für das Schreiben der Archiv-Datei
const outputStream = fs.createWriteStream(OUTPUT_FILE);

inputStream              // Einlesen der Datei
  .pipe(gunzip)          // Dekomprimieren der eingelesenen Daten
  .pipe(outputStream);   // Schreiben der Archiv-Datei
```

Listing 5.12 ZIP-Dateien entpacken

Weitere Anwendungsbeispiele

Streams begegnen Ihnen in der Node.js-Standard-API und in vielen anderen Node.js-Packages. Über folgende Code-Zeile sorgen Sie bspw. dafür, dass die Standardeingabe direkt in die Standardausgabe weitergeleitet wird (`process.stdin` ist ein Readable Stream, `process.stdout` ein Writable Stream).

```
process.stdin.pipe(process.stdout);
```

Listing 5.13 Weiterleiten der Standardeingabe in die Standardausgabe

Wenn Sie diese Zeile als Node.js-Applikation aufrufen, werden alle Eingaben, die Sie anschließend in die Kommandozeile schreiben, direkt auch ausgegeben.

In Kapitel 9, »Sockets und Messaging«, in Rezept 63 zeige ich Ihnen, wie Sie einen TCP-Server in Node.js implementieren. Wenn Sie diesen Server starten, können Sie sich z. B. über folgende Code-Zeilen über Streams mit dem Server verbinden (der Aufruf `net.connect()` gibt ein Objekt vom Typ `net.Socket` zurück, das wiederum ein Duplex Stream ist, also sowohl Readable als auch Writable).

```
const net = require('net');
process.stdin                // Standardeingabe lesen
  .pipe(net.connect(1337))   // Zum TCP-Server verbinden
  .pipe(process.stdout);     // Die Antwort des TCP-Server ausgeben
```

Listing 5.14 Weiterleiten der Standardeingabe an einen TCP-Server und weiter in die Standardausgabe

5.5.2 Piping im Produktionsbetrieb

So schön das in den vorherigen Abschnitten vorgestellte Piping auch ist, hat die Verwendung der `pipe()`-Methode einen gravierenden Nachteil: Und zwar sieht die Methode keine direkte Fehlerbehandlung vor. Das heißt, wenn in einer Pipeline an irgendeiner Stelle in einem der Streams ein Fehler auftritt, wird dies nicht an die anderen Streams übermittelt, und diese werden infolgedessen auch nicht automatisch geschlossen, was wiederum zu Speicherproblemen führen kann.

Um dem entgegenzuwirken, müssten Sie also für alle Streams in einer Pipeline entsprechende Event-Listener für das »error«-Event und das »close«-Event registrieren und bei Auftreten eines Fehlers in einem der Streams die jeweils anderen Streams in der Pipeline manuell schließen.

Das klingt nicht nur aufwendig, sondern ist es auch, weswegen sich diesbezüglich die Verwendung des Packages »pump« (*https://www.npmjs.com/package/pump*) als Best Practice durchgesetzt hat, das intern genau das oben Beschriebene macht, sprich Event-Listener registriert und nicht geschlossene Streams bei Auftreten eines Fehlers automatisch schließt.

Das entsprechend angepasste Beispiel für das Komprimieren von Dateien zeigt Listing 5.15. Die einzelnen Streams werden jetzt nicht mehr direkt über die Methode `pipe()` miteinander verbunden, sondern als Parameter der Funktion `pump()` übergeben. Über den letzten Parameter dieser Funktion können Sie zudem eine Callback-Funktion übergeben, anhand derer Sie ebenfalls über eventuelle Fehler benachrichtigt werden. Um das eigentliche Schließen der Streams müssen Sie sich hierbei aber nicht kümmern.

```
const fs = require('fs-extra');
const path = require('path');
const zlib = require('zlib');
const pump = require('pump');

const INPUT = path.join(__dirname, '..', 'data', 'input', 'logs.log');
const OUTPUT = path.join(__dirname, '..', 'data', 'logs.log.gz');

const inputStream = fs.createReadStream(INPUT);
const outputStream = fs.createWriteStream(OUTPUT);
const gzip = zlib.createGzip();

pump(
  inputStream,
  gzip,
  outputStream,
```

```
  (error) => {
    if (error) {
      console.error('Zipping failed.');
    } else {
      console.log('Zipping succeeded.');
    }
  }
);
```


Listing 5.15 Fehlerbehandlung bei Streams mithilfe des Packages »pump«

Auch das Team hinter Node.js lernt aus seinen Fehlern, und so wurde mit Node.js 10 etwas Vergleichbares wie das Package »pump« eingeführt. Und zwar ist es seitdem möglich, über die Funktion pipeline() aus dem Node.js-Standard-Package »stream« das zu erreichen, was vorher nur umständlich manuell oder über das Package »pump« möglich war.

Die Verwendung ist dabei nahezu identisch mit der bei »pump«, wie folgendes Listing zeigt, d. h., auch der Funktion pipeline() übergeben Sie die entsprechenden Streams in der Reihenfolge, in der die Streams hintereinandergeschaltet werden sollen, sowie als letzten Parameter eine Callback-Funktion, um auf Fehler oder das Abarbeiten der Pipeline reagieren zu können.

```
const fs = require('fs-extra');
const path = require('path');
const zlib = require('zlib');
const { pipeline } = require('stream');

const INPUT = path.join(__dirname, '..', 'data', 'input', 'logs.log');
const OUTPUT = path.join(__dirname, '..', 'data', 'logs.log.gz');

const inputStream = fs.createReadStream(INPUT);
const outputStream = fs.createWriteStream(OUTPUT);
const gzip = zlib.createGzip();

pipeline(
  inputStream,
  gzip,
  outputStream,
  (error) => {
    if (error) {
      console.error('Zipping failed.');
    } else {
```

```
      console.log('Zipping succeeded.');
    }
  }
);
```

Listing 5.16 Fehlerbehandlung bei Streams seit Node.js 10

5.5.3 Ausblick

Sie wissen jetzt, wie Sie Daten mit Streams einlesen, Daten mit Streams schreiben und wie Sie Streams mithilfe von Piping kombinieren. Im nächsten Rezept möchte ich Ihnen nun zeigen, wie Sie eigene Streams implementieren.

Verwandte Rezepte

- Rezept 30: Daten mit Streams lesen
- Rezept 31: Daten mit Streams schreiben
- Rezept 63: Einen TCP-Server erstellen

5.6 Rezept 33: Eigene Streams implementieren

Sie möchten einen eigenen Stream implementieren.

5.6.1 Lösung

Die Node.js-API stellt für das Erstellen von Streams an verschiedenen Stellen entsprechende Methoden zur Verfügung. In den vorherigen Rezepten haben Sie bspw. gesehen, wie Sie mit entsprechenden Methoden aus dem »fs«-Modul Dateien unter Verwendung von Readable Streams lesen und unter Verwendung von Writable Streams schreiben können. Anhand des Moduls »zlib« habe ich Ihnen zudem gezeigt, wie sich Dateien unter Verwendung von Transform Streams komprimieren und dekomprimieren lassen.

In diesem Rezept möchte ich Ihnen nun zeigen, wie Sie die verschiedenen Arten von Streams selbst implementieren:

- **Readable Streams**: In Abschnitt 5.6.2 implementieren wir einen Readable Stream, der zufällige Sensorwerte zwischen –1 und 2.000 generiert, wobei der Wert –1 für einen fehlerhaften Sensorwert steht.
- **Writable Streams**: In Abschnitt 5.6.3 implementieren wir einen Writable Stream, in den Sensorwerte geschrieben werden können und der bei fehlerhaften Sensorwerten einen Fehler ausgibt und die Verarbeitung abbricht.

- **Duplex Streams**: In Abschnitt 5.6.4 implementieren wir einen Duplex Stream, der die Funktionalität des Readable Streams und des Writable Streams aus den vorherigen beiden Abschnitten vereint.
- **Transform Streams**: In Abschnitt 5.6.5 schließlich implementieren wir einen Transform Stream, in den Sensorwerte geschrieben werden können und der fehlerhafte Sensorwerte normalisiert und durch 0 ersetzt.

5.6.2 Lösung: Einen Readable Stream implementieren

Für die Implementierung eigener Streams stellt die Node.js-API das Modul »stream« zur Verfügung. Die in diesem Modul enthaltene Klasse `Readable` bildet dabei die Basis für die Implementierung eigener Readable Streams. Um nun einen eigenen Stream zu implementieren, erstellen Sie von dieser Basisklasse eine Unterklasse und überschreiben dabei die Methode `_read()`. Innerhalb dieser Methode können Sie dann genau definieren, wann Daten in den Stream geschrieben werden sollen. Dazu wiederum stellen Readable Streams die Methode `push()` zur Verfügung.

Wenn Sie, wie in Rezept 30 beschrieben, einen Readable Stream für das Lesen von Dateien erzeugt und gestartet haben, passiert nichts anderes, als dass der von `fs.createReadStream()` erzeugte Readable Stream intern die Methode `push()` aufruft, um Daten aus der Datei als einzelne Teile (sogenannte »Chunks«) in den Stream zu schreiben.

In Listing 5.17 sehen Sie nun, wie dies konkret für eine eigene Implementierung aussehen könnte: Hier wird bspw. ein Sensor simuliert, der 100.000-mal hintereinander einen zufälligen Wert zwischen –1 und 2.000 ausgibt. Dazu wird innerhalb der Methode `_read()` eine entsprechende Schleife durchlaufen. Jeder Wert wird dabei zuerst in eine Zeichenkette und ausgehend davon in ein Buffer-Objekt umgewandelt.

Der Aufruf der Methode `push()` sorgt dafür, dass der entsprechende Wert (in Form des Buffer-Objekts) in den Stream geschrieben wird. Ist das Ende der Schleife erreicht, wird die Methode `push()` mit dem Argument `null` aufgerufen, was wiederum dafür sorgt, dass der Stream beendet wird.

```
const { Readable } = require('stream');

const random = (min, max) => {
  min = Math.ceil(min);
  max = Math.floor(max);
  return Math.floor(Math.random() * (max - min + 1)) + min;
};

class SensorReadable extends Readable {
  constructor(opt) {
```

```
    super(opt);
    this._maxValues = 100000;
    this._index = 1;
  }

  _read() {
    const i = this._index++;
    if (i > this._maxValues) {
      this.push(null);
    } else {
      const numberAsString = String(random(-1, 2000));
      const buffer = Buffer.from(`${numberAsString}\n`, 'utf8');
      this.push(buffer);
    }
  }
}

module.exports = SensorReadable;
```

Listing 5.17 Implementierung eines eigenen Readable Streams

Listing 5.18 zeigt, wie Sie die oben implementierte SensorReadable-Klasse verwenden. Hier wird die Ausgabe des Readable Streams über Piping an die Standardausgabe (process.stdout) weitergeleitet (aus den in Rezept 32 genannten Gründen verwenden Sie für das Piping die Funktion pipeline() aus dem »stream«-Modul).

Wenn Sie dieses Programm nun aufrufen, werden auf der Konsole insgesamt 100.000 zufällige Zahlen (»Sensorwerte«) im Wertebereich von –1 bis 2.000 ausgegeben.

```
const { pipeline } = require('stream');

const SensorReadable = require('./SensorReadable');

const sensorReadable = new SensorReadable();

pipeline(sensorReadable, process.stdout, (error) => {
  if (error) {
    console.error('Pipeline failed.', error);
  } else {
    console.log('Pipeline succeeded.');
  }
});
```

Listing 5.18 Verwendung des eigenen Readable Streams

Hinweis

Sie können Readable Streams (und im Übrigen auch Writable Streams, Duplex Streams und Transform Streams) statt über die Implementierung einer Unterklasse auch in einer Kurzschreibweise implementieren, bei der Sie den jeweiligen Stream direkt über den Konstruktor der Basisklasse erstellen. Die Implementierung der zu überschreibenden Methoden übergeben Sie dabei in Form eines Konfigurationsobjekts:

```
const { Readable } = require('stream');

const readable = new Readable({
  read(size) {
    // ...
  }
});
```

Listing 5.19 Verwendung der Kurzschreibweise für Readable Streams

5.6.3 Lösung: Einen Writable Stream implementieren

Analog zu der Klasse `Readable` stellt das Modul »stream« für das Erstellen von Writable Streams die Klasse `Writable` zur Verfügung. Um einen eigenen Writable Stream zu implementieren, erstellen Sie von dieser Klasse eine Unterklasse und überschreiben dabei die Methode `_write()`. Diese Methode nimmt drei Parameter entgegen: den jeweiligen »Chunk«, also den Teil, der gerade vom Stream verarbeitet wird, das Encoding sowie als dritten Parameter eine Callback-Funktion, die aufzurufen ist, wenn der Writable Stream mit der Verarbeitung der Daten fertig ist.

Die in Listing 5.20 gezeigte Klasse `SensorWritable` bspw. nimmt Daten entgegen, wandelt diese über `parseInt()` in Ganzzahlen um und prüft, ob diese nicht negativ sind. Für den Fall, dass eine Zahl negativ ist (der Sensorwert sozusagen fehlerhaft ist), wird die Callback-Funktion mit einem entsprechenden Fehlerobjekt aufgerufen, was wiederum dafür sorgt, dass die Verarbeitung weiterer Daten durch den Writable Stream abgebrochen wird. Ist die Zahl 0 oder größer als 0, wird sie einfach auf die Konsole ausgegeben und die Callback-Funktion entsprechend ohne Fehlerobjekt aufgerufen.

```
const { Writable } = require('stream');

class SensorWritable extends Writable {
  _write(chunk, encoding, callback) {
    const string = chunk.toString();
    const value = parseInt(string);
    if (value < 0) {
      callback(new Error(`Invalid: ${value}`));
```

```
    } else {
      console.log(`Valid: ${value}`);
      callback();
    }
  }
}

module.exports = SensorWritable;
```

Listing 5.20 Implementierung eines eigenen Writable Streams

Listing 5.21 zeigt, wie die Klasse SensorWritable in Kombination mit der im vorherigen Abschnitt implementierten SensorReadable-Klasse verwendet werden kann. Zur Erinnerung: Diese Klasse schreibt 100.000 zufällige Zahlen in den Stream, wobei die Wahrscheinlichkeit 1:2.000 ist, dass die jeweilige Zahl negativ und damit der Sensorwert fehlerhaft ist. Die Kombination mit dem implementierten Writable Sensor sorgt dafür, dass bei fehlerhaften Sensorwerten ein entsprechender Fehler ausgegeben und die Stream-Verarbeitung abgebrochen wird.

```
const { pipeline } = require('stream');

const SensorReadable = require('./SensorReadable');
const SensorWritable = require('./SensorWritable');

const sensorReadable = new SensorReadable();
const sensorWritable = new SensorWritable();

pipeline(sensorReadable, sensorWritable, (error) => {
  if (error) {
    console.error('Pipeline failed.', error);
  } else {
    console.log('Pipeline succeeded.');
  }
});
```

Listing 5.21 Verwendung des eigenen Writable Streams

5.6.4 Lösung: Einen Duplex Stream implementieren

Bei Duplex Streams handelt es sich quasi um eine Kombination aus Readable Stream und Writable Stream, weil Daten sowohl aus Duplex Streams gelesen als auch in Duplex Streams geschrieben werden können. Die entsprechende Basisklasse Duplex aus dem »stream«-Modul stellt daher auch zwei Methoden bereit, die bei Implementierung eigener Duplex Streams zu überschreiben sind: die Methode _read() für das

Verhalten als Readable Stream sowie die Methode _write() für das Verhalten als Writable Stream.

Prominentestes Beispiel für einen Duplex Stream in der Node.js-API ist wahrscheinlich die Klasse Socket aus dem »net«-Package, mit deren Hilfe Socket-Kommunikation zwischen einem (Socket-)Server und einem (Socket-)Client aufgebaut werden kann. Auch bildlich kann man sich einen Duplex Stream anhand dieses Beispiels sehr schön vorstellen: Über eine (Socket-)Verbindung können Server und Client sowohl Daten schreiben (das wäre der Writable Teil) als auch Daten lesen (das wäre der Readable Teil).

Das folgende Beispiel ist zugegeben nicht ganz so praxisnah, sondern etwas konstruiert und soll vielmehr nur das Vorgehen bei der Implementierung eines eigenen Duplex Streams veranschaulichen. Listing 5.22 zeigt einen Duplex Stream, der die Funktionalität des Readable Streams aus Abschnitt 5.6.2 und die des Writable Streams aus Abschnitt 5.6.3 in einer Klasse vereint. Mit anderen Worten: Der Duplex Stream generiert in der Methode _read() die zufälligen Sensorwerte und gibt sie in der Methode _write() entsprechend – sofern nicht fehlerhaft – auf die Konsole aus. Der Inhalt der beiden Methoden bleibt gegenüber den Einzelimplementierungen unverändert.

```
const { Duplex } = require('stream');

const random = (min, max) => {
  min = Math.ceil(min);
  max = Math.floor(max);
  return Math.floor(Math.random() * (max - min + 1)) + min;
};

class SensorDuplex extends Duplex {
  constructor(opt) {
    super(opt);
    this._maxValues = 100000;
    this._index = 1;
  }

  _read() {
    const i = this._index++;
    if (i > this._maxValues) {
      this.push(null);
    } else {
      const numberAsString = String(random(-1, 2000));
      const buffer = Buffer.from(`${numberAsString}\n`, 'utf8');
      this.push(buffer);
    }
```

```
  }

  _write(chunk, encoding, callback) {
    const string = chunk.toString();
    const value = parseInt(string);
    if (value < 0) {
      callback(new Error(`Invalid: ${value}`));
    } else {
      console.log(`Valid: ${value}`);
      callback();
    }
  }
}

module.exports = SensorDuplex;
```

Listing 5.22 Implementierung eines eigenen Duplex Streams

In Listing 5.23 sehen Sie, wie sich dieser Duplex Stream verwenden lässt. Das Beispiel ist dabei analog zu Listing 5.21 aus dem Abschnitt 5.6.3, in dem der Writable Stream mit dem zuvor implementierten Readable Stream kombiniert wurde. Der Unterschied: Jetzt werden zwei Instanzen des Duplex Streams verwendet, wobei die eine Instanz als Readable Stream fungiert und die andere als Writable Stream.

```
const { pipeline } = require('stream');

const SensorDuplex = require('./SensorDuplex');

const sensorReadable = new SensorDuplex();
const sensorWritable = new SensorDuplex();

pipeline(sensorReadable, sensorWritable, (error) => {
  if (error) {
    console.error('Pipeline failed.', error);
  } else {
    console.log('Pipeline succeeded.');
  }
});
```

Listing 5.23 Verwendung des eigenen Duplex Streams

Das Beispiel kann weiter vereinfacht werden, da natürlich eigentlich nicht zwei Instanzen des Duplex Streams benötigt werden, wenn eine Instanz ja schon beide Funktionalitäten bereitstellt. Folgendes würde also auch funktionieren:

```
const { pipeline } = require('stream');

const SensorDuplex = require('./SensorDuplex');

const sensorDuplex = new SensorDuplex();

pipeline(sensorDuplex, sensorDuplex, (error) => {
  if (error) {
    console.error('Pipeline failed.', error);
  } else {
    console.log('Pipeline succeeded.');
  }
});
```

Listing 5.24 Verwendung des eigenen Duplex Streams

5.6.5 Lösung: Einen Transform Stream implementieren

Für die Implementierung von Transform Streams stellt das Modul »stream« die Klasse `Transform` zur Verfügung. Transform Streams bauen auf Duplex Streams auf und sind immer dann sinnvoll, wenn Sie bei der Verwendung von Streams die Daten in irgendeiner Art und Weise transformieren, also verändern möchten.

Wie schon für die anderen Stream-Klassen müssen Sie – um einen eigenen Transform Stream zu implementieren – von der Klasse `Transform` eine Unterklasse erstellen und dort die Methode `_transform()` überschreiben.

Diese Methode nimmt – wie schon die Methode `_write()` der Klasse `Writable` – drei Parameter entgegen: den Teil, der gerade vom Stream verarbeitet wird (»Chunk«), das Encoding und eine Callback-Funktion, die aufzurufen ist, wenn der Transform Stream die Datenverarbeitung abgeschlossen hat, und der Sie den Wert übergeben können, der an den nächsten Stream weitergereicht wird.

Als Beispiel wollen wir im Folgenden einen Transform Stream implementieren, der in Kombination mit dem in Abschnitt 5.6.2 implementierten Readable Stream und dem Writable Stream aus Abschnitt 5.6.3 verwendet werden kann. Zur Erinnerung: Der Readable Stream `SensorReadable` generiert zufällige Sensorwerte im Wertebereich von –1 und 2.000, wobei –1 für fehlerhafte Messungen steht. Der Writable Stream liest Sensorwerte ein und gibt diese auf die Konsole aus, wobei für fehlerhafte Werte (also –1) ein entsprechender Fehler ausgegeben wird und die Stream-Verarbeitung abbricht.

Der im Folgenden zu implementierende Transform Stream soll jetzt die fehlerhaften Werte normalisieren, sprich den Wert -1 durch den Wert 0 ersetzen. Dazu bilden wir, wie in Listing 5.25 zu sehen, eine Unterklasse der Klasse `Transform` und implementieren die Methode _transform() wie folgt: Zunächst wird der »Chunk« in eine Zeichenkette umgewandelt, dann in eine Ganzzahl geparst und dann geprüft, ob diese Zahl kleiner 0 ist. Ist dies der Fall, normalisieren wir diesen Wert, d. h., wir rufen die callback()-Funktion mit einer 0 auf.

```
const { Transform } = require('stream');

class SensorTransform extends Transform {
  _transform(chunk, encoding, callback) {
    const string = chunk.toString();
    const value = parseInt(string);
    if (value < 0) {
      const buffer = Buffer.from('0', 'utf8');
      callback(null, buffer);
    } else {
      callback(null, chunk);
    }
  }
}

module.exports = SensorTransform;
```

Listing 5.25 Implementierung eines eigenen Transform Streams

> **Hinweis**
> Die Methode _transform() – Sie werden es vermuten – ist nur dazu gedacht, von innerhalb einer Transform-Stream-Klasse aufgerufen zu werden.

Die Verwendung des Transform Streams in Kombination mit dem vorher implementierten Readable Stream und dem Writable Stream sehen Sie in Listing 5.26. Wenn Sie dieses Programm laufen lassen, werden Sie feststellen, dass in der Ausgabe nicht mehr der Wert –1 auftaucht (da dieser Wert jeweils durch den Transform Stream durch 0 ersetzt wurde) und die Abarbeitung der vom Readable Stream erzeugten 100.000 Zahlen vollständig abgeschlossen wird (weil der Writable Stream nicht mehr mit einem Fehler abbricht).

```
const { pipeline } = require('stream');

const SensorReadable = require('./SensorReadable');
const SensorTransform = require('./SensorTransform');
const SensorWritable = require('./SensorWritable');

const sensorReadable = new SensorReadable();
```

```
const sensorTransform = new SensorTransform();
const sensorWritable = new SensorWritable();

pipeline(sensorReadable, sensorTransform, sensorWritable, (error) => {
  if (error) {
    console.error('Pipeline failed.', error);
  } else {
    console.log('Pipeline succeeded.');
  }
});
```

Listing 5.26 Verwendung des eigenen Transform Streams

5.6.6 Ausblick

In diesem Rezept haben Sie gesehen, wie Sie die verschiedenen Arten von Streams selbst implementieren können. In diesem Zusammenhang ebenfalls interessant sind die Packages »from2« (*https://www.npmjs.com/package/from2*) und »through2« (*https://www.npmjs.com/package/through2*). Ersteres ist ein Helfer-Package für das Erstellen von Readable Streams, letzteres ein Helfer-Package für das Erstellen von Transform Streams.

Neben den in diesem und den vorangegangenen Rezepten vorgestellten Konzepten von Streams und Techniken gibt es natürlich noch viele weitere Dinge, die Sie mit Streams anstellen können, und auch verschiedene Patterns für den richtigen Umgang mit Streams. Wenn Sie sich eingehender damit beschäftigen möchten, empfehle ich Ihnen das »Stream Handbook«, das unter *https://github.com/substack/stream-handbook* zur Verfügung steht.

Verwandte Rezepte

- Rezept 30: Daten mit Streams lesen
- Rezept 31: Daten mit Streams schreiben
- Rezept 32: Mehrere Streams über Piping kombinieren

5.7 Rezept 34: Events versenden und empfangen

Sie möchten zwischen verschiedenen Komponenten einer Node.js-Applikation über Events kommunizieren, bspw. um die einzelnen Komponenten voneinander zu entkoppeln.

5.7.1 Lösung

In den vorherigen Rezepten haben Sie bereits einige Beispiele für die Verwendung von Events gesehen. Beispielsweise als wir in Rezept 28 mithilfe des Packages »klaw« ein Programm geschrieben haben, das über Verzeichnisse iteriert und für gefundene Unterverzeichnisse und Dateien jeweils ein Event auslöst. Auch bei der Verwendung von Streams, was Thema der vorherigen Rezepte war, haben Sie die Möglichkeit, auf verschiedene Events innerhalb von Event-Listenern zu reagieren. Im Folgenden möchte ich Ihnen nun zeigen, wie Sie unter Node.js selbst Komponenten erstellen, die Events versenden und wie an ihnen Event-Listener registriert werden können.

Generell funktioniert das Senden und Empfangen von Events über das »events«-Package, das Bestandteil der Standard-Node.js-API ist, bzw. über die in diesem Package enthaltene Klasse `EventEmitter`.

Von dieser Klasse erstellen Sie zunächst, wie in Listing 5.27 zu sehen, eine Objektinstanz. Anschließend lassen sich über die Methode `on()` an dieser Instanz Event-Listener für bestimmte Events definieren. Die Methode `on()` kennen Sie bereits (sofern Sie die oben genannten Rezepte schon durchgearbeitet haben). Als Parameter erwartet diese Methode den Namen des Events als Zeichenkette sowie den jeweiligen Event-Listener in Form einer Funktion, die ausgeführt werden soll, wenn ein entsprechendes Event am *Event-Emitter* ausgelöst wird. Letzteres erreichen Sie über die Methode `emit()`, wobei hierbei der Name des Events sowie die zu verschickende Nachricht als Parameter zu übergeben sind.

```
const { EventEmitter } = require('events');

// EventEmitter-Instanz zum Versenden
// und Empfangen von Events
const eventEmitter = new EventEmitter();

// Name des Events, was versendet wird
const eventType = 'exampleEvent';

// Registrieren eines Event-Listeners für das Event
eventEmitter.on(eventType, (message) => {
  console.log(message);
  console.log(message.topic);
  console.log(message.content);
});

// Nachricht, die versendet werden soll
const message = {
  topic: 'A message',
```

```
  content: 'Some dummy content'
}

// Versenden der Nachricht
eventEmitter.emit(eventType, message);
```

Listing 5.27 Prinzipielle Verwendung von Events unter Node.js

Darüber hinaus stellt die `EventEmitter`-Klasse eine Reihe weiterer Methoden bereit, von denen Tabelle 5.5 eine Übersicht zeigt. So lassen sich z. B. über die Methode `removeListener()` Event-Listener auch wieder für ein Event entfernen (neben dem Event muss dabei der jeweilige Event-Listener als Parameter übergeben werden). Alternativ dazu können über die Methode `removeAllListeners()` auch direkt alle Event-Listener für ein Event entfernt werden. Ebenfalls praktisch: Über die Methode `once()` lassen sich Event-Listener definieren, die bei Auftreten eines Events genau einmal aufgerufen werden sollen. Tritt ein Event ein zweites Mal auf, wird der entsprechende Event-Listener nicht erneut aufgerufen.

Methode	Beschreibung
`emitter.addListener( eventName, listener )`	Fügt einen Event-Listener zu einem bestimmten Event hinzu. Alias für die Methode `on()`
`emitter.emit( eventName[, ...args] )`	Löst ein Event aus.
`emitter.eventNames()`	Liefert ein Array der Event-Namen zurück, für die Event-Listener registriert sind.
`emitter.getMaxListeners()`	Gibt die maximale Anzahl an Event-Listenern zurück, die hinzugefügt werden können.
`emitter.listenerCount( eventName )`	Gibt die Anzahl der für ein Event registrierten Event-Listener zurück.
`emitter.listeners( eventName )`	Gibt die für ein Event registrierten Event-Listener zurück.

Tabelle 5.5 Methoden der »EventEmitter«-Klasse

Methode	Beschreibung

`emitter.off(`
`  eventName,`
`  listener`
`)`
	Entfernt einen Event-Listener für ein Event. Alias für die Methode `removeListener()`

`emitter.on(`
`  eventName,`
`  listener`
`)`
	Registriert einen Event-Listener für ein Event.

`emitter.once(`
`  eventName,`
`  listener`
`)`
	Registriert einen Event-Listener, der bei Auftreten des Events genau einmal aufgerufen wird.

`emitter.prependListener(`
`  eventName,`
`  listener`
`)`
	Registriert einen Event-Listener für ein Event und fügt diesen an den Anfang der für dieses Event registrierten Event-Listener hinzu.

`emitter.prependOnceListener(`
`  eventName,`
`  listener`
`)`
	Registriert einen Event-Listener, der bei Auftreten des Events genau einmal aufgerufen wird, und fügt diesen an den Anfang der für dieses Event registrierten Event-Listener hinzu.

`emitter.removeAllListeners(`
`  [eventName]`
`)`
	Entfernt alle Event-Listener für ein Event.

`emitter.removeListener(eventName, listener)`	Entfernt einen Event-Listener für ein Event.
`emitter.setMaxListeners(n)`	Setzt die maximale Anzahl an Event-Listenern, die registriert werden können.
`emitter.rawListeners(eventName)`	Gibt eine Kopie des Event-Listener-Arrays für das entsprechende Event zurück.

Tabelle 5.5 Methoden der »EventEmitter«-Klasse (Forts.)

Eigene »EventEmitter«-Klassen

Bei der Implementierung eigener *Event-Emitter* haben Sie die Wahl: Zum einen können Sie eine neue Klasse erstellen, die von der EventEmitter-Klasse ableitet, zum anderen können Sie der neuen Klasse auch eine Eigenschaft hinzufügen, hinter der eine Instanz der EventEmitter-Klasse hinterlegt ist. Letzteres gilt in der objektorientierten Programmierung eigentlich als bessere Praxis (Stichwort *Composition over Inheritance* bzw. *Komposition vor Vererbung*), weswegen ich im folgenden Praxisbeispiel diese Technik verwende.

Listing 5.28 zeigt die Klasse Converter, die einen Algorithmus zur Konvertierung von HTML-Dateien bzw. Webseiten in PDF-Dateien skizziert und bei den verschiedenen Zwischenschritten (Starten des Konvertierungsprozesses, Starten des Downloads, Beenden des Downloads, Starten der PDF-Konvertierung, Beenden der PDF-Konvertierung und Beenden des Konvertierungsprozesses) entsprechende Events verschickt.

```
const EventEmitter = require('events');
const ConverterEvents = require('./ConverterEvents');

module.exports = class Converter {
  constructor() {
    this._emitter = new EventEmitter();
  }

  async convert(url) {
    this.notify(ConverterEvents.STARTED_CONVERSION, { url });
    await this._wait();
    this.notify(ConverterEvents.STARTED_DOWNLOAD, { url });
    await this._wait();
    this.notify(ConverterEvents.FINISHED_DOWNLOAD, { url });
    await this._wait();
    this.notify(ConverterEvents.STARTED_PDF_CONVERSION, { url });
    await this._wait();
    this.notify(ConverterEvents.FINISHED_PDF_CONVERSION, { url });
    await this._wait();
    this.notify(ConverterEvents.FINISHED_CONVERSION, { url });
  }

  /**
   * Helper method to wait for a given number
   * of milliseconds.
   */
```

```
  _wait(milliseconds = 500) {
    return new Promise((resolve, reject) => {
      setTimeout(resolve, milliseconds);
    });
  }

  notify(event, message) {
    this._emitter.emit(event, {
      ...message
    });
  }

  on(event, callback) {
    this._emitter.on(event, callback);
  }

  off(event, callback) {
    this._emitter.removeListener(event, callback);
  }
};
```

Listing 5.28 Einbinden eines Event-Emitters über Komposition

Die einzelnen Event-Namen werden der Übersicht halber als Konstanten an zentraler Stelle in einer eigenen Datei verwaltet (Listing 5.29). Dies ist insofern ein Best Practice, als dass Sie dann sowohl innerhalb der Klasse, welche die Events auslöst, als auch in dem Code, der für diese Events entsprechende Event-Listener registriert, auf die gleichen Konstanten zugreifen können. Sollte sich der Name eines Events dann im Laufe der Entwicklung ändern, können Sie dies an zentraler Stelle anpassen.

```
module.exports = {
  STARTED_CONVERSION: 'started_conversion',
  STARTED_DOWNLOAD: 'started_download',
  FINISHED_DOWNLOAD: 'finished_download',
  STARTED_PDF_CONVERSION: 'started_pdf_conversion',
  FINISHED_PDF_CONVERSION: 'finished_pdf_conversion',
  FINISHED_CONVERSION: 'finished_conversion'
}
```

Listing 5.29 Event-Namen werden am besten in einer eigenen Datei verwaltet.

Listing 5.30 zeigt den Code, der die Converter-Klasse verwendet und sich für die definierten Events registriert:

```
const Converter = require('./Converter');
const ConverterEvents = require('./ConverterEvents');
const converter = new Converter();
// Registrierung der Event-Listener
converter.on(ConverterEvents.STARTED_CONVERSION, (message) => {
  console.log(`Started converting ${message.url}`);
});
converter.on(ConverterEvents.STARTED_DOWNLOAD, (message) => {
  console.log(`Started downloading ${message.url}`);
});
converter.on(ConverterEvents.FINISHED_DOWNLOAD, (message) => {
  console.log(`Finished downloading ${message.url}`);
});
converter.on(ConverterEvents.STARTED_PDF_CONVERSION, (message) => {
  console.log(`Started PDF conversion for ${message.url}`);
});
converter.on(ConverterEvents.FINISHED_PDF_CONVERSION, (message) => {
  console.log(`Finished PDF conversion for ${message.url}`);
});
converter.on(ConverterEvents.FINISHED_CONVERSION, (message) => {
  console.log(`Finished conversion for ${message.url}`);
});

// Starten der Konvertierung
converter.convert('http://www.nodejskochbuch.de');
```

Listing 5.30 Registrieren von Event-Listenern

5.7.2 Ausblick

In diesem Rezept haben Sie gesehen, wie Sie mithilfe der EventEmitter-Klasse eigene Events versenden und empfangen können. Im nächsten Rezept möchte ich Ihnen ein weiteres Package vorstellen, das Ihnen noch mehr Flexibilität für das Arbeiten mit Events bietet.

Verwandte Rezepte

- Rezept 35: Erweiterte Features beim Event-Handling verwenden

5.8 Rezept 35: Erweiterte Features beim Event-Handling verwenden

Sie möchten zwischen verschiedenen Komponenten einer Node.js-Anwendung über Events kommunizieren und dabei fortgeschrittene Features wie Wildcards einsetzen.

5.8.1 Lösung

Bei der Verwendung des »events«-Packages stoßen Sie je nach Anforderung an Grenzen. Wenn bspw. ein Event-Listener insgesamt fünfmal aufgerufen werden soll und danach nicht mehr, müssten Sie eine lokale Zählervariable vorhalten und den Event-Listener dann entsprechend manuell für das Event deregistrieren. Oder ein anderer Anwendungsfall, der noch aufwendiger umzusetzen wäre: Angenommen, Sie verschicken Events mit den Namen »player.started«, »player.paused« und »player.stopped« und möchten einen Event-Listener für alle drei Events registrieren. Wäre es da nicht praktisch, *Wildcards* einsetzen zu können und den Event-Listener für »player.*« zu registrieren? Auch das ist mit dem »events«-Package nicht möglich.

Ein Package, das genau diese Anwendungsfälle abdeckt, ist das Package »eventemitter2« (*https://github.com/EventEmitter2/EventEmitter2*). Die in diesem Package enthaltene Klasse `EventEmitter2` erweitert die API der im vorherigen Rezept gezeigten Klasse `EventEmitter` (nicht über Vererbung, sondern hinsichtlich der API) und stellt zusätzliche Methoden und Konzepte zur Verfügung.

So ist es bspw. möglich, exakt zu definieren, wie häufig ein Event-Listener für ein bestimmtes Event aufgerufen werden soll. Außerdem lassen sich innerhalb von Event-Namen Wildcard-Operatoren einsetzen, wodurch das ganze Event-Handling nochmal deutlich flexibler wird. In Tabelle 5.6 finden Sie eine Übersicht der Methoden, die das »eventemitter2«-Package *zusätzlich* zu den Methoden aus dem »eventemitter«-Package zur Verfügung stellt. Listing 5.31 zeigt, wie das eingangs erwähnte Beispiel über Wildcards umgesetzt werden könnte.

```
const { EventEmitter2 } = require('eventemitter2');

const emitter = new EventEmitter2({
  // Verwenden von Wildcards an- und ausschalten
  // standardmäßig auf "false" gesetzt.
  wildcard: true,

  // Angabe des Trennzeichens zur Segmentierung
  // von Namespaces, standardmäßig auf "." gesetzt.
  delimiter: '.',
```

```
  // Angabe darüber, ob ein Event ausgelöst werden soll,
  // wenn ein neuer Listener hinzugefügt wurde,
  // standardmäßig auf "false" gesetzt.
  newListener: false,

  // Angabe über die maximale Anzahl an erlaubten
  // Listenern, standardmäßig auf 10 gesetzt.
  maxListeners: 20
});

emitter.on('player.*', (value) => {
  console.log(value);
});

emitter.emit('player.started', {
  artist: 'Ben Harper',
  song: 'Diamonds On the Inside'
});

emitter.emit('player.paused', {
  artist: 'Ben Harper',
  song: 'Diamonds On the Inside',
  minute: 2,
  second: 25
});

emitter.emit('player.volumechanged', {
  volume: 11
});

emitter.emit('player.stopped', {});
```

Listing 5.31 Verwenden des Packages »eventemitter2«

Methode	Beschreibung
`emitter.onAny(listener)`	Registriert einen Event-Listener, der aufgerufen wird, wenn *irgendein* Event ausgelöst wird.
`emitter.prependAny(listener)`	Registriert einen Event-Listener und fügt diesen an den Anfang der Liste für die Event-Listener hinzu, die für *alle* Events registriert sind.

Tabelle 5.6 Zusätzliche Methoden der »EventEmitter2«-Klasse

Methode	Beschreibung
`emitter.offAny(listener)`	Entfernt einen Event-Listener, der auf *alle* Events hört.

`emitter.many(`
`  event,`
`  timesToListen,`
`  listener`
`)`
	Registriert einen Event-Listener, der bei Auftreten des Events insgesamt n-mal aufgerufen wird.

`emitter.prependMany(`
`  event,`
`  timesToListen,`
`  listener`
`)`
	Registriert einen Event-Listener und fügt diesen an den Anfang der Liste für die Event-Listener hinzu, die für ein Event n-mal aufgerufen werden sollen.

`emitter.listenersAny()`	Gibt die Event-Listener zurück, die bei Auslösen *irgendeines* Events aufgerufen werden.

`emitter.emitAsync(`
`  event,`
`  [arg1],`
`  [arg2],`
`  [...]`
`)`
	Löst ein Event aus und gibt das Ergebnis aller für das Event registrierten Event-Listener mithilfe von `Promise.all()` zurück. Eignet sich also gut dazu, um die Berechnungen aller Event-Listener einzusammeln.

Tabelle 5.6 Zusätzliche Methoden der »EventEmitter2«-Klasse (Forts.)

5.8.2 Ausblick

In diesem und dem vorherigen Rezept haben Sie gesehen, wie Sie unter Node.js mithilfe von Events zwischen einzelnen Komponenten einer Applikation kommunizieren können.

Wenn Sie Nachrichten zwischen unterschiedlichen Komponenten austauschen möchten, die nicht von einer einzelnen Node.js-Anwendung gesteuert werden, sondern die entweder in verschiedenen Prozessen oder sogar auf verschiedenen Rechnern laufen, verwenden Sie statt des nativen Event-Mechanismus besser einen *Message Broker*. Wie dies funktioniert und welche verschiedenen Message Broker mit Node.js verwendet werden können, erfahren Sie in Kapitel 9, »Sockets und Messaging«, in Rezept 70 bis Rezept 72.

Verwandte Rezepte

- Rezept 34: Events versenden und empfangen
- Rezept 70: Über AMQP auf RabbitMQ zugreifen
- Rezept 71: Einen MQTT-Broker erstellen
- Rezept 72: Über MQTT auf einen MQTT-Broker zugreifen

5.9 Zusammenfassung

Node.js bietet in der Standard-API eine Reihe von nützlichen Funktionalitäten. In diesem Kapitel haben wir uns dabei auf die Themen »Dateisystem«, »Streams« und »Events« konzentriert. Sie wissen jetzt also, wie Sie

- mit Dateien und Verzeichnissen arbeiten (Rezept 28),
- Dateien und Verzeichnisse überwachen (Rezept 29),
- Daten mit Streams lesen (Rezept 30),
- Daten mit Streams schreiben (Rezept 31),
- mehrere Streams über Piping kombinieren (Rezept 32),
- eigene Streams implementieren (Rezept 33),
- Events versenden und empfangen (Rezept 34),
- erweiterte Features beim Event-Handling verwenden (Rezept 35).

Kapitel 6
Datenformate

In diesem Kapitel lernen Sie, wie Sie verschiedene Datenformate verarbeiten, die für die Entwicklung von Node.js-Applikationen relevant sind.

Bei der Entwicklung von Node.js-Applikationen haben Sie es oft mit verschiedenen Datentypen zu tun. Beispiele hierfür gibt es viele: Für die Implementierung von Webservices oder deren Aufruf werden oftmals XML oder JSON als Austauschformat verwendet, bei der Implementierung von Webanwendungen muss in vielen Fällen serverseitig HTML oder CSS generiert werden, und für die Konfiguration von Applikationen kommen neben JSON auch Formate wie YAML, TOML oder INI zum Einsatz. In diesem Kapitel möchte ich Ihnen verschiedene Rezepte vorstellen, mit deren Hilfe Sie die gebräuchlichsten Formate bei der Implementierung von Node.js-Applikationen verarbeiten können:

- Rezept 36: XML verarbeiten
- Rezept 37: XML generieren
- Rezept 38: RSS und Atom generieren und verarbeiten
- Rezept 39: CSV verarbeiten
- Rezept 40: HTML mit Template-Engines generieren
- Rezept 41: HTML mit der DOM-API generieren
- Rezept 42: YAML verarbeiten und generieren
- Rezept 43: TOML verarbeiten
- Rezept 44: INI verarbeiten und generieren
- Rezept 45: JSON validieren
- Rezept 46: JavaScript verarbeiten und generieren
- Rezept 47: CSS verarbeiten und generieren

6.1 Rezept 36: XML verarbeiten

Sie möchten Daten verarbeiten, die im XML-Format vorliegen.

6.1.1 Einführung: XML-Verarbeitung

XML, die *Extensible Markup Language*, ist ein weit verbreitetes Datenaustauschformat. Auch wenn Sie bei der Entwicklung von JavaScript-Anwendungen in den meisten Fällen eher auf das JSON-Format zurückgreifen werden, haben Sie es mit Sicherheit (gerade bei der Integration von bestehenden Webservices) auch mit XML zu tun. Dies gilt sowohl für das Verarbeiten von Antworten eines Webservice als auch beim Erstellen von Anfragen an einen Webservice. In diesem Rezept zeige ich Ihnen, wie Sie XML mit JavaScript *verarbeiten* können, im anschließenden Rezept dann, wie Sie mit JavaScript XML *generieren* können.

Prinzipiell unterscheidet man beim Parsen von XML-Daten zwischen zwei verschiedenen Ansätzen bzw. zwei verschiedenen Arten von Parsern. *DOM-Parser* erstellen beim Parsen eines XML-Dokuments ein *baumbasiertes Modell* des Dokuments, das sogenannte *Document Object Model* oder kurz *DOM*. Dieses Modell wird im Speicher vorgehalten und erlaubt es, jederzeit auf beliebige *Knoten* zuzugreifen.

Dem gegenüber stehen sogenannte *SAX-Parser* (*SAX* für *Simple API for XML*), die ein XML-Dokument *ereignisgesteuert* parsen und dabei für verschiedene Komponenten des XML entsprechende Events auslösen, bspw. wenn der Parser auf ein *Element*, ein *Attribut* oder den Textinhalt eines Elements trifft. Für die Events lassen sich bei einem SAX-Parser entsprechende Event-Listener registrieren, die dann während des Parsens aufgerufen werden.

Im Gegensatz zum *DOM-Parsing* wird beim *SAX-Parsing* also nicht das gesamte XML-Dokument als Modell im Speicher gehalten, sondern immer nur der Teil, den der Parser gerade verarbeitet. Vergleicht man das DOM-Parsing mit dem SAX-Parsing, eignet sich Ersteres daher eher für überschaubar große XML-Dokumente (bzw. solche, die nicht zu groß für den Speicher sind), Letzteres dagegen auch für beliebig große XML-Dokumente.

Neben DOM und SAX gibt es mit *StAX* (*Streaming API for XML*) noch einen dritten Ansatz, bei dem ein Mittelweg zwischen den beiden vorgenannten Arten eingeschlagen wird.

Für Node.js stehen sowohl für DOM als auch für SAX entsprechende Parser-Bibliotheken zur Verfügung. Eine Bibliothek für das *StAX-Parsing* allerdings gibt es nach meinem Wissen für Node.js nicht. Im Folgenden stelle ich Ihnen daher nur Packages für das DOM- und SAX-Parsing vor. Damit sollten Sie eigentlich alle Anwendungsfälle für die XML-Verarbeitung abdecken können.

Als einzulesende Beispieldaten werden für die nachfolgenden Beispiele jeweils die Daten des folgenden XML verwendet, das eine einfache Struktur für die Definition von Kalendern bzw. Terminen vorgibt.

```
<?xml version="1.0" encoding="UTF-8"?>
<calendar
  xmlns="http://www.nodejskochbuch.de/xml/calendar"
  xmlns:xsi="http://www.w3.org/2001/XMLSchema-instance"
  xsi:schemaLocation="http://www.nodejskochbuch.de/xml/calendar calendar.xsd"
  name="Example calendar">
  <owner>
    <name>Max Mustermann</name>
  </owner>
  <appointments>
    <appointment>
      <description>Katze füttern</description>
      <time>8:00</time>
      <location>Küche</location>
    </appointment>
    <appointment>
      <description>Mit Freundin Schuhe einkaufen</description>
      <time>9:00</time>
      <location>Schuhgeschäft</location>
    </appointment>
    <appointment>
      <description>Computer spielen</description>
      <time>20:00</time>
      <location>Am Computer</location>
    </appointment>
  </appointments>
</calendar>
```

Listing 6.1 XML-Daten für die folgenden Code-Beispiele

6.1.2 Lösung 1: XML mit einem DOM-Parser verarbeiten

Für das DOM-Parsing empfiehlt sich das Package »cheerio« (*https://github.com/cheeriojs/cheerio*), das Sie wie folgt installieren:

```
$ npm install cheerio
```

In Listing 6.2 sehen Sie die Verwendung des Packages. Dargestellt ist hier, wie sich das eben gezeigte XML-Beispiel mithilfe von »cheerio« einlesen lässt, um anschließend auf verschiedene Elemente des XML-Baums zuzugreifen.

Um XML-Daten (und übrigens auch HTML-Daten) einzulesen, stellt das Package die Methode `load()` zur Verfügung. Ihr übergeben Sie den einzulesenden XML- bzw. HTML-Inhalt in Form einer Zeichenkette sowie optional ein Konfigurationsobjekt, über das sich verschiedene Einstellungen konfigurieren lassen. Das von `load()` zurückgegebene Funktionsobjekt stellt dann eine API bereit, die ähnlich wie die API der bekannten Frontend-Bibliothek »jQuery« (*https://jquery.com/*) funktioniert (die Bibliothek »jQuery« wird standardmäßig über die Variable $ bereitgestellt, weswegen ich in Listing 6.2 auch für »cheerio« diese Konvention gewählt habe).

Durch Angabe sogenannter *Selektoren* lassen sich Suchanfragen an den XML-Baum stellen: Der Selektor »appointments appointment« bspw. gibt ein Array aller Elemente mit dem Namen »appointment« zurück, die sich unterhalb eines Elements mit dem Namen »appointments« befinden.

Als zweiten Parameter können Sie bei solchen Suchanfragen optional dasjenige Element übergeben, unterhalb dessen gesucht werden soll. Dadurch können Sie die Suche gezielt auf bestimmte Bereiche des XML-Baums eingrenzen. In Listing 6.2 wird dies bspw. innerhalb der Schleife dazu genutzt, um gezielt innerhalb eines `<appointment>`-Elements nach den Elementen `<description>`, `<time>` und `<location>` zu suchen.

Um auf einzelne Attribute eines Elements zuzugreifen, verwenden Sie die Methode `attr()`. In Listing 6.2 wird auf diese Weise z. B. auf das Attribut »name« des `<calendar>`-Elements zugegriffen und anschließend ausgegeben. Über die Methode `text()` wiederum können Sie den Textinhalt eines Elements ermitteln, was in Listing 6.2 bspw. dazu verwendet wird, um die Beschreibung, die Uhrzeit und den Ort eines Termins auszugeben.

```
const fs = require('fs');
const path = require('path');
const cheerio = require('cheerio');

const XML_PATH = path.join(__dirname, '..', '..', 'xml', 'calendar.xml');

fs.readFile(XML_PATH, (error, content) => {
  const $ = cheerio.load(content.toString(), {
    normalizeWhitespace: true,
    xmlMode: true
  });

  const calendar = $('calendar');
  const calendarName = calendar.attr('name');
  console.log(`Calendar:  ${calendarName}`)
  const owner = $('calendar owner name');
  console.log(`Owner:     ${owner.text()}`)
  const appointments = $('appointments appointment');
  appointments.each((index, element) => {
    const description = $('description', element);
```

```
    const time = $('time', element);
    const location = $('location', element);
    console.log(`Task:        ${description.text()}`);
    console.log(`Time:        ${time.text()}`);
    console.log(`Location:    ${location.text()}`);
  });
});
```

Listing 6.2 XML-Daten lesen mit »cheerio«

Prinzipiell können Sie mit »cheerio« auf sehr einfache Art und Weise XML-Daten verarbeiten und gezielt auf die entsprechenden Elemente, Attribute etc. zugreifen.

Für größere XML-Dokumente eignen sich DOM-Parser wie »cheerio« allerdings nur bedingt, weil für das gesamte einzulesende XML-Dokument entsprechender Speicher reserviert werden muss. In Fällen, in denen Sie es also mit großen Daten zu tun haben oder die Größe der Daten nicht vorhersagen können, empfiehlt sich daher der Einsatz eines SAX-Parsers.

6.1.3 Lösung 2: XML mit einem SAX-Parser verarbeiten

Für Node.js steht Ihnen für das SAX-Parsing bspw. das Package »sax-js« (*https://github.com/isaacs/sax-js*) zur Verfügung, das Sie wie folgt installieren:

```
$ npm install sax
```

Am einfachsten lässt sich »sax-js« wie in Listing 6.3 in Kombination mit Streams verwenden (siehe Kapitel 5, »Dateisystem, Streams und Events«). Erstellen Sie dazu wie in Listing 6.3 über die Methode `createStream()` einen entsprechenden *SAX-Stream*, laden Sie anschließend das zu verarbeitende XML in einen Readable Stream, und übergeben Sie es durch Aufruf der Methode `pipe()` an den SAX-Stream (noch besser: Verwenden Sie die Methode `pipeline()` aus Rezept 32, wenn es die verwendete Node.js-Version erlaubt).

Mithilfe der Methode `on()` können Sie für verschiedene Events entsprechende Event-Listener definieren (Tabelle 6.1), bspw. wenn der SAX-Parser auf ein Attribut oder ein öffnendes Tag trifft.

```
const fs = require('fs');
const path = require('path');
const sax = require('sax');
const saxStream = sax.createStream();

saxStream.on('attribute', (attribute) => {
  console.log(attribute);
```

```
});

saxStream.on('opentag', (node) => {
  console.log(node);
});

saxStream.on('error', (error) => {
  console.error(error);
  this._parser.error = null;
  this._parser.resume();
});

const XML_PATH = path.join(__dirname, '..', '..', 'xml', 'calendar.xml');
fs
  .createReadStream(XML_PATH)
  .pipe(saxStream);
```

Listing 6.3 XML-Daten lesen mit »sax-js«

Event	Beschreibung
error	Wird ausgelöst, wenn ein Fehler auftritt.
text	Wird ausgelöst, wenn der Parser auf einen Textknoten trifft.
doctype	Wird ausgelöst, wenn der Parser auf den Dokumenttyp trifft.
processinginstruction	Wird ausgelöst, wenn der Parser auf eine *Processing Instruction* trifft.
opentagstart	Wird ausgelöst, wenn der Parser auf ein öffnendes Tag trifft, ohne dabei die Attribute zu berücksichtigen.
opentag	Wird ausgelöst, nachdem der Parser auf ein öffnendes Tag getroffen ist. Im Unterschied zu dem Event »opentagstart« enthält dieses Event auch Angaben zu den Attributen des Tags.
closetag	Wird ausgelöst, wenn der Parser auf ein schließendes Tag trifft.
attribute	Wird ausgelöst, wenn der Parser auf ein Attribut trifft.

Tabelle 6.1 Wichtige Events beim SAX-Parsing mit dem »sax«-Package

Event	Beschreibung
`comment`	Wird ausgelöst, wenn der Parser auf einen Kommentar trifft.
`opencdata`	Wird ausgelöst, wenn der Parser auf einen `<![CDATA[`-Block trifft.
`cdata`	Wird ausgelöst, wenn der Parser auf den Textinhalt eines `<![CDATA[`-Blocks trifft. Da der Inhalt eines solchen Blocks recht lang sein kann, wird das Event unter Umständen mehrfach für einen Block ausgelöst.
`closecdata`	Wird ausgelöst, wenn der Parser auf ein schließendes Tag (`]]>`) eines `<![CDATA[`-Blocks trifft.
`opennamespace`	Wird ausgelöst, wenn der Parser auf ein Namespace-Binding trifft.
`closenamespace`	Wird ausgelöst, wenn der Parser auf das Ende eines Namespace-Bindings trifft.
`end`	Wird ausgelöst, wenn der Parser das Ende des zu parsenden XMLs erreicht hat.
`ready`	Wird ausgelöst, wenn mit dem Schreiben in den XML-Stream begonnen werden kann.

Tabelle 6.1 Wichtige Events beim SAX-Parsing mit dem »sax«-Package (Forts.)

Wenn Sie den Code aus Listing 6.3 aufrufen, sollte die Ausgabe wie folgt aussehen. Das heißt, sobald der Parser auf ein öffnendes Tag trifft, wird der entsprechende *XML-Knoten* ausgegeben, und sobald er dann beim Verarbeiten des Knotens auf ein Attribut trifft, wird dieses ausgegeben:

```
$ node start-sax.js
{ name: 'calendar',
  attributes:
   { xmlns: 'http://www.nodejskochbuch.de/xml/calendar',
     'xmlns:xsi': 'http://www.w3.org/2001/XMLSchema-instance',
     'xsi:schemaLocation': 'http://www.nodejskochbuch.de/xml/
calendar calendar.xsd',
     name: 'Example calendar' },
  isSelfClosing: false }
{ name: 'owner', attributes: {}, isSelfClosing: false }
{ name: 'name', attributes: {}, isSelfClosing: false }
{ name: 'appointments',
```

```
  attributes: { name: 'Example calendar' },
  isSelfClosing: false }
{ name: 'appointment', attributes: {}, isSelfClosing: false }
{ name: 'description', attributes: {}, isSelfClosing: false }
{ name: 'time', attributes: {}, isSelfClosing: false }
{ name: 'location', attributes: {}, isSelfClosing: false }
{ name: 'appointment', attributes: {}, isSelfClosing: false }
{ name: 'description', attributes: {}, isSelfClosing: false }
{ name: 'time', attributes: {}, isSelfClosing: false }
{ name: 'location', attributes: {}, isSelfClosing: false }
{ name: 'appointment', attributes: {}, isSelfClosing: false }
{ name: 'description', attributes: {}, isSelfClosing: false }
{ name: 'time', attributes: {}, isSelfClosing: false }
{ name: 'location', attributes: {}, isSelfClosing: false }
```

Listing 6.4 Ausgabe des SAX-Parser-Programms

Dank des streambasierten SAX-Parsing können Sie auf diese Weise beliebig große XML-Daten verarbeiten, ja sogar mehr oder weniger unendlich lange Datenströme aus XML.

6.1.4 Ausblick

Sie kennen jetzt den Unterschied zwischen DOM-Parsing und SAX-Parsing und wissen, wie Sie beides unter Node.js verwenden können, um XML-Daten zu verarbeiten. Im nächsten Rezept zeige ich Ihnen, wie Sie unter Node.js XML generieren.

Verwandte Rezepte

- Rezept 30: Daten mit Streams lesen
- Rezept 32: Mehrere Streams über Piping kombinieren
- Rezept 37: XML generieren

6.2 Rezept 37: XML generieren

Sie möchten XML generieren, bspw. bei der Implementierung eines Webservice.

6.2.1 Lösung 1: XML generieren mit »xmlbuilder«

Im vorherigen Rezept haben Sie bereits gesehen, wie Sie unter Node.js XML parsen können und dass es verschiedene Techniken hierfür gibt. Auch für das Generieren von XML gibt es verschiedene Möglichkeiten, die ich Ihnen im Folgenden vorstellen möchte. Zum einen über eines der vielen Packages, die es für diesen Anwendungsfall gibt, zum anderen über die mit ES2015 eingeführten *Template Strings*.

Ein Package, das ich Ihnen für das Generieren von XML empfehlen kann, ist »xmlbuilder« (*https://www.npmjs.com/package/xmlbuilder*). Es bietet zum einen die Möglichkeit, XML auf Basis eines JSON-Objekts zu erzeugen (*JSON API*), zum anderen stellt es eine *Fluent API* zur Verfügung.

Installieren lässt sich »xmlbuilder« über folgenden Befehl:

```
$ npm install xmlbuilder
```

Verwenden der JSON API

Listing 6.5 zeigt den Code, der notwendig ist, um das vom Aufbau bereits aus dem vorherigen Rezept bekannte XML zu generieren. Der Import über `require('xmlbuilder')` stellt Ihnen ein Objekt zur Verfügung, über dessen Methode `create()` sich das Generieren des XML-Codes starten lässt. Als Parameter übergeben Sie dieser Methode eine Beschreibung des zu generierenden XML-Codes in Form eines JSON-Objekts. Die Hierarchie der XML-Elemente ergibt sich dabei direkt aus dem hierarchischen Aufbau dieses Objekts, wobei die Namen der Eigenschaften aus dem JSON-Objekt jeweils als Namen für die zu generierenden XML-Elemente verwendet werden. Einzige Ausnahme: Objekteigenschaften, die mit einem @-Zeichen beginnen, werden nicht als XML-Elemente, sondern als XML-Attribute interpretiert. Um das Generieren des XML-Codes fertigzustellen, ist abschließend noch ein Aufruf der Methode `end()` notwendig. Als Parameter können Sie hierbei ein Konfigurationsobjekt übergeben, über das sich bspw., wie in Listing 6.5 gezeigt, definieren lässt, ob der zurückgegebene XML-Code (in Form einer Zeichenkette) formatiert sein soll oder nicht.

```
const builder = require('xmlbuilder');

const json = {
  calendar: {
    '@xmlns': 'http://www.nodejskochbuch.de/xml/calendar',
    '@xmlns:xsi': 'http://www.w3.org/2001/XMLSchema-instance',
    '@xsi:schemaLocation':
      'http://www.nodejskochbuch.de/xml/calendar calendar.xsd',
    '@name': 'Example calendar',
    owner: {
      name: 'Max Mustermann'
    },
    appointments: [
      {
```

```
          appointment: {
            description: 'Katze füttern',
            time: '8:00',
            location: 'Küche'
          }
        }
      ]
    }
};

const xml = builder
  .create(json)
  .end({ pretty: true });

console.log(xml);
```

Listing 6.5 Generieren von XML durch Angabe von JSON

Verwenden der Fluent API

Den Einstiegspunkt für die *Fluent API* bildet ebenfalls die Methode `create()` des über `require('xmlbuilder')` importierten Objekts. Im Unterschied zu der im vorherigen Abschnitt beschriebenen JSON API übergeben Sie jetzt allerdings kein JSON-Objekt, sondern eine Zeichenkette, die den Namen des Wurzelelements definiert. Optional können Sie als zweiten Parameter ein Konfigurationsobjekt angeben, über das sich u. a. das Encoding definieren lässt.

Das analoge Beispiel zu eben unter Verwendung der Fluent API sehen Sie in Listing 6.6. Dank der Fluent API lassen sich auf dem Rückgabewert von `create()` direkt weitere Methoden aufrufen: Das Erzeugen einzelner XML-Elemente erfolgt z. B. über die Methode `ele()`, der Sie den Namen des Elements, eventuelle Attribute in Form eines Konfigurationsobjekts sowie den Textinhalt des Elements übergeben können. Darüber hinaus haben Sie die Möglichkeit, einzelne Attribute auch über die Methode `att()` zu erzeugen, wobei in diesem Fall Name und Wert des Attributs zu übergeben sind.

Rufen Sie die Methode `ele()` auf, befindet sich der *XML-Builder* innerhalb der XML-Baumhierarchie auf dem Level, wo sich das erzeugte Element befindet. Rufen Sie `ele()` bspw. dreimal hintereinander auf, wird eine entsprechend geschachtelte XML-Struktur aufgebaut, und der XML-Builder befindet sich auf der dritten Hierarchieebene. Über die Methode `up()` können Sie den XML-Builder dazu veranlassen, wieder eine Ebene nach oben zu gehen, und auf diese Weise sehr flexibel bestimmen, an welcher Stelle neue Elemente angelegt werden.

```
const builder = require('xmlbuilder');

const xml = builder
  .create('calendar', { encoding: 'utf-8' })
  .att('xmlns', 'http://www.nodejskochbuch.de/xml/calendar')
  .att('xmlns:xsi', 'http://www.w3.org/2001/XMLSchema-instance')
  .att('xsi:schemaLocation', ⮐
       'http://www.nodejskochbuch.de/xml/calendar calendar.xsd')
  .att('name', 'Example calendar')
  .ele('owner')
  .ele('name', 'Max Mustermann')
  .up()
  .up()
  .ele('appointments')
  .ele('appointment')
  .ele('description', 'Katze füttern')
  .up()
  .ele('time', '8:00')
  .up()
  .ele('location', 'Küche')
  .end({ pretty: true });

console.log(xml);
```


Listing 6.6 Generieren von XML über die Fluent API von »xmlbuilder«

6.2.2 Lösung 2: XML generieren mit Template Strings

Die mit ES2015 eingeführten Template Strings bieten eine interessante Alternative, wenn es darum geht, programmatisch mit JavaScript XML-Daten zu erzeugen. Innerhalb von Template Strings können bekanntermaßen beliebige JavaScript-Anweisungen ausgewertet werden, was aus ihnen ein mächtiges Werkzeug für das Templating im Allgemeinen macht.

Hinweis

Zur Erinnerung: *Template Strings* werden nicht wie normale Strings über " oder ' definiert, sondern über `; die Angabe von Anweisungen innerhalb eines Template Strings erfolgt über die Angabe `${statement}`, wobei `statement` die jeweilige Anweisung bezeichnet.

Das Beispiel-XML aus dem vorherigen Rezept kann unter Verwendung von Template Strings, wie in Listing 6.7 zu sehen, erzeugt werden. Die XML-Hülle bzw. das XML-

Template wird dabei einfach innerhalb des Template Strings definiert, die auszufüllenden Stellen (sprich Werte für Attribute und Elemente) werden über Anweisungen definiert, wobei als Basis für die einzusetzenden Werte das JSON-Objekt calendar dient.

Um die einzelnen <appointment>-Elemente innerhalb des <appointments>-Elements zu generieren, kommt die Array-Methode map() zum Einsatz: Alle Elemente im entsprechenden Array werden dabei jeweils ihrerseits in einen entsprechenden Template String umgewandelt und anschließend über die Methode join() zu einer Zeichenkette zusammengefasst. Diese Zeichenkette wiederum ist im äußeren Template String an entsprechender Stelle zwischen den Tags <appointments> und </appointments> angeordnet.

```
const calendar = {
  name: 'Example calendar',
  owner: {
    name: 'Max Mustermann'
  },
  appointments: {
    list: [
      {
        description: 'Katze füttern',
        time: '8:00',
        location: 'Küche'
      }
    ]
  }
};

const xml = `
<calendar
  xmlns="http://www.nodejskochbuch.de/xml/calendar"
  xmlns:xsi="http://www.w3.org/2001/XMLSchema-instance"
  xsi:schemaLocation="http://www.nodejskochbuch.de/xml/calendar calendar.xsd"
  name="${calendar.name}"
>
  <owner>
    <name>${calendar.owner.name}</name>
  </owner>
  <appointments>${calendar.appointments.list.map(
    (appointment) => `
    <appointment>
      <description>${appointment.description}</description>
```

```
      <time>${appointment.time}</time>
      <location>${appointment.location}</location>
    </appointment>`
  )
  .join('')}
  </appointments>
</calendar>
`;

console.log(xml);
```

Listing 6.7 Generieren von XML über Template Strings

Ob Sie Template Strings oder ein bestehendes Package wie das im vorherigen Abschnitt vorgestellte »xmlbuilder« verwenden, müssen Sie letztendlich selbst entscheiden. Template Strings eignen sich z. B. dann, wenn das zu generierende XML von der Struktur her vorgegeben ist und sich bspw. nicht erst zur Laufzeit ergibt. Packages wie »xmlbuilder« sind unabhängig von der Struktur: Hier können Sie zur Laufzeit (im Fall der JSON API) die Struktur dynamisch generieren. Diese Flexibilität mit Template Strings zu ermöglichen würde zunächst einiges an Implementierungsaufwand bedeuten.

Tipp

Wenn Sie in Ihrer Applikation sowohl XML verarbeiten als auch generieren, lohnt sich ein Blick auf das Package »xml2js« (*https://www.npmjs.com/package/xml2js*), das für die XML-Verarbeitung »sax-js« und für die XML-Generierung »xmlbuilder« verwendet.

6.2.3 Ausblick

In diesem und dem vorherigen Rezept haben Sie gesehen, wie Sie unter Node.js XML verarbeiten und generieren können. Im nächsten Rezept schauen wir uns ein verwandtes Thema an: das Verarbeiten und Generieren der Newsfeed-Formate RSS und Atom.

Verwandte Rezepte

- Rezept 31: Daten mit Streams schreiben
- Rezept 32: Mehrere Streams über Piping kombinieren
- Rezept 36: XML verarbeiten
- Rezept 38: RSS und Atom generieren und verarbeiten

6.3 Rezept 38: RSS und Atom generieren und verarbeiten

Sie möchten eines der Newsfeed-Formate RSS oder Atom generieren oder verarbeiten.

6.3.1 Lösung: RSS und Atom generieren

Im vorherigen Rezept haben Sie gesehen, wie Sie unter Node.js XML-Daten erzeugen können. Die gezeigten Techniken können Sie nun nutzen, um jedes beliebige XML-Format zu erzeugen, so auch die Newsfeed-Formate RSS (*Rich Site Summary* bzw. seit Version 2.0 *Really Simple Syndication, http://www.rss-specifications.com/rss-specifications.htm*) und Atom (*https://tools.ietf.org/html/rfc4287*).

Ein Beispiel für die Generierung eines Newsfeeds im Atom-Format sehen Sie in Listing 6.8, wobei hier auf das aus dem vorherigen Rezept bekannte Package »xmlbuilder« zurückgegriffen wird.

Die gesamte Struktur des Newsfeeds wird zunächst im JSON-Format in der Variable `feedObject` definiert und muss anschließend nur noch der Methode `builder.create()` übergeben werden. Über die Methode `end()` schließen Sie das Generieren ab und erhalten als Rückgabewert den entsprechenden Atom-Code. Über die Eigenschaft `pretty` des dabei übergebenen Konfigurationsobjekts können Sie dabei zudem steuern, ob die generierte Zeichenkette durch Einrückungen und Zeilenumbrüche entsprechend formatiert werden soll.

```
const builder = require('xmlbuilder');

const feedObject = {
  feed: {
    '@xmlns': 'http://www.w3.org/2005/Atom',
    title: { '@type': 'text', '#text': 'Hello World' },
    subtitle: {
      '@type': 'html',
      '#text': 'Example for generating a news feed with Node.js'
    },
    updated: '2018-11-05T12:00:00Z',
    id: 'tag:nodejskochbuch.de,2018:11',
    link: [
      {
        '@rel': 'alternate',
        '@type': 'text/html',
        '@hreflang': 'en',
        '@href': 'http://nodejskochbuch.de/'
      },
```

```
      {
        '@rel': 'self',
        '@type': 'application/atom+xml',
        '@href': 'http://nodejskochbuch.de/feed.atom'
      }
    ],
    rights: 'Copyright (c) 2018, Philip Ackermann',
    generator: {
      '@uri': 'http://www.example.com/',
      '@version': '1.0',
      '#text': 'Example RSS Generator'
    },
    entry: {
      title: 'Atom draft-07 snapshot',
      link: [
        {
          '@rel': 'alternate',
          '@type': 'text/html',
          '@href': 'http://nodejskochbuch.de/2018/11/05/atom'
        },
        {
          '@rel': 'enclosure',
          '@type': 'audio/mpeg',
          '@length': '1337',
          '@href': 'http://nodejskochbuch.de/audio/someFile.mp3'
        }
      ],
      id: 'tag:nodejskochbuch.de,2003:3.2397',
      updated: '2018-11-05T12:00:00Z',
      published: '2018-11-05T12:00:00Z',
      author: {
        name: 'Philip Ackermann',
        uri: 'http://philipackermann.de/',
        email: 'info@philipackermann.de'
      },
      rights: 'Copyright (c) 2018, Philip Ackermann',
      contributor: [{ name: 'Philip Ackermann' }],
      content: {
        '@type': 'xhtml',
        '@xml:lang': 'en',
        '@xml:base': 'http://nodejskochbuch.de/',
        div: {
          '@xmlns': 'http://www.w3.org/1999/xhtml',
```

```
          p: {
            b: 'Hello World'
          }
        }
      }
    }
  }
};

const feed = builder
  .create(feedObject, { encoding: 'utf-8' })
  .end({ pretty: true });

console.log(feed);
```

Listing 6.8 Einen Atom-Feed generieren

Die Ausgabe des Programms ist der Vollständigkeit halber in Listing 6.9 zu sehen.

```
<?xml version="1.0" encoding="utf-8"?>
<feed xmlns="http://www.w3.org/2005/Atom">
  <title type="text">Hello World</title>
  <subtitle type="html">
    Example for generating a news feed with Node.js</subtitle>
  <updated>2018-11-05T12:00:00Z</updated>
  <id>tag:nodejskochbuch.de,2018:11</id>
  <link rel="alternate" type="text/html" hreflang="en"
        href="http://nodejskochbuch.de/"/>
  <link rel="self" type="application/atom+xml"
        href="http://nodejskochbuch.de/feed.atom"/>
  <rights>Copyright (c) 2018, Philip Ackermann</rights>
  <generator uri="http://www.example.com/"
             version="1.0">Example RSS Generator</generator>
  <entry>
    <title>Atom draft-07 snapshot</title>
    <link rel="alternate" type="text/html"
          href="http://nodejskochbuch.de/2018/11/05/atom"/>
    <link rel="enclosure" type="audio/mpeg" length="1337"
          href="http://nodejskochbuch.de/audio/someFile.mp3"/>
    <id>tag:nodejskochbuch.de,2003:3.2397</id>
    <updated>2018-11-05T12:00:00Z</updated>
    <published>2018-11-05T12:00:00Z</published>
    <author>
      <name>Philip Ackermann</name>
```

```
      <uri>http://philipackermann.de/</uri>
      <email>info@philipackermann.de</email>
    </author>
    <rights>Copyright (c) 2018, Philip Ackermann</rights>
    <contributor>
      <name>Philip Ackermann</name>
    </contributor>
    <content type="xhtml" xml:lang="en" xml:base="http://nodejskochbuch.de/">
      <div xmlns="http://www.w3.org/1999/xhtml">
        <p>
          <b>Hello World</b>
        </p>
      </div>
    </content>
  </entry>
</feed>
```

Listing 6.9 Der generierte Atom-Code

6.3.2 Lösung: RSS und Atom verarbeiten

Für das Verarbeiten von RSS und Atom können Sie auf die in Rezept 36 gezeigten Techniken bzw. Packages zurückgreifen. Ich empfehle Ihnen aber der Einfachheit halber das Package »feedparser« (*https://www.npmjs.com/package/feedparser*), das speziell auf das Parsen von RSS und Atom ausgelegt ist und entsprechend den Zugriff auf die geparsten Daten deutlich vereinfacht.

Installieren können Sie das Package wie folgt:

```
$ npm install feedparser
```

Anschließend verwenden Sie das Package, wie in Listing 6.10 zu sehen, wobei als Beispiel der Atom-Code aus Listing 6.9 verwendet wird. Der Inhalt der entsprechenden Datei (*input-atom.xml*) wird mithilfe der Module »fs« und »path« als Readable Stream eingelesen (siehe Rezept 28 und Rezept 30).

Über `new Feedparser()` erzeugen Sie anschließend eine neue Parser-Instanz. Dabei handelt es sich um einen Transform Stream, der als Eingabe XML (bzw. RSS oder Atom) erwartet und als Ausgabe ein JavaScript-Objekt liefert. Um auf einzelne Einträge in einem Newsfeed zuzugreifen, definieren Sie über die Methode `on()` einen Event-Listener für das »readable«-Event, das immer dann ausgelöst wird, wenn die jeweils geparsten Daten zur Verfügung stehen. Innerhalb des Event-Listeners wiederum können Sie über die Methode `read()` auf die einzelnen Einträge des Newsfeeds zugreifen.

```
const FeedParser = require('feedparser');
const fs = require('fs');
const path = require('path');

const INPUT = path.join(__dirname, 'input-atom.xml');

// Eingabedaten als Stream einlesen
const feedStream = fs.createReadStream(INPUT);

feedStream.on('error', (error) => {
  console.error(error);
});

// Feed-Parser konfigurieren
const feedparser = new FeedParser();

feedparser.on('error', (error) => {
  console.error(error);
});

feedparser.on('readable', () => {
  const meta = feedparser.meta;
  let item;

  while ((item = feedparser.read())) {
    console.log(item.title);
    console.log(item.description);
    console.log(item.link);
    console.log(item.xmlurl);
    console.log(item.date);
    console.log(item.pubdate);
    console.log(item.author);
    console.log(item.language);
    console.log(item.image);
    console.log(item.favicon);
    console.log(item.copyright);
    console.log(item.generator);
    console.log(item.categories);
  }
});
```

```
// Eingabe-Stream an Feed-Parser weiterleiten
feedStream.pipe(feedparser);
```

Listing 6.10 Parsen einer Atom-Datei

6.3.3 Ausblick

Sie haben in diesem Rezept konkret eine Anwendung für das Generieren von XML gesehen und wissen jetzt, wie Sie Newsfeeds im Atom-Format (und analog dazu genauso im RSS-Format) erstellen können. Alternativ zu der Verwendung des »xmlbuilder«-Packages können Sie dabei natürlich auch, wie in Rezept 37 gezeigt, den Atom- bzw. RSS-Code mithilfe von Template Strings erzeugen. Für das Verarbeiten von Atom und RSS bietet sich das in diesem Rezept vorgestellte Package »feedparser« an, weil es den Zugriff auf die entsprechenden Inhalte eines Newsfeeds vereinfacht.

Verwandte Rezepte

- Rezept 28: Mit Dateien und Verzeichnissen arbeiten
- Rezept 30: Daten mit Streams lesen
- Rezept 36: XML verarbeiten
- Rezept 37: XML generieren

6.4 Rezept 39: CSV verarbeiten

Sie möchten Daten verarbeiten, die im CSV-Format vorliegen.

6.4.1 Lösung

Prinzipiell ist das Parsen von CSV im Vergleich zu dem von anderen in diesem Kapitel behandelten Formaten relativ einfach, sodass man sich auch mit relativ wenig Aufwand ein eigenes Tool hierfür schreiben könnte. Da in einer CSV-Datei jede Zeile einem Datensatz entspricht, müssten Sie hierzu lediglich Zeile für Zeile einlesen und an dem entsprechenden Trennzeichen (standardmäßig das Komma) aufteilen.

Doch wie heißt es so schön in der Softwareentwicklung: Man soll das Rad nicht neu erfinden. Unter Node.js bietet sich bspw. das simpel betitelte »csv«-Package (*https://csv.js.org/*) an, das verschiedene Funktionalitäten rund um das Arbeiten mit CSV-Daten zur Verfügung stellt.

Bei genauem Blick stellt man fest, dass es sich bei diesem Package lediglich um ein *Wrapper-Package* handelt, das nicht wirklich viel eigenen Code liefert, sondern nur vier Abhängigkeiten (vom gleichen Entwickler) einbindet, die je nach Bedarf auch einzeln installiert werden könnten:

- csv-generate: für die Generierung von CSV-Daten
- csv-parse: für das Parsen von CSV-Daten
- csv-stringify: für das Umwandeln von Objekten und Arrays in CSV
- stream-transform: für das Umwandeln von CSV-Daten mit Streams

Das Wrapper-Package »csv« und damit alle der vier genannten Packages installieren Sie über folgenden Befehl:

```
$ npm install csv
```

Für die folgenden Code-Beispiele legen Sie folgende CSV-Datei zugrunde (*input.csv*), in der verschiedene Städte mit Breiten- und Längengrad sowie Angaben zur Bevölkerung aufgelistet sind:

```
name,latitude,longitude,population
Shanghai,31.22222,121.45806,22315474
Buenos Aires,-34.61315,-58.37723,13076300
Mumbai,19.07283,72.88261,12691836
Mexico City,19.42847,-99.12766,12294193
Beijing,39.9075,116.39723,11716620
Karachi,24.9056,67.0822,11624219
...
```

Wie Sie diese Datei mithilfe von »csv« einlesen können, sehen Sie in Listing 6.11: Der Methode `parse()` übergeben Sie als ersten Parameter das CSV in Form einer Zeichenkette und als zweiten Parameter ein Konfigurationsobjekt, über das Sie bspw. das Trennzeichen definieren können. Über die Methode `on()` registrieren Sie zudem für das »readable«-Event einen entsprechenden Event-Listener. Innerhalb dieses Event-Listeners wiederum können Sie mithilfe der Methode `read()` die einzelnen Datensätze auslesen.

```
const fs = require('fs');
const path = require('path');
const csv = require('csv');

const INPUT = path.join(__dirname, '..', 'data', 'input', 'input.csv');

const content = fs.readFileSync(INPUT, 'utf-8');
const parser = csv.parse(content.toString(), { delimiter: ',' });
parser.on('readable', () => {
  while ((data = parser.read())) {
```

```
    console.log(data);
  }
});
```

Listing 6.11 Lesen von CSV-Daten mit dem Package »csv«

Die Ausgabe des Programms lautet dann wie folgt:

```
[ 'name', 'latitude', 'longitude', 'population' ]
[ 'Shanghai', '31.22222', '121.45806', '22315474' ]
[ 'Buenos Aires', '-34.61315', '-58.37723', '13076300' ]
[ 'Mumbai', '19.07283', '72.88261', '12691836' ]
[ 'Mexico City', '19.42847', '-99.12766', '12294193' ]
[ 'Beijing', '39.9075', '116.39723', '11716620' ]
[ 'Karachi', '24.9056', '67.0822', '11624219' ]
...
```

Da die Methode `read()` ein Array zurückgibt, das die Werte aus den einzelnen Spalten enthält, können Sie über *Destructuring* die Werte auch direkt in ein Objekt unter entsprechenden Eigenschaftsnamen hinzufügen. Ändern Sie dazu den Code wie folgt:

```
const fs = require('fs');
const path = require('path');
const csv = require('csv');

const INPUT = path.join(__dirname, '..', 'data', 'input', 'input.csv');

const content = fs.readFileSync(INPUT, 'utf-8');
const parser = csv.parse(content.toString(), { delimiter: ',' });
const result = [];

parser.on('readable', () => {
  while ((data = parser.read())) {
    const [name, latitude, longitude, population] = data;
    const dataRecord = {
      name,
      latitude,
      longitude,
      population
    };
    result.push(dataRecord);
  }
  // Objekt für erste Zeile, welches die
  // Überschriften enthält, entfernen
  result.shift();
```

```
});

parser.on('end', () => {
  console.log(result);
});
```

Listing 6.12 Umwandeln der eingelesenen CSV-Daten in Objekte

Als Ergebnis erhalten Sie nun ein Array, das die einzelnen Datensätze als Objekte enthält:

```
[ { name: 'name',
    latitude: 'latitude',
    longitude: 'longitude',
    population: 'population' },
  { name: 'Shanghai',
    latitude: '31.22222',
    longitude: '121.45806',
    population: '22315474' },
  { name: 'Buenos Aires',
    latitude: '-34.61315',
    longitude: '-58.37723',
    population: '13076300' },
  { name: 'Mumbai',
    latitude: '19.07283',
    longitude: '72.88261',
    population: '12691836' },
  { name: 'Mexico City',
    latitude: '19.42847',
    longitude: '-99.12766',
    population: '12294193' },
...
]
```

6.4.2 Ausblick

Sie wissen jetzt, wie Sie unter Node.js CSV-Daten verarbeiten können. Eine Alternative zu dem in diesem Rezept vorgestellten Package »csv« ist das Package »csvtojson« (*https://github.com/Keyang/node-csvtojson*). Wie der Name schon andeutet, wandelt das Package beim Parsen der CSV-Daten diese direkt in JSON-Objekte um und macht damit quasi das, was Sie eben per Hand gemacht hatten.

Verwandte Rezepte

- Rezept 30: Daten mit Streams lesen

6.5 Rezept 40: HTML mit Template-Engines generieren

Sie möchten unter Node.js dynamisch HTML generieren.

6.5.1 Einführung

Um dynamisch HTML zu generieren, haben Sie unter Node.js verschiedene Möglichkeiten. Seit ES2015 können Sie sich bspw. unter Verwendung von Template Strings eigene Vorlagen als Zeichenketten definieren und diese zur Laufzeit mit konkreten Werten befüllen lassen (vergleiche Rezept 37).

Wenn Sie es dagegen von vornherein ein bisschen komfortabler haben möchten, bietet sich die Verwendung einer sogenannten *Template-Engine* an. Davon gibt es für JavaScript eine ganze Reihe. Zwei der bekanntesten möchte ich Ihnen im Folgenden vorstellen.

Alternativ dazu können Sie über das Package »jsdom« die vom Browser gewohnte DOM-API auch unter Node.js verwenden, um HTML zu erstellen (siehe Rezept 41).

Hinweis

Wenn Sie unter Node.js HTML nicht generieren, sondern verarbeiten möchten, eignet sich sowohl »jsdom« als auch das in Rezept 36 vorgestellte Package »cheerio«, das sich nicht nur für das Parsen von XML, sondern auch für das Parsen von HTML eignet. Ebenfalls einen Blick wert in diesem Zusammenhang ist das Package »parse5« (*https://www.npmjs.com/package/parse5*).

Der Anwendungsfall für die nachstehenden Code-Beispiele sei folgender: Sie möchten für eine Liste von Nutzern eine HTML-Tabelle erstellen, die jeweils den Vornamen, der Nachnamen und den Jobtitel des Nutzers enthält. Als Hilfsbibliothek zur Generierung der Nutzerdaten greifen wir im Beispiel auf »Faker.js« (*https://github.com/marak/Faker.js/*) zurück, eine äußerst praktische Bibliothek, mit der es möglich ist, zufällige Dummy-Daten für verschiedene Zwecke zu generieren.

Neben dem Erzeugen von Vornamen, Nachnamen und Jobtiteln bietet »Faker.js« eine Reihe weiterer Möglichkeiten: So können Sie Adressdaten, Produktdaten, Firmendaten, URLs, E-Mail-Adressen, Telefonnummern und vieles andere mehr zufällig generieren lassen. Praktischerweise können Sie auch die Sprache definieren, die »Faker.js« für die Generierung der Dummy-Daten verwendet, also bspw., um gezielt deutsche Vornamen und Nachnamen zu erzeugen. Weitere Informationen dazu finden Sie auf der oben genannten Website zur Bibliothek.

»Faker.js« steht für Node.js und für die Verwendung im Browser zur Verfügung und kann wie folgt installiert werden:

```
$ npm install faker
```

In Listing 6.13 sehen Sie die Klasse `UserService`, die über die Methode `getAllUsers()` ein Array von Nutzerobjekten zurückgibt und dabei »Faker.js« verwendet. Diese Klasse hat noch nichts direkt mit der Generierung des HTML-Codes zu tun, sondern dient lediglich dem Bereitstellen des Objektmodells. Auf Basis dieser Klasse soll im Folgenden die Generierung der HTML-Tabelle implementiert werden.

```
const faker = require('faker');
faker.locale = 'de';

module.exports = class UserService {
  getAllUsers() {
    const users = [];
    for (let i = 0; i < 10; i++) {
      users.push({
        firstName: faker.name.firstName(),
        lastName: faker.name.lastName(),
        title: faker.name.jobTitle()
      });
    }
    return users;
  }
};
```

Listing 6.13 Service-Klasse für das Erstellen von Dummy-Usern

6.5.2 Lösung 1: HTML generieren mit »Pug«

Bei »Pug« (vormals bekannt unter dem Namen »Jade«, *https://pugjs.org*) handelt es sich um eine Template-Engine, die vor allem in Kombination mit dem Webframework »Express« zum Einsatz kommt (siehe Rezept 54). Prinzipiell kann »Pug« aber auch unabhängig von »Express« verwendet werden. Dazu installieren Sie es über folgenden Befehl:

```
$ npm install pug
```

Den Code für den eingangs beschriebenen Anwendungsfall zeigt Listing 6.14. Die Hierarchie der HTML-Elemente ergibt sich bei »Pug« durch die Einrückung der einzelnen Zeilen. Spitze Klammern und schließende Tags wie in HTML gibt es nicht.

Attribute werden hinter dem Tag-Namen in Klammern geschrieben, eventueller Textinhalt wird durch das darauf folgende =-Zeichen eingeleitet. Auf diese Weise ist es möglich, relativ einfach und schnörkellos das Gleiche auszudrücken, wie es in HTML nur über relativ viel *Boilerplate-Code* möglich ist. Darüber hinaus stellt »Pug« Kontrollstrukturen wie für das bedingte Anwenden oder das wiederholte Anwenden von *Template-Code* zur Verfügung. Das im Beispiel verwendete `each in` bspw. ermöglicht es, über die Elemente eines Arrays zu iterieren: Hier wird es dazu genutzt, über die einzelnen `user`-Objekte im `users`-Array (warum dies hier verfügbar ist, dazu gleich mehr) zu iterieren und für jedes dieser Objekte eine neue Spalte in der HTML-Tabelle anzulegen.


```
doctype html
html(lang='en')
  head
    title= title
  body!= body
    h1= title
    table
      tr
        th= "First Name"
        th= "Last Name"
        th= "Title"
      each user in users
        tr
          td= user.firstName
          td= user.lastName
          td= user.title
```

Listing 6.14 Template-Code in »Pug«

Wie Sie diesen Template-Code mithilfe des Packages »Pug« verarbeiten und in HTML umwandeln, sehen Sie in Listing 6.15. Für das Erstellen von HTML-Code auf Basis einer Template stellt »Pug« verschiedene Methoden zur Verfügung: Der in Listing 6.15 gezeigten Methode `renderFile()` übergeben Sie den Pfad zu der entsprechenden Template-Datei als ersten Parameter und als zweiten Parameter ein Objekt, das als Eigenschaften die in der Template verwendeten Daten enthält (hier `title` und `user`). Alternativ dazu steht die (in Listing 6.15 nicht gezeigte) Methode `render()` zur Verfügung, der Sie statt des Template-Pfads das Template in Form einer Zeichenkette direkt übergeben.

```
const pug = require('pug');
const path = require('path');
const UserService = require('./UserService');
```

```
const INPUT = path.join(__dirname, '..', 'data', 'index.pug');

const service = new UserService();

const html = pug.renderFile(INPUT, {
  title: 'Users',
  users: service.getAllUsers()
});
console.log(html);
```

Listing 6.15 Umwandeln des Template-Codes in HTML

Wenn Sie den obigen Code mit der Template-Datei aus Listing 6.14 ausführen, erhalten Sie als Konsolenausgabe folgenden HTML-Code (der besseren Lesbarkeit wegen etwas angepasst).

```
<!DOCTYPE html>
<html lang="en">

<head>
  <title>Users</title>
</head>

<body>
  <h1>Users</h1>
  <table>
    <tr>
      <th>First Name</th>
      <th>Last Name</th>
      <th>Title</th>
    </tr>
    <tr>
      <td>Riana</td>
      <td>Frisch</td>
      <td>District Assurance Producer</td>
    </tr>
    <tr>
      <td>Oskar</td>
      <td>Spielvogel</td>
      <td>Product Optimization Analyst</td>
    </tr>
    <tr>
      <td>Lynn</td>
      <td>Berning</td>
```

```
      <td>Lead Accountability Administrator</td>
    </tr>
    <tr>
      <td>Carolin</td>
      <td>Plass</td>
      <td>Investor Usability Strategist</td>
    </tr>
    <tr>
      <td>Claas</td>
      <td>Plotzitzka</td>
      <td>Chief Implementation Analyst</td>
    </tr>
    ...
  </table>
</body>

</html>
```

Listing 6.16 Das generierte HTML (gekürzt)

6.5.3 Lösung 2: HTML generieren mit »EJS«

Eine bekannte Alternative zu »Pug« ist »EJS« (*https://github.com/mde/ejs*). Die Syntax von »EJS« sieht im Gegensatz zu der von »Pug« der HTML-Syntax sehr ähnlich. Genauer gesagt, kann »EJS« sozusagen als Erweiterung von HTML angesehen werden, weil Sie hierbei den Template-Code direkt in ganz gewöhnlichen HTML-Code einbetten.

Über folgendem Befehl können Sie das Package installieren:

```
$ npm install ejs
```

In Listing 6.17 sehen Sie den Code für »EJS«, der das Gleiche erreicht wie der Code für »Pug« aus Listing 6.14. Wie Sie sehen, wird der Template-Code bei »EJS« über `<%` und `%>` übergeben. Innerhalb des Template-Codes wiederum können Sie JavaScript-Code ausführen und so auf die als Parameter übergebenen Daten (wie im Beispiel das `users`-Array) zugreifen. Möchten Sie den Wert eines JavaScript-Ausdrucks als Textinhalt für ein HTML-Tag verwenden, schreiben Sie statt `<%` einfach `<%=` gefolgt von dem jeweiligen Ausdruck.

```
<!DOCTYPE html>
<html lang="en">

<head>
  <title>Users</title>
```

```
</head>

<body>
  <h1>Users</h1>
  <table>
  <% users.forEach((user) => { %>
    <tr>
      <td><%= user.firstName %></td>
      <td><%= user.lastName %></td>
      <td><%= user.title %></td>
    </tr>
  <% }); %>
  </table>
</body>

</html>
```

Listing 6.17 Template-Code für »EJS«

Listing 6.18 zeigt, wie Sie mithilfe des Packages »EJS« den Template-Code aus Listing 6.17 in HTML umwandeln. Wie schon bei »Pug« stehen Ihnen auch über dieses Package sowohl eine Methode `render()` für das Umwandeln auf Basis einer Zeichenkette als auch eine Methode `renderFile()` für das Umwandeln auf Basis einer Template-Datei zur Verfügung. Im Gegensatz zu der Methode `renderFile()` von »Pug« arbeitet die Version von »EJS« jedoch asynchron, sodass Sie auf das Ergebnis-HTML innerhalb des als letzten Parameter übergebenen Callbacks zugreifen können. Der generierte HTML-Code für das Beispiel entspricht dabei dem schon bekannten Code aus Listing 6.16.

```
const ejs = require('ejs');
const path = require('path');
const UserService = require('./UserService');

const INPUT = path.join(__dirname, '..', 'data', 'index.ejs');

const service = new UserService();

ejs.renderFile(
  INPUT,
  {
    title: 'Users',
```

```
    users: service.getAllUsers()
  },
  (error, html) => {
    console.log(html);
  }
);
```

Listing 6.18 Umwandeln von »EJS« in HTML

6.5.4 Ausblick

Neben »Pug« und »EJS« gibt es viele weitere Template-Engines für Node.js. Zwei weitere Alternativen, die bspw. einen Blick wert sind, sind »Handlebars« (*https://github.com/wycats/handlebars.js/*) sowie »Mustache« (*https://github.com/mustache/mustache*). Welche Sie verwenden, hängt vor allem von Ihren persönlichen Präferenzen bezüglich der jeweiligen Syntax ab. Einen alternativen Ansatz für das Generieren von HTML-Code schauen Sie sich im nächsten Rezept an.

Verwandte Rezepte

- Rezept 36: XML verarbeiten
- Rezept 37: XML generieren
- Rezept 41: HTML mit der DOM-API generieren
- Rezept 54: Einen HTTP-Server implementieren

6.6 Rezept 41: HTML mit der DOM-API generieren

Sie möchten unter Node.js HTML mithilfe der DOM-API generieren.

6.6.1 Exkurs: das Document Object Model

Das *Document Object Model*, kurz *DOM*, bezeichnet das Objektmodell, das den Aufbau von Webseiten beschreibt. Dazu führt es die einzelnen Bestandteile einer Webseite wie z. B. Überschriften, Tabellen, Formularelemente etc. hierarchisch in einer Baumdarstellung auf, die auch als *DOM-Baum* bezeichnet wird.

Ein DOM-Baum setzt sich dabei aus sogenannten *Knoten* (engl.: *Nodes*) zusammen, die durch ihre hierarchische Anordnung den Aufbau einer Webseite widerspiegeln (Abbildung 6.1).

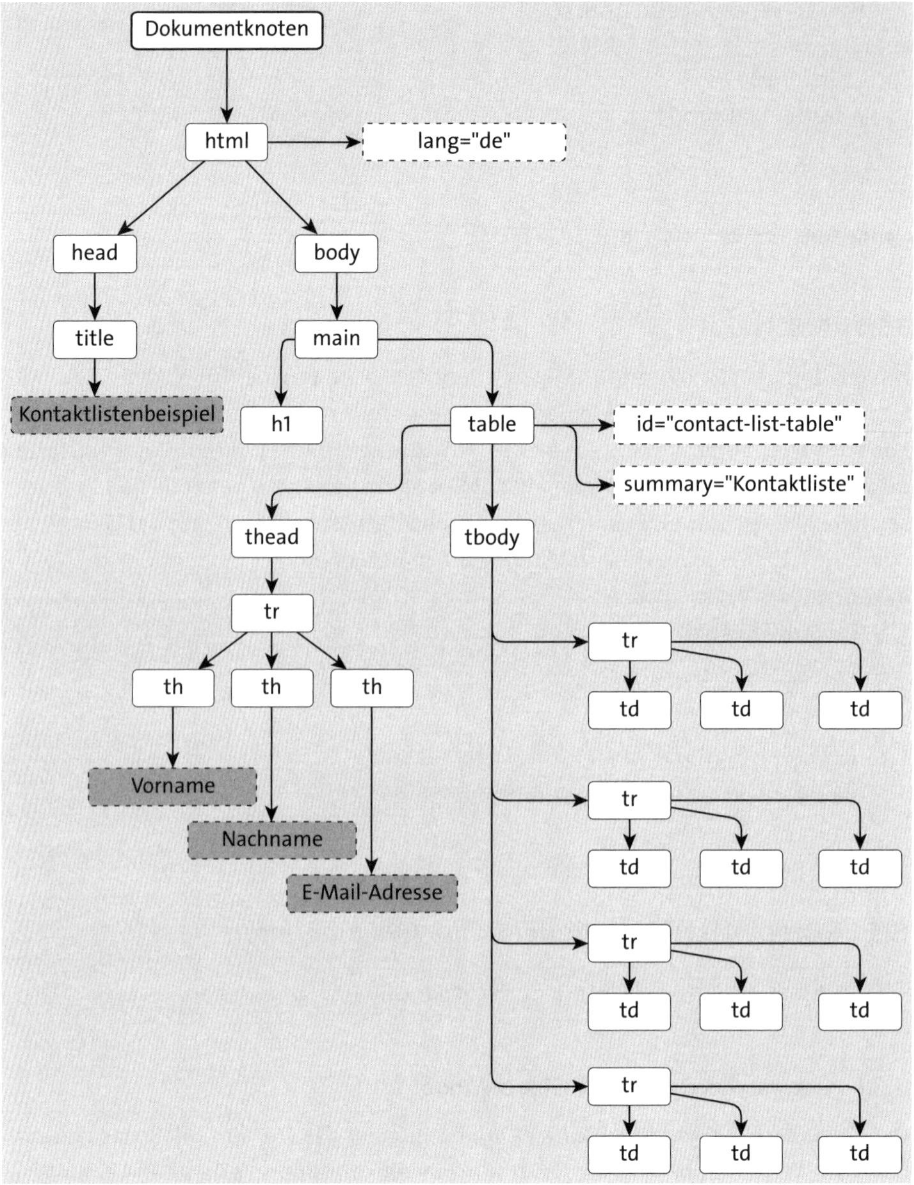

Abbildung 6.1 DOM-Baum für eine Webseite

Die vier Knotentypen Dokumentknoten, Elementknoten, Attributknoten und Textknoten werden Sie bei der Arbeit mit dem DOM am häufigsten verwenden, daher gehe ich nachstehend kurz auf die einzelnen Typen ein:

- Der *Dokumentknoten* (alternativ: *Wurzelknoten*, in Abbildung 6.1 fett umrandet) steht für die gesamte Webseite und bildet die Wurzel des DOM-Baums. Er wird durch das globale Objekt `document` repräsentiert, das zugleich das Einstiegsobjekt in das Arbeiten mit dem DOM bildet.

- *Elementknoten* (in Abbildung 6.1 mit weißem Hintergrund) repräsentieren einzelne HTML-Elemente einer Webseite, bspw. die Elemente `<main>`, `<h1>`, `<table>`, `<thead>` und `<tbody>`.
- *Attributknoten* (in Abbildung 6.1 gestrichelt umrandet und mit weißem Hintergrund) repräsentieren dagegen Attribute von HTML-Elementen, im Beispiel die Attributknoten für die Attribute `lang`, `id` und `summary`.
- *Textknoten* (in Abbildung 6.1: gestrichelt umrandet und grau eingefärbt) repräsentieren den Text innerhalb von HTML-Elementen, im Beispiel die Knoten für die Texte »Kontaktlistenbeispiel«, »Kontaktliste«, »Vorname«, »Nachname« und »E-Mail-Adresse«. Im Gegensatz zu den anderen Knotenarten können Textknoten keine Kindknoten haben und sind daher immer Blätter in einem DOM-Baum.

Für den programmatischen Zugriff auf den DOM-Baum steht die sogenannte *DOM-API* zur Verfügung, eine programmiersprachenunabhängige API, für die es in verschiedenen Programmiersprachen entsprechende Implementierungen gibt, z. B. in Java, Python und – selbstredend – allen voran in JavaScript. Während bei der JavaScript-Programmierung für das Frontend innerhalb des Browsers eine Implementierung der DOM-API zur Verfügung steht, bietet Node.js von Haus aus keine Implementierung an, sodass Sie hier auf externe Bibliotheken zurückgreifen müssen. Eine der bekanntesten möchte ich Ihnen im Folgenden vorstellen.

6.6.2 Lösung

Die Verwendung der DOM-API auf Server-Seite erscheint zunächst befremdlich, kann aber in vielen Fällen sinnvoll sein, beispielsweise wenn Sie bereits (clientseitigen) JavaScript-Code haben, der die DOM-API verwendet und den Sie nun auf Server-Seite beziehungsweise unter Node.js wiederverwenden möchten. Ein Package, das ich Ihnen in diesem Zusammenhang empfehlen kann, ist »jsdom« (*https://www.npmjs.com/package/jsdom*), das Sie über folgenden Befehl installieren können:

```
$ npm install jsdom
```

In Listing 6.19 sehen Sie den Code, der wie schon in dem vorherigen Rezept bei den Beispielen für »Pug« und »EJS« eine HTML-Tabelle für die vom `UserService` (Implementierung ebenfalls im vorherigen Rezept) zurückgegebenen Nutzerobjekte erstellt. Der Code ist um einiges umfangreicher als der Code für die beiden gezeigten Template-Engines, weil Sie hier einzelne HTML-Elemente explizit über Methoden der DOM-API hinzufügen müssen.

Über createElement() beispielsweise müssen Sie die einzelnen Elemente der Tabelle (Überschriften, Zeilen und Zellen) einzeln anlegen und dann über die Methode appendChild() an entsprechender Stelle im DOM-Baum einem anderen Element als Kindknoten hinzufügen. Den Textinhalt des Webseitentitels (<title>), der Überschrift (<h1>), der Tabellenüberschriften (<th>) und der Tabellenzellen (<td>) definieren Sie anschließend über die Eigenschaft textContent. Alternativ dazu könnten Sie diese Textknoten auch über createTextNode() anlegen (siehe Tabelle 6.2) und als Kindknoten den entsprechenden Elementknoten hinzufügen, allerdings würde dies den Code noch umfangreicher machen.

```
const jsdom = require('jsdom');
const UserService = require('./UserService');
const { JSDOM } = jsdom;

const service = new UserService();

const dom = new JSDOM('<!DOCTYPE html>');
const document = dom.window.document;
const title = document.createElement('title');
title.textContent = 'Users';
document.head.appendChild(title);
const headline = document.createElement('h1');
headline.textContent = 'Users';
document.body.appendChild(headline);

/**
 * Helferfunktion für das Erstellen
 * einer Tabellenzeile.
 * @param {Array} columns
 * @param {String} columnTag
 */
const createTableRow = (columns, columnTag = 'td') => {
  const tableRow = document.createElement('tr');
  columns.forEach(column => {
    const tableColumn = document.createElement(columnTag);
    tableColumn.textContent = column;
    tableRow.appendChild(tableColumn);
  });
  return tableRow;
};

/**
 * Helferfunktion für das Erstellen
```

```
 * einer Tabellenüberschriftzeile.
 * @param {Array} columns
 */
const createTableHeaderRow = columns => createTableRow(columns, 'th');

const table = document.createElement('table');
const tableHeaderRow = createTableHeaderRow(
  ['First Name', 'Last Name', 'Title']
);
table.appendChild(tableHeaderRow);

service.getAllUsers().forEach(user => {
  const tableRow = createTableRow([
user.firstName, user.lastName, user.title]);
  table.appendChild(tableRow);
});

document.body.appendChild(table);

const html = dom.serialize();
console.log(html);
```

Listing 6.19 Generieren von HTML über »jsdom«

Eigenschaft/Methode	Beschreibung
`textContent`	Zugriff auf den Textinhalt eines Knotens
`nodeValue`	Zugriff auf den (HTML-)Inhalt eines Knotens
`innerHTML`	Zugriff auf den HTML-Inhalt eines Knotens
`createTextNode()`	Erzeugt einen neuen Textknoten.
`createElement()`	Erzeugt einen neuen Elementknoten.
`createAttribute()`	Erzeugt einen neuen Attributknoten.
`appendChild()`	Fügt einen Knoten als Kindknoten zu einem anderen Knoten hinzu.
`removeChild()`	Entfernt einen Kindknoten.

Tabelle 6.2 Eigenschaften und Methoden für den schreibenden Zugriff auf einen DOM-Baum

6.6.3 Ausblick

Das in diesem Rezept vorgestellte »jsdom« stellt Ihnen unter Node.js eine Implementierung der DOM-API zur Verfügung, um HTML-Code zu generieren. Darüber hinaus können Sie »jsdom« nicht nur für das Generieren von HTML-Code, sondern auch für das Verarbeiten, sprich das Parsen von HTML-Code verwenden. Dazu übergeben Sie, wie in Listing 6.20 zu sehen, einfach den HTML-Code als Zeichenkette dem Konstruktor `JSDOM()` und erhalten anschließend ein Objekt, das den DOM-Baum repräsentiert.

```
const jsdom = require('jsdom');
const fs = require('fs');
const path = require('path');
const { JSDOM } = jsdom;
const INPUT = path.join(__dirname, '..', 'data', 'index.html');
const content = fs.readFileSync(INPUT);

const dom = new JSDOM(content);
const document = dom.window.document;
const tableCells = document.getElementsByTagName('td');
for (let i=0; i<tableCells.length; i++) {
  const textContent = tableCells[i].textContent;
  console.log(textContent);
}
```

Listing 6.20 Parsen von HTML über »jsdom«

Verwandte Rezepte

- Rezept 36: XML verarbeiten
- Rezept 37: XML generieren
- Rezept 40: HTML mit Template-Engines generieren

6.7 Rezept 42: YAML verarbeiten und generieren

Sie möchten Daten verarbeiten, die im YAML-Format vorliegen.

6.7.1 Exkurs: das YAML-Format

In den meisten Fällen dürften Sie aufgrund der nativen Unterstützung die Konfigurationen für Ihre Node.js-Applikationen im JSON-Format vorhalten. Es ist allerdings auch eine Überlegung wert, stattdessen das YAML-Format (*YAML Ain't Markup Lan-*

guage, ursprünglich *Yet Another Markup Language*) zu verwenden. Generell bietet dieses Format gegenüber JSON nämlich eine Reihe von Vorteilen:

- **Übersichtlichkeit**: Die Syntax ist durch die Einrückungen und das Fehlen von Klammern einfacher und dadurch übersichtlicher.
- **Kommentare**: Das YAML-Format unterstützt Kommentare, die in JSON leider nicht unterstützt werden.
- **Wiederverwendbarkeit**: Über *Anker*, *Referenzen* und *Extensions* ist es möglich, Teile einer YAML-Konfiguration an anderer Stelle in der gleichen Konfiguration wiederzuverwenden.

Viele Tools wie z. B. Docker Compose und Kubernetes (*https://kubernetes.io*) verwenden standardmäßig das YAML-Format. Listing 6.21 zeigt bspw. eine Konfigurationsdatei für Docker Compose, mit deren Hilfe sich ein lokales MySQL starten lässt (siehe auch Rezept 48).

```
version: '3.1'
services:
  db:
    image: mysql
    restart: always
    environment:
      MYSQL_ROOT_PASSWORD: 1234
    ports:
      - 3306:3306
    expose:
      - 3306
    volumes:
      - ./init-db-sql:/docker-entrypoint-initdb.d
  adminer:
    image: adminer
    restart: always
    ports:
      - 8082:8080
```

Listing 6.21 Konfigurationsdatei für Docker Compose im YAML-Format

6.7.2 Lösung: YAML lesen

Für das Verarbeiten von Daten im YAML-Format empfehle ich Ihnen das Package »js-yaml« (*https://github.com/nodeca/js-yaml*), das sich über folgenden Befehl installieren lässt:

```
$ npm install js-yaml
```

Hinweis

Um das Package ohne vorherige Installation auszuprobieren, können Sie auch den entsprechenden Online-Dienst unter *http://nodeca.github.io/js-yaml/* verwenden.

In Listing 6.22 sehen Sie, wie Sie die eingangs gezeigte YAML-Datei mithilfe von »js-yaml« einlesen können. Dazu stellt das Package die Methode `safeLoad()` zur Verfügung, der Sie den Pfad zu der einzulesenden Datei übergeben und als Ergebnis ein entsprechendes Objekt erhalten, das die YAML-Daten im JSON-Format enthält (Listing 6.23).

```
const yaml = require('js-yaml');
const fs = require('fs');
const path = require('path');

const INPUT = path.join(
  __dirname,
  '..',
  'data',
  'input',
  'docker-compose.yml'
);

try {
  const fileContent = fs.readFileSync(INPUT, 'utf8');
  const document = yaml.safeLoad(fileContent);
  console.log(JSON.stringify(document, null, 2));
} catch (error) {
  console.error(error);
}
```

Listing 6.22 Einlesen einer YAML-Datei


```
{
  "version": "3.1",
  "services": {
    "db": {
      "image": "mysql",
      "restart": "always",
      "environment": {
        "MYSQL_ROOT_PASSWORD": 1234
      },
      "ports": [
```

```
        "3306:3306"
      ],
      "expose": [
        3306
      ],
      "volumes": [
        "./init-db-sql:/docker-entrypoint-initdb.d"
      ]
    },
    "adminer": {
      "image": "adminer",
      "restart": "always",
      "ports": [
        "8082:8080"
      ]
    }
  }
}
```

Listing 6.23 Aufbau der eingelesenen YAML-Daten

> **Tipp**
>
> Wenn Sie beim Parsen direkt überprüfen möchten, ob sich die eingelesenen YAML-Daten an einen bestimmten Aufbau halten, können Sie als zweiten Parameter ein Konfigurationsobjekt übergeben, mit dessen Hilfe sich (u. a.) das zu verwendende YAML-Schema definieren lässt. Das entsprechende Schema müssen Sie allerdings mit den Klassen aus dem »js-yaml«-Package selbst definieren. Eine einfachere Alternative ist die Validierung des erzeugten JSON-Objekts gegen ein JSON-Schema (siehe Rezept 45).

Anker und Referenzen

Das YAML-Format erlaubt es praktischerweise, Teile einer Konfiguration innerhalb einer YAML-Datei an verschiedenen Stellen wiederzuverwenden. Dazu ist es möglich, entsprechende Teile über sogenannte *Anker* zu markieren und dann an anderer Stelle zu referenzieren. Anker definieren Sie dabei über ein vorangestelltes &-Zeichen, *Referenzen* auf diese Anker über ein vorangestelltes *-Zeichen.

Ein Beispiel hierzu sehen Sie in Listing 6.24. Hier werden drei Anker definiert (`&javascript`, `&nodejs` und `&react`) und an anderer Stelle in der Konfiguration referenziert (`*javascript`, `*nodejs` und `*react`).

```
javascript: &javascript
  JavaScript Handbuch: http://javascripthandbuch.de
  JavaScript Profibuch: http://javascriptprofibuch.de
nodejs: &nodejs
  Node.js Kochbuch: http://nodejskochbuch.de/
  Node.js Homepage: https://nodejs.org/
  Node.js Blog: https://nodejs.org/en/blog/
react: &react
  React Homepage: https://reactjs.org/
  React Blog: https://reactjs.org/blog
grouped:
  javascript: *javascript
  nodejs: *nodejs
  react: *react
```

Listing 6.24 Anker und Referenzen in YAML

Wenn Sie diese YAML-Datei mit »js-yaml« einlesen, werden die Referenzen automatisch aufgelöst, sodass das generierte JSON wie folgt aussieht:

```
{
  "javascript": [
    {
      "JavaScript Handbuch": "http://javascripthandbuch.de"
    },
    {
      "JavaScript Profibuch": "http://javascriptprofibuch.de"
    }
  ],
  "nodejs": [
    {
      "Node.js Kochbuch": "http://nodejskochbuch.de/"
    },
    {
      "Node.js Homepage": "https://nodejs.org/"
    },
    {
      "Node.js Blog": "https://nodejs.org/en/blog/"
  }
  ],
  "react": [
    {
      "React Homepage": "https://reactjs.org/"
    },
```

```
    {
      "React Blog": "https://reactjs.org/blog"
    }
  ],
  "grouped": {
    "javascript": [
      {
        "JavaScript Handbuch": "http://javascripthandbuch.de"
      },
      {
        "JavaScript Profibuch": "http://javascriptprofibuch.de"
      }
    ],
    "nodejs": [
      {
        "Node.js Kochbuch": "http://nodejskochbuch.de/"
      },
      {
        "Node.js Homepage": "https://nodejs.org/"
      },
      {
        "Node.js Blog": "https://nodejs.org/en/blog/"
      }
    ],
    "react": [
      {
        "React Homepage": "https://reactjs.org/"
      },
      {
        "React Blog": "https://reactjs.org/blog"
      }
    ]
  }
}
```

Listing 6.25 Aufgelöste Referenzen im umgewandelten JSON

Extensions

Neben der Definition von Referenzen ist es auch möglich, wie in Listing 6.26 zu sehen, über die Schreibweise `<<` sogenannte *Extensions* zu definieren und dabei von einem mit einem Anker markierten Teil abzuleiten. In Listing Listing 6.26 bspw. erbt der Bereich `client` auf diese Weise alle Eigenschaften von den Bereichen `javascript` und `react` und definiert darüber hinaus die Eigenschaft »Web Workers«.

```
javascript: &javascript
  JavaScript Handbuch: http://javascripthandbuch.de
  JavaScript Profibuch: http://javascriptprofibuch.de
nodejs: &nodejs
  Node.js Kochbuch: http://nodejskochbuch.de/
  Node.js Homepage: https://nodejs.org/
  Node.js Blog: https://nodejs.org/en/blog/
react: &react
  React Homepage: https://reactjs.org/
  React Blog: https://reactjs.org/blog
client: &client
  <<: *javascript
  <<: *react
  Web Workers: https://html.spec.whatwg.org/multipage/workers.html
server: &server
  <<: *javascript
  <<: *nodejs
all:
  <<: *client
  <<: *server
```

Listing 6.26 Extensions in YAML

Auch hier werden durch das Einlesen der Datei über »js-yaml« die Referenzen und Extensions aufgelöst:

```
{
  "javascript": [
    {
      "JavaScript Handbuch": "http://javascripthandbuch.de"
    },
    {
      "JavaScript Profibuch": "http://javascriptprofibuch.de"
    }
  ],
  "nodejs": {
    "Node.js Kochbuch": "http://nodejskochbuch.de/",
    "Node.js Homepage": "https://nodejs.org/",
    "Node.js Blog": "https://nodejs.org/en/blog/"
  },
  "react": {
    "React Homepage": "https://reactjs.org/",
    "React Blog": "https://reactjs.org/blog"
  },
```

```
  "client": {
    "JavaScript Handbuch": "http://javascripthandbuch.de",
    "JavaScript Profibuch": "http://javascriptprofibuch.de",
    "React Homepage": "https://reactjs.org/",
    "React Blog": "https://reactjs.org/blog",
    "Web Workers": "https://html.spec.whatwg.org/multipage/workers.html"
  },
  "server": {
    "JavaScript Handbuch": "http://javascripthandbuch.de",
    "JavaScript Profibuch": "http://javascriptprofibuch.de",
    "Node.js Kochbuch": "http://nodejskochbuch.de/",
    "Node.js Homepage": "https://nodejs.org/",
    "Node.js Blog": "https://nodejs.org/en/blog/"
  },
  "all": {
    "JavaScript Handbuch": "http://javascripthandbuch.de",
    "JavaScript Profibuch": "http://javascriptprofibuch.de",
    "React Homepage": "https://reactjs.org/",
    "React Blog": "https://reactjs.org/blog",
    "Web Workers": "https://html.spec.whatwg.org/multipage/workers.html",
    "Node.js Kochbuch": "http://nodejskochbuch.de/",
    "Node.js Homepage": "https://nodejs.org/",
    "Node.js Blog": "https://nodejs.org/en/blog/"
  }
}
```

Listing 6.27 Aufgelöste Extensions im umgewandelten JSON

6.7.3 Lösung: YAML generieren

Neben dem Einlesen von YAML-Daten ist es mit »js-yaml« ebenfalls möglich, YAML-Daten zu generieren. Dazu steht Ihnen die Methode `safeDump()` zur Verfügung, der Sie ein äquivalentes JSON-Objekt übergeben. Im folgenden Listing bspw. wird auf diese Weise die aus Listing 6.21 bekannte Konfigurationsdatei für Docker Compose generiert.

```
const yaml = require('js-yaml');
const fs = require('fs');
const path = require('path');

const INPUT = {
  version: '3.1',
  services: {
    db: {
```

```
      image: 'mysql',
      restart: 'always',
      environment: {
        MYSQL_ROOT_PASSWORD: 1234
      },
      ports: ['3306:3306'],
      expose: [3306],
      volumes: ['./init-db-sql:/docker-entrypoint-initdb.d']
    },
    adminer: {
      image: 'adminer',
      restart: 'always',
      ports: ['8082:8080']
    }
  }
};

try {
  const document = yaml.safeDump(INPUT);
  console.log(document);
} catch (error) {
  console.error(error);
}
```

Listing 6.28 Erzeugen von YAML-Daten

6.7.4 Ausblick

TOML ist ein weit verbreitetes Konfigurationsformat, das Ihnen bei der Entwicklung von Node.js-Applikationen früher oder später begegnen wird (spätestens dann, wenn Sie eine der vielen Konfigurationsdateien für Docker Compose verwenden, die dieses Buch enthält). Dank vielfältiger Features wie Kommentare, Anker, Referenzen und Extensions und der besseren Lesbarkeit ist das YAML-Format durchaus auch als Alternative für das im Bereich der Node.js-Entwicklung häufig verwendete JSON-Format in Betracht zu ziehen.

In den nächsten beiden Rezepten möchte ich Ihnen zwei weitere Formate vorstellen, die sich für die Konfiguration von Node.js-Applikationen anbieten, allerdings nicht so bekannt und verbreitet sind wie das YAML-Format.

Verwandte Rezepte

- Rezept 23: Applikationen konfigurieren über Konfigurationsdateien
- Rezept 43: TOML verarbeiten

- Rezept 44: INI verarbeiten und generieren
- Rezept 45: JSON validieren

6.8 Rezept 43: TOML verarbeiten

Sie möchten Daten verarbeiten, die im TOML-Format vorliegen.

6.8.1 Lösung

Das Format TOML dürfte nur den Wenigsten auf Anhieb bekannt sein. Die Abkürzung TOML steht für *Tom's Obvious, Minimal Language* (*https://github.com/toml-lang/toml*) und wurde von Tom Preston-Werner, dem ehemaligen CEO von GitHub, als leichtgewichtige, einfache Sprache für Konfigurationsdateien erfunden. Auch wenn das Format bei Weitem nicht so bekannt ist wie das im vorherigen Rezept vorgestellte YAML-Format, gibt es doch einige bekanntere Projekte, in denen TOML zum Einsatz kommt: Beispiele hierfür sind Cargo, der Package Manager von Rust (*https://doc.rust-lang.org/cargo/reference/manifest.html*), Hugo, ein in der Sprache Go geschriebener Static Site Generator (*https://gohugo.io/*), und der Reverse Proxy Traefik (*https://traefik.io/*).

Für Node.js empfehle ich Ihnen für die Verarbeitung von TOML-Daten das gleichnamige Package »toml« (*https://github.com/BinaryMuse/toml-node*), das Sie über folgenden Befehl installieren können:

```
$ npm install toml
```

Das Package stellt im Wesentlichen die Methode `parse()` zur Verfügung, der die zu parsenden TOML-Daten als Zeichenkette zu übergeben sind (Listing 6.29). Für den Fall, dass beim Parsen ein Fehler auftritt, gibt die Methode einen Fehler aus, daher empfiehlt es sich, den Aufruf von `parse()` entsprechend durch einen `try/catch`-Block zu umgeben:

```
const fs = require('fs');
const toml = require('toml');
const path = require('path');

const INPUT = path.join(
  __dirname,
  '..',
  'data',
  'input',
  'config.toml'
```

```
);

const content = fs.readFileSync(INPUT, 'utf-8');
try {
  const config = toml.parse(content);
  console.log(JSON.stringify(config, null, 2));
} catch (error) {
  console.error(error);
}
```

Listing 6.29 Verarbeiten von TOML-Daten

Ist der Parse-Vorgang erfolgreich, erhalten Sie als Rückgabewert von parse() ein JSON-Objekt. Wie die Umwandlung von TOML in JSON genau funktioniert und wie Sie Daten im TOML-Format definieren, zeige ich Ihnen in den folgenden Abschnitten.

Definition von einfachen Schlüssel/Wert-Paaren

Einfache *Schlüssel/Wert-Paare* definieren Sie, indem Sie den Schlüssel links, dann ein =-Zeichen und rechts davon den Wert schreiben:

```
logLevel = "INFO"
useDummyData = true
maxProcesses = 8
```

Das entsprechend generierte JSON sieht dann wie folgt aus:

```
{
  "logLevel": "INFO",
  "useDummyData": true,
  "maxProcesses": 8
}
```

Der Wert kann dabei von einem einfachen Typ sein wie einem String, einem Boolean, einer Ganzzahl, einer Fließkommazahl oder einer Datums- bzw. Zeitangabe. Zusätzlich ist es möglich, Arrays und sogenannte Inline Tables, d. h. Gruppierungen von Daten, als Schlüssel zu verwenden.

Definition von Arrays

Arrays definieren Sie in TOML ganz ähnlich wie in JSON über eckige Klammern und schreiben die Werte kommasepariert hinein:

```
languages = [
  "de",
  "en"
]
```

Bei der Umwandlung in JSON werden daraus – wenig verwunderlich – ebenfalls Arrays:

```
{
  "languages": [
    "de",
    "en"
  ]
}
```


Definition von Inline Tables

Über *Inline Tables* ist es möglich, zusammengehörige Daten sinnvoll zu gruppieren. Um eine Inline Table zu definieren, schreiben Sie, wie in folgendem Listing gezeigt, in eckigen Klammern deren Namen (`[server]`) und in den folgenden Zeilen die Schlüssel/Wert-Paare, die zusammengefasst werden sollen:

```
[server]
protocol = "https"
port = 8080
```

Bei der Umwandlung von TOML in JSON werden Inline Tables als Objekte repräsentiert:

```
{
  "server": {
    "protocol": "https",
    "port": 8080
  }
}
```

Inline Tables lassen sich beliebig schachteln, indem Sie bestimmten Namenskonventionen folgen. In folgendem Listing bspw. wird über `[database]` eine Inline Table definiert und anschließend über `[database.credentials]` eine entsprechend geschachtelte Inline Table als Untergruppe von `database` definiert:

```
[database]
port = 27017

[database.credentials]
username = "admin"
password = "secret"
```

In JSON entspricht dies der folgenden Hierarchie:

```
{
  "database": {
    "port": 27017,
    "credentials": {
      "username": "admin",
      "password": "secret"
    }
  }
}
```

Definition von Arrays von Objekten

Über die doppelte Angabe der eckigen Klammern ([[und]]) ist es möglich, *Arrays von Objekten* anzulegen. Über folgenden Code bspw. legen Sie ein Array von vier Objekten an, die jeweils über eine Eigenschaft `url` verfügen:

```
[[websites]]
url = "http://www.javascripthandbuch.de"

[[websites]]
url = "http://www.javascriptprofibuch.de"

[[websites]]
url = "http://www.nodejskochbuch.de"

[[websites]]
url = "http://www.philipackermann.de"
```

Das entsprechende JSON sieht dann wie folgt aus:

```
{
  "websites": [
    {
      "url": "http://www.javascripthandbuch.de"
    },
    {
      "url": "http://www.javascriptprofibuch.de"
    },
    {
      "url": "http://www.nodejskochbuch.de"
    },
    {
      "url": "http://www.philipackermann.de"
```

```
    }
  ]
}
```

Listing 6.30 zeigt zusammenfassend die vollständige TOML-Konfigurationsdatei, Listing 6.31 die entsprechend umgewandelten JSON-Daten (beide finden Sie auch im Downloadbereich zum Buch). Wie Sie anhand des Beispiels sehen können, ist es in TOML (genau wie auch beim YAML-Format) möglich, über das #-Zeichen Kommentare einzuleiten.


```
# Definition von einfachen Schlüssel/Wert-Paaren
logLevel = "INFO"
useDummyData = true
maxProcesses = 8

# Definition eines Arrays
languages = [
  "de",
  "en"
]

# Definition von Inline Tables
[server]
protocol = "https"
port = 8080

[database]
port = 27017

[database.credentials]
username = "admin"
password = "secret"

[[websites]]
url = "http://www.javascripthandbuch.de"

[[websites]]
url = "http://www.javascriptprofibuch.de"

[[websites]]
url = "http://www.nodejskochbuch.de"
```

```
[[websites]]
url = "http://www.philipackermann.de"
```

Listing 6.30 Eine Konfiguration im TOML-Format

```
{
  "logLevel": "INFO",
  "useDummyData": true,
  "maxProcesses": 8,
  "languages": [
    "de",
    "en"
  ],
  "server": {
    "protocol": "https",
    "port": 8080
  },
  "database": {
    "port": 27017,
    "credentials": {
      "username": "admin",
      "password": "secret"
    }
  },
  "websites": [
    {
      "url": "http://www.javascripthandbuch.de"
    },
    {
      "url": "http://www.javascriptprofibuch.de"
    },
    {
      "url": "http://www.nodejskochbuch.de"
    },
    {
      "url": "http://www.philipackermann.de"
    }
  ]
}
```

Listing 6.31 Das umgewandelte JSON

6.8.2 Ausblick

Das TOML-Format bietet wie das YAML-Format eine leichtgewichtige Alternative zum JSON-Format. Das in diesem Package vorgestellte Package »toml« bietet leider keine Möglichkeit, Daten vom JSON-Format in das TOML-Format umzuwandeln. Da man in den meisten Fällen ohnehin an der anderen Richtung interessiert ist, also dem Umwandeln vom TOML-Format in das JSON-Format bzw. dem Einlesen von TOML-Daten in eine Node.js-Applikation, dürfte das zu verschmerzen sein. Für den Fall, dass Sie doch TOML-Daten generieren möchten, sei auf die in Rezept 37 beschriebene Technik mithilfe von Template Strings verwiesen.

Verwandte Rezepte

- Rezept 23: Applikationen konfigurieren über Konfigurationsdateien
- Rezept 37: XML generieren
- Rezept 42: YAML verarbeiten und generieren
- Rezept 44: INI verarbeiten und generieren
- Rezept 45: JSON validieren

6.9 Rezept 44: INI verarbeiten und generieren

Sie möchten Daten verarbeiten, die im INI-Format vorliegen, oder Daten im INI-Format generieren.

6.9.1 Lösung: INI verarbeiten

Das INI-Format ermöglicht es ähnlich wie das TOML-Format, auf sehr einfache Weise Schlüssel/Wert-Paare zu definieren, und wird hauptsächlich bei Windows-Anwendungen als Format für Konfigurationsdateien verwendet. Für Node.js steht Ihnen zur Verarbeitung von Daten im INI-Format das gleichnamige Package »ini« zur Verfügung (*https://github.com/npm/ini*). Installieren können Sie es über folgenden Befehl:

```
$ npm install ini
```

Um INI-Daten zu parsen, stellt das Package die Methode `parse()` bereit, der Sie die zu parsenden INI-Daten als Zeichenkette übergeben (Listing 6.32).

```
const fs = require('fs');
const ini = require('ini');
const path = require('path');

const INPUT = path.join(__dirname, '..', 'data', 'input', 'config.ini');
```

```
const content = fs.readFileSync(INPUT, 'utf-8');
try {
  const config = ini.parse(content);
  console.log(JSON.stringify(config, null, 2));
} catch (error) {
  console.error(error);
}
```

Listing 6.32 Verarbeiten von INI-Daten

Als Rückgabewert liefert `parse()` ein JSON-Objekt, das die INI-Daten enthält, wobei ich Ihnen die genaue Umwandlung in den folgenden Abschnitten vorstelle. Sollten Sie bereits das vorherige Rezept für die Verarbeitung von TOML-Daten durchgearbeitet haben, wird Ihnen hier bezüglich der Syntax einiges bekannt vorkommen.

Definition von einfachen Schlüssel/Wert-Paaren

Einfache Schlüssel/Wert-Paare definieren Sie, indem Sie den Schlüssel links, dann ein Gleichheitszeichen und rechts davon den Wert schreiben:

```
logLevel = "INFO"
useDummyData = true
maxProcesses = 8
```

Das entsprechend generierte JSON sieht dann wie folgt aus:

```
{
  "logLevel": "INFO",
  "useDummyData": true,
  "maxProcesses": "8"
}
```

Definition von Arrays

Für die Definition von Arrays schreiben Sie den Namen des Arrays gefolgt von zwei eckigen Klammern und dahinter – getrennt durch ein Gleichheitszeichen – den entsprechenden Wert. Abhängig von der Reihenfolge dieser Definitionen können Sie dabei die Position des Wertes innerhalb eines Arrays beeinflussen. In folgendem Code wird bspw. die Zeichenkette »de« an erster Stelle im Array gespeichert, die Zeichenkette »en« an zweiter Stelle:

```
languages[] = "de"
languages[] = "en"
```

Das generierte JSON für diesen Code hat den folgenden Aufbau:

```
{
  "languages": [
    "de",
    "en"
  ]
}
```


Definition von Sections

Über sogenannte *Sections* ist es möglich – ähnlich wie schon bei TOML über Inline Tables – zusammengehörige Daten zu gruppieren. Eine Section definieren Sie dabei, indem Sie den Namen der Section in eckige Klammern schreiben. Alle darauffolgenden Schlüssel/Wert-Paare werden dann dieser Section zugeordnet:

```
[server]
protocol = "https"
port = 8080
```

Bei der Umwandlung in das JSON-Format werden Sections als Objekte repräsentiert:

```
{
  "server": {
    "protocol": "https",
    "port": "8080"
  }
}
```

Sections lassen sich beliebig schachteln, indem Sie bei der Definition der jeweiligen Section für den Namen die Punktschreibweise verwenden. In folgendem Listing bspw. wird über `[database]` zunächst eine Section »database« definiert und anschließend über `[database.credentials]` eine entsprechend geschachtelte Section »credentials«:

```
[database]
port = 27017

[database.credentials]
username = "admin"
password = "secret"
```

In JSON entspricht dies der folgenden Hierarchie:

```
{
  "database": {
    "port": "27017",
```

```
    "credentials": {
      "username": "admin",
      "password": "secret"
    }
  }
}
```

Listing 6.33 zeigt zusammenfassend die vollständige INI-Konfigurationsdatei, Listing 6.34 die entsprechend umgewandelten JSON-Daten.

```
# Definition von einfachen Schlüssel/Wert-Paaren
logLevel = "INFO"
useDummyData = true
maxProcesses = 8

# Definition eines Arrays
languages[] = "de"
languages[] = "en"

# Definition von Sections
[server]
protocol = "https"
port = 8080

[database]
port = 27017

[database.credentials]
username = "admin"
password = "secret"
```

Listing 6.33 Eine Konfiguration im INI-Format

```
{
  "logLevel": "INFO",
  "useDummyData": true,
  "maxProcesses": "8",
  "languages": [
    "de",
    "en"
  ],
  "server": {
    "protocol": "https",
    "port": "8080"
```

```
  },
  "database": {
    "port": "27017",
    "credentials": {
      "username": "admin",
      "password": "secret"
    }
  }
}
```

Listing 6.34 Das umgewandelte JSON

6.9.2 Lösung: INI generieren

Neben dem Verarbeiten von INI-Daten ist es über das Package »ini« auch möglich, INI-Daten zu generieren. Dazu steht Ihnen die Methode `stringify()` zur Verfügung, der Sie das entsprechende JSON-Objekt als Parameter übergeben. Als Rückgabewert der Methode erhalten Sie die INI-Daten in Form einer Zeichenkette.

```
const fs = require('fs');
const ini = require('ini');
const path = require('path');

const INPUT = path.join(__dirname, '..', 'data', 'input', 'config.json');

const content = fs.readFileSync(INPUT, 'utf-8');
const json = JSON.parse(content);
try {
  const config = ini.stringify(json);
  console.log(config);
} catch (error) {
  console.error(error);
}
```

Listing 6.35 Umwandeln von JSON in INI

6.9.3 Ausblick

In diesem und den vorherigen beiden Rezepten haben Sie drei alternative Formate für die Definition von Konfigurationsdateien kennengelernt und gesehen, wie Sie diese Formate unter Node.js verarbeiten. Alle drei Formate sind dabei schlanker als JSON (von XML ganz zu schweigen) und ermöglichen es auf sehr einfache Weise, Konfigurationen zu definieren.

Verwandte Rezepte

- Rezept 23: Applikationen konfigurieren über Konfigurationsdateien
- Rezept 42: YAML verarbeiten und generieren
- Rezept 43: TOML verarbeiten

6.10 Rezept 45: JSON validieren

Sie möchten sicherstellen, dass JSON-Daten valide sind und einem bestimmten Aufbau folgen.

6.10.1 Einführung

JavaScript bietet von Haus aus hervorragenden Support für die Arbeit mit dem JSON-Format. So steht für das Parsen von JSON die globale Methode `JSON.parse()` und für das Generieren von JSON (bzw. das Umwandeln von JavaScript-Objekten in das JSON-Format) die Methode `JSON.stringify()` zur Verfügung. Für das Validieren von JSON-Daten müssen Sie dagegen auf externe Bibliotheken zurückgreifen.

Eine Validierung von JSON-Daten kann in vielen Fällen sinnvoll sein, bspw. um innerhalb eines Webservice Anfragen vom Client zu überprüfen oder generell innerhalb einer Anwendung schnell entscheiden zu können, ob der tatsächliche Aufbau eines Funktionsparameters dem geforderten Aufbau entspricht.

Um zu definieren, welche Daten gültig sind und welchem Aufbau eine JSON-Struktur folgen soll, benötigen Sie zunächst eine Möglichkeit, entsprechende Anforderungen an den Aufbau zu definieren. Für die Definition von Schemas für JSON-Daten bietet sich JSON-Schema (*http://json-schema.org/*) an, das selbst im JSON-Format definiert wird und das verbreitetste Format für die Beschreibung von JSON-Dokumenten sein dürfte.

Eine einfache Schema-Definition für einen Typ `Person` zeigt Listing 6.36. Über die Eigenschaft `title` legen Sie den Namen des Typs fest (`object`), über die Eigenschaft `type` den Basis-Typ. Über die Eigenschaft `properties` lassen sich die einzelnen Eigenschaften sowie deren Typ definieren (bspw. `number`, `string`, `boolean` oder erneut `object`). Über `required` können Sie außerdem diejenigen Eigenschaften festlegen, die zwingend in einem Objekt enthalten sein müssen.

Auf diese Weise werden in Listing 6.36 die Eigenschaften `username`, `firstName`, `lastName`, `age`, `email`, `phone` und `address` definiert, wobei die drei erstgenannten Eigenschaften zwingend vorhanden sein müssen. Das der Eigenschaft `address` hinterlegte Objekt wiederum definiert die Eigenschaften street, postcode, city und country und setzt lediglich die Eigenschaft street zwingend voraus.

```
{
  "title": "Person",
  "type": "object",
  "properties": {
    "username": {
      "type": "string"
    },
    "firstName": {
      "type": "string"
    },
    "lastName": {
      "type": "string"
    },
    "age": {
      "description": "Age in years",
      "type": "integer",
      "minimum": 0
    },
    "email": {
      "type": "string"
    },
    "phone": {
      "type": "string"
    },
    "address": {
      "type": "object",
      "properties": {
        "street": {
          "type": "string"
        },
        "postcode": {
          "type": "string"
        },
        "city": {
          "type": "string"
        },
        "country": {
          "type": "string"
        }
      },
```

```
      "required": ["street"]
    }
  },
  "required": ["username", "firstName", "lastName"]
}
```

Listing 6.36 Einfaches JSON-Schema

6.10.2 Lösung

Wenn Sie ein JSON-Schema wie im vorherigen Abschnitt definiert haben, können Sie JSON-Strukturen gegen dieses Schema überprüfen. Als entsprechenden Validator empfehle ich Ihnen dabei das Package »ajv« (»Another JSON Schema Validator«, *https://github.com/epoberezkin/ajv*), das Sie wie folgt installieren:

```
$ npm install ajv
```

Als Ausgangsbeispiel für die Validierung soll im Folgenden das in Listing 6.37 gezeigte JSON dienen.

```
{
  "username": "maxmustermann",
  "firstName": "Max",
  "lastName": "Mustermann",
  "age": 45,
  "email": "maxmustermann@nodejskochbuch.de",
  "phone": "12345/12345",
  "address": {
    "street": "Musterstraße 123",
    "postcode": "12345",
    "city": "Musterstadt",
    "country": "Deutschland"
  }
}
```

Listing 6.37 JSON-Daten für die Validierung

Die Validierung an sich kann, wie in Listing 6.38 zu sehen, über die Methode `validate()` angestoßen werden, der Sie als ersten Parameter das JSON-Schema und als zweiten Parameter die zu validierenden JSON-Daten übergeben. Als Rückgabewert erhalten Sie einen booleschen Wert, der angibt, ob die übergebenen Daten valide sind oder nicht. Ist Letzteres der Fall, lassen sich über die Eigenschaft `ajv.errors` die aufgetretenen Fehler auslesen.

```
const Ajv = require('ajv');

const schema = require('./schema');
const data = require('./data');

const ajv = new Ajv();
const valid = ajv.validate(schema, data);
if (!valid) {
  console.log('JSON is not valid');
  console.log(ajv.errors);
} else {
  console.log('JSON is valid');
}
```

Listing 6.38 Validierung von JSON-Daten

Einen Fehler können Sie zu Testzwecken provozieren, indem Sie die JSON-Daten ändern und bspw. die Eigenschaft `lastName` aus dem Objekt entfernen. Dies führt zu einem Fehler, weil die Eigenschaft im Schema als `required` markiert ist (löschen Sie dagegen Eigenschaften, die nicht als `required` markiert sind, gibt es natürlich keinen Fehler, weil das Objekt weiterhin gültig bleibt).

```
$ node ./src/validate-json.js
JSON is not valid
[ { keyword: 'required',
    dataPath: '',
    schemaPath: '#/required',
    params: { missingProperty: 'lastName' },
    message: 'should have required property \'lastName\'' } ]
```

Listing 6.39 Ausgabe der JSON-Validierung

Selbstredend müssen die JSON-Daten sowie das JSON-Schema nicht zwingend aus externen Dateien geladen werden, sondern können dem Validator auch direkt in Form von JavaScript-Objekten übergeben werden (Listing 6.40). Auf diese Weise haben Sie bezüglich der Generierung von Schema und Daten alle Freiheiten und können beides zur Laufzeit auch dynamisch generieren.

```
const Ajv = require('ajv');

const schema = {
  title: 'Person',
  type: 'object',
  properties: {
```

```
    // aus Platzgründen gekürzt
  },
  required: ['username', 'firstName', 'lastName']
};

const data = {
  username: 'maxmustermann',
  firstName: 'Max',
  lastName: 'Mustermann',
  age: 45,
  email: 'maxmustermann@nodejskochbuch.de',
  phone: '12345/12345',
  address: {
    street: 'Musterstraße 123',
    postcode: '12345',
    city: 'Musterstadt',
    country: 'Deutschland'
  }
};
const ajv = new Ajv();
const valid = ajv.validate(schema, data);
if (!valid) {
  console.log('JSON is not valid');
  console.log(validate.errors);
} else {
  console.log('JSON is valid');
}
```

Listing 6.40 Validierung von JavaScript-Objekten

Alternativ zu dem gezeigten Vorgehen können Sie das JSON-Schema auch zunächst in einem ersten Schritt über die Methode `compile()` kompilieren. Dieses Vorgehen bietet sich insbesondere dann an, wenn Sie dasselbe Schema für mehrere Eingabedaten wiederverwenden möchten (bspw. um Anfragen an eine REST-API zu validieren), da auf diese Weise nicht jedes Mal das Schema erneut kompiliert werden muss (Listing 6.41).

Die Methode `compile()` liefert für das jeweils übergebene Schema eine entsprechende Validierungsfunktion zurück, mit deren Hilfe sich anschließend verschiedene JSON-Daten validieren lassen. Wie schon `validate()` liefert diese Funktion einen booleschen Rückgabewert, allerdings sind die jeweiligen Fehler dieses Mal über die Eigenschaft `errors` der Validierungsfunktion einsehbar:

```
const Ajv = require('ajv');

const schema = require('./schema');
const input = [
    require('./data'),
    require('./data2')
]

const ajv = new Ajv();
const validate = ajv.compile(schema);

input.forEach((data) => {
    const valid = validate(data);
    if (!valid) {
      console.log('JSON is not valid');
      console.log(validate.errors);
    } else {
      console.log('JSON is valid');
    }
});
```

Listing 6.41 Validierung von JSON-Daten

6.10.3 Ausblick

Mit JSON-Schema steht Ihnen eine sehr flexible Schema-Sprache zur Verfügung, um den Aufbau von JSON-Daten zu definieren. Anwendungsbeispiele sind etwa die Validierung von Daten, die von Webservices generiert oder konsumiert werden, Datensätze, die in eine Datenbank wie bspw. MongoDB geschrieben werden, oder Nachrichten, die über einen MQTT-Broker verschickt werden.

Das in diesem Rezept gezeigte JSON-Schema ist vergleichsweise einfach gehalten. Weitere Informationen und komplexere Beispiele finden Sie in der offiziellen Spezifikation unter *http://json-schema.org/*. Beispielsweise lassen sich für Zahlenwerte definierte Wertebereich angeben: Befindet sich dann ein Wert nicht in diesem Wertebereich, liefert der Validator einen entsprechenden Fehler. Darüber hinaus lassen sich innerhalb der Schemas auch andere Schemas referenzieren, sodass Sie einzelne Schemas hervorragend wiederverwenden können.

Verwandte Rezepte

- Rezept 42: YAML verarbeiten und generieren
- Rezept 51: Auf eine MongoDB-Datenbank zugreifen

- Rezept 54: Einen HTTP-Server implementieren
- Rezept 56: Eine REST-API implementieren
- Rezept 72: Über MQTT auf einen MQTT-Broker zugreifen

6.11 Rezept 46: JavaScript verarbeiten und generieren

Sie möchten innerhalb Ihrer Anwendung JavaScript-Code verarbeiten, parsen oder verändern.

6.11.1 Lösung: JavaScript verarbeiten

Wie Sie in den vorherigen Rezepten bereits gesehen haben, stehen für JavaScript bzw. Node.js verschiedene Bibliotheken für das Parsen verschiedener Datenformate zur Verfügung. Aber auch für das Parsen von JavaScript-Code selbst gibt es entsprechende Tools. Eines der bekanntesten ist »Esprima« (*http://esprima.org/*).

Die Installation von »Esprima« erfolgt wie gewohnt über die Node.js Package Manager über folgenden Befehl:

```
$ npm install esprima
```

»Esprima« kann sowohl für die *lexikalische Analyse* verwendet werden als auch für die *syntaktische Analyse*. Bei der lexikalischen Analyse wird der eingelesene Quelltext in lexikalische Einheiten (sogenannte *Tokens*) unterteilt. Einzelne Tokens sind z. B. Schlüsselwörter, Bezeichner, Zeichenketten, Zahlen, Booleans oder Operatoren. Bei der syntaktischen Analyse dagegen wird überprüft, ob der eingelesene Quelltext syntaktisch korrekt ist, sprich der Grammatik der jeweiligen Sprache entspricht. Sofern dies nicht der Fall ist, wird ein entsprechender Syntaxfehler ausgegeben. Ist der eingelesene Quelltext dagegen syntaktisch korrekt, wird als Ergebnis der syntaktischen Analyse ein sogenannter *abstrakter Syntaxbaum* (kurz *AST* für *Abstract Syntax Tree*) zurückgegeben.

Hinweis

Neben der lexikalischen Analyse und der syntaktischen Analyse gibt es noch die *semantische Analyse*: Dabei werden weitere Bedingungen an den einzulesenden Quelltext überprüft, z. B. ob Variablen, die im Verlauf eines Programms verwendet werden, im Vorfeld deklariert wurden etc. Für die semantische Analyse stellt »Esprima« allerdings keine entsprechende Funktionalität zur Verfügung.

Lexikalische Analyse

Für die lexikalische Analyse bietet »Esprima« die Methode tokenize() an, die einen gegebenen JavaScript-Code in einzelne Tokens unterteilt und diesen Tokens Typen zuordnet, bspw. ob es sich um ein Schlüsselwort handelt, einen Identifier, einen String-Wert, einen numerischen oder booleschen Wert und Weiteres mehr.

Listing 6.42 zeigt Ihnen ein Beispiel für die Verwendung der lexikalischen Analyse. Der Code const name = "Max Mustermann" wird dabei in Form einer Zeichenkette der Methode tokenize() übergeben, die als Rückgabewert ein Array mit den einzelnen Tokens zurückgibt: dem Schlüsselwort const, dem Bezeichner name, dem Operator = und der Zeichenkette "Max Mustermann".

```
const esprima = require('esprima');

const input = 'const name = "Max Mustermann"';
const tokens = esprima.tokenize(input);
console.log(tokens);

/*
[ { type: 'Keyword', value: 'const' },
  { type: 'Identifier', value: 'name' },
  { type: 'Punctuator', value: '=' },
  { type: 'String', value: '"Max Mustermann"' } ]
*/
```

Listing 6.42 Lexikalische Analyse von JavaScript-Code

Syntaktische Analyse

Die syntaktische Analyse starten Sie über die Methode parse(). »Esprima« erzeugt dann für den gegebenen JavaScript-Code den entsprechenden abstrakten Syntaxbaum:

```
const esprima = require('esprima');

const input = 'const name = "Max Mustermann"';
const ast = esprima.parse(input);
console.log(JSON.stringify(ast, null, 2));

/*
Program {
  type: 'Program',
  body:
   [ VariableDeclaration {
     type: 'VariableDeclaration',
```

```
      declarations: [Array],
      kind: 'const' } ],
   sourceType: 'script' }
{
   "type": "Program",
   "body": [
   {
     "type": "VariableDeclaration",
     "declarations": [
     {
       "type": "VariableDeclarator",
       "id": {
       "type": "Identifier",
       "name": "name"
       },
       "init": {
       "type": "Literal",
       "value": "Max Mustermann",
       "raw": "\"Max Mustermann\""
       }
     }
     ],
     "kind": "const"
   }
   ],
   "sourceType": "script"
}
*/
```

Listing 6.43 Syntaktische Analyse von JavaScript-Code

Dieser abstrakte Syntaxbaum lässt sich nun nach Belieben verändern, bspw. um wie in Listing 6.44 die Variable `name` in `fullname` umzubenennen:

```
const esprima = require('esprima');

const input = 'const name = "Max Mustermann"';
const ast = esprima.parse(input);
ast.body[0].declarations[0].id.name = 'fullname';
console.log(JSON.stringify(ast, null, 2));
/*
{
  "type": "Program",
  "body": [
```

```
    {
      "type": "VariableDeclaration",
      "declarations": [
        {
          "type": "VariableDeclarator",
          "id": {
            "type": "Identifier",
            "name": "fullname"
          },
          "init": {
            "type": "Literal",
            "value": "Max Mustermann",
            "raw": "\"Max Mustermann\""
          }
        }
      ],
      "kind": "const"
    }
  ],
  "sourceType": "script"
}
*/
```

Listing 6.44 Verändern des abstrakten Syntaxbaums

Den abstrakten Syntaxbaum traversieren

Der Code in Listing 6.44 setzt allerdings voraus, dass Sie die genaue Stelle innerhalb des Syntaxbaums kennen, an der die Variable `name` verwendet wird, um dann gezielt darauf zugreifen zu können und sie umzubenennen.

Für die Praxis ist das natürlich kein geeignetes Vorgehen, da Sie in den seltensten Fällen den genauen Aufbau des Syntaxbaums kennen und daher für das Beispiel eher über den gesamten Syntaxbaum traversieren müssten, um alle Vorkommen der Variable `name` zu finden. Ein Tool, das Ihnen hierbei helfen kann, ist das »estraverse«-Package (*https://github.com/estools/estraverse*).

Das Package installieren Sie wie folgt:

```
$ npm install estraverse
```

Listing 6.45 zeigt die Verwendung des Packages: Hier wurde der zu verarbeitende JavaScript-Code um eine Zeile ergänzt, in der die Variable `name` erneut verwendet wird (`console.log(name);`). Das Ziel: Beide Vorkommen der Variable sollen in `fullname` umgewandelt werden. Mit der Methode `traverse()` ist dies relativ einfach möglich:

Neben dem Syntaxbaum übergeben Sie ein Objekt, über dessen Methoden `enter()` und `leave()` Sie in die Verarbeitung des Syntaxbaums eingreifen können.

Die Methode `enter()` wird aufgerufen, wenn beim Traversieren des Syntaxbaums ein Knoten »betreten« wird, die Methode `leave()` wird dann aufgerufen, wenn der Knoten wieder »verlassen« wird.

Für das Beispiel ist es dabei unerheblich, in welcher dieser beiden Methoden Sie den Code für das Umbenennen der Variable unterbringen. Wichtig ist, dass Sie über die Eigenschaft `type` eines Knotens den Typ ermitteln (in diesem Fall `Identifier`) und über die Eigenschaft `name` den Namen und abhängig von diesen beiden Werten die Variable umbenennen.

```
const esprima = require('esprima');
const estraverse = require('estraverse');

const input = `const name = "Max Mustermann";
console.log(name);
`;
const ast = esprima.parse(input);

estraverse.traverse(ast, {
  enter(node, parent) {},
  leave(node, parent) {
    if (node.type === 'Identifier' && node.name === 'name') {
      node.name = 'fullname';
    }
  }
});

console.log(JSON.stringify(ast, null, 2));
```

Listing 6.45 Traversieren und Ändern des abstrakten Syntaxbaums

Hinweis

Ebenfalls interessant in diesem Zusammenhang ist das Package »esquery« (*https://github.com/estools/esquery*), mit dessen Hilfe Sie Suchanfragen ähnlich der Syntax von *CSS-Selektoren* an einen abstrakten Syntaxbaum stellen können. Darüber hinaus finden Sie unter *https://github.com/estools* eine Reihe von nützlichen Packages für das Verarbeiten von JavaScript-Code.

Um den abgeänderten Syntaxbaum wieder als JavaScript-Code zu speichern, kann Ihnen »Esprima« leider nicht helfen. Stattdessen müssen Sie hierzu auf ein weiteres Tool zurückgreifen, das ich Ihnen im folgenden Abschnitt vorstelle.

6.11.2 Lösung: JavaScript generieren

Um einen Syntaxbaum (im Format, das von »Esprima« zurückgegeben wird) wieder in JavaScript-Code umzuwandeln, bietet sich das Tool »Escodegen« (*https://github.com/estools/escodegen*) an. »Escodegen« steht ebenfalls als Package für Node.js zur Verfügung und kann wie folgt installiert werden:

```
$ npm install escodegen
```

Nach Einbinden des Packages können Sie der Methode `generate()` den abstrakten Syntaxbaum übergeben und erhalten als Rückgabewert den entsprechenden JavaScript-Code:

```
const esprima = require('esprima');
const escodegen = require('escodegen');

const input = 'const name = "Max Mustermann"';
const ast = esprima.parse(input);
ast.body[0].declarations[0].id.name = 'fullname';

const code = escodegen.generate(ast);
console.log(code);
// const fullname = 'Max Mustermann';
```

Listing 6.46 Umwandeln eines abstrakten Syntaxbaums in JavaScript-Code

In Listing 6.46 wird der Syntaxbaum mithilfe von »Esprima« auf Basis eines existierenden JavaScript-Codes erstellt und anschließend umgewandelt. Wenn Sie dagegen JavaScript-Code nur generieren möchten, ohne zuvor den Code einzulesen, können Sie »Escodegen« natürlich auch ohne »Esprima« verwenden und den entsprechenden Syntaxbaum dynamisch erstellen.

Listing 6.47 zeigt dazu ein einfaches Beispiel: Hier wird ausgehend von dem Array `names`, das eine Reihe von Namen enthält, JavaScript-Code generiert, der für jeden dieser Namen eine neue Variable erstellt.

```
const escodegen = require('escodegen');

const names = [
  'Max Mustermann',
  'Moritz Mustermann',
  'Peter Mustermann'
];
const body = names.map((name, index) => ({
  type: 'VariableDeclaration',
  declarations: [
```

```
      {
        type: 'VariableDeclarator',
        id: {
          type: 'Identifier',
          name: fullname${index + 1}
        },
        init: {
          type: 'Literal',
          value: name
        }
      }
    ],
    kind: 'const'
}));

const input = {
  type: 'Program',
  body,
  sourceType: 'script'
};
const code = escodegen.generate(input);
console.log(code);
// const fullname1 = 'Max Mustermann';
// const fullname2 = 'Moritz Mustermann';
// const fullname3 = 'Peter Mustermann';
```

Listing 6.47 Dynamisches Erzeugen von JavaScript-Code

Merke

Verwenden Sie »Esprima«, wenn Sie JavaScript *verarbeiten* möchten, verwenden Sie »Esprima« und »Escodegen«, wenn Sie JavaScript *verändern* möchten, und verwenden Sie »Escodegen«, wenn Sie JavaScript *generieren* möchten.

6.11.3 Ausblick

Mit »Esprima« und »Escodegen« ergeben sich eine Fülle von Möglichkeiten, um JavaScript-Code zu verarbeiten, umzuwandeln oder zu generieren. Beispielsweise können individuelle Code-Optimierungen vorgenommen werden wie etwa das Entfernen von Konsolenausgaben für den Produktiv-Code, dass Umwandeln von Klassen, die in pseudoklassischer Syntax definiert sind, in solche, welche die mit ES2015 eingeführte Klassensyntax verwenden, und vieles mehr.

Ebenfalls einen Blick wert sind die folgenden beiden Tools: Über »Recast« (*https://www.npmjs.com/package/recast*) lassen sich abstrakte Syntaxbäume umwandeln, z. B. um Code-Optimierungen vorzunehmen etc. »Recast« verwendet standardmäßig »Esprima« als Parser, kann aber auch mit anderen Parsern verwendet werden, bspw. um TypeScript, Flow oder andere Sprachen parsen zu können. Das Package »jscodeshift« (*https://www.npmjs.com/package/jscodeshift*) baut auf »Recast« auf und erlaubt es, sogenannte *Code-Mods*, also Modifizierungen des Quelltextes, direkt auf mehrere JavaScript-Dateien anzuwenden.

6.12 Rezept 47: CSS verarbeiten und generieren

Sie möchten CSS verarbeiten oder generieren, bspw. im Rahmen des Build-Prozesses.

6.12.1 Lösung: CSS mit »PostCSS« verarbeiten

Bezüglich des Parsens von CSS-Daten gibt es für Node.js mehrere Packages, z. B. das schlicht betitelte Package »css« (*https://github.com/reworkcss/css*), das Package »css-tree« (*https://github.com/csstree/csstree*) oder das bekanntere »PostCSS« (*https://postcss.org/*).

Ich möchte Ihnen im Folgenden das letztere vorstellen, weil es insbesondere im Rahmen der Frontend-Entwicklung eines der Standardtools geworden ist und darüber hinaus über ein Plugin-System beliebig erweitert werden kann und damit sehr flexibel einsetzbar ist.

Das Prinzip des Parsens von CSS-Quelltext ist gleich dem des Parsens von bspw. JavaScript-Quelltext, wie Sie es im vorherigen Rezept gesehen haben. »PostCSS« parst CSS-Quelltext in einen abstrakten Syntaxbaum im JSON-Format, leitet diesen Syntaxbaum an verschiedene zuvor definierte Plugins weiter und speichert das Ergebnis wieder als CSS-Quelltext (Abbildung 6.2).

Jedes Plugin kann den Syntaxbaum verändern, wobei jeweils sogenannte *Source Maps* generiert werden, um die Änderungen nachvollziehbar zu machen (was wichtig ist, um während der Entwicklung vom umgewandelten CSS-Quelltext Rückschlüsse auf den Original-Quelltext ziehen zu können).

Insgesamt gibt es eine wahre Fülle an Plugins für »PostCSS« (*https://github.com/postcss/postcss/blob/master/docs/plugins.md*), bspw. für die Komprimierung und Optimierung (*http://cssnano.co/*), für das Freischalten von CSS-Features, die noch nicht im CSS-Standard enthalten sind (*https://preset-env.cssdb.org/*), für das Anfügen von Browser-Präfixen (*https://github.com/postcss/autoprefixer*), für das Verwenden von CSS-Modulen (*https://github.com/css-modules/css-modules*) und vieles andere mehr.

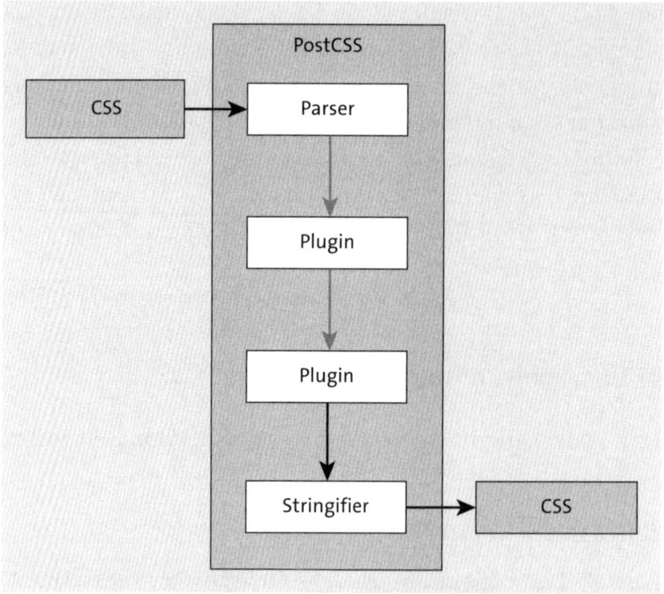

Abbildung 6.2 Das Prinzip von »PostCSS«

Installation und Verwendung

Um »PostCSS« innerhalb Ihrer Applikation zu verwenden, installieren Sie es über folgenden Befehl:

```
$ npm install postcss`
```

Da der von »PostCSS« generierte abstrakte Syntaxbaum sehr umfangreich sein kann, wollen wir im Folgenden von einer relativ einfach gehaltenen CSS-Datei (*styles.css*) ausgehen, die lediglich aus einer einzigen CSS-Regel besteht:

```
/* styles.css */
div.someClass > h2 {
  margin: 25px;
  background-color: rgb(240, 240, 240);
}
```

Listing 6.48 Einfache CSS-Datei, die als Eingabe für das Parsen dient

Diese Regel besagt, dass alle `<h2>`-Elemente (Überschriften zweiter Ordnung), die sich innerhalb eines `<div>`-Elements mit der CSS-Klasse `someClass` befinden, einen Rand von 25 Pixeln zum umgebenden Element sowie eine hellgraue Hintergrundfarbe haben.

Listing 6.49 zeigt, wie Sie mithilfe von »PostCSS« das Parsen starten. Zunächst wird hier mithilfe des Moduls »fs« der Inhalt der CSS-Datei eingelesen und anschließend in eine Zeichenkette umgewandelt. Diese Zeichenkette übergeben Sie dann der Methode `parse()` und erhalten als Rückgabewert den in Listing 6.50 gezeigten abstrakten Syntaxbaum.

Für das Arbeiten mit dem abstrakten Syntaxbaum stellt »PostCSS« eine eigene API zur Verfügung (siehe *http://api.postcss.org/*). Über die Methoden `walk()`, `walkAtRules()`, `walkComments()`, `walkDecls()` und `walkRules()` lässt sich bspw. gezielt über bestimmte Komponenten eines Stylesheets iterieren.

Darüber hinaus stehen Methoden für die Navigation innerhalb des abstrakten Syntaxbaums, für das Erstellen, Löschen oder Kopieren von CSS-Regeln und vieles andere mehr zur Verfügung, wobei die API etwas an die API von »jQuery« oder auch »cheerio« erinnert (siehe Rezept 36), die bekanntermaßen Ähnliches für HTML-Dokumente ermöglichen.

```
const postcss = require('postcss');
const fs = require('fs');
const path = require('path');

const inputCSS = fs
  .readFileSync(path.join(__dirname, '..', 'styles.css'))
  .toString();
const ast = postcss.parse(inputCSS);

ast.walkRules(rule => {
  const { selector } = rule;
  console.log(selector: ${selector});
  rule.walk(node => {
    const { prop, value } = node;
    console.log(`--> property: ${prop}`);
    console.log(`--> value: ${value}`);
  });
});
// Ausgabe:
// selector: div.someClass > h2
// --> property: margin
// --> value: 25px
// --> property: background-color
// --> value: rgb(240, 240, 240)
```

Listing 6.49 Parsen von CSS in JavaScript

```
{
  "raws": {
    "semicolon": false,
```

```
    "after": "\n"
  },
  "type": "root",
  "nodes": [
    {
      "raws": {
        "before": "",
        "between": " ",
        "semicolon": true,
        "after": "\n"
      },
      "type": "rule",
      "nodes": [
        {
          "raws": {
            "before": "\n  ",
            "between": ": "
          },
          "type": "decl",
          "source": {
            "start": {
              "line": 2,
              "column": 3
            },
            "input": {
              "css": "div.someClass > h2 {\n  margin: 25px;\n
                      background-color: rgb(240, 240, 240);\n}\n",
              "id": "<input css 1>"
            },
            "end": {
              "line": 2,
              "column": 15
            }
          },
          "prop": "margin",
          "value": "25px"
        },
    {
          "raws": {
            "before": "\n  ",
            "between": ": "
          },
          "type": "decl",
```

```
        "source": {
          "start": {
            "line": 3,
            "column": 3
          },
          "input": {
            "css": "div.someClass > h2 {\n  margin: 25px;\n
                    background-color: rgb(240, 240, 240);\n}\n",
            "id": "<input css 1>"
          },
          "end": {
            "line": 3,
            "column": 39
          }
        },
        "prop": "background-color",
        "value": "rgb(240, 240, 240)"
      }
    ],
    "source": {
      "start": {
        "line": 1,
        "column": 1
      },
      "input": {
        "css": "div.someClass > h2 {\n  margin: 25px;\n
                background-color: rgb(240, 240, 240);\n}\n",
        "id": "<input css 1>"
      },
      "end": {
        "line": 4,
        "column": 1
      }
    },
    "selector": "div.someClass > h2"
  }
],
"source": {
  "input": {
    "css": "div.someClass > h2 {\n  margin: 25px;\n
            background-color: rgb(240, 240, 240);\n}\n",
    "id": "<input css 1>"
  },
```

6

```
    "start": {
      "line": 1,
      "column": 1
    }
  }
}
```

Listing 6.50 Abstrakter Syntaxbaum für das CSS-Beispiel

6.12.2 Lösung: eigene Plugins für »PostCSS« schreiben

»PostCSS« kann, wie gezeigt, als einfacher CSS-Parser verwendet werden, Sie können es aber auch dazu verwenden, um CSS zu *transformieren*. In diesem Fall kommt der eingangs erwähnte Plugin-Mechanismus zum Einsatz, der beliebig um eigene Plugins erweitert werden kann.

Listing 6.51 zeigt ein Plugin, das alle Farbwerte der CSS-Eigenschaft »background-color« in Hexadezimal-Farbwerte umwandelt (unter Verwendung des Packages »tinycolor2«, das ich Ihnen empfehle, wenn Sie in irgendeiner Form Farbwerte verarbeiten oder von einem Farbsystem in ein anderes Farbsystem konvertieren möchten).

Die Definition des Plugins geschieht über Methode `plugin()`. Als ersten Parameter übergeben Sie dabei den Namen des Plugins, als weiteren Parameter eine Funktion, die dem Initialisieren des Plugins dient und ihrerseits eine Funktion zurückgibt, die den eigentlichen Code für das Plugin enthält und im Rahmen der CSS-Prozessierung von »PostCSS« aufgerufen wird. Innerhalb dieser Funktion wiederum haben Sie über den Parameter `root` Zugriff auf den abstrakten Syntaxbaum und die Möglichkeit, diesen zu verändern und an das nächste Plugin weiterzureichen (Parameter `result`).

```
const postcss = require('postcss');
const tinycolor = require('tinycolor2');

module.exports = postcss.plugin('color-converter-plugin', opts => {
  opts = opts || {};

  return (root, result) => {
    root.walkRules(rule => {
      const { selector } = rule;
      rule.walk(node => {
        const { prop, value } = node;
        if (prop === 'background-color') {
          const color = tinycolor(value);
          node.value = #${color.toHex()};
        }
```

```
      });
    });
  };
});
```

Listing 6.51 Implementierung eines Plugins für »PostCSS«

In Listing 6.52 sehen Sie, wie sich das Plugin anschließend anwenden lässt. Die Initialisierung von »PostCSS« geschieht über den Aufruf postcss(), wobei die Liste der Plugins zu übergeben ist. Anschließend lässt sich über process() die eigentliche CSS-Prozessierung anstoßen. Damit Plugins auch asynchron arbeiten können, liefert die Methode process() ein Promise-Objekt zurück, sodass Sie auf das Ergebnis im Callback von then() zugreifen können.

```
const postcss = require('postcss');
const fs = require('fs');
const path = require('path');
const colorConverterPlugin = require('./color-converter-plugin');

const inputCSS = fs
  .readFileSync(path.join(__dirname, '..', 'styles.css'))
  .toString();

console.log(inputCSS);
// Ausgabe:
// div.someClass > h2 {
// margin: 25px;
// background-color: rgb(240, 240, 240);
// }

postcss([colorConverterPlugin()])
  .process(inputCSS, { from: 'styles.css', to: 'styles.out.css' })
  .then(result => {
    console.log(result.css);
    // Ausgabe:
    // div.someClass > h2 {
    //       margin: 25px;
    //       background-color: #f0f0f0;
    // }
  });
```

Listing 6.52 Anwendung eines Plugins in »PostCSS«

6.12.3 Ausblick

Das Verarbeiten (und Transformieren) von CSS ist insbesondere für den Build-Prozess von Webanwendungen interessant. Dank des Plugin-Systems von »PostCSS« können Sie neue Transformationen relativ einfach implementieren und in den Build-Prozess integrieren

6.13 Zusammenfassung

In diesem Kapitel haben Sie gesehen, wie Sie unter Node.js die verschiedensten Datenformate verarbeiten und/oder generieren können. Seien es typische Webformate wie HTML, CSS und JavaScript selbst, Austauschformate wie XML und JSON, Newsfeed-Formate wie RSS und Atom oder Konfigurationsformate wie YAML, TOML und INI: Für jedes dieser Formate (und nahezu für jedes andere Format) gibt es für Node.js entsprechende Packages, die Ihnen die Arbeit erleichtern. Zusammenfassend haben Sie in diesem Kapitel gelernt, wie Sie

- XML verarbeiten (Rezept 36),
- XML generieren (Rezept 37),
- RSS und Atom generieren und verarbeiten (Rezept 38),
- CSV verarbeiten (Rezept 39),
- HTML mit Template-Engines generieren (Rezept 40),
- HTML mit der DOM-API generieren (Rezept 41),
- YAML verarbeiten und generieren (Rezept 42),
- TOML verarbeiten (Rezept 43),
- INI verarbeiten und generieren (Rezept 44),
- JSON validieren (Rezept 45),
- JavaScript verarbeiten und generieren (Rezept 46),
- CSS verarbeiten und generieren (Rezept 47).

Kapitel 7
Persistenz

Ob relational oder nicht relational: Node.js macht in jeder Hinsicht eine gute Figur in Bezug auf die Integration von Datenbanken.

Für alle bekannten Datenbanksysteme stehen mittlerweile entsprechende Treiber für Node.js zur Verfügung. In diesem Kapitel zeige ich Ihnen anhand bekannter Datenbanksysteme, wie die Integration in eine Node.js-Anwendung funktioniert. Dabei gehe ich zunächst auf *relationale Datenbanken* (auch: *SQL-Datenbanken*) ein (Rezepte 48 bis 50), im Anschluss (Rezepte 51 bis 53) dann auf *nicht relationale Datenbanken* (auch: *NoSQL-Datenbanken*). In jedem Rezept zeige ich Ihnen dabei, wie Sie sich aus einer Node.js-Applikation mit der jeweiligen Datenbank verbinden und wie Sie die sogenannten *CRUD*-Methoden (Create, Read, Update, Delete) ausführen können.

- Rezept 48: Auf eine MySQL-Datenbank zugreifen
- Rezept 49: Auf eine PostgreSQL-Datenbank zugreifen
- Rezept 50: Objektrelationale Mappings definieren
- Rezept 51: Auf eine MongoDB-Datenbank zugreifen
- Rezept 52: Auf eine Redis-Datenbank zugreifen
- Rezept 53: Auf eine Cassandra-Datenbank zugreifen

7.1 Rezept 48: Auf eine MySQL-Datenbank zugreifen

Sie möchten auf eine MySQL-Datenbank zugreifen und Datensätze lesen, anlegen, aktualisieren oder löschen.

7.1.1 Lösung

Auch wenn für die Neuentwicklung einer Node.js-Anwendung der Trend eher zu der Verwendung einer NoSQL-Datenbank geht, sind *relationale Datenbanksysteme* (*RDBMS*) wie MySQL nach wie vor weit verbreitet. Insbesondere hinsichtlich komplexer Anfragen und bspw. Transaktionsmanagement sind relationale Datenbanken NoSQL-Datenbanken vorzuziehen.

MySQL installieren

Damit Sie ohne viel Aufwand lokal auf Ihrem Rechner eine MySQL-Installation zum Laufen bringen, habe ich Ihnen eine entsprechende Docker-Compose-Datei vorbereitet (Listing 7.1). Neben der eigentlichen Datenbank wird zudem das Datenbankverwaltungssystem Adminer (*https://www.adminer.org/*) gestartet, das Sie anschließend unter *http://localhost:8082/* aufrufen können. Damit haben Sie direkt eine grafische (Web)Oberfläche, mit der Sie auf die MySQL-Datenbank zugreifen können.

```
version: '3.1'
services:
  db:
    image: mysql
    restart: always
    environment:
      MYSQL_ROOT_PASSWORD: 1234
    ports:
      - 3306:3306
    expose:
      - 3306
    volumes:
      - ./init-db-sql:/docker-entrypoint-initdb.d
  adminer:
    image: adminer
    restart: always
    ports:
      - 8082:8080
```

Listing 7.1 Docker-Compose-Datei für MySQL

Das Schema für die im Folgenden verwendete Beispieldatenbank sowie die Beispieldaten, die wir im Folgenden verwenden wollen, finden Sie unter *https://dev.mysql.com/doc/index-other.html*. Nach erfolgreichem Download legen Sie die beiden entsprechenden Dateien *sakila-schema.sql* und *sakila-data.sql* einfach innerhalb Ihres Node.js-Projektes in das Verzeichnis *init-db-sql* (bzw. in das Verzeichnis, in dem sich die Docker-Compose-Datei befindet). Dieses Verzeichnis ist in der Konfiguration von Docker Compose auf den Ordner */docker-entrypoint-initdb.d* innerhalb des resultierenden Docker-Containers gemountet. Alle Dateien mit den Endungen *.sh*, *.sql* und *.sql.gz*, die innerhalb dieses Verzeichnisses liegen (bzw. eben in dem Verzeichnis, das dorthin gemountet ist), werden beim Erstellen des Containers ausgeführt und dienen dazu, den initialen Aufbau der Datenbank zu konfigurieren. Beachten Sie dabei: Da das Ausführen der Dateien in alphabetischer Reihenfolge geschieht, müssen Sie die beiden heruntergeladenen Dateien so umbenennen, dass die Schema-Datei in dieser Reihenfolge vorn steht und die Daten-Datei hinten. Ansonsten kommt es bei dem Ausführen der Dateien zu einem Fehler, weil beim Anlegen der Daten die durch das Schema definierte Struktur nicht gefunden wurde.

Client für MySQL installieren

Der bekannteste und wahrscheinlich meistgenutzte MySQL-Client für Node.js ist das Package »mysql« (*https://github.com/mysqljs/mysql*), das Sie wie folgt für Ihr Projekt installieren können:

```
$ npm install mysql
```


Verbindung herstellen

Um über das Package »mysql« eine Verbindung zu der Datenbank herzustellen, erstellen Sie, wie in Listing 7.2 zu sehen, zunächst über die Methode `createConnection()` ein Objekt, das die Verbindung repräsentiert, wobei über ein Konfigurationsobjekt die Verbindungseinstellungen wie Nutzername und Passwort sowie der Host und der Name der Datenbank angegeben werden können.

Auf dem Verbindungsobjekt rufen Sie anschließend die Methode `connect()` auf. Die Callback-Funktion, die Sie hierbei als Parameter übergeben, wird aufgerufen, sobald die Verbindung hergestellt wurde oder beim Herstellen der Verbindung ein Fehler auftrat. Ist Letzteres der Fall, haben Sie über den Parameter `error` die Möglichkeit, auf detaillierte Informationen zu dem jeweiligen Fehler zuzugreifen.

Um die Verbindung zu der Datenbank wieder zu trennen, verwenden Sie die Methode `end()`.

```
const mysql = require('mysql');
const connection = mysql.createConnection({
  host     : 'localhost',
  user     : 'root',
  password : '1234',
  database : 'sakila'
});
connection.connect((error) => {
  if (error) {
    console.error(error);
  } else {
    console.log('Connected');
  }
});
connection.end();
```

Listing 7.2 Herstellen einer Verbindung zu MySQL

Lesen von Datensätzen

Für das Lesen von Datensätzen und generell das Ausführen von *Datenbankanfragen* (*Queries*) stellt das Verbindungsobjekt (hier: `connection`) die Methode `query()` zur Verfügung (Listing 7.3). Diese Methode kann mit einer unterschiedlichen Anzahl an Parametern aufgerufen werden: Bei zwei Parametern bezeichnet der erste Parameter die Datenbankanfrage und der zweite Parameter die Callback-Funktion, die aufgerufen wird, sobald die Anfrage abgeschlossen wurde. Optional lässt sich zwischen diesen beiden Parametern aber noch ein dritter Parameter verwenden, über den spezielle Werte definiert werden können, die im Rahmen der Datenbankanfrage benötigt werden, bspw. die einzusetzenden Werte für Platzhalter (ein Beispiel hierzu folgt weiter unten im nächsten Abschnitt beim Erstellen von Datensätzen).

Beim Lesen von Datensätzen sind lediglich zwei Parameter zu übergeben: zum einen die Datenbankanfrage (in diesem Fall eine `SELECT`-Anfrage), zum anderen die Callback-Funktion. Die gefundenen Datensätze sind in entsprechender Callback-Funktion in Form eines Arrays als Parameter `rows` aufgeführt, über das sich mit `forEach()` iterieren lässt. Jedes in diesem Array enthaltene Objekt hat dabei Eigenschaften, die den Spaltennamen der entsprechenden Tabelle entsprechen (im Beispiel sind dies `actor_id`, `first_name`, `last_name` und `last_update`; siehe auch die Kommandozeilenausgabe des Programms weiter unten). Möchten Sie innerhalb Ihres JavaScript-Codes aber mit anders benannten Eigenschaften arbeiten (bspw. in üblicher Camel-Case-Schreibweise), können Sie, wie in Listing 7.3 zu sehen, dank Objekt-Destructuring relativ einfach ein entsprechendes Objekt erzeugen.

```
const mysql = require('mysql');
const connection = mysql.createConnection({
  host: 'localhost',
  user: 'root',
  password: '1234',
  database: 'sakila'
});
connection.connect(error => {
  if (error) {
    console.error(error);
  } else {
    console.log('Connected');
  }
});
const QUERY = 'SELECT * FROM actor';
connection.query(QUERY, (error, rows, fields) => {
  if (error) {
    console.error(error);
  }
```

```
  console.log(rows);
  rows.forEach(row => {
    const { first_name: firstName, last_name: lastName } = row;
    // ...
  });
});
connection.end();
```

Listing 7.3 Lesen von Datensätzen

Die Ausgabe des Programms lautet wie folgt:

```
[ {
    actor_id: 1,
    first_name: 'PENELOPE',
    last_name: 'GUINESS',
    last_update: 2006-02-15T03:34:33.000Z },
  {
    actor_id: 2,
    first_name: 'NICK',
    last_name: 'WAHLBERG',
    last_update: 2006-02-15T03:34:33.000Z },
  {
    actor_id: 3,
    first_name: 'ED',
    last_name: 'CHASE',
    last_update: 2006-02-15T03:34:33.000Z },
  {
    actor_id: 4,
    first_name: 'JENNIFER',
    last_name: 'DAVIS',
    last_update: 2006-02-15T03:34:33.000Z },
  {
    actor_id: 5,
    first_name: 'JOHNNY',
    last_name: 'LOLLOBRIGIDA',
    last_update: 2006-02-15T03:34:33.000Z },
  ...
]
```

Erstellen von Datensätzen

Um einen Datensatz zu erstellen, übergeben Sie der Methode `query()`, wie in Listing 7.4 gezeigt, eine entsprechende `INSERT`-Query (`INSERT INTO actor SET ?`). Als zweiten

Parameter übergeben Sie außerdem ein Objekt, dessen Eigenschaften entsprechend für die gleichnamigen Datenbankfelder eingesetzt werden und das intern für den Platzhalter in der Anfrage verwendet wird. Der Vorteil: »mysql« nimmt Ihnen die Arbeit ab und bildet automatisch die Eigenschaften des Objekts auf die passenden Datenbankfelder ab. Darüber hinaus verhindert es durch *Escaping*, dass die Anfragen syntaktisch nicht korrekt sind.

Wurde der Datensatz erfolgreich erstellt, erhält das `result`-Objekt in der Callback-Methode die entsprechende ID des neuen Datensatzes über die Eigenschaft `insertId` (im Beispiel der Wert 201, weil in der Beispieldatenbank zuvor genau 200 Datensätze in der Datenbank waren).

```
const mysql = require('mysql');
// Erstellen der Verbindung wie zuvor
// ...
const QUERY = 'INSERT INTO actor SET ?';
const actor = {
  first_name: 'MAX',
  last_name: 'MUSTERMANN',
  last_update: new Date()
};
connection.query(QUERY, actor, (error, result) => {
  if (error) {
    console.error(error);
  }
});
connection.end();
```

Listing 7.4 Erstellen von Datensätzen

Aktualisieren von Datensätzen

Das Aktualisieren von Datensätzen funktioniert in MySQL über die `UPDATE`-Query. Über das `?`-Zeichen können Sie dabei wieder Platzhalter definieren. Die konkret einzusetzenden Werte übergeben Sie der Methode `query()` in Form eines Arrays als zweiten Parameter. In Listing 7.5 wird auf diese Weise bspw. eine `UPDATE`-Query definiert, über die der Vorname des Schauspielers mit der ID 201 auf den Wert »MORITZ« gesetzt wird.

Da von einer `UPDATE`-Query prinzipiell auch mehrere Datensätze betroffen sein können, enthält das `result`-Objekt in der Callback-Funktion die Eigenschaft `changedRows`, über die genau die Anzahl an geänderten Datensätzen ermittelt werden kann.

```
const mysql = require('mysql');
// Erstellen der Verbindung wie zuvor
// ...
```

```
const QUERY = 'UPDATE actor SET first_name = ? WHERE actor_id = ?';
const updateData = ['MORITZ', 201];
connection.query(QUERY, updateData, (error, result) => {
  if (error) {
    console.error(error);
  }
  console.log(`Changed ${result.changedRows} row(s)`);
});
connection.end();
```

Listing 7.5 Aktualisieren von Datensätzen

Löschen von Datensätzen

Für das Löschen von Datensätzen verwenden Sie die DELETE-Query. Eventuelle Platzhalter in der Query können Sie wie gewohnt in Form eines Arrays als zweiten Parameter für die query()-Methode übergeben. In Listing 7.6 bspw. wird der Datensatz mit der ID 201 aus der Datenbank gelöscht. Da auch beim Löschen von Datensätzen mehrere Datensätze betroffen sein können, lässt sich die genaue Anzahl in der Callback-Funktion über die Eigenschaft affectedRows des result-Objekts ermitteln.

```
const mysql = require('mysql');
// Erstellen der Verbindung wie zuvor
// ...
const QUERY = 'DELETE FROM actor WHERE actor_id = ?';
const deleteData = [201];
connection.query(QUERY, deleteData, (error, result) => {
  if (error) {
    console.error(error);
  }
  console.log(`Deleted ${result.affectedRows} row(s)`);
});
connection.end();
```

Listing 7.6 Löschen von Datensätzen

7.1.2 Ausblick

In diesem Rezept haben Sie gesehen, wie Sie mithilfe des »mqysql«-Packages auf MySQL-Datenbanken zugreifen und Datensätze erstellen, lesen, aktualisieren und löschen können (mit anderen Worten: wie Sie die CRUD-Operationen durchführen können). Im nächsten Rezept zeige ich Ihnen, wie Sie Gleiches in Verbindung mit einer PostgreSQL-Datenbank machen. Im daran anschließenden Rezept 50 werde ich Ihnen schließlich zeigen, wie Sie den Zugriff auf relationale Datenbanken über sogenanntes *objektrelationales Mapping* vereinfachen.

Verwandte Rezepte

- Rezept 49: Auf eine PostgreSQL-Datenbank zugreifen
- Rezept 50: Objektrelationale Mappings definieren

7.2 Rezept 49: Auf eine PostgreSQL-Datenbank zugreifen

Sie möchten auf eine PostgreSQL-Datenbank zugreifen.

7.2.1 Lösung

Bei PostgreSQL (*https://www.postgresql.org/*) handelt es sich um ein *objektrelationales Datenbankmanagementsystem* (*ORDBMS*), dessen Entwicklung bereits in den 80er-Jahren begann und das somit schon über 30 Jahre alt ist.

PostgreSQL installieren

PostgreSQL steht u. a. für Linux, macOS und Windows zur Verfügung, entsprechende Installationsanleitungen finden sich auf der offiziellen Website unter *https://www.postgresql.org/download/*. Alternativ dazu bietet es sich an, PostgreSQL über Docker zu starten. Dazu rufen Sie folgende Datei mit Docker Compose über den Befehl `docker-compose up` auf:

```
version: '3.1'
services:
  db:
    image: postgres
    restart: always
    environment:
      POSTGRES_USER: example_user
      POSTGRES_PASSWORD: example_password
    ports:
      - 5432:5432
    volumes:
      - ./init-db-sql:/docker-entrypoint-initdb.d
  adminer:
    image: adminer
    restart: always
    ports:
      - 8080:8080
```

Listing 7.7 Docker-Compose-Datei für PostgreSQL

Neben der PostgreSQL-Installation wird Ihnen – wie schon im vorherigen Rezept – die Weboberfläche Adminer (*https://www.adminer.org/*) zur Verfügung gestellt, über die Sie auf die Datenbank zugreifen können. Öffnen Sie die Weboberfläche unter *http://localhost:8080*, und erstellen Sie über folgende Anweisung eine Tabelle, die Sie als Basis für die Beispiele verwenden:

```
CREATE TABLE users (
    id bigserial primary key,
    first_name varchar(20) NOT NULL,
    last_name varchar(20) NOT NULL,
    age integer NOT NULL
);
```

Listing 7.8 SQL-Befehl für das Erstellen der Beispieltabelle

Client für PostgreSQL installieren

Für Node.js stehen verschiedene Client-Bibliotheken für PostgreSQL zur Verfügung, wobei »node-postgres« (*https://github.com/brianc/node-postgres*) das bekannteste und am häufigsten verwendete Package sein dürfte. Installieren können Sie das Package über folgenden Befehl:

```
$ npm install pg
```

Verbindung herstellen

Nach erfolgreicher Installation binden Sie das Package wie gewohnt über `require('pg')` ein (Listing 7.9). Die gesamte Kommunikation findet anschließend über die Klasse `Client` statt. Dem Konstruktor übergeben Sie dabei ein Konfigurationsobjekt, über das die Verbindungseinstellungen wie Nutzername, Passwort, Datenbank-Host und Datenbank-Port sowie der Name der Datenbank konfiguriert werden können. Alternativ können Sie dies auch über die Umgebungsvariablen `PGUSER`, `PGPASSWORD`, `PGHOST`, `PGPORT` und `PGDATABASE` festlegen oder dem Konfigurationsobjekt direkt in Form einer *Connection URI* (mit folgendem Aufbau *postgresql://user:password@host:port/database*) als Eigenschaft `connectionString` übergeben.

Die eigentliche Verbindung stellen Sie anschließend über die Methode `connect()` her. Diese Methode liefert ein Promise-Objekt als Rückgabewert und kann somit auch, wie in Listing 7.9 zu sehen, in Kombination mit `await` verwendet werden. Nachdem die Verbindung hergestellt wurde, können Sie Anfragen an die Datenbank stellen (die verschiedenen Arten der Anfragen schauen wir uns dabei in den folgenden Abschnitten an). Um die Verbindung zu einer Datenbank wieder zu trennen, verwenden Sie die Methode `end()`.

```
const { Client } = require('pg');
const client = new Client({
  user: 'example_user',
  password: 'example_password',
  host: 'localhost',
  port: 5432,
  database: 'tests'
});
(async () => {
  try {
    await client.connect();
    // ...
    await client.end();
  } catch (error) {
    console.error(error);
  }
})();
```

Listing 7.9 Herstellen einer Verbindung zu PostgreSQL

Erstellen von Datensätzen

Das Ausführen von Datenbankanfragen und damit das Erstellen von neuen Datensätzen erfolgt über die generische Methode `query()`, der Sie einfach die entsprechende Datenbankanfrage in Form einer Zeichenkette als ersten Parameter übergeben. Innerhalb der Zeichenkette können Sie über `$1`, `$2`, `$3` etc. Platzhalter definieren. Die einzusetzenden Werte werden der Methode `query()` dann in Form eines Arrays als zweiter Parameter übergeben. Im Beispiel in Listing 7.10 wird auf diese Weise ein Datenbankeintrag erzeugt, der in der Spalte `first_name` den Wert aus der Eigenschaft `user.firstName`, in der Spalte `last_name` den Wert aus der Eigenschaft `user.lastName` und in der Spalte `age` den Wert aus der Eigenschaft `age` enthält.

```
const { Client } = require('pg');
const client = new Client({
  user: 'example_user',
  password: 'example_password',
  host: 'localhost',
  port: 5432,
  database: 'tests'
});
(async () => {
  try {
    await client.connect();
    const user = {
```

```
      firstName: 'Max',
      lastName: 'Mustermann',
      age: 45
    };
    const query = 'INSERT INTO users(first_name,
                   last_name, age) values($1, $2, $3)'
    const result = await client.query(
      query,
      [user.firstName, user.lastName, user.age]
    );
    await client.end();
  } catch (error) {
    console.error(error);
  }
})();
```

Listing 7.10 Erstellen von Datensätzen

Hinweis

Die Methode `query()` kann sowohl in Kombination mit Callbacks verwendet werden als auch in Kombination mit Promises bzw. `await`. Soweit es Ihnen die Projektgegebenheiten erlauben (Stichwort: verwendete ECMAScript-Version), empfehle ich Ihnen der Übersichtlichkeit halber den Einsatz von Letzterem. Durch Promises und insbesondere durch die Kombination mit `async` und `await` ist der Code viel aufgeräumter und um einiges besser zu lesen.

Lesen von Datensätzen

Auch das Lesen von Datensätzen geschieht über die Methode `query()`, wobei hierbei eine entsprechende `SELECT`-Anfrage zu übergeben ist (Listing 7.11). Das Ergebnis der Anfrage bzw. die gefundenen Datensätze sind als Array-Eigenschaft `rows` in dem zurückgegebenen Objekt enthalten, über das wie gewohnt iteriert werden kann. Zu beachten ist dabei, dass die Namen der Eigenschaften der einzelnen Ergebnisobjekte den Namen der Spalten in der jeweiligen Tabelle entsprechen. Um innerhalb Ihrer Applikation mit Eigenschaften in Camel-Case-Schreibweise weiterarbeiten zu können, müssen Sie die Eigenschaften, wie in Listing 7.11 zu sehen, von Hand mappen (hier konkret mithilfe von *Object Destructuring*).

```
const { Client } = require('pg');

// Erstellen der Verbindung wie zuvor
// ...
```

```
(async () => {
  try {
    await client.connect();
    const query = 'SELECT * FROM users ORDER BY id ASC';
    const result = await client.query(query);
    const { rows } = result;
    rows.forEach(row => {
      const { first_name: firstName, last_name: lastName } = row;
      // ...
    });
    await client.end();
  } catch (error) {
    console.error(error);
  }
})();
```

Listing 7.11 Lesen von Datensätzen

Aktualisieren von Datensätzen

Um Datensätze zu aktualisieren, verwenden Sie ebenfalls die Methode `query()`, der Sie dieses Mal jedoch eine entsprechende `UPDATE`-Anfrage übergeben. Folgendes Beispiel aktualisiert das Alter für den Eintrag, der für die Spalte `first_name` den Wert »Max« hat:

```
const { Client } = require('pg');

// Erstellen der Verbindung wie zuvor
// ...
(async () => {
  try {
    await client.connect();
    const user = {
      firstName: 'Max',
      lastName: 'Mustermann',
      age: 46
    };
    const query = 'UPDATE users SET age=($1) WHERE first_name=($2)';
    await client.query(query, [
      user.age,
      user.firstName
    ]);
    await client.end();
  } catch (error) {
```

```
    console.error(error);
  }
})();
```

Listing 7.12 Aktualisieren von Datensätzen

Löschen von Datensätzen

Für das Löschen von Datensätzen übergeben Sie der Methode `query()` eine `DELETE`-Anfrage. Folgendes Beispiel löscht alle Datensätze aus der Tabelle `users`, für die `first_name` den Wert »Max« hat:


```
const { Client } = require('pg');

// Erstellen der Verbindung wie zuvor
// ...
(async () => {
  try {
    await client.connect();
    const user = {
      firstName: 'Moritz',
      lastName: 'Mustermann',
      age: 45
    };
    const query = 'DELETE FROM users WHERE first_name=($1)';
    await client.query(query, [
      user.firstName
    ]);
    await client.end();
  } catch (error) {
    console.error(error);
  }
})();
```

Listing 7.13 Löschen von Datensätzen

Connection Pools verwenden

Das Herstellen neuer Datenbankverbindungen ist nicht kostenlos: Zum einen kostet es Ressourcen, zum anderen kostet es Zeit. Letzteres spielt sich zwar im Millisekundenbereich ab, summiert sich bei vielen Anfragen aber merkbar. Hinzu kommt, dass Datenbankserver nur eine begrenzte Anzahl an Verbindungen aufrechterhalten können und somit bei zu vielen Verbindungen Probleme machen.

Wenn Sie in einer Applikation also mehrere Anfragen an eine Datenbank stellen, ist es sinnvoll, einzelne Datenbankverbindungen wiederzuverwenden, anstatt für jede

Anfrage eine neue Verbindung herzustellen. Datenbank-Clients stellen dazu oftmals einen sogenannten *Connection Pool* bereit: Dabei handelt es sich um einen lokalen Cache von bestehenden Datenbankverbindungen, die dann für Anfragen (wieder) verwendet werden. Dies verbessert zum einen die Performance, zum anderen reduziert es den Ressourcenverbrauch.

Listing 7.14 zeigt, wie Sie einen Connection Pool mit dem Node.js-Client verwenden. Statt wie zuvor die `Client`-Klasse importieren Sie nun die `Pool`-Klasse aus dem »pg«-Package. Die Verwendung ist dabei analog, d. h., Sie übergeben dem Konstruktor der `Pool`-Klasse wie schon zuvor dem Konstruktor der `Client`-Klasse ein Konfigurationsobjekt mit entsprechenden Verbindungsinformationen und rufen für das Ausführen von Datenbankanfragen die Methode `query()` auf. Was wegfällt, ist ein explizites Verbinden zur Datenbank, weil dies intern durch den Connection Pool gehandhabt wird (zur Erinnerung: Bei Verwendung der Client-Klasse mussten Sie dies über einen Aufruf der Methode `connect()` machen).

```
const { Pool } = require('pg');
const pool = new Pool({
  user: 'example_user',
  password: 'example_password',
  host: 'localhost',
  port: 5432,
  database: 'tests'
});
(async () => {
  try {
    const query = 'SELECT * FROM users ORDER BY id ASC';
    const result = await pool.query(query);
    const { rows } = result;
    rows.forEach(row => {
      const { first_name: firstName, last_name: lastName } = row;
      console.log(${firstName} ${lastName});
    });
    await pool.end();
  } catch (error) {
    console.error(error);
  }
})();
```

Listing 7.14 Verwenden eines Connection Pools

7.2.2 Ausblick

Sie haben in diesem und dem vorherigen Rezept gesehen, wie Sie mit Node.js auf zwei der prominentesten relationalen Datenbanksysteme zugreifen können. Hinsichtlich des Mappings von Datensätzen auf JavaScript-Objekte ist dabei aber (vor allem, wenn man Daten aus verschiedenen Tabellen kombiniert) mitunter einiges an Handarbeit notwendig. Aus diesem Grund ist in den vergangenen Jahren die Idee von sogenannten objektrelationalen Mappings (kurz ORMs) immer beliebter geworden. Was es damit auf sich hat und wie Sie ORMs unter Node.js verwenden können, zeige ich Ihnen im folgenden Rezept.

Verwandte Rezepte

- Rezept 48: Auf eine MySQL-Datenbank zugreifen
- Rezept 50: Objektrelationale Mappings definieren

7.3 Rezept 50: Objektrelationale Mappings definieren

Sie möchten auf eine Datenbank zugreifen, dabei aber nicht direkt mit den Anfragen der jeweiligen *Query Language* in Berührung kommen und sich nicht von Hand um das Mapping von Tabellendaten zu JavaScript-Objekten kümmern.

7.3.1 Exkurs: Objektrelationale Mappings

Object-Relational Mapping (kurz *ORM*) sorgt dafür, dass Objekte auf relationale Datenbanken abgebildet (gemappt) werden und umgekehrt die Daten aus relationalen Datenbanken zurück in Objekte (siehe Abbildung 7.1).

ORMs stellen damit eine zusätzliche Abstraktionsschicht für den Zugriff auf die in Datenbanken gespeicherten Daten dar. Mit anderen Worten: Innerhalb des Codes arbeitet man nicht direkt mit Statements der jeweiligen Datenbankanfragensprache (bspw. wie in den vorherigen beiden Rezepten mit SQL-Statements), sondern mit Objekten, die den Zugriff auf die Datenbank abstrahieren.

Hinweis

Durch diese Abstraktion ist es in der Regel auch ohne großen Aufwand möglich, ein bestimmtes Datenbanksystem durch ein anderes zu ersetzen. Lediglich der vom ORM verwendete Datenbanktreiber muss dazu ausgetauscht werden. Einen Nachteil haben ORMs allerdings auch: Insgesamt stellen sie einen zusätzlichen Overhead dar und können die Applikation an sich dadurch langsamer machen.

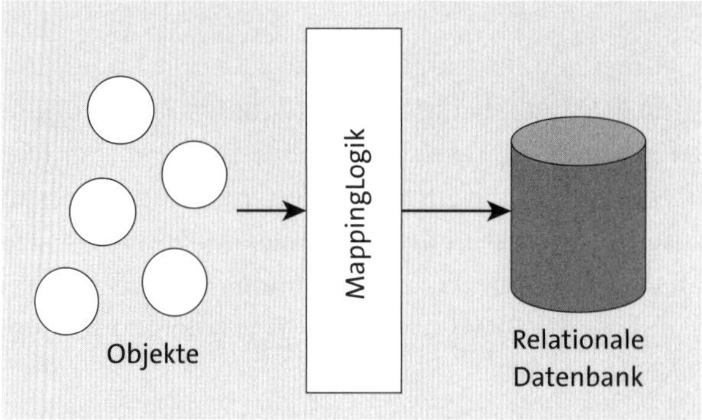

Abbildung 7.1 Das Prinzip des objektrelationalen Mappings

Prinzipiell gibt es verschiedene Techniken, wie das Mapping von Objekten auf Tabellen realisiert wird:

- **Tabelle pro Vererbungshierarchie**: Hierbei werden die Eigenschaften einer Klasse zusammen mit den Eigenschaften aller Unterklassen in einer einzigen Tabelle gespeichert (Abbildung 7.2). Damit festgestellt werden kann, welche Klasse einem Datensatz in der Tabelle zugrunde liegt, und um ausgehend davon in der Lage sein zu können, aus einem Datensatz entsprechende Objektinstanzen zu erzeugen, wird darüber hinaus zusätzlich der Typ (bzw. der Klassenname) in einer weiteren Spalte gespeichert.

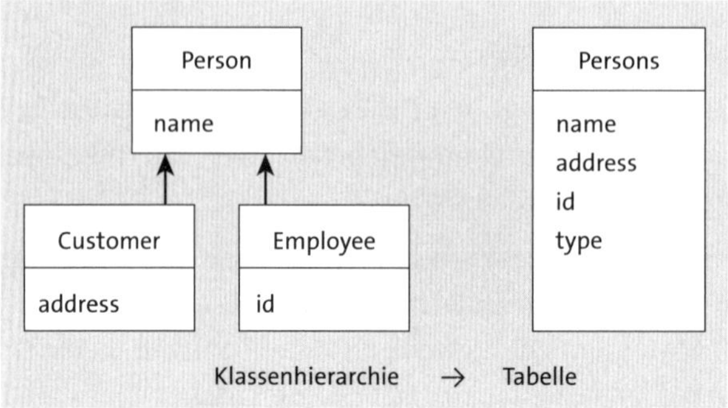

Abbildung 7.2 Eine Tabelle pro Vererbungshierarchie

- **Tabelle pro Unterklasse**: Hierbei wird für jede Klasse, also sowohl für die Basisklasse als auch für alle ableitenden Unterklassen, eine eigene Tabelle verwendet, wobei in jeder Tabelle nur die direkten Eigenschaften der jeweiligen Klasse gespeichert werden (Abbildung 7.3). Beim Erzeugen von Objektinstanzen ausgehend von einzelnen Datensätzen ergibt sich der Typ direkt aus der jeweiligen Tabelle.

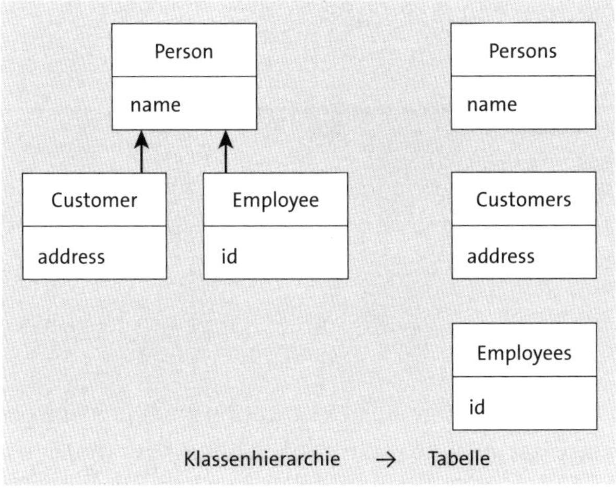

Abbildung 7.3 Eine Tabelle pro Unterklasse

- **Tabelle pro konkrete Klasse**: ähnlich wie der zuvor beschriebene Ansatz, aber mit dem Unterschied, dass es keine Tabelle für die Basisklasse gibt. Stattdessen werden die Eigenschaften der Basisklasse in jeder Tabelle für die entsprechenden Unterklassen mit aufgeführt (Abbildung 7.4).

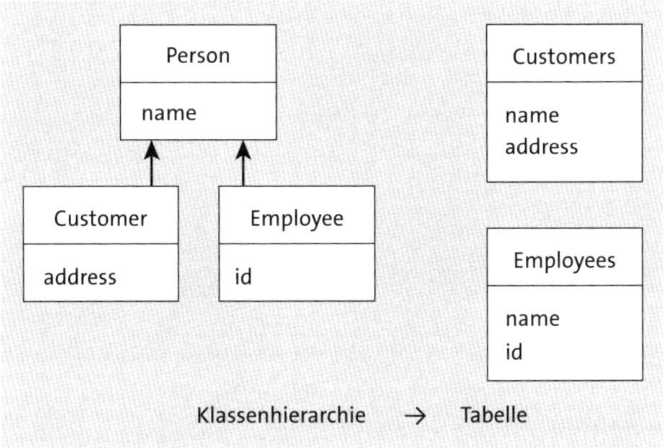

Abbildung 7.4 Eine Tabelle pro konkrete Klasse

7.3.2 Lösung

Eine bekannte ORM-Bibliothek für Node.js ist »Sequelize.js« (*http://docs.sequelizejs.com/*), die direkt in Kombination mit mehreren Datenbanksystemen verwendet werden kann: So werden momentan bspw. MySQL, PostgreSQL, SQLite und MSSQL unterstützt.

Installieren können Sie »Sequelize.js« für Ihr Projekt wie folgt:

```
$ npm install sequelize
```

Hinweis

Die in diesem Rezept gezeigten Code-Beispiele setzen eine laufende MySQL-Datenbank voraus. Um diese zu starten, verwenden Sie bitte die entsprechende Konfigurationsdatei für Docker Compose aus Rezept 48.

Verbindung herstellen

Listing 7.15 zeigt die notwendigen Schritte für die Konfiguration einer neuen `Sequelize`-Objektinstanz. Dem Konstruktor übergibt man dabei ein Konfigurationsobjekt, über dessen Eigenschaften sich das jeweils verwendete Datenbanksystem konfigurieren lässt. Im Fall von SQL (egal ob MySQL oder PostgreSQL) sind dies, wie im Beispiel gezeigt, Einstellungen wie Hostname und optional Benutzername, Passwort und die verwendete Datenbank. Je nach verwendetem Datenbanksystem können sich die Eigenschaften aber auch unterscheiden. Die Eigenschaft `dialect` ist allerdings in allen Fällen zwingend anzugeben: Anhand des hier definierten Wertes wählt »Sequelize.js« intern den passenden Treiber für das jeweilige Datenbanksystem aus.

```
const Sequelize = require('sequelize');
const sequelize = new Sequelize({
  host: 'localhost',
  dialect: 'mysql',
  database: 'sakila',
  username: 'root',
  password: '1234'
});
```

Listing 7.15 Erstellen einer »Sequelize«-Instanz

Nach der Konfiguration der Datenbank ist es anschließend möglich, sogenannte *Models* zu definieren, welche die Tabellen in der entsprechenden Datenbank abstrahieren (Listing 7.16). Die Definition eines Models geschieht dabei über die Methode `define()` der eben erzeugten `Sequelize`-Objektinstanz. Der Methode übergeben Sie dabei zum einen den Namen der Tabelle sowie zum anderen ein Objekt, das den Aufbau dieser Tabelle bzw. das Mapping zu dieser Tabelle beschreibt.

Als dritten, optionalen Parameter lässt sich ein weiteres Konfigurationsobjekt übergeben, über das sich zusätzliche Aspekte konfigurieren lassen: Beispielsweise werden standardmäßig die Tabellennamen als Plural des angegebenen Namens erzeugt, im Beispiel wäre dies standardmäßig »actors«. Über `freezeTableName: true` können Sie dem entgegenwirken und erzwingen, dass »Sequelize.js« stattdessen exakt den angegebenen Namen verwendet (im Beispiel: »actor«). Über `timestamps: false` sorgen Sie außerdem dafür, dass »Sequelize.js« nicht automatisch die beiden Eigenschaften `createdAt` und `updatedAt` für jeden Datensatz erzeugt. Der Aufruf von `sequelize.sync()` sorgt schließlich dafür, dass die Datenbank mit dem definierten Model synchronisiert wird.

```
const Actor = sequelize.define(
  'actor',
  {
    actor_id: {
      type: Sequelize.INTEGER,
      primaryKey: true,
      autoIncrement: true
    },
    first_name: Sequelize.STRING,
    last_name: Sequelize.STRING
  },
  {
    // Standardmäßig werden die Tabellennamen als Plural des
    // angegebenen Namens erzeugt, im Beispiel "actors". Möchte
    // man dies verhindern, muss die Eigenschaft "freezeTableName"
    // auf "true" gesetzt werden.
    freezeTableName: true,
    timestamps: false
  }
);
(async() => {
    await sequelize.sync();
})();
```

Listing 7.16 Definieren eines Models

Standardmäßig entsprechen die Namen der Eigenschaften eines Models den Namen der jeweiligen Felder in der Datenbank. Über die Eigenschaft `field` haben Sie jedoch die Möglichkeit, ein Mapping anzugeben, sodass Sie bei der Wahl der Eigenschaftsnamen völlig frei sind (Listing 7.17).

```
const Actor = sequelize.define(
  'actor',
  {
    id: {
      field: 'actor_id',
      type: Sequelize.INTEGER,
```

```
      primaryKey: true,
      autoIncrement: true
    },
    firstName: {
      field: 'first_name',
      type: Sequelize.STRING
    },
    lastName: {
      field: 'last_name',
      type: Sequelize.STRING
    }
  },
  {
    freezeTableName: true,
    timestamps: false
  }
);
```

Listing 7.17 Mapping von Eigenschaften des Models auf Datenbankfelder

Lesen von Datensätzen

Ausgehend von dem im vorherigen Abschnitt definierten Model, können Sie nun Anfragen an die Datenbank ausführen, indem Sie einfach Methoden der erzeugten Model-Instanz aufrufen. Über `Actor.findAll()` können Sie, wie in Listing 7.18 gezeigt, bspw. alle Datensätze aus der Tabelle »actor« (bzw. »actors«) auslesen. Im Beispiel wird auch direkt der Vorteil von »Sequelize.js« deutlich: Dank des im Model definierten Mappings enthalten die zurückgegebenen Objekte direkt die richtig benannten Eigenschaften. Sie müssen sich also nicht wie beim direkten Zugriff (Rezept 48 und Rezept 49) selbst darum kümmern, die Eigenschaften entsprechend umzubenennen.

```
...
(async () => {
  await sequelize.sync();
  const actors = await Actor.findAll();
  actors.forEach(actor => {
    console.log(actor.id);
    console.log(actor.firstName);
    console.log(actor.lastName);
  });
})();
```

Listing 7.18 Lesen von Datensätzen

Um die Suche weiter einzugrenzen, können Sie der Methode findAll() zudem ein Konfigurationsobjekt übergeben, mit dessen Hilfe Sie bestimmte Suchkriterien definieren können. Um bspw. alle Datensätze zurückzugeben, für die das Feld last_name den Wert »MUSTERMANN« hat, würden Sie wie folgt vorgehen:

```
(async () => {
  await sequelize.sync();
  const actors = await Actor.findAll({
    where: {
      lastName: 'MUSTERMANN'
    }
  });
  console.log('--------');
  actors.forEach(actor => {
    console.log(actor.id);
    console.log(actor.firstName);
    console.log(actor.lastName);
  });
})();
```

Listing 7.19 Angabe von Suchkriterien beim Lesen von Datensätzen

Erstellen von Datensätzen

Um neue Datensätze zu erstellen, verwenden Sie die Methode create(). Ihr übergeben Sie das zu speichernde Objekt basierend auf dem definierten Model. Auch hierbei wird wieder deutlich, wie bequem es ist, wenn Sie sich innerhalb Ihres Applikations-Codes nicht um das Mapping kümmern müssen und Objekte aus Ihrer Applikationslogik direkt speichern können.

```
...

(async () => {
  await sequelize.sync();
  const result = await Actor.create({
    firstName: 'MAX',
    lastName: 'MUSTERMANN'
  });
  console.log(result);
})();
```

Listing 7.20 Erstellen von Datensätzen

Aktualisieren von Datensätzen

Für das Aktualisieren von Datensätzen steht die Methode update() zur Verfügung. Ihr übergeben Sie als ersten Parameter die aktuellen Daten und als zweiten Parameter ein Konfigurationsobjekt, über das der zu aktualisierende Datensatz spezifiziert werden kann. In Listing 7.21 bspw. wird über die Eigenschaft where definiert, dass alle Personen, die den Vornamen »MAX« und den Nachnamen »MUSTERMANN« haben, fortan den Vornamen »MORITZ« erhalten.

```
...
(async () => {
  await sequelize.sync();
  await Actor.update(
    {
      firstName: 'MORITZ'
    },
    {
      where: {
        firstName: 'MAX',
        lastName: 'MUSTERMANN'
      }
    }
  );
})();
```

Listing 7.21 Aktualisieren von Datensätzen

Löschen von Datensätzen

Zu guter Letzt lassen sich einzelne Datensätze über die Methode destroy() wieder löschen. Wie schon bei der Methode update() definieren Sie über ein Konfigurationsobjekt, welche Datensätze gelöscht werden sollen. In Listing 7.22 bspw. werden alle Einträge gelöscht, deren Vorname »MAX« und deren Nachname »MUSTERMANN« lautet.

```
...
(async () => {
  await sequelize.sync();
  await Actor.destroy({
    where: {
      firstName: 'MAX',
      lastName: 'MUSTERMANN'
    }
```

```
  });
})();
```

Listing 7.22 Löschen von Datensätzen

Hinweis

Durch die Abstraktion von der konkret verwendeten Datenbank stellt »Sequelize.js« in gewisser Weise eine Art Adapter-Package dar, dessen Prinzip Sie schon in Kapitel 3, »Logging und Debugging«, in Rezept 18 kennengelernt haben. Durch die Verwendung von Sequelize bleiben Sie unabhängig von der verwendeten Datenbank, genauso wie Sie dies in Kapitel 3 dank Adapter-Package auch für Logging-Bibliotheken erreicht haben.

7.3.3 Ausblick

Neben den gezeigten Methoden für das Anlegen, Lesen, Aktualisieren und Löschen von Datensätzen stellt »Sequelize.js« viele weitere Methoden zur Verfügung, die das Arbeiten mit relationalen Datenbanken vereinfachen. Weitere Informationen diesbezüglich finden Sie in der offiziellen Dokumentation unter *http://docs.sequelizejs.com/*. Sollten die von einem Sequelize-Modell zur Verfügung gestellten Methoden einen bestimmten Anwendungsfall nicht abdecken, haben Sie zudem über die Methode `sequelize.query('<QUERY>')` immer die Möglichkeit, direkt Anfragen an das jeweilige Datenbanksystem zu formulieren.

Neben »Sequelize.js« gibt es für Node.js noch eine Reihe weitere ORMs, die einen Blick wert sind: Zu den bekannteren zählen »Bookshelf.js« (*https://bookshelfjs.org/*), »TypeORM« (*http://typeorm.io/*), »waterline.js« (*http://waterlinejs.org/*) und »node-orm2« (*https://github.com/dresende/node-orm2*).

Verwandte Rezepte

- Rezept 48: Auf eine MySQL-Datenbank zugreifen
- Rezept 49: Auf eine PostgreSQL-Datenbank zugreifen

7.4 Rezept 51: Auf eine MongoDB-Datenbank zugreifen

Sie möchten auf die Daten in einer MongoDB-Datenbank zugreifen.

7.4.1 Lösung

Bei MongoDB handelt es sich um eine in C++ geschriebene, verteilte NoSQL-Datenbank. Im Gegensatz zu relationalen DBMS ist MongoDB *dokumentenbasiert*, wobei die Dokumente in Form einer JSON-Struktur gespeichert werden. Gegenüber relationalen Datenbanken bietet eine NoSQL-Datenbank wie MongoDB verschiedene Vorteile hinsichtlich Performance, Skalierbarkeit und Verfügbarkeit.

MongoDB installieren

Bevor Sie mit dem Zugriff per Node.js loslegen können, benötigen Sie zunächst einen MongoDB-Server, entsprechende Installationsdateien können Sie sich unter *https://www.mongodb.com/download-center#atlas* herunterladen. Ich empfehle allerdings die Verwendung von Docker bzw. Docker Compose und habe Ihnen eine entsprechende Konfigurationsdatei vorbereitet, die Sie wie gewohnt über den Befehl `docker-compose up` starten können:

```
version: '3.7'
services:
  mongodb:
    image: mongo:latest
    environment:
      - MONGO_DATA_DIR=/data/db
      - MONGO_LOG_DIR=/dev/null
    volumes:
      - ./data/db:/data/db
    ports:
      - 27017:27017
```

Listing 7.23 Docker-Compose-Datei für MongoDB

Client für MongoDB installieren

Um auf eine MongoDB aus JavaScript heraus unter Node.js zugreifen zu können, benötigen Sie einen entsprechenden Treiber, der in Form des Packages »mongodb« (*https://mongodb.github.io/node-mongodb-native/*) daherkommt und durch folgenden Befehl installiert werden kann:

```
$ npm install mongodb
```

Verbindung herstellen

Das Package »mongodb« exportiert das Objekt `MongoClient`, über das die gesamte Kommunikation mit einer MongoDB stattfindet. Um eine Verbindung zur Datenbank herzustellen, verwenden Sie, wie in Listing 7.24 zu sehen, die Methode `connect()`, die als ersten Parameter die URL erwartet, unter der die Datenbank zu erreichen ist (siehe auch Hinweiskasten »Aufbau Verbindungs-URL«) und als zweiten Parameter eine Callback-Funktion, die aufgerufen werden soll, wenn die Verbindung erfolgreich hergestellt wurde, oder auch dann, wenn die Verbindung nicht hergestellt werden konnte. Ist Ersteres der Fall, hat das Fehlerobjekt `error` im Callback den Wert `null`, andernfalls erhält man hierüber Informationen zu den genauen Fehlerursachen. Über `client.close()` lässt sich die Verbindung vom MongoDB-Server wieder trennen.


```
const { MongoClient } = require('mongodb');
const URL = 'mongodb://localhost:27017';
MongoClient.connect(URL, (error, client) => {
  if (error) {
    throw error;
  }
  console.log('Connected successfully to server');
  client.close();
});
```

Listing 7.24 Verbindung herstellen zu einer MongoDB

Aufbau Verbindungs-URL

Die URL für die Verbindung zur MongoDB hat den folgenden Aufbau: `mongodb://[username:password@]host1[:port1][,host2[:port2],...[,hostN[:portN]]][/[database][?options]]`. Über das Präfix `mongodb://` definieren Sie dabei das MongoDB-Protokoll, anschließend können optional Nutzername und Passwort angegeben werden, gefolgt von dem Host und – ebenfalls optional – dem Port (standardmäßig 27017). Darauf folgen der Name der Datenbank, zu der die Verbindung aufgebaut werden soll, und – wieder optional – weitere Optionen. Weitere Informationen hierzu finden Sie unter der URL *https://docs.mongodb.com/manual/reference/connection-string/*.

Erstellen von Collections

MongoDB speichert Datensätze in sogenannten *Collections*, die mehr oder weniger das Äquivalent zu Tabellen in relationalen Datenbanken sind. Um eine neue Collection zu erstellen, führen Sie, wie in Listing 7.25 zu sehen, die Methode `createCollection()` auf dem Datenbankobjekt aus, das Sie über den Aufruf `client.db()` ermitteln. Dabei übergeben Sie den Namen der zu erstellenden Collection sowie eine Callback-Funktion, die aufgerufen wird, wenn die Collection erstellt wurde oder es dabei zu einem Fehler kam. In ersterem Fall erhält man ein Objekt, das die Collection repräsentiert (hier: `collection`), in letzterem das Fehler-Objekt mit detaillierten Informationen zu dem Fehler (hier: `error`).

```
const { MongoClient } = require('mongodb');
const URL = 'mongodb://localhost:27017';
const DATABASE = 'example';
const COLLECTION = 'contacts';
MongoClient.connect(URL, (error, client) => {
  console.log('Connected successfully to server');
  const db = client.db(DATABASE);
  db.createCollection(COLLECTION, (error, collection) => {
    if (error) {
      return error;
    }
    console.log('Collection created');
    client.close();
  });
});
```

Listing 7.25 Erstellen einer Collection

Erstellen von Datensätzen

Für das Speichern von Objekten steht am Objekt, das eine Collection repräsentiert, die Methode `insert()` zur Verfügung. Ein Beispiel hierzu sehen Sie in Listing 7.26: Hier wird nach dem Verbinden zur Datenbank und dem Zugriff auf die Collection über die Methode `collection()` ein Objekt `contact` erstellt und über `insert()` der Collection hinzugefügt.

```
const { MongoClient } = require('mongodb');
const URL = 'mongodb://localhost:27017';
const DATABASE = 'example';
const COLLECTION = 'contacts';
MongoClient.connect(URL, (error, client) => {
  console.log('Connected successfully to server');
  const db = client.db(DATABASE);
  const collection = db.collection(COLLECTION);
  const contact = {
    firstName: 'Max',
    lastName: 'Mustermann',
    age: 45
  }
  collection.insert(contact, (error, result) => {
  if (error) {
    throw error;
  }
```

```
  });
  client.close();
});
```

Listing 7.26 Erstellen von Datensätzen

Möchten Sie direkt auf einen Schlag mehrere Datensätze einfügen, verwenden Sie, wie in Listing 7.27 zu sehen, die Methode `insertMany()` und übergeben dabei die Datensätze in Form eines Arrays.


```
const { MongoClient } = require('mongodb');
const URL = 'mongodb://localhost:27017';
const DATABASE = 'example';
const COLLECTION = 'contacts';
MongoClient.connect(URL, (error, client) => {
  console.log('Connected successfully to server');
  const db = client.db(DATABASE);
  const collection = db.collection(COLLECTION);
  const contacts = [
  {
    firstName: 'Moritz',
    lastName: 'Mustermann',
    age: 45
  },
  {
    firstName: 'Peter',
    lastName: 'Mustermann',
    age: 68
  },
  {
    firstName: 'Petra',
    lastName: 'Mustermann',
    age: 66
  }
  ];
  collection.insertMany(contacts, (error, result) => {
  if (error) {
    throw error;
  }
  });
  client.close();
});
```

Listing 7.27 Erstellen von mehreren Datensätzen

Hinweis

Um sich einen Überblick über die in einer MongoDB gespeicherten Daten zu verschaffen, empfiehlt sich das Tool Robo 3T (*https://robomongo.org/download*), das Ihnen eine grafische Oberfläche zur Verfügung stellt (Abbildung 7.5). Hierüber können Sie bspw. Anfragen an die Datenbank formulieren, Daten ändern, löschen und vieles mehr.

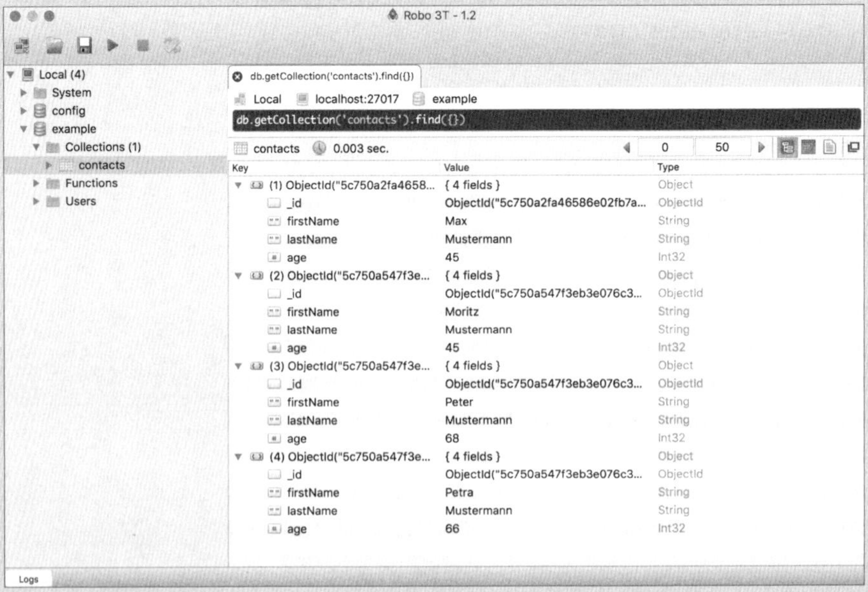

Abbildung 7.5 Die Oberfläche von Robo 3T

Lesen von Datensätzen

Um ein Objekt aus einer Collection zu lesen, verwenden Sie die Methode `find()`. Ohne Parameter liefert diese alle in der jeweiligen Collection enthaltenen Objekte zurück. In Listing 7.28 lassen wir uns bspw. alle Datensätze der Collection »contacts« ausgeben:

```
const { MongoClient } = require('mongodb');
const URL = 'mongodb://localhost:27017';
const DATABASE = 'example';
const COLLECTION = 'contacts';
MongoClient.connect(URL, (error, client) => {
  console.log('Connected successfully to server');
  const db = client.db(DATABASE);
  const collection = db.collection(COLLECTION);
  collection.find().toArray((error, contacts) => {
```

```
  if (error) {
    throw error;
  }
  console.log(contacts);
  });
  client.close();
});
/*
[ { _id: 5c750a2fa46586e02fb7a9ea,
    firstName: 'Max',
    lastName: 'Mustermann',
    age: 45 },
  { _id: 5c750a547f3eb3e076c38653,
    firstName: 'Moritz',
    lastName: 'Mustermann',
    age: 45 },
  { _id: 5c750a547f3eb3e076c38654,
    firstName: 'Peter',
    lastName: 'Mustermann',
    age: 68 },
  { _id: 5c750a547f3eb3e076c38655,
    firstName: 'Petra',
    lastName: 'Mustermann',
    age: 66 } ]
*/
```

Listing 7.28 Lesen von Datensätzen

Möchten Sie nur solche Objekte auswählen, die einem bestimmten Kriterium entsprechen, haben Sie zudem die Möglichkeit, der Methode find() ein entsprechendes Konfigurationsobjekt zu übergeben. In Listing 7.29 bspw. wird eine Suche ausgeführt, die als Ergebnis nur die Objekte enthält, deren Eigenschaft age den Wert »45« hat.

```
const { MongoClient } = require('mongodb');
const URL = 'mongodb://localhost:27017';
const DATABASE = 'example';
const COLLECTION = 'contacts';
MongoClient.connect(URL, (error, client) => {
  console.log('Connected successfully to server');
  const db = client.db(DATABASE);
  const collection = db.collection(COLLECTION);
  collection
    .find({
      age: 45
```

```
      })
      .toArray((error, contacts) => {
        if (error) {
          throw error;
        }
        console.log(contacts);
      });
    client.close();
  });
  /*
  [ { _id: 5c750a2fa46586e02fb7a9ea,
      firstName: 'Max',
      lastName: 'Mustermann',
      age: 45 },
    { _id: 5c750a547f3eb3e076c38653,
      firstName: 'Moritz',
      lastName: 'Mustermann',
      age: 45 } ]
  */
```

Listing 7.29 Lesen von Datensätzen nach Kriterium

Aktualisieren von Datensätzen

Collections stellen drei verschiedene Methoden bereit, um Objekte zu aktualisieren: Über `updateOne()` lässt sich ein einzelnes Objekt aktualisieren, über `updateMany()` mehrere Objekte, und über `replaceOne()` können Objekte komplett ersetzt werden. Alle drei Methoden erwarten dabei drei Parameter: ein Konfigurationsobjekt, das die zu aktualisierenden Objekte beschreibt, ein Konfigurationsobjekt (wie schon bei der Methode `find()`), das die vorzunehmenden Änderungen beschreibt, sowie eine Callback-Funktion, die nach Aktualisieren der Objekte oder bei einem Fehler aufgerufen wird. Ein Beispiel für die Verwendung von `updateOne()` zeigt Listing 7.30:

```
const { MongoClient } = require('mongodb');
const URL = 'mongodb://localhost:27017';
const DATABASE = 'example';
const COLLECTION = 'contacts';
MongoClient.connect(URL, (error, client) => {
  console.log('Connected successfully to server');
  const db = client.db(DATABASE);
  const collection = db.collection(COLLECTION);
  collection.updateOne(
    {
      firstName: 'Max',
```

```
      lastName: 'Mustermann'
    },
    { $set: { age: 46 } },
    (error, result) => {
      if (error) {
        throw error;
      }
      console.log('Updated document');
    }
  );
  client.close();
});
```

Listing 7.30 Aktualisieren von Datensätzen

Löschen von Datensätzen

Für das Löschen von Objekten aus einer Collection stehen Ihnen zwei Methoden zur Verfügung: Die Methode deleteOne() löscht ein einzelnes Objekt, die Methode deleteMany() dagegen mehrere. Beide Methoden erwarten als Parameter ein Konfigurationsobjekt, über das Sie anhand von Kriterien definieren können, welche Objekte gelöscht werden sollen. In Listing 7.31 bspw. werden durch den Aufruf von deleteMany() alle Einträge der Collection »contacts« gelöscht, deren Eigenschaft age den Wert »45« hat.

```
const { MongoClient } = require('mongodb');

const URL = 'mongodb://localhost:27017';
const DATABASE = 'example';
const COLLECTION = 'contacts';

MongoClient.connect(URL, (error, client) => {
  console.log('Connected successfully to server');
  const db = client.db(DATABASE);
  const collection = db.collection(COLLECTION);
  collection.deleteMany(
    {
      age: 45
    },
    (error, result) => {
      if (error) {
        throw error;
      }
      console.log('Removed documents');
```

```
    }
  );
  client.close();
});
```

Listing 7.31 Löschen von Datensätzen

7.4.2 Ausblick

In diesem Rezept haben Sie gesehen, wie Sie unter Node.js auf die nicht relationale MongoDB zugreifen können. Eine Bibliothek, die Sie sich in diesem Zusammenhang auch näher anschauen können, ist Mongoose (*https://mongoosejs.com/*), das für MongoDB in etwa das darstellt, was Sequelize für MySQL und PostgreSQL darstellt: Mongoose abstrahiert von dem konkreten Zugriff auf eine MongoDB und stellt verschiedene Funktionalitäten bereit, um Objekte ohne MongoDB-spezifischen Code direkt aus einer Node.js-Applikation zu speichern.

Im nächsten Rezept möchte ich Ihnen eine weitere nicht relationale Datenbank vorstellen, die im Unterschied zu MongoDB keine dokumentenbasierte Datenbank ist, sondern ein sogenannter Key Value Store.

7.5 Rezept 52: Auf eine Redis-Datenbank zugreifen

Sie möchten auf eine Redis-Datenbank zugreifen.

7.5.1 Lösung

Bei Redis (*https://redis.io/*) handelt es sich um einen *Key Value Store* (auch *Key Value Database* oder im Deutschen eine *Schlüssel-Wert-Datenbank*), d. h., Werte (*Values*) innerhalb der Datenbank werden über Schlüssel (*Keys*) eindeutig identifiziert.

Redis unterscheidet sich zudem von gleichartigen Persistenzlösungen insofern, als dass die Daten vollständig im Speicher vorgehalten werden. Als Einschränkung hat dies natürlich zur Folge, dass nur solche Daten gespeichert werden können, die nicht größer als der zur Verfügung stehende Speicher sind (es sei allerdings angemerkt, dass Redis mit entsprechenden Konfigurationen durchaus Daten auch dauerhaft persistieren kann, wodurch diese Einschränkung umgangen werden kann). Zudem eignet sich Redis in der Regel für solche Anwendungsfälle, in denen das zu persistierende Datenmodell relativ einfach gehalten ist. Vorteil ist jedoch die sehr hohe Geschwindigkeit, weswegen Redis auch gern für die Implementierung von Caching-Lösungen eingesetzt wird.

Redis installieren

Um Redis lokal zu starten, verwenden Sie am besten folgende Konfigurationsdatei für Docker Compose, die Sie mit dem Befehl `docker-compose up` starten (alternativ können Sie Redis natürlich auch direkt installieren, Informationen dazu finden Sie unter *https://redis.io/topics/quickstart*):

```
version: '3.1'
services:
  redis:
    image: redis:4.0.8-alpine
    command: ["redis-server", "--appendonly", "yes"]
    hostname: redis
    networks:
      - redis-net
    volumes:
      - redis-data:/data
    ports:
      - 6379:6379
  redis-commander:
    container_name: redis-commander
    hostname: redis-commander
    image: rediscommander/redis-commander:latest
    restart: always
    environment:
      - REDIS_HOSTS=local:redis:6379
    ports:
      - 8083:8081
    networks:
      - redis-net
    depends_on:
      - redis
networks:
  redis-net:
volumes:
  redis-data:
```

Listing 7.32 Docker-Compose-Datei für Redis

Durch diesen Aufruf wird zum einen eine lokale Instanz von Redis gestartet, zum anderen eine Instanz von »Redis Commander« (*https://github.com/joeferner/redis-commander*, siehe Abbildung 7.6), einer auf Node.js basierenden Webanwendung für das Management von Redis-Datenbanken (alternativ können Sie »Redis Commander« auch über npm installieren: `npm install -g redis-commander`).

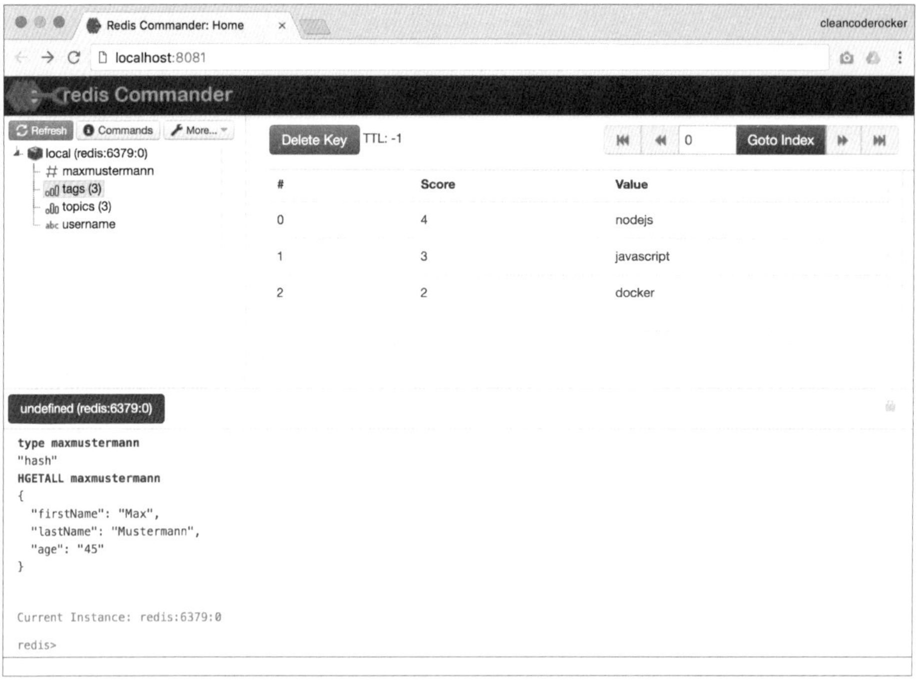

Abbildung 7.6 Die Weboberfläche von »Redis Commander«

Client für Redis installieren

Um von Node.js aus auf Redis zuzugreifen, empfiehlt sich das »redis«-Package, das Sie wie folgt installieren:

```
$ npm install redis
```

Nach Einbinden des Packages erzeugen Sie über die Methode `createClient()` eine neue Client-Instanz (Listing 7.33). Als Parameter können Sie dabei optional ein Konfigurationsobjekt übergeben, über das Sie bspw. den Host und den Port des Redis-Servers definieren. Mithilfe der Methode `on()` lassen sich anschließend an der Client-Instanz Event-Listener registrieren, wie z. B. in Listing 7.33 für das »connect«-Event, das dann ausgelöst wird, wenn die Verbindung erfolgreich hergestellt wurde (Tabelle 7.1 listet weitere Events auf, für die entsprechende Listener registriert werden können).

```
const redis = require('redis');
const options = {
  host: '127.0.0.1',
  port: 6379
}
const client = redis.createClient(options);
```

```
client.on('connect', () => {
  console.log('Connected to Redis database');
});
```

Listing 7.33 Herstellen einer Verbindung zu Redis

Event	Event-Beschreibung
`ready`	Wird ausgelöst, wenn die Verbindung zum Redis-Server hergestellt wurde und der Server bereit ist, Anfragen entgegenzunehmen. Anfragen, die vorher an den Server gesendet wurden, werden gecacht und ausgeführt, bevor dieses Event ausgelöst wird.
`connect`	Wird wie `ready` dann ausgelöst, wenn die Verbindung zum Redis-Server hergestellt wurde und der Server bereit ist, Anfragen entgegenzunehmen.
`reconnecting`	Wird ausgelöst, wenn die Verbindung zum Redis-Server zuvor unterbrochen war und jetzt wieder hergestellt wurde.
`error`	Wird im Fehlerfall ausgelöst, bspw. wenn eine Verbindung zum Redis-Server nicht hergestellt werden konnte.
`end`	Wird ausgelöst, wenn die Verbindung zum Redis-Server geschlossen wurde.
`warning`	Wird ausgelöst, um auf Warnungen reagieren zu können.

Tabelle 7.1 Events für die Arbeit mit dem Redis-Client

Arbeiten mit Strings

Redis unterstützt folgende fünf verschiedene Datentypen, die als Werte bei einem Key/Value-Paar verwendet werden können: Strings, Hashes, Listen, Sets und Sorted Sets. Je nachdem, mit welchem Typ Sie arbeiten, verwenden Sie sowohl für den lesenden als auch für den schreibenden Zugriff unterschiedliche Methoden. Die Namen der Methoden leiten sich dabei von den Befehlen ab, die auch über das *Command Line Interface* (*CLI*) von *Redis* zur Verfügung stehen.

Redis-CLI

Über das Redis-CLI (und auch über »Redis Commander«) können Sie auf Redis auch per Kommandozeile zugreifen. Eine gute Übersicht der zur Verfügung stehenden Befehle finden Sie bspw. unter *https://redis.io/commands*.

Für das Speichern von *Strings* (Zeichenketten) steht über das Redis-CLI bspw. der Befehl SET, für das Lesen von Strings die Befehle GET und KEYS zur Verfügung. Analog verwenden Sie unter Node.js also die Methoden set(), get() und keys(). Optional können Sie den Methoden als letzten Parameter eine Callback-Funktion übergeben, die aufgerufen wird, wenn der entsprechende Befehl ausgeführt wurde oder es dabei zu einem Fehler kam. Die in Listing 7.34 als Parameter übergebene Funktion redis.print macht dabei nichts anderes, als eine entsprechende Meldung auszugeben (siehe auch die Konsolenausgabe weiter unten in Listing 7.34).

```
const redis = require('redis');
const client = redis.createClient();
client.on('error', error => {
  console.log('Error ' + error);
});
// Falls vorhanden, dann löschen:
// client.del('username');
client.set('username', 'maxmustermann', redis.print);
client.get('username', redis.print);
client.keys('username', (error, replies) => {
  replies.forEach((reply, i) => {
    console.log(`${i}: ${reply}`);
  });
  client.quit();
});
// Ausgabe:
/*
Reply: OK
Reply: maxmustermann
0: username
*/
```

Listing 7.34 Verwenden von String-Keys

Arbeiten mit Hashes

Hashes in Redis können in etwa mit *Maps* verglichen werden: Innerhalb eines Hashes lassen sich Schlüssel/Wert-Paare speichern, sodass sie sich z. B. gut dazu eignen, um Objektstrukturen zu speichern. In Listing 7.35 bspw. wird ein Hash mit dem Key »maxmustermann« erzeugt, unter dem dann die Schlüssel/Wert-Paare »firstName«/ »Max«, »lastName«/»Mustermann« und »age«/45 gespeichert werden.

```
const redis = require('redis');
const client = redis.createClient();
client.on('error', error => {
```

```
  console.log('Error ' + error);
});

// Falls vorhanden, dann löschen:
// client.del('maxmustermann');
client.hset('maxmustermann', 'firstName', 'Max');
client.hset('maxmustermann', 'lastName', 'Mustermann');
client.hset('maxmustermann', 'age', 45);
client.hkeys('maxmustermann', (error, replies) => {
  replies.forEach((reply, i) => {
    console.log(`${i}: ${reply}`);
  });
  client.quit();
});
// Ausgabe:
/*
0: firstName
1: lastName
2: age
*/
```

Listing 7.35 Verwenden von Hash-Keys

Arbeiten mit Listen

Bei *Listen* in Redis handelt es sich um einfache Listen von Strings, die in der Reihenfolge des Hinzufügens sortiert sind. Neue Elemente lassen sich über die Methode `lpush()` an den Beginn der Liste oder über die Methode `rpush()` an das Ende der Liste anfügen. Die Methoden `lpushx()` und `rpushx()` funktionieren analog, fügen Elemente aber nur dann hinzu, falls die Liste schon existiert:

```
const redis = require('redis');
const client = redis.createClient();
client.on('error', error => {
  console.log('Error ' + error);
});

// Falls vorhanden, dann löschen:
// client.del('topics');
// Einfügen an den Beginn der Liste:
client.lpush('topics', 'JavaScript is awesome', redis.print);
// Einfügen an das Ende der Liste:
client.rpush('topics', 'Node.js Best Practices', redis.print);
// Einfügen an den Beginn der Liste:
```

```
client.lpush('topics', 'Docker set up', redis.print);
client.lrange('topics', 0, -1, (error, replies) => {
  replies.forEach((reply, i) => {
    console.log(`${i}: ${reply}`);
  });
  client.quit();
});
// Ausgabe:
/*
Reply: 1
Reply: 2
Reply: 3
0: Docker set up
1: JavaScript is awesome
2: Node.js Best Practices
*/
```

Listing 7.36 Verwenden von Listen

Arbeiten mit Sets

Bei *Sets* handelt es sich um *unsortierte Mengen* von String, wobei jede Zeichenkette eindeutig sein muss. Über die Methode sadd() lassen sich einzelne Strings zu einem Set hinzufügen, wobei als erster Parameter der Name des jeweiligen Sets und als zweiter Parameter die entsprechende Zeichenkette zu übergeben ist. Über die Methode smembers() lassen sich die in einem Set enthaltenen Werte ermitteln. In Listing 7.37 bspw. werden zunächst die Werte »javascript«, »nodejs« und »docker« zu dem Set »tags« hinzugefügt. Der Versuch, die Zeichenkette »docker« ein zweites Mal hinzuzufügen, schlägt fehl, wie anhand der Ausgabe des Programms zu erkennen ist.

```
const redis = require('redis');
const client = redis.createClient();
client.on('error', error => {
  console.log('Error ' + error);
});

// Falls vorhanden, dann löschen:
// client.del('tags');
client.sadd('tags', 'javascript', redis.print);
client.sadd('tags', 'nodejs', redis.print);
client.sadd('tags', 'docker', redis.print);
client.sadd('tags', 'docker', redis.print);
client.smembers('tags', (error, replies) => {
  replies.forEach((reply, i) => {
```

```
    console.log(${i}: ${reply});
  });
  client.quit();
});
// Ausgabe
/*
Reply: 1
Reply: 1
Reply: 1
Reply: 0
0: docker
1: javascript
2: nodejs
/*
```

Listing 7.37 Verwenden von Sets

Arbeiten mit Sorted Sets

Bei *Sorted Sets* (sortierte Sets) handelt es sich um *sortierte Mengen* von Strings, wobei wie bei normalen unsortierten Mengen jede Zeichenkette eindeutig sein muss. Um Strings zu einem Sorted Set hinzuzufügen, verwenden Sie die Methode zadd(), der Sie neben dem Namen des Sets die Position der Zeichenkette und die Zeichenkette selbst als Parameter übergeben. In Listing 7.38 wird das Sorted Set »tags« angelegt und jeweils an unterschiedlichen Positionen die Werte »javascript«, »nodejs« und »docker« eingefügt, wobei letzterer aufgrund der geforderten Eindeutigkeit von Werten faktisch nur einmal hinzugefügt wird.

```
const redis = require('redis');
const client = redis.createClient();
client.on('error', error => {
  console.log('Error ' + error);
});

// Falls vorhanden, dann löschen:
// client.del('tags');
client.zadd('tags', 3, 'javascript', redis.print);
client.zadd('tags', 4, 'nodejs', redis.print);
client.zadd('tags', 1, 'docker', redis.print);
client.zadd('tags', 2, 'docker', redis.print);
client.zrange('tags', 0, -1, (error, replies) => {
  replies.forEach((reply, i) => {
    console.log(${i}: ${reply});
  });
```

```
  client.quit();
});
// Ausgabe:
/*
Reply: 1
Reply: 1
Reply: 1
Reply: 0
0: docker
1: javascript
2: nodejs
/*
```

Listing 7.38 Verwenden von sortierten Sets

7.5.2 Redis als Pub/Sub

Redis kann nicht nur als Datenspeicher verwendet werden, sondern implementiert auch das sogenannte *Pub/Sub-Pattern*: Dabei handelt es sich um ein Pattern für den Nachrichtenaustausch zwischen zwei Komponenten (Stichwort *Messaging*, siehe auch Kapitel 9, »Sockets und Messaging«). Im Gegensatz zum *Observer-Pattern* (einem der bekannten Entwurfsmuster der sogenannten Gang of Four) sind die nachrichtensendende Komponente und die nachrichtenempfangende Komponente nicht direkt aneinandergekoppelt, sondern über einen *Nachrichtenkanal* (*Message Channel*) voneinander entkoppelt. Der *Nachrichtensender* (auch *Publisher*) verschickt Nachrichten an den Nachrichtenkanal unter Verwendung sogenannter *Topics* bzw. *Channels*. Andere Komponenten können an dem Nachrichtenkanal diese Topics abonnieren und werden damit zum *Subscriber* bzw. *Nachrichtenempfänger* (Abbildung 7.7).

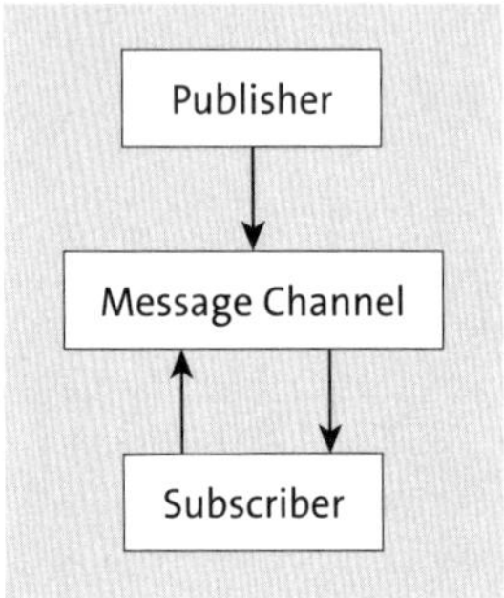

Abbildung 7.7 Das Prinzip von Pub/Sub

Der Client, der durch das »redis«-Package bereitgestellt wird, lässt sich über entsprechende Methoden sowohl als Subscriber als auch als Publisher verwenden. Listing 7.39 und Listing 7.40 zeigen hierfür entsprechende Code-Beispiele. Subscriber können sich mithilfe der Methode `subscribe()` für ein bestimmtes Topic registrieren, Publisher senden über die Methode `publish()` Nachrichten (in Form von Zeichenketten) an ein bestimmtes Topic. Über die Methode `on()` lassen sich zudem Event-Handler registrieren: Das Event »subscribe« wird bspw. aufgerufen, wenn die *Subscription* für ein Topic erfolgreich war, das Event »message« immer dann, wenn zu dem Topic eine Nachricht eingeht.

```
const redis = require('redis');
const subscriber = redis.createClient();
subscriber.on('subscribe', (channel, count) => {
  console.log(`Subscriber subscribed to channel "${channel}"`);
});
subscriber.on('message', (channel, message) => {
  const parsedMessage = JSON.parse(message);
  console.log(parsedMessage.content);
});
subscriber.subscribe('example-channel');
```

Listing 7.39 Implementierung eines Subscribers mit Redis

```
const redis = require('redis');
const publisher = redis.createClient();
const message = {
  content: 'Hello World'
}
publisher.publish('example-channel', JSON.stringify(message));
```

Listing 7.40 Implementierung eines Publishers mit Redis

7.5.3 Ausblick

In diesem Rezept haben Sie gesehen, wie Sie unter Node.js auf Redis-Datenbanken zugreifen können. Im nächsten Rezept werde ich Ihnen mit Apache Cassandra eine weitere bekannte nicht relationale Datenbank vorstellen, die sich insbesondere durch ihre Skalierbarkeit und Hochverfügbarkeit auszeichnet. In Kapitel 9, »Sockets und Messaging«, werde ich zudem detaillierter auf das Thema Messaging eingehen, das ich in dem vorherigen Abschnitt 7.5.2 nur gestreift habe.

Verwandte Rezepte

- Rezept 70: Über AMQP auf RabbitMQ zugreifen
- Rezept 72: Über MQTT auf einen MQTT-Broker zugreifen

7.6 Rezept 53: Auf eine Cassandra-Datenbank zugreifen

Sie möchten auf eine Cassandra-Datenbank zugreifen.

7.6.1 Lösung

Apache Cassandra (*http://cassandra.apache.org/*) ist ein in Java geschriebenes NoSQL-Datenbanksystem, das ursprünglich von Facebook entwickelt wurde, seit 2009 aber von der Apache Software Foundation (AFS) weiterentwickelt wird und seitdem unter einer Open-Source-Lizenz steht. Es zeichnet sich vor allem durch eine hohe Skalierbarkeit und Ausfallsicherheit aus und eignet sich insbesondere für den Einsatz in Big-Data-Szenarien.

Die Struktur von Cassandra zeigt Abbildung 7.8. Daten werden dabei innerhalb sogenannter *Keyspaces* gespeichert, die wiederum sogenannte *Column Families* enthalten. Innerhalb einer Column Family werden die Daten in Form von *Key Value Stores* gespeichert. Für einen *Key* (auch als *Column Key* bezeichnet, im Beispiel bspw. »Max«) kann es mehrere Daten geben, die in Form sogenannter *Columns* gespeichert werden.

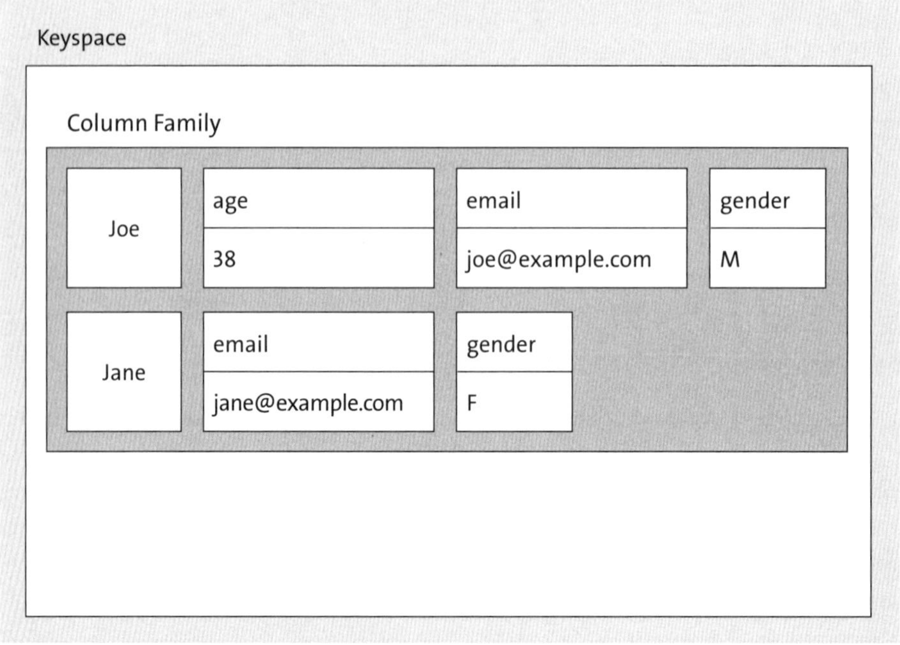

Abbildung 7.8 Struktur von Cassandra

Für den Zugriff auf die Daten stellt Cassandra eine eigene Anfragesprache, die sogenannte *Cassandra Query Language* (*CQL*), zur Verfügung, die sich in etwa an der Syntax von SQL orientiert (siehe *http://cassandra.apache.org/doc/latest/cql/*). So lassen sich, wie Sie gleich sehen werden, bspw. aus SQL bekannte Anfragen wie `CREATE`, `SELECT`, `UPDATE` und `DELETE` ausführen, um die entsprechenden CRUD-Operationen anwenden zu können.

Hinweis

Als Administrationstool für Cassandra bietet sich DevCenter von DataStax an, das nach einer Registrierung unter *https://academy.datastax.com/quick-downloads* kostenfrei heruntergeladen werden kann (siehe Abbildung 7.9).

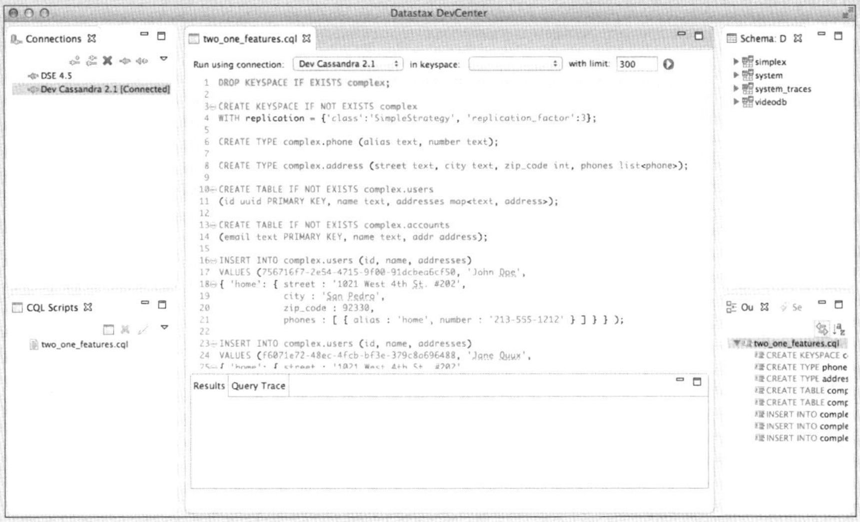

Abbildung 7.9 Die Oberfläche von DevCenter

Apache Cassandra installieren

Da Apache Cassandra in Java implementiert ist, lässt es sich prinzipiell auf jedem Betriebssystem installieren, auf dem eine Laufzeitumgebung für Java installiert ist. Details zur Installation finden Sie unter *http://cassandra.apache.org/doc/latest/getting_started/installing.html*, der Einfachheit halber habe ich Ihnen aber auch hier wieder eine Konfigurationsdatei für Docker Compose vorbereitet, die Sie einfach über `docker-compose up` starten können:

```
version: '3.1'
services:
  cassandra-seed:
    container_name: cassandra-seed-node
    image: cassandra:3.11.0
    ports:
      - "9042:9042"   # Native transport
```

```
    - "7199:7199"    # JMX
    - "9160:9160"    # Thrift-Clients
```

Listing 7.41 Docker-Compose-Datei für Cassandra

Hinweis

Alternativ zu der Konfigurationsdatei aus Listing 7.41 finden Sie im GitHub-Repository von DataStax (*https://github.com/datastax/docker-images*) auch weitere Konfigurationsdateien, um eine etwas angepasste Version von Cassandra inklusive Weboberfläche zur Administration starten zu können.

Client für Cassandra installieren

Neben dem eingangs erwähnten Administrationstool DevCenter stellt DataStax auch Client-Bibliotheken für verschiedene Programmiersprachen und Laufzeitumgebungen zur Verfügung. So auch für Node.js in Form des Packages »cassandra-driver«, das sich über folgenden Befehl installieren lässt:

```
$ npm install cassandra-driver
```

Anlegen von Keyspaces und Column Families

Bevor Sie Daten speichern können, müssen Sie zunächst sicherstellen, dass es in der verbundenen Cassandra-Instanz einen entsprechenden Keyspace und eine entsprechende Column Family gibt. Dies erreichen Sie entweder über eine der genannten Administrationsoberflächen oder über das in Listing 7.42 gezeigte Initialisierungsskript:

```
const cassandra = require('cassandra-driver');
const client = new cassandra.Client({
  contactPoints: ['localhost']
});
const queryKeyspace =
  "CREATE KEYSPACE IF NOT EXISTS userdata WITH REPLICATION = { 'class' : ⤸
   'SimpleStrategy', 'replication_factor' : 1 }";
const queryTable = 'CREATE TABLE IF NOT EXISTS userdata.users(key text ⤸
                    PRIMARY KEY, firstName text, lastName text, email text,
                    birthdate timestamp);';
(async () => {
  await client.execute(queryKeyspace);
  await client.execute(queryTable);
})();
```

Listing 7.42 Anlegen von Keyspaces und Column Families

Das Erzeugen des Keyspaces geschieht über den Befehl CREATE KEYSPACE, wobei Sie über die zusätzliche Angabe von IF NOT EXISTS sicherstellen können, dass der Keyspace nur dann angelegt wird, wenn er noch nicht existiert (würden Sie diese Angabe weglassen und den Befehl ein zweites Mal ausführen, käme es zu einer entsprechenden Fehlermeldung). Über die dem Namen des Keyspaces gefolgte Angabe WITH REPLICATION können Sie zudem die Replikationsstrategie definieren, sprich die Strategie, nach der eine Cassandra-Datenbank innerhalb eines Clusters repliziert werden soll.

Nachdem der Keyspace erfolgreich angelegt ist, können Sie über den Befehl CREATE TABLE Column Families hinzufügen. Auch hier stellt die zusätzliche Angabe von IF NOT EXISTS sicher, dass eine Column Family nur dann angelegt wird, wenn diese noch nicht existiert. Dem Namen der Column Family stellen Sie den Namen des Keyspaces voran, in Klammern folgen die Namen und Typen der einzelnen Columns, wobei über PRIMARY KEY die Column »key« als Primärschlüssel definiert wird.

Beide Anfragen (zum Anlegen des Keyspaces und zum Anlegen der Column Family) werden anschließend über den Aufruf der Methode client.execute() ausgeführt, die generell für das Ausführen von CQL-Anfragen verwendet werden kann.

Erstellen von Datensätzen

Neue Datensätze lassen sich über den CQL-Befehl INSERT INTO anlegen, gefolgt von dem Namen der Column Family sowie einem Mapping von Columns zu den einzusetzenden Werten (Listing 7.43). Hierbei können Sie innerhalb der Anfrage über das ?-Zeichen zusätzlich Platzhalter definieren. Übergibt man dann dem Aufruf von query() als zweiten Parameter ein Array, werden die darin enthaltenen Werte entsprechend ihrer Position eingesetzt.

```
const cassandra = require('cassandra-driver');
const client = new cassandra.Client({
  contactPoints: ['localhost'],
  keyspace: 'userdata'
});
const query =
  'INSERT INTO users (key, firstname, lastname, email, birthdate) VALUES
   (?, ?, ?, ?, ?)';
const params = [
  'maxmustermann',
  'Max',
  'Mustermann',
  'maxmustermann@nodejsbuch.de',
  new Date(1979, 5, 25)
];
```

```
(async () => {
  const result = await client.execute(query, params);
})();
```

Listing 7.43 Erstellen von Datensätzen

Lesen von Datensätzen

Das Lesen von Datensätzen geschieht über den CQL-Befehl SELECT. In Listing 7.44 bspw. werden auf diese Weise alle Datensätze aus der Column Family »users« selektiert. Über die Eigenschaft rows des von execute() zurückgegebenen Ergebnisobjekts kann anschließend auf die gefundenen Datensätze zugegriffen werden.

```
const cassandra = require('cassandra-driver');
const client = new cassandra.Client({
  contactPoints: ['localhost'],
  keyspace: 'userdata'
});
const query = 'SELECT * FROM users';
(async () => {
  const result = await client.execute(query);
  const first = result.rows[0];
  console.log(first);
  // Ausgabe:
  // Row {
  //   key: 'maxmustermann',
  //   birthdate: 1979-06-24T23:00:00.000Z,
  //   email: 'maxmustermann@nodejsbuch.de',
  //   firstname: 'Max',
  //   lastname: 'Mustermann' }
})();
```

Listing 7.44 Lesen von Datensätzen

Aktualisieren von Datensätzen

Um Datensätze zu aktualisieren, verwenden Sie den CQL-Befehl UPDATE (Listing 7.45). Das Prinzip ist dabei das gleiche wie für die anderen Anfragearten: Über das ?-Zeichen können Sie innerhalb des Anfrage-Strings Platzhalter definieren und entsprechende konkrete Werte in Form eines Arrays der Methode execute() übergeben.

```
const cassandra = require('cassandra-driver');
const client = new cassandra.Client({
  contactPoints: ['localhost'],
  keyspace: 'userdata'
});
```

```
const queryUpdate = "UPDATE users SET email = ? WHERE key = ?";
const querySelect = 'SELECT * FROM users WHERE key = ?';
(async () => {
  const key = 'maxmustermann';
  const newEmail = 'maxmustermann1979@nodejsbuch.de';
  await client.execute(queryUpdate, [newEmail, key]);
  const result = await client.execute(querySelect, [key]);
  const first = result.rows[0];
  console.log(first);
  // Ausgabe:
  // Row {
  //   key: 'maxmustermann',
  //   birthdate: 1979-06-24T23:00:00.000Z,
  //   email: 'maxmustermann1979@nodejsbuch.de',
  //   firstname: 'Max',
  //   lastname: 'Mustermann' }
})();
```

Listing 7.45 Aktualisieren von Datensätzen

Löschen von Datensätzen

Um Datensätze zu löschen, verwenden Sie den CQL-Befehl DELETE, wie in Listing 7.46 zu sehen. Auch hierbei ist es möglich, über das ?-Zeichen Platzhalter innerhalb der Anfrage zu definieren, die dann beim Ausführen durch die entsprechenden Werte ersetzt werden. Im Beispiel wird auf diese Weise der Datensatz gelöscht, der den Schlüssel »maxmustermann« hat.

```
const cassandra = require('cassandra-driver');
const client = new cassandra.Client({
  contactPoints: ['localhost'],
  keyspace: 'userdata'
});
const queryDelete = 'DELETE FROM users WHERE key = ?';
const querySelect = 'SELECT * FROM users WHERE key = ?';
(async () => {
  const key = 'maxmustermann';
  await client.execute(queryDelete, [key]);
  const result = await client.execute(querySelect, [key]);
  console.log(result.rows.length);
  // Ausgabe: 0
})();
```

Listing 7.46 Löschen von Datensätzen

7.6.2 Ausblick

In diesem Rezept haben Sie gesehen, wie Sie unter Node.js auf eine Apache-Cassandra-Datenbank zugreifen können. Sie kennen jetzt den prinzipiellen Aufbau einer solchen Datenbank und wissen, wie Sie die CRUD-Operationen anwenden können. Apache Cassandra ist allerdings (wie auch die anderen in diesem Kapitel beschriebenen Datenbanken) so komplex, dass man es auf wenigen Seiten selbstverständlich nicht mit allen seinen Features zusammenfassen kann und ich an dieser Stelle auf entsprechende Literatur verweisen möchte (bspw. auf das Buch »Cassandra: The Definitive Guide« von Jeff Carpenter und Eben Hewitt, das bei O'Reilly erschienen ist).

7.7 Zusammenfassung

In diesem Kapitel haben Sie gesehen, wie Sie unter Node.js sowohl auf relationale als auch auf nicht relationale Datenbanken zugreifen können. Dabei haben Sie jeweils nur eine kleine Auswahl an Datenbanken betrachtet. Konkret wissen Sie jetzt, wie Sie

- auf eine MySQL-Datenbank zugreifen (Rezept 48),
- auf eine PostgreSQL-Datenbank zugreifen (Rezept 49),
- objektrelationale Mappings definieren (Rezept 50),
- auf eine MongoDB-Datenbank zugreifen (Rezept 51),
- auf eine Redis-Datenbank zugreifen (Rezept 52),
- auf eine Cassandra-Datenbank zugreifen (Rezept 53).

Neben den beschriebenen gibt es natürlich noch eine ganze Reihe weiterer Datenbanken inklusive entsprechender Client-Packages für Node.js. Beispiele für Datenbanken, die Sie problemlos unter Node.js verwenden können sind PouchDB (*https://pouchdb.com/*), LevelDB (*https://github.com/google/leveldb*) oder SQLite (*https://www.sqlite.org*).

Kapitel 8
Webanwendungen und Webservices

In diesem Kapitel zeige ich Ihnen, wie Sie Node.js dazu verwenden, Webanwendungen und Webservices zu erstellen.

Node.js ist geradezu prädestiniert für die Entwicklung von Webanwendungen und stellt mit dem »http«-Modul bereits entsprechende Funktionalität bereit. Neben diesem Standard-Modul lernen Sie in diesem Kapitel verschiedene weitere Packages und Frameworks kennen, welche die Implementierung von Webanwendungen und Webservices bzw. REST-APIs weiter vereinfachen. In diesem Zusammenhang schauen wir uns ebenfalls an, wie Sie von Client-Seite auf REST-APIs zugreifen können und wie Sie Webanwendungen durch Authentifizierungsmechanismen absichern. Im letzten Drittel des Kapitels gehe ich dann auf das Thema GraphQL ein und zeige Ihnen, wie Sie eine GraphQL-API implementieren und anschließend über einen entsprechenden Client darauf zugreifen.

- Rezept 54: Einen HTTP-Server implementieren
- Rezept 55: Eine Webanwendung über HTTPS betreiben
- Rezept 56: Eine REST-API implementieren
- Rezept 57: Einen HTTP-Client implementieren
- Rezept 58: Authentifizierung implementieren
- Rezept 59: Authentifizierung mit »Passport.js« implementieren
- Rezept 60: Eine GraphQL-API implementieren
- Rezept 61: Anfragen an eine GraphQL-API stellen
- Rezept 62: Eine GraphQL-API über HTTP betreiben

8.1 Rezept 54: Einen HTTP-Server implementieren

Sie möchten unter Node.js einen HTTP-Server implementieren.

8.1.1 Lösung: einen Webserver mit der Standard-Node.js-API erstellen

Node.js stellt Ihnen als Teil der Standard-API für das Erstellen von Webservern das »http«-Modul zur Verfügung, sodass Sie prinzipiell keine zusätzlichen Packages benötigen. Ein einfaches Beispiel für die Verwendung dieses Moduls sehen Sie in Listing 8.1. Nachdem Sie das Modul »http« über `require()` importiert haben, erstellen Sie mithilfe der Funktion `createServer()` ein Serverobjekt. Die hierbei übergebene Callback-Funktion wird immer dann aufgerufen, wenn bei dem Webserver eine Anfrage von einem Client eingeht, und Sie haben hier die Möglichkeit zu definieren, welche Antwort zurück an den Client geschickt werden soll.

Innerhalb der Callback-Funktion haben Sie Zugriff auf ein Objekt, das die Anfrage an den Webserver repräsentiert (Parameter `request`), und ein Objekt, das die Antwort des Servers repräsentiert (Parameter `response`).

Um nun eine Antwort zu generieren, reicht es, wie im Beispiel gezeigt, auf das `response`-Objekt mithilfe der Methode `writeHead()` einen entsprechenden Content-Type-Header zu setzen und mithilfe der Methode `end()` die Daten zu definieren, die in der Antwort enthalten sein sollen. Im Beispiel wird einfach unabhängig von der eingegangenen Anfrage immer die Zeichenkette »Hello World« als Antwort zurückgegeben. Prinzipiell haben Sie hier natürlich alle Freiheiten und können die Antwort auch dynamischer gestalten – bspw. abhängig von den im Request-Objekt enthaltenen Daten (URL-Pfad, Query-Parameter etc.).

Um den Webserver zu starten, rufen Sie auf dem Serverobjekt die Methode `listen()` auf. Hierbei übergeben Sie den Port, unter dem der Webserver erreichbar sein soll, sowie optional eine Callback-Funktion, die aufgerufen wird, wenn der Webserver gestartet wurde.

```
const http = require('http');
const PORT = 3000;

function handleRequest(request, response) {
  response.writeHead(200, { 'Content-Type': 'text/plain' });
  response.end('Hello World');
}

const server = http.createServer(handleRequest);
server.listen(PORT, () => {
  console.log(`Server started at: http://localhost:${PORT}`);
});
```

Listing 8.1 Ein einfacher HTTP-Server mit dem »http«-Modul

Speichern Sie den obigen Code in einer Datei *server-http.js*, und rufen Sie ihn wie folgt auf:

```
$ node server-http.js
Server started at: http://localhost:3000
```

Wenn Sie nun die URL *http://localhost:3000* in einem Browser aufrufen, erhalten Sie die Ausgabe »Hallo Welt«.

Sie sehen also: Bereits mit wenigen Code-Zeilen ist es möglich, unter Node.js einen Webserver zu implementieren. Für einfache Szenarien ist das »http«-Modul durchaus auch in Erwägung zu ziehen. Für komplexere Einsatzgebiete empfehle ich Ihnen jedoch den Einsatz eines professionellen Frameworks wie des im Folgenden vorgestellten »Express«.

8.1.2 Lösung: einen Webserver mit »Express« implementieren

Frameworks wie »Express« (*https://expressjs.com*) bieten Ihnen gegenüber dem »http«-Modul zusätzliche Funktionalitäten, bspw. vereinfachtes *Routing* (siehe Rezept 56), Erweiterung durch sogenannte *Middlewares*, Authentifizierung (beides Rezept 58), *Templating* (siehe Rezept 40) und vieles andere mehr.

In Folgenden möchte ich Ihnen zeigen, wie Sie den im vorherigen Abschnitt implementierten Webserver mit »Express« umsetzen können. Das Beispiel ist dabei nach wie vor bewusst einfach gehalten – auf die Details von »Express« komme ich im Laufe dieses Kapitels noch in den anderen Rezepten zu sprechen.

Installation und Verwendung

Installieren können Sie »Express« wie gewohnt über npm:

```
$ npm install express
```

Den analogen Code für das Beispiel aus Listing 8.1 sehen Sie in Listing 8.2. Nach Einbinden des Packages erstellen Sie über die Funktion `express()` zunächst ein Objekt, das den Webserver repräsentiert und mit dessen Hilfe Sie die genauen Eigenschaften des Webservers konfigurieren können. Eine Übersicht darüber, welche Methoden dazu zur Verfügung stehen, finden Sie unter der *https://expressjs.com/de/api.html#app*.

Über die in Listing 8.2 verwendete Methode `get()` bspw. ist es möglich, eine Route zu definieren, über die HTTP-Anfragen bearbeitet werden können, die als HTTP-Methode GET verwenden. Als ersten Parameter übergeben Sie dabei den Pfad und als zweiten Parameter die Callback-Funktion, die immer dann aufgerufen wird, wenn eine (GET-)Anfrage vom Client an den entsprechenden *Endpoint* gestellt wird.

Innerhalb der Callback-Funktion haben Sie (wie schon bei Verwendung des »http«-Moduls) zum einen Zugriff auf ein Objekt, das die Anfrage vom Client repräsentiert (*https://expressjs.com/de/api.html#req*), und zum anderen auf ein Objekt, das die Antwort an den Client repräsentiert (*https://expressjs.com/de/api.html#res*).

Analog zu `get()` stehen auch für alle anderen HTTP-Methoden entsprechende Methoden an dem app-Objekt zur Verfügung, d. h., über `post()` können Sie Routen für POST-Anfragen definieren, über `put()` Routen für PUT-Anfragen usw. (eine vollständige Auflistung der unterstützten HTTP-Methoden finden Sie unter *https://expressjs.com/de/api.html#routing-methods*).

Um den Webserver schlussendlich zu starten, verwenden Sie die Methode `listen()`, der Sie den entsprechenden Port übergeben sowie eine Callback-Funktion, die aufgerufen wird, wenn der Webserver gestartet wurde oder es dabei zu einem Fehler kam.

```
const express = require('express');
const app = express();
const PORT = 3000;

app.get('/', (request, response) => {
  response.send('Hello World');
});

app.listen(PORT, (error) => {
  if (error) {
    console.error(error);
  } else {
    console.log(`Server started at: http://localhost:${PORT}`);
  }
});
```

Listing 8.2 Ein einfacher HTTP-Server mit dem »Express«-Package

8.1.3 Ausblick

Node.js bringt mit dem »http«-Modul bereits alles mit, was Sie für die Implementierung von Webservern bzw. Webanwendungen benötigen. In vielen Fällen ergibt es aber Sinn, wenn Sie von Anfang an auf ein Webframework wie das in diesem Rezept vorgestellte »Express« zurückgreifen, das klassische Anforderungen wie die Implementierung von REST-APIs oder die Integration von Authentifizierungsmethoden erheblich vereinfacht und beschleunigt (wie Sie in folgenden Rezepten noch sehen werden). Hilfreich ist in diesem Zusammenhang auch der offizielle »Express Generator« (*https://www.npmjs.com/package/express-generator*), mit dessen Hilfe Sie sich das Grundgerüst für eine »Express«-basierte Webanwendung automatisch generieren können.

Verwandte Rezepte

- Rezept 40: HTML mit Template-Engines generieren
- Rezept 55: Eine Webanwendung über HTTPS betreiben
- Rezept 56: Eine REST-API implementieren
- Rezept 57: Einen HTTP-Client implementieren
- Rezept 58: Authentifizierung implementieren
- Rezept 59: Authentifizierung mit »Passport.js« implementieren

8.2 Rezept 55: Eine Webanwendung über HTTPS betreiben

Sie möchten eine Webanwendung über HTTPS betreiben.

8.2.1 Lösung

Wenn Sie eine Webanwendung entwickeln, in der sensible Daten wie bspw. Nutzerdaten, Bankdaten oder Passwörter übertragen werden, sollten Sie nicht HTTP als Protokoll verwenden, weil hier die gesamte Kommunikation unverschlüsselt stattfindet. Stattdessen sollten Sie Ihre Anwendung auf *HTTPS* (*Hypertext Transfer Protocol Secure*) umstellen.

Die im Folgenden beschriebenen Schritte bauen auf den aus dem vorherigen Rezept bekannten Webanwendungen auf. Wie Sie gleich sehen werden, ist die Umstellung von einer Anwendung, die auf HTTP basiert, zu einer Anwendung, die auf HTTPS basiert, relativ einfach.

Exkurs: HTTPS

Bei HTTPS handelt es sich um die sichere Version des HTTP-Protokolls, bei der die Daten in beide Richtungen, d. h. vom Client zum Server und vom Server zum Client, *verschlüsselt* übertragen werden (Abbildung 8.1). Dabei ist der Ablauf der folgende: Stellt der Client eine Anfrage an den Server, schickt dieser zunächst seinen öffentlichen Schlüssel und ein *Zertifikat* an den Client. Der Client (bzw. der Browser) stellt daraufhin sicher, dass das Zertifikat zum einen gültig ist und zum anderen von einer *vertrauenswürdigen Zertifizierungsstelle* stammt. Ist beides der Fall, erstellt der Client selbst ebenfalls einen Schlüssel (den *Symmetric Key*) und schickt diesen an den Server, der den Schlüssel wiederum mit seinem privaten Schlüssel entschlüsselt. Anschließend verschlüsselt der Server die an den Client zurückgesendeten Daten mit dem Symmetric Key, der sie dann wieder entschlüsseln kann.

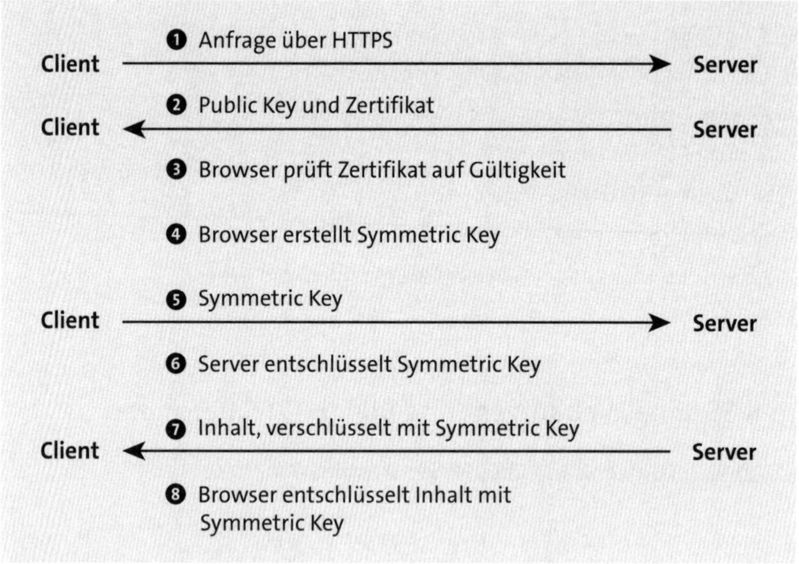

Abbildung 8.1 Das Prinzip von HTTPS

Die Zertifikate erstellen

Bevor Sie die Änderungen am Node.js-Code vornehmen, müssen Sie zunächst ein *Zertifikat* erstellen. Dazu können Sie bspw. das Tool »openssl« verwenden. Das damit erstellte Zertifikat ist dann zwar nicht von einer offiziellen und vertrauenswürdigen Zertifizierungsstelle erstellt und der Client (bzw. der Browser) wird Sie später beim Zugriff auf den Server entsprechend darauf hinweisen, allerdings ist das für den Testaufbau und das Verständnis irrelevant.

HTTPS im Produktivsystem

Für die Nutzung von HTTPS im Produktivsystem müssen Sie sich entsprechende Zertifikate von einer offiziellen Zertifizierungsstelle erstellen lassen, bspw. dem immer beliebter werdenden *Let's Encrypt* (*https://letsencrypt.org/*).

Die Befehle für das Erstellen eines Schlüssels und eines Zertifikats lauten wie folgt:

```
$ openssl genrsa -out localhost.key 2048
$ openssl req \
    -new \
    -x509 \
    -key localhost.key \
    -out localhost.cert \
    -days 365
```

Daraufhin werden zwei Dateien erstellt: *localhost.key* enthält den Schlüssel und *localhost.cert* das Zertifikat. Beide Dateien werden Sie gleich noch benötigen.

Webserver über HTTPS erstellen

Für das Erstellen von HTTPS-basierten Webanwendungen stellt die Node.js-API das Modul »https« zur Verfügung. Den angepassten Code, der auf dem Beispiel aus dem vorherigen Rezept basiert, sehen Sie in Listing 8.3. Das Grundgerüst bleibt mehr oder weniger das gleiche. Statt des Moduls »http« verwenden Sie nun das Modul »https«; den zuvor erzeugten Schlüssel und die zuvor erzeugte Zertifikatsdatei lesen Sie über `readFileSync()` aus den entsprechenden Dateien ein und hinterlegen den Inhalt in einem Konfigurationsobjekt mit den Eigenschaften `key` und `cert`.

Wie das Modul »http« stellt auch das »https«-Modul eine Methode `createServer()` zur Verfügung, über die sich ein entsprechendes Webserver-Objekt instanziieren lässt. Der Unterschied: Als ersten Parameter übergeben Sie jetzt das oben beschriebene Konfigurationsobjekt, das den Schlüssel und das Zertifikat enthält.

```
const https = require('https');
const fs = require('fs');

const options = {
  key: fs.readFileSync('./localhost.key'),
  cert: fs.readFileSync('./localhost.cert')
};

const PORT = 3000;
function handleRequest(request, response) {
  response.writeHead(200, { 'Content-Type': 'text/plain' });
  response.end('Hallo Welt');
}
const server = https.createServer(options, handleRequest);
server.listen(PORT, () => {
  console.log(`Server started at: https://localhost: ${PORT}`);
});
```

Listing 8.3 Erstellen eines Webservers über HTTPS

Wenn Sie den Code aus Listing 8.3 starten, können Sie die Webanwendung anschließend unter *https://localhost:3000* aufrufen (beachten Sie das »https« in der URL). Wie eingangs erwähnt, wird der Browser Sie darauf hinweisen, dass das Zertifikat nicht von einer offiziellen Zertifizierungsstelle stammt. Diese Warnung können Sie ignorieren und entsprechend bestätigen, dass Sie wissen, was Sie tun.

Webserver mit »Express« über HTTPS erstellen

In diesem Abschnitt wollen wir uns noch kurz anschauen, wie die Integration von HTTPS bei »Express« funktioniert. Dazu sehen Sie in Listing 8.4 den angepassten Code basierend auf dem im vorherigen Rezept gezeigten Beispiel.

Auch hier bleibt das Grundgerüst der Applikation fast unverändert. Statt des Moduls »http« verwenden Sie nun das Modul »https«, Schlüssel und Zertifikatsdatei lesen Sie wieder über `readFileSync()` aus den entsprechenden Dateien ein und hinterlegend den Inhalt in den entsprechenden Eigenschaften des Konfigurationsobjekts.

Den eigentlichen Webserver starten Sie allerdings nicht mehr wie in Listing 8.2 über die Methoden des `app`-Objekts. Stattdessen erstellen Sie, wie im vorherigen Abschnitt beschrieben, über die Methode `createServer()` eine Webserver-Objektinstanz, übergeben dabei aber – anders als in Listing 8.3 – keine Callback-Funktion, sondern direkt das `app`-Objekt. Der anschließende Aufruf `listen()` sorgt dafür, dass der Webserver startet und unter dem angegebenen Port 3000 zu erreichen ist. Wenn Sie die Webanwendung nun unter *https://localhost:3000* aufrufen, können Sie die Warnung bezüglich des nicht verifizierten Zertifikats wieder ignorieren.

```
const https = require('https');
const fs = require('fs');
const express = require('express');
const app = express();
const PORT = 3000;

const options = {
  key: fs.readFileSync('./localhost.key'),
  cert: fs.readFileSync('./localhost.cert')
};

app.get('/', (request, response) => {
  response.send('Hello World');
});

const server = https.createServer(options, app);
server.listen(PORT, () => {
  console.log(`Server started at: https://localhost: ${PORT}`);
});
```

Listing 8.4 Erstellen eines Webservers mit »Express« über HTTPS

Merke

Für die Integration von HTTPS verwenden Sie eine Kombination aus dem Modul »https« und dem »Express«-Framework.

Hinweis

Das Modul »https« stellt mit der Methode `request()` auch eine Methode zur Verfügung, um Anfragen an einen HTTPS-basierten Webserver zu stellen.

8.2.2 Ausblick

Wie Sie in diesem Rezept gesehen haben, ist es relativ einfach, eine Webanwendung über HTTPS auszuliefern. Die Änderungen, die Sie an dem Code vornehmen müssen, sind minimal, die Auswirkungen bezüglich der Sicherheit jedoch enorm.

8.3 Rezept 56: Eine REST-API implementieren

Sie möchten eine REST-API implementieren.

8.3.1 Exkurs: REST-APIs

Bevor Sie an die Implementierung einer *REST-API* gehen, möchte ich in diesem Abschnitt zunächst einen (sehr) kurzen Überblick über die wichtigsten Prinzipien von REST gebe.

REST steht für *Representational State Transfer* und bezeichnet ein Programmierparadigma, das insbesondere bei der Implementierung von Webservices zum Einsatz kommt.

REST hat im Wesentlichen folgende fünf Prinzipien:

1. **Prinzip 1**: Alles wird als *Ressource* betrachtet. Der Name der Ressource sollte dabei ein Nomen sein (und nicht etwa ein Verb o. Ä.).
2. **Prinzip 2**: Jede Ressource ist durch Identifier *eindeutig identifizierbar*. Als Identifier werden dabei *URIs* (*Uniform Resource Identifiers*) verwendet, bspw. *https://philipackermann.de/api/books/nodejscookbook*).
3. **Prinzip 3**: Es werden die *Standard-HTTP-Methoden* verwendet. Mit GET bspw. kann eine Ressource abgerufen, mit POST erstellt und mit DELETE gelöscht werden. Wichtig: Die ID bleibt unverändert (Prinzip 2). Eine URL wie z. B. *https://philipackermann.de/api/books/nodejscookbook/update* folgt nicht den Prinzipien von REST.

4. **Prinzip 4**: Ressourcen können verschiedene *Repräsentationen* haben. Beispielsweise könnte eine Ressource sowohl in XML als auch in JSON abgerufen werden können. Die ID (Prinzip 2) bleibt dabei aber gleich – die Repräsentation (bzw. das Format) wird durch den *MIME-Type* (*Multipurpose Internet Mail Extensions*) definiert.
5. **Prinzip 5**: Die Kommunikation ist *zustandslos*. Jede HTTP-Anfrage, die an den Webserver geschickt wird, wird komplett isoliert betrachtet und bearbeitet. Mit anderen Worten: Auf Server-Seite werden keine Informationen (kein Zustand) zur Client-Session gespeichert.

Stefan Tilkov, Martin Eigenbrodt, Silvia Schreier und Oliver Wolf haben ein ganzes (hervorragendes) Buch zu diesem Thema geschrieben: Wenn Sie also tiefer in diese Materie eintauchen möchten, lohnt sich ein Blick in ihr Buch »REST und HTTP: Entwicklung und Integration nach dem Architekturstil des Web«.

8.3.2 Lösung: eine REST-API mit »Express« implementieren

Prinzipiell können Sie unter Node.js eine REST-API auch mit dem »http«-Modul der Standard-API implementieren (siehe Rezept 54). Allerdings empfehle ich Ihnen aus den in Rezept 54 genannten Gründen, auf Frameworks zurückzugreifen, die für die Entwicklung von REST-APIs spezialisiert sind. Beispiele hierfür gibt es viele. Ich möchte mich im Folgenden jedoch auf »Express« (*https://expressjs.com*) konzentrieren, das Sie ebenfalls schon aus den vorangegangenen Rezepten kennen.

Falls noch nicht geschehen, installieren Sie »Express« wie folgt:

```
$ npm install express
```

In Rezept 54 haben Sie bereits gesehen, wie sich grundsätzlich ein HTTP-Server mit »Express« implementieren lässt. Listing 8.5 zeigt den entsprechenden grundlegenden Aufbau noch einmal.

```
const express = require('express');
const app = express();
const PORT = 3000;

app.get('/', (request, response) => {
  response.send('Hello World');
});

app.listen(PORT, (error) => {
  if (error) {
    console.error(error);
  } else {
```

```
    console.log(Server started at: http://localhost:${PORT});
  }
});
```

Listing 8.5 Genereller einfacher Aufbau einer »Express«-Anwendung

Dieses Beispiel passen Sie nun im ersten Schritt etwas an, sodass Anfragen an den Pfad »/api/v1« an einen eigenen Router weitergeleitet werden. Dies ergibt Sinn, wenn Sie den gleichen »Express«-basierten Webserver bspw. sowohl für das Implementieren einer REST-API als auch für das Bereitstellen einer »normalen« Webanwendung (bzw. des Frontends) verwenden wollen, oder auch, um einfacher verschiedene Versionen einer API hinzufügen zu können (siehe auch Abschnitt 8.3.3).


```
const express = require('express');
const APIRouter = require('./APIRouter');
const app = new express();
const apiRouter = new APIRouter();

const PORT = 3000;

app.use('/api/v1', apiRouter);

app.listen(PORT, (error) => {
  if (error) {
    console.error(error);
  } else {
    console.log(Server started at: http://localhost:${PORT});
  }
});
```

Listing 8.6 Integration eines API-Routers in eine »Express«-Anwendung

Prinzipiell besteht die folgende Implementierung neben dem oben gezeigten Code aus drei Klassen:

1. `APIRouter`: Die Klasse `APIRouter` definiert die konkreten Routen unterhalb von »/api/v1« und mappt diese Routen auf Funktionen aus der Klasse `ContactRoute` (Listing 8.9). `APIRouter` leitet von der Express-Klasse `Router` ab (Listing 8.7).
2. `ContactModel`: Die Klasse `ContactModel` enthält das Objektmodell für die Kontakte sowie Helferfunktionen, um auf das Objektmodell zugreifen zu können (Listing 8.8). Diese speichert aus Demonstrationszwecken die Kontakte lediglich lokal in einer Map. Für den Produktiveinsatz ergibt das natürlich keinen Sinn. Hier sollten Sie auf Persistenz-Lösungen zurückgreifen, die ich in Kapitel 7, »Persistenz«, besprochen habe.

3. `ContactRoute`: Die Klasse `ContactRoute` enthält Funktionen, die aus den vom `APIRouter` weitergeleiteten HTTP-Anfragen die Parameter etc. extrahieren und mit den entsprechenden Daten die Funktionen aus dem `ContactModel` aufrufen (Listing 8.9).

Im Folgenden zeige ich Ihnen im Detail, wie Sie diese drei Klassen ausbauen, um Datensätze auszulesen, anzulegen, zu aktualisieren und zu löschen. Im Detail sind dies folgende Routen:

HTTP-Methode	Route	Beschreibung
GET	*/api/1/contacts*	Liefert alle Kontakte zurück.
GET	*/api/1/contacts/<id>*	Gibt einen Kontakt anhand seiner ID zurück.
POST	*/api/1/contacts*	Erstellt einen neuen Kontakt.
PUT	*/api/1/contacts/<id>*	Aktualisiert einen bestehenden Kontakt.
DELETE	*/api/1/contacts/<id>*	Löscht einen bestehenden Kontakt.

Tabelle 8.1 Die für das Beispiel zu erstellenden Routen

Datensätze auslesen

Das einfachste Beispiel ist das Auslesen von Datensätzen. Im `APIRouter` (Listing 8.7) definieren Sie die Mappings über die Methode `get()`, wobei Sie als ersten Parameter den Pfad angeben und als zweiten Parameter die aufzurufende (statische) Methode von `ContactRoute`. Die Route »/contacts« wird also auf die Methode `ContactRoute.getContacts()` gemappt und die Route »/contacts/:id« auf die Methode `ContactRoute.findContact()`. Bei der letzten Route sehen Sie auch, dass Sie mithilfe des Doppelpunkts Platzhalter definieren können. Diese Platzhalter werden durch »Express« bei einer eingehenden Anfrage entsprechend aus der URL extrahiert und sind dann im `request`-Objekt der jeweiligen Callback-Funktion enthalten (dazu gleich mehr).

```
const { Router } = require('express');
const ContactRoute = require('./routes/ContactRoute');

module.exports = class APIRouter extends Router {
  constructor(opts = APIRouter.defaultOptions()) {
    super(opts);
    this.get(
      '/',
      (request, response) =>
        response.json({
```

```
        name: 'Contact API',
        version: '1'
      })
    );
    this.get(
      '/contacts',
      ContactRoute.getContacts
    );
    this.get(
      '/contacts/:id',
      ContactRoute.findContact
    );
    /* ... */
  }

  static defaultOptions() {
    return {
      caseSensitive: true,
      strict: true
    };
  }
};
```

Listing 8.7 Aufbau der Klasse »APIRouter«

Die Klasse `ContactModel` (Listing 8.8) bietet für das Auslesen von Kontakten zwei Methoden an: `getContacts()` liefert ein Array mit allen Kontakten zurück, `findContact()` sucht zu einer gegebenen ID den entsprechenden Eintrag und gibt diesen zurück.

```
const contacts = new Map();
contacts.set('1', {
  firstName: 'Max',
  lastName: 'Mustermann'
});
contacts.set('2', {
  firstName: 'Moritz',
  lastName: 'Mustermann'
});

module.exports = class ContactModel {
  static getContacts() {
    const contactsArray = [];
    for (let [id, contact] of contacts) {
      contactsArray.push({
```

```
        ...contact,
        id
      });
    }
    return contactsArray;
  }

  static findContact(id) {
    const contact = contacts.get(id);
    return contact;
  }

  static addContact(id, newContact) {
    /* ... */
  }

  static updateContact(id, updatedContact) {
    /* ... */
  }

  static deleteContact(id) {
    /* ... */
  }
};
```

Listing 8.8 Aufbau der Klasse »ContactModel«

Die Aufgabe der Klasse `ContactRoute` (Listing 8.9) ist es, HTTP-Anfragen vom `APIRouter` entgegenzunehmen und eine entsprechende HTTP-Antwort zu generieren. Für das Auslesen aller Kontakte wird einfach der Rückgabewert von `ContactModel.getContacts()` über die Methode `send()` weitergegeben.

Für das Auslesen eines einzelnen Kontakts anhand der ID muss die ID zunächst aus dem URI-Pfad extrahiert werden. Praktischerweise enthält das Objekt `request` eine Eigenschaft `params`, die sämtlich Pfadparameter als Eigenschaften bereitstellt. Mit dieser ID rufen Sie `ContactModel.findContact()` auf und geben – sofern gefunden – das entsprechende Objekt zurück. Falls zu der ID kein Kontakt gefunden wurde, definieren Sie über die Methode `status()` den Status-Code 404 (»Not Found«) und haben zusätzlich über `send()` die Möglichkeit, eine detaillierte Fehlermeldung an den Client zurückzuschicken.

```
const ContactModel = require('../model/ContactModel');

module.exports = class ContactRoute {
```

```
  static getContacts(request, response) {
    const contactsArray = ContactModel.getContacts();
    response.send(contactsArray);
  }

  static findContact(request, response) {
    const { id } = request.params;
    const contact = ContactModel.findContact(id);
    if (contact) {
      response.send(contact);
    } else {
      response.status(404).send('Contact not found.');
    }
  }

  static addContact(request, response) {
    /* ... */
  }

  static updateContact(request, response) {
    /* ... */
  }

  static deleteContact(request, response) {
    /* ... */
  }
};
```


Listing 8.9 Aufbau der Klasse »ContactRoute«

Wenn Sie den Server starten und anschließend im Browser die URL *http://localhost:3000/api/v1/contacts* öffnen, sollten Sie folgendes JSON als Ausgabe erhalten:

```
[{"firstName":"Max","lastName":"Mustermann","id":"1"},{"firstName":"Moritz",
"lastName":"Mustermann","id":"2"}]
```

HTTP-Clients

Beim Entwickeln von REST-Schnittstellen ist ein guter HTTP-Client für das Testen unerlässlich. Empfehlenswert ist diesbezüglich das Tool Postman (*https://www.getpostman.com/*). Einzelne HTTP-Anfragen lassen sich über eine grafische Oberfläche relativ einfach konfigurieren, ausführen und übersichtlich speichern.

Wer auf eine grafische Oberfläche verzichten kann und sich in der Kommandozeile heimischer fühlt, dem sei HTTPie (*https://httpie.org/*) empfohlen, das für macOS,

Linux und Windows installiert werden kann (siehe *https://httpie.org/doc#installation*). Nach der Installation steht der Befehl `http` zur Verfügung, mit dessen Hilfe sich HTTP-Anfragen formulieren lassen. Eine ausführliche Dokumentation aller Unterbefehle und Flags finden Sie unter *https://httpie.org/doc*.

Datensätze anlegen

Laut REST-Prinzipien können neue Datensätze über das Stellen einer POST-Anfrage angelegt werden. Um das entsprechende Mapping zu definieren, stellt Ihnen die `Router`-Klasse die Methode `post()` zur Verfügung. Als ersten Parameter definieren Sie, wie in Listing 8.10 zu sehen, wieder die entsprechende Route (»/contacts«) und als zweiten Parameter die aufrufende Methode aus der `ContactRoute`.

```
const { Router } = require('express');
const ContactRoute = require('./routes/ContactRoute');

module.exports = class APIRouter extends Router {
  constructor(opts = APIRouter.defaultOptions()) {
    super(opts);
    /* ... */
    this.post(
      '/contacts',
      ContactRoute.addContact
    );
    /* ... */
  }
  /* ... */
};
```

Listing 8.10 Mapping einer POST-Route

Um Daten, die per POST an den Server geschickt werden, als JSON zu parsen, müssen Sie zudem die Express-Middleware »body-parser« einbinden und, wie in Listing 8.11 gezeigt, aktivieren:

```
const express = require('express');
const APIRouter = require('./APIRouter');
const bodyParser = require('body-parser');
const app = new express();
const apiRouter = new APIRouter();

const PORT = 3000;
```

```
app.use(bodyParser.urlencoded({ extended: true }));
app.use(bodyParser.json());
app.use('/api/v1', apiRouter);

app.listen(PORT, (error) => {
  if (error) {
    console.error(error);
  } else {
    console.log(`Server started at: http://localhost:${PORT}`);
  }
});
```


Listing 8.11 Einbinden der »body-parser«-Middleware

Danach wird der Body von HTTP-Anfragen (der *Payload*) durch die Middleware als JSON geparst, und Sie können anschließend über die Eigenschaft `body` des `request`-Objekts darauf zugreifen, bspw., wie in Listing 8.12 zu sehen, um die Daten für den neu anzulegenden Kontakt zu extrahieren.

```
const ContactModel = require('../model/ContactModel');

module.exports = class ContactRoute {

  /* ... */

  static addContact(request, response) {
    const { id } = request.body;
    const newContact = { ...request.body };
    delete newContact.id;
    try {
      ContactModel.addContact(id, newContact);
      response.send(newContact);
    } catch (error) {
      response.status(409).send(error);
    }
  }

  /* ... */
};
```

Listing 8.12 Anlegen eines neuen Kontakts

Listing 8.13 zeigt die Implementierung der Methode `addContact()` der Klasse `ContactModel`. Hier passiert nichts Ungewöhnliches: Zunächst wird geprüft, ob es für die übergebene ID schon einen Kontakt gibt, und gegebenenfalls ein entsprechender Fehler erzeugt. Gibt es keinen Kontakt für die ID, wird der Kontakt in der Map gespeichert.

```
const contacts = new Map();
contacts.set('1', {
  firstName: 'Max',
  lastName: 'Mustermann'
});
contacts.set('2', {
  firstName: 'Moritz',
  lastName: 'Mustermann'
});

module.exports = class ContactModel {
  /* ... */

  static addContact(id, newContact) {
    const contains = contacts.get(id);
    if (!contains) {
      contacts.set(id, newContact);
      return newContact;
    } else {
      throw new Error('Contact already exists.');
    }
  }

  /* ... */
};
```

Listing 8.13 Anlegen eines neuen Kontakts in »ContactModel«

Datensätze aktualisieren

Für das Aktualisieren von Datensätzen sieht REST die HTTP-Methode PUT vor. Analog dazu stellt die `Router`-Klasse die Methode `put()` zur Verfügung, um ein entsprechendes Mapping zu definieren. Listing 8.14 zeigt den hierfür relevanten Code aus der `APIRouter`-Klasse.

```
const { Router } = require('express');
const ContactRoute = require('./routes/ContactRoute');

module.exports = class APIRouter extends Router {
  constructor(opts = APIRouter.defaultOptions()) {
    super(opts);
```

```
    /* ... */
    this.put(
      '/contacts/:id',
      ContactRoute.updateContact
    );
    /* ... */
  }

  /* ... */
};
```


Listing 8.14 Mapping einer PUT-Route

Die Klasse `ContactRoute` wird um die Methode `updateContact()` erweitert (Listing 8.15), bei der die ID des Kontakts wieder aus den Pfadparametern ausgelesen wird und die eigentlichen Kontaktdaten aus dem Request-Body extrahiert werden.

```
const ContactModel = require('../model/ContactModel');

module.exports = class ContactRoute {

  /* ... */

  static updateContact(request, response) {
    const { id } = request.params;
    const updatedContact = { ...request.body };
    delete updatedContact.id;
    try {
      ContactModel.updateContact(id, updatedContact);
      response.send(updatedContact);
    } catch (error) {
      response.status(404).send(error);
    }
  }
  /* ... */
};
```

Listing 8.15 Kontakte aktualisieren in der »ContactRoute«

Die Klasse `ContactModel` wird, wie in Listing 8.16 gezeigt, ebenfalls um eine Methode `updateContact()` erweitert.

```
/* ... */

module.exports = class ContactModel {
```

```
  /* ... */

  static updateContact(id, updatedContact) {
    const contains = contacts.get(id);
    if (contains) {
      contacts.set(id, updatedContact);
      return updatedContact;
    } else {
      throw new Error('Contact does not exist.');
    }
  }

  /* ... */
};
```

Listing 8.16 Kontakte aktualisieren im »ContactModel«

Datensätze löschen

Um Datensätze zu löschen, verwenden Sie als Mapping-Funktion die Methode `delete()` wie folgt:

```
const { Router } = require('express');
const ContactRoute = require('./routes/ContactRoute');

module.exports = class APIRouter extends Router {
  constructor(opts = APIRouter.defaultOptions()) {
    super(opts);
    /* ... */
    this.delete(
      '/contacts/:id',
      ContactRoute.deleteContact
    );
  }
  /* ... */
};
```

Listing 8.17 Mapping einer DELETE-Route

In der Klasse `ContactRoute` kommt die Methode `deleteContact()` hinzu, in welcher der ID-Parameter aus dem Request extrahiert und der Aufruf an die entsprechende Methode im `ContactModel` delegiert wird:

```
const ContactModel = require('../model/ContactModel');

module.exports = class ContactRoute {
  /* ... */

  static deleteContact(request, response) {
    const { id } = request.params;
    const deleted = ContactModel.deleteContact(id);
    if (deleted) {
      response.send(contact);
    } else {
      response.status(404).send('Contact not found.');
    }
  }
};
```

Listing 8.18 Kontakte löschen in der »ContactRoute«

Der Code für das `ContactModel` wird ebenfalls um eine Methode `deleteContact()` ergänzt, die den Kontakt anhand der ID aus der Map löscht:

```
/* ... */

module.exports = class ContactModel {
  /* ... */

  static deleteContact(id) {
    const deleted = contacts.delete(id);
    if (deleted) {
      return contact;
    } else {
      throw new Error('Contact not deleted.');
    }
  }
};
```

Listing 8.19 Kontakte löschen im »ContactModel«

8.3.3 Versionierung

Ein Punkt, den Sie bei der Planung einer REST-API berücksichtigen sollten, ist die Versionierung der API. Insbesondere wenn eine API von externen Diensten genutzt wird, die auf die definierten Endpoints, Formate etc. angewiesen sind, sollten Sie sicherstellen, dass die API abwärtskompatibel bleibt. Am einfachsten ist dies, wenn Sie innerhalb der URIs eine Versionsnummer vorsehen, entweder als Teil des Pfades (*https://philipackermann.de/api/v1/books/nodejscookbook*) oder als Query-String-Parameter (*https://philipackermann.de/api/books/nodejscookbook?version=1*). Alternativ dazu können Sie die Versionsnummer auch als zusätzlichen HTTP-Header vorsehen. Letzteres empfehle ich Ihnen allerdings nur dann, wenn Sie es erstens mit einer bestehenden API zu tun haben, die noch keine Versionsnummer in den URIs enthält, und Sie zweitens diese URIs um keinen Preis ändern bzw. durch neue URIs ergänzen wollen.

Der Detailgrad der Versionsnummer (Major, Minor, Patch) richtet sich danach, wie feingliedrig Sie Änderungen an der API vornehmen wollen. In der Regel sollte die Versionsnummer bei einer REST-API nur die Major-Version enthalten, in Ausnahmefällen zusätzlich die Minor-Version. Die Patch-Version mit aufzunehmen ergibt in keinem Fall Sinn (wenn sich eine API so häufig ändert und sie so häufig publiziert werden sollte, sollten Sie stattdessen den Release-Zyklus bzw. die Versionierung überdenken).

8.3.4 Ausblick

Sie wissen nun, wie Sie mithilfe des Frameworks »Express« eine einfache REST-API erstellen können. Im nächsten Rezept zeige ich Ihnen, wie Sie unter Node.js HTTP-Anfragen stellen können, z. B. um Anfragen an die in diesem Rezept implementierte REST-API zu stellen. In Kapitel 10, »Testing und TypeScript«, lernen Sie zudem, wie Sie REST-APIs mithilfe von *Unit-Tests* automatisiert testen können (Rezept 77). Eine interessante Alternative zu REST, das sogenannte *GraphQL*, schauen wir uns in den Rezepten 60 bis 62 an.

Webframeworks für die Entwicklung von REST-APIs gibt es im Node.js-Universum ziemlich viele: Neben dem vorgestellten »Express« sind bspw. »Restify« (*http://restify.com/*), »Koa« (*https://koajs.com/*), »Hapi.js« (*https://hapijs.com/*), »Sails.js« (*https://sailsjs.com/*), »Loopback« (*https://loopback.io/*) und »Nest.js« (*https://nestjs.com/*) recht bekannt.

Wenn Sie besonders auf die Performance Ihrer API Wert legen, lohnt zudem ein Blick auf »Fastify« (*https://github.com/fastify/fastify*), das in verschiedenen Benchmarkingtests im Vergleich zu den anderen Frameworks am besten abschneidet. Schneller ist nur der reine Einsatz des »http«-Moduls ohne jeglichen »Framework-Ballast«.

Verwandte Rezepte

- Rezept 54: Einen HTTP-Server implementieren
- Rezept 55: Eine Webanwendung über HTTPS betreiben

- Rezept 57: Einen HTTP-Client implementieren
- Rezept 60: Eine GraphQL-API implementieren
- Rezept 77: Unit-Tests für REST-APIs implementieren
- Rezept 103: Microservice-Architekturen aufsetzen mit Docker Compose

8.4 Rezept 57: Einen HTTP-Client implementieren

Sie möchten einen HTTP-Client implementieren, bspw., um auf eine REST-API zuzugreifen.

8.4.1 Lösung: einen HTTP-Client mit der Standard-Node.js-API implementieren

In Rezept 54 haben Sie gesehen, wie Sie mithilfe des Moduls »http« einen HTTP-Server implementieren können. Neben dieser Funktionalität bietet das Modul »http« auch die Möglichkeit, einen HTTP-Client zu implementieren. Dazu verwenden Sie, wie in Listing 8.20 gezeigt, die Funktion `request()` (als Grundlage dient die REST-API aus Rezept 56).

Über ein Konfigurationsobjekt definieren Sie den anzufragenden Webserver bzw. dessen Host, Port und die Pfadangabe. Als zweiten Parameter übergeben Sie der Funktion eine Callback-Funktion, über die sich die Antwort vom Server verarbeiten lässt. Das entsprechende Objekt `response` leitet von der Klasse `EventEmitter` ab, d. h., Sie können über die Methode `on()` Event-Listener registrieren (siehe auch Rezept 34).

Um die komplette Antwort zu erhalten, müssen Sie einen Event-Listener für das »data«-Event registrieren, innerhalb dessen Sie jeweils einen Teil der Daten erhalten. Wenn alle Teile übertragen wurden, wird das Event »end« ausgelöst. Mit anderen Worten: Sie müssen sich zunächst in dem Event-Listener für das »data«-Event die einzelnen Teile in einer Variable (hier: `body`) merken und können erst anschließend in dem Event-Listener für das »end«-Event auf die gesamten Daten zugreifen, bspw. um – wie in Listing 8.20 gezeigt – die Daten als JSON zu verarbeiten.

```
const http = require('http');

const options = {
  host: 'localhost',
  port: '3000',
  path: '/api/v1/contacts'
};
```

```
const request = http.request(options, (response) => {
  let body = '';

  response.on('data', (data) => {
    body += data;
  });

  response.on('end', () => {
    const contacts = JSON.parse(body);
    contacts.forEach((contact) => {
      console.log(contact);
    });
  });
});

request.end();
```

Listing 8.20 Ein einfacher Client mit dem »http«-Modul

Das »http«-Modul bietet bereits alle Möglichkeiten, HTTP-Anfragen zu stellen. Trotzdem empfehle ich Ihnen, für den Praxiseinsatz auf alternative Packages zurückzugreifen, die das ganze Prozedere des Erstellens von Anfragen und das Verarbeiten von Antworten um einiges vereinfachen.

8.4.2 Lösung: einen HTTP-Client mit »superagent« implementieren

In meinem persönlichen Werkzeugkasten greife ich mittlerweile (vor allem seitdem die Weiterentwicklung des populären »request«-Packages eingestellt wurde, siehe auch Kasten weiter unten in diesem Rezept) in den meisten Fällen auf das Package »superagent« (*https://github.com/visionmedia/superagent*) zurück.

Installieren können Sie das Package über folgenden Befehl:

```
$ npm install superagent
```

Einer der wesentlichen Vorteile von »superagent« ist es, dass Sie sich nicht selbst um das Zusammenbauen der HTTP-Antwort kümmern müssen. Das nimmt das Package praktischerweise intern selbst in die Hand. Folglich sieht der entsprechende Code, der das Gleiche macht wie der Code aus Listing 8.20 wesentlich schlanker und lesbarer aus:

```
const superagent = require('superagent');

superagent
  .get('http://localhost:3000/api/v1/contacts')
```

```
  .end((error, response) => {
    if (error) {
      console.error(error);
    } else {
      const contacts = response.body;
      contacts.forEach((contact) => {
        console.log(contact);
      });
    }
  });
```

Listing 8.21 Ein einfacher Client mit dem »superagent«-Package

Sowohl das Stellen der Anfragen als auch das Verarbeiten der Antwort ist um einiges einfacher als bei Verwendung des »http«-Moduls.

Neben der im Listing verwendeten Methode get() für das Erstellen einer GET-Anfrage stellt »superagent« für die HTTP-Methoden DELETE, HEAD, PATCH, POST und PUT ebenfalls entsprechend benannte Methoden zur Verfügung.

Um bspw. einen neuen Kontakt zu der Kontaktliste hinzuzufügen, rufen Sie einfach die Methode post() wie folgt auf:

```
const superagent = require('superagent');

const body = {
  id: '4',
  firstName: 'Petra',
  lastName: 'Mustermann'
};

superagent
  .post('http://localhost:3000/api/v1/contacts')
  .send(body)
  .then((response) => {
    console.log(response.body);
  });
```

Listing 8.22 Versenden einer POST-Anfrage

Neben den gezeigten Methoden stellt die API von »superagent« viele weitere Methoden zur Verfügung, die bei dem Erstellen von HTTP-Anfragen hilfreich sind. So ist es bspw. möglich, über die Methode set() HTTP-Header zu definieren, über den Shortcut type() direkt den Content-Type-Header zu setzen, über accept() den Accept-Header, über query() Query-String-Parameter zu definieren, über key() und cert()

Schlüssel und Zertifikat für Anfragen über HTTPS und über `auth()` Authentifizierungsinformationen, die dann entsprechend als Header-Information mit der Anfrage übertragen werden. Einen guten Überblick über die zur Verfügung stehenden Methoden finden Sie in der offiziellen Dokumentation unter *http://visionmedia.github.io/superagent*.

Hinweis

Ursprünglich wollte ich Ihnen in diesem Rezept ein anderes Package vorstellen (und hatte das Rezept tatsächlich schon fertiggestellt). Das Package »request« war jahrelang meine erste Wahl, wenn es um die Implementierung eines HTTP-Clients ging. Seit März 2019 befindet sich das Package allerdings im »Maintenance mode«, d. h., Bugs werden weiterhin entfernt, aber es werden keine neuen Features mehr eingebaut. Die genauen Beweggründe für diese Entscheidung hat der Entwickler Mikeal Rogers in einer GitHub-Issue unter *https://github.com/request/request/issues/3142* dargelegt.

8.4.3 Ausblick

Neben dem vorgestellten Package »superagent« gibt es viele verschiedene alternative HTTP-Clients für Node.js. Einen guten Einstiegspunkt bietet bspw. die Liste unter *https://github.com/zeke/npm-collection-http-clients*. Erwähnenswert sind hier besonders das Package »axios« (*https://www.npmjs.com/package/axios*), ein Promise-basierter HTTP-Client sowie »whatwg-fetch« (*https://www.npmjs.com/package/whatwg-fetch*), ein *Polyfill* für Node.js, der die *Fetch API* der *Web Hypertext Application Technology Working Group* implementiert (siehe auch den entsprechenden Artikel in meinem Blog »Tales from the Web Side« bei Heise Developer unter *https://www.heise.de/developer/artikel/AJAX-aber-einfacher-Die-neue-Fetch-API-2642427.html*).

In Rezept 77 werde ich Ihnen das Package »supertest« vorstellen, das – der Name lässt es bereits vermuten – auf dem Package »superagent« aufbaut und – dies wiederum lässt der Name des Rezepts vermuten – für das Testen von REST-APIs verwendet werden kann.

Verwandte Rezepte

- Rezept 54: Einen HTTP-Server implementieren
- Rezept 55: Eine Webanwendung über HTTPS betreiben
- Rezept 56: Eine REST-API implementieren
- Rezept 77: Unit-Tests für REST-APIs implementieren

8.5 Rezept 58: Authentifizierung implementieren

Sie möchten eine Webanwendung oder eine REST-API durch einen Authentifizierungsmechanismus vor öffentlichem Zugang schützen.

8.5.1 Lösung

Wenn Sie verhindern möchten, dass eine Webanwendung oder REST-API öffentlich zugänglich ist, sollten Sie diese durch einen entsprechenden Authentifizierungsmechanismus absichern. In diesem Rezept möchte ich Ihnen zunächst zeigen, wie Sie die in Rezept 56 entwickelte REST-API mithilfe sogenannter *Basic Authentication* absichern. In dem hieran anschließenden Rezept stelle ich Ihnen dann ein Package vor, das Ihnen über entsprechende Plugins mehrere Hundert alternative Authentifizierungsmechanismen bereitstellt.

Exkurs: Basic Authentication

Basic Authentication ist einer der populärsten Authentifizierungsmechanismen. Der Ablauf besteht dabei aus den in Abbildung 8.2 gezeigten vier Schritten.

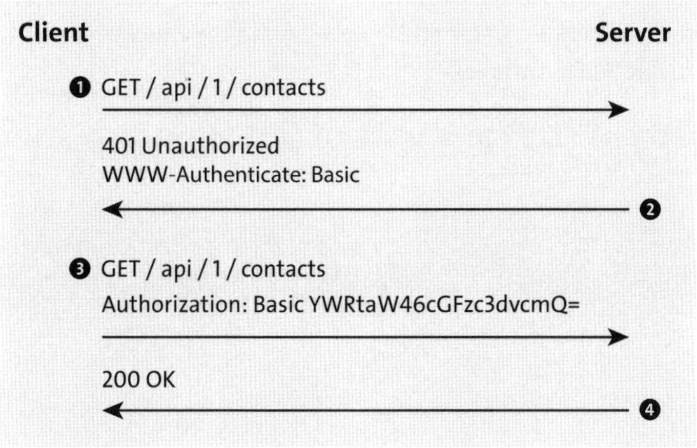

Abbildung 8.2 Prinzip der Basic Authentication

Im ersten Schritt ❶ sendet der Client eine gewöhnliche HTTP-Anfrage an den Webserver. Der Webserver prüft dann, ob die angefragte Ressource (bspw. ein *API-Endpoint*, eine Webseite etc.) öffentlich zugänglich ist oder aber erst nach durchgeführter Authentifizierung.

Ist Letzteres der Fall, schickt der Webserver im zweiten Schritt ❷ eine entsprechende HTTP-Antwort an den Client, die als Status-Code den Wert 401 (»Unauthorized«) und zudem den Header »`WWW-Authenticate`« enthält.

Auf Client-Seite sorgt dies dafür, dass die entsprechenden *Credentials* (also Nutzername und Passwort) abgefragt werden. Handelt es sich bei dem Client um einen Browser, wird dem Nutzer dazu ein entsprechender Dialog angezeigt. Anschließend sendet der Client im dritten Schritt ❸ eine erneute Anfrage an den Webserver, welche die Credentials in Form des »Authorization«-Header enthält.

Im vierten und letzten Schritt ❹ gewährt der Webserver dem Client (nach erfolgreicher Authentifizierung versteht sich!) den Zugang zu der angefragten Ressource und schickt diese an den Client.

Per HTTP auf die API zugreifen

Bevor wir uns im nächsten Schritt konkret der Implementierung der *Basic Authentication* zuwenden, lassen Sie uns zunächst unter Verwendung von HTTPie (siehe Rezept 56) die REST-API für den *Endpoint http://localhost:3000/api/1/contacts* aufrufen. Alternativ dazu können Sie natürlich auch Postman (ebenfalls Rezept 56) oder einen anderen HTTP-Client verwenden, wichtig ist nur, dass Sie – das ist gleich noch relevant – die HTTP-Anfrage einfach konfigurieren können.

Listing 8.23 zeigt die Kommunikation zwischen Client und Server beim Zugriff auf den Endpoint *http://localhost:3000/api/1/contacts* (der Parameter `--verbose` bewirkt, dass HTTPie nicht nur Details zu der HTTP-Antwort auf die Konsole ausgibt, sondern auch Details zu der HTTP-Anfrage).

```
$ http GET http://localhost:3000/api/v1/contacts --verbose
GET /api/v1/contacts HTTP/1.1
Accept: */*
Accept-Encoding: gzip, deflate
Connection: keep-alive
Host: localhost:3000
User-Agent: HTTPie/0.9.3

HTTP/1.1 200 OK
Connection: keep-alive
Content-Length: 110
Content-Type: application/json; charset=utf-8
Date: Mon, 18 Feb 2019 12:17:46 GMTETag: W/"6e-Knhc8UM07I/02WVoeeVgitY5gG8"
X-Powered-By: Express
[
    {
        "firstName": "Max",
        "id": "1",
        "lastName": "Mustermann"
    },
```

```
  {
    "firstName": "Moritz",
    "id": "2",
    "lastName": "Mustermann"
  }
]
```

Listing 8.23 HTTP-Anfrage und HTTP-Antwort

Wie Sie anhand der Ausgabe sehen können, antwortet der Webserver direkt mit dem Status-Code 200, was bedeutet, dass der angefragte Endpoint direkt ohne Authentifizierung zugänglich ist.

Das wollen wir im Folgenden ändern.

Basic Authentication über Middleware einrichten

Über *Middlewares* bietet »Express« ein Plugin-artiges System, um HTTP-Anfragen und HTTP-Antworten abfangen und verarbeiten zu können. In Rezept 56 hatten Sie bspw. die Middleware »body-parser« verwendet, um den Inhalt einer POST-Anfrage automatisch in JSON umzuwandeln.

Middlewares lassen sich beliebig zu einer »Middleware-Kette« hintereinanderschalten, sodass Sie einzelne Features (wie bspw. Authentifizierung) sehr modular entwickeln und für verschiedene Projekte wiederverwenden können.

Um den Endpoint durch Basic Authentication zu schützen, implementieren Sie im Folgenden eine eigene Middleware, anhand derer sich der prinzipielle Ablauf der Basic Authentication gut nachvollziehen lässt. Dabei dient das Package »basic-auth« als Grundlage, das – ausgehend von dem in Rezept 56 verwendeten Projekt – wie folgt zu installieren ist:

```
$ npm install basic-auth
```

Listing 8.24 zeigt den Code für die Middleware-Funktionen, die bezüglich der Parameter immer den gleichen Aufbau haben: Der erste Parameter enthält die HTTP-Anfrage, der zweite die HTTP-Antwort und der dritte einen Verweis auf die nächste Middleware in der Middleware-Kette.

Die Authentifizierungs-Middleware an sich ist sehr einfach aufgebaut: Über die von »basic-auth« zur Verfügung gestellte Methode `auth()` extrahieren Sie zunächst die Credentials aus der HTTP-Anfrage. Wenn keine Credentials übergeben wurden oder die Credentials falsch sind, antwortet die Middleware mit einem entsprechenden Fehler (und ruft auch die nächste Middleware nicht mehr auf).

Der Einfachheit halber prüfen Sie dabei in der Funktion `authenticate()` lediglich, ob der Nutzername »admin« und das Passwort »password« lautet. In Produktivsystemen sollten Sie die Nutzerdaten natürlich nicht auf diese Weise »hart kodieren«, sondern beides entsprechend (verschlüsselt) in einer Datenbank vorhalten (für weitere Details dazu sei an dieser Stelle auf das Kapitel 7, »Persistenz«, verwiesen).

Wurde die Authentifizierung dagegen erfolgreich durchgeführt, macht die Middleware ansonsten nichts, außer die nächste Middleware über `next()` aufzurufen.

```
const auth = require('basic-auth');

// Dummy Authentifizierung
const authenticate = (username, password) =>
  username === 'admin' && password === 'password';

const authenticationMiddleware = async (request, response, next) => {
  const credentials = auth(request);
  if (credentials === undefined) {
    response.statusCode = 401;
    response.setHeader('WWW-Authenticate', 'Basic');
    response.end('No credentials');
  } else {
    const authenticated = await authenticate(
      credentials.name,
      credentials.pass
    );
    if (!authenticated) {
      response.statusCode = 401;
      response.end('Wrong credentials');
    } else {
      next();
    }
  }
};
module.exports = authenticationMiddleware;
```

Listing 8.24 Eine eigene Middleware für Basic Authentication

Diese Middleware können Sie jetzt in der »Express«-Applikation, wie in Listing 8.25 gezeigt, über die Methode `use()` am `app`-Objekt integrieren. Damit werden alle Anfragen an die Applikation an die Middleware weitergeleitet und wie beschrieben hinsichtlich der Credentials überprüft.

```
const express = require('express');
const APIRouter = require('./APIRouter');
const bodyParser = require('body-parser');
```

```
const authenticationMiddleware = require('./authenticate');
const app = new express();
const apiRouter = new APIRouter();

const PORT = 3000;

app.use(bodyParser.urlencoded({ extended: true }));
app.use(bodyParser.json());
app.use(authenticationMiddleware);
app.use('/api/v1', apiRouter);

app.listen(PORT, (error) => {
  if (error) {
    console.error(error);
  } else {
    console.log(`Server started at: http://localhost:${PORT}`);
  }
});

module.exports = app;
```

Listing 8.25 Basic Authentication in »Express«

Per HTTP auf die geschützte API zugreifen

Um die Authentifizierung zu testen, rufen Sie nun erneut den HTTPie-Befehl von eben auf. Wie Sie der folgenden Ausgabe entnehmen können, antwortet der Server jetzt wie erwartet mit einem 401-Status-Code und der Nachricht »No Credentials«.

```
$ http GET http://localhost:3000/api/v1/contacts --verbose
GET /api/v1/contacts HTTP/1.1
Accept: */*
Accept-Encoding: gzip, deflate
Connection: keep-alive
Host: localhost:3000
User-Agent: HTTPie/0.9.3

HTTP/1.1 401 Unauthorized
Connection: keep-alive
Content-Length: 14
Date: Mon, 18 Feb 2019 12:21:58 GMT
WWW-Authenticate: Basic
```

```
X-Powered-By: Express

No credentials
```

Listing 8.26 HTTP-Kommunikation bei fehlgeschlagener Authentifizierung

Diese Anfrage des Clients und die Antwort des Webservers stellen also die in der Einführung beschriebenen ersten beiden Schritte des Workflows dar. Um nun die Schritte drei und vier durchzuführen und erfolgreich auf die API zugreifen zu können, müssen Sie bei der nächsten HTTP-Anfrage vom Client einfach die entsprechenden Credentials im »Authorization«-Header mitgeben.

Die Credentials sind dabei nicht im Klartext zu übergeben, sondern entsprechend kodiert. Da Sie die Anfrage manuell – also ohne Browser – durchführen, müssen Sie die Kodierung selbst vornehmen (also genau das, was der Browser nach Eingabe von Nutzername und Passwort intern auch macht). Ein Online-Tool, über das sich direkt ein entsprechender Header generieren lässt, finden Sie bspw. unter *https://www.blitter.se/utils/basic-authentication-header-generator/*.

Für den Nutzernamen »admin« und das Passwort »password« ergibt sich dabei folgender Header: »`Authorization: Basic YWRtaW46cGFzc3dvcmQ=`«. Übergeben Sie diesen nun der HTTP-Anfrage, ist die Authentifizierung auf Server-Seite erfolgreich, und der Server antwortet mit dem eigentlichen Inhalt der angefragten Seite:

```
$ http GET \
    http://localhost:3000/api/v1/contacts \
    'Authorization:Basic YWRtaW46cGFzc3dvcmQ=' \
    --verbose
GET /api/v1/contacts HTTP/1.1
Accept: */*
Accept-Encoding: gzip, deflate
Authorization: Basic YWRtaW46cGFzc3dvcmQ=
Connection: keep-alive
Host: localhost:3000
User-Agent: HTTPie/0.9.3

HTTP/1.1 200 OK
Connection: keep-alive
Content-Length: 110Content-Type: application/json; charset=utf-8
Date: Mon, 18 Feb 2019 12:35:26 GMT
ETag: W/"6e-Knhc8UM07I/O2WVoeeVgitY5gG8"
X-Powered-By: Express

[
```

```
  {
    "firstName": "Max",
    "id": "1",
    "lastName": "Mustermann"
  },
  {
    "firstName": "Moritz",
    "id": "2",
    "lastName": "Mustermann"
  }
]
```


Listing 8.27 HTTP-Kommunikation bei erfolgreicher Authentifizierung

Hinweis

Der auf dem Package »superagent« basierende HTTP-Client aus Rezept 57 lässt sich übrigens relativ einfach anpassen, damit der Zugriff auf die nun abgesicherte REST-API funktioniert. Das Einzige, was Sie hierfür machen müssen, ist, über die Methode `auth()` Nutzername und Passwort zu übergeben. Intern erstellt »superagent« dann einen entsprechend kodierten »Authorization«-Header.

```
const superagent = require('superagent');

superagent
  .get('http://localhost:3000/api/v1/contacts')
  .auth('admin', 'password')
  .end((error, response) => {
    if (error) {
      console.error(error);
    } else {
      const contacts = response.body;
      contacts.forEach((contact) => {
        console.log(contact);
      });
    }
  });
```

Listing 8.28 Basic Authentication mit dem »superagent«-Package

8.5.2 Ausblick

Basic Authentication ist nur einer von vielen Authentifizierungsmechanismen, die Sie für das Absichern von Ressourcen verwenden können. Im nächsten Rezept möchte ich Ihnen ein Package (genauer gesagt: eine weitere Middleware für »Express«) vorstellen, das Ihnen dabei hilft, mit relativ wenig Aufwand verschiedenste Authentifizierungsmechanismen zu integrieren.

Verwandte Rezepte

- Rezept 54: Einen HTTP-Server implementieren
- Rezept 56: Eine REST-API implementieren
- Rezept 57: Einen HTTP-Client implementieren
- Rezept 59: Authentifizierung mit »Passport.js« implementieren

8.6 Rezept 59: Authentifizierung mit »Passport.js« implementieren

Sie möchten sich nicht selbst um die Implementierung eines Authentifizierungsmechanismus kümmern, sondern eine Middleware verwenden, mit der sich verschiedenste existierende Authentifizierungsmechanismen verwenden lassen.

8.6.1 Lösung

In den Beispielen aus dem vorherigen Rezept haben Sie die Authentifizierung mit einer eigenen Middleware implementiert. Auch wenn Sie dabei auf das bestehende Package »basic-auth« zurückgegriffen haben, können Sie sich die Arbeit noch etwas einfacher machen und eine der existierenden Authentifizierungs-Middlewares verwenden.

Die bekannteste in diesem Zusammenhang ist »Passport.js« (*http://www.passportjs.org/*). Das Package stellt dabei nicht nur die Basic Authentication zur Verfügung, sondern insgesamt über 500 verschiedene Authentifizierungsmechanismen, darunter *JSON Web Tokens* (kurz *JWT*), *OAuth 2.0*, die Authentifizierung über Facebook, Twitter oder LinkedIn, die Authentifizierung über *LDAP* und viele andere mehr.

Im Folgenden möchte ich Ihnen zeigen, wie einfach sich die Basic Authentication aus dem vorherigen Rezept unter Verwendung von »Passport.js« realisieren lässt. Installieren Sie dazu (auf Basis des Projekts aus Rezept 56) wie folgt zunächst »Passport.js« sowie das entsprechende Plugin, das die Basic Authentication implementiert.

```
$ npm install passport
$ npm install passport-http
```

»Passport.js« implementiert das bekannte *Strategy*-Entwurfsmuster der »Gang of Four«: Jeder Authentifizierungsmechanismus ist dabei als Strategy-Klasse implementiert und kann entsprechend einfach eingebunden bzw. ausgetauscht werden. Das Plugin »passport-http« stellt – wie Sie in Listing 8.29 sehen können – eine Klasse BasicStrategy zur Verfügung, welche die Basic Authentication implementiert (die genaue Beschreibung dessen, was hier passiert, folgt unterhalb des Listings).

```
const express = require('express');
const APIRouter = require('./APIRouter');
const bodyParser = require('body-parser');
// 1.) Passport.js und entsprechendes Plugin importieren
const passport = require('passport');
const { BasicStrategy } = require('passport-http');
const app = new express();
const apiRouter = new APIRouter();

const PORT = 3000;

app.use(bodyParser.urlencoded({ extended: true }));
app.use(bodyParser.json());
// 2.) Passport.js als Middleware registrieren
app.use(passport.initialize());
// 3.) Authentifizierung für Route aktivieren
app.use(
  '/api/v1',
  passport.authenticate('basic', { session: false }),
  apiRouter
);

// Dummy Authentifizierung
const authenticate = (username, password) =>
  username === 'admin' && password === 'password';

// 4.) Strategy instanziieren
const strategy = new BasicStrategy(async (username, password, done) => {
  const authenticated = await authenticate(username, password);
  if (!authenticated) {
    done('Wrong credentials');
  } else {
    done(null, {
      username
    });
  }
});
```

8

```
// 5.) Strategy in Passport.js registrieren
passport.use(strategy);

app.listen(PORT, (error) => {
  if (error) {
    console.error(error);
  } else {
    console.log(`Server started at: http://localhost:${PORT}`);
  }
});

module.exports = app;
```

Listing 8.29 Basic-Authentication mit »Passport.js«

Insgesamt besteht das Einbinden und Konfigurieren aus folgenden fünf Schritten, die im Listing entsprechend durch Kommentare gekennzeichnet sind.

1. Zunächst importieren Sie »Passport.js« und die entsprechende Strategy-Klasse aus dem verwendeten Plugin.
2. Anschließend wird »Passport.js« über die Methode `use()` als Middleware an der jeweiligen »Express«-Applikation registriert.
3. Im Gegensatz zu der Middleware, die Sie im vorherigen Rezept selbst implementiert hatten, wird »Passport.js« bzw. der definierte Authentifizierungsmechanismus nicht automatisch für alle Routen angewendet. Dies müssen Sie daher manuell an entsprechender Stelle konfigurieren.
4. Den konkreten Authentifizierungsmechanismus definieren Sie über die eingangs erwähnte Strategy-Klasse, in unserem Fall über die Klasse `BasicStrategy`. Dem Konstruktor übergeben Sie dabei eine Funktion mit drei Parametern: dem Nutzernamen, dem Passwort sowie einer Callback-Funktion. Innerhalb dieser Funktion haben Sie nun die Möglichkeit, die Authentifizierung durchzuführen. Aus Demonstrationszwecken greifen Sie hier wie schon im vorherigen Rezept auf unsere hart kodierte Lösung zurück. Schlägt die Authentifizierung fehl, rufen Sie die genannte Callback-Funktion mit einem entsprechenden Fehler als Parameter auf. Ist die Authentifizierung dagegen erfolgreich, lassen Sie beim Aufruf der Callback-Funktion den ersten Parameter einfach weg.
5. Anschließend muss die entsprechende Strategy bei »Passport.js« registriert werden.

Wenn Sie die Applikation starten, können Sie nun, wie im vorherigen Rezept gezeigt, per HTTPie (oder einem anderen HTTP-Client) unter Angabe eines »Authorization«-Headers auf die REST-API zugreifen.

Weitere Authentifizierungsmechanismen

Wie eingangs erwähnt, gibt es für »Passport.js« eine Unmenge von Plugins, über die Sie sehr einfach weitere Authentifizierungsmechanismen in Ihre Applikation integrieren können. Die Plugins stehen dabei jeweils als separate Packages zur Verfügung und müssen entsprechend über npm installiert werden (bspw. `npm install passport-facebook`).

Anschließend müssen Sie innerhalb Ihrer Applikation, wie in Listing 8.30 exemplarisch für die Authentifizierung über Facebook gezeigt, drei Stellen anpassen. Zunächst müssen Sie die entsprechende Strategy-Klasse aus dem jeweiligen Plugin importieren, dann die abzusichernden Routen so anpassen, dass `passport.authenticate()` das Plugin verwendet, und des Weiteren eine Instanz der Strategy-Klasse erstellen, um Sie der Methode `passport.use()` zu übergeben.

```
const express = require('express');
const APIRouter = require('./APIRouter');
const bodyParser = require('body-parser');
// 1.) Passport.js und entsprechendes Plugin importieren
const passport = require('passport');
const FacebookStrategy = require('passport-facebook').Strategy;
const app = new express();
const apiRouter = new APIRouter();

const PORT = 3000;

app.use(bodyParser.urlencoded({ extended: true }));
app.use(bodyParser.json());
// 2.) Passport.js als Middleware registrieren
app.use(passport.initialize());
// 3.) Authentifizierung für Route aktivieren
app.use(
  '/api/v1',
  passport.authenticate('facebook'),
  apiRouter
);

// 4.) Strategy instanziieren
const strategy = new FacebookStrategy({
    clientID: '<FACEBOOK_APP_ID>',
    clientSecret: '<FACEBOOK_APP_SECRET>',
    callbackURL: 'http://localhost:3000/auth/facebook/callback'
  },
```

```
  (accessToken, refreshToken, profile, done) => {
    // ...
  }
);

// 5.) Strategy in Passport.js registrieren
passport.use(strategy);

app.listen(PORT, (error) => {
  if (error) {
    console.error(error);
  } else {
    console.log(`Server started at: http://localhost:${PORT}`);
  }
});

module.exports = app;
```

Listing 8.30 Authentifizierung über Facebook

Hinweis

Um die Authentifizierung über Facebook zu verwenden, müssen Sie zunächst bei Facebook eine entsprechende App erzeugen. Details dazu finden Sie unter *http://www.passportjs.org/docs/facebook/* und *https://developers.facebook.com/docs/apps/*. Anschließend erhalten Sie eine *App ID* und ein *App Secret*, die in dem obigen Listing für die entsprechenden Platzhalter einzutragen sind. Darüber hinaus müssen Sie innerhalb Ihrer Applikation eine *Callback URL* vorsehen, die immer dann aufgerufen wird, wenn die Authentifizierung über Facebook abgeschlossen wurde.

8.6.2 Ausblick

Auch wenn es prinzipiell, wie in dem vorherigen Rezept gezeigt, möglich ist, Authentifizierungsmechanismen manuell in Form eigener Middleware für »Express« zu implementieren, rate ich Ihnen dazu, von Anfang an »Passport.js« zu verwenden. Zumindest, wenn Sie eine Webanwendung auf Basis von »Express« implementieren, denn »Passport.js« kann nur in Kombination mit diesem Webframework verwendet werden.

Verwandte Rezepte

- Rezept 54: Einen HTTP-Server implementieren
- Rezept 56: Eine REST-API implementieren

- Rezept 57: Einen HTTP-Client implementieren
- Rezept 58: Authentifizierung implementieren

8.7 Rezept 60: Eine GraphQL-API implementieren

Sie möchten eine GraphQL-API implementieren, um anschließend flexible Anfragen an diese API stellen zu können.

8.7.1 Exkurs: das Problem von REST

In Rezept 56 haben Sie gesehen, wie Sie unter Node.js eine REST-API erstellen können. Je nach Anwendungsfall stellen REST-APIs aber nicht die beste Form einer API für Webservices dar, weil hierbei letztendlich der Server den Aufbau und die Struktur der Antworten bestimmt (dazu gleich mehr im nächsten Abschnitt). Mit *GraphQL* (*http://facebook.github.io/graphql/*) hat Facebook daher eine Anfragesprache geschaffen, über die sich auf Client-Seite die Struktur der Daten formulieren lässt, die von einem Webservice zurückgegeben werden sollen. Wie das funktioniert, zeigen dieses Rezept und das daran anschließende Rezept. Zunächst lernen Sie, wie Sie prinzipiell eine GraphQL-API (unabhängig von HTTP) erstellen, anschließend im folgenden Rezept, wie Sie diese API über HTTP betreiben.

REST vs. GraphQL

Der Unterschied zu REST lässt sich dabei am besten an einem konkreten Szenario nachvollziehen: Stellen Sie sich vor, Sie sollen eine API erstellen, über die sich Informationen zu Musikkünstlern abrufen lassen. Das Objektmodell soll der Einfachheit halber relativ schmal gehalten sein: Einzelne Künstler haben einen Namen und eine Liste von Alben, jedes Album hat wiederum einen Titel, ein Erscheinungsjahr und eine Liste von Songs. Einzelne Songs wiederum haben einen Titel und eine Angabe über die Dauer. Wie dieses Objektmodell aussehen könnte, zeigt der JSON-Code in Listing 8.31 (wobei hier aus Platzgründen nur ein Ausschnitt des Modells abgedruckt ist).

```
{
  "artists": [
    {
      "id": "artist-1",
      "name": "Ben Harper",
      "albums": [
        {
          "id": "album-1",
```

```
          "title": "Welcome to the Cruel World",
          "year": 1994,
          "tracks": [
            {
              "id": "title-1",
              "title": "The Three of Us",
              "length": "2:35"
            },
            ...
          ]
        },
        ...
      ]
    },
    {
      "id": "artist-2",
      "name": "DJ Shadow",
      "albums": [
        {
          "id": "album-21",
          "title": "Endtroducing.....",
          "year": 1996
        },
        ...
      ]
    }
  ]
}
```

Listing 8.31 Objektmodell für das Beispiel (gekürzt)

Geht man dieses Szenario mithilfe von REST an, würde das vermutlich in den folgenden *Endpoints* resultieren:

- */api/artists* – Zugriff auf alle Künstler
- */api/artists/:id* – Zugriff auf einen bestimmten Künstler
- */api/artists/:id/albums* – Zugriff auf die Alben eines Künstlers
- */api/artists/:id/albums/:aid* – Zugriff auf ein bestimmtes Album
- */api/artists/:id/albums/:aid/tracks* – Zugriff auf die Songs eines Albums
- */api/artists/:id/albums/:aid/tracks/:tid* – Zugriff auf einen bestimmten Song

Für jeden Endpoint müssten außerdem verschiedene HTTP-Methoden unterstützt werden: GET für die Anfrage von Daten, POST für das Anlegen, PUT für das Aktualisieren, DELETE für das Löschen usw. Der Vorteil dieser Herangehensweise: APIs, die nach den Prinzipien und Best Practices von REST entworfen sind, sind für jeden Entwickler relativ schnell zu verstehen und zu verwenden. So weit, so gut.

Allerdings sind REST-APIs auch relativ unflexibel: Da der Server derjenige ist, der über die Endpoints festlegt, welche Daten an den Client geschickt werden bzw. wie diese Daten strukturiert sind, hat der Client nur begrenzte Möglichkeiten, individuell zu bestimmen, in welcher Form er die Daten erhalten möchte.

Dazu ein Beispiel: Angenommen, auf Client-Seite soll eine Übersicht aller Künstler inklusive einer Auflistung der jeweiligen Alben dargestellt werden. Mit den oben gelisteten Endpoints wären hierzu mehrere Anfragen an die REST-API notwendig: zum einen eine Anfrage an den Endpoint */api/artists*, um eine Liste aller Künstler zu erhalten ❶, und zum anderen für jeden Künstler eine Anfrage an */api/artists/:id/albums*, um jeweils eine Liste aller Alben für den jeweiligen Künstler zu erhalten ❷ (Abbildung 8.3).

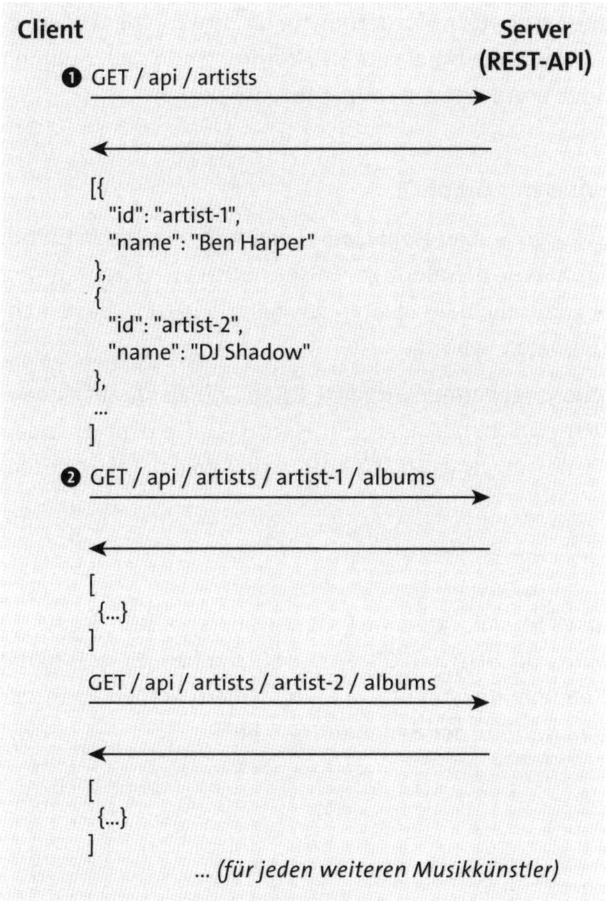

Abbildung 8.3 Bei REST sind gegebenenfalls mehrere Aufrufe notwendig.

Abhängig von der Anzahl der Künstler erhöht sich also auch die Anzahl der Anfragen, die notwendig sind, um das gewünschte Ergebnis zu erhalten. Mit anderen Worten: Dieser Ansatz skaliert sehr schlecht.

Um nun die mehrfachen Aufrufe (und damit unnötigen HTTP-Traffic) zu vermeiden, hat man in REST die folgenden zwei Möglichkeiten:

1. **Zusätzlicher Endpoint**: Hierbei wird ein weiterer Endpoint implementiert, der die geforderten Daten direkt den Anforderungen entsprechend in einer einzelnen HTTP-Antwort bereitstellt (bspw. *api/artists-and-albums*).
2. **Parametrisierter Endpoint**: Hierbei wird ein bestehender Endpoint um zusätzliche Parameter erweitert, anhand derer die zurückgegebene Antwort zusammengebaut wird, bspw. */api/artists?includeAlbums=true* oder */api/artists?include=artist.albums*.

Beide Vorgehensweisen würden das Problem zwar fürs Erste lösen, widersprechen aber zum einen den Prinzipien von REST und würden zum anderen nur so lange ausreichen, bis sich auf Client-Seite eine neue Anforderung für die Struktur der Daten ergibt: Dann nämlich müssten Sie entweder mehrere HTTP-Anfragen in Kauf nehmen oder erneut weitere Änderungen bezüglich der Endpoints vornehmen.

8.7.2 Lösung: dynamische APIs mit GraphQL

Die beschriebene Problematik ist genau der Punkt, an dem GraphQL ansetzt. Im Gegensatz zu REST, bei dem der Server definiert, in welcher Struktur Daten an den Client zurückgesendet werden, entscheidet bei GraphQL der Client, der die API anfragt, in welcher Struktur er die Daten benötigt.

Dazu formuliert der Client eine sogenannte *GraphQL-Query*, die dann auf Server-Seite gegen ein graphenbasiertes Schema ausgeführt wird. Die entsprechenden Daten werden anschließend in der angefragten Struktur zurück an den Client gesendet (Abbildung 8.4).

GraphQL unter Node.js

Bibliotheken für GraphQL gibt es für verschiedene Programmiersprachen, bspw. für Ruby, Python, Java, Scala, Clojure, Go, PHP und C#. Für JavaScript bzw. Node.js bildet das Package »graphql« die Referenzimplementierung. Installiert werden kann das Package wie gewohnt über npm mithilfe des folgenden Befehls:

```
$ npm install graphql
```

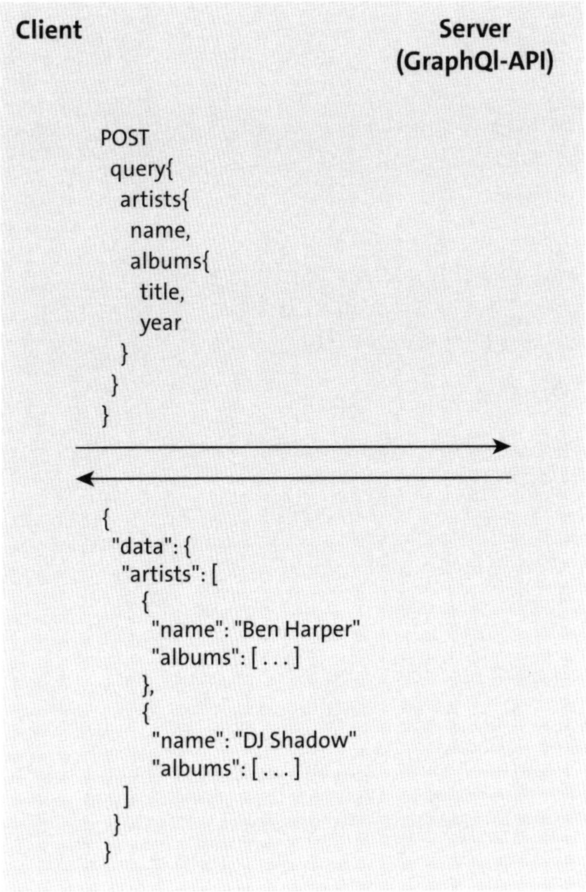

Abbildung 8.4 Bei GraphQL lassen sich Anfragen dynamisch anpassen.

GraphQL-Schemas definieren

Anschließend lässt sich das »graphql«-Package per `require()` einbinden und stellt verschiedene Typen zur Verfügung, über die sich ein GraphQL-Schema (*GraphQL Schema Definition Language* (*SDL*)) definieren lässt.

Wie solch ein Schema für das eingangs geschilderte Beispiel aussehen könnte, sehen Sie in Listing 8.32. Den Einstiegspunkt bildet dabei der Typ `GraphQLSchema`, dem Sie als Konfigurationsobjekt die Wurzeltypdefinition übergeben und darüber das Schema instanziieren. Die Wurzeltypdefinition (im Beispiel `RootType` genannt) wiederum bezeichnet den Einstiegspunkt für die GraphQL-Anfrage, dem hierarchisch weitere Typen untergeordnet werden. Für das Beispiel sind dies `ArtistType`, `AlbumType` sowie `TrackType`: Ein Künstler hat mehrere Alben, die wiederum aus mehreren Tracks bestehen.

```
const {
  GraphQLSchema,
  GraphQLObjectType,
  GraphQLString,
  GraphQLInt,
  GraphQLList,
  GraphQLID,
  GraphQLNonNull
} = require('graphql');
const data = require('./artists-data.json');

const TrackType = new GraphQLObjectType({
  name: 'TrackType',
  fields: {
    id: {
      type: GraphQLString
    },
    title: {
      type: GraphQLString
    },
    length: {
      type: GraphQLString
    }
  }
});

const AlbumType = new GraphQLObjectType({
  name: 'AlbumType',
  fields: {
    id: {
      type: GraphQLString
    },
    title: {
      type: GraphQLString
    },
    year: {
      type: GraphQLInt
    },
    tracks: {
      type: new GraphQLList(TrackType),
      resolve(album) {
        return album.tracks;
      }
```

```
    }
  }
});

const ArtistType = new GraphQLObjectType({
  name: 'ArtistType',
  fields: {
    id: {
      type: GraphQLString
    },
    name: {
      type: GraphQLString
    },
    albums: {
      type: new GraphQLList(AlbumType),
      resolve(artist) {
        let storedArtist = data.artists.find(
          storedArtist =>
            storedArtist.id === artist.id || storedArtist.name === name
        );
        return storedArtist.albums;
      }
    }
  }
});

const RootType = new GraphQLObjectType({
  name: 'RootType',
  fields: {
    artists: {
      type: new GraphQLList(ArtistType),
      resolve() {
        return data.artists;
      }
    },
    artist: {
      type: ArtistType,
      args: {
        id: {
          type: GraphQLString
        },
        name: {
          type: GraphQLString
```

```
        }
      },
      resolve(parent, { id, name }) {
        let storedArtist = data.artists.find(
          storedArtist => storedArtist.id === id
            || storedArtist.name === name
        );
        return storedArtist;
      }
    }
  }
});

const schema = new GraphQLSchema({
  query: RootType
});

module.exports = schema;
```

Listing 8.32 Schema-Definition in GraphQL

Über die Eigenschaft `fields` des Konfigurationsobjekts, das Sie dem Konstruktor `GraphQLObjectType` übergeben, lässt sich für jeden Typ definieren, welche Anfragen erlaubt sind bzw. welche Anfragen auf den jeweiligen Typ zutreffen. Jede Eigenschaft in dem hinterlegten Objekt definiert dabei eine mögliche Anfrage.

Der Typ der Antwort wiederum wird durch die Eigenschaft `type` dieses Objekts definiert, die eigentlichen Werte durch den Rückgabewert der Methode `resolve()`.

Ein Beispiel: Der Code

```
artists: {
  type: new GraphQLList(ArtistType),
  resolve() {
    return data.artists;
  }
}
```

besagt, dass für Anfragen an »artists« eine Liste von Objekten vom Typ `ArtistType` zurückgegeben wird, wobei die konkreten Instanzen aus `data.artists` ermittelt werden.

Der Code

```
artist: {
  type: ArtistType,
  args: {
```

```
    id: {
      type: GraphQLString
    },
    name: {
      type: GraphQLString
    }
  },
  resolve(parent, { id, name }) {
    let storedArtist = data.artists.find(
      storedArtist =>
        storedArtist.id === id
        || storedArtist.name === name
    );
    return storedArtist;
  }
}
```

wiederum definiert, dass für Anfragen an »artist« ein einzelnes Objekt vom Typ `ArtistType` zurückgegeben wird und die konkrete Instanz aus dem Objekt `data.artists` anhand der ID oder des Namens zurückgegeben wird.

8.7.3 Ausblick

Mit der Definition eines GraphQL-Schemas haben Sie die Grundlage für eine GraphQL-API geschaffen (denn die API wird letztendlich durch das jeweilige Schema definiert). Im nächsten Rezept schauen wir uns an, wie sich an diese API Anfragen stellen lassen. Da GraphQL unabhängig von einem konkreten Protokoll wie HTTP ist, werden wir die Anfragen dabei zunächst direkt an die API stellen. Im daran anschließenden Rezept wiederum zeige ich Ihnen, wie Sie eine GraphQL-API über HTTP betreiben.

Verwandte Rezepte

- Rezept 56: Eine REST-API implementieren
- Rezept 61: Anfragen an eine GraphQL-API stellen
- Rezept 62: Eine GraphQL-API über HTTP betreiben

8.8 Rezept 61: Anfragen an eine GraphQL-API stellen

Sie möchten Anfragen an ein GraphQL-API stellen.

8.8.1 Lösung

Sie haben die Möglichkeit, an das im vorherigen Rezept implementierte Schema und die dahinterliegenden Daten Anfragen zu stellen. Listing 8.33 zeigt bspw., wie Sie eine Anfrage stellen, um lediglich die IDs und Namen aller Musikkünstler zu erhalten, nicht aber die detaillierten Informationen zu den Alben. Die Anfrage sieht auf den ersten Blick zwar aus wie JSON, bei genauerem Hinsehen sollte aber auffallen: Die Syntax ist eine andere!

```
(async () => {
  const query = `{
    artists {
      id,
      name
    }
  }`;
  const result = await graphql(schema, query);
  console.log(JSON.stringify(result, null, 2));
// {
//   "data": {
//     "artists": [
//       {
//         "id": "artist-1",
//         "name": "Ben Harper"
//       },
//       {
//         "id": "artist-2",
//         "name": "DJ Shadow"
//       }
//     ]
//   }
// }
})();
```

Listing 8.33 GraphQL-Anfrage an ein Schema

Um dagegen nur den Namen (also nicht die ID) und zusätzlich alle Informationen zu den Alben eines Künstlers zu erhalten, würden Sie folgende Anfrage verwenden:

```
const query = `{
  artists {
    name,
    albums {
      title,
```

```
      year
    }
  }
}`;
```

Innerhalb von Anfragen können Sie zudem mithilfe von Argumenten weiter eingrenzen, welche Daten des Objektmodells in der Antwort enthalten sein sollen. Um z. B. einen Musikkünstler anhand des Namens zu ermitteln, übergeben Sie diesen einfach, wie in Listing 8.34 zu sehen, der Anfrage `artist` als Argument. Intern wird dann die in Listing 8.32 (siehe vorheriges Rezept) definierte `resolve()`-Methode aufgerufen und der entsprechende Künstler anhand des Namens ermittelt:


```
...
(async () => {
  const query = `{
    artist(name: "Ben Harper") {
      name,
      albums {
        title,
        year
      }
    }
  }`;
  const result = await graphql(schema, query);
  console.log(JSON.stringify(result, null, 2));
// {
//   "data": {
//     "artist": {
//       "name": "Ben Harper",
//       "albums": [
//         {
//           "title": "Welcome to the Cruel World",
//           "year": 1994
//         },
//         {
//           "title": "Fight for Your Mind",
//           "year": 1995
//         },
//         {
//           "title": "The Will to Live",
//           "year": 1997
//         },
//         {
```

```
//          "title": "Burn to Shine",
//          "year": 1999
//        },
//        {
//          "title": "Diamonds on the Inside",
//          "year": 2003
//        }
//      ]
//    }
//  }
// }
})();
```

Listing 8.34 Verwendung von Argumenten

Ebenfalls nützlich: Möchten Sie in dem zurückgegebenen Ergebnis andere Eigenschaftsnamen erhalten, als im Schema definiert, können Sie dies innerhalb einer GraphQL-Anfrage über sogenannte *Aliasse* definieren. Dazu schreiben Sie einfach, wie in Listing 8.35 zu sehen, den Aliasnamen getrennt durch einen Doppelpunkt vor den eigentlichen Namen der Eigenschaft. In der Ausgabe wird dann der Aliasname statt des Originalnamens verwendet. In dem Beispiel wird also aus der Eigenschaft `name` die Eigenschaft `artistName`, aus (dem ersten) `title` wird `albumName`, aus `tracks` wird `songs` und aus (dem zweiten) `title` wird `songName`.

```
(async () => {
  const query = `{
    artist(name: "Ben Harper") {
      artistName: name
      albums {
        albumName: title
        songs: tracks {
          songName: title
        }
      }
    }
  }`;
  const result = await graphql(schema, query);
  console.log(JSON.stringify(result, null, 2));
// {
//    "data": {
//      "artist": {
//        "artistName": "Ben Harper",
```

```
//         "albums": [
//           {
//             "albumName": "Welcome to the Cruel World",
//             "songs": [
//               {
//                 "songName": "The Three of Us"
//               },
//               ...
//             ]
//           },
//           ...
//         ]
//       }
//     }
// }
})();
```

Listing 8.35 Verwendung von Aliassen

8.8.2 Ausblick

Die Anfragesprache von GraphQL bietet Ihnen ein mächtiges Werkzeug, um Antworten, die von einer API zurückgegeben werden, dynamisch den Anforderungen auf Client-Seite anzupassen. Für weitergehende Informationen zu der Anfragesprache wie bspw. *Mutations* (für das Ändern von Daten auf Server-Seite), *Fragments* (für das Wiederverwenden von einzelnen Bestandteilen einer Anfrage) und *Directives* (Beeinflussen der Ausgabe von Anfragen) empfehle ich Ihnen die Dokumentation unter *https://graphql.org/learn/queries/*. Im nächsten Rezept zeige ich Ihnen, wie Sie eine GraphQL-API über HTTP betreiben können.

Verwandte Rezepte

- Rezept 56: Eine REST-API implementieren
- Rezept 60: Eine GraphQL-API implementieren
- Rezept 62: Eine GraphQL-API über HTTP betreiben

8.9 Rezept 62: Eine GraphQL-API über HTTP betreiben

Sie möchten eine GraphQL-API über HTTP betreiben.

8.9.1 Lösung: GraphQL über HTTP betreiben

Wie Sie im vorherigen Rezept gesehen haben, kann GraphQL prinzipiell unabhängig von HTTP oder anderen Protokollen verwendet werden. Am häufigsten kommt GraphQL allerdings in Kombination mit HTTP zum Einsatz.

Welche Anforderungen ein GraphQL-Server, der über http betrieben wird, erfüllen muss, ist unter *https://graphql.org/learn/serving-over-http/* beschrieben. Demnach muss der Server bspw. GET- und POST-Anfragen unterstützen: Bei GET wird die GraphQL-Anfrage über den Parameter »query« übergeben, bspw. *http://localhost:400/api/artists?query="artists{ name, albums { title } }"*, bei POST-Anfragen dagegen wird die GraphQL-Anfrage im Body übergeben.

Dabei kann entweder der »Content-Type«-Header auf den Wert »application/json« gesetzt und die GraphQL-Anfrage als Wert der Eigenschaft `query` des übergebenen JSON-Objekts definiert werden. Oder der »Content-Type«-Header wird auf den Wert »application/graphql« gesetzt und die GraphQL-Anfrage direkt als Body übergeben.

Das Format der HTTP-Antwort, die man vom Server erhält, ist standardmäßig JSON, wobei zwei Eigenschaften enthalten sein können: Die Eigenschaft `data` enthält die Daten, die der GraphQL-Server als Ergebnis für die jeweilige GraphQL-Anfrage liefert, die Eigenschaft `errors` enthält im Fehlerfall weitere Details zu den aufgetretenen Fehlern.

In Rezept 54 haben Sie gesehen, wie Sie mit dem Modul »http« aus der Standard-API von Node.js einen HTTP-Server erstellen können. Es spricht also nichts dagegen, selbst einen HTTP-Server für GraphQL zu implementieren, wenn Sie Rezept 54 und Rezept 60 miteinander kombinieren.

Ich möchte Ihnen im Folgenden allerdings zwei komfortablere Lösungen vorstellen, die auch in der Praxis am häufigsten verwendet werden: die Integration von GraphQL mit »Express« sowie mit dem Apollo Server, der sich auf die Arbeit mit GraphQL spezialisiert hat.

8.9.2 Lösung: GraphQL über »Express« betreiben

Viele Webframeworks wie z. B. »Express« bieten über Plugins eine Integration von GraphQL an. Um das aus Rezept 60 bekannte Schema mithilfe eines Express-Servers für HTTP-Anfragen zur Verfügung zu stellen, installieren Sie – sofern noch nicht geschehen – zunächst die Packages »graphql«, »express« und »express-graphql«:

```
$ npm install graphql express express-graphql
```

Letzteres übernimmt die komplette Integration von GraphQL, sodass Sie sich um nichts weiter kümmern müssen. Lediglich das Schema und einen Endpoint müssen Sie, wie in Listing 8.36 zu sehen, definieren. Wenn Sie dieses Beispielprogramm starten, steht die GraphQL-API unter *http://localhost:4000/api/artists* über HTTP zur Verfügung:

```
// express-graphql/src/start.js
const schema = require('./graphql-schema');
const express = require('express');
const graphqlHTTP = require('express-graphql');

const app = express();

app.use(
  '/api/artists',
  graphqlHTTP({
    schema: schema
  })
);

app.listen(4000, () => {
  console.log('GraphQl-Server gestartet');
});
```

Listing 8.36 GraphQL-Integration mit »Express«

GraphQL-Anfragen über HTTP stellen

Das Absenden einer GraphQL-Anfrage von Client-Seite kann anschließend mit jedem beliebigen HTTP-Client geschehen, für das schnelle Testen bietet sich Postman an (*https://www.getpostman.com/*) oder Kommandozeilentools wie curl bzw. das im Folgenden verwendete HTTPie (*https://httpie.org*).

Eine Beispielanfrage, um in der Antwort nur die Namen der Musikkünstler zu enthalten (die Sie bereits aus dem vorherigen Rezept kennen), ist in Listing 8.37 zu sehen.

```
$ http POST http://localhost:4000/api/artists query="{ artists { name } }"
HTTP/1.1 200 OK
Connection: keep-alive
Content-Length: 65
Content-Type: application/json; charset=utf-8
Date: Sat, 08 Sep 2018 18:36:25 GMT
ETag: W/"41-1GHj71hzxAtFI6zvgOpybFnuANO"
X-Powered-By: Express

{  "data": {
    "artists": [
      {
```

```
          "name": "Ben Harper"
        },
        {
          "name": "DJ Shadow"
        }
      ]
    }
}
```

Listing 8.37 HTTP-Anfrage an einen GraphQL-Server

Listing 8.38 dagegen zeigt eine Anfrage, um neben den Namen auch die Titel der Alben des jeweiligen Musikers zu enthalten. Den Aufbau der Query kennen Sie dabei ebenfalls schon aus dem vorherigen Rezept.

```
$ http POST http://localhost:4000/api/artists query=
"{ artists { name, albums { title } } }"
HTTP/1.1 200 OK
Connection: keep-alive
Content-Length: 410
Content-Type: application/json; charset=utf-8
Date: Sat, 08 Sep 2018 18:38:09 GMT
ETag: W/"19a-YFpM4HwkX/RNbsSHkKX9ps519BY"
X-Powered-By: Express
{
  "data": {
    "artists": [
      {
        "albums": [
          {
            "title": "Welcome to the Cruel World"
          },
          {
            "title": "Fight for Your Mind"
          },
          {
            "title": "The Will to Live"
          },
          {
            "title": "Burn to Shine"
          },
          {            "title": "Diamonds on the Inside"
          }
        ],
```

```
        "name": "Ben Harper"
      },
      {
        "albums": [
          {
            "title": "Endtroducing....."
          },
          {
            "title": "The Private Press"
          },
          {
            "title": "The Outsider"
          },
          {
            "title": "The Less You Know, the Better"
          },
          {
            "title": "The Mountain Will Fall"
          }
        ],
        "name": "DJ Shadow"
      }
    ]
  }
}
```

Listing 8.38 HTTP-Anfrage an einen GraphQL-Server

Tipp: GraphiQL

Alternativ zu Postman, curl oder HTTPie können Sie auch auf die Browser-IDE GraphiQL (*https://github.com/graphql/graphiql*) zurückgreifen, um Anfragen an einen GraphQL-Server zu stellen. Dazu müssen Sie auf Server-Seite das entsprechende Flag setzen:

```
app.use(
  '/api/artists',
  graphqlHTTP({
    schema: schema,
    graphiql: true
  })
);
```

GraphiQL eignet sich besonders gut dazu, Anfragen zu testen, sollte im Produktivsystem allerdings nicht verwendet und somit in diesem Fall wieder deaktiviert werden.

8.9.3 Lösung: GraphQL über den Apollo Server betreiben

Eine Alternative zu »express-graphql« stellt der Apollo Server (*https://www.apollographql.com/*) dar, der gegenüber der erstgenannten Lösung einige Vorteile mit sich bringt. Beispielsweise lässt er sich nicht nur in Kombination mit »Express« verwenden, sondern integriert sich auch mit anderen Frameworks wie Hapi (*https://hapijs.com/*) und Koa (*https://koajs.com/*).

Um den Apollo Server (und gegebenenfalls GraphQL) zu installieren, verwenden Sie folgenden Befehl:

```
$ npm install graphql apollo-server
```

Anschließend binden Sie das Package, wie in Listing 8.39 zu sehen, ein und erzeugen eine Instanz von `ApolloServer`, wobei Sie zum einen die Typdefinitionen und zum anderen sogenannte *Resolver* übergeben. Diese definieren, welche Daten für die jeweiligen GraphQL-Anfragen zurückgegeben werden, und übernehmen damit die Aufgabe der `resolve()`-Funktionen aus Rezept 60.

Für die Definition der Typen stellt Apollo den *Tagged Template-String* `gql` zur Verfügung, mit dessen Hilfe Sie direkt die *GraphQL Schema Definition Language* verwenden können, was gegenüber der Verwendung von Objektinstanzen (wie in Rezept 60) um einiges bequemer ist.

```
// apollo/src/start.js
const { ApolloServer, gql } = require('apollo-server');

const data = require('./artists-data.json');

const typeDefs = gql`
  type Artist {
    id: String
    name: String
    albums: [Album]
  }

  type Album {
    id: String
    title: String
    year: Int
    tracks: [Track]
  }

  type Track {
    id: String
    title: String
```

```
    length: String
  }

  type Query {
    artists: [Artist]
    artist: Artist
  }
`;

const resolvers = {
  Query: {
    artists: () => data.artists,
    artist: ({ id, name }) => {
      let storedArtist = data.artists.find(
        storedArtist => storedArtist.id === id || storedArtist.name === name
      );
      return storedArtist;
    }
  }
};

const server = new ApolloServer({ typeDefs, resolvers });

server.listen().then(({ url }) => {
  console.log(`GraphQL gestartet unter ${url}`);
});
```

Listing 8.39 GraphQL-Integration über den Apollo Server

Anschließend lassen sich, wie in dem vorherigen Abschnitt für »Express« gezeigt, HTTP-Anfragen an den Server stellen. In diesem Zusammenhang sei auf das Package »apollo-client« (*https://github.com/apollographql/apollo-client*) hingewiesen, das einen entsprechenden Client zur Verfügung stellt, der das Absenden von GraphQL-Anfragen weiter vereinfacht.

8.9.4 Ausblick

GraphQL eignet sich für solche Anwendungsfälle, in denen Sie auf Client-Seite möglichst flexibel entscheiden möchten, in welcher Struktur Sie die Daten vom Server benötigen. Insbesondere im Zusammenspiel mit Webapplikationen, die das »React«-Framework nutzen (das wie GraphQL ebenfalls von Facebook entwickelt wird), werden GraphQL-basierte APIs häufig verwendet.

8.10 Zusammenfassung

In diesem Kapitel habe ich Ihnen verschiedene Rezepte bezüglich der Implementierung von Webanwendungen und Webservices vorgestellt. Sie wissen jetzt, wie Sie

- einen HTTP-Server erstellen (Rezept 54),
- eine Webanwendung über HTTPS betreiben (Rezept 55),
- eine REST-API erstellen (Rezept 56),
- einen HTTP-Client erstellen (Rezept 57),
- Authentifizierung für eine Webanwendung implementieren (Rezept 58),
- Authentifizierung für eine Webanwendung mit »Passport.js« implementieren (Rezept 59),
- eine GraphQL-API erstellen (Rezept 60),
- Anfragen an eine GraphQL-API stellen (Rezept 61),
- eine GraphQL-API über HTTP betreiben (Rezept 62).

Kapitel 9
Sockets und Messaging

In diesem Kapitel stelle ich Ihnen verschiedene Rezepte rund um die Themen Socket-Kommunikation und Messaging vor, mit deren Hilfe Sie zum einen eine bidirektionale Kommunikation zwischen Client und Server realisieren und zum anderen einzelne Komponenten einer Node.js-Applikation voneinander entkoppeln können.

Für die Kommunikation zwischen Client und Server ist HTTP nicht immer die geeignete Wahl. Sobald Sie in (mehr oder weniger) Echtzeit Daten sowohl vom Client an den Server als auch in die andere Richtung schicken wollen und daher eine dauerhafte Verbindung zwischen Client und Server benötigen, müssen Sie auf andere Technologien zurückgreifen. In diesem Kapitel zeige ich Ihnen, wie Sie Client-Server-Kommunikation über TCP (Rezepte 63 und 64), WebSockets (Rezepte 65 bis 68), Server-Sent Events (Rezept 69) und über die *Messaging-Protokolle* AMQP (Rezept 70) und MQTT (Rezepte 71 und 72) realisieren. Darüber hinaus schauen wir uns als Randthema zum Thema Messaging das Versenden von E-Mails an (Rezept 73).

- Rezept 63: Einen TCP-Server erstellen
- Rezept 64: Einen TCP-Client erstellen
- Rezept 65: Einen WebSocket-Server erstellen
- Rezept 66: Einen WebSocket-Client erstellen
- Rezept 67: Nachrichtenformate für WebSocket-Kommunikation definieren
- Rezept 68: Subprotokolle für WebSocket-Kommunikation definieren
- Rezept 69: Server-Sent Events generieren
- Rezept 70: Über AMQP auf RabbitMQ zugreifen
- Rezept 71: Einen MQTT-Broker erstellen
- Rezept 72: Über MQTT auf einen MQTT-Broker zugreifen
- Rezept 73: E-Mails versenden

9.1 Rezept 63: Einen TCP-Server erstellen

Sie möchten einen Server erstellen, um Verbindungen über TCP entgegenzunehmen und zu verarbeiten.

9.1.1 Lösung

Für die Arbeit mit *TCP* (*Transmission Control Protocol*) stellt Node.js über die Standard-API das Package »net« (*https://nodejs.org/api/net.html*) zur Verfügung. Um einen TCP-Server zu erstellen, gehen Sie prinzipiell vor, wie in Listing 9.1 zu sehen. Zunächst erstellen Sie über die Methode `createServer()` ein Objekt (vom Typ `net.Server`), das den Server repräsentiert.

Über die Methode `on()` dieses Objekts können Sie anschließend Event-Listener für verschiedene Events registrieren. Das Event »listening« wird bspw. ausgelöst, wenn der Server erfolgreich gestartet wurde und auf neue Verbindungen hört. Wird eine Verbindung von einem TCP-Client hergestellt, wird das Event »connection« ausgelöst. Der entsprechende Event-Listener erhält dabei als Parameter ein Objekt (`socket`), das die Verbindung zum jeweiligen TCP-Client repräsentiert. Auch auf diesem Objekt lassen sich (ebenfalls über eine Methode `on()`) erneut Event-Listener registrieren, bspw., wie im Beispiel zu sehen, für das »data«-Event, das ausgelöst wird, wenn vom Client Daten empfangen wurden, oder für das »end«-Event, das beim Beenden der Verbindung durch den Client ausgelöst wird. Über die Methode `write()` können Sie zudem Nachrichten vom Server an den Client schicken.

Um die Anzahl der verbundenen Clients zu ermitteln, verwenden Sie in die Methode `getConnections()` des Server-Objekts (Achtung: Die Eigenschaft `connections` ist verwaltet und sollte nicht verwendet werden). Im Beispiel wird der ermittelte Wert jeweils bei neuen Verbindungen und bei Verbindungsabbrüchen durch den Client auf der Konsole ausgegeben.

Nachdem alle Event-Listener registriert wurden, starten Sie den Server über den Aufruf von `listen()`, wobei Sie als Parameter den Port und den Host übergeben, unter dem der Server erreichbar sein soll.

```
const net = require('net');

const PORT = 1337;
const HOST = '127.0.0.1';

const server = net.createServer((socket) => {
  socket.write('Example server\n');
});
```

```
server.on('listening', () => {
  const address = server.address();
  const port = address.port;
  const family = address.family;
  const ipaddress = address.address;
  console.log(`Server is listening at port: ${port}`);
  console.log(`Server ip: ${ipaddress}`);
  console.log(`Server is IP4/IP6: ${family}`);
});
server.on('connection', (socket) => {
  socket.write('Hello client\n');
  const { localAddress, localPort } = socket;
  console.log(`Server is listening at local port: ${localPort}`);
  console.log(`Server local ip: ${localAddress}`);

  const { remotePort, remoteAddress, remoteFamily } = socket;

  console.log(`Remote socket is listening at port: ${remotePort}`);
  console.log(`Remote socket ip; ${remoteAddress}`);
  console.log(`Remote socket is IP4/IP6: ${remoteFamily}`);

  socket.on('data', (data) => {
    socket.write(data);
    const { bytesRead, bytesWritten } = socket;
    console.log(`Bytes read: ${bytesRead}`);
    console.log(`Bytes written: ${bytesWritten}`);
    console.log(`Data sent to server: ${data.toString()}`);
  });

  socket.on('end', (data) => {
    console.log('Socket ended from client');
    server.getConnections((error, count) => {
      console.log(`Number of concurrent connections to the server: ${count}`);
    });
  });

  server.getConnections((error, count) => {
    console.log(`Number of concurrent connections to the server: ${count}`);
  });
});

server.on('error', (error) => {
  console.error(error);
```

```
});

server.listen(PORT, HOST);
```

Listing 9.1 Erstellen eines TCP-Servers

Starten des TCP-Servers

Speichern Sie den Code aus Listing 9.1 in eine Datei *server.js*, und starten Sie die Applikation über folgenden Befehl (da keine externen Packages als Abhängigkeit verwendet werden, müssen Sie nicht einmal ein `npm install` ausführen):

```
$ node server.js
Server is listening at port: 1337
Server ip: 127.0.0.1
Server is IP4/IP6: IPv4
```

Alternativ dazu finden Sie den Code aus Listing 9.1 wie immer im Downloadbereich zum Buch. Dort habe ich Ihnen zum Starten des Servers auch ein entsprechendes npm-Script in die *package.json* hinzugefügt. Der Aufruf lautet dann entsprechend:

```
$ npm start
node ./src/server.js
Server is listening at port: 1337
Server ip: 127.0.0.1
Server is IP4/IP6: IPv4
```

Zugriff auf den TCP-Server

Für einen schnellen Test, ob der Server so funktioniert, wie wir uns das vorstellen, bietet sich der `telnet`-Befehl an. Bei *Telnet* (Kurzform für *Teletype Network*) handelt es sich um ein Netzwerkprotokoll, bei dem der Datenaustausch über eine TCP-Verbindung läuft.

Um sich per Telnet mit dem gerade gestarteten TCP-Server zu verbinden, können Sie folgenden Befehl verwenden, wobei Sie als ersten Parameter den Host und als zweiten Parameter den Port des TCP-Servers angeben:

```
$ telnet 127.0.0.1 1337
```

Anschließend müsste beim Server folgende Ausgabe erscheinen, weil dort jetzt das »connection«-Event ausgelöst wird.

```
Server is listening at local port: 1337
Server LOCAL ip: 127.0.0.1
Remote socket is listening at port: 51670
```

```
Remote socket ip; 127.0.0.1
Remote socket is IP4/IP6: IPv4
Number of concurrent connections to the server: 1
```

Die Ausgabe auf Client-Seite, also unterhalb des eingegebenen telnet-Befehls, müsste dagegen so aussehen:

```
Trying 127.0.0.1...
Connected to localhost.
Escape character is '^]'.
Echo server
Hello client
```


Jetzt können Sie testweise beliebig viele weitere Verbindungen aufbauen, indem Sie verschiedene Terminals öffnen und jeweils erneut den folgenden Befehl ausführen:

```
$ telnet 127.0.0.1 1337
```

Dies führt auf Server-Seite zu einer neuen Konsolenausgabe und erhöht entsprechend die Anzahl der Verbindungen:

```
Server is listening at local port: 1337
Server local ip: 127.0.0.1
Remote Socket is listening at port: 51858
Remote Socket ip; 127.0.0.1
Remote Socket is IP4/IP6: IPv4
Number of concurrent connections to the server: 2
```

Wenn Sie nun auf Client-Seite eine Nachricht an den Server schicken, kommt die Nachricht wieder zurück an den Client (tippen Sie die entsprechende Nachricht einfach in das Terminal, in dem Sie telnet aufgerufen haben, und drücken Sie anschließend die [↵]-Taste).

```
Hello World
Hello World
```

Die Ausgabe auf Server-Seite lautet dann wie folgt:

```
Bytes read: 26
Bytes written: 39
Data sent to server: Hello World
```

9.1.2 Ausblick

Sie wissen jetzt, wie Sie mithilfe der Node.js-Standard-API einen TCP-Server erstellen sowie Nachrichten von einem Client empfangen und Nachrichten an einen Client senden können. Im folgenden Rezept zeige ich Ihnen, wie Sie unter Node.js einen

TCP-Client erstellen und mit diesem auf den in diesem Rezept implementierten TCP-Server zugreifen können.

Verwandte Rezepte

- Rezept 64: Einen TCP-Client erstellen

9.2 Rezept 64: Einen TCP-Client erstellen

Sie möchten einen TCP-Client erstellen, um auf einen TCP-Server zugreifen zu können.

9.2.1 Lösung

Auch für das Erstellen von TCP-Clients bietet sich die Verwendung des Packages »net« aus der Node.js-Standard-API an. Um eine entsprechende Objektinstanz zu erzeugen, rufen Sie, wie in Listing 9.2 gezeigt, die Methode `createConnection()` (bzw. deren Alias `connect()`) auf, die Ihnen ein Objekt vom Typ `net.Socket` zurückgibt. Als Parameter übergeben Sie dabei den Port und den Host, unter dem der TCP-Server erreichbar ist. Anschließend haben Sie über den Aufruf der Methode `on()` wieder die Möglichkeit, Event-Listener zu registrieren (siehe auch Tabelle 9.1). Über die Methode `write()` können Sie zudem Daten an den TCP-Server schicken. Im Beispiel wird im Event-Listener für das »connect«-Event, mit anderen Worten dann, wenn die Verbindung hergestellt wurde, direkt die Meldung »Hello World« an den Server geschickt.

```
const net = require('net');

const PORT = 1337;
const HOST = '127.0.0.1';

const client = net.createConnection(PORT, HOST);

client.on('connect', () => {
  client.write('Hello World');
});
client.on('data', (data) => {
  console.log(`Data received from server: ${data.toString()}`);
});

client.on('close', () => {
  console.log('Connection closed');
});
```

```
client.on('error', (error) => {
  console.error(error);
});
```

Listing 9.2 Erstellen eines TCP-Clients

Event	Beschreibung
close	Wird ausgelöst, wenn die Socket-Verbindung geschlossen wurde.
connect	Wird ausgelöst, wenn die Socket-Verbindung hergestellt wurde.
data	Wird ausgelöst, wenn Daten über die Socket-Verbindung empfangen wurden.
error	Wird ausgelöst, wenn ein Fehler aufgetreten ist.
ready	Wird ausgelöst, wenn die Socket-Verbindung verwendet werden kann.
end	Wird ausgelöst, wenn das Übertragen von Daten abgeschlossen wurde.
timeout	Wird ausgelöst, wenn aufgrund von Inaktivität ein Timeout auftritt.

Tabelle 9.1 Wichtige Events für die Arbeit mit TCP-Clients

Starten des TCP-Clients

Den Code aus Listing 9.2 kopieren Sie in eine Datei *client.js* und starten ihn über folgenden Befehl:

```
$ node client.js
```

Alternativ dazu finden Sie den Code auch im Downloadbereich zum Buch. Dort habe ich Ihnen zum Starten des Servers wieder ein entsprechendes npm-Script in die *package.json* hinzugefügt. Der Aufruf lautet dann:

```
$ npm start
node ./src/client.js
```

Auf Client-Seite wird die Begrüßungsnachricht des Servers ausgegeben sowie die Nachricht, die vom Client an den Server und dann wieder vom Server an den Client zurückgeschickt wird:

```
Data received from server: Echo server
Hello World
```

Auf Server-Seite sollten zudem wieder entsprechende Meldungen bezüglich der neuen Verbindung ausgegeben werden:

```
Server is listening at local port: 1337
Server local ip: 127.0.0.1
Remote Socket is listening at port: 55865
Remote Socket ip; 127.0.0.1
Remote Socket is IP4/IP6: IPv4
Number of concurrent connections to the server: 1
Bytes read: 11
Bytes written: 23
Data sent to server: Hello World
```

So weit, so einfach. In dem nächsten Abschnitt möchte ich Ihnen nun ein etwas praxisnäheres Beispiel für die Verwendung eines TCP-Clients vorstellen, und zwar die Kommunikation mit dem TCP-Server von Docker.

Praxis-Beispiel: mit Docker über TCP kommunizieren

Docker stellt seine API über einen TCP-Server bereit, der als Hintergrundprozess in Form eines *Daemons* läuft. Über diesen TCP-Server können Sie REST-ähnliche Anfragen an die sogenannte Docker Engine API stellen (siehe auch *https://docs.docker.com/develop/sdk/*), wobei die Anfragen nicht über HTTP, sondern über Sockets gestellt werden.

Der String `GET http:/containers/json HTTP/1.0` besagt bspw., dass eine Liste der aktuell gestarteten Docker-Container aufgelistet werden soll. Mit dem Parameter `?all=1` (`"GET http:/containers/json HTTP/1.0"?all=1`) werden entsprechend alle Docker-Container aufgelistet, also auch die, die momentan nicht gestartet sind.

Den Code für das Herstellen einer Verbindung und das Absenden von Anfragen sehen Sie in Listing 9.3 (damit das Beispiel funktioniert, muss logischerweise Docker installiert sein, wovon ich an dieser Stelle ausgehe). Das Beispiel zeigt eine Helferfunktion `getContainers()`, die asynchron arbeitet und intern die entsprechenden Informationen über die Socket-Verbindung ermittelt. Innerhalb der Helferfunktion wird zunächst über den Aufruf `createConnection()` wie gewohnt eine Verbindung zu dem TCP-Server hergestellt. Wurde die Verbindung erfolgreich aufgebaut, wird über `write()`, abhängig vom booleschen Parameter `all`, eine der beiden oben beschriebenen Anfragen an den Server geschickt.

Die vom Server gesendeten Daten der Antwort werden im Event-Listener für das »data«-Event gesammelt und in das Array `parts` zwischengespeichert. Wurden alle Daten übertragen, d. h. das »end«-Event ausgelöst, werden im entsprechenden Event-Listener die im Array gesammelten Daten über den Aufruf von `join()` zusammengefügt, dann über `substring()` der JSON-Teil der Antwort extrahiert und anschließend über `JSON.parse()` in ein JSON-Objekt geparst.

```
const net = require('net');
const isWindows = require('os').type() === 'Windows_NT';
const socketPath = isWindows
  ? '//./pipe/docker_engine'
  : '/var/run/docker.sock';

const getContainers = (all) => {
  return new Promise((resolve, reject) => {
    const socket = net.createConnection({ path: socketPath });
    const parts = [];

    socket.on('connect', () => {
      socket.write(
        GET http:/containers/json${all ? '?all=1' : ''} HTTP/1.0\r\n\r\n
      );
    });

    socket.on('data', (data) => {
      parts.push(data.toString());
    });

    socket.on('error', () => {
      reject({});
    });

    socket.on('end', () => {
      let allData = parts.join('');
      const startIndex = allData.indexOf('[');
      const endIndex = allData.length;
      allData = allData.substring(startIndex, endIndex);
      try {
        const result = JSON.parse(allData);
        resolve(result);
      } catch (err) {
        reject({});
      }
    });
  });
};
```

Listing 9.3 Zugriff auf Docker über TCP-Sockets

Die Helferfunktion kann anschließend wie folgt verwendet werden:

```
(async () => {
  const containers = await getContainers(true);
  containers.forEach((container) => {
    console.log(`Id: ${container.Id}`);
    console.log(`Names: ${container.Names.join('')} `);
  });
})();
```

Auf diese Weise können Sie nun verschiedene weitere Helferfunktionen für den Zugriff auf die Docker Engine API implementieren (*https://docs.docker.com/develop/sdk/*), bspw. um alle Docker Images aufzulisten, Docker-Container zu starten und vieles mehr.

Alternativ dazu könnten Sie die entsprechenden Docker-Befehle wie `docker images` natürlich auch im Rahmen eines Kindprozesses ausführen (siehe Rezept 80) und die entsprechende Ausgabe des Befehls verarbeiten. Dank der Docker Engine API ist die Lösung über eine Socket-Verbindung allerdings eleganter, weil Sie hier als Antwortformat direkt JSON erhalten, das ja relativ einfach zu parsen ist.

9.2.2 Ausblick

In diesem und dem vorherigen Rezept haben Sie gesehen, wie Sie unter Node.js Server und Client für TCP-Kommunikation implementieren. In den folgenden Rezepten zeige ich Ihnen, wie Sie Server und Client für die Kommunikation über WebSockets implementieren.

Verwandte Rezepte

- Rezept 63: Einen TCP-Server erstellen
- Rezept 80: Externe Anwendungen als Unterprozess ausführen

9.3 Rezept 65: Einen WebSocket-Server erstellen

Sie möchten einen Server erstellen, um Anfragen über das WebSocket-Protokoll entgegenzunehmen.

9.3.1 Lösung

Bei dem WebSocket-Protokoll handelt es sich um ein Netzwerkprotokoll, das auf TCP basiert und eine bidirektionale Kommunikation zwischen einer Webanwendung und einem Webserver ermöglicht.Node.js bietet standardmäßig kein Package an, um mit WebSockets arbeiten zu können. Es gibt allerdings zahlreiche frei verfügbare Packages, die hier Abhilfe schaffen. Eines davon ist das Package »ws« (*https://github.com/websockets/ws*), das Sie wie folgt installieren:

```
$ npm install ws
```

Erstellen der WebSocket-Server-Instanz

Nach erfolgreicher Installation des Packages binden Sie es wie gewohnt über `require()`, wie in Listing 9.4 zu sehen, ein. Das Erstellen eines WebSocket-Servers ist anschließend schnell gemacht, und zwar, indem Sie über den Konstruktor der Klasse `WebSocket.Server` eine entsprechende Objektinstanz erstellen. Den Port, unter dem der WebSocket-Server verfügbar sein soll, können Sie dabei über das Konfigurationsobjekt definieren, das Sie dem Konstruktor als Parameter übergeben:


```
const WebSocket = require('ws');

const wss = new WebSocket.Server({
  port: 8080
});
```

Listing 9.4 Erstellen einer WebSocket-Server-Instanz

Diese wenigen Zeilen an Code reichen bereits aus, um den WebSocket-Server unter Port 8080 zu starten. Allerdings macht er noch nicht viel, reagiert z. B. nicht auf Nachrichten von WebSocket-Clients und versendet auch selbst keine Nachrichten.

Auf Client-Verbindungen reagieren

Nachdem der WebSocket-Server instanziiert ist, können Sie über die Methode `on()` Event-Listener für verschiedene Events registrieren (siehe Tabelle 9.2). Um bspw. darauf zu reagieren, wenn sich ein neuer Client erfolgreich zu dem Server verbunden hat, registrieren Sie einfach einen entsprechenden Event-Listener für das »connection«-Event:

```
wss.on('connection', (ws) => {
  console.log('New client connected.');
});
```

Listing 9.5 Reagieren auf Client-Verbindungen

Der Event-Listener für das Event »connection« wird dabei mit einem Objekt vom Typ `WebSocket` (*https://github.com/websockets/ws/blob/master/doc/ws.md#class-websocket*) aufgerufen, das die Verbindung zwischen Client und Server repräsentiert.

Dieses Objekt können Sie im Folgenden sowohl dazu verwenden, Nachrichten vom Server an den jeweiligen Client zu senden, als auch dazu, auf Nachrichten von dem jeweiligen Client an den Server zu reagieren.

Event	Beschreibung
`close`	Wird ausgelöst, wenn der Server geschlossen wurde.
`connection`	Wird ausgelöst, wenn sich ein neuer Client erfolgreich zu dem Server verbunden hat.
`error`	Wird ausgelöst, wenn ein Fehler auftritt.
`headers`	Wird ausgelöst, bevor die Response-Header im Zuge des Handshakes zwischen Client und Server in den Socket geschrieben werden.
`listening`	Wird ausgelöst, wenn der Server bereit ist, auf Verbindungen zu hören.

Tabelle 9.2 Mögliche Events für WebSocket-Server

Nachrichten von einem Client empfangen

An dem Objekt vom Typ `WebSocket` wiederum können Sie erneut über die Methode `on()` Event-Listener für verschiedene Events registrieren (siehe Tabelle 9.3). Um auf Nachrichten reagieren zu können, die vom Client an den Server geschickt werden, registrieren Sie bspw. einen Event-Listener für das Event »message«. Um erkennen zu können, dass ein Client die Verbindung zum Server beendet hat, registrieren Sie dagegen einen Event-Listener für das Event »close«:

```
const WebSocket = require('ws');

const wss = new WebSocket.Server({
  port: 8080
});

wss.on('connection', (ws) => {
  console.log('New client connected.');
  ws.on('message', (message) => {
    console.log(`received: ${message}`);
  });
  ws.on('close', () => {
    console.log('Client closed connection.");
  });
});
```

Listing 9.6 Nachrichten vom Client empfangen und Verbindungsabbrüche erkennen

Event	Beschreibung
`close`	Wird ausgelöst, wenn die Verbindung geschlossen wurde.
`error`	Wird ausgelöst, wenn ein Fehler auftritt.
`message`	Wird ausgelöst, wenn eine vom Client versendete Nachricht empfangen wurde.
`open`	Wird ausgelöst, wenn die Verbindung zwischen Client und Server hergestellt wurde.
`ping`	Wird ausgelöst, wenn ein vom Client ausgehendes »Ping« empfangen wurde.
`pong`	Wird ausgelöst, wenn ein vom Client ausgehendes »Pong« empfangen wurde.
`unexpected-response`	Wird bei unerwarteten Antworten ausgelöst.
`upgrade`	Wird ausgelöst, wenn die Response-Header im Zuge des Handshakes zwischen Client und Server empfangen wurden.

Tabelle 9.3 Mögliche Events für WebSocket-Verbindungen

Nachrichten an einen Client schicken

Über das Objekt vom Typ `WebSocket` können Sie nicht nur auf Nachrichten vom Client reagieren, sondern auch Nachrichten vom Server an den jeweiligen Client schicken. Dazu stellt das Objekt die Methode `send()` zur Verfügung, der Sie entweder eine Zeichenkette übergeben (um Textdaten zu versenden) oder ein Objekt vom Typ `Float32Array` (um binäre Daten zu versenden).

```
const WebSocket = require('ws');

const wss = new WebSocket.Server({
  port: 8080
});

wss.on('connection', (ws) => {
  console.log('New client connected.');
  ws.send('Hello client');
  ws.on('message', (message) => {
    console.log(`received: ${message}`);
    ws.send('Message received');
  });
  ws.on('close', () => {
```

```
    console.log('Client closed connection.");
  });
});
```

Listing 9.7 Nachrichten an Clients versenden

Nachrichten an mehrere Clients schicken

Innerhalb des Event-Listeners für das »connection«-Event können Sie über das Objekt `ws` lediglich eine Nachricht an den jeweiligen Client am anderen Ende dieser einen WebSocket-Verbindung schicken. Für Anwendungsfälle, bei denen Sie eine Nachricht an *alle verbundenen Clients* versenden möchten, z. B. um bei einer Chatanwendung die Nutzer eines Chatraums über neue Nutzer zu informieren, müssen Sie dagegen anders vorgehen.

Das Objekt `wss`, welches den WebSocket-Server repräsentiert, verfügt über eine Eigenschaft `clients`, in der die WebSocket-Verbindungen zu allen Clients als Array hinterlegt sind. Um nun an alle Clients eine Nachricht zu schicken, iterieren Sie einfach über die Verbindungsobjekte in diesem Array und rufen die Methode `send()` auf. In Listing 9.8 bspw. wird auf diese Weise beim Verbinden neuer Clients eine Nachricht an alle anderen Clients versendet (die Überprüfung `client !== ws` sorgt dafür, dass an den neu verbundenen Client keine Nachricht geschickt wird).

```
const WebSocket = require('ws');

const wss = new WebSocket.Server({
  port: 8080
});

wss.on('connection', (ws) => {
  wss.clients.forEach((client) => {
    if (client !== ws && client.readyState === WebSocket.OPEN) {
      client.send('New client connected.');
    }
  });
});
```

Listing 9.8 Nachrichten an mehrere Clients versenden

Hinweis

Beachten Sie: Wenn Sie JSON-Objekte über WebSockets übertragen möchten, müssen Sie diese beim Versenden zunächst über `JSON.stringify()` in eine Zeichenkette umwandeln und später beim Empfangen über `JSON.parse()` wieder in ein Objekt umwandeln.

9.3.2 Ausblick

Sie wissen jetzt, wie Sie unter Node.js einen WebSocket-Server implementieren, wie Sie auf neue Verbindungen reagieren, wie Sie Nachrichten von Clients empfangen und wie Sie umgekehrt Nachrichten an Clients versenden. Im nächsten Rezept zeige ich Ihnen, wie Sie einen solchen WebSocket-Client implementieren.

Verwandte Rezepte

- Rezept 66: Einen WebSocket-Client erstellen
- Rezept 67: Nachrichtenformate für WebSocket-Kommunikation definieren

9.4 Rezept 66: Einen WebSocket-Client erstellen

Sie möchten einen WebSocket-Client erstellen, um eine Verbindung zu einem WebSocket-Server herzustellen.

9.4.1 Lösung

Im vorherigen Rezept haben Sie gesehen, wie Sie mithilfe des Packages »ws« einen WebSocket-Server erstellen können. In dem vorliegenden Rezept zeige ich Ihnen nun, wie Sie über dasselbe Package einen WebSocket-Client erstellen und dann eine Verbindung zu dem eben implementierten WebSocket-Server herstellen.

Wenn Sie den Code für den WebSocket-Client in dem gleichen Package implementieren, in dem auch der Code für den WebSocket-Server liegt, brauchen Sie das Package »ws« natürlich nicht erneut installieren. Für den Fall, dass Sie den Code für Server und Client in separaten Packages implementieren (was sinnvoll ist), installieren Sie das Package wie gewohnt auch für den Client über folgenden Befehl:

```
$ npm install ws
```

Anschließend binden Sie das Package, wie in Listing 9.9 zu sehen, auch über `require('ws')` ein, erzeugen dieses Mal aber keine Server-Instanz, sondern eine Instanz von `WebSocket`, also genau der Klasse, die Sie schon im vorherigen Rezept kennengelernt haben und die eine WebSocket-Verbindung zwischen Server und Client repräsentiert, dieses Mal allerdings aus Sicht des Clients. Als Parameter übergeben Sie der Konstruktorfunktion die URL, unter der der WebSocket-Server läuft, im Beispiel also `ws://localhost:8080` (unter der Voraussetzung, versteht sich, dass Sie den Server zuvor entsprechend gestartet haben).

```
const WebSocket = require('ws');

const ws = new WebSocket('ws://localhost:8080');

ws.on('open', () => {
  ws.send('Hello server');
});

ws.on('message', (data) => {
  console.log(data);
});
```

Listing 9.9 Erstellen eines WebSocket-Clients

Über die Methode on() haben Sie nun wieder die Möglichkeit, für die bekannten Events (siehe Tabelle 9.3 aus Rezept 65) entsprechende Event-Listener zu registrieren. Mithilfe der Methode send() haben Sie zudem die Möglichkeit, Nachrichten (als Text oder in Binärform) vom Client an den Server zu schicken.

WebSocket-Client im Browser

Wenn Sie aus einer Webanwendung heraus eine WebSocket-Verbindung zu einem WebSocket-Server herstellen möchten, müssen Sie in der Regel überhaupt keine Bibliothek einbinden. Alle modernen Browser implementieren die WebSocket-API aus dem HTML5-Standard (*https://html.spec.whatwg.org/multipage/web-sockets.html#network*).

Um eine WebSocket-Verbindung herzustellen, verwenden Sie, wie in Listing 9.10 zu sehen, die Klasse WebSocket. Diese Klasse ist allerdings trotz des gleichen Namens nicht zu verwechseln mit der Klasse aus dem »ws«-Package. Statt einer Methode on() für das Registrieren von Event-Listenern stellt sie verschiedene Event-Handler zur Verfügung: onopen wird aufgerufen, wenn die WebSocket-Verbindung geöffnet wurde, onerror wenn beim Verbindungsaufbau ein Fehler aufgetreten ist, onclose wenn die Verbindung wieder geschlossen wurde und onmessage bei eingehenden Nachrichten.

```
const ws = new WebSocket('ws://localhost:8080');

ws.onopen = () => {
  ws.send('Hello server');
});

ws.onerror = (error) => {
  console.error(error);
```

```
};

ws.onclose = () => {
  console.log('Connection closed.');
};

ws.onmessage = (data) => {
  console.log(data);
});
```

Listing 9.10 Erstellen eines WebSocket-Clients im Browser

9.4.2 Ausblick

Mit diesem und dem vorherigen Rezept haben Sie alle Zutaten, um unter Node.js eine WebSocket-Kommunikation zwischen Client und Server zu implementieren. Im nächsten Rezept gebe ich Ihnen noch ein paar Tipps, was Sie bezüglich des Aufbaus von Nachrichten und der Implementierung eigener Protokolle auf Basis von WebSockets beachten sollten.

Verwandte Rezepte

- Rezept 65: Einen WebSocket-Server erstellen
- Rezept 67: Nachrichtenformate für WebSocket-Kommunikation definieren

9.5 Rezept 67: Nachrichtenformate für WebSocket-Kommunikation definieren

Sie möchten zwischen WebSocket-Client und WebSocket-Server ein einheitliches Protokoll- und Nachrichtenformat definieren.

9.5.1 Lösung

Im Unterschied zu einer REST-API, in der über HTTP-Verben (bzw. HTTP-Methoden) und Header serverseitig gesteuert werden kann, wie eine Anfrage behandelt (und geroutet) werden soll, müssen Sie dies bei der Kommunikation über WebSockets selbst in die Hand nehmen. *Metainformationen* einer Nachricht, die bei HTTP durch die Methoden, Header und Query-String-Parameter vorgegeben sind, müssen Sie bei WebSockets in der Nachricht selbst vorhalten.

Bevor Sie sich also konkret an die Implementierung einer WebSocket-API machen, sollten Sie sich im Vorfeld ein einheitliches Format für die Nachrichten überlegen:

Dazu zählt bspw., welche verschiedenen Typen von Nachrichten es gibt, wie diese Nachrichten zu erkennen sind sowie deren Aufbau.

Nachrichtentypen definieren

Als Format für die Nachrichten bietet sich in vielen Fällen JSON an, auch wenn über WebSockets selbstverständlich andere Datenformate und auch binäre Daten übertragen werden können. Bei Verwendung von JSON ergibt es außerdem Sinn, die Nachricht in einen Teil mit *Metainformationen* (bzw. *Header-Informationen*) und einen Teil mit der eigentlichen *Payload* (bzw. dem *Body*) einzuteilen:

```
const message = {
  meta: {}
  body: {}
}
```

Um sowohl auf Server-Seite als auch auf Client-Seite empfangene Nachrichten unterscheiden zu können, wird in der Regel der Typ der Nachricht als Metaeigenschaft definiert:

```
const message = {
  meta: {
    type: 'some_message_type'
  }
  body: {}
}
```

Protokolldefinitionen

Um die zur Verfügung stehenden Nachrichtentypen einheitlich auf Server-Seite und auf Client-Seite verwenden zu können, bietet es sich zudem an, diese in einem separaten JavaScript-Modul als *Protokolldefinition* zu speichern. Für die Implementierung eines Musikplayers bspw., der über WebSockets gesteuert werden soll, könnte eine Protokolldefinition wie in Listing 9.11 aussehen. Das Objekt `REQUESTS` enthält dabei die Typen von Anfragenachrichten (in diesem Fall Nachrichten, die vom Client an den Server geschickt werden), das Objekt `EVENTS` enthält die Typen von Ereignisnachrichten (in diesem Fall Nachrichten, die vom Server an den Client geschickt werden).

```
const EVENTS = {
  STARTED_SONG: 'started_song',
  PAUSED_SONG: 'paused_song',
  STOPPED_SONG: 'stopped_song'
};
```

```
const REQUESTS = {
  START_SONG: 'start_song',
  PAUSE_SONG: 'pause_song',
  STOP_SONG: 'stop_song'
};

module.exports = {
  EVENTS,
  REQUESTS
};
```

Listing 9.11 Protokolldefinition

Diese Protokolldefinition können Sie nun sowohl auf Server-Seite für die Implementierung eines WebSocket-Servers als auch auf Client-Seite für die Implementierung eines WebSocket-Clients als Basis für das Erstellen von Nachrichten und das Reagieren auf Nachrichten verwenden (dazu jeweils gleich mehr Details).

Factory für Nachrichten

Neben der zentralen Verwaltung der Nachrichtentypen bietet es sich an, das Erstellen von Nachrichten ebenfalls an zentraler Stelle zu steuern, wobei sich die Verwendung des *Factory-Entwurfsmusters* anbietet (Listing 9.12). Damit stellen Sie sicher, dass bei Änderungen am Aufbau einer Nachricht dies nur an einer Stelle angepasst werden muss.

```
const { EVENTS, REQUESTS } = require('./Protocol');

module.exports = class MessageFactory {
  static createStartRequest(artist, song) {
    return {
      meta: {
        type: REQUESTS.START_SONG
      },
      body: {
        artist,
        song
      }
    };
  }

  static createStartedEvent(artist, song) {
    return {
      meta: {
```

```
        type: EVENTS.STARTED_SONG
      },
      body: {
        artist,
        song
      }
    };
  }
};
```

Listing 9.12 Helferklasse für das Erstellen von Nachrichten

Nachrichten auf Server-Seite

Im Code für den WebSocket-Server binden Sie nun die Protokolldefinition und die *Message-Factory* ein (Listing 9.13). Erstere, um Nachrichten vom Client gegen die in der Protokolldefinition definierten Typen zu überprüfen. Letztere, um entsprechende Nachrichten zu generieren, die vom Server an die Clients geschickt werden. Abhängig vom empfangenen Nachrichtentyp können Sie dann anhand des in der Nachricht definierten Typs Ihre Programmlogik implementieren.

Hinweis

Beachten Sie, dass die Nachrichten, die Sie über die WebSocket-Verbindung auf dem Server empfangen, zunächst in JSON geparst werden müssen, damit Sie den Typ korrekt ermitteln können.

```
const WebSocket = require('ws');
const MessageFactory = require('./MessageFactory');
const Protocol = require('./Protocol');

const wss = new WebSocket.Server({
  port: 8089
});

wss.on('connection', (ws) => {
  ws.on('message', (message) => {
    const parsedMessage = JSON.parse(message);
    switch (parsedMessage.meta.type) {
      case Protocol.REQUESTS.START_SONG:
        console.log('Start song request.');
        const event = MessageFactory.createStartedEvent(
          parsedMessage.artist,
          parsedMessage.song
```

```
        );
        ws.send(JSON.stringify(event));
        break;
    }
  });
});

wss.on('error', (error) => {
  console.error(error);
});

wss.on('listening', () => {
  console.log(`WebSocket server started on port ${wss.options.port}`);
});
```


Listing 9.13 WebSocket-Server in Node.js

Nachrichten auf Client-Seite

Auf Client-Seite verwenden Sie die Protokolldefinition und die Message-Factory auf die gleiche Weise. Den entsprechenden Code dazu sehen Sie in Listing 9.14: Hier wird über `createStartRequest()` eine Nachricht für das Starten eines Songs erstellt und dann an den Server geschickt. Im Event-Listener für das »message«-Event wird das bestätigte Starten des Songs auf die Konsole ausgegeben.

```
const WebSocket = require('ws');
const MessageFactory = require('./MessageFactory');
const Protocol = require('./Protocol');

const ws = new WebSocket('ws://localhost:8089');

ws.on('open', () => {
  const message = MessageFactory.createStartRequest(
    'The Doors',
    'Strange Days'
  );
  ws.send(JSON.stringify(message));
});

ws.on('message', (message) => {
  const parsedMessage = JSON.parse(message);
  switch (parsedMessage.meta.type) {
    case Protocol.EVENTS.STARTED_SONG:
      console.log('Server started song.');
```

```
      break;
  }
});
```

Listing 9.14 WebSocket-Client

9.5.2 Ausblick

Über eine gemeinsame Protokolldefinition und einen vereinbarten Aufbau von Nachrichten stellen Sie sicher, dass Server und Client korrekt miteinander kommunizieren können. Zumindest theoretisch. Denn auch obiger Code verhindert nicht, dass sich ein Client mit dem Server verbindet, der sich nicht an das vereinbarte Protokoll hält. Wie können Sie also sicherstellen, dass ein Client, der sich über WebSockets zu einem Server verbindet, das gleiche Protokoll verwendet wie dieser? Die Antwort auf diese Fragen liefern sogenannte *Subprotokolle*, die ich Ihnen im nächsten Rezept vorstelle.

9.6 Rezept 68: Subprotokolle für WebSocket-Kommunikation definieren

Sie möchten sicherstellen, dass bei einer Kommunikation über WebSockets der Server und die Clients das gleiche *Subprotokoll* verwenden.

9.6.1 Lösung

Über Subprotokolle können Sie definieren, welche Art der Kommunikation ein WebSocket-Server oder ein WebSocket-Client unterstützen. Ein Beispiel für ein solches Subprotokoll ist das *WebSocket Application Messaging Protocol*, kurz *WAMP* (*http://wamp.ws*), das auf Basis von WebSockets *RPC* (*Remote Procedure Call*) und *PubSub* (*Publish/Subscribe*) Messaging Patterns zur Verfügung stellt. WAMP verwendet WebSockets als Transport-Protokoll und JSON als Austauschformat.

Andere Beispiele für Subprotokolle sind *SOAP* (*Simple Object Access Protocol*), *STOMP* (*Simple Text Orientated Messaging Protocol, https://stomp.github.io/*) oder *XMPP* (*Extensible Messaging and Presence Protocol, https://tools.ietf.org/html/rfc7395*).

Für unser Beispiel des Musikplayers aus dem vorherigen Rezept erweitern Sie zunächst die Protokolldefinition um eine entsprechende Konstante `NAME` und legen als Namen für das Subprotokoll »musicplayer« fest (Listing 9.15).

```
const NAME = 'musicplayer';

const EVENTS = {
```

```
  STARTED_SONG: 'started_song',
  PAUSED_SONG: 'paused_song',
  STOPPED_SONG: 'stopped_song'
};

const REQUESTS = {
  START_SONG: 'start_song',
  PAUSE_SONG: 'pause_song',
  STOP_SONG: 'stop_song'
};

module.exports = {
  NAME,
  EVENTS,
  REQUESTS
};
```


Listing 9.15 Erweiterung der Protokolldefinition um Namen

Beim Verbinden mit einem WebSocket-Server kann der Client, wie in Listing 9.16 zu sehen, über den zweiten Parameter des `WebSocket`-Konstruktors ein Subprotokoll angeben, das er unterstützt (bzw. in Form eines Arrays sogar mehrere Subprotokolle). Nur wenn der Server eines der angegebenen Subprotokolle ebenfalls unterstützt, wird die Verbindung erfolgreich hergestellt und das »open«-Event ausgelöst. Unterstützt der Server dagegen keines der übergebenen Subprotokolle, schlägt der Verbindungsaufbau mit einem entsprechenden »error«-Event fehl.

```
const WebSocket = require('ws');
const MessageFactory = require('./MessageFactory');
const Protocol = require('./Protocol');

const ws = new WebSocket('ws://localhost:8089', Protocol.NAME);

ws.on('open', () => {
  const message = MessageFactory.createStartRequest(
    'The Doors',
    'Strange Days'
  );
  ws.send(JSON.stringify(message));
});
ws.on('message', (message) => {
  const parsedMessage = JSON.parse(message);
  switch (parsedMessage.meta.type) {
```

```
    case Protocol.EVENTS.STARTED_SONG:
      console.log('Server started song.');
      break;
  }
});
```

Listing 9.16 Angabe des Subprotokolls bei einem WebSocket-Client

Auf Server-Seite wiederum können Sie anhand der Eigenschaft `protocol` des jeweiligen Verbindungsobjekts den Namen des Subprotokolls einsehen und abhängig davon Ihre Programmlogik implementieren. In Listing 9.17 bspw. stellen Sie über die if-Bedingung zunächst sicher, dass der Client das Subprotokoll »musicplayer« übergeben hat. Ist dies der Fall, wird die Nachricht wie aus dem vorherigen Rezept bekannt weiterverarbeitet. Entspricht das Subprotokoll allerdings nicht dem erwarteten Wert, gibt der Server eine entsprechende Fehlermeldung aus (hier würde es in der Praxis sicherlich Sinn ergeben, eine entsprechende Fehlermeldung an den Client zurückzusenden).

```
const WebSocket = require('ws');
const MessageFactory = require('./MessageFactory');
const Protocol = require('./Protocol');

const wss = new WebSocket.Server({
  port: 8089
});

wss.on('connection', (ws) => {
  if (ws.protocol === Protocol.NAME) {
    ws.on('message', (message) => {
      const parsedMessage = JSON.parse(message);
      switch (parsedMessage.meta.type) {
        case Protocol.REQUESTS.START_SONG:
          console.log('Start song request.');
          const event = MessageFactory.createStartedEvent(
            parsedMessage.artist,
            parsedMessage.song
          );
          ws.send(JSON.stringify(event));
          break;
      }
    });
  } else {
    console.error('Protocol not supported.');
```

```
  }
});
wss.on('error', (error) => {
  console.error(error);
});
wss.on('listening', () => {
  console.log(WebSocket server started on port ${wss.options.port});
});
```

Listing 9.17 Subprotokolle für WebSockets

Hinweis

Die Subprotokolle werden nur beim initialen Verbindungsaufbau benötigt. Nach erfolgreichem Verbindungsaufbau spielen die Subprotokolle keine Rolle mehr.

9.6.2 Ausblick

In den vorherigen vier Rezepten haben Sie gesehen, wie Sie eine WebSocket-Kommunikation zwischen Server und Client unter Node.js implementieren können und was Sie dabei beachten sollten. WebSockets bilden eine wichtige Grundlage für echtzeitfähige Applikationen, in denen Daten vom Server an den Client geschickt werden (beispielsweise Online-Chats etc.). Doch es gibt auch noch eine andere Möglichkeit, Daten vom Server an den Client zu schicken. Welche dies ist und wie die entsprechende Integration in Node.js-Applikationen aussieht, erfahren Sie im nächsten Rezept.

9.7 Rezept 69: Server-Sent Events generieren

Sie möchten vom Server Events an den Client schicken, benötigen dabei aber keine *bidirektionale Kommunikation* zwischen Server und Client.

9.7.1 Lösung: die Server-Seite implementieren

In den vorherigen Rezepten haben Sie gesehen, wie Sie mithilfe von WebSockets eine bidirektionale Kommunikation zwischen Client und Server realisieren können. In vielen Fällen ist es aber gar nicht notwendig, dass Clients Daten an den Server schicken. Ein klassisches Beispiel hierfür wäre ein Börsen-Ticker, der den Kurs einer Aktie an den Client überträgt. In solchen Fällen ist es daher sinnvoll, alternativ zu WebSockets auch andere Technologien in Betracht zu ziehen: Die Rede ist von sogenannten *Server-Sent Events* (siehe *http://www.w3.org/TR/eventsource/* bzw. im »Living Standard« unter *https://html.spec.whatwg.org/multipage/comms.html#server-sent-*

events). Mithilfe von Server-Sent Events ist es – wie der Name schon andeutet – möglich, vom Server aktiv Nachrichten an Clients zu versenden (siehe Abbildung 9.1).

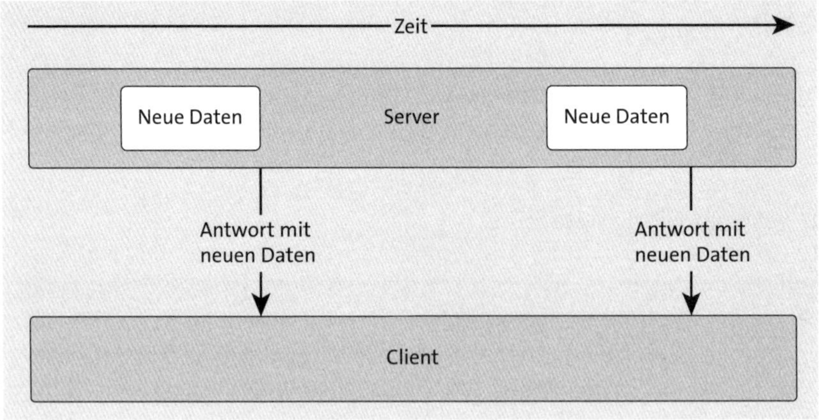

Abbildung 9.1 Prinzip von Server-Sent Events

Um Server-Sent Events zu verwenden, benötigen Sie kein zusätzliches Package, sondern können alles mit Modulen aus der Standard-API von Node.js realisieren. Listing 9.18 zeigt den serverseitigen Code für eine Anwendung, die alle fünf Sekunden eine Zufallszahl zwischen 1 und 20 generiert und diese über den Event-Stream unter *http://localhost:8000/events* an den Client schickt.

```
const fs = require('fs');
const http = require('http');

const MIN = 1;
const MAX = 20;

const server = http.createServer((request, response) => {
  if (
      request.headers.accept
      && request.headers.accept === 'text/event-stream'
  ) {
    if (request.url === '/events') {
      sendEvent(request, response);
    } else {
      response.writeHead(404);
      response.end();
    }
  } else {
    response.writeHead(200, {
      'Content-Type': 'text/html'
```

```
    });
    response.write(fs.readFileSync(__dirname + '/index.html'));
    response.end();
  }
});

server.listen(8000);

function sendEvent(request, response) {
  response.writeHead(200, {
    'Content-Type': 'text/event-stream',
    'Cache-Control': 'no-cache',
    'Connection': 'keep-alive'
  });
  const id = (new Date()).toLocaleTimeString();
  setInterval(() => {
    createServerSendEvent(response, id);
  }, 5000);
  createServerSendEvent(response, id);
}

function createServerSendEvent(response, id) {
  const number = createRandomNumber();
  response.write(`id: ${id}\n`);
  response.write(`data: ${number}\n\n`);
}

function createRandomNumber() {
  let number = Math.floor(Math.random() * MAX) + MIN;
  return number;
}
```


Listing 9.18 Implementierung eines Webservers für Server-Sent Events

Zunächst werden in den ersten beiden Zeilen zwei Node.js-Standard-Module importiert, die Sie bereits aus vorherigen Rezepten kennen: Das Modul »fs«, das verschiedene Funktionen rund um das Arbeiten mit dem Dateisystem bereitstellt, und das Modul »http«, über das sich ein Webserver starten lässt.

Im Callback-Handler für HTTP-Anfragen implementieren Sie dann die Logik für den Aufbau der Verbindung für die Server-Sent Events. Der erste Teil der Verzweigung prüft über den »Accept«-Header, ob der Client eine Verbindung zu dem Event-Stream aufbauen möchte (der Header hat in diesem Fall den Wert »text/event-stream«). Ist dies der Fall, wird über eine weitere `if`-Anweisung geprüft, ob der Client die URL »/events« aufgerufen hat. Ist dies ebenfalls der Fall, wird die eigentliche Verbindung zwischen Client und Server über den Event-Stream aufgebaut, was der Übersichtlichkeit halber in der separaten Funktion `sendEvent()` ausgelagert ist: In dieser Funktion wiederum wird alle fünf Sekunden unter Verwendung der Funktion `createServerSendEvent()` ein serverseitiges Event erzeugt. Der Code für die Erzeugung der Zufallszahl wiederum befindet sich in der Funktion `createRandomNumber()`.

Der zweite Teil der Verzweigung im Callback bewirkt zudem, dass für alle anderen Anfragen die HTML-Datei *index.html* zurückgeliefert werden soll, sprich der Inhalt aus Listing 9.20 (weiter unten im nächsten Abschnitt).

9.7.2 Lösung: die Client-Seite implementieren

Server-Sent Events bzw. das damit einhergehende `EventSource`-Interface werden von (fast) allen größeren Browsern unterstützt. Eine Ausnahme bilden derzeit der Internet Explorer und Microsoft Edge (siehe *https://caniuse.com/#feat=eventsource*).

Das `EventSource`-Interface repräsentiert eine serverseitige Quelle, die Events generiert bzw. Nachrichten verschickt. Um eine solche Eventquelle zu definieren, übergeben Sie, wie in Listing 9.19 zu sehen, der entsprechenden Konstruktorfunktion die URL der Eventquelle, und definieren Sie einen Event-Handler, um auf die Nachrichten vom Server reagieren zu können.

```
const source = new EventSource('/events');
source.onmessage = (event) => {
  // gesendete Nachricht
  console.log(event.data);
  // Quelle
  console.log(event.origin);
  // ID des zuletzt gesendeten Events
  console.log(event.lastEventId);
};
```

Listing 9.19 Festlegen einer Datenquelle für serverseitige Events

> **Hinweis**
>
> Neben dem Event-Handler `onmessage` stehen noch die Event-Handler `onopen` und `onerror` zur Verfügung. Ersterer wird aufgerufen, wenn die Verbindung zum Server geöffnet wurde, letzterer, wenn ein Fehler aufgetreten ist.

Diesen Code bringen Sie einfach in einer HTML-Datei unter (Listing 9.20), die Sie anschließend im Browser aufrufen können.

```
<!DOCTYPE html>
<html>
  <head>
    <meta charset="utf-8" />
  </head>
  <body>
    <script>
      const source = new EventSource('/events');
      source.onmessage = (event) => {
        console.log(event.data);
        console.log(event.origin);
        console.log(event.lastEventId);
      };
    </script>
  </body>
</html>
```

Listing 9.20 HTML-Code für das Empfangen der serverseitigen Events

9.7.3 Ausblick

Server-Sent Events bieten sich immer dann an, wenn Sie aktiv vom Server Nachrichten an den Client schicken möchten. Wenn Sie dagegen eine bidirektionale Kommunikation benötigen, in der auch der Client über die gleiche Verbindung Daten an den Server schickt, greifen Sie eher auf WebSockets zurück.

Verwandte Rezepte

- Rezept 65: Einen WebSocket-Server erstellen
- Rezept 66: Einen WebSocket-Client erstellen

9.8 Rezept 70: Über AMQP auf RabbitMQ zugreifen

Sie möchten über AMQP auf das Messaging-System RabbitMQ zugreifen.

9.8.1 Exkurs: Messaging

Bei der Implementierung komplexer Softwaresysteme, bei denen verschiedene Komponenten bzw. Anwendungen miteinander interagieren, helfen *Messaging-Systeme* bzw. *Message-Broker* dabei, eine Kopplung zwischen den einzelnen Komponenten zu vermeiden.

Statt einer direkten Kommunikation zwischen einzelnen Komponenten (Abbildung 9.2) erfolgt die gesamte Kommunikation über den Message-Broker (Abbildung 9.3). Einzelne Komponenten können dazu Nachrichten an den Message-Broker schicken oder von dort abrufen. Der Message-Broker übernimmt dabei verschiedene Aufgaben: Zum einen können eingehende Nachrichten nach bestimmten Regeln verteilt werden, sodass diese von anderen Komponenten abgerufen werden können (Stichwort *Message-Routing*), zum anderen können Message-Broker dafür sorgen, Nachrichten zwischen verschiedenen Messaging-Protokollen zu übersetzen.

In diesem und den folgenden Rezepten zeige ich Ihnen, wie Sie Messaging auch für Ihre Node.js-Applikationen verwenden können.

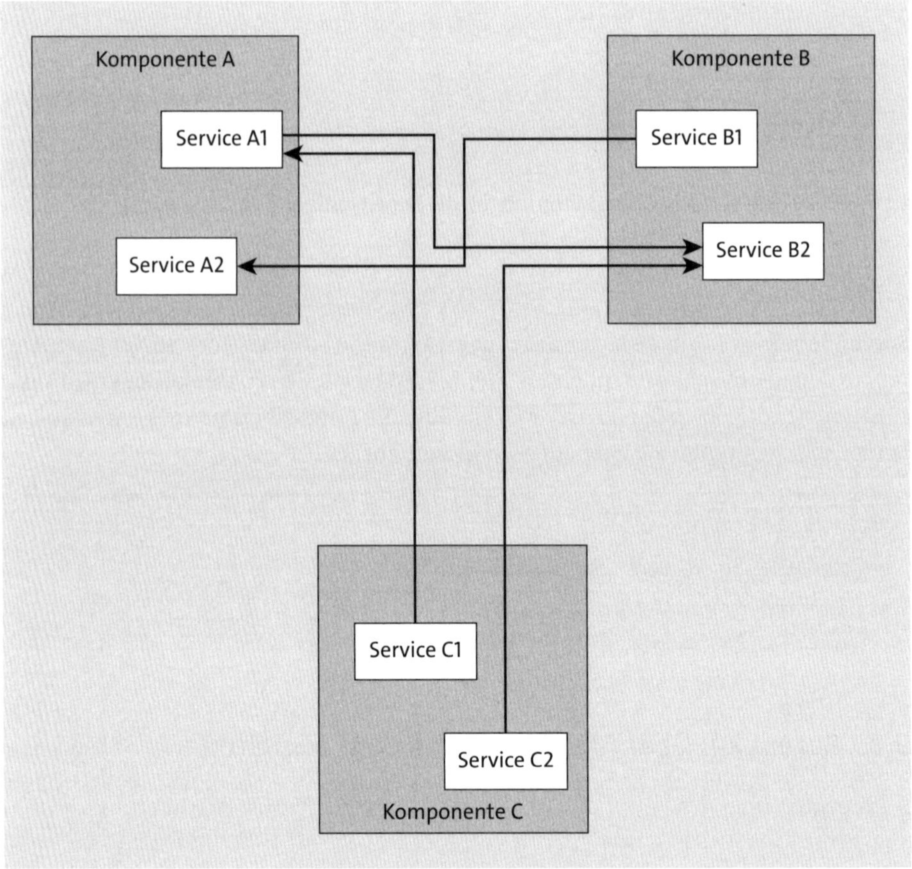

Abbildung 9.2 Direkte Kommunikation zwischen Komponenten

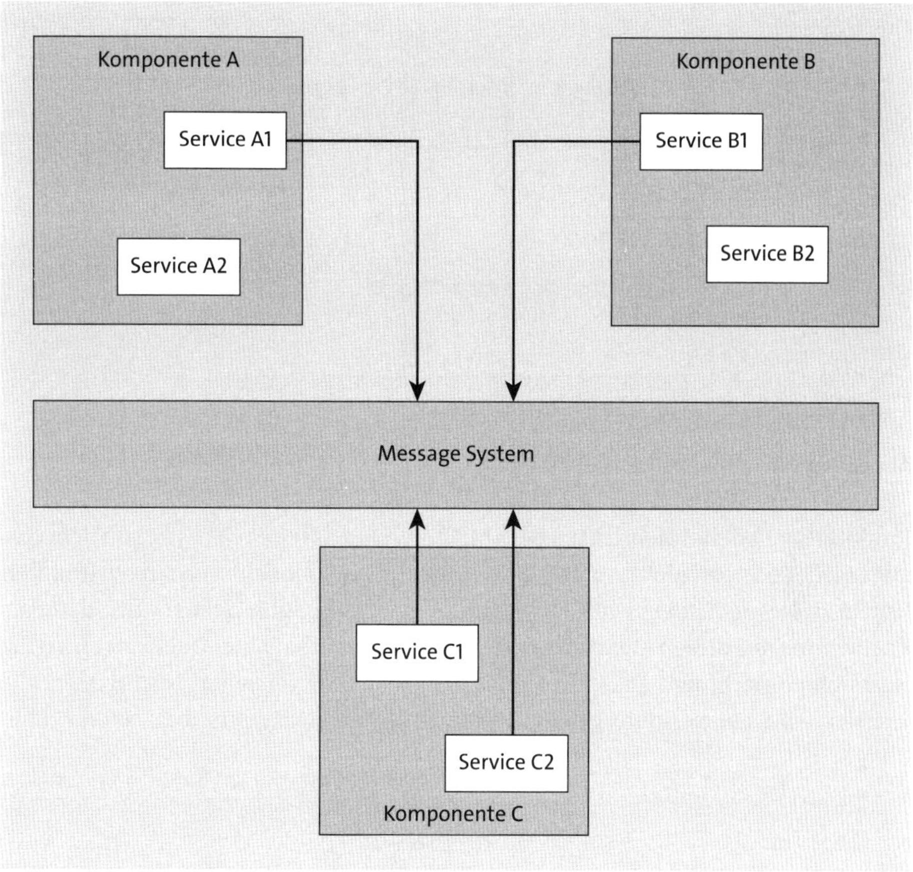

Abbildung 9.3 Kommunikation über Message-Broker

9.8.2 Einführung: AMQP

Bei *AMQP* (*Advanced Messaging Queuing Protocol*) handelt es sich um einen offenen Standard, der ein Protokoll für den Austausch von Nachrichten beschreibt, ein sogenanntes *Messaging-Protokoll*.

Die wesentlichen Komponenten von AMQP sind: *Producer* bzw. *Publisher*, *Consumer* bzw. *Subscriber*, *Exchanges*, *Queues* sowie *Bindings* (siehe Abbildung 9.4). Außerdem wird zwischen *Connections* und *Channels* unterschieden.

Als *Producer* bzw. *Publisher* bezeichnet man beim Messaging diejenigen Komponenten, die Nachrichten an den Message-Broker schicken. Als *Consumer* bzw. *Subscriber* hingegen werden diejenigen Komponenten bezeichnet, die am Message-Broker eingehende Nachrichten verarbeiten.

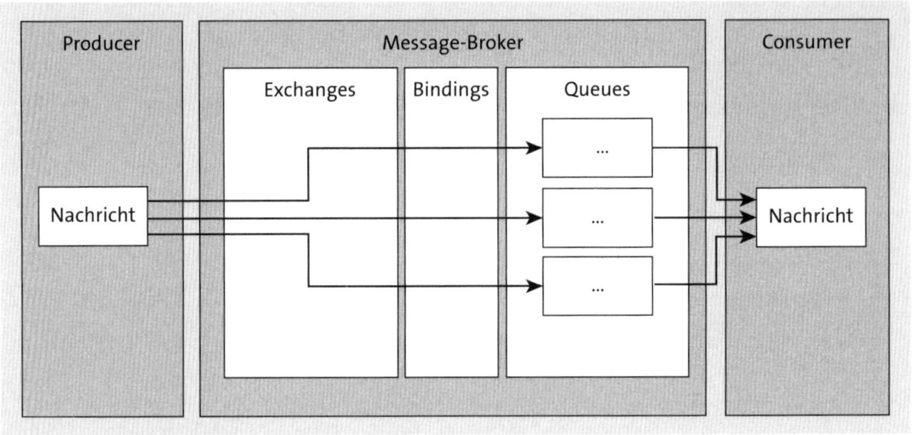

Abbildung 9.4 Komponenten bei AMQP

Producer senden die Nachrichten bei AMQP an sogenannte *Exchanges*, von denen es verschiedene Typen gibt und die dafür sorgen, dass Nachrichten nach bestimmten Regeln an *Message Queues* verteilt (»geroutet«) werden. Subscriber können dann die Nachrichten aus diesen Message Queues abrufen. Innerhalb von Queues werden die Nachrichten nach dem *FIFO*-Prinzip (*First In First Out*) verwaltet: Nachrichten, die zuerst in eine Queue weitergeleitet werden, werden auch zuerst bearbeitet (Abbildung 9.5).

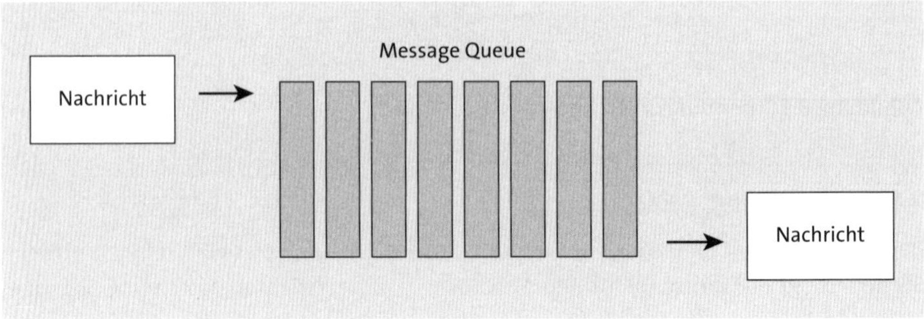

Abbildung 9.5 Prinzip von Message Queues

Sowohl Producer als auch Consumer müssen – bevor sie Nachrichten senden bzw. empfangen können – eine (TCP-)Verbindung (*Connection*) zu dem Message-Broker herstellen. Um dann auf Exchanges bzw. Queues zugreifen zu können, werden sogenannte *Channels* – virtuelle Verbindungen innerhalb der TCP-Verbindung – aufgebaut.

Exchanges

Insgesamt gibt es bei AMQP (standardmäßig) vier verschiedene Typen von Exchanges: *Direct Exchanges*, *Fanout Exchanges*, *Topic Exchanges* und *Headers Exchanges*. Zusätzlich haben Sie die Möglichkeit, über eine entsprechende Plugin-Schnittstelle sogenannte *Custom Exchanges* und damit eigene Routing-Mechanismen zu implementieren (bspw. geobasiertes Routing o. Ä.).

Fanout Exchanges

Der einfachste Fall der vier genannten Exchanges ist ein *Fanout Exchange*: Hierbei werden die eingehenden Nachrichten an alle an diesen Exchange gebundenen Queues weitergeleitet (siehe Abbildung 9.6).

Ein typischer Anwendungsfall für die Verwendung von Fanout Exchanges ist die Umsetzung des *Publish/Subscribe*-Entwurfsmusters: Eine oder mehrere Komponenten registrieren sich für ein bestimmtes Event und werden alle bei Auftreten des Events benachrichtigt.

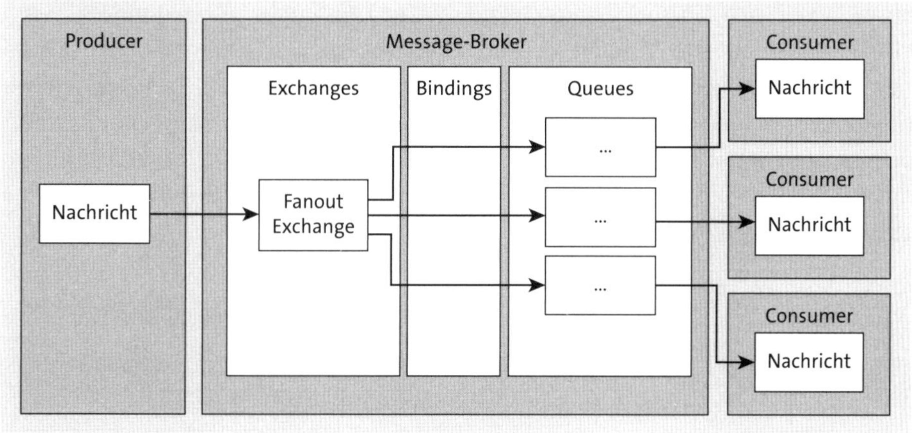

Abbildung 9.6 Prinzip von Fanout Exchanges

Direct Exchanges

Beim *Direct Exchange* (Abbildung 9.7) wird anhand eines *Routing Keys*, der vom Publisher als Metainformation einer Nachricht mitgesendet wird, entschieden, an welche Queue die Nachricht weitergeleitet wird. Nur wenn der Routing Key der Nachricht dem Routing Key entspricht, der in dem Binding zwischen einem Exchange und einer Queue definiert ist, wird die Nachricht an die entsprechende Queue weitergeleitet.

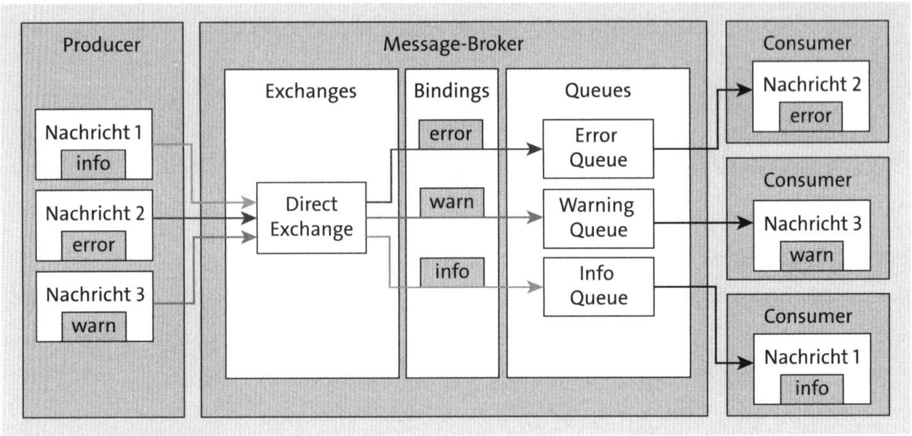

Abbildung 9.7 Prinzip von Direct Exchanges

Topic Exchanges

Etwas flexibler als Direct Exchanges sind die *Topic Exchanges* (Abbildung 9.8). Vom Prinzip her arbeiten sie ähnlich wie Direct Exchanges, da auch hier anhand des Routing Keys entschieden wird, auf welche Queues die Nachrichten verteilt werden sollen. Im Unterschied jedoch zum Direct Exchange, bei dem der Routing Key exakt mit dem am Binding zwischen Queue und Exchange definierten Key übereinstimmen muss, haben Sie beim Topic Exchange die Möglichkeit, am Binding auch Wildcards bzw. *Routing Patterns* zu definieren.

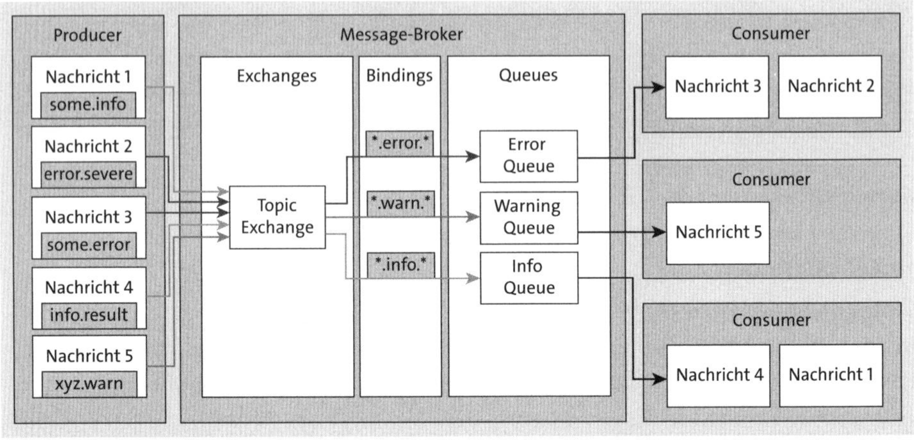

Abbildung 9.8 Prinzip von Topic Exchanges

Headers Exchanges

Wenn Ihnen die drei genannten Exchange-Typen nicht ausreichen, können Sie auf *Headers Exchanges* zurückgreifen, welche die flexibelste Variante eines Exchanges darstellen (Abbildung 9.9). Anstatt das Routing auf Basis eines einzelnen Routing Keys durchzuführen, geschieht dieses auf Basis von Header-Informationen, die einer Nachricht mitgesendet werden. Headers Exchanges eignen sich also immer dann, wenn man das Routing anhand mehrerer Parameter vornehmen möchte und diese nicht alle in einem Routing Key unterbringen kann oder möchte.

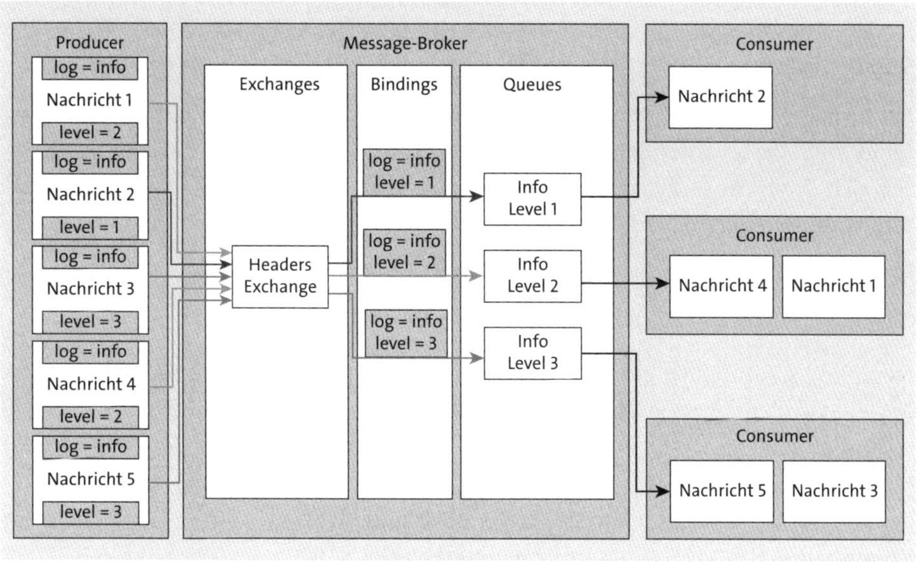

Abbildung 9.9 Prinzip von Headers Exchanges

9.8.3 Installation eines Message-Brokers für AMQP

Einer der bekanntesten Message-Broker für AMQP ist das in der Programmiersprache Erlang implementierte *RabbitMQ* (*https://www.rabbitmq.com/*). RabbitMQ steht Ihnen für alle gängigen Betriebssysteme zur Verfügung. Entsprechende Installationsdateien können Sie auf der Website unter *https://www.rabbitmq.com/download.html* herunterladen.

Alternativ dazu steht ein Docker Image zur Verfügung (Details siehe *https://hub.docker.com/r/library/rabbitmq/*), für das ich Ihnen der Einfachheit halber wieder eine Konfigurationsdatei vorbereitet habe, die Sie mit Docker Compose über den Befehl `docker-compose up` starten können:

```
version: '3.5'

services:
  broker:
    image: rabbitmq:3
    container_name: rabbitmq
```

```
    ports:
      - 5672:5672
    expose:
      - 5672
```

Listing 9.21 Docker-Compose-Datei für RabbitMQ

9.8.4 Lösung

Für JavaScript bzw. Node.js dürfte das Package »amqplib« (*https://github.com/squaremo/amqp.node*) einer der bekanntesten AMQP-Clients sein. Über das Package lassen sich Producer und Consumer implementieren, Exchanges und Queues verwalten, Verbindungen herstellen, Channels aufbauen und vieles andere mehr.

Installieren können Sie das Package über folgenden Befehl:

```
$ npm install amqplib
```

Die API von »amqplib« gibt es in zwei Varianten: als Callback-API und als Promise-API. Je nachdem, welche Variante Sie verwenden möchten, binden Sie das Package entweder über `require('amqplib/callback_api')` (bei Verwendung der Callback-API) oder über `require('amqplib')` (bei Verwendung der Promise-API) ein. Für die nachfolgenden Beispiele verwenden Sie letztere Variante, weil der Code insbesondere in Kombination mit `async` und `await` um einiges lesbarer ist.

Kommunikation über Queues

Der einfachste Fall einer Kommunikation zwischen Producer und Consumer verzichtet ganz auf Exchanges und läuft direkt über Queues: Der Producer schickt eine Nachricht direkt an eine Queue, der Consumer holt diese Nachricht aus der Queue ab und verarbeitet sie. Den Code dafür sehen Sie in Listing 9.22 (Producer) und Listing 9.23 (Consumer).

Sowohl Producer als auch Consumer müssen zunächst über den Aufruf der Methode `connect()` eine (TCP-)Verbindung zum Message-Broker herstellen und innerhalb dieser wiederum über den Aufruf von `createChannel()` eine virtuelle Verbindung aufbauen. Der anschließende Aufruf von `assertQueue()` ist optional: Wurde die Queue bereits vorher erstellt – entweder programmatisch oder über die Management-Oberfläche von RabbitMQ (*https://www.rabbitmq.com/management.html*) –, wird die Queue nicht erneut erzeugt.

Um eine Nachricht an die Queue zu schicken, rufen Sie aufseiten des Producers die Methode `sendToQueue()` auf. Ihr übergeben Sie den Namen der Queue sowie den Inhalt der Nachricht in Form eines Buffers. Auf der Seite des Publishers registrieren Sie über die Methode `consume()` eine Callback-Funktion an dem Channel, die immer dann aufgerufen wird, wenn eine neue Nachricht für den Consumer in der Queue bereitgestellt wird (registrieren Sie auf diese Weise mehrere Consumer an einer Queue, werden die Nachrichten nach dem Round-Robin-Verfahren nacheinander an die Consumer verteilt).

```
const amqp = require('amqplib');

const configuration = {
  hostname: 'localhost',
  connectionTimeout: 10000,
  authMechanism: 'AMQPLAIN',
  vhost: '/',
  noDelay: true,
  ssl: {
    enabled: true
  }
};

const queue = 'example-queue';

(async () => {
  try {
    const connection = await amqp.connect(configuration);
    const channel = await connection.createChannel();
    await channel.assertQueue(queue);
    await channel.sendToQueue(queue, Buffer.from('Hello World!'));
  } catch (error) {
    console.error(error);
  }
})();
```

Listing 9.22 Producer in AMQP

```
const amqp = require('amqplib');

const configuration = {
  hostname: 'localhost',
  connectionTimeout: 10000,
  authMechanism: 'AMQPLAIN',
  vhost: '/',
  noDelay: true,
  ssl: {
    enabled: true
  }
```

```
};

const queue = 'example-queue';

(async () => {
  try {
    const connection = await amqp.connect(configuration);
    const channel = await connection.createChannel();
    await channel.assertQueue(queue);
    await channel.consume(queue, (message) => {
      if (message !== null) {
        console.log(message.content.toString());
        channel.ack(message);
      }
    });
  } catch (error) {
    console.error(error);
  }
})();
```

Listing 9.23 Consumer in AMQP

Kommunikation über Exchanges

Flexibler als die direkte Verwendung von Queues ist es, die Nachrichten an Exchanges zu schicken. Der Vorteil: Das Routing können Sie dann, wie eingangs beschrieben, über die Einstellungen am jeweiligen Exchange vornehmen.

In Listing 9.24 sehen Sie, wie Sie mit dem Package »amqplib« ein Fanout Exchange erstellen und anschließend zwei Queues daran binden. Für das Erstellen des Exchanges verwenden Sie die Methode `assertExchange()`, der Sie den Namen und den Typ des Exchanges übergeben und die sicherstellt – ähnlich wie zuvor –, dass es einen entsprechenden Exchange gibt, und gegebenenfalls einen neuen anlegt. Über die Methode `bindQueue()` binden Sie eine Queue an einen Exchange. Um eine Nachricht an einen Exchange zu versenden, verwenden Sie anschließend die Methode `publish()`, der Sie den Namen des Exchanges und die Nachricht in Form eines Buffers übergeben.

```
const amqp = require('amqplib');

const configuration = {
  hostname: 'localhost',
  connectionTimeout: 10000,
  authMechanism: 'AMQPLAIN',
```

```
  vhost: '/',
  noDelay: true,
  ssl: {
    enabled: true
  }
};

const exchange = 'example-fanout-exchange';
const queue1 = 'example-queue';
const queue2 = 'example-queue-2';
(async () => {
  try {
    const connection = await amqp.connect(configuration);
    const channel = await connection.createChannel();
    await channel.assertExchange(exchange, 'fanout');
    await channel.assertQueue(queue1);
    await channel.assertQueue(queue2);
    await channel.bindQueue(queue1, exchange, '');
    await channel.bindQueue(queue2, exchange, '');
    await channel.publish(exchange, '', Buffer.from('Hello World!'));
  } catch (error) {
    console.error(error);
  }
})();
```

Listing 9.24 Producer über Exchanges

In Listing 9.25 sehen Sie den gegenüber Listing 9.23 etwas angepassten Consumer-Code, wobei sich der Consumer an beiden definierten Queues registriert. Starten Sie diesen Code, und rufen Sie anschließend mehrmals den Code aus Listing 9.24 auf, sehen Sie, dass die Nachrichten abwechselnd an den Queues ankommen, d. h., die erste Nachricht geht an Queue 1, die zweite Nachricht an Queue 2, die dritte Nachricht wieder an Queue 1 usw.

```
const amqp = require('amqplib');

const configuration = {
  hostname: 'localhost',
  connectionTimeout: 10000,
  authMechanism: 'AMQPLAIN',
  vhost: '/',
  noDelay: true,
  ssl: {
```

```
    enabled: true
  }
};

const queue1 = 'example-queue';
const queue2 = 'example-queue';

(async () => {
  try {
    const connection = await amqp.connect(configuration);
    const channel = await connection.createChannel();
    await channel.assertQueue(queue1);
    await channel.assertQueue(queue2);
    await channel.consume(queue1, (message) => {
      if (message !== null) {
        console.log('Message from queue 1');
        console.log(message.content.toString());
        channel.ack(message);
      }
    });
    await channel.consume(queue2, (message) => {
      if (message !== null) {
        console.log('Message from queue 2');
        console.log(message.content.toString());
        channel.ack(message);
      }
    });
  } catch (error) {
    console.error(error);
  }
})();
```

Listing 9.25 Consumer für mehrere Queues

9.8.5 Ausblick

In diesem Rezept haben Sie gesehen, wie Sie unter Node.js das AMQP-Protokoll in Kombination mit RabbitMQ für die Kommunikation verwenden. Dank der verschiedenen Exchanges lassen sich in AMQP unterschiedliche Mechanismen der Nachrichtenzustellung (Message-Routing) implementieren.

Ein anderes Messaging-Protokoll, das als Mechanismus »nur« *Publish/Subscribe* ermöglicht, dafür aber gegenüber AMQP sehr leichtgewichtig und besonders im IoT-

Umfeld (*Internet of Things*) eine starke Verbreitung hat, ist MQTT. Wie Sie dieses Protokoll unter Node.js einsetzen können, zeige ich Ihnen in den beiden folgenden Rezepten.

9.9 Rezept 71: Einen MQTT-Broker erstellen

Sie möchten über das MQTT-Protokoll auf einen Message-Broker zugreifen, entweder um Nachrichten an den Broker zu senden oder um Nachrichten von dem Broker zu empfangen.

9.9.1 Exkurs: das Nachrichtenprotokoll MQTT

MQTT (*Message Queuing Telemetry Transport*) ist ein Nachrichtenprotokoll, das hauptsächlich für die sogenannte *M2M-Kommunikation*, also für die *Machine-to-Machine-Kommunikation* zum Einsatz kommt. Das Protokoll wurde ursprünglich von den Firmen IBM und Arcom Control Systems im Rahmen eines gemeinsamen Projekts zur Überwachung einer Ölpipeline entwickelt, wobei der Fokus auf folgenden Anforderungen lag:

- Unterstützung von Geräten mit *eingeschränkten Ressourcen* (viele Sensoren mit wenig Rechenleistung)
- Unterstützung *unterschiedlicher Qualitäts-Level* bezüglich der Übertragung der Daten (Betrieb auch in instabilen Netzwerken)
- *effiziente Nutzung* der Bandbreite (Betrieb auch in Netzwerken mit niedriger Bandbreite)
- Übertragung *unterschiedlicher Datentypen*

Publish/Subscribe

MQTT implementiert das sogenannte *Publish/Subscribe* Messaging Pattern, kurz *Pub/Sub*: Publisher versenden Nachrichten an *Topics*, ein oder mehrere Subscriber registrieren sich für Topics, um darüber die Nachrichten zu empfangen. Dabei kommunizieren Publisher und Subscriber nicht direkt miteinander, sondern sind über einen Broker voneinander entkoppelt (siehe Abbildung 9.10). Der Broker sorgt anhand der Topics dafür, dass Nachrichten an den oder die richtigen Empfänger gelangen.

Topics sind im Wesentlichen einfache Zeichenketten, die ähnlich wie eine URL hierarchisch aufgebaut sein können und aus mehreren Topic-Ebenen bestehen, bspw. »factory/hall1/temperatureSensor« oder »factory/hall2/lightSensor«.

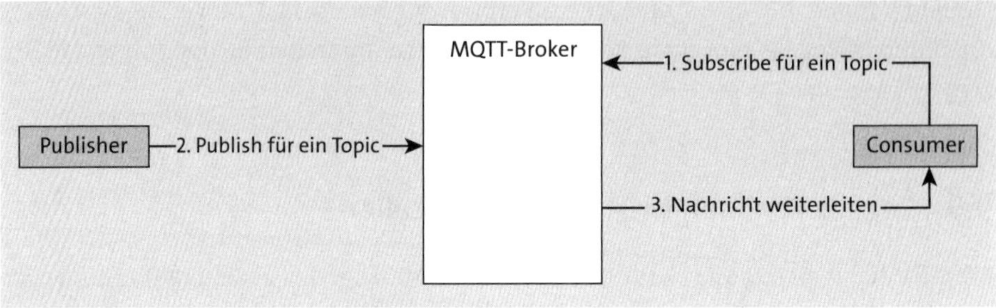

Abbildung 9.10 Prinzip eines MQTT-Brokers

Subscriber registrieren sich beim Broker für ein oder mehrere Topics und können darüber festlegen, an welchen Nachrichten sie interessiert sind. Empfängt der Broker dann eine Nachricht zu einem bestimmten Topic, leitet er die Nachricht an alle für das Topic registrierten Subscriber weiter (siehe Abbildung 9.11).

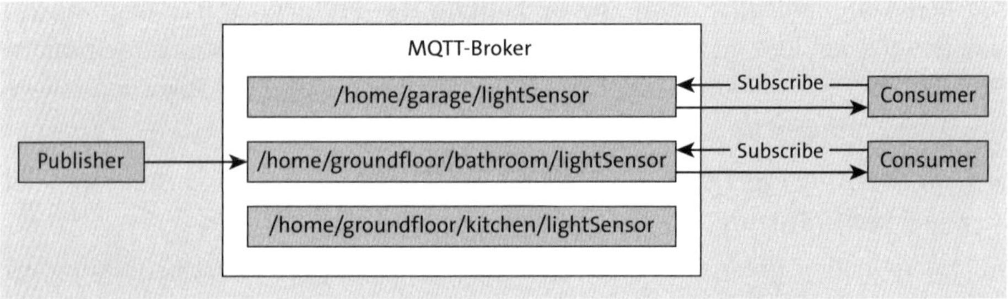

Abbildung 9.11 Prinzip von Topics in MQTT

9.9.2 Lösung: einen MQTT-Broker installieren

Auf dem Markt gibt es verschiedene MQTT-Broker, von denen Mosquitto (*https://mosquitto.org/*), HiveMQ (*https://www.hivemq.com/*) und VerneMQ (*https://vernemq.com/*) die bekanntesten sind.

Welchen dieser Broker Sie im Einzelfall verwenden, müssen Sie natürlich selbst entscheiden. Für alle drei Broker habe ich Ihnen entsprechende Dateien für Docker Compose vorbereitet (*docker-compose.mosquitto.yml* (Listing 9.26), *docker-compose.hivemq.yml* (Listing 9.27) und *docker-compose.vernemq.yml* (Listing 9.28), die Sie über `docker-compose up` unter Angabe des entsprechenden Dateinamens wie folgt starten können:

```
# Starten von Mosquitto
$ docker-compose -f docker-compose.mosquitto.yml up
```

```
# Starten von HiveMQ
$ docker-compose -f docker-compose.hivemq.yml up

# Starten von VerneMQ
$ docker-compose -f docker-compose.vernemq.yml up
```

Hinweis

Beachten Sie, dass Sie die Port-Mappings anpassen müssen, wenn Sie alle Broker parallel starten möchten, da es ansonsten zu Konflikten für den Port 1883 kommt.

```
version: '3.5'

services:
  broker:
    image: eclipse-mosquitto
    container_name: mosquitto
    ports:
      - 1883:1883
    expose:
      - 1883
```

Listing 9.26 Docker-Compose-Datei für Mosquitto

```
version: '3.5'

services:
  broker:
    image: hivemq/hivemq3
    container_name: hivemq
    ports:
      - 1883:1883
    expose:
      - 1883
```

Listing 9.27 Docker-Compose-Datei für HiveMQ

```
version: '3.5'

services:
  broker-vernemq:
    image: erlio/docker-vernemq
    container_name: vernemq
    environment:
```

```
      # DOCKER_VERNEMQ_USER_ADMIN: "secret"
      DOCKER_VERNEMQ_ALLOW_ANONYMOUS: "on"
    ports:
      - 1883:1883
    expose:
      - 1883
```

Listing 9.28 Docker-Compose-Datei für VerneMQ

9.9.3 Lösung: einen MQTT-Broker über Node.js starten

Eine interessante Alternative zu den vorgenannten MQTT-Brokern ist »mosca« (*https://github.com/mcollina/mosca*), ein in Node.js geschriebener MQTT-Broker, den Sie über folgenden Befehl global installieren und anschließend über den Befehl `mosca` starten können.

```
$ npm install -g mosca
```

Alternativ dazu steht auch ein Docker Image zur Verfügung, eine entsprechende Konfigurationsdatei (*docker-compose.mosca.yml*) habe ich Ihnen wieder vorbereitet:

```
version: '3.5'

services:
  broker-mosca:
    image: matteocollina/mosca
    container_name: mosca
    ports:
      - 1883:1883
      - 80:80
    expose:
      - 1883
      - 80
```

Listing 9.29 Docker-Compose-Datei für mosca

Starten können Sie diese Datei über folgenden Befehl:

```
$ docker-compose -f docker-compose.mosca.yml up
```

> **Hinweis**
>
> Beachten Sie aber, dass Sie, je nachdem, welche MQTT-Features Sie verwenden, für »mosca« eine entsprechende Datenbank konfigurieren müssen (bspw. für *Retained Messages*, siehe Rezept 72: Über MQTT auf einen MQTT-Broker zugreifen).

Einbinden von mosca in Node.js-Applikation

Besonders interessant ist die Tatsache, dass »mosca« auch programmatisch verwendet werden kann, z. B. um es in eine eigene Node.js-Applikation zu integrieren und so gezielt auf Anfragen von Clients reagieren zu können. Dazu installieren Sie das Package über folgenden Befehl als lokale Abhängigkeit:

```
$ npm install mosca
```

Anschließend können Sie das Package wie gewohnt über `require()` einbinden und über die Klasse `Server` eine neue Server-Instanz erstellen (Listing 9.30). Diese Klasse leitet praktischerweise von `EventEmitter` aus der Node.js-Standard-API ab und stellt daher die Methode `on()` für das Registrieren von Event-Listenern zur Verfügung. So können Sie bspw. über entsprechende Listener innerhalb Ihrer Applikation darauf reagieren, wenn eine Verbindung von einem Client hergestellt wurde (Event »clientConnected«), wieder unterbrochen wurde (Event »clientDisconnected«) oder wenn eine neue Nachricht publiziert wurde (Event »published«).

```
const mosca = require('mosca');

const settings = {
  port: 1883
};

const server = new mosca.Server(settings);

server.on('clientConnected', (client) => {
  console.log(`Client connected: ${client.id}`);
  console.log('********************');
});

server.on('clientDisconnected', (client) => {
  console.log(Client disconnected: ${client.id});
  console.log('********************');
});

server.on('published', (packet, client) => {
    console.log('New message received');
    console.log(`Topic: ${packet.topic}`);
    console.log(`Payload: ${packet.payload}`);
    console.log(`Message ID: ${packet.messageId}`);
    console.log(`QoS Level: ${packet.qos}`);
    console.log(`Retained Message: ${packet.retain}`);
    console.log('********************');
```

```
});

server.on('ready', () => {
  console.log(`Mosca server started at port: ${settings.port}`);
});
```

Listing 9.30 Programmatisches Starten des MQTT-Brokers »mosca«

9.9.4 Ausblick

Unabhängig davon, welchen der in diesem Rezept vorgestellten MQTT-Broker Sie verwenden: Interessant ist jetzt, wie Sie per MQTT auf den jeweiligen Broker zugreifen können. Wie das unter Node.js funktioniert, schauen Sie sich im nächsten Rezept an.

Verwandte Rezepte

- Rezept 72: Über MQTT auf einen MQTT-Broker zugreifen

9.10 Rezept 72: Über MQTT auf einen MQTT-Broker zugreifen

Sie möchten über das MQTT-Protokoll auf einen Message-Broker zugreifen, entweder um Nachrichten an den Broker zu senden oder um Nachrichten von dem Broker zu empfangen.

9.10.1 Lösung: einen MQTT-Client verwenden

Haben Sie sich für einen MQTT-Broker entschieden, stellt sich noch die Frage nach einem geeigneten MQTT-Client. Für Node.js bzw. JavaScript empfehle ich Ihnen das Package »MQTT.js« (*https://github.com/mqttjs/MQTT.js*), das Sie über folgenden Befehl installieren:

```
$ npm install mqtt
```

Ein Beispiel für die Verwendung des Packages ist in Listing 9.31 und Listing 9.32 zu sehen. Ersteres zeigt den Code für einen Sender (Publisher) von Nachrichten, letzteres den Code für einen Empfänger (Consumer) von Nachrichten. In beiden Fällen erzeugen Sie zunächst über einen Aufruf von `mqtt.connect()` ein Client-Objekt, wobei Sie als Parameter die URL des MQTT-Brokers und über ein Konfigurationsobjekt die ID des Clients übergeben.

Nach erfolgreicher Verbindung können Sie den jeweiligen Client über `subscribe()` für ein Topic registrieren oder über `publish()` Nachrichten zu einem Topic veröffentlichen. Darüber hinaus stehen Ihnen über die Client-API eine Reihe weiterer Methoden zur Verfügung (siehe Tabelle 9.4), bspw. `unsubscribe()`, um einen Client wieder von einem Topic zu deregistrieren, oder `end()`, um die Verbindung zum Broker zu beenden.

```
const mqtt = require('mqtt');
const HOSTNAME = 'localhost';
const PORT = 1883;
const CLIENT_ID = 'MQTT.js Node.js Client Publisher';
const client = mqtt.connect(`mqtt://${HOSTNAME}:${PORT}'`, {
  clientId: CLIENT_ID
});
client.on('connect', () => {
  console.log('Publisher connected to MQTT broker');
  client.publish('factory/hall2/lightSensor', '12.2');
});
```

Listing 9.31 Versenden von Nachrichten über MQTT

Auf Consumer-Seite können Sie eingehende Nachrichten zudem über das Event »message« abfangen und darauf innerhalb einer Callback-Funktion reagieren. Diese Funktion wird mit zwei Parametern aufgerufen: zum einen mit dem Topic, über das die Nachricht empfangen wurde, zum anderen mit der Nachricht selbst.

```
const mqtt = require('mqtt');
const HOSTNAME = 'localhost';
const PORT = 1883;
const CLIENT_ID = 'MQTT.js Node.js Client Consumer';
const client = mqtt.connect(`mqtt://${HOSTNAME}:${PORT}'`, {
  clientId: CLIENT_ID
});
client.on('connect', () => {
  console.log('Consumer connected to MQTT broker');
  client.subscribe('factory/hall2/lightSensor');
});
client.on('message', (topic, message) => {
  console.log(message.toString());
});
```

Listing 9.32 Empfangen von Nachrichten über MQTT

Methode/Eigenschaft	Beschreibung
`mqtt.connect()`	Herstellen einer Verbindung zu einem MQTT-Broker.
`mqtt.Client()`	Repräsentiert eine Verbindung zu einem MQTT-Broker.
`mqtt.Client#on()`	Registrieren eines Event-Listeners für verschiedene Events.
`mqtt.Client#publish()`	Veröffentlichen einer Nachricht.
`mqtt.Client#subscribe()`	Abonnieren eines Topics.
`mqtt.Client#unsubscribe()`	Kündigen eines Topic-Abonnements.
`mqtt.Client#end()`	Schließen der Verbindung.
`mqtt.Client#handleMessage()`	Reagieren auf Nachrichten.
`mqtt.Client#connected`	Boolesche Angabe darüber, ob der Client verbunden ist oder nicht.
`mqtt.Client#reconnecting`	Boolesche Angabe darüber, ob der Client gerade versucht, sich erneut zum MQTT-Broker zu verbinden.
`mqtt.Client#getLastMessageId()`	Liefert die ID der zuletzt gesendeten Nachricht.
`mqtt.Store()`	Repräsentiert einen In-Memory-Nachrichtenspeicher.
`mqtt.Store#put()`	Fügt dem Nachrichtenspeicher eine neue Nachricht hinzu.
`mqtt.Store#del()`	Löscht eine Nachricht aus dem Nachrichtenspeicher.
`mqtt.Store#createStream()`	Erzeugt einen Stream mit allen Nachrichten aus dem Nachrichtenspeicher.
`mqtt.Store#close()`	Schließt den Nachrichtenspeicher.

Tabelle 9.4 Methoden der »MQTT.js«-Bibliothek

Wildcards

Bei der Angabe von Topics auf Subscriber-Seite haben Sie die Möglichkeit, über *Wildcards* relativ flexibel zu definieren, an welchen Topics man interessiert ist: »factory/#« bspw. informiert den Subscriber über alle Topics, die mit »factory/« beginnen (im Beispiel: über alle Sensordaten in der gesamten Fabrik), »factory/hall2/#« dagegen lediglich über alle Topics, die mit »factory/hall2/« beginnen (sprich über alle Sensordaten in Halle 2).

```
const mqtt = require('mqtt');
const HOSTNAME = 'localhost';
const PORT = 1883;
const CLIENT_ID = 'MQTT.js Node.js Client Consumer';
const client = mqtt.connect(`mqtt://${HOSTNAME}:${PORT}'`, {
  clientId: CLIENT_ID
});
client.on('connect', () => {
  console.log('Consumer connected to MQTT broker');
  client.subscribe('factory/hall2/#');
});
client.on('message', (topic, message) => {
  console.log(message.toString());
});
```

Listing 9.33 Consumer für alle Sensoren in Halle 2

Wildcards können Sie nicht nur am Ende eines Topic-Strings verwenden, sondern an beliebiger Stelle bzw. anstelle beliebiger Topic-Ebenen. Möchten Sie bspw. über alle Lichtsensoren in der gesamten Fabrik informiert werden, registrieren Sie sich einfach für das Topic »factory/#/lightSensor«.

Der Wildcard-Operator # deckt mehrere Topic-Ebenen ab, im Beispiel also sowohl »factory/hall2/lightSensor« als auch »factory/hall3/floor2/lightSensor«. Alternativ steht Ihnen der Wildcard-Operator + zur Verfügung, der nur eine Topic-Ebene abdeckt: »factory/+/lightSensor« würde demnach »factory/hall2/lightSensor« abdecken, nicht aber »factory/hall3/floor2/lightSensor«.

Quality of Service

Bezüglich der Zuverlässigkeit der Nachrichtenübertragung stehen in MQTT drei Qualitäts-Level zur Verfügung. Konkret sind dies folgende:

- **Level 0**: keine Garantie dafür, dass eine Nachricht bei den Subscribern ankommt (Abbildung 9.12). Nachrichten werden weder vom Empfänger bestätigt noch vom Sender gespeichert.
- **Level 1**: Garantie dafür, dass eine Nachricht mindestens einmal ankommt (Abbildung 9.13). Der Sender speichert die Nachricht so lange, bis er vom Empfänger eine Bestätigung erhält. Geschieht dies nicht innerhalb eines bestimmten Zeitfensters, wird die Nachricht erneut gesendet.

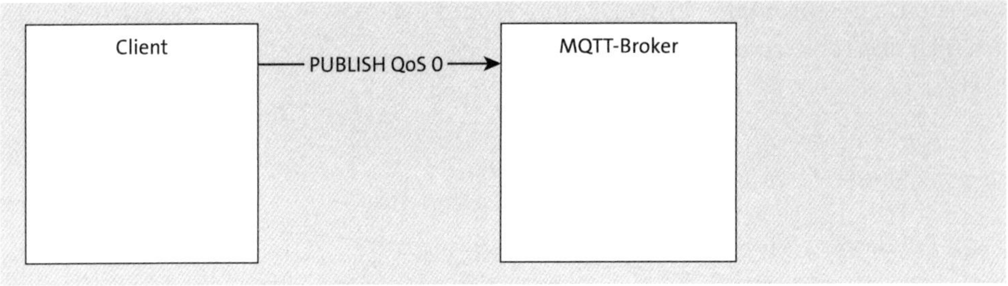

Abbildung 9.12 Quality of Service Level 0

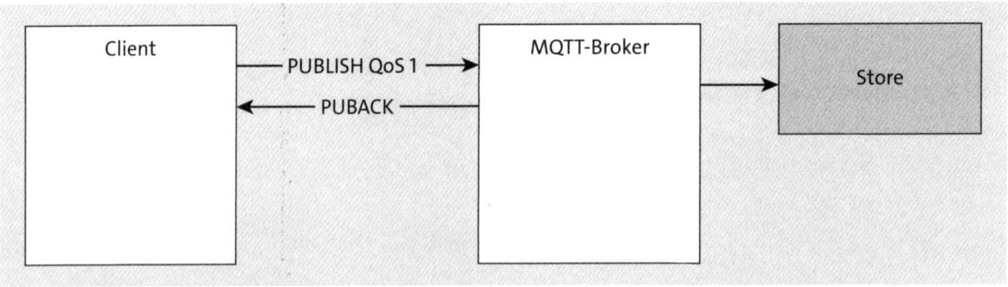

Abbildung 9.13 Quality of Service Level 1

- **Level 2**: Garantiert über eine mehrstufige Kommunikation zwischen Sender und Empfänger, dass eine Nachricht genau einmal beim Empfänger ankommt (Abbildung 9.14).

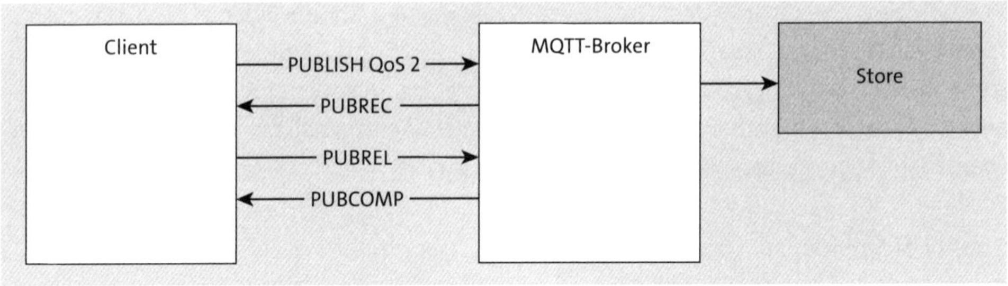

Abbildung 9.14 Quality of Service Level 2

Welches Level Sie wählen, hängt von dem konkreten Anwendungsfall ab: Bei einem Temperatursensor, der alle paar Sekunden einen aktuellen Temperaturwert liefert, ist es unter Umständen nicht wichtig, dass jeder dieser Werte bei den Empfängern ankommt. Bei einer Anwendung, die zeitkritische Informationen liefert, anhand derer Aktuatoren gesteuert werden sollen, ist es dagegen wichtig, dass jede Nachricht ankommt.

Mit »MQTT.js« definieren Sie das QoS-Level (Quality of Service) über ein Konfigurationsobjekt, das Sie der Methode `publish()` übergeben:

```
const mqtt = require('mqtt');
const HOSTNAME = 'localhost';
const PORT = 1883;
const CLIENT_ID = 'MQTT.js Node.js Client Publisher';
const client = mqtt.connect(`mqtt://${HOSTNAME}:${PORT}'`, {
  clientId: CLIENT_ID
});
client.on('connect', () => {
  console.log('Publisher connected to MQTT broker');
  client.publish('home/garage/lightSensor', '12.2', {
    qos: 2
  });
});
```

Listing 9.34 Publishing von Nachrichten mit QoS-Level 2

Retained Messages

Unter *Retained Messages* (auch: persistente Nachrichten) werden solche Nachrichten verstanden, die für ein bestimmtes Topic vom MQTT-Broker gespeichert und an alle Clients, die sich für das jeweilige Topic registrieren, gesendet werden, auch an die Clients, die sich erst nach Eingang der entsprechenden Nachricht registrieren.

Wird bspw. unter dem Topic »/factory/hall1/temperatureSensor« jede volle Stunde der gemessene Temperaturwert publiziert, können Sie über Retained Messages sicherstellen, dass alle Subscriber, die sich für das Topic registrieren, direkt den zuletzt gemessenen Wert erhalten und nicht bis zur nächsten vollen Stunde warten müssen. Mit anderen Worten: Auch wenn ein Subscriber zum eigentlichen Zeitpunkt, an dem die Nachricht gesendet wurde, noch nicht für das Topic registriert war, verpasst er die Nachricht nicht.

```
const mqtt = require('mqtt');
const HOSTNAME = 'localhost';
const PORT = 1883;
const CLIENT_ID = 'MQTT.js Node.js Client Publisher';
const client = mqtt.connect(`mqtt://${HOSTNAME}:${PORT}'`, {
  clientId: CLIENT_ID
});
client.on('connect', () => {
  console.log('Publisher connected to MQTT broker');
  client.publish('home/garage/lightSensor', '12.2', {
```

```
    retain: true
  });
});
```

Listing 9.35 Publishing von persistenten Nachrichten

Last Will and Testament

Für den Fall, dass sich ein Client vom Broker abmeldet oder die Verbindung unerwartet abbricht, haben Sie die Möglichkeit, eine Nachricht zu definieren, die in solch einem Fall an ein bestimmtes Topic geschickt werden soll. Solche *Last-Will-and-Testament*-Nachrichten eignen sich bspw. dazu, den Status von Sensoren oder anderen Komponenten in Ihrem System zu überwachen: Wird die Verbindung zu einem Sensor unterbrochen, können Sie auf die jeweilige Nachricht reagieren und entsprechende Maßnahmen treffen.

Last-Will-and-Testament-Nachrichten definieren Sie direkt beim Aufbau der Verbindung zum Broker, indem Sie im entsprechenden Konfigurationsobjekt die Eigenschaft `will` definieren (Listing 9.36). Im folgenden Beispiel wird im Fall eines Verbindungsabbruchs zwischen Client und Broker eine Nachricht an das Topic »factory/monitoring/clients/12345« geschickt, die den Inhalt aus dem Objekt `lastWillPayload` enthält.

```
const mqtt = require('mqtt');
const HOSTNAME = 'localhost';
const PORT = 1883;
const CLIENT_ID = '12345';
const lastWillPayload = {
  clientID: CLIENT_ID,
  status: 'disconnected'
}
const client = mqtt.connect(`mqtt://${HOSTNAME}:${PORT}'`, {
  clientId: CLIENT_ID,
  will: {
    topic: `factory/monitoring/clients/${CLIENT_ID}`,
    payload: JSON.stringify(lastWillPayload, null, 2),
    qos: 2,
    retain: true
  }
});
```

Listing 9.36 Definition von Last-Will-Messages

9.10.2 Ausblick

Sie wissen jetzt, wie Sie unter Node.js auf einen MQTT-Broker zugreifen können, wie Sie Nachrichten über Producer verschicken und über Consumer empfangen können. Neben dem Einsatz in IoT-Szenarien eignet sich MQTT auch für den Einsatz in Microservice-Architekturen, bspw. um die Kommunikation zwischen einzelnen Microservices zu steuern. In Kapitel 13, »Publishing, Deployment und Microservices«, werde ich auf dieses Thema noch einmal zu sprechen kommen.

Verwandte Rezepte

- Rezept 70: Über AMQP auf RabbitMQ zugreifen
- Rezept 102: Microservice-Architekturen verstehen

9.11 Rezept 73: E-Mails versenden

Sie möchten über Node.js E-Mails versenden.

9.11.1 Lösung

Das programmatische Versenden von E-Mails gehört in das Standard-Repertoire, und jeder Entwickler dürfte wohl früher oder später mit dieser Aufgabe konfrontiert sein. Sei es, um die Anmeldung für einen Newsletter zu bestätigen (oder einen Newsletter selbst zu verschicken), um bei auftretenden Fehlern oder Instabilitäten in einem System eine Nachricht an den Administrator zu versenden oder Bestätigungs-E-Mails bei Beenden lang andauernder serverseitiger Abläufe wie etwa Build-Prozessen: Einsatzgebiete für den automatische E-Mail-Versand gibt es viele.

Das populärste Package für das Versenden von E-Mails ist »nodemailer« (*https://github.com/nodemailer/nodemailer*), das sich über den folgenden Befehl installieren lässt:

```
$ npm install nodemailer
```

In Listing 9.37 sehen Sie ein Beispiel für das Versenden einer E-Mail. Prinzipiell besteht die Vorgehensweise aus drei Schritten: Über `createTransport()` konfigurieren Sie zunächst, über welchen sogenannten Transport die E-Mail versendet werden soll. Hierbei übergeben Sie Host und Port sowie die Credentials für die Authentifizierung. Im zweiten Schritt definieren Sie die E-Mail selbst, geben bspw. Sender und Empfänger, Betreffzeile und den eigentlichen Nachrichteninhalt an (siehe auch Tabelle 9.5 und *https://nodemailer.com/message/*). Ist die Nachricht konfiguriert, können Sie im dritten Schritt über die Methode `sendMail()` des Transport-Objekts die E-Mail versenden.

```
const nodemailer = require('nodemailer');

// 1.) Transport definieren
const transporter = nodemailer.createTransport({
  host: 'smtp.ethereal.email',
  port: 587,
  auth: {
    user: '<USER>',      // entsprechend ersetzen
    pass: '<PASSWORD>'  // entsprechend ersetzen
  }
});

// 2.) E-Mail konfigurieren
const email = {
  from: 'max@nodejskochbuch.de',
  to: 'moritz@nodejskochbuch.de',
  subject: 'Hello World',
  text: 'Hello World',
  html: '<b>Hello world</b>'
};

// 3.) E-Mail versenden
transporter.sendMail(email, (error, info) => {
  if (error) {
    console.error(error);
  } else {
    console.log('Message sent: %s', info.messageId);
  }
});
```

Listing 9.37 Senden von E-Mails unter Node.js

Tipp

Um die prinzipielle Funktionsweise des E-Mail-Versands und den Code aus Listing 9.37 zu testen, bietet es sich an, unter *https://ethereal.email* einen entsprechenden Test-Account zu erstellen. Die Zugangsdaten lassen sich dann im CVS-Format, als SMTP-, IMAP- oder POP3-Konfiguration oder direkt als Code-Snippet für Node.js (und PHP) herunterladen. Wenn Sie in Listing 9.37 entsprechend die Platzhalter `<USER>` und `<PASSWORD>` ersetzen und das Programm aufrufen, können Sie anschließend unter *https://ethereal.email/messages* die versendeten E-Mails einsehen.

Eigenschaft	Beschreibung
`from`	E-Mail-Adresse des Absenders, bspw. »maxmustermann@nodejs-kochbuch.de« oder »Max Mustermann maxmustermann@nodejs-kochbuch.de«
`to`	kommaseparierte Liste von Empfängeradressen
`cc`	kommaseparierte Liste von Empfängeradressen, die in Kopie (CC) gesetzt werden sollen
`bcc`	kommaseparierte Liste von Empfängeradressen, die in Blindkopie (BCC) gesetzt werden sollen
`subject`	Betreffzeile der E-Mail
`text`	Textversion der E-Mail als Unicode-Zeichenkette, Buffer, Stream oder Anhang.
`html`	HTML-Version der E-Mail als Unicode-Zeichenkette, Buffer, Stream oder Anhang
`attachments`	Liste von E-Mail-Anhängen

Tabelle 9.5 Konfiguration von E-Mails

E-Mails mit Anhängen versenden

Um eine E-Mail mit Anhängen zu versenden, gehen Sie wie in Listing 9.38 vor. Die Konfiguration des Transports und das Versenden der E-Mail unterscheiden sich dabei nicht von dem eben gezeigten Beispiel. Das Einzige, was sich unterscheidet, ist die Konfiguration der E-Mail selbst. Hier können Sie Anhänge über die Eigenschaft `attachments` definieren, entweder, indem Sie den Dateinamen und den Inhalt im Code selbst definieren (über `filname` und `content`), oder die zu versendende Datei direkt über den Pfad (`path`).

```
const nodemailer = require('nodemailer');
const path = require('path');
const attachmentPath = path.join(__dirname, '..', 'data', 'attachment.txt');

const transporter = nodemailer.createTransport({
  host: 'smtp.ethereal.email',
  port: 587,
  auth: {
    user: '<USER>',      // entsprechend ersetzen
    pass: '<PASSWORD>'  // entsprechend ersetzen
  }
```

```
});
const email = {
  from: 'max@nodejskochbuch.de',
  to: 'moritz@nodejskochbuch.de',
  subject: 'Hello World',
  text: 'Hello World',
  html: '<b>Hello world</b>',
  attachments: [
    {
      filename: 'attachment.txt',
      content: 'Hello World'
    },
    {
      path: attachmentPath
    }
  ]
};
transporter.sendMail(email, (error, info) => {
  if (error) {
    console.error(error);
  } else {
    console.log('Message sent: %s', info.messageId);
  }
});
```

Listing 9.38 E-Mail mit Anhängen versenden

9.11.2 Ausblick

Neben dem Versenden von E-Mails stellt das Entwicklerteam hinter »nodemailer« auch einen SMTP-Server für das Empfangen von E-Mails bereit. Diese Funktionalität wird man zwar in der Regel nicht so häufig benötigen wie das Versenden von E-Mails, falls Sie aber trotzdem einmal vor dieser Aufgabe stehen, lohnt sich ein Blick auf die entsprechende Dokumentation unter *https://nodemailer.com/extras/smtp-server/*.

9.12 Zusammenfassung

Mit den Rezepten aus diesem Kapitel sind Sie bestens gerüstet, um echtzeitfähige Applikationen in Node.js zu implementieren. In diesem Kapitel haben Sie gelernt, wie Sie

- einen TCP-Server implementieren (Rezept 63),
- einen TCP-Client implementieren (Rezept 64),
- einen WebSocket-Server implementieren (Rezept 65),
- einen WebSocket-Client implementieren (Rezept 66),
- Nachrichtenformate für WebSocket-Kommunikation definieren (Rezept 67),
- Subprotokolle für WebSocket-Kommunikation definieren (Rezept 68),
- Server-Sent Events verwenden (Rezept 69),
- über AMQP auf RabbitMQ zugreifen (Rezept 70),
- einen MQTT-Broker erstellen (Rezept 71),
- über MQTT auf einen MQTT-Broker zugreifen (Rezept 72),
- E-Mails versenden (Rezept 73).

Kapitel 10
Testing und TypeScript

In diesem Kapitel stelle ich Ihnen zwei Ansätze vor, mit deren Hilfe Sie Fehler im Code vermeiden. Über Unit-Tests sichern Sie Ihren Code durch automatisierte Tests ab. Mithilfe von TypeScript machen Sie Ihren Code typsicherer.

In diesem Kapitel möchte ich Ihnen verschiedene Rezepte vorstellen, die Ihnen dabei helfen, Ihren Code robuster gegen Fehler zu machen. Dies ist zum einen das automatisierte Testen von Node.js-Applikationen (Rezepte 74 bis 77) und zum anderen die Verwendung von TypeScript (Rezepte 78 und 79).

- Rezept 74: Unit-Tests schreiben
- Rezept 75: Unit-Tests automatisch neu ausführen
- Rezept 76: Die Testabdeckung ermitteln
- Rezept 77: Unit-Tests für REST-APIs implementieren
- Rezept 78: Eine Node.js-Applikation in TypeScript implementieren
- Rezept 79: TypeScript-basierte Applikationen automatisch neu kompilieren

10.1 Rezept 74: Unit-Tests schreiben

Sie möchten einen Unit-Test erstellen, um die Funktionalität Ihrer Anwendung automatisiert testen zu können.

10.1.1 Exkurs: Unit-Tests und testgetriebene Entwicklung

Wenn Sie professionell Software entwickeln, führt kein Weg daran vorbei, den Code automatisiert zu testen. Über sogenannte *Unit-Tests* (auch *Modultests*) stellen Sie sicher, dass der eigentliche Anwendungs-Code, den Sie programmieren, auch so funktioniert, wie Sie sich das vorstellen. Zugleich beugen Sie durch Unit-Tests vor, dass bei Änderungen am Anwendungs-Code (bspw. bei vermeintlichen Bug-Fixes) nicht versehentlich neue Bugs in den Code gelangen.

Oft wird im Zusammenhang mit Unit-Tests auch der Begriff der *testgetriebenen Entwicklung* genannt (kurz *TDD* für *Test Driven Development*). Ihren Ursprung hat die testgetriebene Entwicklung im sogenannten *Extreme Programming*, einer Methode der *agilen Softwareentwicklung*.

Die grundlegende Idee von TDD ist es, bei der Entwicklung iterativ vorzugehen: Bevor Sie mit der Implementierung einer neuen Komponente beginnen, legen Sie zunächst über Unit-Tests die Anforderungen an diese Komponente fest.

Dieses Vorgehen ist auch unter dem Begriff *Red, Green, Refactor* bekannt und besteht aus folgenden drei gleichnamigen Phasen (siehe auch Abbildung 10.1):

1. In der *Red-Phase* definiert man, was genau entwickelt bzw. welche Funktionalität einer Komponente entwickelt werden soll. Diese Anforderungen schreibt man in Form eines Unit-Tests nieder, der in dieser Phase zunächst fehlschlägt (den Namen hat diese Phase aufgrund der Tatsache, dass fehlschlagende Unit-Tests üblicherweise durch die Farbe Rot gekennzeichnet werden).
2. In der *Green-Phase* implementiert man nun die entsprechende Komponente, sodass sie die im Test definierten Anforderungen erfüllt und der Test nicht mehr fehlschlägt (nicht fehlschlagende Tests werden in der Regel mit der Farbe Grün gekennzeichnet, daher der Name dieser Phase).
3. In der *Refactor-Phase* hat man die Möglichkeit, die Implementierung der Komponente zu optimieren, gegebenenfalls unter Verwendung der Refactoring-Techniken, die Martin Fowler in seinem Buch »Refactoring: Improving the Design of Existing Code« beschreibt.

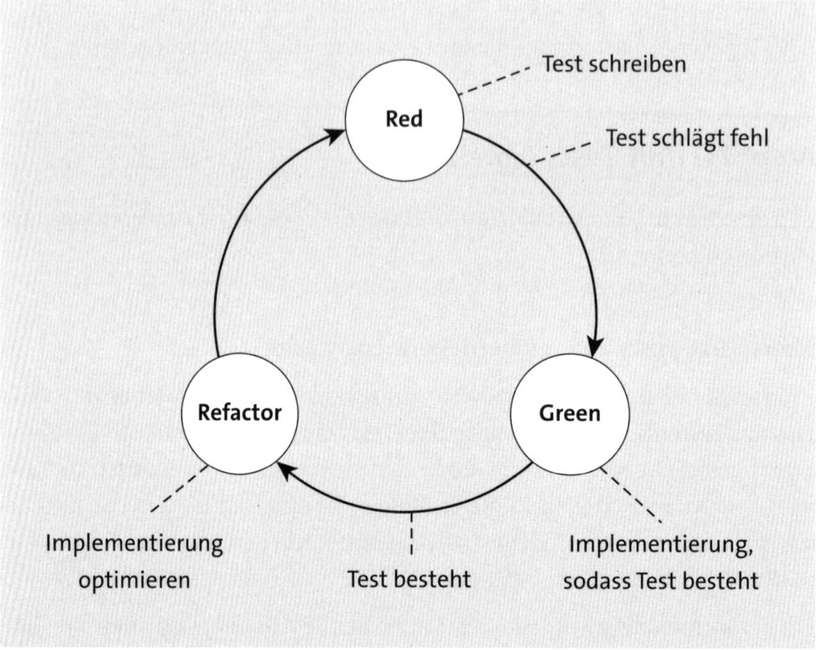

Abbildung 10.1 Workflow der testgetriebenen Entwicklung

Hinweis

Das Buch »Refactoring: Improving the Design of Existing Code« von Martin Fowler gilt als einer der Klassiker der Softwareliteratur. Interessante Randnotiz: Während die erste Ausgabe von 1999 die Refactoring-Techniken noch in Java beschreibt, setzt die zweite Ausgabe von 2018 vollständig auf JavaScript. Ein weiterer Beleg dafür, wie wichtig die Sprache JavaScript in den vergangenen Jahren geworden ist.

Ein einzelner Unit-Test wiederum ist aus einem oder mehreren *Testfällen* (*Test Cases*) aufgebaut. Testfälle können außerdem über sogenannte *Test-Suites* zusammengefasst werden. Innerhalb eines Test Cases formulieren Sie über sogenannte *Assertions* die Anforderungen an die zu implementierende Komponente. Hierüber können Sie bestimmte Aspekte prüfen, bspw., welches Ergebnis eine Funktion für gegebene Parameter zurückgeben soll. Genauer gesagt, bestehen einzelne Test Cases aus drei verschiedenen Phasen: der *Arrange-Phase*, der *Act-Phase* und der *Assert-Phase* (auf diese Phasen komme ich gleich in dem Praxisbeispiel noch mal zu sprechen).

Test-Frameworks für Node.js

Für die Implementierung von Tests unter Node.js steht Ihnen eine ganze Reihe von Tools und Frameworks zur Verfügung. Zu den bekanntesten zählen »Jest« (*https://jestjs.io/*), »mocha« (*https://mochajs.org/*) »Jasmine« (*https://jasmine.github.io/*), »node-tap« (*http://www.node-tap.org/*), AVA (*https://github.com/avajs/ava*) und »tape« (*https://github.com/substack/tape*).

In der Praxis verwende ich persönlich in den meisten Fällen »Jest«, weil es zum einen sehr schnell ist und zum anderen auch Support für die Ermittlung der Testabdeckung mit sich bringt (siehe auch Rezept 76). Da ich außerdem frontendseitig hauptsächlich mit »React« arbeite (»React« und »Jest« werden beide von Facebook entwickelt), gehört »Jest« quasi sowieso zu meinem Werkzeugkasten.

10.1.2 Lösung: Unit-Test mit »Jest« schreiben

Um »Jest« in Aktion zu sehen, legen Sie ein Beispielprojekt an, und installieren Sie das Package als Entwicklungsabhängigkeit:

```
$ mkdir testing-example
$ cd testing-example
$ npm init -y
$ npm i -D jest
```

Legen Sie außerdem ein separates Verzeichnis für die Testdateien an. Üblicherweise sollte sich das Verzeichnis auf gleicher Ebene wie das *src*-Verzeichnis befinden und den Namen *test* verwenden:

```
$ mkdir test
$ mkdir src
```

Speicherort von Testdateien

Bezüglich des Speicherorts von Testdateien sind vor allem zwei Ansätze populär. Der eine Ansatz sieht – wie oben beschrieben – vor, dass die Tests in einem separaten Verzeichnis gespeichert werden und dabei die Verzeichnisstruktur von dem entsprechenden Quelltextverzeichnis eingehalten wird. Ein Test für eine Datei *ConnectionManager.js*, die in dem Verzeichnis *src/services/connection* liegt, würde also in dem Verzeichnis *test/services/connection* gespeichert. Der zweite Ansatz dagegen sieht vor, die Testdateien in dem gleichen Verzeichnis wie die jeweils getestete Datei zu speichern. Im obigen Beispiel würde die Testdatei also in das Verzeichnis *src/service/connection* gelegt.

Einen Test erstellen

Wenn Sie so diszipliniert sind und strikt der testgetriebenen Entwicklung folgen, müssen Sie *vor* der Implementierung einer neuen Komponente den Unit-Test schreiben (zugegeben, auch ich mache das nicht immer). Wenn Sie also bspw. die Aufgabe haben, eine Klasse zu implementieren, über die Nutzer verwaltet werden können, könnte ein Unit-Test in »Jest« etwa wie in Listing 10.1 aussehen.

```
const UserRepository = require('../src/UserRepository');

describe('UserRepository', () => {
  describe('#add()', () => {
    it('should add the user and increase the numer of all users', () => {
      const userRepository = new UserRepository();

      userRepository.add({ name: 'Max' });
      userRepository.add({ name: 'Moritz' });

      expect(userRepository.getAll().length).toBe(2);
    });
    it('should add the user only if it is not already there', () => {
      const userRepository = new UserRepository();

      userRepository.add({ name: 'Max' });
      userRepository.add({ name: 'Max' });

      expect(userRepository.getAll().length).toBe(1);
    });
  });
```

```
  describe('#clearAll()', () => {
    it('should clear all users', () => {
      const userRepository = new UserRepository();
      userRepository.add({ name: 'Moritz' });
      expect(userRepository.getAll().length).toBe(1);

      userRepository.clearAll();

      expect(userRepository.getAll().length).toBe(0);
    });
  });
});
```

Listing 10.1 Unit-Test in »Jest«

Über die von »Jest« zur Verfügung gestellte Funktion describe() können Sie zusammengehörige Tests sinnvoll zu Test Suites zusammenfassen (beim späteren Ausführen der Tests werden entsprechende Tests zusammen gruppiert und entsprechend eingerückt). Gruppierungen können dabei beliebig geschachtelt werden, was hilfreich ist, um eine gewisse Struktur in die definierten Tests zu bekommen.

Einzelne Tests Cases dagegen definieren Sie über die Methode it(). Hierbei übergeben Sie eine entsprechende Beschreibung des Tests in Form einer Zeichenkette und den eigentlichen Test in Form einer Funktion.

Prinzipiell bestehen Test Cases, wie eingangs erwähnt, aus drei Phasen, auch bezeichnet als *Arrange, Act, Assert* (kurz *AAA*). In der Arrange-Phase werden Initialisierungen durchgeführt und das Test-Setup aufgebaut, bspw.:

```
it('should add the user and increase the numer of all users', () => {
  // 1.) Arrange-Phase
  const userRepository = new UserRepository();
  // ...
});
```

In der Act-Phase werden die zu testenden Methoden aufgerufen:

```
it('should add the user and increase the numer of all users', () => {
  // ...
  // 2.) Act-Phase
  userRepository.add({ name: 'Max' });
  userRepository.add({ name: 'Moritz' });
});
```

In der Assert-Phase wird schließlich das zu erwartende Ergebnis bzw. der zu erwartende Zustand überprüft:

```
it('should add the user and increase the numer of all users', () => {
  // ...
  // 3.) Assert-Phase
  expect(userRepository.getAll().length).toBe(2);
});
```

Insgesamt werden auf diese Weise im Beispiel drei Tests definiert:

- **Test 1**: Die Klasse `UserRepository` soll über eine Methode `add()` verfügen, über die Nutzerobjekte hinzugefügt werden können. Über die Methode `getAll()` soll eine Liste dieser Nutzer zurückgegeben werden. Fügt man über die Methode `add()` zwei Nutzerobjekte hinzu, soll `getAll()` genau diese Objekte als Liste zurückgeben.
- **Test 2**: Die Methode `add()` soll doppelte Nutzer ignorieren. Fügt man über die Methode `add()` zweimal einen Nutzer mit gleichem Namen hinzu, soll die Liste anschließend nur einmal den Nutzer enthalten.
- **Test 3**: Über die Methode `clearAll()` soll es möglich sein, alle Nutzer aus dem Repository zu löschen.

Tipp

Lassen Sie zwischen den einzelnen Phasen Arrange, Act und Assert jeweils eine Leerzeile. Auf diese Weise können Sie beim späteren Durchsehen der Tests schneller zuordnen, welche Code-Zeile zu welcher Phase gehört.

Hinweis

Übrigens müssen Sie »Jest«, wie Sie in Listing 10.1 sehen konnten, nicht explizit als Abhängigkeit über `require()` einbinden, um die Funktionen `describe()`, `it()` und `expect()` nutzen zu können. Beim Ausführen von »Jest« werden diese Bibliotheksfunktionen implizit geladen und stehen daher innerhalb des Tests zur Verfügung.

Speichern Sie den Test in einer Datei *UserRepository.test.js* in dem eben angelegten Verzeichnis *test*.

Einen Test ausführen

Fügen Sie nun in das *src*-Verzeichnis die Klasse `UserRepository` als Datei *UserRepository.js* hinzu, und ergänzen Sie folgenden Code (die konkrete Implementierung der Klasse bleibt dabei zunächst noch bewusst leer):

```
module.exports = class UserRepository {};
```

Um nun den oben erstellten Test mit »Jest« auszuführen, verwenden Sie folgenden Befehl (dazu muss »Jest« global installiert sein):

```
$ jest -verbose
```

Oder alternativ – wenn Sie wie ich npx nutzen – folgenden Befehl:

```
$ npx jest --verbose
```

Die Angabe `--verbose` sorgt dabei dafür, dass die Konsolenausgabe von »Jest« etwas umfangreicher ist und mehr Informationen zu den ausgeführten Tests liefert. Wie Sie anhand dieser Konsolenausgabe in Listing 10.2 sehen, schlagen momentan alle Tests fehl. Das ist nicht weiter verwunderlich, denn es gibt ja auch noch keine Implementierung der Klasse `UserRepository` bzw. keine Methode `add()`. Sie befinden sich also gerade in der Red-Phase.


```
FAIL  test/UserRepository.test.js
  UserRepository
   #add()
     × should add the user and increase the numer of all users (12ms)
     × should add the user only if it is not already there (1ms)
   #clearAll()
     × should clear all users (1ms)

  ● UserRepository › #add() › should add the user and increase the numer
                              #of all users

TypeError: userRepository.add is not a function

     5 |   it('should add the user and increase the numer of all users', () => {
     6 |     const userRepository = new UserRepository();
     7 |
   > 8 |     userRepository.add({ name: 'Max' });
     9 |     userRepository.add({ name: 'Moritz' });
    10 |
    11 |     expect(userRepository.getAll().length).toBe(2);
    12 |   });

at Object.add (test/UserRepository.test.js:7:22)
...
Test Suites: 1 failed, 1 total
Tests:       3 failed, 3 total
Snapshots:   0 total
Time:        2.166s
Ran all test suites.
```

Listing 10.2 Ausgabe der fehlgeschlagenen Tests

Erweitern Sie daher – im Rahmen der Green-Phase – die Klasse UserRepository wie folgt um die Methoden add(), contains(), getAll() und clearAll() (die alle selbsterklärend sein dürften, weswegen ich auf eine detaillierte Beschreibung an dieser Stelle verzichte).

```
module.exports = class UserRepository {
  constructor() {
    this.users = [];
  }

  add(user) {
    if (!this.contains(user)) {
      if (user && user.name) {
        this.users.push(user);
      } else {
        throw new Error('Wrong user format.');
      }
    }
  }

  contains(newUser) {
    return this.users.filter((user) => user.name === newUser.name).length > 0;
  }

  getAll(user) {
    return this.users;
  }

  clearAll() {
    this.users = [];
  }
};
```

Listing 10.3 Implementierung der »UserRepository«-Klasse

Führen Sie nun die Tests erneut aus, schlägt keiner der definierten Tests fehl:

```
$ npx jest --verbose
 PASS  test/UserRepository.test.js
  UserRepository
    #add()
      ✓ should add the user and increase the numer of all users (5ms)
      ✓ should add the user only if it is not already there (1ms)
```

```
  #clearAll()
    ✓ should clear all users (2ms)

Test Suites: 1 passed, 1 total
Tests:       3 passed, 3 total
Snapshots:   0 total
Time:        1.785s
Ran all test suites.
```

Tipp

Wenn Sie den Testbefehl unter dem Skript test in die *package.json*-Konfiguration übernehmen, lassen sich die Tests anschließend sowohl über npm run test als auch über die Kurzform npm test ausführen.

```
{
  "name": "testing-example",
  "version": "1.0.0",
  "main": "./src/start.js",
  "scripts": {
    "test": "npx jest --verbose"
  },
  "keywords": [
    "javascript",
    "nodejs"
  ],
  "author": "Philip Ackermann",
  "license": "MIT",
  "devDependencies": {
    "jest": "^23.6.0"
  }
}
```


10.1.3 Ausblick

Sie haben jetzt in aller Kürze gesehen, welche Vorteile das Implementieren von Unit-Tests mit sich bringt und wie Sie Unit-Tests unter Node.js erstellen. Damit sind die Voraussetzungen für die nächsten beiden Rezepte geschaffen, in denen ich Ihnen zeige, wie Sie den Workflow rund um das Testen optimieren, indem Sie Tests während der Entwicklung automatisch neu ausführen (Rezept 75) und ermitteln, welche Stellen Ihres Applikations-Codes durch Tests abgedeckt werden und welche noch nicht (Rezept 76).

10.2 Rezept 75: Unit-Tests automatisch neu ausführen

Sie möchten Ihre Unit-Tests automatisch ausführen, wenn sich entweder der geteste-te Applikations-Code oder die Tests selbst ändern.

10.2.1 Lösung

In Rezept 29 haben Sie bereits gesehen, wie Sie Dateien und Verzeichnisse auf Änderungen überwachen können. Neben den dort genannten Anwendungsfällen wie dem automatischen Neustart von Entwicklungsservern oder dem Synchronisieren von Dateien und Verzeichnissen können Sie die beschriebenen Techniken natürlich auch dazu verwenden, um bei Änderungen am Quelltext die jeweiligen Unit-Tests neu auszuführen und auf diese Weise unmittelbares Feedback zu erhalten.

Praktischerweise nimmt Ihnen das im vorherigen Rezept vorgestellte Test-Framework »Jest« diese Arbeit bereits ab und bietet von Haus aus schon eine entsprechende Möglichkeit an. Über den Parameter `--watch` nämlich lässt sich »Jest« im sogenannten *Watch-Modus* ausführen, sprich »Jest« beobachtet Änderungen sowohl an Testdateien als auch an den von einem Test eingebundenen Dateien und führt dann die von Änderungen betroffene Tests erneut aus.

Fügen Sie also (ausgehend von dem Projekt aus dem vorherigen Rezept) der *package.json*-Datei das Skript `test:watch` mit dem Befehl `npx jest --watch` hinzu:

```
{
  ...
  "scripts": {
    "test": "npx jest --verbose",
    "test:watch": "npx jest --watch"
  },
  ...
}
```

Starten Sie anschließend das Skript wie folgt:

```
$ npm run test:watch
```

Jest führt dann zunächst einmal alle Tests aus und fragt Sie anschließend nach dem gewünschten Watch-Verhalten. Hier haben Sie die Wahl: Beispielsweise können Sie bei Änderungen an den Quelltextdateien alle Tests ausführen, nur die fehlgeschlagenen Tests ausführen oder nur die Tests, die einem bestimmten Muster des Datei- oder Testnamens entsprechen:

```
Watch Usage
 › Press a to run all tests.
 › Press f to run only failed tests.
```

```
› Press p to filter by a filename regex pattern.
› Press t to filter by a test name regex pattern.
› Press q to quit watch mode.
› Press Enter to trigger a test run.
```

Ändern Sie nun z. B. etwas an der Implementierung der `UserRepository`-Klasse (etwa den Inhalt der `add()`-Methode), werden die Tests direkt ausgeführt, und Sie können sofort sehen, ob durch die Änderungen bestimmte Tests fehlschlagen oder noch alles so funktioniert wie zuvor.

Hinweis

Eigene npm-Skripts, zu denen npm keinen Shortcut anbietet, müssen Sie übrigens immer über den Unterbefehl `run` ausführen. Der Befehl `npm test:watch` kann von npm nicht aufgelöst werden und ist damit ungültig.

Tipp

Wenn Sie mehrere inhaltlich verwandte npm-Skripts definieren möchten, gilt es als guter Stil, zusammengehörige Skripts mit einem gemeinsamen Präfix zu versehen, bspw. wie in den vorangegangenen Beispielen die Skripts `test` und `test:watch`.

10.2.2 Ausblick

Sie wissen jetzt, wie Sie unter Node.js mithilfe von »Jest« Unit-Tests schreiben und Ihren Code dadurch absichern können, und Sie haben in diesem Rezept gesehen, wie Sie den Zyklus zwischen Implementieren einer Komponente und Ausführen eines Unit-Tests durch das Watch-Feature von »Jest« minimieren können.

Doch wie können Sie ermitteln, welcher Code durch Tests überhaupt ausgeführt bzw. *abgedeckt* wird? Die Antwort darauf finden Sie im nächsten Rezept.

Verwandte Rezepte

- Rezept 29: Dateien und Verzeichnisse überwachen
- Rezept 76: Die Testabdeckung ermitteln
- Rezept 79: TypeScript-basierte Applikationen automatisch neu kompilieren

10.3 Rezept 76: Die Testabdeckung ermitteln

Sie möchten die Testabdeckung ermitteln, um festzustellen, welche Stellen Ihres Quelltextes durch automatisierte Tests ausgeführt werden und welche nicht.

10.3.1 Lösung

Das bekannteste Tool für die Ermittlung der *Testabdeckung* (*Code Coverage*) unter Node.js ist Istanbul (*https://istanbul.js.org/*). Es kann in Kombination mit verschiedenen Test-Frameworks verwendet werden und ist praktischerweise bereits als fester Bestandteil in »Jest« enthalten, sodass Sie – vorausgesetzt Sie verwenden dieses in den vorherigen Rezepten vorgestellte Test-Framework – nichts zusätzlich installieren oder groß konfigurieren müssen.

Die Testabdeckung können Sie mit »Jest«/Istanbul ermitteln, indem Sie dem `jest`-Befehl den Parameter `--coverage` anhängen (als Ausgangspunkt verwenden Sie den Code aus den vorherigen beiden Rezepten).

```
$ npx jest --coverage
```

»Jest« führt daraufhin die Tests wie gewohnt aus, *instrumentiert* intern aber auch den getesteten Anwendungs-Code und ermittelt dadurch, welche Zeilen des Codes durch die Tests ausgeführt werden.

Instrumentierung

Unter dem Begriff *Instrumentierung* versteht man in der Softwareentwicklung das Hinzufügen von zusätzlichen Informationen zu bestehendem Quelltext. Um zu ermitteln, welche Code-Zeilen durch Unit-Tests ausgeführt werden, muss der Code durch das entsprechende Coverage-Tool zuvor entsprechend verändert, sprich instrumentiert werden.

Abbildung 10.2 zeigt die entsprechende tabellarische Ausgabe für die Beispieltests. Folgende Daten sind in dieser Tabelle enthalten:

- Name der im Rahmen des Testdurchlaufs aufgerufenen Quelltextdatei
- prozentuelle Angabe darüber, wie viele der in der jeweiligen Datei enthaltenen Statements ausgeführt wurden
- prozentuelle Angabe darüber, wie viele der Code-Verzweigungen ausgeführt wurden
- prozentuelle Angabe darüber, wie viele der Funktionen ausgeführt wurden
- prozentuelle Angabe darüber, wie viele Zeilen ausgeführt wurden
- prozentuelle Angabe darüber, wie viele Zeilen nicht ausgeführt wurden

Neben der tabellarischen Konsolenausgabe generiert »Jest« unter dem Verzeichnis *coverage* zusätzlich einen detaillierteren Report im HTML-Format. Dort finden Sie neben einer Übersicht auch detaillierte Informationen darüber, welche Code-Zeilen, Verzweigungen etc. durch die Tests abgedeckt und welche nicht abgedeckt sind (Abbildung 10.3).

```
> npx jest --coverage

 PASS  test/UserRepository.test.js
  UserRepository
    #add()
      ✓ should add the user and increase the numer of all users (12ms)
      ✓ should add the user only if it is not already there (1ms)
    #clearAll()
      ✓ should clear all users (1ms)

-------------------|----------|----------|----------|----------|-------------------|
File               |  % Stmts | % Branch |  % Funcs |  % Lines | Uncovered Line #s |
-------------------|----------|----------|----------|----------|-------------------|
All files          |       90 |    83.33 |      100 |    88.89 |                   |
 UserRepository.js |       90 |    83.33 |      100 |    88.89 |                11 |
-------------------|----------|----------|----------|----------|-------------------|
Test Suites: 1 passed, 1 total
Tests:       3 passed, 3 total
Snapshots:   0 total
Time:        2.782s
Ran all test suites.
```

Abbildung 10.2 Tabellarische Konsolenausgabe für die Testabdeckung

```
All files UserRepository.js

90% Statements 9/10   83.33% Branches 5/6   100% Functions 6/6   88.89% Lines 8/9

 1 1x  module.exports = class UserRepository {
 2       constructor() {
 3 3x      this.users = [];
 4       }
 5
 6       add(user) {
 7 5x      if (!this.contains(user)) {
 8 4x        E if (user && user.name) {
 9 4x          this.users.push(user);
10           } else {
11             throw new Error('Wrong user format.');
12           }
13         }
14       }
15
16       contains(newUser) {
17 5x      return this.users.filter((user) => user.name === newUser.name).length > 0;
18       }
19
20       getAll(user) {
21 4x      return this.users;
22       }
23
24       clearAll() {
25 1x      this.users = [];
26       }
27     };
28
```

Abbildung 10.3 Detaillierte Informationen für die Testabdeckung einer einzelnen Quelltextdatei

Wie Sie Abbildung 10.3 entnehmen können, decken die bisherigen Tests die Zeile 11 der Klasse `UserRepository` nicht ab. Mit anderen Worten: Durch die Tests ist nicht sichergestellt, dass die Methode `add()` bei Hinzufügen eines Objekts ohne `name`-Eigenschaft einen Fehler ausgibt.

Die Testabdeckung verbessern

Ergänzen Sie nun die Testdatei um den in Listing 10.4 gezeigten Unit-Test. Über die Methode `toThrow()` ermöglicht es »Jest« zu definieren, dass ein bestimmter Aufruf eine Exception liefern soll. Welcher Aufruf dies ist, definieren Sie über den Body einer anonymen Funktion, die Sie wiederum der Funktion `expect()` übergeben: `expect(testFunction).toThrow()`. Der Test sagt also: Wenn die Methode `add()` von `UserRepository` mit einem Objekt aufgerufen wird, das zwar über eine Eigenschaft `firstName` verfügt, aber nicht über eine Eigenschaft `name`, dann soll dieser Aufruf eine Exception liefern.

```
const UserRepository = require('../src/UserRepository');

describe('UserRepository', () => {
  describe('#add()', () => {
    // ...
    it('should not allow objects with wrong user format', () => {
      const userRepository = new UserRepository();
      expect(() => {
        userRepository.add(
          {
            firstName: 'Max'
          }
        );
      }).toThrow();
    });
  });
  // ...
});
```

Listing 10.4 Unit-Test für das Testen von Exceptions

Rufen Sie nun den Befehl zur Ermittlung der Testabdeckung erneut auf, sollte diese bei 100 % liegen, weil durch den zusätzlichen Test auch der Teil des Codes aufgerufen wird, der vorher noch nicht abgedeckt war.

10.3.2 Ausblick

Eine hohe Testabdeckung ist natürlich erstrebenswert, und eine Testabdeckung von 100 % sorgt für ein beruhigendes Gefühl. Allerdings sollten Sie sich immer die Frage stellen, welcher Code wirklich durch Tests automatisiert getestet und damit abgedeckt werden soll. Für einfache Getter- und Setter-Methoden bspw. müssen Sie nicht extra Unit-Tests schreiben.

Verwandte Rezepte

- Rezept 74: Unit-Tests schreiben
- Rezept 77: Unit-Tests für REST-APIs implementieren
- Rezept 79: TypeScript-basierte Applikationen automatisch neu kompilieren

10.4 Rezept 77: Unit-Tests für REST-APIs implementieren

Sie möchten einen Unit-Test erstellen, um die Funktionalität einer REST-API automatisiert testen zu können.

10.4.1 Lösung

In Rezept 56 haben Sie gesehen, wie Sie unter Node.js eine REST-API erstellen können. In dem vorliegenden Rezept möchte ich Ihnen nun zeigen, wie Sie für diese REST-API Unit-Tests erstellen können.

Prinzipiell können Sie die in Rezept 57 vorgestellten Tools für das Testen von REST-APIs bzw. zum Testen von HTTP im Allgemeinen verwenden. Nur eine von vielen Möglichkeiten: das »superagent«-Package (*https://www.npmjs.com/package/superagent*) innerhalb eines Unit-Tests mit »Jest« integrieren, innerhalb eines Tests eine HTTP-Anfrage stellen und im entsprechenden Callback die HTTP-Antwort überprüfen.

Ein Tool, das ich trotzdem noch zusätzlich in meinem Werkzeugkasten habe, sowohl für das Testen von REST-APIs als auch für das Testen von »Express«-Anwendungen und HTTP-Anfragen im Allgemeinen, ist »supertest« (*https://www.npmjs.com/package/supertest*). Es basiert auf dem Package »superagent« und erweitert dieses um eine zusätzliche Abstraktionsschicht, die viele nützliche Helferfunktionen rund um das Testen von HTTP-Kommunikation anbietet. Es ist unabhängig von dem tatsächlich verwendeten Test-Framework und kann problemlos in »Jest« oder »mocha« integriert werden.

Vorbereitungen und Installation

Ausgehend von dem Code für die REST-API aus Rezept 56, möchte ich Ihnen im Folgenden die Integration in »Jest« und die prinzipielle Verwendung von »superagent« zeigen. Machen Sie sich daher am besten eine Kopie des Projekts aus Rezept 56 (oder laden Sie sich einfach den Quelltext für das aktuelle Rezept herunter), und installieren Sie in dem entsprechenden Projekt zunächst »superagent« als Test-Abhängigkeit:

```
$ npm i -D supertest
```

Ergänzen Sie außerdem in der *package.json*-Datei ein Skript für das Ausführen der Tests:

```
...
"scripts": {
  "start": "node ./src/start.js",
  "test": "npx jest --verbose"
},
...
```

> **Tipp**
>
> Natürlich können Sie auch für Tests von REST-APIs die Testabdeckung ermitteln, wie Sie es in Rezept 76 gesehen haben. Fügen Sie dazu einfach den Parameter `--coverage` an oben genannten Befehl an, oder erstellen Sie ein separates, entsprechend benanntes npm-Skript (bspw. `test:coverage`).

Anlegen eines Unit-Tests

Dateien, die Unit-Tests enthalten, sollten Sie, wie eingangs in dem Kapitel erwähnt, auf gleicher Ebene wie das *src*-Verzeichnis in ein Verzeichnis mit dem Namen *test* legen. Erzeugen Sie also dieses Verzeichnis, und erstellen Sie eine Datei *Contact-API.test.js* mit dem folgenden Inhalt:

```
const supertest = require('supertest');

const app = require('../src/start');

describe('Contact API', () => {
  describe('GET /api/v1/contacts', () => {
    it('should respond with JSON', (done) => {
      // (1) Arrange-Phase
      supertest(app)
```

```
      // (2) Act-Phase
      .get('/api/v1/contacts')
      // (3) Assert-Phase
      .expect('Content-Type', /json/)
      .expect(200)
      .end((error, response) => {
        if (error) {
          throw error;
        }
        done();
    });
    });
  });
});
```


Listing 10.5 Unit-Test für das Testen einer HTTP-Anfrage

Den geschachtelten Teil mit den Aufrufen von `describe()` und `it()`, die beide über das Test-Framework »Jest« bereitgestellt werden, kennen Sie schon aus Rezept 74. Entscheidend sind an dieser Stelle der Teil innerhalb des `it()`-Callbacks und die Importe zu Beginn des Skripts.

Das Package »supertest« (bzw. die von dort exportierte Funktion) binden Sie unter dem Namen `supertest` ein. Der Funktion können Sie praktischerweise die Objektinstanz übergeben, die Ihre »Express«-Anwendung enthält. Anschließend können Sie mit der von »supertest« angebotenen *Fluent API* den genauen Testablauf definieren (die drei Phasen Arrange, Act und Assert sind durch die Fluent API nicht so leicht zu unterscheiden, weswegen ich der Übersichtlichkeit halber entsprechende Kommentare eingefügt habe).

Der Aufruf `get('/api/v1/contacts')` sorgt für eine GET-Anfrage an den API-Endpoint »/api/v1/contacts«. Die einzelnen Assertions definieren Sie anschließend über die Methode `expect()` (übrigens nicht zu verwechseln mit der gleichnamigen Funktion von »Jest«). Über diese Methode können Sie die gebräuchlichsten Aspekte bezüglich der HTTP-Antworten testen, bspw. Header, Status-Codes etc. (siehe Tabelle 10.1). In Listing 10.5 wird auf diese Weise überprüft, dass der »Content-Type«-Header der HTTP-Antwort den Wert »json« enthält und der Status-Code den Wert 200 hat.

Über die Methode `end()` haben Sie zudem die Möglichkeit, Fehler, die während des Überprüfens einer Assertion auftreten, abzufangen bzw. gesondert darauf zu reagieren. Im Beispiel leiten Sie – falls ein Fehler vorhanden ist – diesen einfach weiter, was dazu führt, dass »Jest« entsprechend den Test mit einem Fehler abbricht. Für den Fall, dass kein Fehler auftritt, müssen Sie den done()-Callback von »Jest« aufrufen, um den Test normal zu beenden.

Hinweis

Verwenden Sie dagegen keinen Aufruf von end(), wird bei einem Fehlschlagen einer Assertion der entsprechende Fehler direkt an »Jest« weitergeleitet. Der Inhalt des it()-Callbacks würde dann wie folgt aussehen:

```
supertest(app)
  .get('/api/v1/contacts')
  .expect('Content-Type', /json/)
  .expect(200, done);
```

Am flexibelsten können Sie testen, indem Sie der Methode expect() eine Callback-Funktion übergeben, die dann mit dem vollständigen Response-Objekt aufgerufen wird. Ein Beispiel dazu zeigt Listing 10.6: Hier wird ebenfalls der Endpoint »/api/1/contacts« getestet, allerdings dieses Mal der Body der HTTP-Antwort dahingehend überprüft, dass die Kontaktliste zwei Einträge enthält (nur um Verwirrung zu vermeiden: diese Überprüfung wiederum wird mit der expect()-Funktion von »Jest« durchgeführt).

```
const supertest = require('supertest');

const app = require('../src/start');

describe('Contact API', () => {
  describe('GET /api/v1/contacts', () => {
    /* ... */
    it('should get a list of all contacts', (done) => {
      supertest(app)
        .get('/api/v1/contacts')
        .expect((response) => {
          expect(response.body.length).toBe(2);
        })
        .expect(200, done);
    });
  });
});
```

Listing 10.6 Testen einer HTTP-Antwort mit eigener Callback-Funktion

Methode	Beschreibung
`expect(status[, fn])`	Testen des Status-Codes einer HTTP-Antwort.
`expect(status, body[, fn])`	Testen des Status-Codes und des Bodys einer HTTP-Antwort.
`expect(body[, fn])`	Testen des Bodys einer HTTP-Antwort gegen einen String, einen regulären Ausdruck oder ein JSON-Objekt.
`expect(field, value[, fn])`	Testen eines HTTP-Headers einer HTTP-Antwort gegen einen String oder einen regulären Ausdruck.
`expect(assertionFunction(response))`	Testen einer HTTP-Antwort mit eigener Testfunktion, die als Parameter die vollständige HTTP-Antwort erhält.

Tabelle 10.1 Die wichtigsten Test-Methoden von »supertest«

10.4.2 Ausblick

»Jest« in Kombination mit »supertest« liefert Ihnen ein mächtiges Werkzeug für das Testen von HTTP-Kommunikation, sei es in Bezug auf REST-APIs wie in diesem Rezept oder in Bezug auf normale Websites, bspw.um die Struktur des zurückgegebenen HTML-Codes zu testen.

In diesem Rezept haben wir lediglich GET-Anfragen formuliert, aber natürlich können Sie mit »supertest« auch die anderen Arten von HTTP-Anfragen stellen. Wie wäre es z. B. mit einem Unit-Test, der sicherstellt, dass neue Kontakte über POST-Anfragen korrekt angelegt werden? Dazu müssten Sie im Test Folgendes durchführen:

- die Anzahl der aktuellen Kontakte ermitteln (GET-Anfrage)
- einen neuen Kontakt anlegen (POST-Anfrage)
- erneut die Anzahl der aktuellen Kontakte ermitteln und sicherstellen, dass sich die Anzahl entsprechend erhöht hat (GET-Anfrage)

Eine beispielhafte Implementierung hierzu sehen Sie in Listing 10.7. Hier sehen Sie auch direkt einen weiteren Vorteil von »supertest«. Es funktioniert auch mit Promises, sodass sich das Formulieren der drei genannten HTTP-Anfragen auch vom Code her übersichtlich durch `async`/`await` anordnen lässt.

```
const supertest = require('supertest');

const app = require('../src/start');

describe('Contact API', () => {
  /* ... */
  describe('POST /api/v1/contacts', () => {
    it('should increase the number of all contacts', async (done) => {
      const testApp = supertest(app);
      // Anzahl der aktuellen Kontakte ermitteln
      const response = await testApp.get('/api/v1/contacts');
      expect(response.body.length).toBe(2);
      // Neuen Kontakt anlegen
      await testApp.post('/api/v1/contacts').send({
        id: '3',
        firstName: 'Peter',
        lastName: 'Mustermann'
      });
      // Anzahl der Kontakte ermitteln und prüfen
      const response2 = await testApp.get('/api/v1/contacts');
      expect(response2.body.length).toBe(3);
      done();
    });
  });
});
```

Listing 10.7 Unit-Test für eine POST-Anfrage

Verwandte Rezepte

- Rezept 74: Unit-Tests schreiben
- Rezept 75: Unit-Tests automatisch neu ausführen
- Rezept 76: Die Testabdeckung ermitteln

10.5 Rezept 78: Eine Node.js-Applikation in TypeScript implementieren

Sie möchten eine Node.js-Applikation mit TypeScript entwickeln, um in die Vorzüge zu kommen, die diese Sprache gegenüber JavaScript bietet.

10.5.1 Lösung

Wenn Sie mit JavaScript entwickeln, werden Sie früher oder später auch über die von Microsoft entwickelte Programmiersprache TypeScript stolpern, die mehr oder weniger eine Erweiterung von JavaScript darstellt, dieses um viele sinnvolle Features erweitert und bereits viele Vorschläge zu zukünftigen ECMAScript-Standards implementiert. Auch wenn mittlerweile einige Sprachkonstrukteure wie die Klassensyntax oder die Modulsyntax bereits in JavaScript übernommen wurden, bietet TypeScript noch deutlich mehr Features, die man in JavaScript bislang vergeblich sucht.

Ein ganz wesentlicher Vorteil von TypeScript gegenüber JavaScript bspw. ist die *statische Typüberprüfung* während der Kompilierung. Bevor TypeScript nämlich überhaupt ausgeführt werden kann, muss es zunächst in JavaScript kompiliert werden (Abbildung 10.4). Während dieses Kompilierungsschritts überprüft der TypeScript-Compiler die in der Applikation verwendeten Typen und meldet bereits zu diesem Zeitpunkt Typfehler, die bei normalem JavaScript eventuell erst zur Laufzeit der Applikation gefunden würden.

10

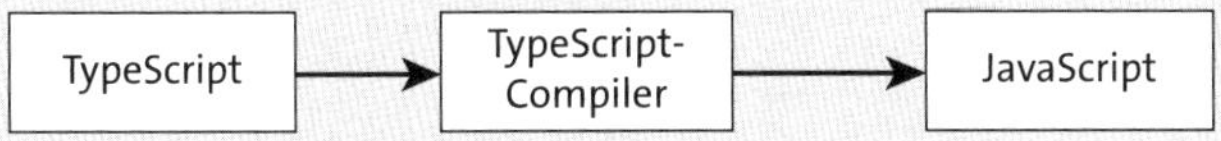

Abbildung 10.4 TypeScript wird durch einen Compiler in JavaScript übersetzt.

Den Schritt des Kompilierens von TypeScript zu JavaScript können Sie zwar explizit durchführen, mittlerweile gibt es aber auch entsprechende Tools, die das Kompilieren automatisch im Hintergrund durchführen, sodass Sie sich somit komplett auf die Entwicklung Ihrer Applikation konzentrieren können.

Hinweis

Auf der Homepage von TypeScript finden Sie unter *https://www.typescriptlang.org/samples/* einige Beispielapplikationen, in denen TypScript zum Einsatz kommt. So lässt sich TypeScript sowohl auf Client-Seite als auch auf Server-Seite verwenden, bspw. um »React«-Anwendungen, »Angular«-Anwendungen und auch »Express«-Anwendungen zu erstellen.

Projekt vorbereiten

Um TypeScript in Aktion zu sehen, legen Sie sich zunächst wie gewohnt ein neues Beispielprojekt an:

```
$ mkdir typescript-app
$ cd typescript-app
$ npm init -y
```

Installieren Sie anschließend das Package »typescript« (*https://www.npmjs.com/package/typescript*), das u. a. den TypeScript-Compiler enthält und benötigt wird, um TypeScript-Dateien in JavaScript übersetzen zu können:

```
$ npm i -D typescript
```

Ergänzen Sie nun die Datei *package.json* um das in Listing 10.8 gezeigte npm-Skript, das mithilfe von npx den TypeScript-Compiler ausführt und auf die Dateien in dem aktuellen Verzeichnis anwendet.

```
{
  "name": "recipe-01",
  "version": "1.0.0",
  "description": "",
  "scripts": {
    "build": "npx tsc -p ."
  },
  "keywords": [],
  "author": "Philip Ackermann <info@philipackermann.de>",
  "license": "MIT",
  "devDependencies": {
    "typescript": "^3.2.1",
    "ts-node": "^7.0.1"
  }
}
```

Listing 10.8 »package.json«-Datei mit angepassten npm-Skripts

Als Nächstes benötigen Sie eine Konfigurationsdatei *tsconfig.json*, die Sie entweder von Hand anlegen oder mit folgendem Befehl generieren können:

```
$ npx tsc \
    --init \
    --rootDir src \
    --outDir lib \
    --esModuleInterop \
    --resolveJsonModule \
    --lib es6,dom \
    --module commonjs
```

Den Inhalt der generierten Konfigurationsdatei finden Sie in Listing 10.9, wobei ich der Übersichtlichkeit wegen die generierten Kommentare entfernt habe und als `target` den Wert »es5« durch »es2017« ersetzt habe (Details zu den einzelnen Optionen finden Sie unter *https://www.typescriptlang.org/docs/handbook/compiler-options.html*).

```
{
  "compilerOptions": {
    /* Basic Options */
    "target": "es2017",
    "module": "commonjs",
    "lib": ["es6","dom"],
    // "allowJs": true,
    // "checkJs": true,
    // "jsx": "preserve",
    // "declaration": true,
    // "declarationMap": true,
    // "sourceMap": true,
    // "outFile": "./",
    "outDir": "lib",
    "rootDir": "src",
    // "composite": true,
    // "removeComments": true,
    // "noEmit": true,
    // "importHelpers": true,
    // "downlevelIteration": true,
    // "isolatedModules": true,

    /* Strict Type-Checking Options */
    "strict": true,
    // "noImplicitAny": true,
    // "strictNullChecks": true,
    // "strictFunctionTypes": true,
    // "strictBindCallApply": true,
    // "strictPropertyInitialization": true,
    // "noImplicitThis": true,
    // "alwaysStrict": true,

    /* Additional Checks */
    // "noUnusedLocals": true,
    // "noUnusedParameters": true,
    // "noImplicitReturns": true,
    // "noFallthroughCasesInSwitch": true,

    /* Module Resolution Options */
    // "moduleResolution": "node",
    // "baseUrl": "./",
    // "paths": {},
    // "rootDirs": [],
```

```
    // "typeRoots": [],
    // "types": [],
    // "allowSyntheticDefaultImports": true,
    "esModuleInterop": true,
    // "preserveSymlinks": true,

    /* Source Map Options */
    // "sourceRoot": "",
    // "mapRoot": "",
    // "inlineSourceMap": true,
    // "inlineSources": true,

    /* Experimental Options */
    // "experimentalDecorators": true,
    // "emitDecoratorMetadata": true,

    /* Advanced Options */
    "resolveJsonModule": true
  }
}
```

Listing 10.9 Generierte »tsconfig.json«-Datei

JavaScript zu TypeScript migrieren

In dem vorliegenden Rezept haben wir den Vorteil der *Greenfield-Entwicklung*, also der Entwicklung auf grüner Wiese. Das heißt, wir starten mit einem frischen Projekt. So lernen Sie anhand eines einfachen Beispiels, wie Sie TypeScript konkret für ein Projekt einrichten. Möchten Sie dagegen ein bestehendes JavaScript-Projekt zu TypeScript migrieren, finden Sie unter *https://www.typescriptlang.org/docs/handbook/migrating-from-javascript.html* zusätzliche Tipps für das entsprechende Vorgehen.

Den Quelltext vorbereiten

TypeScript-Dateien haben üblicherweise die Dateiendung *.ts*. Innerhalb dieser Dateien können Sie sowohl TypeScript als auch JavaScript verwenden (zumal TypeScript ja eine Obermenge von JavaScript ist).

Legen Sie also im Ordner *src* die fünf Dateien *Food.ts*, *Animal.ts*, *Dog.ts*, *index.ts* und *start.ts* an, und kopieren Sie den Inhalt aus Listing 10.10 in die entsprechend benannten Dateien.

Wie Sie anhand des Quelltextes sehen, unterstützt TypeScript bereits die Modulsyntax von ES2015, stellt darüber hinaus das Konzept von *Interfaces* bereit (Schlüsselwort `interface`) und erlaubt (bspw. bei der Definition von Parametern) die Angabe von *Typinformationen*.

Die Methode `eat()` des Interfaces `Animal` z. B. kann nur mit einem Parameter vom Typ `Food` aufgerufen werden. Wird der Methode etwas anderes übergeben, erkennt der TypeScript-Compiler dies als Fehler und bricht das Kompilieren mit einer entsprechenden Fehlermeldung ab.

```
// src/Food.ts
export class Food {
}

// src/Animal.ts
import { Food } from './Food';

export interface Animal {
  eat(food: Food): void;
}

// src/Dog.ts
import { Animal } from './Animal';

export class Dog implements Animal {
  // bewusst leergelassen
}

// src/index.ts
export * from './Animal';
export * from './Dog';
export * from './Food';

// src/start.ts
import { Dog, Food } from '.';

const dog = new Dog();
dog.eat(new Food());
```

Listing 10.10 Einfaches Beispiel in TypeScript

> **Tipp**
> Als ersten Schritt für die Migrierung einer JavaScript-Code-Basis hin zu TypeScript bietet es sich an, einfach alle *.js*-Dateien in entsprechende *.ts*-Dateien umzubenennen. Anschließend können Sie TypeScript-spezifische Features wie Interfaces und Typinformationen Schritt für Schritt einführen.

TypeScript zu JavaScript kompilieren

Wenn Sie nun den Kompiliervorgang über `npm run build` (bzw. `npx tsc -p .`) starten, sollte der Compiler einen Fehler melden, und zwar aufgrund der Tatsache, dass die Klasse `Dog` das Interface `Animal` wegen fehlender `eat()`-Methode nicht korrekt implementiert:

```
$ npm run build
tsc -p .

src/Dog.ts:3:14 - error TS2420: Class 'Dog' incorrectly implements interface
  'Animal'.
  Property 'eat' is missing in type 'Dog' but required in type 'Animal'.

3 export class Dog implements Animal {
               ~~~


  src/Animal.ts:4:3
    4   eat(food: Food): void;
        ~~~~~~~~~~~~~~~~~~~~~~
    'eat' is declared here.

Found 1 error.
```

Ergänzen Sie daher die Klasse `Dog` wie folgt um die Methode `eat()`, und kompilieren Sie den Code erneut:

```
import { Animal } from './Animal';
import { Food } from './Food';

export class Dog implements Animal {
  eat(food: Food) {
    console.log('Dog eats food')
  }
}
```

Der Kompiliervorgang sollte nun erfolgreich sein und für jede der fünf TypeScript-Dateien eine entsprechende JavaScript-Datei in den Ordner *lib* generieren.

Die kompilierte Anwendung können Sie mit folgendem Befehl aufrufen:

```
$ node lib/start.js
Dog eats food
```

10.5.2 Ausblick

Neben den in diesem Rezept genannten Features wie Typisierung und Interfaces bietet TypeScript gegenüber JavaScript noch einige interessante weitere Features. Dazu zählen *abstrakte Klassen*, *Generics*, das *Überladen von Methoden*, *Zugriffsmodifikatoren* für Methoden und vieles andere mehr. Auf diese Features kann ich an dieser Stelle aus Platzgründen jedoch nicht näher eingehen. Wenn Sie sich dennoch zu diesem Thema weiter informieren möchten, empfehle ich Ihnen das auf der offiziellen Website von TypeScript angebotene »TypeScript Handbook« unter *https://www.typescriptlang.org/docs/home.html*.

Verwandte Rezepte

- Rezept 79: TypeScript-basierte Applikationen automatisch neu kompilieren

10.6 Rezept 79: TypeScript-basierte Applikationen automatisch neu kompilieren

Sie möchten wissen, wie Sie eine Node.js-Applikation automatisch neu starten, wenn sich der dazugehörige Quelltext geändert hat, und dies bspw. dazu einsetzen, in TypeScript-basierten Applikationen den TypeScript-Code bei Änderungen automatisch in JavaScript zu kompilieren.

10.6.1 Lösung

Das automatische Neustarten einer Node.js-Applikation kann in vielen Fällen hilfreich sein, besonders während der Entwicklung, bspw. um die Applikation automatisch bei Änderungen an den entsprechenden Quelltextdateien neu zu starten. Ein Tool, das ich Ihnen in diesem Zusammenhang empfehle, ist das Tool »nodemon« (*https://github.com/remy/nodemon/*).

Installation und Verwendung

Installieren können Sie das Tool als globales Package mithilfe des folgenden Befehls:

```
$ npm install -g nodemon
```

Anschließend steht global der Befehl nodemon zur Verfügung, den Sie beim Starten einer Applikation einfach anstatt des node-Befehls verwenden. Statt eine Applikation also wie folgt zu starten:

```
$ node app.js
```

starten Sie die Applikation über folgenden Befehl:

```
$ nodemon app.js
```

TypeScript-Dateien direkt ausführen

Im Zusammenhang mit der TypeScript-Entwicklung ist das Package »nodemon« insofern hilfreich, als dass es bei Änderungen nicht nur eine Applikation neu starten, sondern auch die entsprechenden TypeScript-Dateien automatisch neu kompilieren kann.

Verwenden Sie für die folgenden Schritte als Basis das Projekt aus dem vorherigen Rezept. Installieren Sie außerdem das Package »ts-node« (*https://www.npmjs.com/package/ts-node*), mit dessen Hilfe es möglich ist, eine TypeScript-Applikation direkt unter Node.js auszuführen. Das Package kompiliert unter Verwendung des TypeScript-Compilers den Code einer Applikation, bevor sie mit Node.js ausgeführt wird. So sparen Sie sich den Schritt der manuellen Kompilierung.

Testen Sie den Befehl wie folgt, was dazu führen sollte, dass intern der Code der Applikation (ausgehend von der Datei *start.ts*) kompiliert und anschließend die kompilierten JavaScript-Dateien ausgeführt werden:

```
$ npx ts-node src/start.ts
Dog eats food
```

TypeScript-Dateien automatisch kompilieren

Um nun die TypeScript-Applikation so auszuführen, dass sie bei Änderungen am Quelltext neu gestartet wird, rufen Sie den oben gezeigten Befehl einfach in Kombination mit »nodemon« auf. »nodemon« registriert dann Änderungen an den TypeScript-Dateien, und »ts-node« sorgt dafür, dass die Dateien entsprechend kompiliert werden und die Applikation neu gestartet wird:

```
$ npx nodemon --exec ts-node src/start.ts
[nodemon] 1.18.7
[nodemon] to restart at any time, enter rs
[nodemon] watching: *.*
[nodemon] starting ts-node src/start.ts
Dog eats food
[nodemon] clean exit - waiting for changes before restart
```

```
// Änderung an "src/start.ts" durch Hinzufügen
// einer weiteren Codezeile "dog.eat(new Food());"

[nodemon] restarting due to changes...
[nodemon] starting ts-node src/start.ts
Dog eats food
Dog eats food
[nodemon] clean exit - waiting for changes before restart
```

Weitere Konfigurationsmöglichkeiten

Über verschiedene Parameter lässt sich das Verhalten von »nodemon« genauer konfigurieren (Tabelle 10.2). Folgender Befehl bspw. würde dafür sorgen, dass nur das Verzeichnis *app* beobachtet wird (`--watch`), dabei nur TypeScript-Dateien berücksichtigt werden (`--ext`), bei Änderungen der TypeScript-Compiler ausgeführt wird (`--exec`), Testdateien ignoriert werden (`--ignore`), bei Änderungen fünf Sekunden gewartet wird (`--delay`) und die Datei *src/start.ts* gestartet wird.

10

```
$ nodemon \
  --watch app \
  --ext ts \
  --exec ts-node \
  --ignore '*.test.ts' \
  --delay 5 \
  src/start.ts
```

Parameter	Beschreibung
`--delay`	Standardmäßig wartet »nodemon« eine Sekunde, bis die entsprechende Applikation neu gestartet wird. Über diesen Parameter ist es möglich, diesen Zeitraum zu verändern.
`--exec`	Erlaubt die Angabe einer ausführbaren Datei, die bei Änderungen an der beobachteten Datei mit dieser Datei als Parameter ausgeführt wird. Eignet sich bspw. dazu, um beim Beobachten von TypeScript-Dateien diese bei Änderungen automatisch durch den TypeScript-Compiler in JavaScript übersetzen zu lassen.
`--ext`	Für den Fall, dass man mehrere Dateien oder ganze Verzeichnisse von Dateien überwacht, dabei aber nicht alle Dateitypen beobachten möchte, können über diesen Parameter explizit Dateitypen (in Form der entsprechenden Dateiendung) angegeben werden, die beobachtet werden sollen.

Tabelle 10.2 Parameter von »nodemon«

Parameter	Beschreibung
`--ignore`	Über diesen Parameter können explizit Dateitypen angegeben werden, die ignoriert werden sollen.
`--verbose`	Aktiviert eine etwas ausführlicherer Ausgabe, das heißt, »nodemon« liefert bspw. Ausgaben dazu, welche Datei sich geändert hat etc.
`--watch`	Standardmäßig überwacht »nodemon« das aktuelle Verzeichnis und dessen Unterverzeichnisse. Über diesen Parameter können Verzeichnisse explizit angegeben werden.

Tabelle 10.2 Parameter von »nodemon« (Forts.)

Alternativ zu den genannten Kommandozeilenparametern können Sie die Konfiguration von »nodemon« auch über eine Konfigurationsdatei *nodemon.json* definieren, die Sie in das entsprechende Verzeichnis legen. Die analoge Konfiguration zu dem eben gezeigten Befehl sähe bspw. wie folgt aus:

```
{
  "watch": ["start"],
  "ext": "ts",
  "ignore": ["*.test.ts"],
  "delay": "5",
  "execMap": {
    "ts": "ts-node"
  }
}
```

Darüber hinaus können Sie die Konfiguration auch über die Datei *package.json* vornehmen, indem Sie die Eigenschaft `nodemonConfig` ergänzen. Das dieser Eigenschaft hinterlegte Objekt hat dabei den gleichen Aufbau wie in der Konfigurationsdatei eben:

```
{
  "name": "example-nodemon",
  "version": "1.0.0",
  "description": "",
  "nodemonConfig": {
    "watch": [
      "start"
    ],
    "ext": "ts",
    "ignore": [
      "*.test.ts"
```

```
    ],
    "delay": "5",
    "execMap": {
      "ts": "ts-node"
    }
  },
  ...
}
```

10.6.2 Ausblick

Das Package »nodemon« bietet Ihnen eine flexible Möglichkeit, Node.js-Applikationen bei Änderungen am Quelltext automatisch neu zu starten. Insbesondere der Workflow bei der Entwicklung von TypeScript-basierten Node.js-Applikationen kann dadurch enorm beschleunigt werden, weil Sie nicht immer manuell den TypeScript-Code erst kompilieren und dann die kompilierte Applikation (ebenfalls manuell) neu starten müssen.

Verwandte Rezepte

- Rezept 29: Dateien und Verzeichnisse überwachen
- Rezept 75: Unit-Tests automatisch neu ausführen

10.7 Zusammenfassung

In diesem Kapitel haben Sie gesehen, wie Sie unter Node.js Unit-Tests erstellen und wie Sie Node.js-Packages und Node.js-Applikationen unter Verwendung von TypeScript implementieren können. Damit haben Sie zwei wichtige Grundsteine für die Entwicklung stabiler Node.js-Applikationen kennengelernt.

Zusammenfassend wissen Sie jetzt, wie Sie

- Unit-Tests schreiben (Rezept 74),
- Unit-Tests automatisch neu ausführen (Rezept 75),
- die Testabdeckung ermitteln (Rezept 76),
- einen Unit-Test für REST-APIs schreiben (Rezept 77)
- eine Node.js-Applikation in TypeScript implementieren (Rezept 78),
- TypeScript-basierte Applikationen automatisch neu kompilieren (Rezept 79).

Kapitel 11

Skalierung, Performance und Sicherheit

Wie lassen sich Node.js-Applikationen skalieren? Wie lassen sich Performanceprobleme erkennen und die Performance verbessern? Und was ist bezüglich der Sicherheit von Node.js-Applikationen zu beachten? Antworten auf diese Fragen liefere ich Ihnen in diesem Kapitel.

Im Folgenden möchte ich Ihnen zeigen, wie Sie Node.js-Anwendungen skalieren und die Performance verbessern können, wie Sie CPU- und Speicherprobleme identifizieren und welche Aspekte bezüglich der Sicherheit von Node.js-Anwendungen zu beachten sind. Konkret schauen wir uns dabei Folgendes an:

- Rezept 80: Externe Anwendungen als Unterprozess ausführen
- Rezept 81: Externe Anwendungen als Stream verarbeiten
- Rezept 82: Node.js-Applikationen als Unterprozess aufrufen
- Rezept 83: Eine Node.js-Anwendung clustern
- Rezept 84: Unterprozesse über einen Prozessmanager verwalten
- Rezept 85: Systeminformationen, CPU-Auslastung und Speicherverbrauch ermitteln
- Rezept 86: Speicherprobleme identifizieren
- Rezept 87: CPU-Probleme identifizieren
- Rezept 88: Schwachstellen von verwendeten Abhängigkeiten erkennen
- Rezept 89: JavaScript dynamisch laden und ausführen

11.1 Rezept 80: Externe Anwendungen als Unterprozess ausführen

Sie möchten externe Anwendungen als Unterprozess ausführen.

11.1.1 Exkurs: Multithreading vs. Multiprocessing

Unter Node.js ist es nicht möglich, innerhalb eines einzelnen Prozesses mehrere *Threads* zu verwenden: *Multithreading*, wie es bspw. in Java möglich ist, sieht die Architektur von Node.js nicht vor (zumindest noch nicht als Stable-Feature, denn seit Node.js 10 gibt es mit *Worker Threads* ein experimentelles Feature, das genau das möglich macht).

Zwar werden intern asynchrone I/O-Operationen auf verschiedene Threads verteilt, die *Event-Loop* jedoch, die für die Abarbeitung von JavaScript-Events zuständig ist, läuft innerhalb eines einzelnen Threads (Abbildung 11.1).

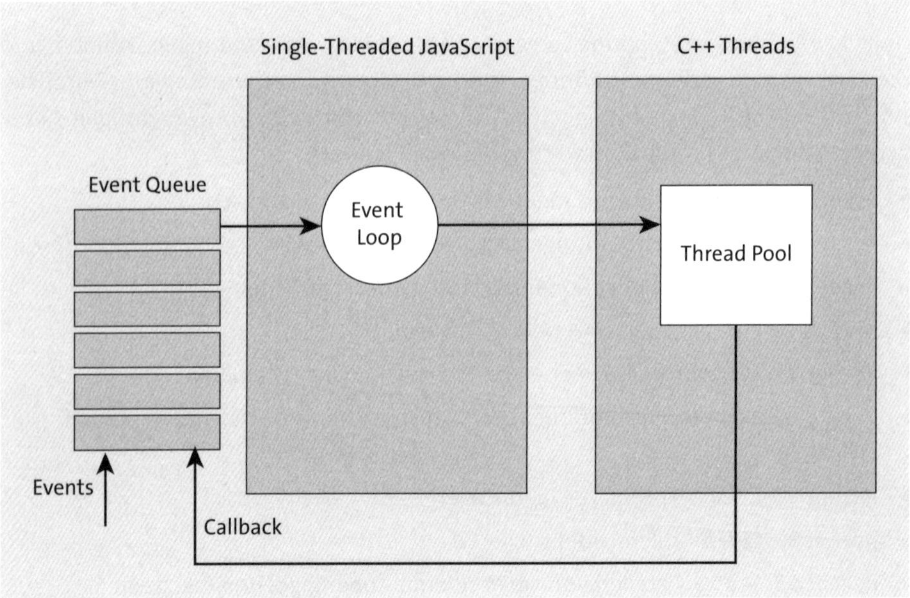

Abbildung 11.1 Threads in Node.js

Statt über Multithreading kann Parallelisierung in Node.js daher (Stand: Juli 2019) nur über *Multiprocessing* erreicht werden, also das Auslagern von einzelnen Aufgaben in separate *Unterprozesse* bzw. *Kindprozesse*. Der Unterschied zwischen Multithreading und Multiprocessing: Bei Ersterem teilen sich die einzelnen Threads die Ressourcen des *Prozesses*, in dem sie laufen, bei Letzterem hat jeder Prozess (und damit jeder Thread) seine eigenen Ressourcen (Abbildung 11.2).

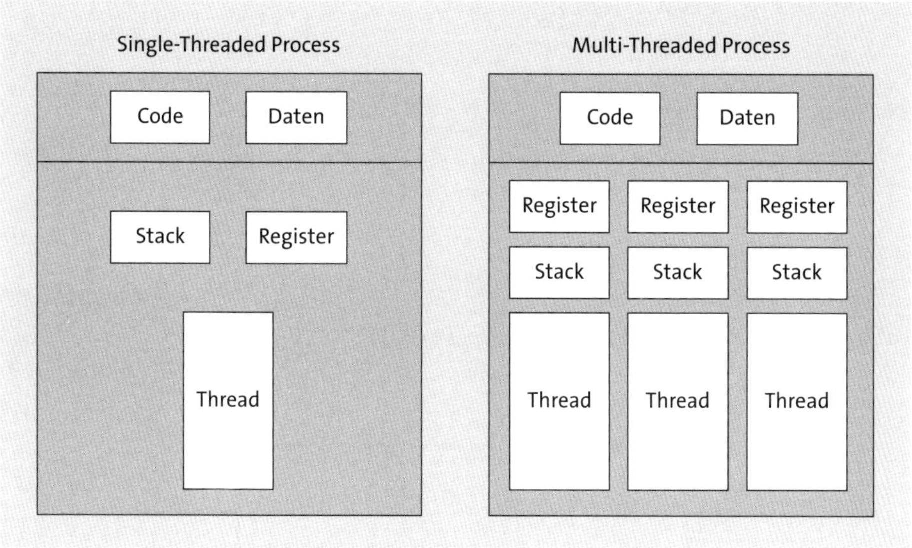

Abbildung 11.2 Mutlithreading vs. Multiprocessing

11.1.2 Lösung

Für das Multiprocessing stehen Ihnen über das »child_process«-Package der Node.js-Standard-API verschiedene Möglichkeiten zur Verfügung. Am einfachsten arbeiten die Funktionen `exec()` bzw. `execFile()`: Erstere erlaubt es, beliebige Kommandozeilenbefehle in einem separaten Unterprozess auszuführen, letztere führt den Inhalt einer Datei in einem Unterprozess aus.

Ein einfaches Beispiel für die Verwendung der `exec()`-Funktion zeigt Listing 11.1, in dem über den Befehl `docker ps` die aktuell gestarteten Docker-Container aufgelistet werden (Voraussetzung hierfür ist natürlich, dass auf dem Rechner, auf dem Sie dieses Programm ausführen, Docker installiert ist und der Befehl `docker` in der Kommandozeile zur Verfügung steht). Alternativ können Sie natürlich auch einen anderen Befehl ausführen, bspw. für das Auflisten von Dateien in einem Verzeichnis (das wäre unter Linux und macOS der Befehl `ls` und unter Windows der Befehl `dir`).

Der eigentliche Befehl wird der Funktion `exec()` dabei als erster Parameter übergeben, als zweiten Parameter übergeben Sie eine Callback-Funktion, die ihrerseits mit drei Parametern aufgerufen wird, sobald der Unterprozess beendet wurde: `error` enthält im Fall eines Fehlers das entsprechende Fehlerobjekt, `stdout` einen Buffer, der den Inhalt der Standardausgabe des Unterprozesses enthält, und `stderr` einen weiteren Buffer, der analog die Standardfehlerausgabe des Unterprozesses enthält (Abbildung 11.3).

```
const { exec } = require('child_process');

const cmd = 'docker ps';
exec(cmd, (error, stdout, stderr) => {
  if (error) {
    throw error;
  }
  console.log(stdout);
});
```

Listing 11.1 Aufruf eines Unterprozesses über »exec()«

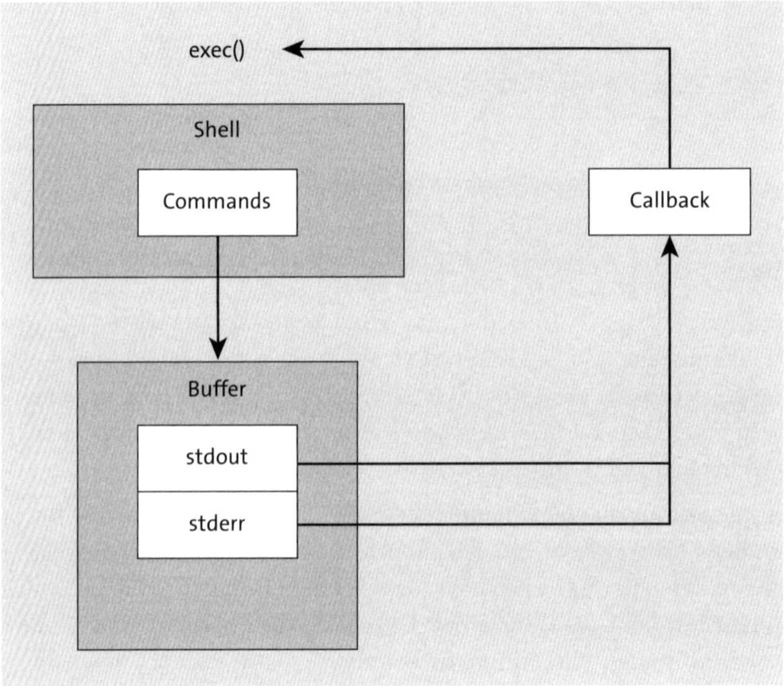

Abbildung 11.3 Funktionsweise der Methode »exec()«

Listing 11.2 erreicht das Gleiche wie der Code aus Listing 11.1, verwendet dabei aber die Funktion `execFile()`, um den Inhalt der Datei *input.sh* auszuführen (Abbildung 11.4).

```
const { execFile } = require('child_process');

execFile('./input.sh', (error, stdout, stderr) => {
  if (error) {
    throw error;
  }
```

```
  console.log(stdout);
});
```

Listing 11.2 Aufruf eines Unterprozesses über »execFile()«

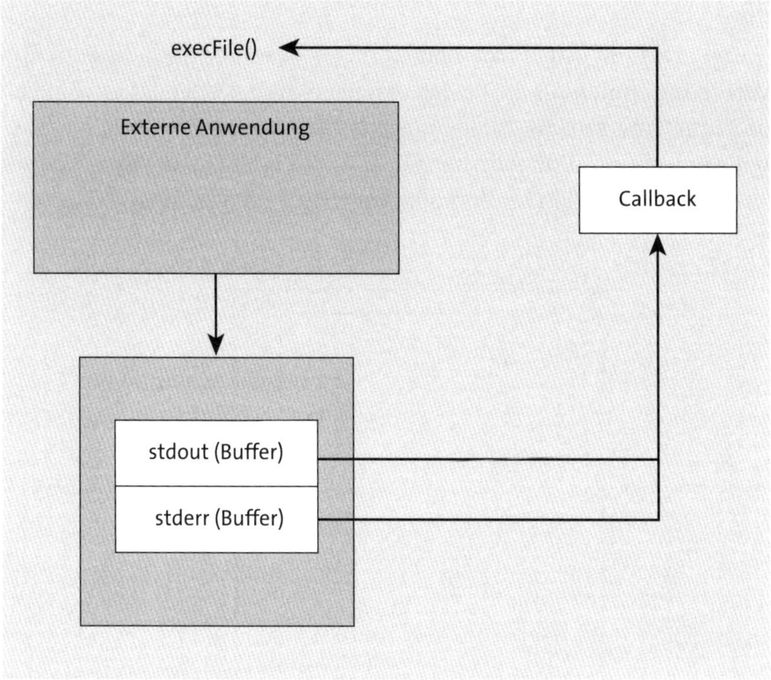

Abbildung 11.4 Funktionsweise der Methode »execFile()«

11.1.3 Ausblick

Die Funktionen `exec()` und `execFile()` eignen sich immer dann, wenn Sie ein Programm als Unterprozess aufrufen möchten, das eine überschaubar große Ausgabe liefert. Da in beiden Fällen die Ausgabe des Unterprozesses über einen Buffer an den Elternprozess geleitet wird (der naturgemäß eine endliche Größe im Speicher hat), eignen sich beide Funktionen nicht dafür, wenn das aufgerufene Programm kontinuierlich Daten ausgibt. In solchen Fällen greifen Sie daher besser zu der im nächsten Rezept vorgestellten Technik.

Verwandte Rezepte

- Rezept 81: Externe Anwendungen als Stream verarbeiten
- Rezept 82: Node.js-Applikationen als Unterprozess aufrufen
- Rezept 83: Eine Node.js-Anwendung clustern

11.2 Rezept 81: Externe Anwendungen als Stream verarbeiten

Sie möchten externe Anwendungen als Stream verarbeiten.

11.2.1 Lösung

Neben `exec()` und `execFile()` stellt das »child_process«-Package noch die Funktion `spawn()` zur Verfügung. Anders als die beiden erstgenannten verwendet `spawn()` keinen Buffer, um vom Unterprozess Daten an den Elternprozess weiterzuleiten, sondern stellt für die Kommunikation zwischen den Prozessen die Ein- und Ausgabe des Unterprozesses jeweils als Stream bereit (Abbildung 11.5).

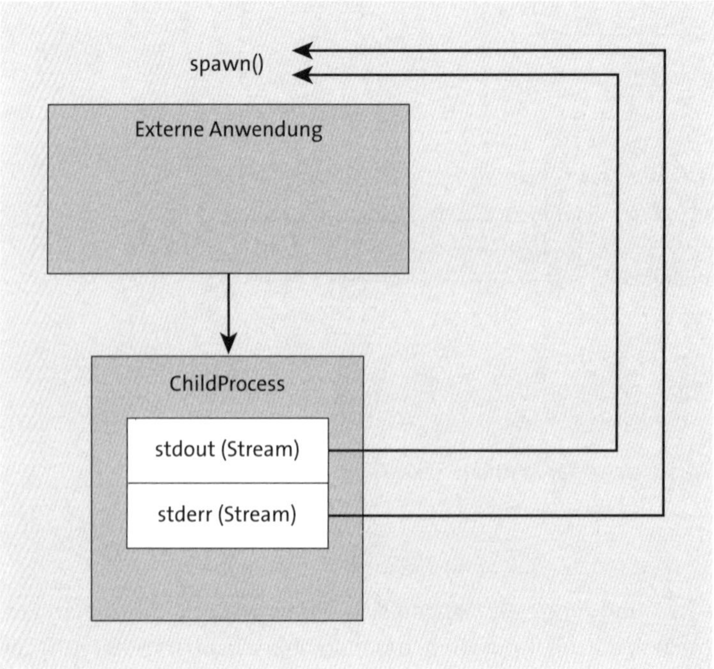

Abbildung 11.5 Funktionsweise der Methode »spawn()«

Im Gegensatz zu den Buffern bei `exec()` und `execFile()`, die erst nach Abschluss des jeweils ausgeführten Unterprozesses an den Elternprozess zurückgesendet werden, stehen die Streams bzw. die in den jeweiligen Stream *geschriebenen* Daten mehr oder weniger unverzüglich zur Laufzeit des Unterprozesses bereit und lassen sich innerhalb des Elternprozesses sofort weiterverarbeiten.

Ein noch entscheidenderer Vorteil ist aber, dass bei der Verwendung von `spawn()` dank der zugrunde liegenden Streams beliebig große Daten übertragen werden können, während bei `exec()` und `execFile()` die maximale Größe der zu übertragenden Daten durch die Größe des Buffers begrenzt ist.

Dazu drei Beispiele: In Listing 11.3 sehen Sie die Implementierung einer Utility-Funktion `download()`, die eine URL als Zeichenkette akzeptiert und mithilfe der Funktion `spawn()` das Kommandozeilentool `curl` für den eigentlichen Download verwendet. Der Funktion `spawn()` übergibt man als ersten Parameter den auszuführenden Befehl und optional als zweiten Parameter ein Array mit den Werten, die dem jeweiligen Befehl als Argumente übergeben werden sollen (im Beispiel also die URL).

Zugriff auf die Ausgabe haben Sie über die Eigenschaft `stdout` des von `spawn()` zurückgegebenen `ChildProcess`-Objekts in Form eines *Readable Streams*. Wird auf diesem Stream nun das »data«-Event ausgelöst, werden im Beispiel die jeweiligen Daten einfach in den zuvor erzeugten *Writable Stream* weitergeleitet und auf diese Weise nach und nach in die dahinterliegende Datei geschrieben (Gleiches könnte man über *Piping* noch etwas schlanker und eleganter machen, aber das spare ich mir für das dritte Beispiel auf).


```
const fs = require('fs');
const path = require('path');
const { spawn } = require('child_process');

const DOWNLOAD_DIR = path.join(__dirname, 'downloads');

const download = (url) => {
  const fileName = url.parse(url).pathname.split('/').pop();
  const file = fs.createWriteStream(DOWNLOAD_DIR + fileName);
  const curl = spawn('curl', [url]);
  curl.stdout.on('data',(data) => file.write(data));
  curl.stdout.on('end', (data) => {
    file.end();
    console.log(`${fileName} downloaded to ${DOWNLOAD_DIR}`);
  });
  curl.on('exit', (code) => {
    if (code === 0) {
      console.log('Download successful');
    } else {
      console.log(`Download failed: ${code}`);
    }
  });
};
```

Listing 11.3 Aufruf des Befehls »curl« über »spawn()«

Das zweite Beispiel sehen Sie in Listing 11.4. Hier wird das Kommandozeilentool `tail` aufgerufen, über das es möglich ist, Änderungen an Dateien zu überwachen. Dabei können einzelne Dateien, aber auch mehrere Dateien überwacht werden, und es ist sogar möglich, Muster wie bspw. *access_*.log* anzugeben, um alle Dateien zu überwachen, die diesem Muster entsprechen.

Das Tool ist zwar nicht so mächtig wie das in Rezept 29 vorgestellte Package »chokidar«, weil es – einmal gestartet – neu hinzukommende Dateien, die auf ein Muster zutreffen, nicht beachtet. Dafür ist das Tool extrem schnell und arbeitet sehr zuverlässig, sodass es je nach Anwendungsfall durchaus eine interessante Alternative für die Einbindung in eine Node.js-Applikation darstellt.

Der in Listing 11.4 verwendete Befehl `tail -F -n 1 access.log` sorgt dafür, dass bei Änderungen an der Datei *access.log* jeweils die letzte Zeile ausgegeben wird.

```
const { spawn } = require('child_process');

const tail = spawn('tail', ['-F', '-n', '1', 'access.log']);

tail.stdout.on('data', (data) => {
  data = data.toString();
  console.log(data);
});

tail.stderr.on('data', (data) => {
  console.error(`Error:\n${data}`);
});
```

Listing 11.4 Aufruf des Befehls »tail« über »spawn()«

Das dritte Beispiel in Listing 11.5 zeigt, wie einfach das Arbeiten mit `spawn()` sein kann: Mithilfe der Methode `pipe()`, die Stream-Objekten zur Verfügung steht (siehe auch Rezept 32), lassen sich nämlich mehrere durch `spawn()` gestartete Unterprozesse hintereinanderschalten, und zwar, indem der *Ausgabe-Stream* eines Unterprozesses an den *Eingabe-Stream* eines anderen Unterprozesses weitergeleitet wird.

Im Beispiel wird auf diese Weise für die Kommandozeilenbefehle `cat` (Ausgabe von Dateiinhalten), `sort` (Sortierung von Zeilen) und `uniq` (Filtern von doppelten Zeilen) zunächst jeweils ein eigener Unterprozess erzeugt. Anschließend wird die Ausgabe von `cat` als Eingabe von `sort` verwendet und die Ausgabe von `sort` als Eingabe von `uniq`.

```
const { spawn } = require('child_process');
const cat = spawn('cat', ['someData.csv']);
const sort = spawn('sort');
const uniq = spawn('uniq');
// Ausgabe des Dateiinhalts
cat.stdout.pipe(sort.stdin);
```

```
// Sortieren der Zeilen
sort.stdout.pipe(uniq.stdin);
// Filtern doppelter Zeilen
uniq.stdout.pipe(process.stdout);
```

Listing 11.5 Hintereinanderschalten von Unterprozessen über »spawn()« und »pipe()«

11.2.2 Ausblick

Die Funktion `spawn()` sollten Sie beim Aufruf von Programmen als Unterprozesse immer dann in Betracht ziehen, wenn das aufgerufene Programm entweder eine sehr große Ausgabe liefert oder die Größe der Ausgabe nicht vorhersehbar ist, aber auch in solchen Fällen, in denen das Programm kontinuierlich eine Ausgabe erzeugt (und damit letztendlich auch eine unvorhersehbar große Ausgabe erzeugt).

Im nächsten Rezept zeige ich Ihnen, wie Sie Node.js-Applikationen als Unterprozess aufrufen.

Verwandte Rezepte

- Rezept 29: Dateien und Verzeichnisse überwachen
- Rezept 30: Daten mit Streams lesen
- Rezept 31: Daten mit Streams schreiben
- Rezept 32: Mehrere Streams über Piping kombinieren
- Rezept 33: Eigene Streams implementieren
- Rezept 80: Externe Anwendungen als Unterprozess ausführen
- Rezept 82: Node.js-Applikationen als Unterprozess aufrufen
- Rezept 83: Eine Node.js-Anwendung clustern

11.3 Rezept 82: Node.js-Applikationen als Unterprozess aufrufen

Sie möchten eine Node.js-Applikation als Unterprozess aufrufen.

11.3.1 Lösung

Die letzte der Helfermethoden im »child_process«-Package ist die Funktion `fork()`, die einen Sonderfall der im vorherigen Rezept vorgestellten Funktion `spawn()` darstellt: Sie kann dazu verwendet werden, neue Node.js-Unterprozesse zu erstellen.

Wie auch `spawn()` liefert die Funktion dabei ein Objekt vom Typ `ChildProcess`. Wesentlicher Unterschied dabei ist, dass dieses Objekt nun noch einen Kommunikationskanal zur Verfügung stellt, mit dessen Hilfe zwischen Unterprozess und Elternprozess über *IPC* (*Inter-Process Communication*) kommuniziert werden kann (Abbildung 11.6).

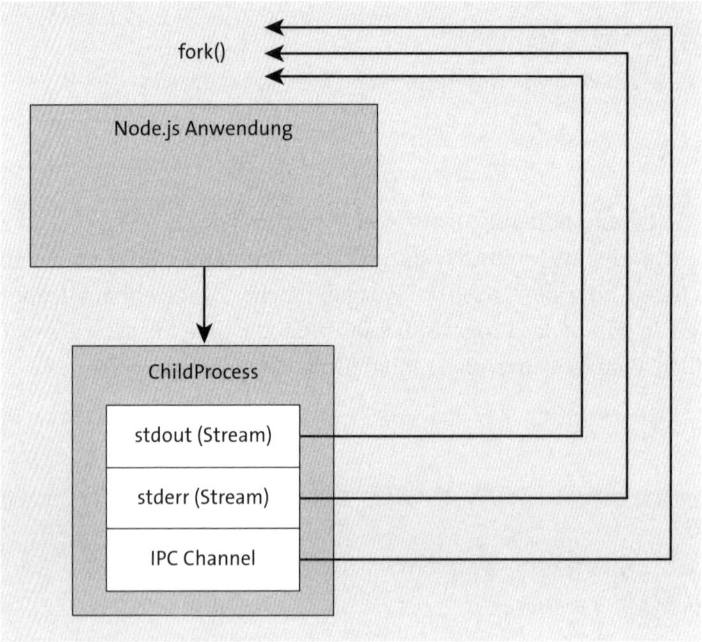

Abbildung 11.6 Funktionsweise der Methode »fork()«

So ist es innerhalb eines Unterprozesses möglich, über `process.on('message')` Nachrichten vom Elternprozess zu empfangen und über `process.send()` Nachrichten an den Elternprozess zu versenden. Umgekehrt ist es im Elternprozess über die gleichen Methoden (aufgerufen auf der jeweiligen `ChildProcess`-Instanz) möglich, Nachrichten von einem Unterprozess zu empfangen bzw. Nachrichten an einen Unterprozess zu versenden.

Ein einfaches Beispiel hierfür zeigt Listing 11.6. Zu sehen ist hier der Quelltext aus zwei Dateien: Die Datei *parent.js* enthält den Quelltext für den Elternprozess, die Datei *child.js* den Quelltext für den Unterprozess. Der Funktion `fork()` übergeben Sie den Pfad zu der JavaScript-Datei, die als Unterprozess aufgerufen werden soll. Optional können Sie dabei – in Listing 11.6 nicht gemacht – als zweiten Parameter die Argumente in Form eines Arrays übergeben, die an den Unterprozess übergeben werden sollen sowie als dritten Parameter ein Konfigurationsobjekt, über das sich bspw. das Arbeitsverzeichnis für den Unterprozess und die Umgebungsvariablen vorkonfigurieren lassen.

```
// parent.js
const { fork } = require('child_process');
```

```
const forked = fork('child.js');

forked.on('message', (message) => {
  console.log('Message from child', message);
});

forked.send({ hello: 'world' });

// child.js
process.on('message', (message) => {
  console.log('Message from parent:', message);
});

process.send({ hello: 'world' });
```


Listing 11.6 Aufruf einer Node.js-Applikation über »fork()«

Über den Kommunikationskanal, der zwischen Elternprozess und Unterprozess besteht, können Daten relativ einfach in beide Richtungen ausgetauscht werden. Besonders praktisch ist dabei, dass Sie direkt Objekte versenden können, ohne diese manuell aufseiten des Senders über `JSON.stringify()` als Zeichenkette zu serialisieren und aufseiten des Empfängers wieder über `JSON.parse()` in ein Objekt umzuwandeln.

Praxisbeispiel

Im Folgenden möchte ich Ihnen noch ein praxisnäheres Beispiel für den Einsatz der Funktion `fork()` geben. In Listing 11.7 sehen Sie zunächst ein Negativbeispiel für einen Webserver, der noch ohne die Funktion `fork()` implementiert ist. Wenn Sie diesen Code starten, können Sie über die Route *http://localhost:3000/sum* die Funktion `sum()` anstoßen, welche die Summe der Zahlen 0 bis n berechnet, wobei n als Query-Parameter übergeben werden kann. Der Aufruf *http://localhost:3000/sum?n=2000* bspw. berechnet die Summe der Zahlen 0 bis 2.000.

Problematisch wird das Ganze, wenn Sie für n eine sehr große Zahl einsetzen (bspw. 200.000.000.000) und eine entsprechende Anfrage an den Webserver senden. Da der Aufruf den Haupt-Thread blockiert, kann der Webserver während der Berechnung keine weiteren Anfragen entgegennehmen. Wenn Sie versuchen, in einem anderen Browser-Fenster die Anfrage *http://localhost:3000/sum?n=2000* auszuführen, werden Sie feststellen, dass der Webserver die Anfrage nicht direkt bearbeiten kann, sondern erst, wenn die zuvor für den größeren Wert des Parameters n gestellte Anfrage abgearbeitet wurde.

```
const http = require('http');
const url = require('url');

const sum = (n) => {
  let sum = 0;
  for (let i = 0; i < n; i++) {
    sum += i;
  }
  return sum;
};

const server = http.createServer();

server.on('request', (request, response) => {
  const parts = url.parse(request.url, true);
  if (parts.pathname === '/sum') {
    const query = parts.query;
    const n = parseInt(query.n);
    const result = sum(n);
    return response.end(`Result is ${result}`);
  } else {
    response.end('ok');
  }
});

server.listen(3000);
```

Listing 11.7 Negativbeispiel: die lange Berechnung blockiert den Haupt-Thread.

Daran ändert sich auch nichts, wenn die Funktion wie in Listing 11.8 asynchron implementiert wird. Auch hier ist der Haupt-Thread während der Berechnung blockiert und kann keine weiteren Anfragen bearbeiten.

```
const http = require('http');
const url = require('url');

const server = http.createServer();

const sum = async (n) => {
  return new Promise((resolve, reject) => {
    let sum = 0;
    for (let i = 0; i < n; i++) {
```

```
      sum += i;
    }
    resolve(sum);
  });
};

server.on('request', (request, response) => {
  const parts = url.parse(request.url, true);
  if (parts.pathname === '/sum') {
    const query = parts.query;
    const n = parseInt(query.n);
    sum(n).then((result) => {
      response.end(`Sum is ${result}`);
    });
  } else {
    response.end('ok');
  }
});

server.listen(3000);
```


Listing 11.8 Negativbeispiel: die lange Berechnung blockiert auch im asynchronen Modus den Haupt-Thread

Um dem Problem entgegenzuwirken, bietet es sich an, die Funktion `sum()` in ein separates Skript auszulagern (Listing 11.9) und im Hauptprogramm über die Funktion `fork()` aufzurufen (Listing 11.10). Nach dem Aufruf wird der Parameter n (im Elternprozess) in Form einer JSON-Nachricht an den Unterprozess gesendet (alternativ könnte man ihn auch direkt dem Aufruf von `fork()` übergeben) und innerhalb des Unterprozesses damit die Funktion `sum()` aufgerufen. Steht das Ergebnis fest, wird umgekehrt eine Nachricht vom Unterprozess an den Elternprozess gesendet und dort dann die HTTP-Anfrage an den entsprechenden Client zurückgeschickt.

Wenn Sie diesen Code ausführen und, wie oben beschrieben, eine Anfrage mit einem sehr großen Wert des Parameters n an den Webserver stellen und parallel dazu eine weitere Anfrage in einem separaten Browser-Fenster stellen (mit einem kleineren Wert des Parameters n), können Sie sehen, dass die zweite Anfrage parallel bearbeitet wird und die Antwort vom Webserver schneller zurückkommt.

```
const sum = (n) => {
  let sum = 0;
  for (let i = 0; i < n; i++) {
    sum += i;
  }
```

```
  return sum;
};

process.on('message', (message) => {
  const result = sum(message.n);
  process.send(result);
});
```

Listing 11.9 Die komplexe Berechnung wird in den Unterprozess ausgelagert.

```
const http = require('http');
const url = require('url');
const { fork } = require('child_process');

const server = http.createServer();

server.on('request', (request, response) => {
  const parts = url.parse(request.url, true);
  if (parts.pathname === '/sum') {
    const query = parts.query;
    const n = parseInt(query.n);
    const sum = fork('sum.js');
    sum.send({
      n
    });
    sum.on('message', (result) => {
      response.end(`Sum is ${result}`);
    });
  } else {
    response.end('ok');
  }
});

server.listen(3000);
```

Listing 11.10 Die komplexe Berechnung wird vom Elternprozess delegiert.

Hinweis

Das in den Beispielen verwendete Package »url« ist übrigens Bestandteil der Node.js-API (*https://nodejs.org/api/url.html*) und stellt einige nützliche Utility-Funktionen rund um das Arbeiten mit URLs zur Verfügung.

11.3.2 Ausblick

In diesem und den beiden vorherigen Rezepten haben Sie gesehen, welche Möglichkeiten Sie in Node.js haben, Unterprozesse aufzurufen. Zusammenfassend lassen sich `exec()` und `execFile()` eher für solche Anwendungsfälle verwenden, in denen eine Ausgabe von festem (bzw. nicht zu großem) Umfang erwartet wird, etwa für Statusmeldungen oder die Auflistung begrenzter Datentabellen. Die Funktion `spawn()` eignet sich dagegen eher für das Ausführen von Kommandos, bei denen der Umfang der Ausgabe nicht feststeht bzw. stark variieren kann, etwa beim Verarbeiten von Dateien, beim Download von Dateien etc. Die in diesem Rezept vorgestellte Funktion `fork()` ist die beste Wahl, wenn Sie aus einer Node.js-Applikation eine andere Node.js-Applikation aufrufen möchten. Folgende Tabelle fasst die wichtigsten Unterschiede kurz zusammen:

Methode	Beschreibung
`execFile()`	Ausführen einer externen Anwendung; Ausgabe als Buffer über Callback beim Beenden des Prozesses.
`exec()`	Ausführen einer externen Anwendung innerhalb einer Shell; Ausgabe als Buffer über Callback beim Beenden des Prozesses.
`spawn()`	Ausführen einer externen Anwendung; Ein- und Ausgabe als Stream während der Ausführung sowie Events beim Beenden des Prozesses.
`fork()`	Ausführen einer Node.js-Anwendung; Ein- und Ausgabe als Stream während der Ausführung sowie Events beim Beenden des Prozesses, zusätzlich IPC zwischen *Elternprozess* und *Unterprozessen*.

Tabelle 11.1 Methoden für das Multiprocessing in Node.js

Verwandte Rezepte

- Rezept 80: Externe Anwendungen als Unterprozess ausführen
- Rezept 81: Externe Anwendungen als Stream verarbeiten
- Rezept 83: Eine Node.js-Anwendung clustern

11.4 Rezept 83: Eine Node.js-Anwendung clustern

Sie möchten eine Node.js-Anwendung in einem Cluster betreiben.

11.4.1 Lösung

Im vorherigen Rezept habe ich Ihnen gezeigt, wie Sie Node.js-Applikationen als Unterprozesse aufrufen können, und Sie haben anhand eines Beispiels gesehen, wie darüber verhindert werden kann, dass komplexe Berechnungen den Haupt-Thread blockieren. Dabei haben Sie die Funktion `fork()` aus dem »child_process«-Package verwendet, um den jeweiligen Unterprozess zu erstellen, und mithilfe von Inter-Process Communication die Kommunikation zwischen dem Elternprozess und dem Unterprozess gesteuert.

In diesem Rezept möchte ich Ihnen nun zeigen, wie Sie das Erstellen und Verwalten von Node.js-Unterprozessen mithilfe des »cluster«-Packages vereinfachen können. Das Package baut auf dem »child_process«-Package auf und stellt einige Utilitys zur Verfügung und ermöglicht es, ein kleines »Netzwerk« von Unterprozessen zu erstellen.

Die Kommunikation zwischen dem Elternprozess (in diesem Kontext auch: *Masterprozess*) und Unterprozessen (in diesem Kontext: *Workern*) geschieht wie bei der Verwendung von `fork()` über Inter-Process Communication.

Praxisbeispiel

Ein klassisches Beispiel für die Verwendung des »cluster«-Packages in Node.js ist das Betreiben eines Webservers im *Cluster-Modus*.

Rufen Sie sich dafür kurz den Code für einen einfachen Webserver in Erinnerung (Rezept 54), der unter Verwendung des »http«-Moduls wie folgt implementiert werden könnte:

```
const http = require('http');

http
  .createServer((request, response) => {
    console.log(`Worker ${process.pid} handle request`);
    const content = 'Hallo Welt';
    response.writeHead(200, {
      'Content-Length': content.length,
      'Content-Type': 'text/plain'
    });
    response.end(content);
  })
  .listen(3000);
```

Listing 11.11 Webserver in Single-Modus

Der Code ist relativ einfach: Der Server läuft unter dem Port 3000 und antwortet auf alle Anfragen mit einem knappen »Hello World«, wobei er jeweils eine kurze Meldung inklusive der Prozess-ID des aktuellen Prozesses auf die Konsole schreibt. Wenn Sie nun (bspw. mit HTTPie oder einem anderen HTTP-Client) Anfragen an *http://localhost:3000* stellen, werden Sie in der Kommandozeilenausgabe sehen, dass immer der gleiche Prozess die Anfrage entgegennimmt und bearbeitet:

```
$ node start-single.js
Process 21139 handle request
Process 21139 handle request
Process 21139 handle request
Process 21139 handle request
Process 21139 handle request
```

Höchstwahrscheinlich werden Sie den HTTP-Client von Hand nicht so schnell hintereinander ausführen können, dass selbst dieser kleine einprozessige Webserver ins Schwitzen kommt (es sei denn, Sie schreiben sich hierfür ein kleines Shell-Skript). Aber man kann sich leicht ausmalen, wie sich das Ganze für produktive Webserver verhält, bei denen mehrere Tausend Anfragen gleichzeitig eingehen.

Hinweis

Einige Tools, die Ihnen helfen können, solche Szenarien lokal zu simulieren, sind JMeter (*http://jmeter.apache.org/*), Gatling (*https://gatling.io/*) oder das in Node.js geschriebene Artillery (*https://artillery.io*). Über diese Tools können Sie komplexe Lasttests und Performancetests für Webserver bzw. Webservices konfigurieren und durchführen.

Zum Glück ist es unter Node.js dank des »cluster«-Packages relativ einfach, den oben gezeigten Webserver im *Cluster* zu betreiben, sodass alle verfügbaren Prozessorkerne verwendet und HTTP-Anfragen auf mehrere Worker verteilt werden (Stichwort: *Lastverteilung* bzw. *Load Balancing*).

Den entsprechenden Code dazu zeigt Listing 11.12. Über `cluster.isMaster` lässt sich innerhalb der Anwendung ermitteln, ob der Code vom Masterprozess ausgeführt wird. Ist dies der Fall, wird für jeden zur Verfügung stehenden Prozessor (`numCPUs`) über `cluster.fork()` ein neuer Worker erstellt (nicht zu verwechseln mit der gleichnamigen Funktion aus dem »child_process«-Package).

Für jeden dieser Worker wird das Skript ebenfalls aufgerufen, dabei aber – weil `cluster.isMaster` nicht erfüllt ist – nicht der Teil innerhalb des `if`-Blocks, sondern der Teil innerhalb des `else`-Blocks ausgeführt, in dem im Wesentlichen der gleiche Code wie in Listing 11.11 verwendet wird. Lediglich die Konsolenausgabe wurde etwas angepasst, um zu veranschaulichen, dass die Anfragen von verschiedenen Workern abgearbeitet werden.

Hervorzuheben ist, dass – obwohl jeder Worker denselben Port verwendet – es zu keinen Port-Konflikten kommt. Der Grund, warum das funktioniert: In Wirklichkeit hört nur der Masterprozess auf den angegebenen Port und verteilt intern die Anfragen an die einzelnen Worker. Dabei spielt es keine Rolle, wie viele Prozessorkerne zur Verfügung stehen bzw. wie viele Worker erzeugt werden: Alle Worker teilen sich eine TCP-Verbindung und nehmen unabhängig voneinander die weitergeleiteten HTTP-Anfragen vom Masterprozess entgegen.

```
const cluster = require('cluster');
const http = require('http');
const numCPUs = require('os').cpus().length;

if (cluster.isMaster) {
  for (let i = 0; i < numCPUs; i++) {
    console.log(`Worker ${i + 1} started`);
    cluster.fork();
  }
  cluster.on('exit', (worker, code, signal) => {
    console.log(`Worker ${worker.process.pid} died`);
  });
} else {
  // Einzelne Worker teilen sich eine TCP-Verbindung
  http
    .createServer((request, response) => {
      console.log(`Worker ${cluster.worker.id} (${process.pid}) handle request`);
      const content = 'Hallo Welt';
      response.writeHead(200, {
        'Content-Length': content.length,
        'Content-Type': 'text/plain'
      });
      response.end(content);
    })
    .listen(3000);
}
```

Listing 11.12 Webserver im Cluster-Modus

Wenn Sie das Programm aus Listing 11.12 starten und anschließend wieder einige HTTP-Anfragen an *http://localhost:3000* abschicken, sehen Sie in der Konsolenausgabe des Servers, dass die einzelnen Anfragen von verschiedenen Workern (bzw. verschiedenen Unterprozessen) abgearbeitet werden:

```
$ node start-cluster.js
Worker 1 started
Worker 2 started
Worker 3 started
Worker 4 started
```

```
Worker 1 (21189) handle request
Worker 2 (21190) handle request
Worker 4 (21192) handle request
Worker 3 (21191) handle request
Worker 1 (21189) handle request
Worker 2 (21190) handle request
Worker 4 (21192) handle request
Worker 3 (21191) handle request
Worker 1 (21189) handle request
Worker 2 (21190) handle request
Worker 4 (21192) handle request
Worker 3 (21191) handle request
Worker 1 (21189) handle request
Worker 2 (21190) handle request
Worker 4 (21192) handle request
```


11.4.2 Ausblick

Das Package »cluster« nimmt Ihnen einiges an Arbeit ab, wenn es darum geht, Anfragen bzw. Berechnungen auf verschiedene Unterprozesse zu verteilen. Insbesondere wenn Sie, wie in dem gezeigten Beispiel, einen Webserver implementieren, sollten Sie sich die zur Verfügung stehenden Prozessorkerne zunutze machen, um die Reaktionsfähigkeit des Webservers zu verbessern.

Verwandte Rezepte

- Rezept 80: Externe Anwendungen als Unterprozess ausführen
- Rezept 81: Externe Anwendungen als Stream verarbeiten
- Rezept 82: Node.js-Applikationen als Unterprozess aufrufen
- Rezept 84: Unterprozesse über einen Prozessmanager verwalten

11.5 Rezept 84: Unterprozesse über einen Prozessmanager verwalten

Sie möchten Unterprozesse über einen Prozessmanager verwalten, um bspw. beim Absturz eines Unterprozesses diesen automatisch neu zu starten.

11.5.1 Lösung

Mithilfe des im vorherigen Rezept vorgestellten »cluster«-Packages können Sie bereits ein einfaches *Load Balancing* innerhalb von Node.js realisieren. Doch was passiert, wenn einer der Worker abstürzt? Für solche Fälle sollten Sie Maßnahmen treffen. Kurzum: Prozesse sollten automatisch neu gestartet werden. Ein Tool, das Ihnen hierbei helfen kann, ist der *Prozessmanager* PM2 (*http://pm2.keymetrics.io/*).

Listing 11.13 zeigt das Beispiel aus dem vorherigen Rezept mit einer kleinen Anpassung: Sobald ein Unterprozess eine HTTP-Anfrage bearbeitet, beendet er sich über `process.exit(1)` selbst und simuliert damit einen Absturz.

```
const cluster = require('cluster');
const http = require('http');
const numCPUs = require('os').cpus().length;

if (cluster.isMaster) {
  for (let i = 0; i < numCPUs; i++) {
    console.log(`Worker ${i + 1} started`);
    cluster.fork();
  }
  cluster.on('exit', (worker, code, signal) => {
    console.log(`Worker ${worker.process.pid} died`);
  });
} else {
  // Einzelne Worker teilen sich eine TCP-Verbindung
  http
    .createServer((request, response) => {
      console.log(`Worker ${cluster.worker.id} handled request`);
      const content = 'Hallo Welt';
      response.writeHead(200, {
        'Content-Length': content.length,
        'Content-Type': 'text/plain'
      });
      response.end(content);
      // Simulierter Absturz
      process.exit(1);
    })
    .listen(3000);
}
```

Listing 11.13 Simulierter Absturz eines Workers

Rufen Sie diese Anwendung auf, und stellen Sie dann mehrere Anfragen an den Webserver, lautet die Ausgabe der Anwendung in etwa wie folgt:

```
Worker 1 started
Worker 2 started
Worker 3 started
```

```
Worker 4 started
Worker 1 handled request
Worker 91188 died
Worker 2 handled request
Worker 91189 died
Worker 4 handled request
Worker 91191 died
Worker 3 handled request
Worker 91190 died
```

Je nach Anzahl der vorhandenen Prozessorkerne wird die Applikation irgendwann komplett beendet, ohne dass einzelne Unterprozesse wieder neu gestartet werden.

Genau bei dieser Problematik hilft PM2: Es erkennt, wenn ein Unterprozess beendet wurde, und startet dann einen entsprechenden neuen Unterprozess. Dadurch ist gewährleistet, dass die entsprechende Applikation reaktionsfähig bleibt.

Installation und Verwendung

Installieren lässt sich PM2 über folgenden Befehl:

```
$ npm install pm2 -g
```

Anschließend steht Ihnen das Tool über den Befehl `pm2` zur Verfügung. Um bspw. die Anwendung (gespeichert als Datei *start.js*) von eben im Cluster-Modus mit vier Prozessorkernen zu starten, reicht folgender Befehl:

```
$ pm2 start start.js -i 4
```

Wenn Sie nun HTTP-Anfragen an den Webserver absenden und einer der Worker »abstürzt«, bemerkt PM2 diesen Absturz und startet den entsprechenden Prozess neu.

```
$ pm2 start start.js -i 4
[PM2] Starting /Users/philipackermann/workspace/nodejskochbuch/cluster/
start.js in cluster_mode (4 instances)
[PM2] Done.
```

Name	mode	status	↺	cpu	memory
start	cluster	online	0	19%	29.0 MB
start	cluster	online	0	34%	28.9 MB
start	cluster	online	0	47%	28.6 MB
start	cluster	online	0	33%	21.1 MB

```
Use pm2 show <id|name> to get more details about an app
```

Analog zu dem Starten von Applikationen steht für das Stoppen ebendieser der Befehl `pm2 stop` zur Verfügung. Als Argument übergeben Sie diesem Befehl entweder die ID, die PM2 der Applikation beim Starten vergeben hat, oder den Namen der Anwendung, bspw. `pm2 stop 0` oder `pm2 stop start.js`. Das Ausführen der Applikation wird dadurch abgebrochen, die Applikation selbst aber weiterhin von PM2 verwaltet.

Möchten Sie dagegen erreichen, dass die Applikation nicht nur gestoppt, sondern auch nicht mehr von PM2 verwaltet wird, verwenden Sie den Befehl `pm2 delete`. Um eine Anwendung neu zu starten, können Sie den Befehl `pm2 restart` verwenden. In beiden Fällen übergeben Sie als Argument wieder entweder die ID oder den Namen der neu zu startenden Applikation.

Detaillierte Informationen zu dem Status einer Applikation lassen sich über die Befehle `pm2 show` und `pm2 describe` ermitteln, eine Übersicht über den jeweiligen Status aller Applikationen über den Befehl `pm2 list`. Über den Befehl `pm2 logs` können Sie sich zudem die Logs anzeigen zu lassen. Anschließend werden die Konsolenausgaben aller mit PM2 verwalteten Applikationen (entsprechend unterschiedlich gekennzeichnet) in Echtzeit auf die Konsole ausgegeben.

Eine Übersicht über diese Befehle sowie eine Auswahl weiterer Befehle für PM2 finden Sie in folgender Tabelle.

Befehl	Beschreibung
Fork-Modus	
`pm2 start <app-name>`	Starten einer Applikation.
`pm2 start <app-name> --name <custom-name>`	Starten einer Applikation mit individuellem Namen.
`pm2 start <app-name> --watch`	Starten einer Applikation und Neustart bei Änderungen am Quelltext.
Cluster-Modus	
`pm2 start <app-name> -i 0`	Starten von Applikationen basierend auf der Anzahl der zur Verfügung stehenden CPUs.
`pm2 start <app-name> -i <number-of-instances>`	Starten einer bestimmten Menge von Instanzen einer Applikation.

Tabelle 11.2 Übersicht über wichtige PM2-Befehle

Befehl	Beschreibung
Übersicht und Monitoring	
`pm2 list`	Auflisten aller Prozesse inklusive des jeweiligen Status.
`pm2 jlist`	Wie `pm2 list`, nur dass die Ergebnisse im JSON- Format ausgegeben werden.
`pm2 prettylist`	Wie `pm2 jlist`, nur dass die Ergebnisse in formatiertem JSON ausgegeben werden.
`pm2 show <app-id>`	Zeigt alle Informationen über einen bestimmten Prozess an.
`pm2 monit`	Starten des Monitorings für alle Prozesse.
Logs	
`pm2 logs`	Ausgabe der Logs aller von PM2 verwalteten Applikationen.
`pm2 flush`	Leeren aller Logs.
Weitere Aktionen	
`pm2 stop all`	Stoppt alle Prozesse.
`pm2 restart all`	Startet alle Prozesse neu.
`pm2 reload all`	Lädt alle Prozesse neu.
`pm2 gracefulReload all`	Sendet zunächst eine »Exit«-Nachricht an die Prozesse und lädt diese erst dann neu.
`pm2 stop <app-id>`	Stoppen eines bestimmten Prozesses.
`pm2 restart <app-id>`	Starten eines bestimmten Prozesses.

Tabelle 11.2 Übersicht über wichtige PM2-Befehle (Forts.)

Befehl	Beschreibung
`pm2 delete <app-id>`	Entfernen eines bestimmten Prozesses.
`pm2 delete all`	Entfernen aller Prozesse.
Entwicklungsmodus	
`pm2-dev run <app-name>`	Starten einer Anwendung im Entwicklungsmodus.

Tabelle 11.2 Übersicht über wichtige PM2-Befehle (Forts.)

11.5.2 Ausblick

PM2 ist ein ausgereifter Prozessmanager für Node.js mit integriertem Load Balancing, der Ihnen u. a. dabei hilft, Applikationen bzw. Unterprozesse bei Abstürzen neu zu starten, und damit sicherstellt, dass eine Applikation dauerhaft erreichbar ist.

Verwandte Rezepte

- Rezept 80: Externe Anwendungen als Unterprozess ausführen
- Rezept 81: Externe Anwendungen als Stream verarbeiten
- Rezept 82: Node.js-Applikationen als Unterprozess aufrufen
- Rezept 83: Eine Node.js-Anwendung clustern

11.6 Rezept 85: Systeminformationen, CPU-Auslastung und Speicherverbrauch ermitteln

Sie möchten Systeminformationen, CPU-Auslastung und Speicherverbrauch ermitteln.

11.6.1 Lösung: Systeminformationen, CPU-Auslastung und Speicherverbrauch ermitteln mit der Standard-Node.js-API

Das Auslesen von allgemeinen Systeminformationen, der CPU-Auslastung und des Speicherverbrauchs kann aus verschiedenen Gründen notwendig sein: Beispielsweise, wenn Sie herausfinden möchten, welches Betriebssystem verwendet wird, um ausgehend davon innerhalb Ihrer Applikation bestimmte Abläufe anzustoßen oder nicht. Oder wenn Sie herausfinden möchten, wie viele Prozessorkerne zur Verfügung stehen, um auf Basis dieser Informationen für jeden Kern einen Unterprozess des aktuellen Prozesses zu erzeugen (siehe Rezept 83). Auch wenn Sie wissen möchten, wie viel Speicher insgesamt vorhanden und wie viel von diesem Speicher belegt ist, um abhängig davon innerhalb Ihrer Applikation regulieren zu können, ob eine speicherintensive Aufgabe durchgeführt oder damit bis zu einem späteren Zeitpunkt gewartet werden soll.

Die Standard-API von Node.js stellt für das Auslesen von allgemeinen Systeminformationen das Package »os« (kurz für *Operating System, https://nodejs.org/api/os.html*) zur Verfügung. Darüber können Sie, wie in Listing 11.14 gezeigt, verschiedene der genannten Informationen abrufen, bspw. die verwendete Systemarchitektur (`arch()`), die Anzahl an CPUs inklusive Detailinformationen zu jeder CPU (`cpus()`) sowie Informationen zu dem noch freien Speicher (`freemem()`). Eine vollständige Auflistung der zur Verfügung stehenden Methoden finden Sie in Tabelle 11.2.


```
const os = require('os');

console.log(os.arch());
// x64

console.log(os.cpus());
// [
//   {
//     model: 'Intel(R) Core(TM) i5-3230M CPU @ 2.60GHz',
//     speed: 2600,
//     times: { user: 1037180, nice: 0, sys: 621350, idle: 5246580, irq: 0 }
//   },
//   {
//     model: 'Intel(R) Core(TM) i5-3230M CPU @ 2.60GHz',
//     speed: 2600,
//     times: { user: 510710, nice: 0, sys: 273220, idle: 6120070, irq: 0 }
//   },
//   {
//     model: 'Intel(R) Core(TM) i5-3230M CPU @ 2.60GHz',
//     speed: 2600,
//     times: { user: 993180, nice: 0, sys: 485310, idle: 5425510, irq: 0 }
//   },
//   {
//     model: 'Intel(R) Core(TM) i5-3230M CPU @ 2.60GHz',
//     speed: 2600,
//     times: { user: 521370, nice: 0, sys: 277610, idle: 6105020, irq: 0 }
//   }
// ];
```

```
console.log(os.endianness());
// LE

console.log(os.freemem());
// 95858688

console.log(os.homedir());
// /Users/philipackermann

console.log(os.hostname());
// Philips-MBP.fritz.box

console.log(os.loadavg());
// [ 2.494140625, 2.47216796875, 2.4873046875 ]

console.log(os.platform());
// darwin

console.log(os.release());
// 15.6.0

console.log(os.tmpdir());
// /var/folders/dc/5_bbrz6j12s055j4psqwh2qc0000gn/T

console.log(os.totalmem());
// 8589934592

console.log(os.type());
// Darwin

console.log(os.uptime());
// 43420

console.log(os.userInfo());
// { uid: 501,
// gid: 20,
// username: 'philipackermann',
// homedir: '/Users/philipackermann',
// shell: '/bin/bash' }
```

Listing 11.14 Ermitteln von allgemeinen Systeminformationen

Methode	Beschreibung
`os.arch()`	Liefert Informationen zur Systemarchitektur, für welche die jeweilige Node.js-Version kompiliert wurde.
`os.cpus()`	Liefert Informationen zu jedem CPU-Kern.
`os.endianness()`	Liefert Informationen bezüglich der verwendeten Byte-Reihenfolge (*https://de.wikipedia.org/wiki/Byte-Reihenfolge*), »BE« für *Big Endian* oder »LE« für *Little Endian*.
`os.freemem()`	Liefert den freien Systemspeicher als Bytes.
`os.getPriority([pid])`	Liefert die Priorität eines Prozesses bezüglich des *Schedulings*.
`os.homedir()`	Liefert das Home-Verzeichnis des aktuellen Nutzers.
`os.hostname()`	Liefert den Hostnamen des Betriebssystems.
`os.loadavg()`	Liefert den Durchschnitt der Systemaktivität.
`os.networkInterfaces()`	Liefert Informationen bezüglich der verfügbaren Netzwerk-Interfaces.
`os.platform()`	Liefert Informationen zur Plattform des jeweiligen Betriebssystems, bspw. »linux«, »darwin« oder »win32«.
`os.release()`	Liefert Release-Informationen zum aktuellen Betriebssystem.
`os.setPriority([pid, ]priority)`	Setzt die Priorität eines Prozesses bezüglich des *Schedulings*.
`os.tmpdir()`	Liefert das standardmäßige Verzeichnis, das für temporäre Dateien verwendet wird.
`os.totalmem()`	Liefert den vollständigen Systemspeicher als Bytes.
`os.type()`	Liefert den Typ des aktuellen Betriebssystems, bspw. »Linux« für Linux-Systeme, »Darwin« für macOS und »Windows_NT« für Windows.

Tabelle 11.3 Methoden für das Ermitteln von Systeminformationen

Methode	Beschreibung
`os.uptime()`	Liefert die Betriebszeit.
`os.userInfo([options])`	Liefert Informationen zum aktuell angemeldeten Nutzer.

Tabelle 11.3 Methoden für das Ermitteln von Systeminformationen (Forts.)

Neben den Methoden im »os«-Package stellt Node.js seit Version 6.1.0 über das globale `process`-Objekt die Methoden `cpuUsage()` und `memoryUsage()` zur Verfügung, um die CPU-Auslastung und den Speicherverbrauch des jeweiligen Node.js-Prozesses zu ermitteln:

```
console.log(process.cpuUsage());
// { user: 82340, system: 14597 }

console.log(process.memoryUsage());
// {
//   rss: 21766144,
//   heapTotal: 8388608,
//   heapUsed: 4384376,
//   external: 8240
// }

// Hinzufügen von 50.000.000 zufälligen
// Zahlenwert zu Array
const randoms = [];
for (let i=0; i<50000000; i++) {
  randoms.push(Math.random());
}

console.log(process.cpuUsage());
// { user: 1283682, system: 540527 }

console.log(process.memoryUsage());
// {
//   rss: 332201984,
//   heapTotal: 412135424,
//   heapUsed: 406463600,
//   external: 8240
// }
```

Listing 11.15 Ermitteln von CPU-Auslastung und Speicherverbrauch

11.6.2 Lösung: Systeminformationen, CPU-Auslastung und Speicherverbrauch ermitteln mit »systeminformation«

Wenn Ihnen die Informationen, die Sie über das »os«-Package und das `process`-Objekt ermitteln können, nicht ausreichen, steht Ihnen mit dem Package »systeminformation« (*https://github.com/sebhildebrandt/systeminformation*) eine Alternative zur Verfügung, die Ihnen noch einiges mehr an Informationen liefert.

Beispielsweise können Sie mithilfe dieses Packages neben allgemeinen Informationen zum Betriebssystem, zur CPU und zum Speicher u. a. auch Informationen über den Akku-Ladestand, zur verwendeten Grafikkarte und dem verwendeten Dateisystem ermitteln. Die Angaben zum Betriebssystem, zur CPU und zum Speicher sind zudem um einiges detaillierter als die Informationen, die vom »os«-Package zurückgegeben werden.

Der Detailreichtum lässt sich damit begründen, dass das Package intern abhängig vom Betriebssystem über `exec()` entsprechende Standardtools als Unterprozess aufruft (siehe Rezept 80) und die Ergebnisse schön verpackt als JSON-Objekte zurückgibt.

Um das Package in Ihre Applikation einzubinden, installieren Sie es zunächst über folgenden Befehl:

```
$ npm install systeminformation
```

Anschließend können Sie es, wie in Listing 11.16 gezeigt, verwenden. Im Gegensatz zu den Methoden des »os«-Packages und des `process`-Objekts arbeiten die Methoden von »systeminformation« asynchron, wobei sowohl eine Callback-API (in Listing 11.16 nicht gezeigt) als auch eine Promise-basierte API zur Verfügung stehen.

```
const si = require('systeminformation');

(async () => {
  try {
    const system = await si.system();
    console.log(system);
    //       { manufacturer: 'Apple Inc.',
    //   model: 'MacBookPro10,2',
    //   version: '1.0',
    //   ... }
    const cpu = await si.cpu();
    console.log(cpu);
    // { manufacturer: 'Intel®',
    //   brand: 'Core™ i5-3230M',
    //   vendor: 'GenuineIntel',
    //   family: '6',
```

```
//   model: '58',
//   stepping: '9',
//   revision: '',
//   voltage: '',
//   speed: '2.60',
//   speedmin: '2.60',
//   speedmax: '2.60',
//   cores: 4,
//   cache: { l1d: 32768, l1i: 32768, l2: 262144, l3: 3145728 } }
const cpuCurrentspeed = await si.cpuCurrentspeed();
console.log(cpuCurrentspeed);
// {
//   min: 2.6,
//   max: 2.6,
//   avg: 2.6,
//   cores: [2.6, 2.6, 2.6, 2.6]
// }
const mem = await si.mem();
console.log(mem);
// {
//   total: 8589934592,
//   free: 137330688,
//   used: 8452603904,
//   active: 3061174272,
//   available: 5528760320,
//   buffcache: 5391429632,
//   swaptotal: 1073741824,
//   swapused: 214433792,
//   swapfree: 859308032
// }
const battery = await si.battery();
console.log(battery);
// {
//   hasbattery: true,
//   cyclecount: 1372,
//   ischarging: false,
//   maxcapacity: 6193,
//   currentcapacity: 437,
//   percent: 7,
//   timeremaining: 19,
//   acconnected: false,
```

```
    //   type: 'Li-ion',
    //   model: '',
    //   manufacturer: 'Apple',
    //   serial: 'D862456P0PBF955AD'
    // }
  } catch (error) {
    console.log(error);
  }
})();
```

Listing 11.16 Ermitteln von Systeminformationen, CPU-Auslastung und Speicherverbrauch

Eine vollständige Auflistung aller Systeminformationen, die sich mithilfe des Packages »systeminformation« ermitteln lassen, würde an dieser Stelle den Rahmen sprengen. Daher empfehle ich Ihnen, einen Blick auf die offizielle Online-Referenz unter *https://github.com/sebhildebrandt/systeminformation#reference* zu werfen. Dort finden Sie auch Informationen darüber, welche der jeweiligen Methoden unter welchem Betriebssystem unterstützt werden.

11.6.3 Ausblick

Sie wissen jetzt, wie Sie innerhalb einer Node.js-Applikation verschiedene Systeminformationen ermitteln können, darunter auch die CPU-Auslastung und den aktuell belegten Arbeitsspeicher. Diese Informationen können Ihnen bereits einen Hinweis auf Speicherprobleme oder CPU-Probleme geben. In den nächsten beiden Rezepten zeige ich Ihnen allerdings zwei effektivere Wege, um Speicherprobleme und CPU-Probleme identifizieren zu können.

Verwandte Rezepte

- Rezept 80: Externe Anwendungen als Unterprozess ausführen
- Rezept 83: Eine Node.js-Anwendung clustern
- Rezept 86: Speicherprobleme identifizieren
- Rezept 87: CPU-Probleme identifizieren

11.7 Rezept 86: Speicherprobleme identifizieren

Sie möchten Speicherprobleme identifizieren, indem Sie den *Heap* einer Node.js-Applikation untersuchen.

11.7.1 Lösung

Im vorherigen Rezept haben Sie bereits gesehen, dass Sie über das process-Objekt mithilfe der Methode cpuUsage() die CPU-Auslastung und mithilfe der Methode memoryUsage() die Speicherauslastung ermitteln können. Letztere liefert ein Objekt mit vier Eigenschaften: heapTotal und heapUsed beziehen sich auf den Speicherverbrauch von V8, external bezieht sich auf den Speicherverbrauch von Objekten in C, und rss (*Resident Set Size*) gibt den Speicher an, der im Hauptspeicher für den aktuellen Prozess vorgesehen ist.

Die Methode memoryUsage() gibt Ihnen allerdings nur ein grobes Indiz dafür, ob ein Speicherproblem existiert. Detaillierte Informationen darüber, was genau die Ursache für das Speicherproblem ist, liefert Ihnen diese Methode nicht. Wenn Sie detaillierte Informationen benötigen, bspw. welche Objekte sich genau auf dem Heap befinden, kommen Sie mit dieser Methode allein also nicht weiter. Abhilfe hierbei schaffen sogenannte *Heap Dumps*. Dabei handelt es sich um ein zu einem definierten Zeitpunkt erstelltes Speicherabbild einer Applikation.

Beispielapplikation

Um Ihnen zu zeigen, wie Sie einen Heap Dump erzeugen und auswerten, benötigen Sie noch eine kleine Beispielapplikation, die ein Speicherproblem verursacht. Listing 11.17 zeigt diese Beispielapplikation: Implementiert ist hier ein HTTP-Server, der (zu Demonstrationszwecken) dummerweise jede eingehende Anfrage in einem Array ablegt. Die Folge: Je mehr Anfragen an den Server gestellt werden, desto größer wird das Array und desto größer der im Heap belegte Speicherplatz.

```
const express = require('express');
const app = express();
const port = 3000;

const requestsLog = [];

app.get('/', (request, response) => {
  response.send('Hello World');
  requestsLog.push(request);
});

app.listen(port, (error) => {
  if (error) {
    console.error(error);
  } else {
    console.log(Server is listening on ${port});
```

```
  }
});
```

Listing 11.17 Webserver mit einem Speicherproblem

Lasttests ausführen

Für das Absenden mehrerer Tausend HTTP-Anfragen (und für das Durchführen von Lasttests bzw. Benchmarking-Tests von Webservern im Allgemeinen) empfehle ich Ihnen automatisierte Tools wie »JMeter« (*https://jmeter.apache.org/*) oder »autocannon« (*https://www.npmjs.com/package/autocannon*).

Letzteres steht praktischerweise als Package für Node.js zur Verfügung und kann über den Befehl `npm install -g autocannon` installiert werden. Anschließend können Sie das Tool über den Befehl `autocannon` starten. Um bspw. 500.000 Anfragen über 10 verschiedene Verbindungen an den obigen Webserver zu stellen, rufen Sie das Tool wie folgt auf:


```
$ autocannon http://localhost:3000 -a 500000 -c 10
```

Die Ausgabe von »autocannon« für diesen Befehl sehen Sie in Abbildung 11.7. Zum Vergleich zeigt Abbildung 11.8 diejenige Ausgabe, wenn aufseiten des Webservers die Zeile für das Speichern der HTTP-Anfragen auskommentiert wird (wir also in weiser Voraussicht den konstruierten Bug behoben haben). Interessant ist hierbei vor allem die Angabe unter »Latency«, also die Latenz bzw. Verzögerung, mit der jede Anfrage beantwortet wird. Im Durchschnitt liegen für die »Bug-Version« 99 % der Anfragen bei sechs Millisekunden, in der korrigierten Version dagegen 99 % bei einer Millisekunde. Und während in der korrigierten Version die Latenz maximal 10,88 Millisekunden beträgt, benötigt der Webserver in der »Bug-Version« im schlechtesten Fall 342,98 Millisekunden für die Beantwortung einer einzelnen Anfrage! Noch schlimmer: Für jede weitere Anfrage erhöht sich dieser Wert weiter, und bereits ein Test mit 550.000 Anfragen führt bei mir zu einem Absturz des Webservers.

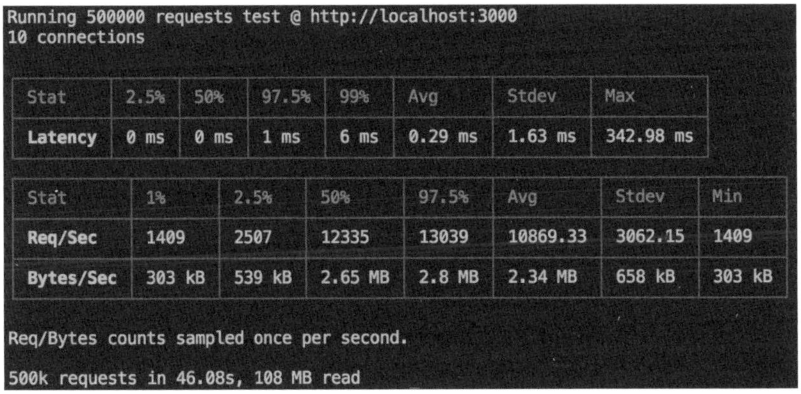

Abbildung 11.7 Ausgabe von »autocannon« bei Speichern der Requests

Running 500000 requests test @ http://localhost:3000
10 connections

Stat	2.5%	50%	97.5%	99%	Avg	Stdev	Max
Latency	0 ms	0 ms	1 ms	1 ms	0.15 ms	0.37 ms	10.88 ms

Stat	1%	2.5%	50%	97.5%	Avg	Stdev	Min
Req/Sec	2745	2745	13967	14959	13514.19	1955.59	2745
Bytes/Sec	590 kB	590 kB	3 MB	3.22 MB	2.91 MB	420 kB	590 kB

Req/Bytes counts sampled once per second.

500k requests in 37.09s, 108 MB read

Abbildung 11.8 Ausgabe von »autocannon« ohne Speichern der Requests

Auch wenn Sie für das vorliegende Beispiel bereits wissen, was die Ursache für das Speicherproblem ist, möchte ich Ihnen im Folgenden zeigen, wie Sie die Suche nach dem Speicherproblem systematisch angehen würden. Dazu zeige ich Ihnen zwei verschiedene Techniken, um einen Heap Dump, also ein Abbild des Speichers, zu erstellen.

Heap Dump ermitteln mit den Chrome Developer Tools

Die einfachste Möglichkeit, die keine Änderungen am Quelltext voraussetzt, führt über die Chrome Developer Tools. Starten Sie dazu die obige Server-Anwendung unter Angabe des Parameters `--inspect` im Debug-Modus:

```
$ node --inspect server.js
Debugger listening on ws://127.0.0.1:9229/e494c164-520a-439f-8fca-0634744cae57
For help, see: https://nodejs.org/en/docs/inspector
Server is listening on 3000
```

Rufen Sie anschließend im Chrome Browser die URL *chrome://inspect/#devices* auf, und wählen Sie unter dem Abschnitt REMOTE TARGET die Anwendung über INSPECT aus. In dem sich nun öffnenden Fenster können Sie über den Button TAKE SNAPSHOT einen Heap Dump erstellen (Abbildung 11.9).

Wenn Sie den Heap Dump direkt nach Starten des Webservers erstellen, sollte dies nur wenige Sekunden dauern und der Heap Dump nicht größer als 5 MB sein (Abbildung 11.10).

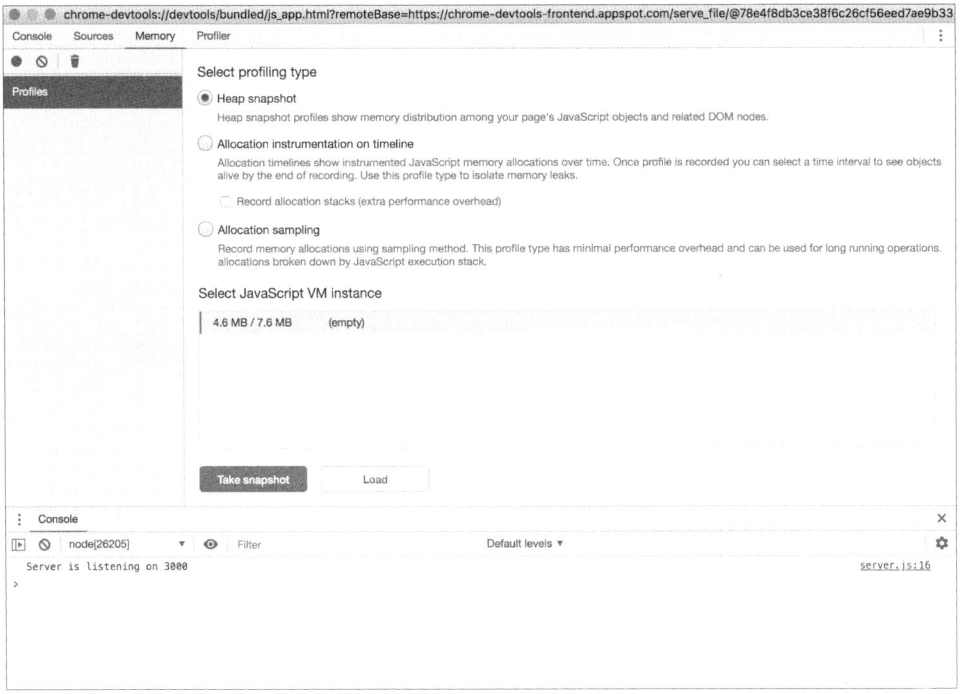

Abbildung 11.9 Erstellen eines Heap Dumps mit den Chrome Developer Tools

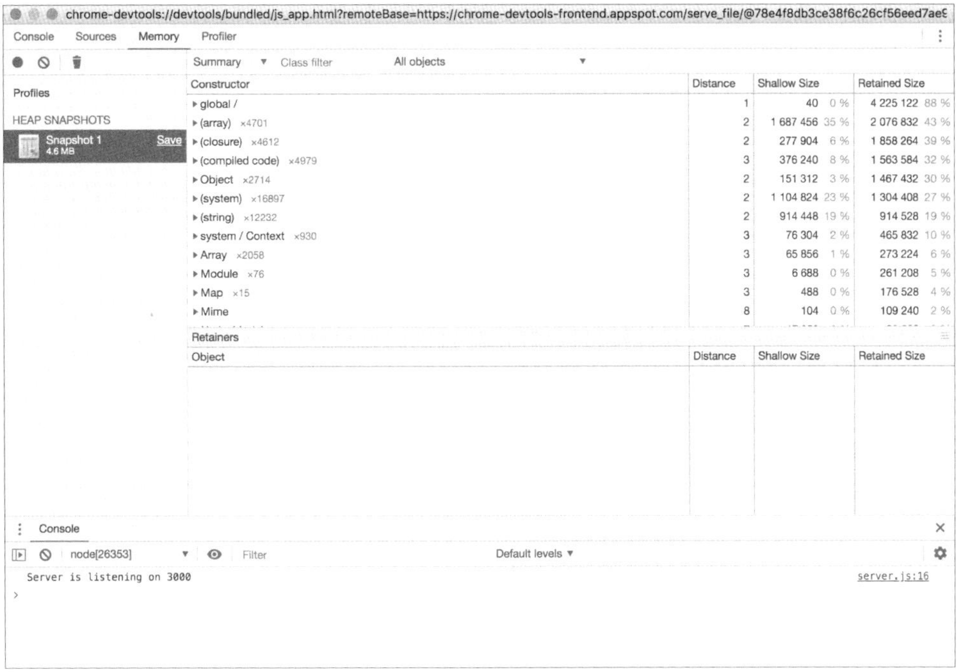

Abbildung 11.10 Heap Dump für die Ausgangssituation

Führen Sie nun »autocannon« aus, allerdings nur mit 100.000 Anfragen (da der Webserver im Debug-Modus gestartet ist, würde er für die Bearbeitung von 500.000 Anfragen viel zu lange benötigen – wenn er es denn überhaupt schaffen würde).

```
$ autocannon http://localhost:3000 -a 100000 -c 10
```

Erstellen Sie anschließend einen zweiten Heap Dump. Gehen Sie dazu wieder auf den Eintrag PROFILES, und klicken Sie erneut auf den Button TAKE SNAPSHOT. Das Erstellen des Heap Dumps sollte dieses Mal wesentlich länger dauern, und die Größe des Heap Dumps sollte ungefähr bei 376 MB liegen (Abbildung 11.11).

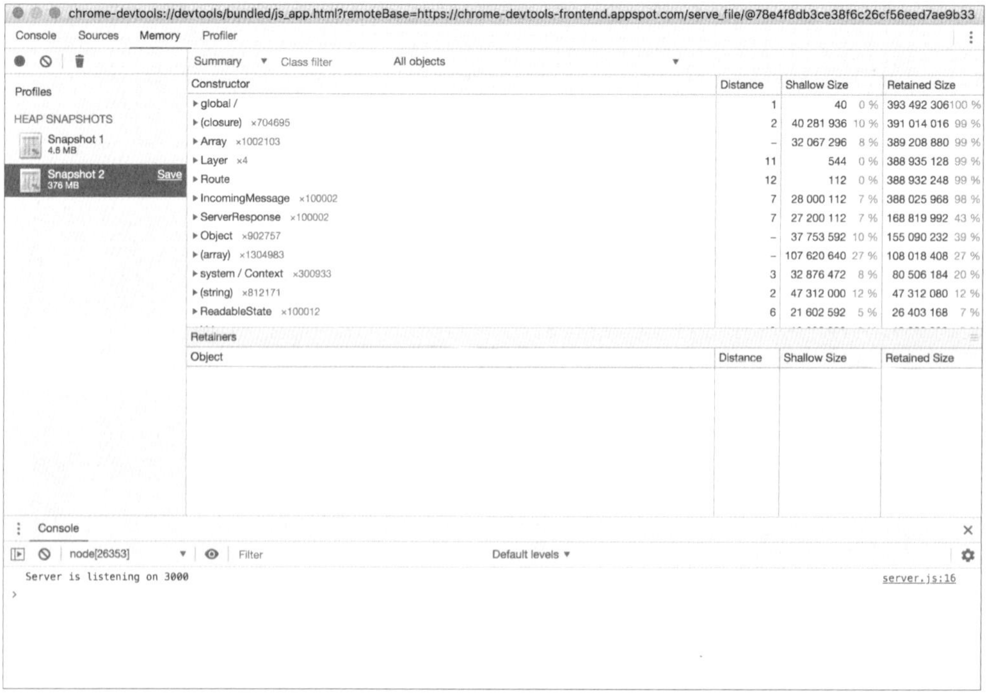

Abbildung 11.11 Heap Dump nach 100.000 Anfragen an den Webserver

Bereits jetzt können Sie anhand der prozentuellen Speicherbelegung eingrenzen, wo das Speicherproblem liegt (27 % des Speichers sind, wie in Abbildung 11.11 zu sehen, durch das Array mit den gespeicherten HTTP-Anfragen belegt). Noch einfacher ist es aber, wenn Sie den zweiten Heap Dump mit dem ersten vergleichen. Dazu wechseln Sie in der Ansicht weiter oben in dem Drop-down-Menü von SUMMARY auf COMPARISON und wählen anschließend rechts daneben den zuerst erstellten Heap Dump aus (Abbildung 11.12).

Wie Sie in dieser Vergleichsansicht sehen können, sind zwischen dem ersten und dem zweiten Heap Dump exakt 100.000 Objekte vom Typ `IncomingMessage` hinzugekommen, also derjenigen Objekte, die eine eingehende HTTP-Anfrage repräsentieren (siehe *https://nodejs.org/api/http.html#http_class_http_incomingmessage*). Mithilfe dieser Information können Sie nun relativ einfach eingrenzen, wo das Speicherproblem liegt.

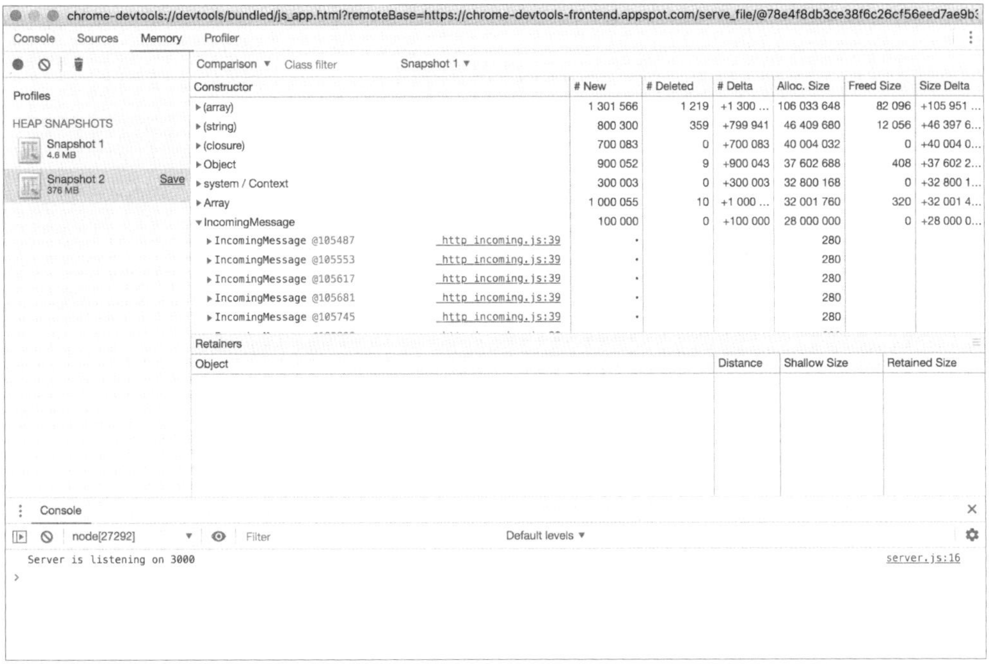

Abbildung 11.12 Vergleich zweier Heap Dumps und Eingrenzen des Speicherproblems

Heap Dump ermitteln über das Package »heapdump«

Alternativ zu der im vorherigen Abschnitt gezeigten Technik können Sie einen Heap Dump auch programmatisch direkt innerhalb einer Node.js-Applikation erstellen. Dies bietet sich bspw. dann an, wenn Sie keinen direkten Zugriff auf die Applikation haben bzw. diese nicht für das Remote-Debugging über die Chrome Developer Tools gestartet wurde.

Ein Package, das für diesen Zweck zur Verfügung steht, ist das Package »heapdump« (*https://www.npmjs.com/package/heapdump*), das Sie wie folgt installieren können:

```
$ npm install heapdump
```

Für das Erstellen eines Heap Dumps stellt das Package die Methode `writeSnapshot()` zur Verfügung. Wie Sie diese Methode verwenden, sehen Sie in dem entsprechend angepassten Code für den Webserver in Listing 11.18. Damit das Erstellen des Heap Dumps von außen gesteuert werden kann, ist der Aufruf von `writeSnapshot()` hier zusätzlich in eine eigene Route (»/heapdump«) eingebettet, die über eine gewöhnliche GET-Anfrage aufgerufen werden kann.

```
const heapdump = require('heapdump');
const express = require('express');
const app = express();
const port = 3000;

const requestsLog = [];

app.get('/', (request, response) => {
  response.send('Hello World');
  requestsLog.push(request);
});

app.get('/heapdump', (request, response) => {
  response.send('Writing heapdump');
  heapdump.writeSnapshot((error, filename) => {
    console.log(`Heap dump written to ${filename}`);
  });
});

app.listen(port, (error) => {
  if (error) {
    console.error(error);
  } else {
    console.log(`Server is listening on ${port}`);
  }
});
```

Listing 11.18 Webserver mit zusätzlicher Route zum Erstellen eines Heap Dumps

Wenn Sie die entsprechende Route aufrufen, speichert »heapdump« den Heap Dump unter einer Datei mit der Endung *heapsnapshot*, deren Namen mit »heapdump« beginnt, bspw. *heapdump-95722040.377381.heapsnapshot*. Um diese Datei sinnvoll auszuwerten, benötigen Sie allerdings ein entsprechendes Hilfsprogramm.

Praktischerweise erlauben es die Chrome Developer Tools über die MEMORY-Ansicht ebenfalls, externe Snapshot-Dateien zu laden. Dazu müssen Sie die Anwendung selbst nicht im Debug-Modus starten, sondern lediglich in einem beliebigen Browser-Fenster die Chrome Developer Tools öffnen und die MEMORY-Ansicht auswählen. Klicken Sie dann mit der rechten Maustaste links auf den Eintrag PROFILES, und wählen Sie die Datei aus (Abbildung 11.13). Anschließend können Sie den Heap, wie im vorherigen Abschnitt gezeigt, untersuchen.

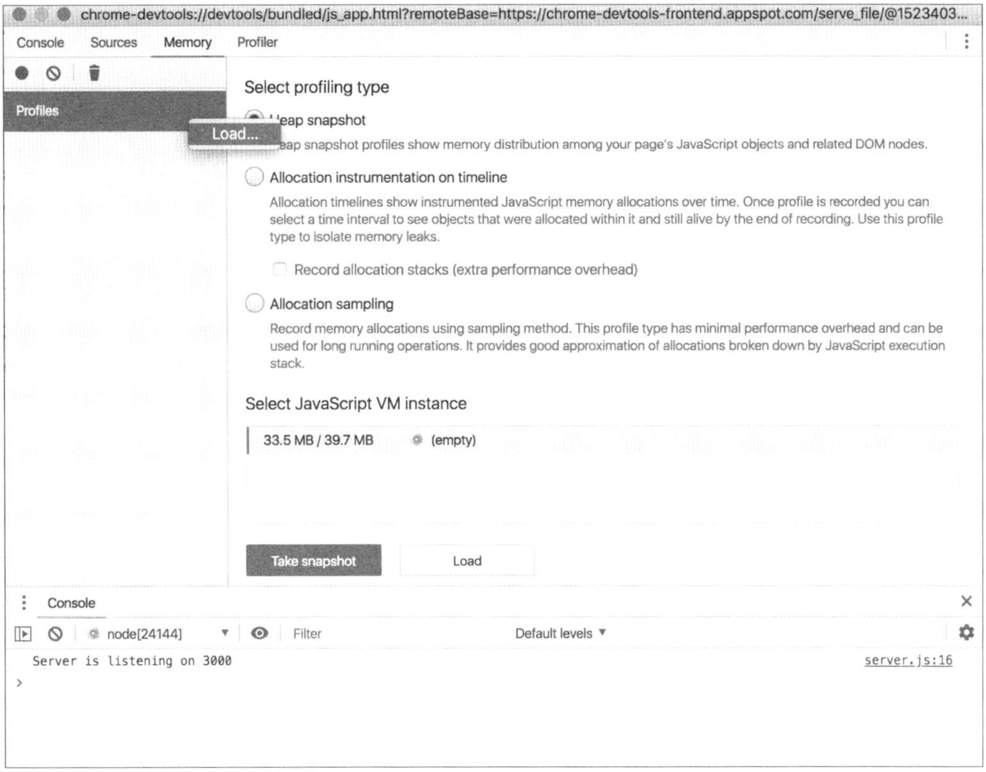

Abbildung 11.13 Laden einer externen Heap-Dump-Datei in den Chrome Developer Tools

11.7.2 Ausblick

Sie wissen jetzt, wie Sie mithilfe von Heap Dumps Speicherprobleme in einer Node.js-Applikation identifizieren können. Die Chrome Developer Tools stellen Ihnen dabei eine hilfreiche Oberfläche zur Verfügung, um Heap Dumps zu generieren, zu inspizieren und miteinander zu vergleichen. Im nächsten Rezept zeige ich Ihnen, wie Sie CPU-Probleme identifizieren.

Verwandte Rezepte

- Rezept 19: Applikationen mit Chrome Developer Tools debuggen
- Rezept 85: Systeminformationen, CPU-Auslastung und Speicherverbrauch ermitteln
- Rezept 70: Über AMQP auf RabbitMQ zugreifen

11.8 Rezept 87: CPU-Probleme identifizieren

Sie möchten CPU-Probleme identifizieren, indem Sie mit einem *Profiler* den *Stack* einer Node.js-Applikation untersuchen.

11.8.1 Lösung

Node.js verfügt über einen eigenen *Profiler*, mit dessen Hilfe sich messen lässt, wie viel Zeit für das Ausführen einzelner Funktionen benötigt wird bzw. genauer wie viele *CPU-Ticks* für das Ausführen einer Funktion benötigt werden. Dazu erstellt der Profiler in regelmäßigen Abständen ein Abbild des *Stacks*, sammelt die Ergebnisse und generiert einen Bericht, der die Funktionen anhand der Ausführungszeit sortiert.

Beispielapplikation

Bevor ich Ihnen zeige, wie Sie den Profiler von Node.js verwenden und wie Sie die erstellten Berichte in eine lesbare Form bringen, benötigen Sie noch ein Negativbeispiel, das ein potenzielles CPU-Problem verursacht.

Den Code für dieses Beispiel sehen Sie in Listing 11.19. Gezeigt ist hier ein in »Express« geschriebener Webserver, der zwei Routen definiert: Über den Endpoint *http://localhost:3000/register* lassen sich Nutzer erstellen (wobei der Einfachheit halber nur Nutzername und Passwort zu übergeben sind), und über den Endpoint *http://localhost:3000/auth* lässt sich – ebenfalls unter Angabe des Nutzernamens und des Passwortes – eine einfache Authentifizierung vornehmen.

Das Entscheidende an diesem Beispiel (das *Bottleneck* sozusagen) ist aber die Verwendung der Methode `pbkdf2Sync()` aus dem »crypto«-Modul der Standard-Node.js-API. Diese Methode implementiert die *Passwort-Based Key Derivation Function 2* (*https://de.wikipedia.org/wiki/PBKDF2*) und wird häufig – zumindest in der synchronen Variante unter Node.js – zur Veranschaulichung von Performanceproblemen herangezogen, weil sie – im Gegensatz zu der asynchronen Variante – nicht sonderlich schnell arbeitet bzw. relativ lange die weitere Programmausführung blockiert. Dies wird insbesondere dann deutlich, wenn die Methode häufig hintereinander aufgerufen wird, was Sie gleich provozieren, indem Sie viele Anfragen an den Webserver stellen.

Hinweis

Das Beispiel ist natürlich wieder etwas konstruiert. In einer realen Applikation würden Sie vermutlich keinen eigenen Authentifizierungsmechanismus implementieren, sondern eher auf ein Framework wie »Passport.js« zurückgreifen (siehe Rezept 59).

```
const crypto = require('crypto');
const express = require('express');
const bodyParser = require('body-parser');
const app = express();
const port = 3000;

const users = new Map();

app.use(bodyParser.json());

app.post('/register', (request, response) => {
  const { username, password } = request.body;
  const salt = crypto.randomBytes(128).toString('base64');
  const hash = crypto.pbkdf2Sync(password, salt, 10000, 512, 'sha512');
  users.set(username, {
    salt,
    hash
  });
  response.sendStatus(200);
});

app.post('/auth', (request, response) => {
  const { username, password } = request.body;
  const { salt, hash } = users.get(username);
  const encryptHash = crypto.pbkdf2Sync(password, salt, 10000, 512, 'sha512');
  if (crypto.timingSafeEqual(hash, encryptHash)) {
    response.sendStatus(200);
  } else {
    response.sendStatus(401);
  }
});

app.listen(port, (error) => {
  if (error) {
    console.error(error);
  } else {
    console.log(`Server is listening on ${port}`);
  }
});
```

Listing 11.19 Webserver mit einem CPU-Problem

Die Applikation starten Sie nun wie gewohnt über folgenden Befehl:

```
$ node server.js
```

Mithilfe von HTTPie können Sie wie folgt über den Endpoint *http://localhost:3000/register* einen neuen Nutzer anlegen und über den Endpoint *http://localhost:3000/auth* die Authentifizierung anstoßen. Die Antwort sollte in beiden Fällen – vorausgesetzt es wurden korrekte Credentials übergeben – ein »OK« vom Webserver sein.

```
$ http POST http://localhost:3000/register \
  username=maxmustermann \
  password=12345
HTTP/1.1 200 OK
Connection: keep-alive
Content-Length: 2
Content-Type: text/plain; charset=utf-8
Date: Tue, 25 Jun 2019 14:28:03 GMT
ETag: W/"2-nOO9QiTIwXgNtWtBJezz8kv3SLc"
X-Powered-By: Express
OK
$ http POST http://localhost:3000/auth \
  username=maxmustermann \
  password=12345
HTTP/1.1 200 OK
Connection: keep-alive
Content-Length: 2
Content-Type: text/plain; charset=utf-8
Date: Tue, 25 Jun 2019 14:28:40 GMT
ETag: W/"2-nOO9QiTIwXgNtWtBJezz8kv3SLc"
X-Powered-By: Express
OK
```

Lasttests ausführen

Um den Webserver jetzt unter Last zu setzen, verwenden Sie das aus dem vorherigen Rezept bekannte Tool »autocannon«. Folgender Befehl bspw. simuliert 500 POST-Anfragen an den Endpoint *http://localhost:3000/auth*, wobei Nutzername und Passwort als Body übergeben werden:

```
$ autocannon http://localhost:3000/auth \
  -m POST \
  -H Content-Type="application/json" \
  -b '{"username":"maxmustermann", "password":"12345"}' \
  -a 500
```

Die Ausgabe dieses Befehls zeigt Abbildung 11.14. Wie Sie ganz unten in der Abbildung sehen können, benötigt der Webserver für die Bearbeitung der 500 Anfragen ungefähr 32 Sekunden (32.1s), was im Schnitt etwas mehr als 15 Anfragen pro Sekunden entspricht (15.63 in der Spalte AVG).

Das könnte schneller sein, und im Folgenden zeige ich Ihnen, wie Sie das Problem systematisch eingrenzen können.

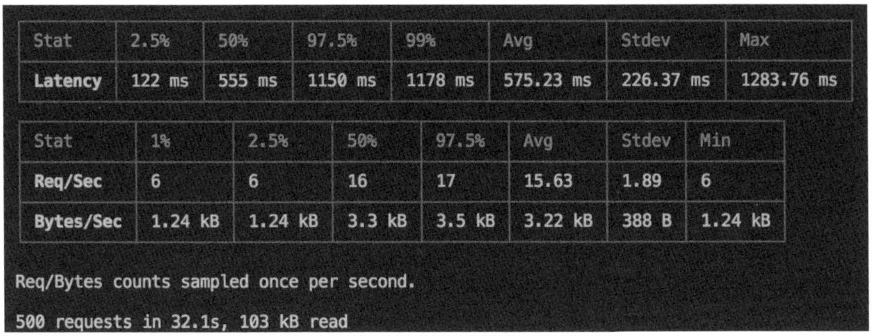

Stat	2.5%	50%	97.5%	99%	Avg	Stdev	Max
Latency	122 ms	555 ms	1150 ms	1178 ms	575.23 ms	226.37 ms	1283.76 ms

Stat	1%	2.5%	50%	97.5%	Avg	Stdev	Min
Req/Sec	6	6	16	17	15.63	1.89	6
Bytes/Sec	1.24 kB	1.24 kB	3.3 kB	3.5 kB	3.22 kB	388 B	1.24 kB

Req/Bytes counts sampled once per second.

500 requests in 32.1s, 103 kB read

Abbildung 11.14 Ausgabe von »autocannon«

CPU-Probleme identifizieren

Node.js stellt, wie eingangs erwähnt, einen eigenen Profiler zur Verfügung, der intern detaillierte Informationen zu der Laufzeit von Funktionen etc. sammelt und diese in Form eines Berichts speichert. Um den Profiler zu aktivieren, muss beim Starten der entsprechenden Applikation der Parameter `--prof` mit angegeben werden. Stoppen Sie also den Webserver, und starten Sie ihn wie folgt erneut:

```
$ node --prof server.js
```

Erzeugen Sie nun wieder über folgenden Befehl einen Nutzer:

```
$ http POST http://localhost:3000/register \
  username=maxmustermann \
  password=12345
```

Und führen Sie anschließend erneut den Lasttest mit »autocannon« aus:

```
$ autocannon http://localhost:3000/auth \
  -m POST \
  -H Content-Type="application/json" \
  -b '{"username":"maxmustermann", "password":"12345"}' \
  -a 500
```

Node.js erstellt daraufhin eine Datei mit der Endung *.log*, deren Name mit »isolate« beginnt, bspw. *isolate-0x103801000-95074-v8.log*. Um die darin enthaltenen Informationen jedoch sinnvoll interpretieren zu können, müssen Sie zunächst den *Profiling Processor* von Node.js verwenden, der über den Parameter `--prof-process` gestartet werden kann. Folgender Befehl bspw. leitet die Ausgabe des Profiling Processors direkt in eine Datei *processed.txt* um, die Sie anschließend in jedem beliebigen Texteditor öffnen können:

```
$ node --prof-process isolate-0x103801000-95074-v8.log > processed.txt
```

Interessant ist in dieser Textdatei zunächst der Bereich »Summary« (Listing 11.20). Wie Sie hier sehen können, spielt sich der Großteil der CPU-Ticks, nämlich 99,9 % innerhalb des C++-Codes, also innerhalb nativer Module ab. Um dem Performanceproblem auf die Spur zu kommen, lohnt es sich daher, einen genaueren Blick auf diese Code-Stellen zu werfen.

```
[Summary]:
   ticks  total  nonlib   name
      2    0.0%    0.0%  JavaScript
  25371   99.9%   99.9%  C++
     31    0.1%    0.1%  GC
      4    0.0%          Shared libraries
     11    0.0%          Unaccounted
```

Listing 11.20 Profiling-Datei Zusammenfassung

Suchen Sie also innerhalb der Datei nach dem mit der Kennzeichnung »[C++]« markierten Bereich (wenn das Problem innerhalb des JavaScript-Codes liegen würde, könnten Sie entsprechende Detailinformationen übrigens in dem mit der Kennzeichnung »[JavaScript]« markierten Bereich finden).

Einen Ausschnitt für diesen Bereich sehen Sie in Listing 11.21. Innerhalb dieses Bereichs sind die nativen Methoden nach der Anzahl der CPU-Ticks sortiert aufgelistet Was hierbei wiederum sofort ins Auge fällt, ist, dass der Großteil der CPU-Ticks beim Ausführen der Methode `node::crypto::PBKDF2()` gemessen wurde.

```
[C++]:
   ticks  total  nonlib   name
  24817   97.8%   97.8%  T node::crypto::PBKDF2(v8::FunctionCallbackInfo<v8::
                           Value> const&)
    310    1.2%    1.2%  T __ZN2v88internal21Builtin_MakeTypeErrorEiPmPNS0_7
                           IsolateE
     41    0.2%    0.2%  T node::native_module::NativeModuleEnv::Compile
                           Function(v8::FunctionCallbackInfo<v8::Value> const&)
     30    0.1%    0.1%  t node::fs::Read(v8::FunctionCallbackInfo<v8::
                           Value> const&)
```

```
   30    0.1%    0.1% t node::fs::InternalModuleReadJSON(v8::FunctionCall
                        backInfo<v8::Value> const&)
```

Listing 11.21 C++-Bereich der Profiling-Datei (gekürzt und formatiert)

Sie ahnen natürlich schon, dass diese native Methode von der JavaScript-Methode `pbkdf2Sync()` aufgerufen wird. Um dies aber weiter verifizieren zu können und vor allem um herauszufinden, durch welche Methoden diese native Methode aufgerufen wird, suchen Sie nach dem Eintrag »[Bottom up (heavy) profile]«.

Listing 11.22 zeigt einen Ausschnitt für diesen Bereich. Die Methoden sind hier – zusammen mit dem jeweiligen *Call-Stack*, dem *Methodenaufruf-Stack* – nach der Anzahl der CPU-Ticks sortiert aufgelistet. Anhand dieser Information lässt sich schnell ermitteln, dass die native Methode `node::crypto::PBKDF2()` tatsächlich von der JavaScript-Methode `pbkdf2Sync()` aufgerufen wird und diese wiederum von unserem Webserver (*server.js*).

11

Damit haben Sie das CPU-Problem gefunden und können sich nun an die Behebung machen.

```
[Bottom up (heavy) profile]:
  Note: percentage shows a share of a particular caller in the total
  amount of its parent calls.
  Callers occupying less than 1.0% are not shown.

   ticks parent  name
  24817 97.8%
    T node::crypto::PBKDF2(v8::FunctionCallbackInfo<v8::Value> const&)
  24817 100.0%
      T __ZN2v88internal21Builtin_HandleApiCallEiPmPNS0_7IsolateE
  24817 100.0%
        LazyCompile: ~handleError internal/crypto/pbkdf2.js:74:21
  24817 100.0%
          LazyCompile: ~pbkdf2Sync internal/crypto/pbkdf2.js:44:20
  24762 99.8%
            LazyCompile: ~<anonymous>
    /Users/cleancoderocker/nodejskochbuch/cpu/src/server.js:22:19
  24762 100.0%
              LazyCompile: ~handle
    /Users/cleancoderocker/nodejskochbuch/cpu/.../express/.../layer.js:86:49

    310    1.2%
  T __ZN2v88internal21Builtin_MakeTypeErrorEiPmPNS0_7IsolateE
```

```
    85   27.4%
   T __ZN2v88internal21Builtin_MakeTypeErrorEiPmPNS0_7IsolateE
```

Listing 11.22 Profiling-Datei (gekürzt und formatiert)

CPU-Probleme beheben

In dem vorliegenden Szenario kann das CPU-Problem relativ einfach behoben werden, indem Sie – wie in folgendem Listing gezeigt – anstatt der synchronen Variante `pbkdf2Sync()` einfach die asynchrone Variante `pbkdf2()` verwenden.

```
const crypto = require('crypto');
const express = require('express');
const bodyParser = require('body-parser');
const app = express();
const port = 3000;

const users = new Map();

app.use(bodyParser.json());

app.post('/register', (request, response) => {
  const { username, password } = request.body;
  const salt = crypto.randomBytes(128).toString('base64');
  const hash = crypto.pbkdf2Sync(password, salt, 10000, 512, 'sha512');
  users.set(username, {
    salt,
    hash
  });
  response.sendStatus(200);
});

app.post('/auth', (request, response) => {
  const { username, password } = request.body;
  const { salt, hash } = users.get(username);
  crypto.pbkdf2(password, salt, 10000, 512, 'sha512', (error, encryptHash)
    => {
    if (crypto.timingSafeEqual(hash, encryptHash)) {
      response.sendStatus(200);
    } else {
      response.sendStatus(401);
    }
  });
});
```

```
app.listen(port, (error) => {
  if (error) {
    console.error(error);
  } else {
    console.log(`Server is listening on ${port}`);
  }
});
```

Listing 11.23 Die asynchrone Variante behebt das CPU-Problem.

Starten Sie die Applikation nun erneut, und rufen Sie anschließend wieder folgende Befehle auf, um einen Nutzer anzulegen und den Lasttest mithilfe von »autocannon« zu starten:


```
$ http POST http://localhost:3000/register username=maxmustermann password=
12345
$ autocannon http://localhost:3000/auth \
  -m POST \
  -H Content-Type="application/json" \
  -b '{"username":"maxmustermann", "password":"12345"}' \
  -a 500 \
  -c 10
```

In der Ausgabe von »autocannon« (Abbildung 11.15) können Sie nun sehen, dass die Bearbeitung der 500 HTTP-Anfragen ungefähr doppelt so schnell vonstattengeht wie zuvor.

Die 500 Anfragen werden nun in 17 Sekunden abgearbeitet (gegenüber vorher 32 Sekunden), was im Schnitt 29 Anfragen pro Sekunde entspricht (gegenüber vorher ungefähr 15 Anfragen).

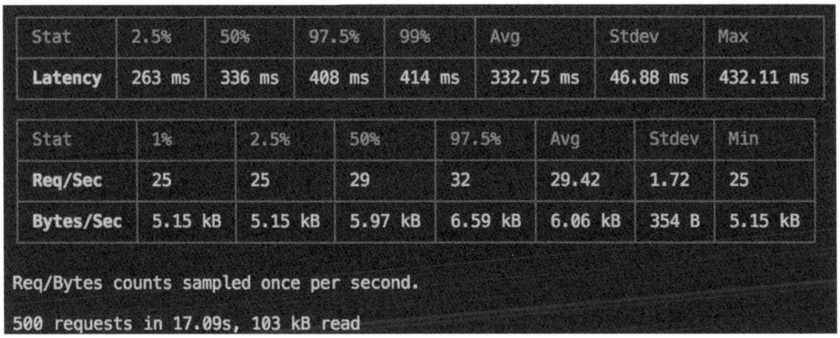

Stat	2.5%	50%	97.5%	99%	Avg	Stdev	Max
Latency	263 ms	336 ms	408 ms	414 ms	332.75 ms	46.88 ms	432.11 ms

Stat	1%	2.5%	50%	97.5%	Avg	Stdev	Min
Req/Sec	25	25	29	32	29.42	1.72	25
Bytes/Sec	5.15 kB	5.15 kB	5.97 kB	6.59 kB	6.06 kB	354 B	5.15 kB

Req/Bytes counts sampled once per second.

500 requests in 17.09s, 103 kB read

Abbildung 11.15 Ausgabe von »autocannon«

Hinweis

Mit den in Rezept 82 und Rezept 83 gezeigten Techniken können Sie die Performance des Webservers noch weiter optimieren, indem Sie die Last auf verschiedene Prozessorkerne verteilen.

11.8.2 Ausblick

In diesem Rezept haben Sie gesehen, wie sich mithilfe des Profilers von Node.js CPU-Probleme bzw. Bottlenecks in einer Node.js-Applikation identifizieren lassen. Mit dem Wissen aus diesem und den vorherigen Rezepten sind Sie nun bestens dafür gerüstet, Performanceprobleme von Node.js-Applikationen systematisch eingrenzen und beheben zu können. In den folgenden beiden Rezepten werden wir uns dem Thema »Sicherheit« zuwenden: Hier werde ich Ihnen zeigen, wie Sie Schwachstellen von Abhängigkeiten identifizieren und JavaScript-Code dynamisch (und sicher!) laden und ausführen.

Verwandte Rezepte

- Rezept 19: Applikationen mit Chrome Developer Tools debuggen
- Rezept 82: Node.js-Applikationen als Unterprozess aufrufen
- Rezept 83: Eine Node.js-Anwendung clustern
- Rezept 85: Systeminformationen, CPU-Auslastung und Speicherverbrauch ermitteln
- Rezept 86: Speicherprobleme identifizieren

11.9 Rezept 88: Schwachstellen von verwendeten Abhängigkeiten erkennen

Sie möchten überprüfen, ob die in einem Node.js-Projekt verwendeten Abhängigkeiten Schwachstellen aufweisen.

11.9.1 Lösung: Schwachstellen erkennen mit npm

Wenn Sie mit Node.js arbeiten, werden Sie schnell merken, dass sich in relativ kurzer Zeit vieles an Abhängigkeiten in Ihrem Projekt ansammelt. So kann es sein, dass sich bereits nach wenigen Minuten über 100 Packages im *node_modules*-Ordner befinden. In Rezept 13 haben Sie bereits gesehen, dass es ratsam ist, automatisierte Tools zu verwenden, um die *Lizenzen von Abhängigkeiten* zu ermitteln. Gleiches gilt für *Schwachstellen* bzw. *Sicherheitslücken*: Auch hier bietet es sich an, automatisierte Tools einzusetzen.

Seit Version 6 von npm haben Sie die Möglichkeit, direkt über den `npm`-Befehl Schwachstellen von Abhängigkeiten zu erkennen. Wie Sie eventuell schon in einigen Rezepten in diesem Buch bei der Installation von bestimmten Packages bemerkt haben, erhalten Sie seit npm 6 bereits während der Installation einen entsprechenden Hinweis für Packages mit bekannten Schwachstellen.

Installieren Sie bspw. die Version 4.5 von »express«, liefert Ihnen npm einen Hinweis über insgesamt 24 Schwachstellen, inklusive einer Angabe darüber, wie viele Schwachstellen davon vernachlässigbar (»low«), wie viele moderat (»moderate«) und wie viele schwerwiegend (»high«) sind.


```
$ npm install express@4.5
npm notice created a lockfile as package-lock.json. You should commit this file.
npm WARN app@1.0.0 No description
npm WARN app@1.0.0 No repository field.

+ express@4.5.1
added 33 packages from 22 contributors in 3.365s
[!] 24 vulnerabilities found [54 packages audited]
    Severity: 9 low | 9 moderate | 6 high
    Run npm audit for more detail
```

Hinweis

Wenn Sie diese automatische Überprüfung während der Installation unterdrücken möchten, können Sie dies übrigens durch Angabe des Parameters `--no-audit`:

```
$ npm install express@4.5 --no-audit
```

Wenn Sie die Überprüfung dagegen global abschalten möchten, müssen Sie die npm-Konfiguration `audit` auf `false` setzen:

```
$ npm set audit false
```

Detailinformationen zu den gefundenen Schwachstellen können Sie sich zusätzlich über den Befehl `npm audit` ausgeben lassen:

```
$ npm audit

# ... (siehe Screenshot)
```

```
found 24 vulnerabilities (9 low, 9 moderate, 6 high) in 54 scanned packages
  run npm audit fix to fix 24 of them.
```

Listing 11.24 Ausgabe der bekannten Schwachstellen (Ausschnitt)

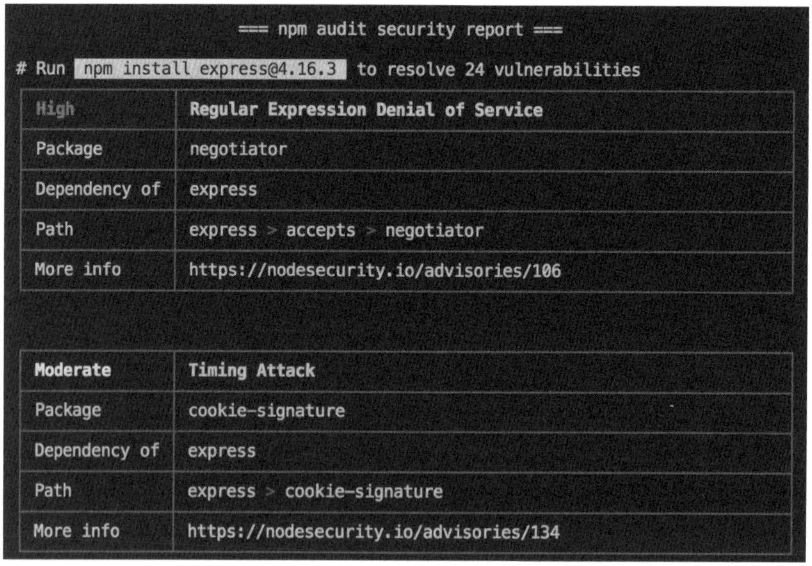

Abbildung 11.16 Ausgabe des Befehls »npm audit«

Als Ergebnis erhalten Sie einen Report, der bekannte Schwachstellen auflistet und dazu jeweils folgende Informationen liefert:

- das betroffene Package (im Beispiel »negotiator«)
- das Package, das Sie direkt eingebunden haben und welches das betroffene Package als direkte oder indirekte Abhängigkeit hat (im Beispiel »express«)
- den genauen Pfad vom eingebundenen Package zu dem betroffenen Package (im Beispiel »express > accepts > negotiator«)
- einen Link für weitergehende Informationen über die Schwachstelle sowie Maßnahmen, um die Schwachstelle zu beseitigen (im Beispiel *https://nodesecurity.io/advisories/106*, Abbildung 11.17)

Tipp

Über den Befehl `npm audit --json` können Sie sich den Report auch im JSON-Format ausgeben lassen, das sich besonders gut für die automatische Weiterverarbeitung eignet.

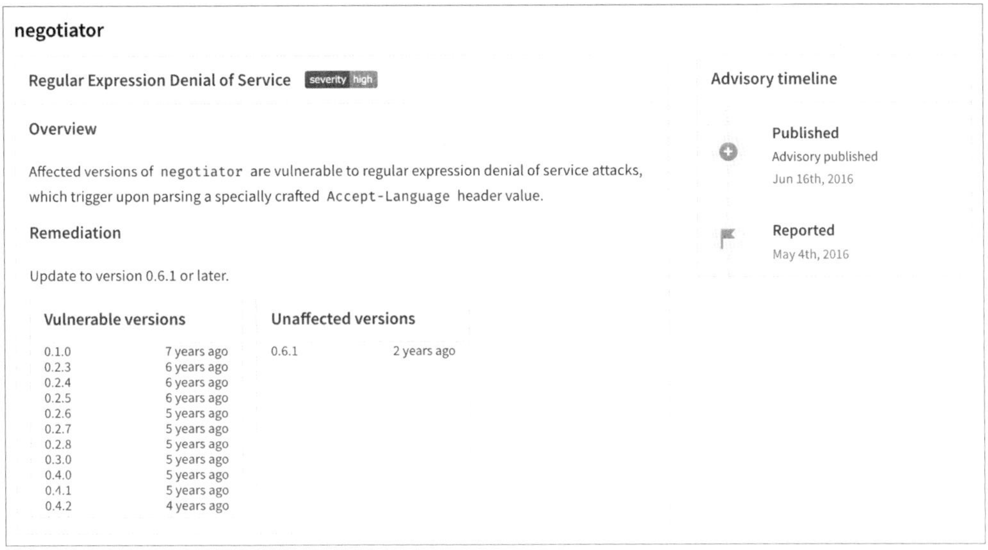

Abbildung 11.17 Unter nodesecurity.io finden Sie detaillierte Informationen zu bekannten Schwachstellen.

11.9.2 Lösung: Schwachstellen automatisch beheben mit npm

Als weiteren Unterbefehl von `npm audit` können Sie über den Befehl `npm audit fix` npm direkt dazu veranlassen – soweit möglich –, die Schwachstellen durch ein Versions-Update der eingebundenen Packages zu beheben (dabei werden die Updates nur bis zu der Version vorgenommen, wie sie durch die in der *package.json*-Datei definierten semantischen Versionsnummern möglich sind):

```
$ npm audit fix
npm WARN examples@1.0.0 No description
npm WARN examples@1.0.0 No repository field.
+ express@4.16.3
added 22 packages from 25 contributors, removed 5 packages and updated
28 packages in 2.989s
fixed 24 of 24 vulnerabilities in 54 scanned packages
```

11.9.3 Lösung: Schwachstellen erkennen mit Third-Party-Tools

Die ehemalige *Node Security Platform* (*https://nodesecurity.io/*), auch bekannt als *NSP*, wurde im April 2018 von npm, Inc., der Firma hinter npm, gekauft und bildet seitdem die Grundlage für das mit npm 6 eingeführte `npm audit`. Mehr nachzulesen dazu ist unter *https://medium.com/npm-inc/npm-acquires-lift-security-258e257ef639*.

Für den Fall, dass Sie eine ältere Version verwenden (oder verwenden müssen), können Sie auf verschiedene andere Tools zurückgreifen, bspw. »Snyk« (*https://snyk.io*) oder »Retire.js« (*http://retirejs.github.io/retire.js/*), die ich Ihnen in den nächsten beiden Abschnitten kurz vorstellen möchte.

11.9.4 Lösung: Schwachstellen erkennen mit »Snyk«

»Snyk« (*https://snyk.io*) ist eine Open-Source-Plattform für die Erkennung von Schwachstellen in Quelltext und unterstützt u. a. Java, Python, Ruby und Node.js. Das Package ist für Open-Source-Projekte kostenlos (für kommerzielle Projekte gibt es verschiedene Preismodelle, siehe *https://snyk.io/plans*) und lässt sich relativ einfach mit GitHub-Repositories verbinden.

Installation und Verwendung

»Snyk« stellt sowohl eine Weboberfläche zur Verfügung als auch ein Kommandozeilenwerkzeug, das Sie mithilfe von npm wie folgt installieren:

```
$ npm install -g snyk
```

Um »Snyk« nutzen zu können, müssen Sie sich zunächst authentifizieren, bspw. über einen GitHub- oder einen BitBucket-Account. Den Authentifizierungsprozess starten Sie über folgenden Befehl:

```
$ snyk wizard
```

Dies öffnet ein Browser-Fenster, über das Sie »Snyk« den Zugang zu dem entsprechenden Account gewähren müssen. Anschließend können Sie beliebige Packages auf Schwachstellen hin prüfen. Das schließt auch Packages ein, die Sie noch gar nicht als Abhängigkeit in Ihrem Projekt verwenden. Möchten Sie eine bestimmte Version eines Packages testen, geben Sie die Versionsnummer einfach wie folgt an:

```
$ snyk test express@4.5

Testing express@4.5...

...

× High severity vulnerability found in qs
  Description: Denial of Service (Memory Exhaustion)
  Info: https://snyk.io/vuln/npm:qs:20140806
  Introduced through: qs@0.6.6
  From: qs@0.6.6
  Remediation:
    You've tested an outdated version of express. Upgrade to express@4.8.0
    (triggers upgrades to express@4.8.0 > qs@1.0.2)
```

```
× High severity vulnerability found in qs
  Description: Prototype Override Protection Bypass
  Info: https://snyk.io/vuln/npm:qs:20170213
  Introduced through: qs@0.6.6
  From: qs@0.6.6
  Remediation:
    You've tested an outdated version of express. Upgrade to express@4.15.2
    (triggers upgrades to express@4.15.2 > qs@6.4.0)

× High severity vulnerability found in negotiator
  Description: Regular Expression Denial of Service (DoS)
  Info: https://snyk.io/vuln/npm:negotiator:20160616
  Introduced through: accepts@1.0.7
  From: accepts@1.0.7 > negotiator@0.4.7
  Remediation:
    You've tested an outdated version of express. Upgrade to express@4.14.0
    (triggers upgrades to express@4.14.0 > accepts@1.3.3 > negotiator@0.6.1)

...

Organisation:    cleancoderocker
Package manager: npm
Open source:     yes
Project path:    express@4.5

Tested express@4.5 for known vulnerabilities, found 13 vulnerabilities,
31 vulnerable paths.

Run snyk wizard to address these issues.
```

Listing 11.25 Auf Schwachstellen hin testen mit »Snyk« (Ausschnitt)

11.9.5 Lösung: Schwachstellen erkennen mit »Retire.js«

»Retire.js« (*http://retirejs.github.io/retire.js/*) unterscheidet sich von »Snyk« insofern, als dass für die Verwendung keine Registrierung bzw. Authentifizierung notwendig ist. Stattdessen können Sie das Tool einfach lokal installieren und direkt verwenden. »Retire.js« steht ebenfalls als Kommandozeilenwerkzeug zur Verfügung, lässt sich darüber hinaus aber auch über entsprechende Plugins in Build-Tools wie Gulp (*https://gulpjs.com*) oder Grunt (*https://gruntjs.com*) oder über Browser-Plugins in die Browser Firefox und Chrome integrieren.

Installation und Verwendung

Um »Retire.js« zu verwenden, installieren Sie es über folgenden Befehl:

```
$ npm install -g retire
```

Anschließend steht Ihnen der Befehl `retire` zur Verfügung. Aufgerufen innerhalb eines Node.js-Packages, überprüft das Package die verwendeten Abhängigkeiten auf bekannte Sicherheitslücken hin. Als Ausgangsbeispiel verwenden Sie wieder »express« in Version 4.5:

```
$ mkdir app
$ cd app
$ npm init -y
$ npm install express@4.5
```

Rufen Sie nun im selben Verzeichnis den Befehl `retire` auf, werden – nach initialem Herunterladen von Konfigurationsdateien, die »Retire.js« benötigt – die Sicherheitslücken aufgelistet, jeweils mit einer Angabe darüber, über welchen Abhängigkeitspfad die betroffene Abhängigkeit eingebunden ist, einer kurzen Beschreibung der Schwachstelle sowie einem Link (wie bei `npm audit`), der weitergehende Informationen sowie Tipps zur Behebung bereitstellt.

```
$ retire
Downloading https://raw.githubusercontent.com/RetireJS/retire.js/master/
repository/jsrepository.json ...
Downloading https://raw.githubusercontent.com/RetireJS/retire.js/master/
repository/npmrepository.json ...
...
app 1.0.0
↳ express 4.5.1
 ↳ cookie-signature 1.0.4
qs 0.6.6 has known vulnerabilities:  severity: medium; advisory: qs_dos_
extended_event_loop_blocking; https://nodesecurity.io/advisories/28 severity:
high; summary: qs_denial-of-service-memory-exhaustion; https://
nodesecurity.io/advisories/29
app 1.0.0
↳ express 4.5.1
 ↳ qs 0.6.6
send 0.5.0 has known vulnerabilities:  severity: medium; CVE: CVE-2014-6394,
advisory: send-directory-traversal; https://nodesecurity.io/advisories/32
severity: medium; summary: discloses root path; https://nodesecurity.io/
advisories/56 https://github.com/pillarjs/send/pull/70 https://github.com/
expressjs/serve-static/blob/master/HISTORY.md#181--2015-01-20
app 1.0.0
↳ express 4.5.1
```

```
↳ send 0.5.0
serve-static 1.3.2 has known vulnerabilities:  severity: medium; advisory:
serve-static-open-redirect, CVE: CVE-2015-1164; http://nodesecurity.io/
advisories/serve-static-open-redirect
...
```

Listing 11.26 Ausgabe von »Retire.js« (Ausschnitt)

11.9.6 Ausblick

Sie sollten Packages, die Sie für Ihr Node.js-Projekt als Abhängigkeiten einbinden, regelmäßig – am besten im Rahmen von *Continuous Integration* – auf Schwachstellen und Sicherheitslücken hin überpüfen. Seit npm 6 steht dazu der Befehl `npm audit` zur Verfügung. Wenn Sie dagegen mit einer älteren npm-Version arbeiten, bieten sich Alternativen wie »Snyk« oder »Retire.js« an. Insbesondere Ersteres ist durch seine übersichtlichen Reports auch für den Fall, dass Sie mit einer neueren npm-Version arbeiten, unbedingt einen Blick wert.

Verwandte Rezepte

- Rezept 13: Lizenzen der verwendeten Abhängigkeiten ermitteln

11.10 Rezept 89: JavaScript dynamisch laden und ausführen

Sie möchten JavaScript-Code dynamisch zur Laufzeit laden und ausführen.

11.10.1 Einführung

Das dynamische Laden von JavaScript-Code kann für verschiedene Szenarien interessant sein. Angenommen Sie haben bspw. die Aufgabe, eine Webapplikation zu entwickeln, die über ein Plugin-System dynamisch durch den Nutzer erweitert werden können soll. Eigene Plugins sollen in Form von JavaScript-Codeschnipseln über ein Webformular hochgeladen, an das Backend weitergeleitet und dann auf Server-Seite ausgeführt werden.

Bei diesen Anforderungen sollten bei Ihnen eigentlich schon alle Alarmglocken klingeln. Und das nicht ohne Grund. Eröffnet der beschriebene Plugin-Mechanismus doch zumindest das Potenzial, um schädlichen Code in die Applikation zu schleusen. In diesem Rezept möchte ich Ihnen daher zeigen, was Sie beim dynamischen Ausführen von JavaScript-Code beachten sollten.

Doch zunächst ein Blick auf die »Lösung«, die Sie *nicht* anwenden sollten.

11.10.2 Keine Lösung: JavaScript mit eval() ausführen

Für das Ausführen bzw. das Interpretieren von JavaScript-Code zur Laufzeit sieht der ECMAScript-Standard die globale Funktion `eval()` vor. Der Code kann dabei in Form einer Zeichenkette übergeben werden, wird dann interpretiert und ausgeführt:

```
const code = `
 const a = 5;
 const b = 6;
 a + b;
`;

const result = eval(code);
console.log(result); // 11
```

Listing 11.27 Ausführen von Code mit der Funktion »eval()«

Allerdings wird die Verwendung der Funktion in der JavaScript-Community mittlerweile als *Bad Practice* angesehen, auch bekannt unter dem Namen *eval() is evil*. Der Grund dafür ist, dass der auf diese Weise ausgeführte Code auch Dinge anstellen kann, die nicht unbedingt gewollt sind. Da der Code Zugriff auf den gesamten JavaScript-Kontext hat, könnte auf diese Weise bspw. relativ einfach Code in ein System geschleust werden, der den aktuellen Prozess beendet:

```
const code = `
  console.log('Exiting process');
  process.exit(0);
`;

console.log('Before executing code');
eval(code);
// Wird nicht ausgeführt
console.log('After executing code');
```

Mindestens genauso fies ist folgender Code, der dafür sorgt, dass die jeweilige Applikation in einer Endlosschleife hängen bleibt:

```
eval('while(true) console.log(1)');
```

Ebenfalls möglich – wobei dies wahrscheinlich nicht im Sinn des Hackers wäre – ist es, die `eval()`-Funktion selbst zu überschreiben:

```
eval('eval = undefined');
```

Anhand dieser kleinen Beispiele sehen Sie sofort, dass die Verwendung von `eval()` um jeden Preis verhindert werden muss, zumindest, wenn Sie dynamischen Code ausführen wollen.

Zumindest sollten Sie genau wissen, was Sie tun, und sich auf jeden Fall davor hüten, auf diese Weise externen Code auszuführen, auf den Sie keinen Einfluss haben. Beispielsweise, wenn Sie, wie eingangs beschrieben, ein Plugin-System implementieren und einzelne Plugins in Form von JavaScript-Code einlesen.

Denn: Code, der über die `eval()`-Funktion ausgeführt wird, verfügt über die *gleichen Rechte* wie der Code, der die `eval()`-Funktion aufruft. Er wird innerhalb des *gleichen Prozesses* ausgeführt und hat Zugriff auf die *gleichen Objekte* wie der aufrufende Code, und zwar auf alle Objekte im jeweiligen *Scope*. Das stellt ein enormes Sicherheitsrisiko dar, weil auf diese Weise Objekte sehr einfach überschrieben bzw. verändert werden können, z. B. wie in folgendem Code:

```
const user = {
  name: 'max',
  email: 'maxmustermann@example.com'
};

const code = `
  user.email = 'hacker@example.com';
`;

eval(code);
console.log(user);
// { name: 'max', email: 'hacker@example.com' }
```


Wenn nun die Funktion `eval()` nicht für das Ausführen von Code verwendet werden sollte, welche Möglichkeit haben Sie dann? Die Antwort darauf ist, den Code in einem *eigenen Kontext* auszuführen, von dem aus er keinen Zugriff auf den Kontext des umgebenden Codes hat.

11.10.3 Lösung: JavaScript mit »vm« ausführen

Eine Möglichkeit, JavaScript-Code in einem eigenen Kontext auszuführen, bietet das Modul »vm« der Standard-Node.js-API über die Methoden `createContext()` und `runInContext()` (Listing 11.28). Die Methode `createContext()` dient dabei dem Anlegen eines neuen Kontextes: Hier übergeben Sie als Parameter ein sogenanntes *Sandbox-Objekt*, also einen Bereich, auf den sowohl der *aufrufende Code* als auch der im Kontext *aufgerufene Code* Zugriff haben.

Intern wird durch den Aufruf von `createContext()` das Sandbox-Objekt mit einer neuen Instanz eines V8-Kontextes verknüpft. Die Methode `runInContext()` dient dem Ausführen von Code in dem zuvor angelegten Kontext. Dieser Methode übergeben Sie als ersten Parameter den auszuführenden Code und als zweiten Parameter das Sandbox-Objekt.

```
const vm = require('vm');
const x = 1;

const sandbox = { x: 2 };
vm.createContext(sandbox);

const code = `
  x += 20;
  y = 25;
`;

vm.runInContext(code, sandbox);

console.log(sandbox.x); // 22
console.log(sandbox.y); // 25
console.log(x);         // 1
// console.log(y);      // not defined
```

Listing 11.28 Ausführen von Code mit dem »vm«-Modul

Um die Schritte für das Erstellen eines neuen Kontextes und das Ausführen von Code in diesem Kontext direkt in einem Schritt zu machen, können Sie alternativ die Methode `runInNewContext()` verwenden:

```
const vm = require('vm');
const x = 1;

const sandbox = { x: 2 };

const code = `
  x += 20;
  y = 25;
`;

vm.runInNewContext(code, sandbox);

console.log(sandbox.x); // 22
console.log(sandbox.y); // 25
console.log(x);         // 1
// console.log(y);      // not undefined
```

Listing 11.29 Anlegen von neuem Kontext und Ausführen von Code in einem Schritt

Versuchen Sie nun, Code auszuführen, der bspw. versucht, auf das process-Objekt zuzugreifen ...

```
const vm = require('vm');
const code = `
  console.log('Exiting process');
  process.exit(0);
`;

console.log('Before executing code');
try {
  const sandbox = {};
  vm.runInNewContext(code, sandbox);
} catch (error) {
  console.error(error);
}
console.log('After executing code');
```

... kommt es zu einem Fehler, weil innerhalb des erzeugten Kontextes, in dem der geladene Code läuft, kein process-Objekt vorhanden ist:

```
$ node src/start-vm-new-context.js
Before executing code
evalmachine.<anonymous>:3
  process.exit(0);
  ^

ReferenceError: process is not defined
    at evalmachine.<anonymous>:3:3
    at Script.runInContext (vm.js:102:20)
    at Script.runInNewContext (vm.js:108:17)
    at Object.runInNewContext (vm.js:291:38)
    at Object.<anonymous> (/Users/cleancoderocker/workspaces/nodejskochbuch/
      .../src/start-vm-new-context.js:8:4)
    at Module._compile (internal/modules/cjs/loader.js:702:30)
    at Object.Module._extensions..js (internal/modules/cjs/loader.js:713:10)
    at Module.load (internal/modules/cjs/loader.js:612:32)
    at tryModuleLoad (internal/modules/cjs/loader.js:551:12)
After executing code
```

So weit, so gut. Allerdings ist auch die Ausführung von Code über »vm« nicht ganz sicher, bzw. weist »vm« eine Schachstelle auf, über die Sie sich im Klaren sein sollten.

Prinzipiell geht es bei dem dynamischen Laden und Ausführen von (Fremd-)Code ja darum, den Zugriff auf den Kontext des eigenen Codes zu unterbinden. Über »vm« wird so bspw. der Zugriff auf globale Objekte wie `process` oder `console` unterbunden.

Dennoch gibt es einen Weg, innerhalb des ausgeführten Codes trotzdem Zugriff auf diese Objekte zu bekommen. Und zwar über das Sandbox-Objekt, wie anhand des *Exploits* in Listing 11.30 zu sehen. Wenn Sie in dem Sandbox-Objekt nämlich *andere Objekte* als Eigenschaften definieren, kann innerhalb des aufgerufenen Codes über deren `constructor`-Eigenschaft auf eine Funktion zugegriffen werden, über die wiederum auf globale Objekte (im Beispiel `process` und `console`) zugegriffen werden kann.

```
const vm = require('vm');
const sandbox = { someObject: {} };
const code = `
  const ForeignObject = someObject.constructor;
  const ForeignFunction = ForeignObject.constructor;
  const process = ForeignFunction('return process')();
  const console = ForeignFunction('return console')();
  console.log('Exiting process');
  process.exit(0);
`;

console.log('Before executing code');
vm.runInNewContext(code, sandbox);
// Wird nie ausgeführt
console.log('After executing code');
```

Listing 11.30 »vm« erlaubt über diesen Exploit den Zugriff auf globale Objekte.

Aus diesem Grund kann ich Ihnen eigentlich auch nicht zur Verwendung des »vm«-Moduls raten. Zumindest nicht, wenn Sie, wie im letzten Beispiel gezeigt, über das Sandbox-Objekt weitere Objekte definieren und dadurch der Exploit ausgespielt werden kann. In jedem Fall auf der sicheren Seite sind Sie aber, wenn Sie die im nächsten Abschnitt beschriebene Lösung verwenden.

11.10.4 Lösung: JavaScript mit »vm2« ausführen

Eine Alternative zu »vm«, die genau dem zuvor beschriebenen Problem entgegenwirkt, ist das Package »vm2« (*https://github.com/patriksimek/vm2*), das Sie wie folgt installieren:

```
$ npm install vm2
```

Intern verwendet das Package sogenannte *Proxy-Objekte*, über die der Zugriff auf die Sandbox und deren Inhalt gesteuert (und begrenzt) wird. Wie in Listing 11.31 zu sehen, legen Sie über den Aufruf new VM() einen neuen Kontext an, wobei Sie als Eigenschaft des übergebenen Konfigurationsobjekts wieder das Sandbox-Objekt definieren. Anschließend können Sie Code über die Methode run() ausführen.

```
const { VM } = require('vm2');
const sandbox = { someObject: {} };
const vm = new VM({ sandbox });
const code = `
  const ForeignObject = someObject.constructor;
  const ForeignFunction = ForeignObject.constructor;
  const process = ForeignFunction('return process')();
  const console = ForeignFunction('return console')();
  console.log('Exiting process');
  process.exit(0);
`;

console.log('Before executing code');
try {
  vm.run(code, sandbox);
} catch (error) {
  console.error(error);
}
console.log('After executing code');
```

Listing 11.31 »vm2« verhindert den Zugriff auf globale Objekte.

11.10.5 Ausblick

In diesem Rezept haben Sie gesehen, was Sie beim dynamischen Laden und Ausführen von JavaScript-Code beachten sollten. Die Funktion eval() sollten Sie vermeiden, da der hierüber aufgerufene Code Zugriff auf den gleichen Kontext wie der aufrufende Code hat. Das Package »vm« bessert diesbezüglich zwar nach, kann allerdings über entsprechende Exploits ebenfalls gehackt werden. Das Package »vm2« stellt derzeit die sicherste Möglichkeit dar, um JavaScript-Code dynamisch ausführen zu können.

11.11 Zusammenfassung

In diesem Kapitel haben Sie gesehen, wie Sie Node.js-Anwendungen skalieren und die Performance verbessern können, wie Sie CPU- und Speicherprobleme identifizieren und welche Aspekte bezüglich der Sicherheit von Node.js-Anwendungen zu beachten sind. Zusammenfassend wissen Sie jetzt, wie Sie

- externe Anwendungen als Unterprozess ausführen (Rezept 80),
- externe Anwendungen als Stream verarbeiten (Rezept 81),
- Node.js-Applikationen als Unterprozess aufrufen (Rezept 82),
- eine Node.js-Anwendung clustern (Rezept 83),
- Unterprozesse über einen Prozessmanager verwalten (Rezept 84),
- Systeminformationen, CPU-Auslastung und Speicherverbrauch ermitteln (Rezept 85),
- Speicherprobleme identifizieren (Rezept 86),
- CPU-Probleme identifizieren (Rezept 87),
- Schwachstellen von verwendeten Abhängigkeiten erkennen (Rezept 88),
- JavaScript dynamisch laden und ausführen (Rezept 89).

Kapitel 12
Native Module

In diesem Kapitel möchte ich Ihnen zeigen, wie Sie native Module in C bzw. C++ implementieren und diese aus JavaScript heraus ausrufen.

Das Implementieren nativer Module mit C oder C++ kann in verschiedenen Fällen sinnvoll sein, bspw. wenn Sie das letzte Quäntchen bezüglich der Performance herauskitzeln möchten. Anwendungsfälle hierfür wären z. B. Bild- oder Videobearbeitung oder generell Algorithmen, welche die CPU stark in Anspruch nehmen. Auch wenn Sie auf Low-Level-APIs des Betriebssystems zugreifen möchten oder wenn Sie eine Schnittstelle von Node.js zu existierenden C- bzw. C++-Bibliotheken schaffen möchten (bspw. zur Integration von Legacy-Anwendungen), sind native Module unumgänglich. Die Lernkurve für die Implementierung von nativen Modulen ist allerdings leider recht steil. Unnötig zu sagen, dass es nicht besser wird, wenn man zuvor noch nie in C bzw. C++ entwickelt hat. Die folgenden Rezepte dienen daher in erster Linie dazu, Ihnen eventuelle Berührungsangst vor nativen Modulen zu nehmen, und nicht dazu, aus Ihnen einen C-Profi zu machen. Einschlägige Literatur zu diesem Thema gibt es schließlich zur Genüge. In diesem Kapitel lernen Sie also Folgendes:

- Rezept 90: Native Node.js-Module mit der V8-API erstellen
- Rezept 91: Native Node.js-Module mit der NAN-API erstellen
- Rezept 92: Native Node.js-Module mit der N-API erstellen
- Rezept 93: Werte und Objekte zurückgeben mit der N-API
- Rezept 94: Callbacks aufrufen mit der N-API
- Rezept 95: Promises zurückgeben mit der N-API
- Rezept 96: Assertions verwenden mit der N-API
- Rezept 97: Native Node.js-Module debuggen

12.1 Rezept 90: Native Node.js-Module mit der V8-API erstellen

Sie möchten native Node.js-Module mit der V8-API erstellen.

12.1.1 Lösung

Node.js verwendet intern für die Ausführung des JavaScript-Codes bekanntermaßen die *JavaScript-Engine V8* von Google (*https://v8.dev/*). V8 ist selbst in C++ geschrieben und stellt eine entsprechende API zur Verfügung. Innerhalb von nativen Node.js-Modulen können Sie nun mit dieser API (und mit der API von Node.js selbst) interagieren (Abbildung 12.1).

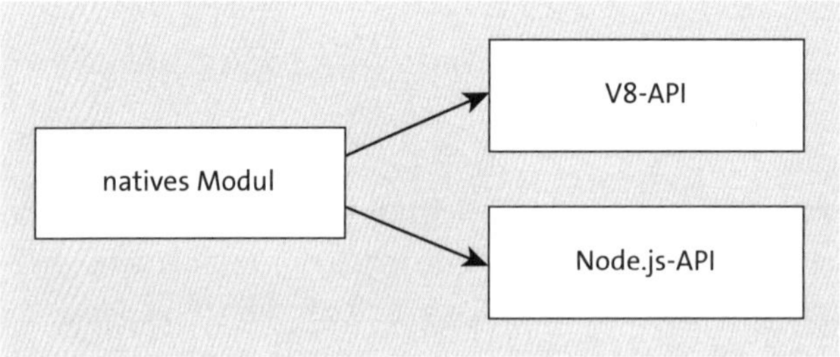

Abbildung 12.1 Bei der Entwicklung von nativen Modulen greifen Sie auf die V8-API und die Node.js-API zu.

Allerdings sollten Sie wissen, dass der direkte Zugriff auf die V8-API, wie er in diesem Rezept beschrieben ist, einen wesentlichen Nachteil hat: Ändert sich die API von V8, müssen Sie auch Ihre nativen Module entsprechend anpassen. Aus diesem Grund gibt es mittlerweile zwei alternative Ansätze, die ich Ihnen in den nächsten beiden Rezepten vorstellen werde. Nichtsdestoweniger sollten Sie als fortgeschrittener Node.js-Entwickler wissen, wie Sie auf die V8-API zugreifen können.

Voraussetzungen

Damit Sie überhaupt native Module entwickeln können (unabhängig davon, welchen Ansatz Sie verwenden), benötigen Sie entsprechende Tools, um C- bzw. C++-Code kompilieren zu können. Für Linux sind dies bspw. die Tools »make« (*https://www.gnu.org/software/make/*) und »GCC« (*https://gcc.gnu.org/*), für macOS bspw. »Xcode« (*https://developer.apple.com/xcode/*) und für Windows bspw. »Visual Studio« (*https://www.visualstudio.com/*). Bevor Sie also mit den folgenden Rezepten fortfahren, stellen Sie zunächst sicher, dass Sie die für Ihr Betriebssystem passenden Tools installiert haben.

> **Hinweis**
> Das in diesem Buch mehrfach verwendete Visual Studio Code kann übrigens von Haus aus nicht C/C++ kompilieren. Hier müssten Sie gegebenenfalls ein entsprechendes Plugin nachinstallieren (siehe auch *https://code.visualstudio.com/docs/languages/cpp*).

Ein natives Modul erstellen

Um ein natives Modul zu erstellen, legen Sie zunächst über folgende Befehle ein neues Node.js-Package an:

```
$ mkdir my-native-module
$ cd my-native-module
$ npm init -y
$ mkdir src
```

Den Beispiel-Code für ein relativ einfaches natives Modul, das eine Funktion bereitstellt, die eine Zeichenkette als Parameter entgegennimmt und auf der Konsole ausgibt, sehen Sie in Listing 12.1. Was der Quelltext genau macht, dazu gleich mehr. Kopieren Sie zunächst den Code in eine Datei *native.cc*, und legen Sie diese in das eben angelegte Verzeichnis *src*.

```
#include <node.h>

namespace example
{

using v8::Exception;
using v8::FunctionCallbackInfo;
using v8::Isolate;
using v8::Local;
using v8::Object;
using v8::String;
using v8::Value;

void printString(const FunctionCallbackInfo<Value> &args)
{
  Isolate *isolate = args.GetIsolate();

  if (!args[0]->IsString())
  {
    isolate->ThrowException(Exception::TypeError(
      String::NewFromUtf8(isolate, "Parameter must be a string")));
    return;
  }

  String::Utf8Value s(args[0]);
  std::string message(*s);
  printf("Inside C++: %s\n", message.c_str());
}
```

```
void InitAll(Local<Object> exports)
{
  NODE_SET_METHOD(exports, "printString", printString);
}

NODE_MODULE(module, InitAll)

} // namespace example
```

Listing 12.1 Beispiel für die Verwendung der V8-API (»src/native.cc«)

Hinweis

Quelltextdateien für C++ speichern Sie mit der Dateiendung *.cc* oder *.cpp*. Der Compiler kommt mit beiden Formaten zurecht.

Gehen wir den Quelltext im Einzelnen durch:

Die Anweisung `#include` entspricht in C++ in etwa dem `require()` aus Node.js, d. h., hierüber definieren Sie, welche anderen Dateien Sie für die Kompilierung Ihres Codes benötigen. Dabei geben Sie allerdings nicht die konkrete Implementierung an, sondern verlinken sogenannte *Header-Dateien*, die lediglich das Interface enthalten. Die Anweisung `#include <node.h>` bindet bspw. die von Node.js zur Verfügung gestellte API ein (siehe *https://github.com/nodejs/node/blob/master/src/node.h* und *https://nodejs.org/api/addons.html*).

Die eingebundene Node.js-API wiederum bindet die von V8 zur Verfügung gestellte API ein (*https://github.com/v8/v8/blob/master/include/v8.h*), sodass Sie im Folgenden auch Zugriff auf den `v8`-Namensraum und die dort definierten Klassen haben.

Über das Schlüsselwort `namespace` definieren Sie anschließend einen eigenen Namensraum (hier: `example`). Damit stellen Sie sicher, dass es zwischen Ihrem Code und dem eingebundenen Code keine Namenskonflikte gibt.

Über das Schlüsselwort `using` können Sie den Compiler dazu veranlassen, bei der Auflösung von *unqualifizierten Namen* auch in anderen Namensräumen zu suchen. Über `using v8::Exception` bspw. definieren Sie, dass bei Verwendung von `Exception` innerhalb Ihres Codes nicht nur in dem von Ihnen definierten Namensraum, sondern auch im Namensraum `v8` gesucht werden soll. Lassen Sie diese Anweisungen weg, müssen Sie innerhalb Ihres Codes stattdessen immer den *voll qualifizierten Namen* angeben (bspw. `v8::Exception` statt `Exception`). Dies wiederum kann sinnvoll sein, um Namenskonflikte zu Klassen in Ihrem Namensraum zu vermeiden (da im Beispiel aber keine eigene Klasse `Exception` definiert wird, kommt es hier zu keinem Konflikt).

Hinweis

Der *voll qualifzierte Name* bezeichnet in der Programmierung den eindeutigen Namen einer Komponente (bspw. einer Klasse), der neben dem eigentlichen Namen der Komponente auch den entsprechenden Namespace (im Fall von C/C++) oder Paketnamen (im Fall von Java) enthält. Bei einem *unqualifizierten Namen* dagegen fehlt Letzteres, sodass nur der eigentliche Name der Komponente bleibt.

Die Funktion `printString()` soll im Beispiel die Funktion sein, die über das native Modul bereitgestellt wird und später vom JavaScript-Code aus aufgerufen werden kann. Innerhalb dieser Funktion haben Sie über das `args`-Objekt Zugriff auf die Argumente, mit denen die Funktion (aus JavaScript heraus) aufgerufen wurde:

```
void printString(const FunctionCallbackInfo<Value> &args)
{
    ...
}
```


Über `Isolate*` können Sie dabei auf den sogenannten *Isolate* zugreifen, einen Bereich innerhalb von V8, in dem der jeweilige Code *isoliert* läuft.

```
Isolate *isolate = args.GetIsolate();
```

Bei `NODE_MODULE` und `NODE_SET_METHOD` handelt es sich um sogenannte *Makros*, die vom Compiler zur Compile-Zeit in entsprechenden Code umgewandelt werden. Über `NODE_MODULE()` registrieren Sie das Modul im Modulsystem von Node.js. Ohne diesen Aufruf könnten Sie das Modul zwar kompilieren, nicht aber vom JavaScript-Code darauf zugreifen. Über `NODE_SET_METHOD()` wiederum definieren Sie die Methoden des vom Modul exportieren Objekts. Mit anderen Worten erreichen Sie darüber das, was Sie in JavaScript über `exports.method = method` erreichen würden:

```
void InitAll(Local<Object> exports)
{
  NODE_SET_METHOD(exports, "printString", printString);
}
NODE_MODULE(module, InitAll)
```

Ein natives Modul kompilieren

Um den Code eines nativen Moduls zu kompilieren, benötigen Sie das Package »node-gyp« (*https://www.npmjs.com/package/node-gyp*), das standardmäßig bei der Installation von npm mitinstalliert wird und das Tool »gyp« (»Generate Your Projects, *https://gyp.gsrc.io/*) bereitstellt. Die Konfiguration für »node-gyp« definieren Sie dabei über eine Datei *binding.gyp* im JSON-Format (Listing 12.2), die Sie in das

Wurzelverzeichnis des jeweiligen Packages legen. Dabei geben Sie über `target_name` den Namen des Moduls und über `sources` die einzubindenden Quelltextdateien an:

```
{
  "targets": [{
    "target_name": "native",
    "sources": [
      "src/native.cc"
    ]
  }]
}
```

Listing 12.2 Die Datei »binding.gyp«

Rufen Sie nun folgenden Befehl auf, übernimmt »node-gyp« intern das Kompilieren automatisch für Sie:

```
$ npm install
```

Das kompilierte Modul finden Sie anschließend unter dem Verzeichnis */build/Release* (Abbildung 12.2).

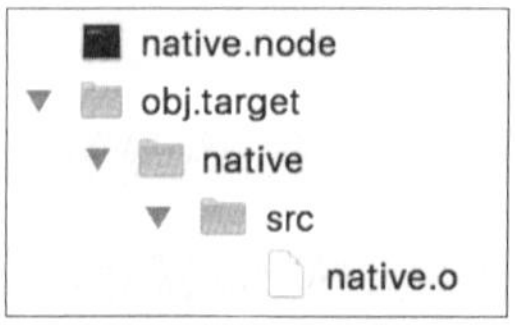

Abbildung 12.2 Struktur des kompilierten Codes

Hinweis

Alternativ können Sie »node-gyp« auch über `npm install -g node-gyp` als globales Package installieren und den Schritt der Kompilierung anschließend über `node-gyp build` aufrufen.

Ein natives Modul in JavaScript einbinden

Damit Sie das native Modul über Ihr Package nach außen zur Verfügung stellen, erzeugen Sie wie gewohnt eine Datei *index.js* und kopieren den Code aus Listing 12.3 hinein. Hier passiert nichts anderes, als dass über `require()` das native Modul geladen wird, wobei Sie der Funktion den Pfad zu dem kompilierten Modul als Parameter übergeben. Anschließend haben Sie über die Variable `binding` Zugriff auf die im nativen Modul definierte Funktion `printString()`.

```
const binding = require('./build/Release/native.node');
module.exports = binding.printString;
```

Listing 12.3 Die Datei »index.js«

Um Ihr Package und das native Modul zu testen, legen Sie anschließend eine kleine Testdatei *start.js* mit folgendem Inhalt an:

```
const printString = require('./');
printString('Hello World');
```

Listing 12.4 Die Datei »start.js«

Führen Sie nun diese Testdatei aus, sollte die Ausgabe wie folgt lauten:

```
$ node start.js
Inside C++: Hello World
```


Hinweis

In Listing 12.4 wird das native Modul mit einer relativen Pfadangabe geladen (`require('./')`), aber natürlich können Sie das native Modul auch von anderen Packages aus laden.

Das Package »bindings«

Im vorherigen Abschnitt haben Sie gesehen, dass beim Kompiliervorgang der kompilierte Code in dem Verzeichnis *build/Release* gespeichert wird. Aus historischen Gründen kann sich dieses Verzeichnis allerdings je nach verwendeter Node.js-Version und verwendeten Build-Tools unterscheiden. Auch für den Fall, dass Sie native Module *debuggen*, wird der Code unter einem anderen Verzeichnis gespeichert (siehe Rezept 97, »Native Node.js-Module debuggen«). Daher ist das Arbeiten mit relativen Pfaden nicht sonderlich empfehlenswert.

Ein Package, das Ihnen diesbezüglich hilft, ist das Package »bindings« (*https://github.com/TooTallNate/node-bindings*), das Sie für das entsprechende Package, das den nativen Code enthält, wie folgt installieren:

```
$ npm install bindings
```

Anschließend können Sie das native Modul, wie in Listing 12.5 zu sehen, direkt über den Namen statt über den Pfad einbinden und müssen sich nicht mehr darum kümmern, den richtigen Pfad zu dem kompilierten Code zu finden:

```
const binding = require('bindings')('native');
module.exports = binding.printString;
```

Listing 12.5 Das Package »bindings« hilft Ihnen beim Einbinden des kompilierten Codes.

12.1.2 Ausblick

In diesem Rezept haben Sie gesehen, wie Sie mithilfe der V8-API native Module für Node.js erstellen können. Der Nachteil dieser Vorgehensweise: Ändert sich die API von Node.js oder V8, müssen Sie Ihre nativen Module gegebenenfalls anpassen und erneut kompilieren, damit diese funktionsfähig bleiben. Auch wenn das Node.js-Team versucht, wesentliche Änderungen an der API zu minimieren, hat es dabei keinen Einfluss auf den Release-Plan und die APIs von V8. Aus diesen Gründen hat sich im Laufe der Zeit eine alternative API herausgebildet, die ich Ihnen im nächsten Rezept vorstellen möchte.

Verwandte Rezepte

- Rezept 91: Native Node.js-Module mit der NAN-API erstellen
- Rezept 92: Native Node.js-Module mit der N-API erstellen

12.2 Rezept 91: Native Node.js-Module mit der NAN-API erstellen

Sie möchten native Node.js-Module mit der NAN-API erstellen, damit Sie unabhängig von Änderungen an der V8-API bleiben.

12.2.1 Lösung

Die sogenannten *Native Abstractions for Node.js*, kurz *NAN*, wirken der im vorherigen Rezept geschilderten Problematik bei der direkten Verwendung der V8-API entgegen. Ursprünglich als Third-Party-Modul gestartet, wurde es Ende 2015 von der Node.js Foundation übernommen. Die Idee von NAN ist es, den konkreten Zugriff auf die C/C++-APIs von Node.js und V8 zu abstrahieren und eine zusätzliche Abstraktionsschicht von (neuen) APIs anzubieten (Abbildung 12.3). Verwendet man diese Abstraktionsschicht für die Entwicklung von Modulen, ist sichergestellt, dass bei Änderungen an der internen API von Node.js oder an der API von V8 der eigene Modul-Code nicht angepasst werden muss, weil die Änderungen intern durch die NAN-API bzw. deren Implementierung abgefangen werden.

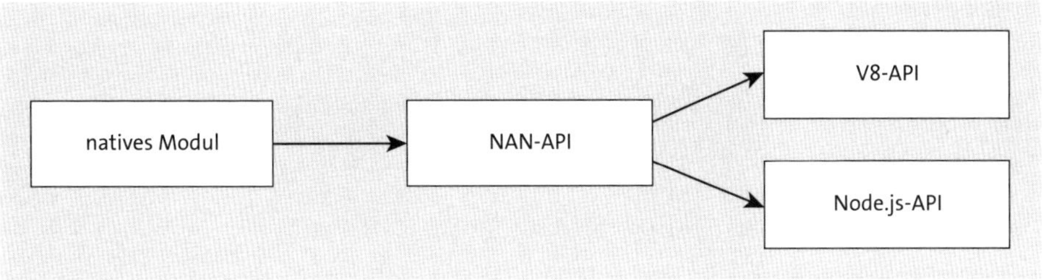

Abbildung 12.3 Die NAN-API abstrahiert vom direkten Zugriff auf die APIs von V8 und Node.js.

Ein natives Modul erstellen

Da die Projektstruktur für den folgenden Code nicht von der Struktur des vorherigen Rezepts abweicht, können Sie sich von dem dortigen Package auch eine Kopie machen und diese als Basis für das vorliegende Rezept verwenden. Alternativ können Sie natürlich auch schnell ein neues Package erstellen:


```
$ mkdir my-native-module-nan
$ cd my-native-module-nan
$ npm init -y
$ mkdir src
```

Um NAN zu verwenden, müssen Sie das entsprechende Package »nan« (*https://github.com/nodejs/nan*) zunächst explizit über npm installieren. Aus den im vorherigen Rezept genannten Gründen ist es zudem hilfreich, direkt auch das Helferpackage »bindings« zu installieren:

```
$ npm install nan
$ npm install bindings
```

Die Datei *package.json* müsste danach ungefähr wie folgt aussehen:

```
{
  "name": "my-native-module-nan",
  "version": "1.0.0",
  "description": "Rezept: native Node.js-Module mit der NAN-API erstellen",
  "scripts": {
    "start": "node ./src/start.js"
  },
  "keywords": [
    "javascript",
    "nodejs"
  ],
  "author": "Philip Ackermann",
  "license": "MIT",
```

```
  "dependencies": {
    "bindings": "^1.3.0",
    "nan": "^2.11.1"
  }
}
```

Listing 12.6 Die Datei »package.json« als Basis für das NAN-Package

Außerdem müssen Sie in der Datei *binding.gyp* wie folgt den Eintrag `targets` um die Eigenschaft `include_dirs` erweitern. Dies ist Voraussetzung dafür, dass Sie gleich in Ihrem nativen Code die entsprechende Header-Datei für NAN einbinden können.

```
{
  "targets": [{
    "target_name": "native",
    "sources": [
      "src/native.cc"
    ],
    "include_dirs": [
      "<!(node -e \"require('nan')\")",
    ]
  }]
}
```

Listing 12.7 Die Datei »binding.gyp«

Den nativen Code sehen Sie in Listing 12.8. NAN stellt, wie man dort sieht, einige Helferfunktionen bereit, z. B. für den Zugriff auf Argumente und die Arbeit mit den Datentypen von V8. Beispielsweise abstrahiert NAN auch den Zugriff auf den JavaScript-Isolate (zur Erinnerung: Im vorherigen Rezept mussten Sie explizit über `Isolate* isolate = args.GetIsolate()` darauf zugreifen).

Darüber hinaus bietet NAN verschiedene Makros an: `NAN_METHOD()` nimmt Ihnen die Arbeit ab, die Methodensignatur immer selbst schreiben zu müssen. Wichtig dabei: Dieses Makro stellt die Argumente einer Funktion nicht über das Objekt `args` (vergleiche das vorherige Rezept), sondern über das Objekt `info` zur Verfügung.

Das Makro `NAN_MODULE_INIT()` dient der Initialisierung des Moduls, und über das Makro `NAN_EXPORT()` definieren Sie, welche Funktionen etc. Ihr Modul nach außen hin bereitstellen soll, sprich die API des Moduls. Im Gegensatz zum vorherigen Rezept, bei dem Sie den Namen von Funktionen definieren konnten (zur Erinnerung: `NODE_SET_METHOD(exports, "printString", printString);`), verwendet `NAN_EXPORT()` hierfür direkt den Namen der jeweils übergebenen Funktion. Alternativ dazu können Sie auch die Helferfunktion `SetMethod` verwenden, um den Namen explizit zu setzen: `Nan::SetMethod(module, "myCustomPrintString", printString);`.

```
#include <nan.h>
#include <stdio.h>
namespace example
{
using namespace v8;
using Nan::GetFunction;
using Nan::New;
using Nan::Set;
using Nan::ThrowError;
using Nan::Utf8String;
NAN_METHOD(printString)
{
    if (!info[0]->IsString())
    {
        return ThrowError("Parameter must be a string");
    }
    Utf8String path(info[0]);
    printf("Inside C++: %s\n", *path);
}
NAN_MODULE_INIT(InitAll)
{
    NAN_EXPORT(target, printString);
}
NODE_MODULE(module, InitAll)
} // namespace example
```

Listing 12.8 Beispiel für die Verwendung der NAN-API (»src/native.cc«)

Das Modul kompilieren und in JavaScript einbinden

Die Kompilierung des nativen Codes unterscheidet sich nicht von der Kompilierung aus dem vorherigen Rezept. Das heißt, auch hier rufen Sie wieder folgenden Befehl auf, was intern den Code kompiliert:

```
$ npm install
```

Anschließend finden Sie das kompilierte Modul unter dem Verzeichnis */build/Release*. Der Code für die Dateien *index.js* (Listing 12.9) und *start.js* (Listing 12.10) bleibt gegenüber dem vorherigen Rezept ebenfalls unverändert.

```
const binding = require('bindings')('native');
module.exports = binding.printString;
```

Listing 12.9 Die Datei »index.js«

```
const printString = require('./');
printString('Hello World');
```

Listing 12.10 Die Datei »start.js«

12.2.2 Ausblick

Die in diesem Rezept vorgestellte NAN-API stellt bereits eine Abstraktionsschicht bei der Entwicklung von nativen Modulen dar, ist allerdings eng an die API von V8 gebunden. Mit anderen Worten: Native Module, die Sie über die NAN-API implementieren, setzen V8 als JavaScript-Engine voraus. Die Kombination aus Node.js und V8 ist standardmäßig natürlich der Fall, es gibt aber auch bereits Projekte, bei denen andere JavaScript-Engines für Node.js zum Einsatz kommen, bspw. in der Kombination Node.js und ChakraCore (*https://github.com/nodejs/node-chakracore/*). Im nächsten Rezept möchte ich Ihnen daher eine weitere API vorstellen, die eine weitere Abstraktionsschicht einführt und mittlerweile als »State of the Art« für die Entwicklung von nativen Modulen für Node.js angesehen wird.

Verwandte Rezepte

- Rezept 90: Native Node.js-Module mit der V8-API erstellen
- Rezept 92: Native Node.js-Module mit der N-API erstellen

12.3 Rezept 92: Native Node.js-Module mit der N-API erstellen

Sie möchten native Node.js-Module mit der N-API erstellen.

12.3.1 Lösung

Um die Entwicklung von nativen Modulen weiter von der konkreten JavaScript-Engine zu abstrahieren (siehe Rezept 91), entwickelte das Team hinter »node-chakracore« (*https://github.com/nodejs/node-chakracore/*) die sogenannte N-API, die zunächst als experimentelles Feature in Node.js 6 und 8 eingeführt und später in Node.js 10 als Stable Feature aufgenommen wurde (*https://nodejs.org/api/n-api.html*).

Die N-API ist so abstrakt gehalten, dass sie vollständig unabhängig von der konkreten JavaScript-Engine ist, was wiederum bedeutet, dass man nicht auf V8 als JavaScript-Engine für Node.js angewiesen ist (Abbildung 12.4). Weiterer Vorteil: Das sogenannte *Application Binary Interface* (*ABI*) der API bleibt über Node.js-Versionen hinweg stabil, sodass Module, die für eine spezielle Node.js-Version kompiliert wurden, auch für folgende Versionen noch funktionieren, ohne erneut kompiliert werden zu müssen.

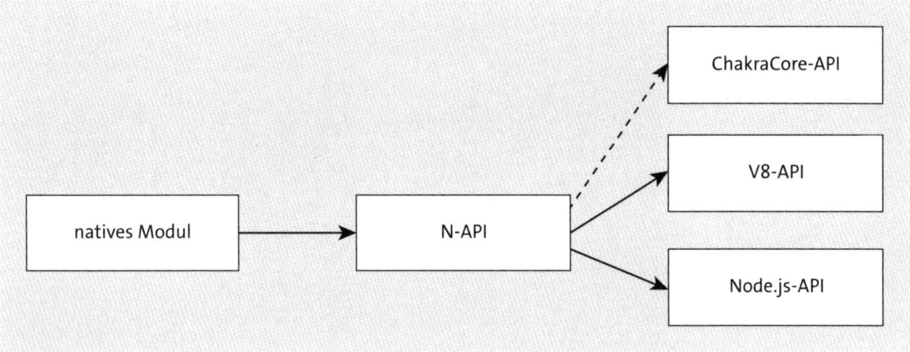

Abbildung 12.4 Die N-API abstrahiert von der konkret verwendeten JavaScript-Engine.

Ein natives Modul erstellen

Die Projektstruktur gleicht für das folgende Beispiel der bekannten Struktur aus den vorherigen beiden Rezepten, sodass Sie auch die dortigen Packages als Basis verwenden können. Alternativ dazu erstellen Sie sich ein neues Package (achten Sie dann darauf, auch das Package »bindings« zu installieren).

```
$ mkdir my-native-module-napi
$ cd my-native-module-napi
$ npm init -y
$ npm install bindings
$ mkdir src
```

Der Code, der analog zu den beiden vorherigen Rezepten eine Funktion bereitstellt, die eine Zeichenkette als Argument erwartet und diese auf der Kommandozeile ausgibt, ist in Listing 12.11 zu sehen.

```
#include <node_api.h>

napi_value printString(napi_env env, const napi_callback_info info)
{
  napi_value args[1];
  size_t argc = 1;

  napi_get_cb_info(env, info, &argc, args, NULL, NULL);

  char str[1024];
  size_t str_len;

  if (napi_get_value_string_utf8(
        env,
        args[0],
```

```
        (char *)&str,
        1024,
        &str_len) != napi_ok
  )
  {
    napi_throw_error(env, "EINVAL", "Parameter must be a string");
    return NULL;
  }

  printf("Inside C: %s\n", str);

  return NULL;
}

napi_value init_all(napi_env env, napi_value exports)
{
  napi_value print_fn;
  napi_create_function(env, NULL, 0, printString, NULL, &print_fn);
  napi_set_named_property(env, exports, "printString", print_fn);
  return exports;
}

NAPI_MODULE(NODE_GYP_MODULE_NAME, init_all)
```

Listing 12.11 Beispiel für die Verwendung der N-API (»src/native.cc«)

Im Detail passiert hier Folgendes. Zunächst binden Sie die Header-Datei für die N-API ein:

```
#include <node_api.h>
```

Dadurch haben Sie Zugriff auf die von der N-API zur Verfügung gestellten Methoden, Makros etc. Eines dieser Makros ist `NAPI_MODULE()`, das im Prinzip den gleichen Zweck erfüllt wie das Makro `NODE_MODULE()` aus der NAN-API, sprich hierüber initialisieren Sie das Modul und übergeben dabei eine Funktion (hier: `init_all`), innerhalb derer Sie wiederum definieren, welche Exporte Ihr Modul enthalten soll:

```
napi_value init_all(napi_env env, napi_value exports)
{
  // ...
  return exports;
}
NAPI_MODULE(NODE_GYP_MODULE_NAME, init_all)
```

Der Typ napi_env (erster Parameter der Funktion init_all()) abstrahiert das Konzept eines V8 Isolates, sprich einer konkreten Instanz einer JavaScript-Runtime. Bei dem Typ napi_value (der Typ des zweiten Parameters) wiederum handelt es sich um eine Abstraktion für JavaScript-Variablen (Abbildung 12.5). C++-Variablen dieses Typs können von der N-API sowohl als Eingabe als auch als Ausgabe verwendet werden und bilden damit die Schnittstelle zum JavaScript-Code.

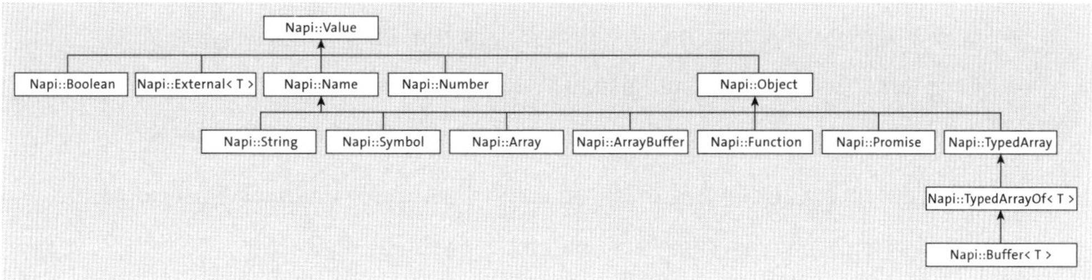

Abbildung 12.5 Hierarchie der N-API-JavaScript-Variablenklassen

Hinweis

Einen guten Überblick über die N-API finden Sie übrigens unter der offiziellen Dokumentation *https://nodejs.github.io/node-addon-api/*, insbesondere in der Dokumentation der Klassen unter *https://nodejs.github.io/node-addon-api/annotated.html*.

Innerhalb von init_all() erzeugen Sie über napi_create_function() eine JavaScript-Funktion und definieren diese anschließend über napi_set_named_property() am Export-Objekt:

```
napi_value init_all(napi_env env, napi_value exports)
{
  napi_value print_fn;
  napi_create_function(env, NULL, 0, printString, NULL, &print_fn);
  napi_set_named_property(env, exports, "printString", print_fn);
  return exports;
}
```

Das entspricht in etwa dem folgenden Code in JavaScript:

```
module.exports = {
  printString: function () {
    /* ... */
  }
};
```

Innerhalb der Funktion printString() wiederum können Sie über napi_get_cb_info() auf die Argumente der Funktion zugreifen. Dabei übergeben Sie das Array, in das die Argumente geschrieben werden sollen (args), sowie die Anzahl der Argumente, die die Funktion erwartet (argc). Insgesamt erwartet die Funktion folgende Parameter:

- env: die Umgebung, in der die API aufgerufen wird
- info: Callback-Informationen
- argc: die Anzahl an Argumenten des übergebenen Arrays
- argv: ein Array der Argumente, die der Funktion übergeben werden
- this: der this-Kontext (im Beispiel NULL, da nicht benötigt)
- data: Data-Pointer für den Callback (im Beispiel NULL, da nicht benötigt)

Mit den entsprechenden Argumenten rufen Sie nun die Callback-Funktion auf:

```
napi_value printString(napi_env env, napi_callback_info info)
{
  napi_value args[1];
  size_t argc = 1;

  napi_get_cb_info(env, info, &argc, args, NULL, NULL);
  // ...
}
```

Über napi_get_value_string_utf8() wandeln Sie innerhalb der Funktion printString()den (JavaScript-)Wert aus args[0] in eine Zeichenkette um (siehe auch Tabelle 12.1) und prüfen die Umwandlung gegen die Variable napi_ok. Ist die Umwandlung erfolgreich, geben Sie den Wert über printf() auf die Kommandozeile aus. Schlägt die Umwandlung dagegen fehl, werfen Sie über napi_throw_error() einen entsprechenden Fehler, der wiederum im aufrufenden JavaScript-Code verarbeitet werden kann:

```
napi_value printString(napi_env env, napi_callback_info info)
{
  // ...
  char str[1024];
  size_t str_len;

  if (napi_get_value_string_utf8(
        env,
        args[0],
        (char *)&str,
        1024,
        &str_len) != napi_ok)
  {
    napi_throw_error(env, "EINVAL", "Parameter must be a string");
```

```
    return NULL;
  }

  printf("Inside C: %s\n", str);

  return NULL;
}
```

Hinweis

Standardmäßig gibt jede N-API-Funktion einen Wert vom Typ `napi_status` zurück, den Sie dann wie im Beispiel gegen den konstanten Wert `napi_ok` prüfen können. Weitere überprüfbare Werte von `napi_status` sind `napi_invalid_arg`, `napi_object_expected`, `napi_string_expected`, `napi_callback_scope_mismatch` sowie weitere, die unter folgender URL im Detail beschrieben sind: *https://nodejs.org/api/n-api.html#n_api_napi_status*. In Rezept 96 werde ich auf dieses Thema zurückkommen und Ihnen zeigen, wie Sie die Status-Codes durch Assertions überprüfen können.

Umwandeln von JavaScript-Typen in C-Typen

Die N-API stellt einige Helferfunktionen wie die gezeigte `napi_get_value_string_utf8` zur Verfügung, um N-API-Werte in C-Typen umzuwandeln. Tabelle 12.1 gibt dazu eine Übersicht der wichtigsten Funktionen (wobei nur die aufgelistet sind, die derzeit den Status »Stable« haben).

Methode/Eigenschaft	Beschreibung
`napi_get_value_bool()`	Gibt den primitiven Wert zurück, der in C das primitive Äquivalent von `Boolean` darstellt.
`napi_get_value_double()`	Gibt den primitiven Wert zurück, der in C das primitive Äquivalent von `Number` darstellt.
`napi_get_value_int32()`	Gibt den primitiven Wert zurück, der in C das primitive `int32`-Äquivalent von `Number` darstellt.
`napi_get_value_int64()`	Gibt den primitiven Wert zurück, der in C das primitive `int64`-Äquivalent von `Number` darstellt.
`napi_get_value_string_latin1()`	Gibt basierend auf der eingegebenen Zeichenkette eine in ISO-8859-1 kodierte Zeichenkette zurück.

Tabelle 12.1 Funktionen der N-API für das Konvertieren von C-Typen

Methode/Eigenschaft	Beschreibung
napi_get_value_string_utf8()	Gibt basierend auf der eingegebenen Zeichenkette eine in UTF8 kodierte Zeichenkette zurück.
napi_get_value_string_utf16()	Gibt basierend auf der eingegebenen Zeichenkette eine in UTF16 kodierte Zeichenkette zurück.
napi_get_value_uint32()	Gibt den primitiven Wert zurück, der in C das primitive uint32_t-Äquivalent von Number darstellt.

Tabelle 12.1 Funktionen der N-API für das Konvertieren von C-Typen (Forts.)

Das Modul kompilieren und in JavaScript einbinden

Die Kompilierung und das Einbinden des Moduls in JavaScript funktioniert analog zu den beiden vorherigen Rezepten. Die folgenden Listings zeigen der Vollständigkeit halber die entsprechend benötigten Code-Dateien *binding.gyp* (Listing 12.12), *package.json* (Listing 12.13), *index.js* (Listing 12.14) und *start.js* (Listing 12.15).

```
{
  "targets": [{
    "target_name": "native",
    "sources": [
      "src/native.cc"
    ]
  }]
}
```

Listing 12.12 Die Datei »binding.gyp«

```
{
  "name": "my-native-module-napi",
  "version": "1.0.0",
  "description": "Rezept: native Node.js-Module mit der N-API erstellen",
  "scripts": {
    "start": "node ./src/start.js"
  },
  "keywords": [
    "javascript",
    "nodejs"
  ],
  "author": "Philip Ackermann",
  "license": "MIT",
```

```
  "dependencies": {
    "bindings": "^1.3.0"
  }
}
```

Listing 12.13 Die Datei »package.json«

```
const binding = require('bindings')('native');
module.exports = binding.printString;
```

Listing 12.14 Die Datei »index.js«

```
const printString = require('./');
printString('Hello World');
```

Listing 12.15 Die Datei »start.js«

12.3.2 Ausblick

Nachdem Sie nun wissen, wie Sie die N-API für die Implementierung nativer Module verwenden können, möchte ich in den nächsten Rezepten etwas detaillierter auf diese API eingehen. Konkret werde ich Ihnen dort zeigen, wie Sie Werte und Objekte aus einem nativen Modul zurückgeben können (Rezept 93), wie Sie asynchrone Aufrufe über Callbacks und Promises steuern (Rezept 94 und Rezept 95), wie Sie Assertions verwenden (Rezept 96) und wie Sie native Module debuggen können (Rezept 97).

Verwandte Rezepte

- Rezept 90: Native Node.js-Module mit der V8-API erstellen
- Rezept 91: Native Node.js-Module mit der NAN-API erstellen
- Rezept 96: Assertions verwenden mit der N-API

12.4 Rezept 93: Werte und Objekte zurückgeben mit der N-API

Sie möchten einzelne Werte oder Objekte aus einem nativen Modul an den aufrufenden JavaScript-Code zurückgeben.

12.4.1 Lösung

Im vorherigen Rezept habe ich Ihnen gezeigt, wie Sie mithilfe der N-API native Module für Node.js implementieren können. In diesem Rezept zeige ich Ihnen nun, wie Sie in einem nativen Modul Variablen und Objekte erstellen und diese an den aufrufenden JavaScript-Code zurückgeben können.

Hinweis

Da die Schritte zur Initialisierung eines entsprechenden Packages denen gleichen, die Sie aus Rezept 92 kennen, wiederhole ich mich an dieser Stelle diesbezüglich nicht, sondern starte direkt mit dem Wesentlichen.

Im vorherigen Rezept haben Sie ebenfalls schon einige Funktionen der N-API kennengelernt, mit deren Hilfe Sie Typen der N-API in entsprechende C-Typen umwandeln können (siehe Tabelle 12.1). Dies ist notwendig, wenn Sie z. B. aus Ihrer JavaScript-Applikation JavaScript-Werte an das native Modul übergeben und diese Werte auf Modulseite mit gängigen C-Funktionen verarbeiten möchten. Im vorherigen Rezept mussten Sie diese Konvertierung bspw. durchführen, um die als Parameter übergebene Zeichenkette in eine entsprechende Zeichenkette umwandeln zu können, die dann per `printf()` auf die Kommandozeile ausgegeben werden konnte.

Umwandeln von C-Typen in JavaScript-Typen

Neben dem Verarbeiten von JavaScript-Werten innerhalb eines nativen Moduls möchten Sie natürlich auch in der Lage sein, Werte, die auf C-Seite verwendet werden, derart umzuwandeln, dass Sie diese innerhalb Ihrer JavaScript-Applikation verwenden können. Auch für dieses Szenario stellt die N-API verschiedene Funktionen zur Verfügung, die Sie in Tabelle 12.2 sehen (wobei wieder nur die aufgelistet sind, die derzeit den Status »Stable« haben).

Methode/Eigenschaft	Beschreibung
`napi_create_int32()`	Wandelt vom C-Typ `int32_t` in den JavaScript-Typ `Number` um.
`napi_create_uint32()`	Wandelt vom C-Typ `uint32_t` in den JavaScript-Typ `Number` um.
`napi_create_int64()`	Wandelt vom C-Typ `int64_t` in den JavaScript-Typ `Number` um.
`napi_create_double()`	Wandelt vom C-Typ `double` in den JavaScript-Typen `Number` um.
`napi_create_string_latin1()`	Wandelt einen in ISO-8859-1 kodierten C-String in einen JavaScript-String vom Typ `String` um.

Tabelle 12.2 Funktionen der N-API für das Konvertieren von C-Typen

Methode/Eigenschaft	Beschreibung
napi_create_string_utf16()	Wandelt einen in UTF16-LE kodierten C-String in einen JavaScript-String vom Typ String um.
napi_create_string_utf8()	Wandelt einen in UTF8-LE kodierten C-String in einen JavaScript-String vom Typ String um.

Tabelle 12.2 Funktionen der N-API für das Konvertieren von C-Typen (Forts.)

Das native Modul implementieren

Listing 12.16 zeigt den Code für ein natives Modul, das eine Funktion createPerson() bereitstellt, über das Objekte erstellt werden können (die Beschreibung der einzelnen Schritte folgt unterhalb des Listings).

```
#include <node_api.h>

napi_value createPerson(napi_env env, const napi_callback_info info)
{
  // Person-Objekt erstellen
  napi_value person;
  napi_create_object(env, &person);

  // Werte für die Eigenschaften erstellen
  napi_value firstName;
  napi_value lastName;
  napi_value age;
  napi_value phone;
  napi_value email;

  napi_create_string_utf8(env, "Max", NAPI_AUTO_LENGTH, &firstName);
  napi_create_string_utf8(env, "Mustermann", NAPI_AUTO_LENGTH, &lastName);
  napi_create_int32(env, 45, &age);
  napi_create_string_utf8(
    env,
    "0123/1234567",
    NAPI_AUTO_LENGTH,
    &phone
  );
  napi_create_string_utf8(
    env,
    "maxmustermann@nodejskochbuch.de",
    NAPI_AUTO_LENGTH,
    &email
```

```
  );

  // Eigenschaften definieren
  napi_set_named_property(env, person, "firstName", firstName);
  napi_set_named_property(env, person, "lastName", lastName);
  napi_set_named_property(env, person, "age", age);

  // Kontakt-Objekt erstellen
  napi_value contact;
  napi_create_object(env, &contact);

  // Eigenschaften definieren
  napi_set_named_property(env, contact, "phone", phone);
  napi_set_named_property(env, contact, "email", email);

  // Kontakt als Eigenschaft des Person-Objekts definieren
  napi_set_named_property(env, person, "contact", contact);

  // Person-Objekt zurückgeben
  return person;
}

napi_value Init(napi_env env, napi_value exports)
{
  napi_value createPersonFunction;
  napi_create_function(env, NULL, NAPI_AUTO_LENGTH, createPerson, NULL, &
createPersonFunction);
  napi_set_named_property(env, exports, "createPerson", createPersonFunction);
  return exports;
}

NAPI_MODULE(NODE_GYP_MODULE_NAME, Init)
```

Listing 12.16 Objekt übergeben an aufrufenden JavaScript-Code

Für das Erstellen von Objekten stellt die N-API die Funktion napi_create_object() zur Verfügung, der Sie das env-Objekt und einen Pointer auf eine entsprechende napi_value-Variable übergeben. Im Beispiel wird die Funktion dazu verwendet, das Objekt person zu erstellen.

```
napi_value person;
napi_create_object(env, &person);
```

Der Einfachheit halber werden die Werte für die Eigenschaften firstName, lastName, age, phone und email (noch) nicht von außen (sprich von dem aufrufenden JavaScript-Code) übergeben, sondern innerhalb des nativen Moduls bzw. innerhalb der Funktion createPerson() auf Standardwerte gesetzt. Dazu legen Sie erst die Variablen an:

```
napi_value firstName;
napi_value lastName;
napi_value age;
napi_value phone;
napi_value email;
```

Anschließend belegen Sie diese dann mit entsprechenden Default-Werten, indem Sie abhängig vom Datentyp die Funktionen aus Tabelle 12.2 verwenden:

```
napi_create_string_utf8(env, "Max", NAPI_AUTO_LENGTH, &firstName);
napi_create_string_utf8(env, "Mustermann", NAPI_AUTO_LENGTH, &lastName);
napi_create_int32(env, 45, &age);
napi_create_string_utf8(env, "0123/1234567", NAPI_AUTO_LENGTH, &phone);
napi_create_string_utf8(env, "maxmustermann@nodejskochbuch.de", NAPI_AUTO_
LENGTH, &email);
```

12

Danach erstellen Sie am Objekt person über den Aufruf von napi_set_named_property() die entsprechenden Eigenschaften:

```
napi_set_named_property(env, person, "firstName", firstName);
napi_set_named_property(env, person, "lastName", lastName);
napi_set_named_property(env, person, "age", age);
```

Über die gleichen Schritte erstellen Sie nun ein Objekt contact mit zwei Eigenschaften phone und email und definieren dann dieses Objekt als gleichnamige Eigenschaft contact an dem Objekt person:

```
napi_value contact;
napi_create_object(env, &contact);
napi_set_named_property(env, contact, "phone", phone);
napi_set_named_property(env, contact, "email", email);
napi_set_named_property(env, person, "contact", contact);
```

Anschließend müssen Sie nur noch das Objekt person als Rückgabewert der Funktion definieren:

```
return person;
```

Nach erfolgreichem Kompiliervorgang können Sie die Funktion, wie in Listing 12.17 zu sehen, aus JavaScript heraus aufrufen.

```
const { createPerson } = require('./');
const person = createPerson();
console.log(person);
// {
//   firstName: 'Max',
//   lastName: 'Mustermann',
//   contact: {
//     phone: '0123/1234567',
//     email: 'maxmustermann@nodejskochbuch.de'
//   }
// };
```

Listing 12.17 Erstellen eines Objekts über natives Modul

Werte für die Objekteigenschaften als Parameter übergeben

Das Beispiel aus Listing 12.16 lässt sich etwas anpassen, indem Sie die Werte, die für das Erstellen des Personen-Objekts verwendet werden, nicht in C definieren, sondern als Parameter der Funktion `createPerson()` übergeben.

Der entsprechend angepasste native Code ist in Listing 12.18 zu sehen, der angepasste JavaScript-Code in Listing 12.19.

```
#include <node_api.h>
napi_value createPerson(napi_env env, const napi_callback_info info)
{
  // Parameter extrahieren
  size_t argc = 5;
  napi_value args[5];
  napi_get_cb_info(env, info, &argc, args, nullptr, nullptr);

  // Person-Objekt erstellen
  napi_value person;
  napi_create_object(env, &person);

  // Eigenschaften definieren
  napi_set_named_property(env, person, "firstName", args[0]);
  napi_set_named_property(env, person, "lastName", args[1]);
  napi_set_named_property(env, person, "age", args[2]);

  // Kontakt-Objekt erstellen
  napi_value contact;
  napi_create_object(env, &contact);
```

```
  // Eigenschaften definieren
  napi_set_named_property(env, contact, "phone", args[3]);
  napi_set_named_property(env, contact, "email", args[4]);

  // Kontakt als Eigenschaft des Person-Objekts definieren
  napi_set_named_property(env, person, "contact", contact);

  // Person-Objekt zurückgeben
  return person;
}

napi_value Init(napi_env env, napi_value exports)
{
  napi_value createPersonFunction;
  napi_create_function(env, NULL, NAPI_AUTO_LENGTH, createPerson, NULL,
    &createPersonFunction);
  napi_set_named_property(env, exports, "createPerson", createPersonFunction);
  return exports;
}

NAPI_MODULE(NODE_GYP_MODULE_NAME, Init)
```

Listing 12.18 Übergeben von Parametern zur Objekterstellung im nativen Modul

```
const { createPerson } = require('./');

const person = createPerson(
  'Max',
  'Mustermann',
  '0123/1234567',
  'maxmustermann@nodejskochbuch.de'
);
console.log(person);
// {
//   firstName: 'Max',
//   lastName: 'Mustermann',
//   contact: {
//     phone: '0123/1234567',
//     email: 'maxmustermann@nodejskochbuch.de'
//   }
// };
```

Listing 12.19 Die angepasste Datei »start.js«

12.4.2 Ausblick

Sie wissen jetzt, wie Sie Werte aus JavaScript-Code an den C-Code eines nativen Moduls übergeben, und umgekehrt, wie Sie Werte aus einem nativen Modul an den aufrufenden JavaScript-Code zurückgeben. Im nächsten Rezept zeige ich Ihnen, wie Sie innerhalb eines nativen Moduls Callback-Funktionen aufrufen können, die als Parameter von dem JavaScript-Code übergeben wurden.

12.5 Rezept 94: Callbacks aufrufen mit der N-API

Sie möchten innerhalb eines nativen Node.js-Moduls eine Callback-Funktion aufrufen.

12.5.1 Lösung

Das Prinzip der asynchronen Programmierung kennen Sie bereits aus der reinen JavaScript-Entwicklung. Doch auch in der Kommunikation mit nativem Code haben Sie die Möglichkeit, asynchrone Funktionsaufrufe auszuführen. In diesem Rezept zeige ich Ihnen, wie Sie dazu innerhalb des nativen Codes Callback-Funktionen aufrufen können. Im nächsten Rezept betrachten wir dann das gleiche Beispiel unter Verwendung von Promises.

Erstellen des nativen Moduls

Den Code für ein natives Modul, das eine übergebene Callback-Funktion aufruft, sehen Sie in Listing 12.20 (die detaillierte Beschreibung dazu folgt unterhalb des Listings).

```
#include <node_api.h>
#include <stdio.h>

napi_value simpleCallback(napi_env env, const napi_callback_info info)
{
  // Callback-Funktion ermitteln
  size_t argc = 1;
  napi_value args[1];
  napi_get_cb_info(env, info, &argc, args, NULL, NULL);
  napi_value callback = args[0];

  // String-Variable erzeugen
  napi_value argv[1];
  napi_create_string_utf8(
    env,
```

```
    "Hello World from native module",
    NAPI_AUTO_LENGTH,
    Argv
  );

  // Globales Objekt ermitteln
  napi_value global;
  napi_get_global(env, &global);

  // Callback-Funktion aufrufen
  printf("Before calling callback\n");
  napi_value result;
  napi_call_function(
    env,      // Umgebung
    global,   // this-Objekt
    callback, // aufzurufende Funktion
    1,        // Anzahl der Argumente
    argv,     // Argumente als Array
    &result   // Ergebnis-Objekt
  );
  printf("After calling callback\n");

  return NULL;
}

napi_value Init(napi_env env, napi_value exports)
{
  napi_value callback_fn;
  napi_create_function(
    env,
    NULL,
    NAPI_AUTO_LENGTH,
    simpleCallback,
    NULL,
    &callback_fn
  );
  napi_set_named_property(
    env,
    exports,
    "simpleCallback",
    callback_fn
  );
  return exports;
```

```
}

NAPI_MODULE(NODE_GYP_MODULE_NAME, Init)
```

Listing 12.20 Aufruf einer Callback-Funktion in nativem Modul

Um auf den Callback-Parameter zugreifen zu können, verwenden Sie, wie aus den vorherigen Rezepten bekannt, die Funktion `napi_get_cb_info()` und übergeben dabei wieder das Array, in das die Argumente geschrieben werden sollen (`args`), sowie die Anzahl der Argumente, die die Funktion erwartet (`argc`). Anschließend greifen Sie auf das erste Element des Arrays zu und speichern den Wert in die Variable `callback`:

```
size_t argc = 1;
napi_value args[1];
napi_get_cb_info(
  env,
  info,
  &argc,
  args,
  NULL,
  NULL
);
napi_value callback = args[0];
```

Im Beispiel soll die Callback-Funktion mit einer Zeichenkette als Parameter aufgerufen werden. Bevor Sie jedoch zum Aufruf der Callback-Funktion kommen, müssen Sie zunächst eine entsprechende Variable erstellen. Diese speichern Sie direkt in einem Array, was gleich den Aufruf der Callback-Funktion einfacher macht:

```
napi_value argv[1];
napi_create_string_utf8(
  env,
  "Hello World from native module",
  NAPI_AUTO_LENGTH,
  Argv
);
```

Über die Funktion `napi_get_global()` können Sie auf das globale Objekt zugreifen, das in diesem Fall notwendig ist, da Sie dieses Objekt beim Aufruf der Callback-Funktion gleich als Wert für den `this`-Kontext übergeben.

```
napi_value global;
napi_get_global(env, &global);
```

Für das Aufrufen der Callback-Funktion (bzw. von JavaScript-Funktionen im Allgemeinen) stellt die N-API die Funktion `napi_call_function()` zur Verfügung, die folgende Parameter erwartet:

- `env`: die Umgebung, in der die API aufgerufen wird
- `recv`: der `this`-Kontext
- `func`: die aufzurufende JavaScript-Funktion
- `argc`: die Anzahl an Argumenten der aufzurufenden Funktion
- `argv`: ein Array von Argumenten, die der Funktion übergeben werden
- `result`: Ergebnis-Objekt

Mit den entsprechenden Argumenten rufen Sie nun die Callback-Funktion auf:

```
napi_call_function(
  env,      // Umgebung
  global,   // this-Objekt
  callback, // aufzurufende Funktion
  1,        // Anzahl der Argumente
  argv,     // Argumente als Array
  &result   // Ergebnis-Objekt
);
```


Einbinden des nativen Moduls

Der Code für das Einbinden des nativen Moduls ist Ihnen bereits aus den vorherigen Rezepten bekannt, sodass ich mich an dieser Stelle nicht wiederhole. Listing 12.21 zeigt, wie Sie dem nativen Modul eine Callback-Funktion übergeben können:

```
const { simpleCallback } = require('./');
simpleCallback((nativeMessage) => {
  console.log(nativeMessage);
});
```

Listing 12.21 Die Datei »start.js«

Wenn Sie dieses JavaScript-Programm aufrufen, sollte die Ausgabe wie folgt aussehen. Die Meldung »Hello World from native module« kommt dabei aus dem nativen Code und wird innerhalb der Callback-Funktion ausgegeben:

```
$ node start.js
Before calling callback
Hello World from native module
After calling callback
```

Objekte über Callbacks zurückgeben

Jetzt, da Sie wissen, wie Sie innerhalb von nativem Code Callback-Funktionen aufrufen können, lässt sich das Beispiel aus dem vorherigen Rezept (die Funktion `createPerson()`) so anpassen, dass das erzeugte Personen-Objekt über die Callback-Funktion an den aufrufenden Code übergeben wird. Listing 12.22 zeigt den entsprechend angepassten Code:

```
#include <node_api.h>
#include <stdio.h>

napi_value createPerson(napi_env env, const napi_callback_info info)
{
  // Parameter und Callback-Funktion ermitteln
  size_t argc = 4;
  napi_value args[4];
  napi_get_cb_info(env, info, &argc, args, NULL, NULL);

  // Person-Objekt erstellen
  napi_value person;
  napi_create_object(env, &person);

  // Eigenschaften definieren
  napi_set_named_property(env, person, "firstName", args[0]);
  napi_set_named_property(env, person, "lastName", args[1]);
  napi_set_named_property(env, person, "age", args[2]);

  // Callback-Funktion ermitteln
  napi_value callback = args[3];

  // Globales Objekt ermitteln
  napi_value global;
  napi_get_global(env, &global);

  napi_value argv[1];
  argv[0] = person;

  // Callback-Funktion aufrufen
  napi_value result;
  napi_call_function(
    env,      // Umgebung
    global,   // this-Objekt
    callback, // aufzurufende Funktion
    1,        // Anzahl der Argumente
```

```
    argv,      // Argumente als Array
    &result    // Ergebnis-Objekt
  );

  return NULL;
}

napi_value Init(napi_env env, napi_value exports)
{
  napi_value callback_fn;
  napi_create_function(env, NULL, NAPI_AUTO_LENGTH, createPerson, NULL,
    &callback_fn);
  napi_set_named_property(env, exports, "createPerson", callback_fn);
  return exports;
}

NAPI_MODULE(NODE_GYP_MODULE_NAME, Init)
```

Listing 12.22 Übergeben eines Objekts an eine Callback-Funktion

12.5.2 Ausblick

In diesem Rezept haben Sie gesehen, wie Sie Callback-Funktionen, die vom JavaScript-Code an ein natives Modul übergeben wurden, innerhalb des nativen Moduls aufrufen. Sie können jetzt also innerhalb von nativen Modulen auch asynchrone Abläufe implementieren und das Ergebnis dann über eine Callback-Funktion an den aufrufenden JavaScript-Code übergeben. Im nächsten Rezept schauen wir uns alternativ dazu die Verwendung von Promises an.

Verwandte Rezepte

- Rezept 95: Promises zurückgeben mit der N-API

12.6 Rezept 95: Promises zurückgeben mit der N-API

Sie möchten innerhalb eines nativen Node.js-Moduls ein Promise-Objekt zurückgeben.

12.6.1 Lösung

Im vorherigen Rezept haben Sie gesehen, wie Sie innerhalb von nativem Code Callbacks aufrufen. Zuletzt hatten Sie dabei die Funktion `createPerson()` entsprechend angepasst, sodass das Personen-Objekt über die Callback-Funktion an den aufrufenden Code zurückgegeben wird. In diesem Rezept zeige ich Ihnen nun, wie Sie die Funktion `createPerson()` unter Verwendung von Promises umsetzen.

Listing 12.23 zeigt den entsprechenden Quelltext, der Ihnen zum größten Teil schon aus dem vorherigen Rezept bekannt sein dürfte, zumal der Code für das Ermitteln der Parameter und das Erstellen des Personen-Objekts mehr oder weniger der gleiche ist. Der einzige Unterschied: Es wird kein Callback-Parameter benötigt, daher fällt die entsprechende Zuweisung innerhalb des nativen Codes weg.

Stattdessen erstellen Sie über die Funktion `napi_create_promise()` ein `Promise`-Objekt, wobei Sie als Parameter neben dem Umgebungsobjekt `env` ein Objekt vom Typ `napi_deferred` übergeben. Mithilfe dieses *Deferred Objects* können Sie im weiteren Verlauf Ihrer Applikation den Zustand des jeweiligen Promises auf »resolved« oder »rejected« setzen. Dazu stehen Ihnen die Funktionen `napi_resolve_deferred()` für das »Resolven« des Promises und `napi_reject_deferred()` für das »Rejecten« des Promises zur Verfügung. Im Beispiel wird der Promise der Einfachheit halber direkt »resolved«.

```
#include <node_api.h>

napi_value createPerson(napi_env env, const napi_callback_info info)
{
  // Parameter ermitteln
  size_t argc = 3;
  napi_value args[3];
  napi_get_cb_info(env, info, &argc, args, NULL, NULL);

  // Person-Objekt erstellen
  napi_value person;
  napi_create_object(env, &person);

  // Eigenschaften definieren
  napi_set_named_property(env, person, "firstName", args[0]);
  napi_set_named_property(env, person, "lastName", args[1]);
  napi_set_named_property(env, person, "age", args[2]);

  // Globales Objekt ermitteln
  napi_value global;
  napi_get_global(env, &global);

  // Deferred-Objekt und Promise erstellen
  napi_deferred deferred;
  napi_value promise;
```

```
  napi_create_promise(env, &deferred, &promise);

  // Promise resolven
  napi_resolve_deferred(env, deferred, person);

  // Alternativ: Promise rejecten
  // napi_value message;
    // napi_create_string_utf8(
    //   env,
    //   "Cannot create person",
    //   NAPI_AUTO_LENGTH,
    //   &message
    // );
  // napi_reject_deferred(env, deferred, message);
  return promise;
}
napi_value Init(napi_env env, napi_value exports)
{
  napi_value createPersonFunction;
  napi_create_function(
    env,
    NULL,
    NAPI_AUTO_LENGTH,
    createPerson,
    NULL,
    &createPersonFunction
  );
  napi_set_named_property(
    env,
    exports,
    "createPerson",
    createPersonFunction
  );
  return exports;
}
NAPI_MODULE(NODE_GYP_MODULE_NAME, Init)
```

Listing 12.23 Verwendung von Promises in nativen Modulen

Nach dem Kompilieren und den restlichen bekannten Schritten wie dem Anlegen der Konfigurationsdatei `binding.gyp` und der Datei `index.js` können Sie das Modul anschließend, wie in Listing 12.24 zu sehen, einbinden:

```
const { createPerson } = require('./');

createPerson('Max', 'Mustermann', 45).then((person) => {
  console.log(person);
});

(async () => {
  const person = await createPerson('Max', 'Mustermann', 45);
  console.log(person);
})()
```

Listing 12.24 Verwendung von Promises eines nativen Moduls

12.6.2 Ausblick

Sie wissen jetzt, wie Sie aus einem nativen Modul Werte und Objekte sowohl direkt als auch über Callback-Funktionen und über Verwendung von Promises an den aufrufenden JavaScript-Code zurückgeben. Im nächsten Rezept möchte ich Ihnen zeigen, wie Sie mithilfe von Assertions Ihren nativen Code absichern können.

Verwandte Rezepte

- Rezept 94: Callbacks aufrufen mit der N-API

12.7 Rezept 96: Assertions verwenden mit der N-API

Sie möchten innerhalb eines nativen Node.js-Moduls Assertions richtig verwenden.

12.7.1 Lösung

Jede der Funktionen aus der N-API, die Sie bisher verwendet haben, bspw. `napi_get_cb_info()` oder `napi_create_object()`, liefert als Rückgabewert einen Status-Code vom Typ `napi_status`. Der Wert `napi_ok` gibt dabei an, dass die Funktion erfolgreich durchgeführt wurde. Dem gegenüber stehen verschiedene Fehlerwerte wie bspw. `napi_invalid_arg`, wenn bei einem Funktionsaufruf andere als die erwarteten Argumente übergeben wurden, oder `napi_object_expected`, wenn ein Objekt als Argument erwartet wurde, aber keines übergeben wurde (welche weiteren Status-Codes es gibt, können Sie unter *https://nodejs.org/api/n-api.html#n_api_napi_status* nachlesen).

Status-Codes überprüfen und Fehler werfen

Den Status-Code, den Sie von den N-API-Funktionen zurückbekommen, können Sie, wie in folgendem Code (der auf dem Beispiel aus dem vorherigen Rezept basiert) zu sehen, nach jeder ausgeführten Funktion gegen den `napi_ok`-Wert überprüfen und auf diese Weise prüfen, ob die jeweilige Funktion korrekt ausgeführt wurde. Schlägt eine Funktion dagegen fehl und der Status-Code entspricht nicht dem `napi-ok`, haben Sie die Möglichkeit, über `napi_throw_error()` einen Fehler an den aufrufenden JavaScript-Code zurückzuwerfen.

```
#include <node_api.h>

napi_value createPerson(napi_env env, const napi_callback_info info)
{
  // N-API-Statuscode definieren
  napi_status status = napi_generic_failure;

  size_t argc = 3;
  napi_value args[3];

  // N-API-Statuscode aktualisieren
  status = napi_get_cb_info(env, info, &argc, args, NULL, NULL);

  // N-API-Statuscode überprüfen
  if (status != napi_ok) {
    napi_throw_error(env, NULL, "Could not get callback info.");
  }

  napi_value person;
  status = napi_create_object(env, &person);
  if (status != napi_ok) {
    napi_throw_error(env, NULL, "Could not create person object.");
  }
  status = napi_set_named_property(env, person, "firstName", args[0]);
  if (status != napi_ok) {
    napi_throw_error(env, NULL, "Could not define property 'firstName'.");
  }
  status = napi_set_named_property(env, person, "lastName", args[1]);
  if (status != napi_ok) {
    napi_throw_error(env, NULL, "Could not define property 'lastnName'.");
  }
  status = napi_set_named_property(env, person, "age", args[2]);
  if (status != napi_ok) {
```

```
    napi_throw_error(env, NULL, "Could not define property 'age'.");
  }

  napi_value global;
  status = napi_get_global(env, &global);
  if (status != napi_ok) {
    napi_throw_error(env, NULL, "Could not get global object'.");
  }

  napi_deferred deferred;
  napi_value promise;
  status = napi_create_promise(env, &deferred, &promise);
  if (status != napi_ok) {
    napi_throw_error(env, NULL, "Could not create promise.");
  }

  status = napi_resolve_deferred(env, deferred, person);

  return promise;
}
napi_value Init(napi_env env, napi_value exports)
{
  napi_value createPersonFunction;
  napi_create_function(
    env,
    NULL,
    NAPI_AUTO_LENGTH,
    createPerson,
    NULL,
    &createPersonFunction
  );
  napi_set_named_property(
    env,
    exports,
    "createPerson",
    createPersonFunction
  );
  return exports;
}
NAPI_MODULE(NODE_GYP_MODULE_NAME, Init)
```

Listing 12.25 Status-Code überprüfen und Fehler werfen

Assertions definieren

Alternativ zum manuellen Überprüfen des Status-Codes und Werfen von Fehlern stellt die N-API die Funktion `assert()` zur Verfügung, über die sich *Assertions* definieren lassen und der Sie die jeweilige Überprüfung als booleschen Ausdruck übergeben (Listing 12.26). Schlägt die Überprüfung fehl, wirft die Funktion einen entsprechenden Fehler, den Sie dann innerhalb Ihres JavaScript-Codes abfangen können.

```
#include <node_api.h>
#include <assert.h>

napi_value createPerson(napi_env env, const napi_callback_info info)
{
  // N-API-Statuscode definieren
  napi_status status = napi_generic_failure;

  size_t argc = 3;
  napi_value args[3];

  // N-API-Statuscode aktualisieren
  status = napi_get_cb_info(env, info, &argc, args, NULL, NULL);
  // N-API-Statuscode überprüfen
  assert(status == napi_ok);

  napi_value person;
  status = napi_create_object(env, &person);
  assert(status == napi_ok);
  status = napi_set_named_property(env, person, "firstName", args[0]);
  assert(status == napi_ok);
  status = napi_set_named_property(env, person, "lastName", args[1]);
  assert(status == napi_ok);
  status = napi_set_named_property(env, person, "age", args[2]);
  assert(status == napi_ok);

  napi_value global;
  status = napi_get_global(env, &global);
  assert(status == napi_ok);

  napi_deferred deferred;
  napi_value promise;
  status = napi_create_promise(env, &deferred, &promise);
  assert(status == napi_ok);
```

```
  status = napi_resolve_deferred(env, deferred, person);

  return promise;
}
...
```

Listing 12.26 Status-Code über »assert()« überprüfen

12.7.2 Ausblick

Über Assertions können Sie innerhalb eines nativen Moduls prüfen, ob bestimmte (Vor-)Bedingungen erfüllt sind, um den weiteren Quelltext korrekt ausführen zu können. In diesem Rezept haben Sie konkret gesehen, wie Sie den Status-Code, den Sie von N-API-Funktionen zurückbekommen, mithilfe von Assertions überprüfen können. Prinzipiell können Sie der Funktion `assert()` aber natürlich auch jeden beliebigen anderen booleschen Ausdruck übergeben.

12.8 Rezept 97: Native Node.js-Module debuggen

Sie möchten den Code eines nativen Moduls debuggen.

12.8.1 Lösung

Für einfaches Debugging von nativen Modulen können Sie auch auf Funktionen zurückgreifen, über die Sie auf die Kommandozeile schreiben können, ähnlich wie es in JavaScript über die Methoden des `console`-Objekts möglich ist. Eine entsprechende Methode in C haben Sie mit `printf()` bereits in den vorherigen Rezepten kennengelernt. Sobald ein natives Modul allerdings komplexer wird, ist ein Debugging auf diese Weise natürlich sehr aufwendig und wenig ratsam.

Im Folgenden möchte ich Ihnen daher zeigen, wie Sie mithilfe von Visual Studio Code native Module mit einem Debugger starten und analysieren können, ganz wie Sie es für JavaScript- oder auch Node.js-Anwendungen gewohnt sind (siehe auch Rezept 20).

Visual Studio Code vorbereiten

Von Haus aus bietet Visual Studio Code keinen Support für das Debuggen von nativen Modulen. Stattdessen müssen Sie auf das Plugin »CodeLLDB« (*https://github.com/vadimcn/vscode-lldb*) zurückgreifen, das entsprechenden Support nachreicht. Öffnen Sie dazu in Visual Studio Code links in der Toolbar den Eintrag ERWEITERUNGEN, oder gehen Sie alternativ dazu im Hauptmenü unter VIEW • EX-

TENSIONS, geben Sie in dem Suchfeld der sich öffnenden Ansicht den Namen des Plugins ein, und klicken Sie in der Detailansicht anschließend auf INSTALLIEREN (Abbildung 12.6).

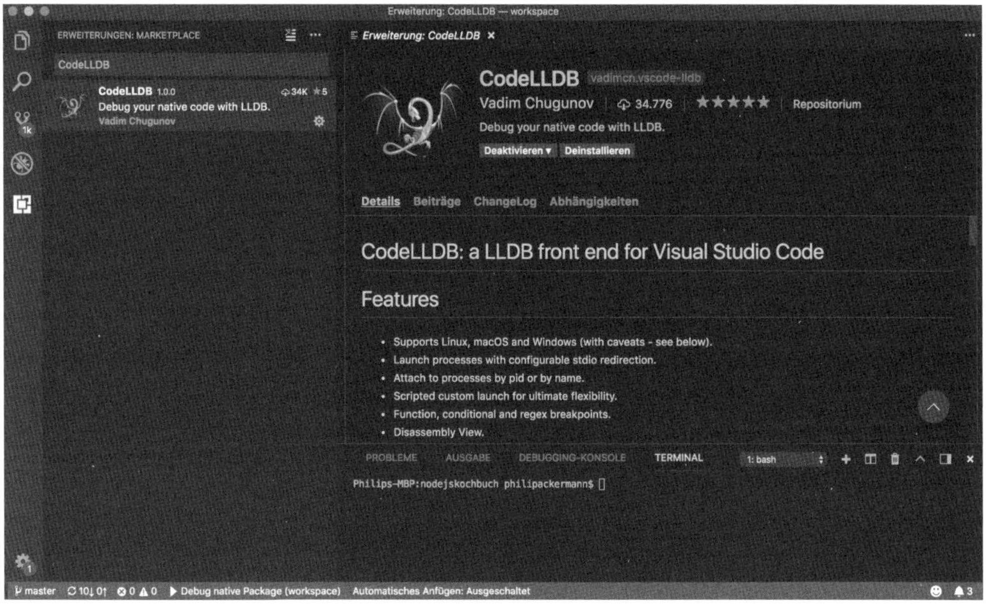

Abbildung 12.6 Installation des Plugins »CodeLLDB«

Debug-Version kompilieren

Nach erfolgreicher Installation des Plugins wählen Sie nun eines der in den vorherigen Rezepten gezeigten nativen Module, und erstellen Sie eine Kopie davon. Über den Befehl `node-gyp build --debug` können Sie mithilfe des Packages »node-gyp« eine debug-fähige Version des nativen Moduls kompilieren, das Sie danach im Verzeichnis *build/Debug/* finden:

```
$ node-gyp build --debug
```

Der Einfachheit halber bietet es sich an, für diesen Befehl ein entsprechendes npm-Skript in der *package.json*-Datei zu ergänzen. Anschließend können Sie den Befehl über `npm run build:debug` aufrufen.

```
{
  "name": "recipe-11",
  "version": "1.0.0",
  "description": "Rezept: native Node.js-Module debuggen",
  "scripts": {
    "start": "node ./start.js",
    "build:debug": "node-gyp build --debug"
```

```
  },
  "keywords": [
    "javascript",
    "nodejs"
  ],
  "author": "Philip Ackermann",
  "license": "MIT",
  "dependencies": {
    "bindings": "^1.3.0"
  }
}
```

Listing 12.27 Debugging-Task in der Datei »package.json«

Debug-Version starten

Öffnen Sie nun innerhalb von Visual Studio Code die Debugging-Konfigurationen, indem Sie im Hauptmenü den Eintrag DEBUGGING • KONFIGURATIONEN ÖFFNEN wählen. Dies öffnet die Datei *launch.json* im Editor, in der Sie unter dem Eintrag `configurations` folgende Konfiguration ergänzen:

```
{
  "version": "0.2.0",
  "configurations": [
    {
      "type": "lldb",
      "request": "launch",
      "name": "Debug my native module",
      "program": "/usr/local/bin/node",
      "args": [
        "${workspaceFolder}/my-native-app/start.js"
      ]
    }
  ]
}
```

Listing 12.28 Startkonfiguration für das Debugging eines nativen Moduls unter Visual Studio Code

Fügen Sie nun in den nativen Code (*native.cc*) über Visual Studio Code einen Breakpoint hinzu, genauso wie Sie es auch für Node.js-Anwendungen machen (durch einen Klick links neben die entsprechende Code-Zeile). Um die Anwendung im Debug-Modus zu starten, wählen Sie jetzt in der linken Toolbar den Eintrag DEBUGGEN und im Drop-down-Menü den Eintrag DEBUG MY NATIVE MODULE (bzw. den

Eintrag entsprechend der von Ihnen zuvor benannten Konfiguration, Abbildung 12.7). Dadurch wird die Anwendung im Debug-Modus gestartet und hält an dem definierten Breakpoint an (Abbildung 12.8).

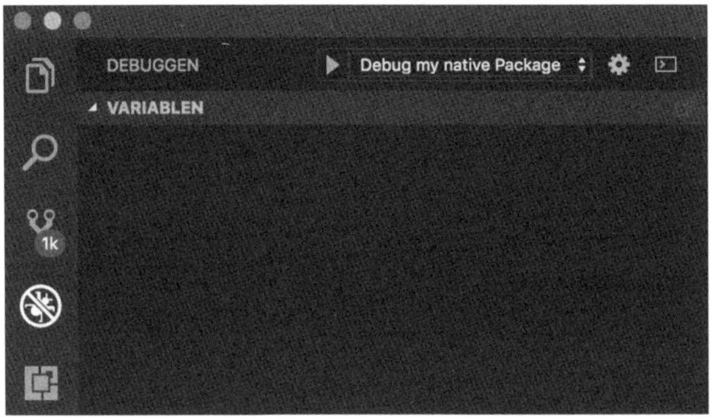

Abbildung 12.7 Starten der Anwendung im Debug-Modus

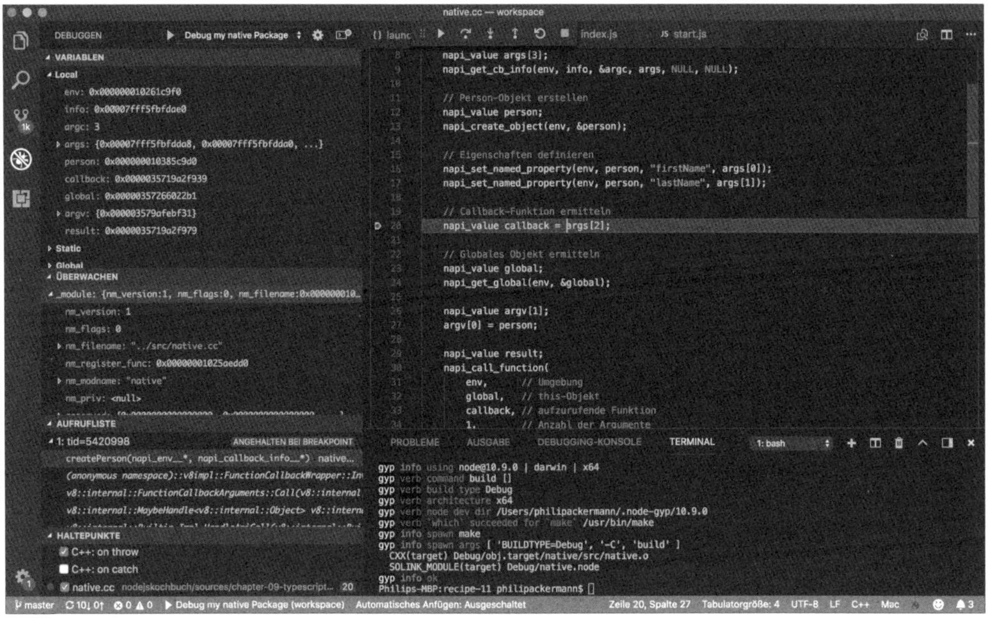

Abbildung 12.8 Debug-Modus der nativen Anwendung

Debug-Version automatisch kompilieren

Wenn Sie der Konfiguration in der *launch.json*-Datei den Eintrag `preLaunchTask`, wie in Listing 12.29 zu sehen, hinzufügen, wird die Anwendung beim Starten im Debug-Modus automatisch neu kompiliert, was insofern praktisch ist, als dass Sie sich dann um das Kompilieren nicht selbst kümmern müssen und sich ganz auf das Debuggen konzentrieren können:

```
{
  "version": "0.2.0",
  "configurations": [
    {
      "type": "lldb",
      "request": "launch",
      "name": "Debug my native module",
      "program": "/usr/local/bin/node",
      "preLaunchTask": "npm: build:debug",
      "args": [
        "${workspaceFolder}/my-native-app/start.js"
      ]
    }
  ]
}
```

Listing 12.29 Angepasste Startkonfiguration für das automatische Kompilieren

12.8.2 Ausblick

In diesem Rezept haben Sie gesehen, wie Sie native Module debuggen können. In Kombination mit den Techniken, die Sie in Kapitel 3, »Logging und Debugging«, kennengelernt haben, sind Sie nun bestens gerüstet, um Bugs sowohl innerhalb von JavaScript-Code als auch innerhalb von nativem Code auf die Schliche zu kommen.

Verwandte Rezepte

- Rezept 20: Applikationen mit Visual Studio Code debuggen

12.9 Zusammenfassung

In diesem Kapitel haben Sie die wichtigsten Grundlagen kennengelernt, um native Module für Node.js zu implementieren. Sie wissen jetzt, wie Sie

- native Node.js-Module mit der V8-API erstellen (Rezept 90),
- native Node.js-Module mit der NAN-API erstellen (Rezept 91),
- native Node.js-Module mit der N-API erstellen (Rezept 92),
- Werte und Objekte zurückgeben über die N-API (Rezept 93),
- Callbacks aufrufen über die N-API (Rezept 94),
- Promises zurückgeben über die N-API (Rezept 95),

- Assertions verwenden in nativen Modulen (Rezept 96),
- native Node.js-Module debuggen (Rezept 97).

Damit wollte ich aus Ihnen keinen C/C++-Profi machen (wenn Sie dies schon sind: umso besser), sondern Ihnen vielmehr das Wichtigste vermitteln, um in Zukunft auch native Module entwickeln zu können bzw. bei der Evaluierung von Anforderungen auch in Erwägung ziehen zu können, die Anforderung über ein natives Modul umzusetzen, bspw. wenn es um performancekritische Komponenten Ihrer Applikation geht.

Wie immer bei dem Erlernen neuer Programmiersprachen (in diesem Fall C/C++) und neuer Konzepte lohnt es sich auch, einmal einen Blick auf bestehende Projekte, in denen native Module implementiert wurden, zu werfen. Der Open-Source-Community sei Dank, finden Sie relativ viele Packages in der offiziellen npm-Registry, die in Form nativer Module für Node.js entwickelt wurden.

Kapitel 13
Publishing, Deployment und Microservices

In diesem Kapitel zeige ich Ihnen, wie Sie Node.js-Packages über eine private Registry verwalten, Node.js-Applikationen mithilfe von Docker deployen und wie Sie mit Node.js, Docker und Docker Compose Microservice-Architekturen aufsetzen können.

Während *Node.js-Packages* in der Regel über eine Registry deployed werden, von der dann andere Packages und Applikationen das jeweilige Package herunterladen und als Abhängigkeit verwenden können, gibt es für das Deployment von *Node.js-Applikationen* verschiedene Möglichkeiten. Cloud-Plattformen wie AWS, Azure oder Google Cloud habe alle ihre jeweils eigenen proprietären Wege, eine Node.js-Applikation zu installieren. Auf diese möchte ich in dem vorliegenden Kapitel jedoch nicht eingehen, da es mir vielmehr wichtig ist, Ihnen einen nicht proprietären und vor allem allgemeinen Ansatz vorzustellen.

Dieser Ansatz für das Deployment von Node.js-Applikationen basiert auf Docker, und Sie hatten im Laufe dieses Buches schon mehrfach die Gelegenheit, Docker in Aktion zu sehen. Docker wiederum wird von allen oben genannten Cloud-Plattformen unterstützt, sodass Sie sich nicht mit den Eigenarten der jeweiligen Plattform herumplagen müssen. Mit anderen Worten: Wenn Sie wissen, wie Sie Node.js-Applikationen mithilfe von Docker deployen, sind Sie bestens darauf vorbereitet, die Applikation auf verschiedensten Systemen (inklusive der genannten Cloud-Plattformen) zu installieren.

In diesem Kapitel möchte ich Ihnen also zeigen, wie Sie Node.js-Packages über eine private Registry veröffentlichen (Rezept 98) und Node.js-Applikationen mithilfe von Docker deployen können (Rezepte 99 bis 101). Außerdem gehe ich in diesem Zusammenhang auf das Thema Microservices ein (Rezept 102) und zeige, wie Sie mithilfe von Docker Compose eine kleine Microservice-Architektur aufsetzen (Rezept 103). Darüber hinaus zeige ich Ihnen, wie Sie mithilfe von Webpack den Quelltext komprimieren und zusammenfassen (»bundeln«) und ihn auf diese Weise in eine Form bringen, dass er vor fremden Blicken zumindest etwas geschützt ist (Rezept 104).

- Rezept 98: Eine private npm-Registry verwenden
- Rezept 99: Docker verstehen
- Rezept 100: Ein Docker Image für eine Node.js-Applikation erstellen
- Rezept 101: Einen Docker-Container starten
- Rezept 102: Microservice-Architekturen verstehen
- Rezept 103: Microservice-Architekturen aufsetzen mit Docker Compose
- Rezept 104: Den Quelltext bundeln und komprimieren mit Webpack

13.1 Rezept 98: Eine private npm-Registry verwenden

Sie möchten Ihre Packages nicht über die öffentliche npm-Registry verwalten, sondern eine eigene private Registry verwenden.

13.1.1 Einführung: private npm-Registrys

Wenn Sie innerhalb eines Packages den Befehl `npm publish` ausführen, wird das Package standardmäßig – soweit der Name des Packages eindeutig ist – als öffentliches Package in der offiziellen npm-Registry unter *https://registry.npmjs.org/* veröffentlicht. Es gibt zwar auch die Möglichkeit, über die offizielle Registry private Packages zu hosten (darauf komme ich später in diesem Rezept zu sprechen), allerdings ist dies nicht kostenlos.

Eine Alternative zu der offiziellen npm-Registry ist daher die Verwendung einer privaten, selbst gehosteten Registry. Dies kann neben Kostengründen aus verschiedenen Gründen sinnvoll sein:

- Über eine private Registry können Sie *private Packages* verwalten, ohne diese in der offiziellen npm-Registry publizieren zu müssen.
- In Szenarien, in denen *kein oder nur eingeschränkter Internet-Zugang* besteht, können Sie über private Registrys, die im lokalen Netzwerk gehostet werden, sicherstellen, dass die Installation von Abhängigkeiten trotzdem funktioniert.
- Private npm-Registrys können auch als *Cache* fungieren und beispielsweise dann einspringen, wenn die Verbindung zur eigentlichen Registry unter *https://npmjs.org* kurzfristig unterbrochen wurde.
- Sinnvoll ist der Einsatz einer privaten npm-Registry zudem, wenn Sie eine *modifizierte Version* eines Packages verwenden möchten. Angenommen, Sie haben in einem Open-Source-Package einen Fehler gefunden, diesen behoben und bereits einen Pull-Request an den Entwickler gestellt, dieser hat den Fehler aber noch

nicht in das offizielle Package eingespielt: In diesem Fall könnten Sie in Ihrer privaten Registry bereits eine aktualisierte Version des Packages vorhalten.

13.1.2 Lösung: private npm-Registry mit Verdaccio

Eine Möglichkeit, eine private npm-Registry aufzusetzen, führt über das Tool Verdaccio (*https://github.com/verdaccio/verdaccio*), eine Open-Source-Lösung, die als Fork von sinopia (*https://github.com/rlidwka/sinopia*) hervorgegangen ist und die bekannteste (reine) alternative Registry für Node.js-Packages sein dürfte (es gibt noch weitere Tools, die nicht ausschließlich Node.js-Packages verwalten, auf die ich am Schluss des Rezepts kurz zu sprechen komme).

Verdaccio

Um Verdaccio verwenden zu können, installieren Sie es zunächst über den Befehl `npm install --global verdaccio` und rufen anschließend den Befehl `verdaccio` auf:

```
$ npm install --global verdaccio
$ verdaccio
```

Alternativ dazu können Sie auch das offizielle Docker Image »verdaccio/verdaccio« verwenden und über folgenden Befehl einen entsprechenden Docker-Container starten (siehe auch Rezept 99).

```
$ docker run -it --rm --name verdaccio -p 4873:4873 verdaccio/verdaccio
```

Darüber hinaus habe ich Ihnen die folgende Konfigurationsdatei für Docker Compose vorbereitet, die Sie im Downloadbereich zu diesem Buch finden und über den Befehl `docker-compose up` starten können:

```
version: '3'
services:
  verdaccio:
    image: verdaccio/verdaccio
    container_name: verdaccio
    ports:
     - 4873:4873
```

Listing 13.1 Docker-Compose-Datei für Verdaccio

Welche der genannten Möglichkeiten Sie auch verwenden: Nach erfolgreichem Starten von Verdaccio erreichen Sie die Weboberfläche unter *http://localhost:4873* (Abbildung 13.1).

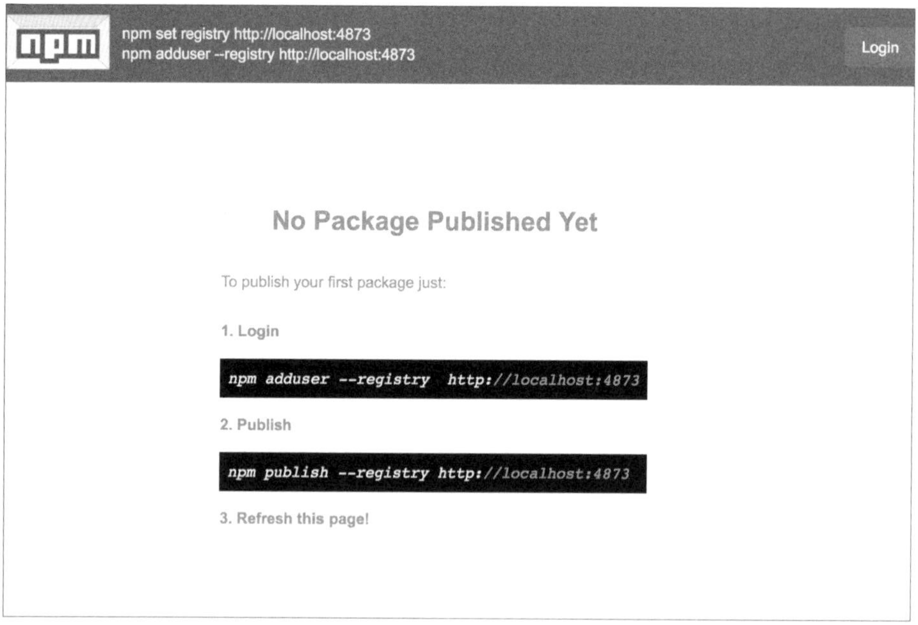

Abbildung 13.1 Weboberfläche nach Installation und Starten von Verdaccio

Konfiguration

Damit Verdaccio als Registry vom lokal installierten npm verwendet wird, müssen Sie die entsprechende Einstellung zuvor über den Befehl `npm set registry` vornehmen.

```
$ npm set registry http://localhost:4873
```

Außerdem muss über den Befehl `npm adduser` wie folgt ein Nutzer angelegt werden. Vergeben Sie dabei einen Nutzernamen und ein Passwort, und Sie werden automatisch in der Registry eingeloggt:

```
$ npm adduser --registry http://localhost:4873
Username: cleancoderocker
Password:
Email: (this IS public) info@philipackermann.de
Logged in as cleancoderocker on http://localhost:4873/.
```

Damit ist die Konfiguration von Verdaccio als alternativer npm-Registry abgeschlossen, und Sie können Packages in Verdaccio publizieren und von dort installieren.

Packages publizieren

Um ein Package in der Registry zu publizieren, gehen Sie genauso vor, wie Sie es bei Verwendung der offiziellen Registry machen würden, und führen Sie innerhalb des jeweiligen Packages den Befehl npm publish aus. Anschließend sollte das Package in der Übersicht auf der Weboberfläche aufgelistet werden (siehe Abbildung 13.2).

```
$ mkdir private-package
$ cd private-package
$ npm init -y
$ npm publish
```

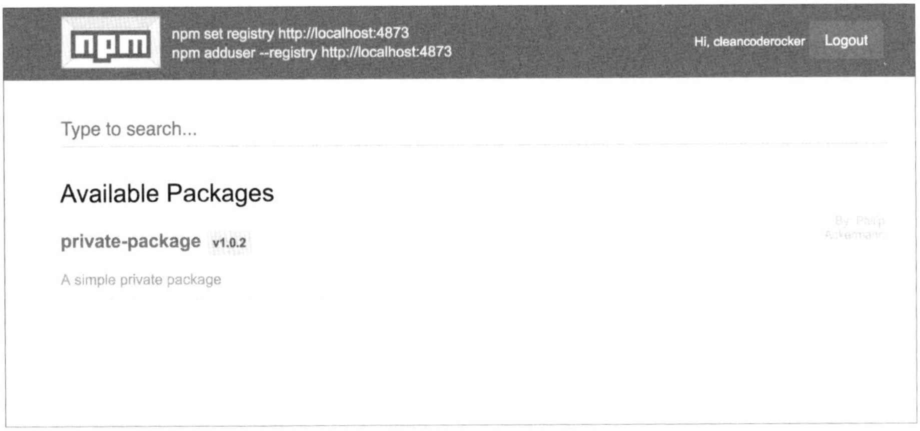

Abbildung 13.2 Verdaccio erlaubt das Publishing von privaten Packages.

> **Tipp**
>
> Über die Datei *.npmignore* lassen sich Dateien und Verzeichnisse angeben, die von npm beim Publizieren von Packages ignoriert werden sollen. Wenn es in einem Package keine solche Datei gibt, aber eine *.gitignore*-Datei (zur Angabe von zu ignorierenden Dateien beim Arbeiten mit Git), ignoriert npm die dort angegebenen Dateien und Verzeichnisse ebenfalls.

Packages installieren

Das Package können Sie nun wie gewohnt über npm install aus dem privaten Repository heraus installieren. Legen Sie dazu testweise ein zweites Package an, und installieren Sie das zuvor publizierte Package über npm install <package-name>:

```
$ cd ..
$ mkdir example-package
$ cd example-package
$ npm init -y
$ npm install private-package
```

Packages aus der Registry löschen

Eigentlich sollten Sie es vermeiden, ein einmal veröffentlichtes Package wieder aus einer Registry zu löschen, da es sein kann, dass Ihr Package von anderen Packages verwendet wird, die durch das Löschen Ihres Packages eventuell unbrauchbar werden.

Für den Fall, dass Sie doch mal ein Package wieder aus der Registry löschen möchten, verwenden Sie den Befehl `npm unpublish` in dem Verzeichnis des jeweiligen Packages:

```
$ npm unpublish --force
npm WARN using --force I sure hope you know what you are doing.
- some-example-package@1.0.0
```

> **Hinweis**
>
> Wenn Sie Verdaccio nicht mehr als Registry verwenden und wieder zu der Standard-Registry wechseln möchten, können Sie dies über folgenden Befehl:
>
> ```
> $ npm config delete registry
> ```

Ausblick

Verdaccio ist eine reine npm-Registry, d. h., Sie können ausschließlich npm-Packages darüber verwalten. Alternativ dazu können Sie auch sogenannte *Artefakt-Repositorys* verwenden, mit denen es prinzipiell möglich ist, verschiedenste Software-Artefakte zu verwalten, u. a. auch npm-Packages.

13.1.3 Lösung: private npm-Registry mit Artefakt-Repositorys

Zwei der bekanntesten Artefakt-Repositorys sind Nexus (*https://blog.sonatype.com/using-nexus-3-as-your-repository-part-2-npm-packages*) und Artifactory (*https://www.jfrog.com/confluence/display/RTF/Npm+Registry*).

Beide können als Proxy und/oder lokaler Cache für andere Code-Repositorys herhalten. Die Vorteile:

- Software-Artefakte (Bibliotheken, Packages etc.) müssen nicht jedes Mal aus dem Internet geladen werden und stehen damit den Entwicklern (oder CI-Systemen) schneller zur Verfügung.
- Die Ausfallsicherheit erhöht sich, da man nicht zwangsweise von externen Repositorys abhängig ist (bspw. falls diese aufgrund technischer Probleme nicht erreichbar sind).
- Es lässt sich leichter steuern und regulieren, welche Artefakte (aus sicherheitsrelevanten Aspekten) verwendet werden dürfen.

- Interne Artefakte (im Fall von npm: private Packages) lassen sich einfacher zwischen den Entwicklern austauschen.

Installation

Der Einfachheit halber habe ich Ihnen im Downloadbereich zu diesem Buch sowohl für Nexus als auch für Artifactory jeweils eine Konfigurationsdatei für Docker Compose vorbereitet (Listing 13.2 und Listing 13.3).

Um das jeweilige Repository zu starten, rufen Sie also mit der entsprechenden Datei einfach den Befehl `docker-compose up` auf.

```
version: '3'
services:
  artifactory:
    image: sonatype/nexus3
    container_name: nexus
    ports:
     - 8081:8081
```

Listing 13.2 Docker-Compose-Datei für Nexus

```
version: '3'
services:
  artifactory:
    image: docker.bintray.io/jfrog/artifactory-oss:5.10.3
    container_name: artifactory
    ports:
     - 8082:8081
    restart: always
```

Listing 13.3 Docker-Compose-Datei für Artifactory

Verwendung

Sowohl Nexus als auch Artifactory lassen sich über entsprechende Weboberflächen verwalten (Abbildung 13.3 und Abbildung 13.4). Standard-Nutzername und Standard-Password für Nexus lauten »admin« und »admin123«, für Artifactory »admin« und »password«. Nach erfolgreichem Anmelden lassen sich Nexus und Artifactory ähnlich verwenden wie das eben vorgestellte Verdaccio. Allerdings muss im Fall von Artifactory zuvor eine kostenpflichtige Lizenz erworben werden, um es als Registry für npm nutzen zu können.

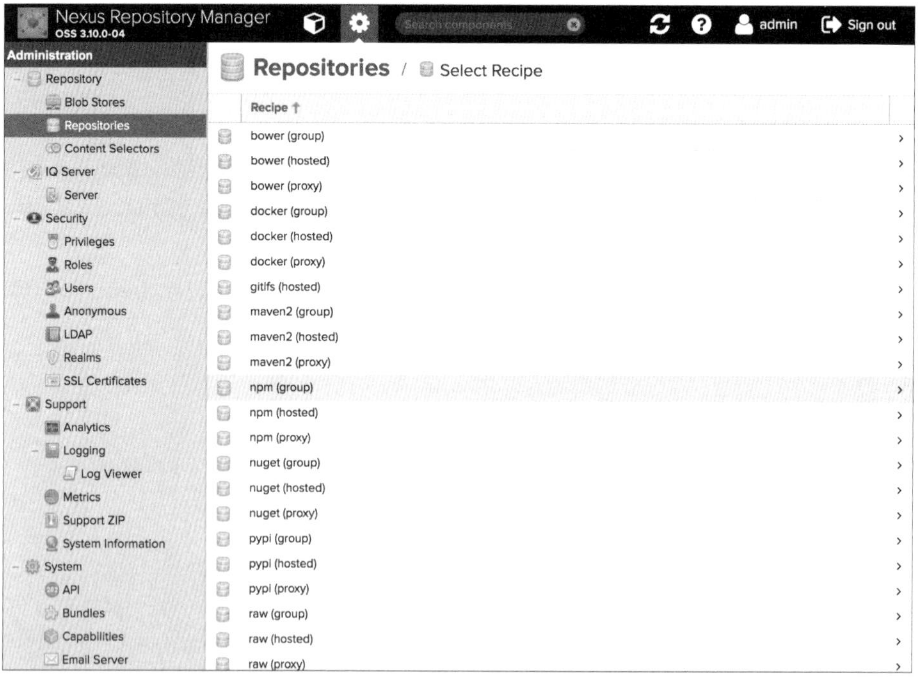

Abbildung 13.3 Weboberfläche von Nexus

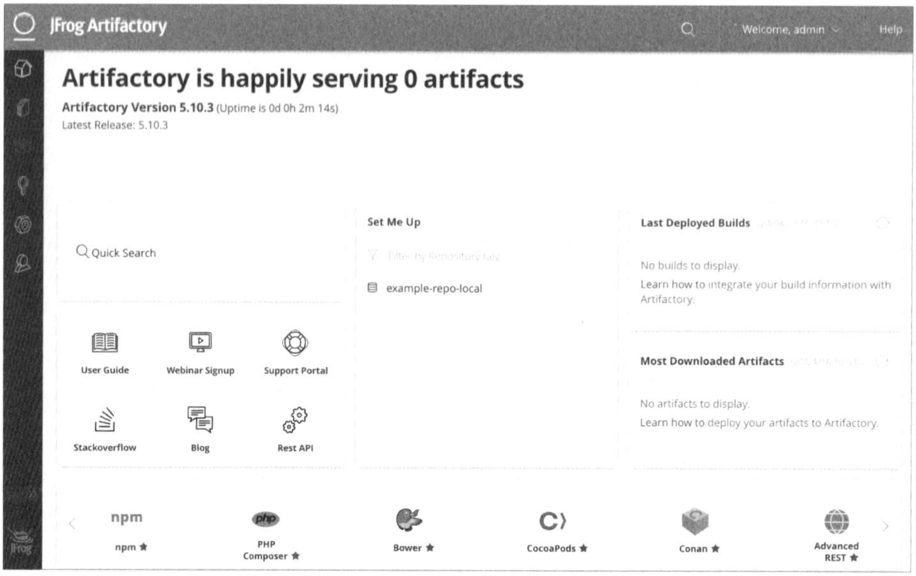

Abbildung 13.4 Weboberfläche von Artifactory

13.1.4 Ausblick

In diesem Rezept haben Sie gesehen, welche Möglichkeiten Ihnen zur Verfügung stehen, Packages in einer privaten Registry zu verwalten, um den Zugriff darauf einschränken zu können.

Darüber hinaus gibt es noch verschiedene Alternativen, über die Sie den Zugriff auf Packages ebenfalls steuern können:

- **Scoped Packages**: npm bietet mittlerweile die Möglichkeit, Packages in privaten Namespaces (sogenannten *Scopes*) zu verwalten (*https://docs.npmjs.com/private-modules/intro*). Voraussetzung hierfür ist, dass dem Namen des Packages der entsprechende Scope vorn angefügt wird (statt »my-example-package« bspw. »@myorganization/my-example-package«). Der Service ist nicht kostenlos, mit 7 Dollar pro Monat aber vergleichsweise günstig. Mit npm Enterprise bzw. npm Enterprise Pro (*https://www.npmjs.com/enterprise*) stehen außerdem zwei Lizenzvarianten zur Verfügung, um npm auf eigenen Servern betreiben zu können (angefangen bei 16 Dollar pro Monat).
- **Private Git-Repositorys**: Da es möglich ist, in der *package.json*-Datei Abhängigkeiten durch eine Git-Repository-URL zu definieren, können Sie statt einer privaten npm-Registry auch ein privates Git-Repository verwenden, um den Zugriff auf Ihre Packages einzuschränken.
- **Cloud Package Repository**: gemfury (*https://gemfury.com/help/npm-registry*) ist ein sogenanntes *Cloud Package Repository*, über das es u. a. auch möglich ist, private Node.js-Packages zu verwalten (darüber hinaus werden weitere Package-Systeme wie RubyGems, PHP Composer oder Python PyPi unterstützt).
- **Alternative Registrys**: cnpmjs (*https://github.com/cnpm/cnpmjs.org*) und npm-register (*https://github.com/jdxcode/npm-register*) sind zwei Alternativen zu Verdaccio, allerdings weniger populär.

13.2 Rezept 99: Docker verstehen

Sie möchten Docker einrichten und die Grundlagen von Docker verstehen.

13.2.1 Einführung

In diesem Rezept möchte ich Ihnen die wichtigsten Begriffe und Befehle im Zusammenhang mit Docker erläutern und damit die Grundlage für die folgenden Rezepte legen. Auf die Installation von Docker als solches werde ich dabei nicht eingehen: Die Installation gestaltet sich für alle gängigen Betriebssysteme sehr einfach und ist auf der offiziellen Website von Docker sehr gut dokumentiert. Aus diesen Gründen möchte ich auf eine entsprechende Anleitung verzichten und verweise stattdessen auf die verschiedenen Installationsanleitungen unter *https://docs.docker.com/engine/installation/*.

13.2.2 Grundlagen

Docker (*https://www.docker.com/*) ist eine Software zur *Containervirtualisierung*: Es ermöglicht, einzelne Softwarekomponenten wie bspw. Datenbanksysteme, Message-Broker oder Webserver in Form sogenannter *Docker Images* bereitzustellen und als sogenannte *Docker-Container* zu starten (siehe Abbildung 13.5).

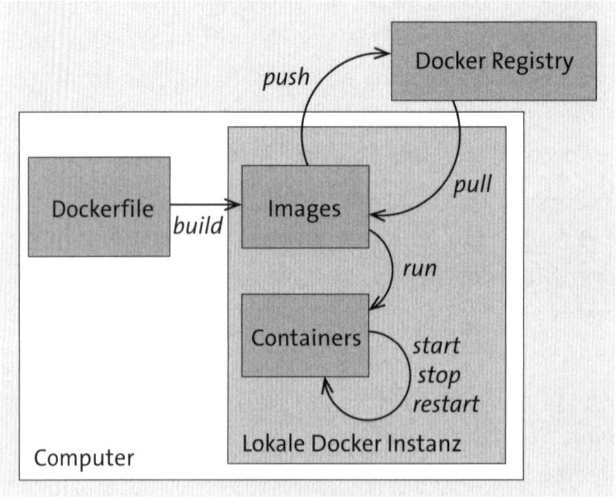

Abbildung 13.5 Überblick Docker

Der Vorteil davon ist, dass Sie diese Softwarekomponenten nicht separat auf dem Host-Rechner (bspw. auf Ihrem Entwicklungsrechner) installieren müssen, sondern innerhalb von Docker laufen lassen. Damit halten Sie zum einen den Host-Rechner sauber, zum anderen können Sie Docker Images auch sehr einfach mit anderen Entwicklern austauschen. Auf diese Weise können Sie sicherstellen, dass alle Entwickler in Ihrem Team mit der gleichen Version und Konfiguration einer Softwarekomponente arbeiten.

Hinweis

Eigene Softwareprodukte in Form von Docker Images bereitzustellen ermöglicht Ihnen zudem auf sehr einfache Weise, Ihr Softwareprodukt bei einem Kunden zu installieren. Im Gegensatz zu einer individuellen Installation der einzelnen Softwarekomponenten (Datenbanken, Messaging-Systeme, Backend-Services, Frontend-Services, Monitoring-Tools, Logging-Tools etc.) können Sie hierdurch enorm viel Zeit einsparen.

Docker Images stehen für verschiedenste Komponenten bereit. In diesem Buch haben Sie bspw. gesehen, wie Sie Images für Datenbanken wie MySQL, PostgreSQL, MongoDB, Redis, Apache Cassandra und für Messaging Broker wie Mosquitto, HiveMQ und VerneMQ verwenden.

Dabei haben wir zum Starten der entsprechenden Docker-Container immer Docker Compose bzw. den entsprechenden Befehl `docker-compose up` in Kombination mit einer entsprechenden Konfigurationsdatei (*docker-compose.yml*) verwendet, weil sich Docker Compose insbesondere dann eignet, wenn man beim Starten von Docker-Containern mehrere Parameter, bspw. Umgebungsvariablen etc., angeben möchte.

Im Hintergrund werden dann über Docker Compose für die in der Konfigurationsdatei definierten *Services* jeweils entsprechende Docker-Container erzeugt bzw. gestartet. Prinzipiell können Docker-Container aber auch ohne Docker Compose erzeugt bzw. gestartet werden, und zwar über den Befehl `docker run`.

Hinweis

Der Befehl `docker` ist übrigens nicht mit dem Befehl `docker-compose` zu verwechseln (auf letzteren komme ich gleich noch mal zu sprechen).

Als Parameter übergeben Sie dabei den Namen des Docker Images, auf Basis dessen der Container erzeugt werden soll, und optional andere Angaben wie Port-Mappings, den Namen des zu erzeugenden Containers etc. Um bspw. den MQTT-Broker Mosquitto in der einfachsten Konfiguration zu starten, reicht folgender Befehl:

```
$ docker run -it -p 1884:1883 eclipse-mosquitto
Unable to find image 'eclipse-mosquitto:latest' locally
latest: Pulling from library/eclipse-mosquitto
Digest: sha256:6f7d30568f8a7e6b9c6daea5479820682ddfeb3e93f93297bdaf9427f8b54b75
Status: Downloaded newer image for eclipse-mosquitto:latest
1555516186: mosquitto version 1.5.8 starting
1555516186: Config loaded from /mosquitto/config/mosquitto.conf.
1555516186: Opening ipv4 listen socket on port 1883.
1555516186: Opening ipv6 listen socket on port 1883.
```

Wie Sie in der Ausgabe sehen können, prüft Docker zunächst, ob das angegebene Image lokal verfügbar ist. Ist dies nicht der Fall, wird versucht, das Image von der aktuell konfigurierten *Docker-Registry* (standardmäßig die Registry *Docker Hub*) herunterzuladen. Sie sehen an dem Befehl auch schön, dass sich Docker-Container beim Starten sehr flexibel konfigurieren lassen. Über den Parameter `-p` bspw. lässt sich definieren, welcher Port des Containers auf welchen Port des Host-Rechners gemappt werden soll. Im Beispiel wird auf diese Weise der Port 1883 des Containers (Standard-Port für MQTT) auf den Port 1884 des Host-Rechners gemappt. Dank dieser Flexibilität können Sie hierdurch Port-Konflikte sehr einfach umgehen. Wenn Sie bspw. eine zweite Instanz von Mosquitto benötigen, können Sie diese über folgenden Befehl starten, ohne dass es zu einem Port-Konflikt kommt (obwohl beide Container intern mit dem Port 1883 arbeiten).

```
$ docker run -it -p 1885:1883 eclipse-mosquitto
```

Hinweis

Auf die Bedeutung des Parameters `-it` werde ich gleich noch zu sprechen kommen.

13.2.3 Node.js unter Docker

In Kapitel 2, »Package Management«, haben Sie bereits gesehen, wie Sie die alternativen Package Manager Yarn und pnpm testweise ausprobieren können, indem Sie diese in Form eines Docker-Containers starten. Dabei haben Sie ebenfalls gesehen, dass über Docker Hub auch offizielle Docker Images zur Verfügung stehen, in denen Node.js und npm bereits vorinstalliert sind.

Unter *https://github.com/nodejs/docker-node* (GitHub), *https://hub.docker.com/_/node/* (Docker Hub, Abbildung 13.6) bzw. *https://store.docker.com/images/node* (Docker Store, Abbildung 13.7) finden Sie Docker Images für alle wesentlichen Node.js-Versionen und können bei Bedarf auch auf ältere Versionen zurückgreifen (bspw., um eine Applikation oder ein Package unter verschiedenen Node.js-Versionen zu testen, vergleiche auch Rezept 2).

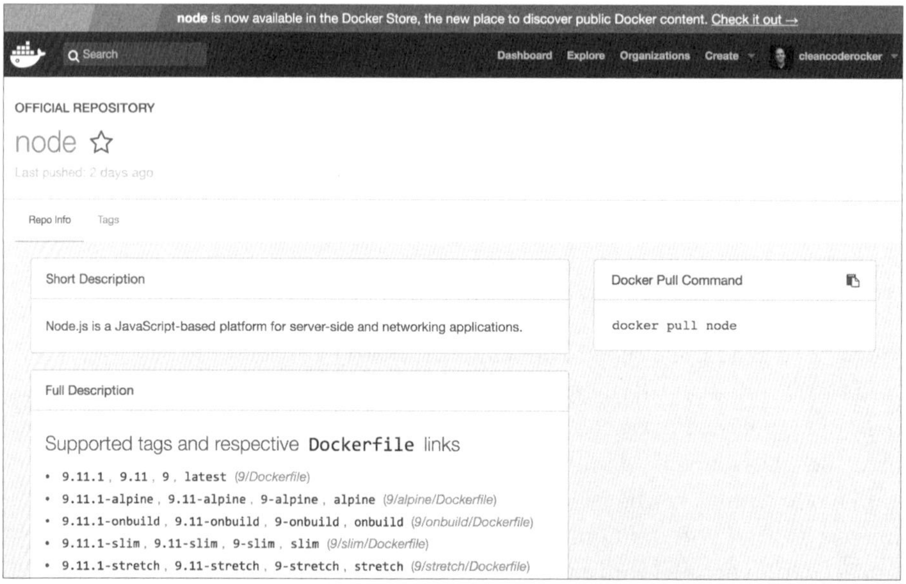

Abbildung 13.6 Im Docker Hub finden Sie offizielle Images für Node.js.

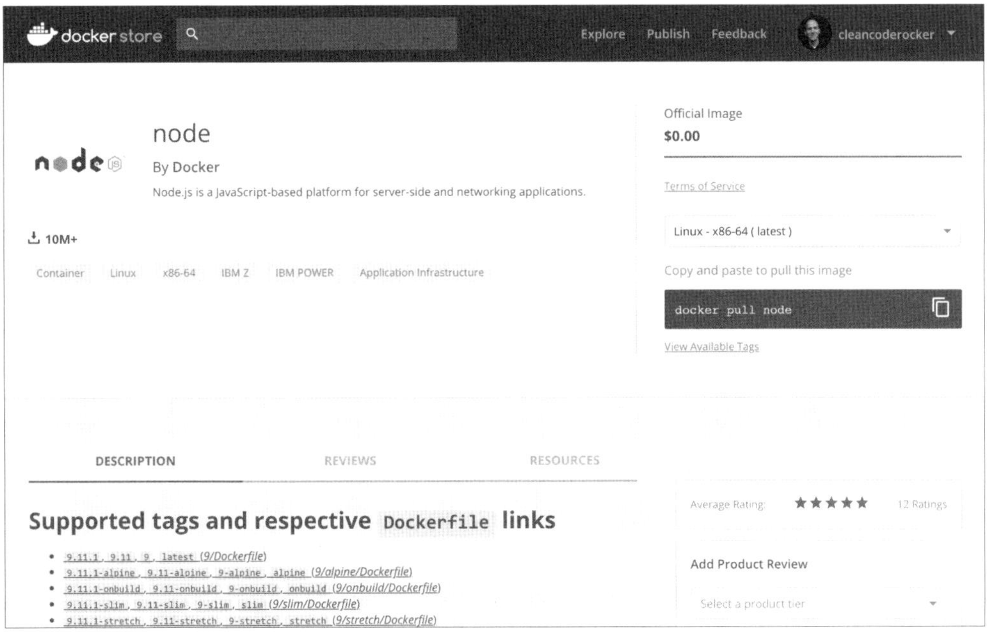

Abbildung 13.7 Node.js Docker Images im Docker Store

Um also einen Docker-Container mit vorinstalliertem Node.js zu starten, können Sie folgenden Befehl verwenden:

```
$ docker run -it node /bin/bash
Unable to find image 'node:latest' locally
latest: Pulling from library/node
e79bb959ec00: Already exists
d4b7902036fe: Already exists
1b2a72d4e030: Already exists
d54db43011fd: Already exists
69d473365bb3: Already exists
6e2490ee2dc8: Already exists
727ad86f629c: Pull complete
23840d79cb44: Pull complete
Digest: sha256:a23014909228ec00666b0ddf5f28638a9fac8f844a972bed831838f6d1c73641
Status: Downloaded newer image for node:latest
root@97c2279733ce:/#
```

Der Parameter `-it` (eigentlich zusammengesetzt aus den beiden einzelnen Parametern `-i` bzw. `--interactive` und `-t` bzw. `--tty`) sorgt dafür, dass der Befehl `docker run` ein interaktives (`-i`) Terminal (`-t`) öffnet, über das Sie direkt mit dem Container interagieren können. Im Fall des verwendeten Docker Images »node« ist es zusätzlich notwendig, ein `/bin/bash` anzuhängen, um die *Bourne-again shell* (kurz *Bash*) in dem

Docker-Container zu starten. Innerhalb dieser Shell können Sie nun Node.js wie gewohnt verwenden:

```
root@97c2279733ce:/# node -v
v11.14.0
root@97c2279733ce:/# npm -v
6.7.0
root@97c2279733ce:/# node
> 5+6
11
> process.memoryUsage()
{ rss: 33419264,
  heapTotal: 7028736,
  heapUsed: 4704664,
  external: 17376 }
```

Hinweis

Möchten Sie einen Docker-Container starten, in dem eine bestimmte Version von Node.js installiert ist, verwenden Sie bei dem Befehl `docker run` in der Angabe des Images einfach das entsprechende Tag. Um bspw. einen Container mit Node.js 8 zu starten, verwenden Sie folgenden Befehl:

```
$ docker run -it node:8 /bin/bash
Unable to find image 'node:8' locally
8: Pulling from library/node
e79bb959ec00: Already exists
d4b7902036fe: Already exists
1b2a72d4e030: Already exists
d54db43011fd: Already exists
69d473365bb3: Already exists
6e2490ee2dc8: Already exists
24bcfd3d8296: Pull complete
4c485b32137c: Pull complete
Digest: sha256:3dc377430ed62815eac3d97f08f3760bca89250c6168515e4e5e03d89274
5825
Status: Downloaded newer image for node:8
root@cfe9405cbef3:/# node -v
v8.16.0
```

13.2.4 Docker-Befehlsreferenz

Neben dem Unterbefehl `docker run` für das Erzeugen und Starten von Docker-Containern gibt es für den Befehl `docker` eine ganze Reihe weiterer Unterbefehle. Folgende Tabelle zeigt Ihnen die wichtigsten rund um das Arbeiten mit Containern und Images (für eine detailliertere Beschreibung inklusive Beispielen und entsprechender Parameter für die jeweiligen Befehle sei auf die offizielle Dokumentation der Befehlsreferenz verwiesen, die Sie unter *https://docs.docker.com/engine/reference/commandline/docker/* finden).

Befehl (ohne eventuelle Parameter)	Beschreibung
Allgemein	
`docker login`	Login in eine Docker-Registry.
`docker logout`	Logout aus einer Docker-Registry.
`docker search`	Suche eines Images in der aktuellen Docker-Registry.
Container	
`docker create`	Erzeugen eines Containers, ohne ihn zu starten.
`docker rename`	Umbenennen eines Containers.
`docker run`	Erzeugen und Starten eines Containers.
`docker rm`	Löschen eines Containers.
`docker update`	Aktualisieren der Konfiguration eines Containers.
`docker start`	Starten eines Containers.
`docker stop`	Stoppen eines Containers.
`docker restart`	Stoppen und Neustarten eines Containers.
`docker pause`	Pausieren eines Containers.
`docker unpause`	Fortsetzen eines pausierten Containers.
`docker wait`	Warten auf das Beenden eines Containers.
`docker kill`	Senden des SIGKILL-Signals an einen Container, um ihn zu beenden.
`docker attach`	Verbinden der Standard-Input- und Standard-Output-Streams sowie des Fehler-Streams an einen Container.

Tabelle 13.1 Die wichtigsten Befehle von Docker

Befehl (ohne eventuelle Parameter)	Beschreibung
docker cp	Kopieren von Dateien und Verzeichnissen zwischen einem Container und dem lokalen Dateisystem.
docker export	Exportieren des Dateisystems eines Containers.
docker ps	Auflisten der gestarteten Container.
docker logs	Log-Ausgabe eines Containers.
docker inspect	Ausgabe von Informationen zu einem Container.
docker events	Ausgabe der Events eines Containers.
docker port	Auflisten der Port-Mappings eines Containers.
docker top	Auflisten der laufenden Prozesse innerhalb eines Containers.
docker stats	Ausgabe des Ressourcen-Verbrauchs von Containern (bspw. bezüglich CPU und Arbeitsspeicher).
docker diff	Ausgabe geänderter Dateien innerhalb eines Containers.
Images	
docker pull	Lädt ein Image aus der aktuellen Docker-Registry auf den lokalen Rechner.
docker push	Lädt ein Image vom lokalen Rechner in die aktuelle Docker-Registry.
docker images	Auflisten aller Images.
docker import	Erstellt ein Image auf Basis eines Tarball-Archivs.
docker export	Exportiert ein Image in ein Tarball-Archiv.
docker build	Erstellt ein Image auf Basis einer Dockerfile-Datei.

Tabelle 13.1 Die wichtigsten Befehle von Docker (Forts.)

Befehl (ohne eventuelle Parameter)	Beschreibung
`docker commit`	Erstellt ein Image auf Basis eines Containers (der eventuell zuvor automatisch pausiert wird).
`docker rmi`	Löscht ein Image.
`docker load`	Erstellt ein Image bzw. gegebenenfalls mehrere Images auf Basis eines Tarball-Archivs, wobei Tags und Versionen berücksichtigt werden.
`docker save`	Exportiert ein Image in ein Tarball-Archiv, inklusive aller Tags und Versionen.
`docker history`	Ausgabe der Historie eines Images.
`docker tag`	Hinzufügen eines Tags zu einem Image.

Tabelle 13.1 Die wichtigsten Befehle von Docker (Forts.)

13.2.5 Docker Compose

Sobald Ihre Anwendung aus mehreren Docker-Containern besteht, ist es recht mühsam und unübersichtlich, wenn Sie alles von Hand über Kommandozeilenbefehle verwalten. Aus diesem Grund stellt Docker Ihnen mit *Docker Compose* ein Tool zur Verfügung, das Ihnen die Konfiguration mehrerer Komponenten (Stichwort *Orchestrierung*) erleichtert.

Mit Docker Compose können Sie innerhalb einer oder mehrerer Konfigurationsdateien im YAML-Format (*docker-compose.yml*) mehrere *Services* konfigurieren (also das, was später in einem Docker-Container resultiert) und die Abhängigkeiten dieser Services untereinander definieren. Anschließend können Sie die Services/Container mit einem einzelnen Befehl starten, stoppen, neustarten etc.

Ein weiterer Vorteil der Konfigurationsdateien: Sie können diese sehr einfach mit Ihren Kollegen tauschen, die wiederum ohne großes Vorwissen Ihre gesamte Applikation starten können, und auch für das Deployment beim Kunden eignet sich Docker Compose hervorragend. Darüber hinaus bietet es sich an, die Konfigurationsdateien von Docker Compose direkt mit dem Quelltext zu versionieren, sodass jeder Entwickler direkt Zugriff auf eine fertig konfigurierte (Test)-Umgebung hat, die zum jeweiligen Code passt.

Hinweis

Entsprechende Konfigurationsdateien sind Ihnen im Laufe dieses Buches an vielen verschiedenen Stellen begegnet, bspw. in Kapitel 7, »Persistenz«, für das Starten der verschiedenen Datenbanken, oder in Kapitel 9, »Sockets und Messaging«, für das Starten der verschiedenen Messaging-Systeme. Im Detail werde ich auf Docker Compose noch einmal später in diesem Kapitel eingehen (Rezept 103) und Ihnen dort zeigen, wie Sie selbst eine kleine Microservice-Architektur mithilfe von Docker Compose *orchestrieren*.

Installation

Je nachdem, welche Installationsform Sie für Docker gewählt haben, ist in dieser Installation Docker Compose bereits enthalten (bspw. in »Docker Desktop for Mac«, »Docker Desktop for Windows« und »Docker Toolbox«). Sollte dies nicht der Fall sein bzw. sollten Sie eine Installationsform gewählt haben, in der Docker Compose nicht enthalten ist, finden Sie unter *https://docs.docker.com/compose/install/* entsprechende Anleitungen, Docker Compose nachträglich zu installieren.

13.2.6 Befehlsreferenz Docker Compose

Neben dem bisher verwendeten Befehl `docker-compose up` für das Starten (inklusive gegebenenfalls das Erzeugen) mehrerer Container (bzw. in diesem Kontext: Services) gibt es noch verschiedene weitere Befehle. Die wichtigsten davon zeigt Tabelle 13.2.

Befehl	Beschreibung
`docker-compose up`	Erzeugt und startet alle Services, die in der Docker-Compose-Datei definiert sind.
`docker-compose down`	Stoppt alle Services, die in der Docker-Compose-Datei definiert sind und entfernt alle entsprechenden Container.
`docker-compose start <SERVICE>`	Startet einzelne Services.
`docker-compose stop <SERVICE>`	Stoppt einzelne Services.
`docker-compose pause <SERVICE>`	Pausiert einzelne Services.

Tabelle 13.2 Die wichtigsten Befehle von Docker Compose

Befehl	Beschreibung
`docker-compose unpause <SERVICE>`	Hebt die Pausierung einzelner Services auf.
`docker-compose ps`	Listet alle gestarteten Services auf.

Tabelle 13.2 Die wichtigsten Befehle von Docker Compose (Forts.)

13.2.7 Docker User Interfaces

Prinzipiell lässt sich Docker sehr gut per Kommandozeile verwenden, sei es mit Docker oder etwas komfortabler mit Docker Compose. Hin und wieder kann es aber auch hilfreich sein, eine grafische Oberfläche zur Hand zu haben, über die sich Container und Images verwalten lassen und die Ihnen einen (vermeintlich) besseren Überblick über Ihr Docker-System gibt. Zwei empfehlenswerte Tools in diesem Zusammenhang sind Kitematic (*https://kitematic.com/*, Abbildung 13.8) und Portainer (*https://www.portainer.io/*, Abbildung 13.9). Letzteres kann übrigens praktischerweise selbst per Docker gestartet werden, die entsprechenden Schritte hierfür sind unter *https://www.portainer.io/installation/* beschrieben.

13

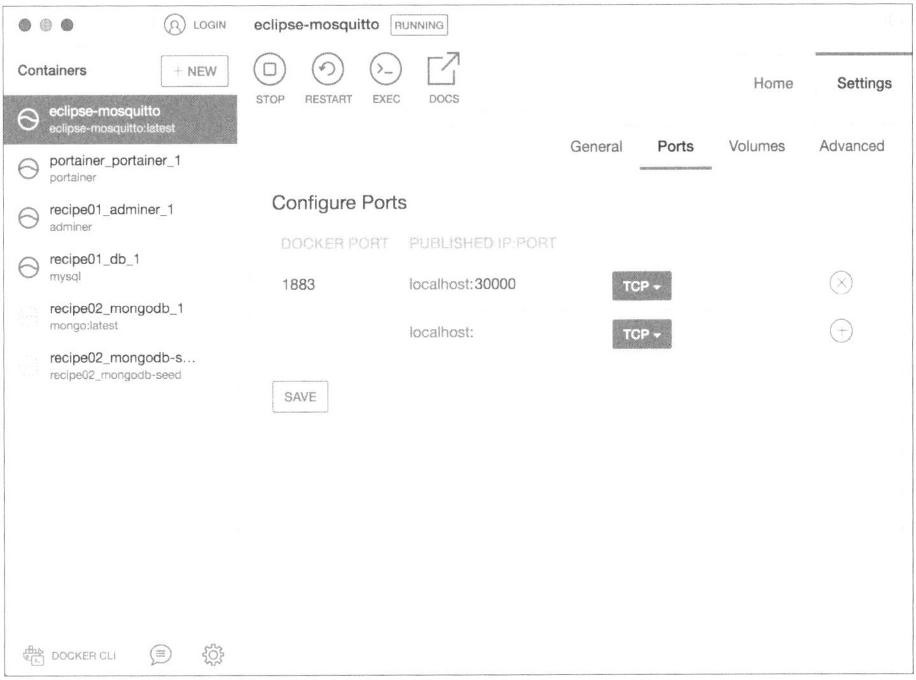

Abbildung 13.8 Die Oberfläche von Kitematic

Abbildung 13.9 Die Oberfläche von Portainer

13.2.8 Ausblick

Nachdem Sie nun die Grundlagen von Docker und Docker Compose kennen, zeige ich Ihnen in den folgenden beiden Rezepten, wie Sie eine Node.js-Applikation in Form eines Docker Images deployen (Rezept 100) und wie Sie aufbauend auf diesem Image Ihre Node.js-Applikation innerhalb eines Docker-Containers starten (Rezept 101). In den beiden daran anschließenden Rezepten zeige ich Ihnen dann, was es mit Microservices auf sich hat (Rezept 102) und wie Sie eine kleine Microservice-Anwendung in Node.js über Docker Compose starten (Rezept 103).

Wenn Sie sich darüber hinaus etwas intensiver mit dem Thema Docker beschäftigen möchten (was ich nur empfehlen kann für den Fall, dass Sie entsprechende Kenntnisse noch nicht haben), empfehle ich Ihnen für den Einstieg das Buch »Docker: Das Praxisbuch für Entwickler und DevOps-Teams« von Bernd Öggl und Michael Kofler, das ebenfalls im Rheinwerk Verlag erschienen ist und Docker anhand zahlreicher Praxisbeispiele vorstellt. Das Buch »Docker in Practice« von Ian Miell und Aiden Hobson Sayers (Manning Verlag, 2019) geht noch einen Schritt weiter (richtet sich aber auch eher an Entwickler mit Docker-Erfahrung) und vermittelt rezeptartig über 100 praxisrelevante Tipps für den Einsatz von Docker.

Verwandte Rezepte

- Rezept 100: Ein Docker Image für eine Node.js-Applikation erstellen
- Rezept 101: Einen Docker-Container starten
- Rezept 103: Microservice-Architekturen aufsetzen mit Docker Compose

13.3 Rezept 100: Ein Docker Image für eine Node.js-Applikation erstellen

Sie möchten für eine Node.js-Applikation ein Docker Image erstellen, um sie anschließend in Form eines Docker-Containers starten zu können.

13.3.1 Lösung

Bevor Sie mit dem Erstellen des Docker Images loslegen, benötigen wir eine kleine Beispielapplikation. Lassen Sie uns dazu einen einfachen Webservice mithilfe von Express aufsetzen (siehe Rezept 56). Dazu initialisieren Sie die Applikation wie folgt:

```
$ mkdir docker-example
$ cd docker-example
$ npm init -y
$ npm install express
$ mkdir src
```


Erweitern Sie anschließend die Konfigurationsdatei *package.json* um die in Listing 13.4 gezeigten npm-Scripts und passen Sie gegebenenfalls die Beschreibung und die Informationen zum Autor an:

```
{
  "name": "docker-example",
  "version": "1.0.0",
  "description": "Node.js running on Docker",
  "main": "./src/start.js",
  "scripts": {
    "start": "node ./src/start.js",
    "start:debug": "node --inspect ./src/start.js"
  },
  "keywords": [
    "javascript",
    "nodejs"
  ],
  "author": "Philip Ackermann",
  "license": "MIT",
  "dependencies": {
    "express": "^4.16.3"
  },
  "devDependencies": {}
}
```

Listing 13.4 Aufbau der Konfigurationsdatei für das Docker-Beispiel

Den Code für den Express-Webservice sehen Sie in Listing 13.5. Legen Sie eine Datei *start.js* in dem Verzeichnis *src* an, und kopieren Sie den Code dort hinein.

```
const express = require('express');

const PORT = 8080;
const HOST = '0.0.0.0';

const app = express();
app.get('/api/v1', (request, response) => {
  response.send('Webservice running in Docker');
});
app.listen(PORT, HOST);
console.log(`Running on http://${HOST}:${PORT}`);
```

Listing 13.5 Einfacher Express-Server für das Docker-Beispiel

Um zu testen, ob die Applikation wie erwartet läuft, rufen Sie im Applikationsverzeichnis den Befehl `npm start` auf und öffnen anschließend im Browser die URL *http://localhost:8080/api/v1*. Als Antwort sollten Sie im Browser die Meldung »Webservice running in Docker« sehen. Das stimmt zwar noch nicht, aber in den folgenden Abschnitten zeige ich Ihnen, wie die Applikation wirklich innerhalb von Docker zum Laufen gebracht wird (stoppen Sie also die Anwendung wieder).

Erstellen der Konfiguration für das Docker Image

Die einzelnen Schritte, die ausgeführt werden sollen, um das Docker Image zu erzeugen, konfigurieren Sie über eine Datei mit dem Namen *Dockerfile*. Diese Datei definiert quasi den Bauplan für ein spezielles Docker Image. Innerhalb der Datei stehen verschiedene Befehle zur Verfügung, über die Sie die einzelnen Schritte definieren können, bspw. für das Kopieren von Dateien oder das Ausführen von Kommandozeilenbefehlen innerhalb des Docker Images. Im Folgenden werde ich anhand eines Beispiels die gebräuchlichsten dieser Befehle erläutern. Für eine vollständige Übersicht sei auf die offizielle Dokumentation unter *https://docs.docker.com/engine/reference/builder/* verwiesen.

Legen Sie für das Beispiel eine entsprechend benannte Datei in Ihrem Applikationsverzeichnis an, und kopieren Sie folgenden Code hinein:

```
# Definieren des Basis Docker Images
FROM node:12

# Erstellen des Anwendungsverzeichnisses
WORKDIR /usr/src/app
```

```
# Kopieren der Konfigurationsdateien
# package.json und package-lock.json
COPY package*.json ./
# Installieren der Abhängigkeiten
RUN npm install
# Alternativ im Produktivsystem:
# RUN npm install --production

# Kopieren der Quelltextdateien
COPY . .

# Freigeben des Ports, unter dem der
# Express-Server läuft
EXPOSE 8080

# Starten des definierten npm-Scripts
CMD [ "npm", "start" ]
# Alternativ Starten im Debug-Modus
# CMD [ "npm", "start:debug" ]
```

Listing 13.6 Dockerfile für die Beispiel-Applikation

In dieser Beispieldatei kommen folgende Befehle zum Einsatz:

- Über den Befehl `FROM` definieren Sie, welches Docker Image die Basis für das zu erstellende Image bildet. Auch wenn Sie Docker Images für Node.js prinzipiell auf Basis eines einfachen Linux-Images erstellen können, bietet es sich an, eines der offiziellen Docker Images von Node.js zu verwenden (siehe vorheriges Rezept). Sie verwenden daher das »node«-Image für die momentan aktuelle LTS-Version von Node.js (Version 12), die unter Docker Hub mit einem entsprechenden *Tag* versehen ist (siehe auch *https://hub.docker.com/r/library/node/tags/*).
- Über den Befehl `WORKDIR` definieren Sie das Arbeitsverzeichnis, in dem die Anwendung laufen soll, wenn später ein Docker-Container auf Basis des Images gestartet wird.
- Mit dem Befehl `COPY` lassen sich Dateien in ein Docker Image hineinkopieren. Über `COPY package*.json ./` sorgen Sie dafür, dass sowohl die Datei *package.json* als auch die Datei *package-lock.json* von dem Host-Rechner in das Docker Image (in das oben definierte Arbeitsverzeichnis) kopiert werden.
- Über `RUN` lassen sich innerhalb des Images Befehle in der Kommandozeile ausführen. Im Beispiel rufen Sie auf diese Weise den Installationsprozess der Abhängigkeiten über npm auf (`npm install`).

- Über `COPY . .` kopieren Sie anschließend den eigentlichen Quelltext der Applikation in das Arbeitsverzeichnis des Docker Images.
- Über `EXPOSE` lassen sich diejenigen Ports definieren, die ein gestarteter Docker-Container nach außen verfügbar machen soll. Da unser Beispiel-Webservice unter dem Port 8080 läuft, geben Sie genau diesen über `EXPOSE 8080` frei.
- Über `CMD` können Sie einen Befehl angeben, der beim Starten eines Docker-Containers auf Basis des Images ausgeführt wird. Mithilfe von `CMD [ "npm", "start" ]` sorgen Sie also dafür, dass der Befehl `npm start` ausgeführt und damit die Applikation gestartet wird. Wenn Sie die Applikation dagegen im Debug-Modus starten möchten, verwenden Sie stattdessen den Befehl `CMD [ "npm", "start:debug" ]`, um entsprechendes npm-Skript aus der *package.json*-Datei auszuführen.

Best Practices für das Erstellen von Docker Images

Bevor ich Ihnen zeige, wie Sie mit der in Listing 13.6 definierten *Dockerfile*-Datei ein Docker Image erzeugen, möchte ich Ihnen noch ein paar Best Practices an die Hand geben, die Sie bei der Definition von Dockerfile-Dateien – insbesondere im Zusammenhang mit dem Deployment von Node.js-Applikationen – beachten sollten:

- **Deployment für Produktivsystem**: Stellen Sie sicher, dass Sie beim Deployment für ein Produktivsystem nur die Abhängigkeiten installieren, die auch für den Produktiveinsatz notwendig sind, und bspw. keine Testabhängigkeiten etc. installieren. Der Befehl dazu lautet: `npm install --production` bzw. im Kontext vom Docker Image `RUN npm install --production`.
- **Reihenfolge der Deployment-Schritte**: Achten Sie darauf, dass Sie das Kopieren der Konfigurationsdateien und die Installation der Abhängigkeiten ausführen, *bevor* Sie den Quelltext Ihrer Anwendung in das Image kopieren. Auf diese Weise ist sichergestellt, dass beim erneuten Erstellen des Docker Images nicht die gesamten Abhängigkeiten erneut installiert werden müssen, wenn sich lediglich etwas in dem Quelltext (nicht aber in den Konfigurationsdateien) ändert (ein praxisnahes Beispiel hierzu folgt im nächsten Rezept, wenn Sie das in diesem Rezept erstellte Image aktualisieren).
- **Ignorieren von Dateien und Verzeichnissen**: Da die Installation der Abhängigkeiten innerhalb des Docker Images vorgenommen wird, ist es nicht notwendig, das Verzeichnis *node_modules* vom Host-Rechner in das Image zu kopieren. Erstellen Sie stattdessen eine Datei *.dockerignore*, und fügen Sie dort folgende Zeilen hinzu, um sowohl das Verzeichnis *node_modules* als auch die Datei *npm-debug.log* zu ignorieren:

  ```
  node_modules
  npm-debug.log
  ```

Erstellen des Docker Images

Mit der Dockerfile-Datei als Grundlage können Sie im nächsten Schritt über folgenden Befehl ein Docker Image erstellen, wobei `<username>` gegebenenfalls durch Ihren Nutzernamen der Docker-Registry zu ersetzen ist:

```
$ docker build -t <username>/docker-example .
```

Der Parameter `-t` erlaubt dabei die Angabe eines Namens, damit Sie später einfacher auf das Image zugreifen können. Der Übersichtlichkeit halber bietet es sich hier an, den eigenen Nutzernamen von Docker Hub als Präfix zu verwenden (zumal Sie so – zumindest innerhalb von Docker Hub – die Eindeutigkeit des Images sicherstellen für den Fall, dass Sie das Image in dieser Registry hochladen möchten).

Nach dem Namen des Images folgt die Angabe zu dem Verzeichnis, in dem die Dockerfile-Datei liegt (im Befehl oben leicht zu übersehen, da hier lediglich ein Punkt stellvertretend für das aktuelle Verzeichnis angegeben ist).

Intern führt Docker nun nacheinander die in der Dockerfile-Datei definierten Schritte aus, wie folgende Konsolenausgabe verdeutlicht:


```
Sending build context to Docker daemon   1.97MB
Step 1/7 : FROM node:carbon
 ---> 4635bc7d130c
Step 2/7 : WORKDIR /usr/src/app
 ---> Using cache
 ---> 4c9a4a6ca200
Step 3/7 : COPY package*.json ./
 ---> 4d96bbe1661e
Removing intermediate container a83fa9e91381
Step 4/7 : RUN npm install
 ---> Running in ea810033b0bd
npm WARN recipe-03@1.0.0 No repository field.

added 50 packages in 3.09s
 ---> f7c62b278665
Removing intermediate container ea810033b0bd
Step 5/7 : COPY . .
 ---> 16f25acadc74
Removing intermediate container 9617743a1843
Step 6/7 : EXPOSE 8080
 ---> Running in 12e33af344cf
 ---> f66461fcb42a
Removing intermediate container 12e33af344cf
```

```
Step 7/7 : CMD npm start
 ---> Running in 757070dc4795
 ---> 082fe98626c7
Removing intermediate container 757070dc4795
Successfully built 082fe98626c7
Successfully tagged cleancoderocker/docker-example:latest
```

Listing 13.7 Ausgabe beim Erzeugen eines Docker Images

Um sich eine Liste aller Docker Images auf Ihrem Rechner ausgeben zu lassen, verwenden Sie den Befehl `docker images`. Wurde das Docker Image gerade eben erfolgreich erzeugt, sollte es in der Ausgabe aufgelistet sein:

```
$ docker images
REPOSITORY                      TAG     IMAGE ID     CREATED        SIZE
cleancoderocker/docker-example latest  082fe98626c7 40 seconds ago 676MB
mysql                          5.7     db763dfc448b 8 days ago     372MB
nginx                          alpine  ebe2c7c61055 3 weeks ago     18MB
nginx                          latest  b175e7467d66 3 weeks ago    109MB
node                           carbon  4635bc7d130c 5 weeks ago    673MB
portainer/portainer            latest  f6dd93561a5f 5 weeks ago     35MB
...
```

13.3.2 Ausblick

Sie haben jetzt erfolgreich ein Docker Image erzeugt, das eine kleine Node.js-Applikation enthält. Genauer gesagt enthält das Docker Image den Code und alle Abhängigkeiten – inklusive Node.js selbst –, um diese Node.js-Applikation starten zu können, denn die Applikation selbst startet erst, wenn Sie auf Basis des Docker Images einen Container erzeugen. Wie das funktioniert, schauen Sie sich im nächsten Rezept an.

Verwandte Rezepte

- Rezept 2: Mehrere Node.js-Versionen parallel betreiben
- Rezept 101: Einen Docker-Container starten

13.4 Rezept 101: Einen Docker-Container starten

Sie möchten einen Docker-Container bzw. eine in einem Docker Image enthaltene Node.js-Applikation starten.

13.4.1 Lösung

Um auf Basis des im vorherigen Rezepts erstellten Docker Images einen Docker-Container zu starten, verwenden Sie den Befehl `docker run` innerhalb des Verzeichnisses mit der Dockerfile-Datei wie folgt, wobei `<username>/docker-example` durch den Namen des vorhin erzeugten Images zu ersetzen ist:

```
$ docker run \
    -p 8090:8080 \
    --name=docker-example \
    --restart=always \
    -d <username>/docker-example
```

Die einzelnen Parameter sind dabei optional (siehe auch *https://docs.docker.com/engine/reference/run/*).

Über `-p` können Sie ein Port-Mapping definieren, wobei die erste Angabe den Port auf dem Host-Rechner bezeichnet und die zweite Angabe den Port innerhalb des Containers. Im Beispiel wird also der Port 8080 des Containers auf den Port 8090 des Host-Rechners gemappt. Dieses Mapping kann z. B. hilfreich sein, um Konflikte mit bereits belegten Ports zu vermeiden (siehe auch das Starten zweier parallel laufender Mosquitto-Instanzen in Rezept 99).

- Über `--name` lässt sich dem Container ein Name zuweisen, der nicht nur der Übersichtlichkeit dient, sondern später auch in anderen Befehlen verwendet werden kann, um den Container zu referenzieren.
- Über `--restart` lässt sich die sogenannte *Restart-Policy* definieren. Die Angabe `always` sorgt bspw. dafür, dass der Container immer neu gestartet wird, unabhängig davon, mit welchem *Exit-Code* er zuvor beendet wurde.
- Über `-d` starten Sie den Container im *Detached-Modus*, sprich im Hintergrund. Ohne diesen Parameter bleibt der gestartete Container nur so lange aktiv, bis Sie das jeweilige Terminalfenster schließen oder den Prozess über die entsprechende Tastenkombination (`Cmd`+`C` bzw. `Strg`+`C`) abbrechen.

Wenn Sie nun die Adresse *http://localhost:8090/api/v1.0* aufrufen (im Browser oder, wie in folgendem Listing zu sehen, über ein Kommandozeilentool wie HTTPie), sollte der Webservice mit dem Text »Webservice running in Docker« antworten:

```
$ http http://localhost:8090/api/v1.0
HTTP/1.1 200 OK
Connection: keep-alive
Content-Length: 28
Content-Type: text/html; charset=utf-8
Date: Tue, 08 May 2018 18:44:08 GMT
ETag: W/"1c-04bMjbIm9ogkF29FB4yuAgwKZg4"
```

```
X-Powered-By: Express
Webservice running in Docker
```

Aktualisieren des Docker Images

Ist das Docker Image einmal erstellt, lässt es sich sehr leicht aktualisieren. Um dies zu demonstrieren, passen Sie den Webservice wie folgt an, sodass er nicht einen einfachen Text, sondern eine Nachricht im JSON-Format zurückgibt:

```
const express = require('express');

const PORT = 8080;
const HOST = '0.0.0.0';

const app = express();

app.get('/api/v1.0', (request, response) => {
  response.json({
    version: '1.0',
    title: 'Simple Webservice',
    description: 'Webservice running in Docker',
  });
});

app.listen(PORT, HOST);
console.log(`Running on http://${HOST}:${PORT}`);
```

Listing 13.8 Aktualisierter Express-Server für das Docker-Beispiel

Rufen Sie nun wieder folgenden Befehl auf, um das Docker Image erneut zu erstellen bzw. zu aktualisieren:

```
$ docker build -t <username>/docker-example .
```

Wie Sie anhand folgender Konsolenausgabe erkennen können, werden beim erneuten Erstellen des Images lediglich die geänderten Quelltextdateien kopiert (Schritt 5). Alle vorausgehenden Schritte werden aus dem Cache gelesen (zu erkennen an der Ausgabe `---> Using cache`) und nicht erneut ausgeführt.

```
Sending build context to Docker daemon  1.971MB
Step 1/7 : FROM node:carbon
 ---> 4635bc7d130c
Step 2/7 : WORKDIR /usr/src/app
 ---> Using cache
 ---> 4c9a4a6ca200
Step 3/7 : COPY package*.json ./
```

```
 ---> Using cache
 ---> 4d96bbe1661e
Step 4/7 : RUN npm install
 ---> Using cache
 ---> f7c62b278665
Step 5/7 : COPY . .
 ---> 99b40535a878
Removing intermediate container 832ea423e960
Step 6/7 : EXPOSE 8080
 ---> Running in cac3f33a7e02
 ---> b2e60f4ce4f4
Removing intermediate container cac3f33a7e02
Step 7/7 : CMD npm start
 ---> Running in 5bb0424e851e
 ---> c77abf169003
Removing intermediate container 5bb0424e851e
Successfully built c77abf169003
Successfully tagged cleancoderocker/docker-example:latest
```

Listing 13.9 Aktualisieren eines Docker Images

Führen Sie anschließend folgende Befehle aus, um den bereits existierenden Container »docker-example« zu stoppen und zu löschen und anschließend einen gleichnamigen Container auf Basis des aktualisierten Images zu erzeugen:

```
$ docker stop docker-example
$ docker rm docker-example
$ docker run \
    -p 8090:8080 \
    --name=docker-example \
    --restart=always \
    -d <username>/docker-example
```

Rufen Sie nun den Webservice erneut auf, liefert er wie erwartet eine Antwort im JSON-Format:

```
$ http http://localhost:8090/api/v1.0
HTTP/1.1 200 OK
Connection: keep-alive
Content-Length: 90
Content-Type: application/json; charset=utf-8
Date: Tue, 08 May 2018 18:42:56 GMT
ETag: W/"5a-AdUKfrUzAUEfx3TLCPw+vNoEcYo"
X-Powered-By: Express
{
```

```
  "description": "Webservice running in Docker",
  "title": "Simple Webservice",
  "version": "1.0"
}
```

Hinweis

Sie können Docker-Container entweder wie gezeigt über ihren Namen, aber auch über ihre ID stoppen und löschen (`docker stop <container_id>` bzw. `docker rm <container_id>`). Um die ID eines Containers zu ermitteln, verwenden Sie den Befehl `docker ps` bzw. `docker ps -a`. Ersterer listet die aktuell laufenden Container auf, letzterer alle Container, sprich auch die gestoppten.

Um alle laufenden Container zu stoppen, können Sie den Befehl `docker stop $(docker ps -q)` verwenden, um alle Container zu löschen den Befehl `docker rm $(docker ps -a -q)`.

Um das gesamte Docker-System um nicht verwendete Container, Images etc. zu bereinigen, können Sie zudem auf den Befehl `docker system prune` zurückgreifen.

13.4.2 Ausblick

Sie wissen jetzt, wie Sie Node.js-Applikationen in Form von Docker Images deployen und als Docker-Container starten können. Aufbauend auf diesem Wissen, möchte ich Ihnen im nächsten Rezept die wichtigsten Konzepte von Microservice-Architekturen vorstellen und – damit das Ganze dann schön praxisnah wird – im daran anschließenden Rezept zeigen, wie Sie mit Node.js, Docker und Docker Compose eine kleine Microservice-Architektur aufsetzen.

Verwandte Rezepte

- Rezept 102: Microservice-Architekturen verstehen
- Rezept 103: Microservice-Architekturen aufsetzen mit Docker Compose

13.5 Rezept 102: Microservice-Architekturen verstehen

Sie möchten verstehen, wie Microservice-Architekturen funktionieren.

13.5.1 Eigenschaften von Microservice-Architekturen

Lassen Sie uns zunächst einen Blick darauf werfen, wie sich Microservice-Architekturen von monolithischen Architekturen unterscheiden und welchem Aufbau Microservice-Architekturen folgen (wenn Sie mit Microservice-Architekturen bereits vertraut sind, können Sie dieses Rezept auch überspringen und direkt mit dem nächsten Rezept fortfahren).

Dezentralisierung

Gegenüber monolithischen Anwendungen, bei denen alles in einer einzelnen Komponente (oder einigen wenigen) zentralisiert ist, sind Microservices dezentralisiert. Jeder Microservice hat seine eigene klar definierte und abgegrenzte Aufgabe (Abbildung 13.10) und arbeitet mehr oder weniger unabhängig von anderen Microservices (was nicht heißt, dass keine Kommunikation zwischen den einzelnen Microservices stattfindet).

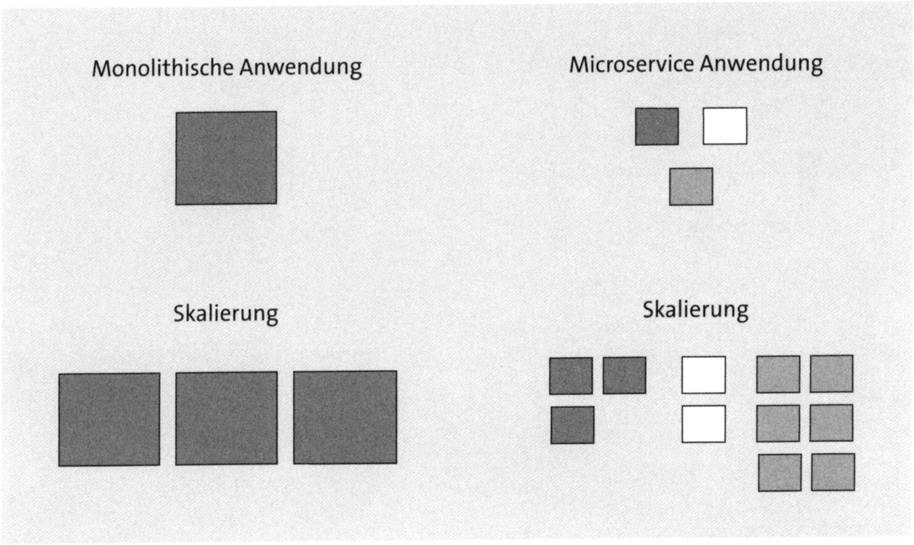

Abbildung 13.10 Monolithische Anwendung vs. Microservice-Anwendung

Resilienz

Anwendungen, die auf einer Microservice-Architektur basieren, kommen leichter mit neuen Anforderungen zurecht. Diese Eigenschaft bezeichnet man auch als *Resilienz*. Microservice-Anwendungen sind also *resilienter* als monolithische Anwendungen.

Skalierbarkeit

Anwendungen, die eine Microservice-Architektur verwenden, können besser skaliert werden, da nicht zwangsweise die gesamte Anwendung skaliert werden muss, sondern einzelne Services je nach Bedarf skaliert werden können.

Technologieunabhängigkeit

Im Gegensatz zu monolithischen Anwendungen, bei denen in der Regel eine zentrale Menge von Technologien zum Einsatz kommt, kann bei Microservice-Architekturen jeder einzelne Microservice eine andere Technologie verwenden. Beispielsweise ist es ohne Weiteres möglich, dass in einer Anwendung einige Microservices in Java, andere in JavaScript bzw. Node.js und wieder andere in Go oder Erlang implementiert sind (Abbildung 13.11). Man macht sich also nicht abhängig von einer bestimmten Technologie oder einer bestimmten Menge an Technologien.

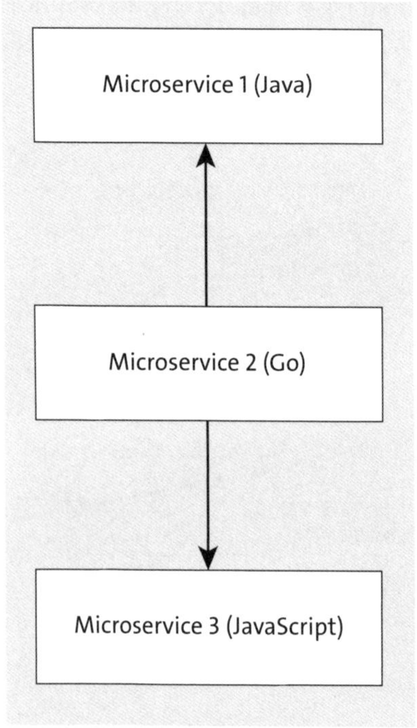

Abbildung 13.11 Microservices sind technologieunabhängig.

Austauschbarkeit

Bei einer Microservice-Architektur können einzelne Microservices leichter ausgetauscht werden. Wenn sich im Laufe eines Projekts herausstellt, dass ein Service neu implementiert werden muss, kann die Implementierung des Service parallel geschehen. Ist man mit der Implementierung des neuen Service dann fertig, kann der alte Service ausgetauscht werden. Und das sogar zur Laufzeit (Stichwort *Zero Downtime*).

Flexibleres Deployment

Bezogen auf das Deployment von Microservice-basierten Anwendungen, muss man unterscheiden: Der initiale Aufwand für das gesamte Deployment einer Anwendung, die aus zahlreichen Microservices besteht, mag vielleicht aufwendiger sein. Dafür gestaltet sich das weitere Deployment in der Regel einfacher, weil jeder Microservice einzeln deployed werden kann: Nicht bei jeder Änderung muss das gesamte System neu deployed werden, sondern nur die jeweils von einer Änderung betroffenen Microservices.

Dezentrale Datenhaltung

Während bei monolithischen Anwendungen die Datenhaltung in der Regel zentral in einer einzelnen Datenbank erfolgt, ist sie bei Microservice-Anwendungen in der Regel dezentral, d. h., jeder Microservice verwaltet seine eigene Datenbank (Abbildung 13.12).

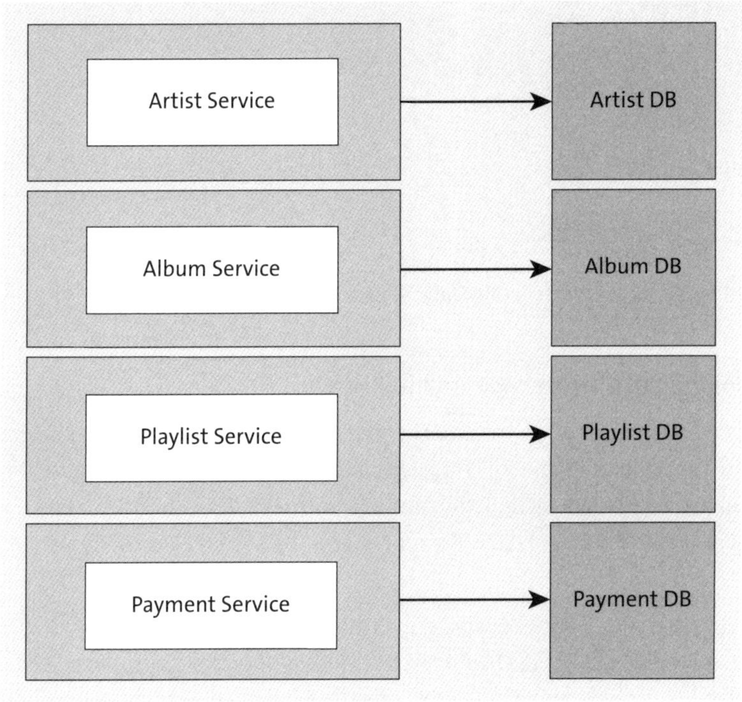

Abbildung 13.12 Microservices und dezentrale Datenhaltung

Alternativ dazu ist aber auch der Einsatz einer gemeinsamen Datenbank möglich (Abbildung 13.13). Allerdings sollten in diesem Fall die einzelnen Microservices nicht von persistenten Daten anderer Microservices abhängig sein. Untereinander sollten die Microservices also keinen direkten Zugriff auf die Datenbanken der jeweils anderen Microservices haben. Stattdessen sollte der Zugriff auf die Daten ausschließlich über die API des jeweiligen Microservice erfolgen.

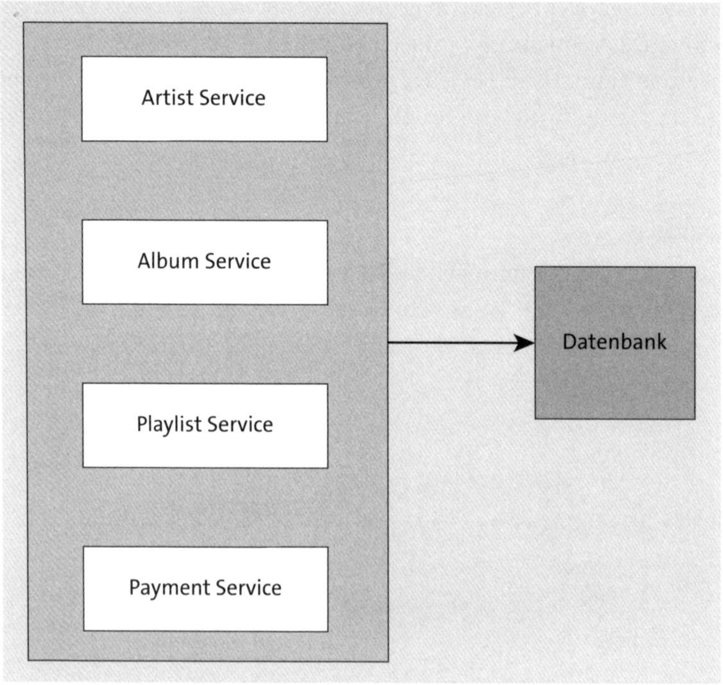

Abbildung 13.13 Microservices und zentrale Datenhaltung

13.5.2 Technologien bei Microservice-Architekturen

Je nachdem, ob die Kommunikation mit Microservices synchron oder asynchron geschieht, kommen Technologien wie REST (Rezept 56) und GraphQL zum Einsatz (Rezept 60) oder Technologien wie MQTT (Rezept 72) und AMQP (Rezpt 70). Als Austauschformate werden in der Regel JSON (Rezept 45) oder XML (Rezept 36, Rezept 37) verwendet.

Die Schnittstellen einzelner Services werden oftmals über Sprachen wie *Swagger* (*https://swagger.io/*) oder *RAML* (*RESTful API Modeling Language, https://raml.org/*) spezifiziert (zumindest im Fall von REST). Dies erleichtert die Implementierung und die Dokumentation der Schnittstellen und erhöht deren Testbarkeit. Sowohl Swagger als auch RAML erlauben es, API-Spezifikationen im JSON-Format und im YAML-Format (Rezept 42) zu definieren.

13.5.3 Kommunikation mit Microservices

Die Kommunikation mit Microservices (sowie von Microservices untereinander) kann auf verschiedene Art und Weise erfolgen: über Point-to-Point-Kommunikation, ein Messaging-System oder ein API Gateway.

Point-to-Point-Kommunikation

Bei der Point-to-Point-Kommunikation werden die einzelnen Microservices über ihre API direkt angesprochen. Sowohl externe Clients als auch die einzelnen (internen) Microservices untereinander kommunizieren in einer jeweils direkten Verbindung miteinander (Abbildung 13.14).

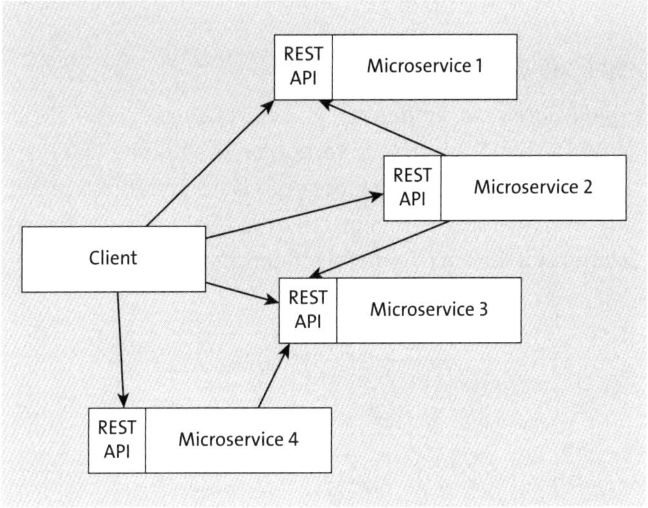

Abbildung 13.14 Point-to-Point-Kommunikation bei Microservices

Kommunikation über ein Messaging-System

Bei dieser Art der Kommunikation stellen die einzelnen Microservices keine REST-API zur Verfügung, sondern interagieren stattdessen über ein Messaging-System (Abbildung 13.15).

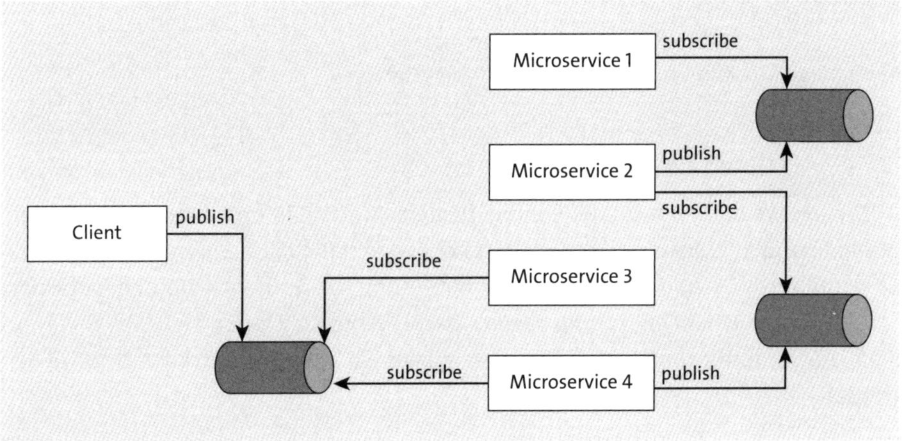

Abbildung 13.15 Kommunikation über Message-Broker

Die genauen Vorteile von Messaging-Systemen haben Sie bereits in Kapitel 9, »Sockets und Messaging«, kennengelernt. Im Zusammenhang mit Microservices sind dies vor allem die Entkopplung einzelner Dienste (gegenüber der Point-to-Point-Kommunikation), die Erweiterbarkeit (neue Services können sehr einfach an das Messaging-System angeschlossen werden) und die Asynchronität (einzelne Services registrieren sich am Messaging-System und können so auf Events reagieren).

Kommunikation über ein API Gateway

Bei der Verwendung eines *API Gateways* werden die einzelnen Microservices einer Applikation hinter einer einheitlichen Schnittstelle verborgen (Abbildung 13.16). Der Zugriff auf die Microservices erfolgt ausschließlich über das Gateway. Durch diesen zentralen Zugriff auf die Microservices lassen sich in einem API Gateway verschiedene Anwendungsfälle realisieren, auf die ich in dem folgenden Abschnitt eingehe.

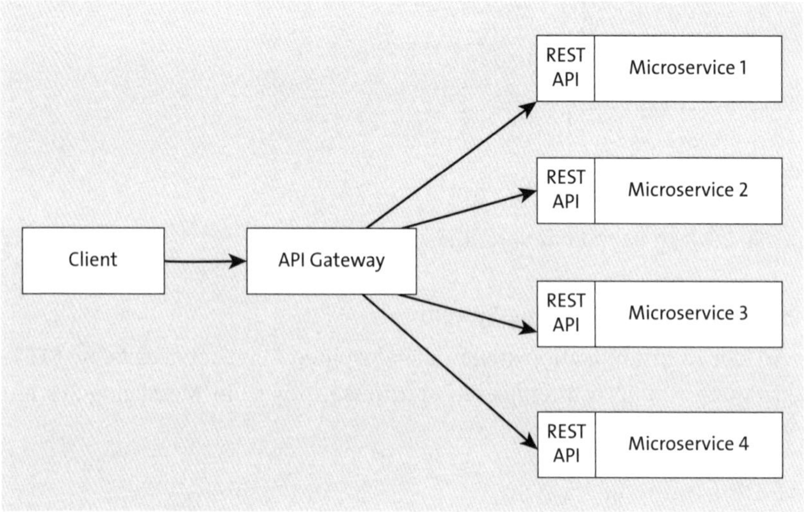

Abbildung 13.16 Kommunikation über zentrales Gateway

13.5.4 API Gateways

API Gateways dienen dazu, eine einheitliche Schnittstelle und zentralen Einstiegspunkt für die APIs der einzelnen Microservices bereitzustellen. Sie eignen sich außerdem, um *Cross Cutting Concerns* einer Anwendung wie Authentifizierung, Transport Security, Load-Balancing etc. zu regeln. Darüber hinaus eignen sich API Gateways auch für andere Szenarien, die in den folgenden Abschnitten kurz beschrieben werden.

Aggregierung von Daten

Wenn die Antworten von mehreren Microservices aggregiert werden sollen, kann das API Gateway die Aggregierung übernehmen und in einer einheitlichen Antwort an den Client senden (Abbildung 13.17).

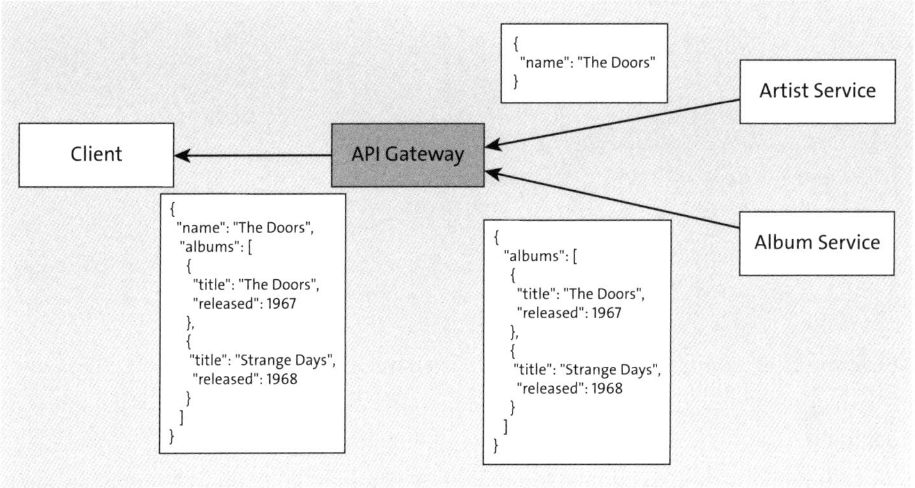

Abbildung 13.17 Aggregierung von Daten über Gateway

Transformierung von Datenformaten

Wenn die Microservices ein anderes Format als Austauschformat verwenden, als vom Client erwartet, kann im API Gateway eine Transformierung des Datenformats stattfinden (Abbildung 13.18). Wenn bspw. die Microservices das XML-Format verwenden, der Client aber das JSON-Format, wäre das API Gateway dafür verantwortlich, sowohl die Transformierung von JSON zu XML (bei Anfragen vom Client) als auch die Transformierung von XML zu JSON (bei Antworten von den Microservices) zu übernehmen.

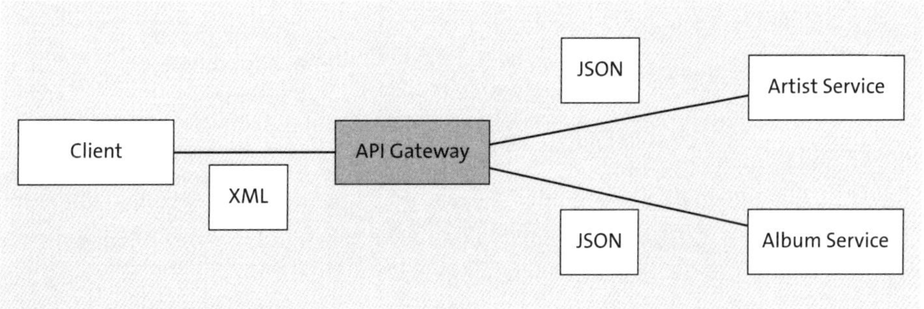

Abbildung 13.18 Transformierung von Datenformaten über Gateway

Transformierung des Protokolls

Oft kann es sein, dass die Microservices ein anderes Protokoll verwenden, als vom Client erwartet (bspw. MQTT anstatt REST). In solchen Fällen kann ein API Gateway dabei helfen, die Anfragen und Antworten von einem Protokoll in das andere Protokoll zu übersetzen (Abbildung 13.19).

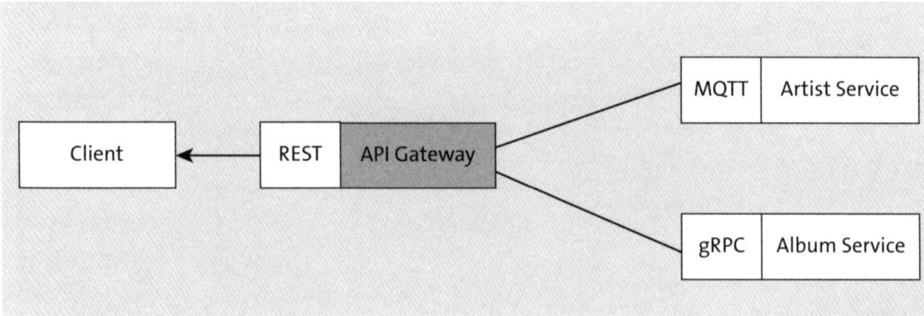

Abbildung 13.19 Transformierung von Protokollen mit Gateway

Caching

Um Anfragen an das Backend schneller zu bearbeiten, können API Gateways auch Caching-Mechanismen implementieren. Anfragen, zu denen bereits eine Antwort geliefert wurde, werden dann im API Gateway gecacht und bei der nächsten Anfrage an den Client zurückgesendet.

Migrierung

API Gateways können dabei helfen, von älteren Versionen der serverseitigen Komponenten bspw. einer monolithischen Architektur schrittweise hin zu einer Microserver-Architektur zu migrieren (Abbildung 13.20).

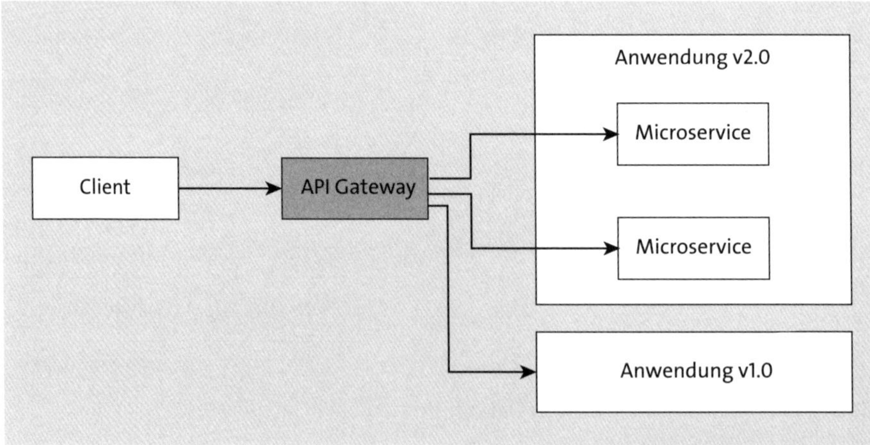

Abbildung 13.20 Migrierung zur Microservice-Architektur mithilfe eines Gateways

13.5.5 Ausblick

Sie haben in diesem Rezept die grundlegendsten Konzepte von Microservice-Architekturen kennengelernt. Das Thema Microservices lässt sich natürlich nicht auf wenigen Seiten zusammenfassen, und es wurden schon viele Bücher zu dem Thema geschrieben. Zwei Bücher, die ich Ihnen in diesem Zusammenhang empfehlen kann, sind »The Tao of Microservices« von Richard Rodger und »Microservice Patterns« von Chris Richardson. Ersteres bietet einen allgemeinen Überblick über Microservice-Architekturen, letzteres stellt – wie der Name schon andeutet – eine Reihe von Entwurfsmustern bezüglich der Umsetzung von Microservice-Architekturen vor.

Im nächsten Rezept möchte ich Ihnen zeigen, wie Sie eine kleine Microservice-Architektur bestehend aus zwei Microservices und einem Gateway mithilfe von Docker und Docker Compose aufsetzen.

Verwandte Rezepte

- Rezept 36: XML verarbeiten
- Rezept 37: XML generieren
- Rezept 42: YAML verarbeiten und generieren
- Rezept 45: JSON validieren
- Rezept 56: Eine REST-API implementieren
- Rezept 60: Eine GraphQL-API implementieren
- Rezept 70: Über AMQP auf RabbitMQ zugreifen
- Rezept 72: Über MQTT auf einen MQTT-Broker zugreifen
- Rezept 103: Microservice-Architekturen aufsetzen mit Docker Compose

13.6 Rezept 103: Microservice-Architekturen aufsetzen mit Docker Compose

Sie möchten eine Microservice-Architektur mit Docker Compose aufsetzen.

13.6.1 Lösung

Im Folgenden zeige ich Ihnen, wie Sie zwei Microservices mit jeweils einer kleinen REST-API aufsetzen und den Zugriff darauf über ein Gateway steuern. Dazu werden Sie drei Docker Images erzeugen (jeweils eines für die beiden Microservices und ein weiteres für das Gateway) und anschließend über eine Docker-Compose-Datei konfigurieren bzw. orchestrieren.

Wie Docker Compose in der Anwendung funktioniert, haben Sie im Laufe des Buches bereits anhand zahlreicher Beispiele gesehen. Auch einige *docker-compose.yml*-Dateien haben Sie bereits gesehen und kennen den prinzipiellen Aufbau. Beste Voraussetzungen also, um jetzt selbst einmal Hand anzulegen und oben genanntes System über Docker und Docker Compose zu konfigurieren.

Dockerfile-Dateien erstellen

Die Dockerfile-Dateien für die einzelnen Services finden Sie wie immer auch im Downloadbereich zum Buch. Im Wesentlichen ist der Inhalt der gleiche wie schon in Rezept 102, hier exemplarisch noch mal für das Gateway gezeigt:

```
FROM node:carbon
WORKDIR /usr/src/app
COPY package*.json ./
RUN npm install
COPY . .
EXPOSE 8080
CMD [ "npm", "start" ]
```

Listing 13.10 Dockerfile-Datei für das API Gateway

Implementierungen für Gateway und Services

Für die Implementierung des Gateways und der beiden Microservices verwenden Sie Express.js. Der Code der beiden Microservices ist dabei ähnlich wie in Rezept 102 (Listing 13.11 und Listing 13.12).

```
const express = require('express');

const PORT = 8080;
const HOST = '0.0.0.0';

const app = express();
app.get('/', (request, response) => {
  response.json({
      version: '1.0',
      title: 'User Service',
      description: 'A service for managing users',
  });
});
app.listen(PORT, HOST);
console.log(`Running on http://${HOST}:${PORT}`);
```

Listing 13.11 Quelltext für den User-Service

```
const express = require('express');

const PORT = 8080;
const HOST = '0.0.0.0';

const app = express();
app.get('/', (request, response) => {
  response.json({
      version: '1.0',
      title: 'Blog Service',
      description: 'A service for managing blogs',
  });
});
app.listen(PORT, HOST);
console.log(`Running on http://${HOST}:${PORT}`);
```

Listing 13.12 Quelltext für den Blog-Service

Für das Gateway bietet sich, wie in Listing 13.13 zu sehen, der Einsatz einer *Proxy-Middleware* an, um Anfragen entsprechend an die beiden Microservices weiterzuleiten. Dazu binden Sie das Package »express-http-proxy« (*https://github.com/villadora/express-http-proxy*) ein, definieren unter Angabe der jeweiligen Service-URLs über `proxy()` die Proxy-Instanzen und über den Aufruf von `use()` die Routen, für die die Anfragen weitergeleitet werden sollen. Dabei ist es sinnvoll und für das weitere Vorgehen sogar zwingend erforderlich, die Service-URLs aus entsprechenden Umgebungsvariablen einzulesen.

```
const express = require('express');
const proxy = require('express-http-proxy');

const PORT = 8080;
const HOST = '0.0.0.0';

const app = express();
app.use('/api/v1.0/users', proxy(process.env.URL_USERS_SERVICE));
app.use('/api/v1.0/blogs', proxy(process.env.URL_BLOGS_SERVICE));
app.listen(PORT, HOST);
console.log(`Running on http://${HOST}:${PORT}`);
```

Listing 13.13 Quelltext für das API Gateway

Erstellen der Docker Images

Die einzelnen Docker Images erstellen Sie über die folgenden Befehle, die Sie jeweils in dem übergeordneten Verzeichnis aufrufen (den Platzhalter `<username>` wieder entsprechend ersetzen).

```
$ docker build -t <username>/gateway gateway/
$ docker build -t <username>/service-users service-users/
$ docker build -t <username>/service-blogs service-blogs/
```

Die generierten Images sollten anschließend in der Liste aller Images vorhanden sein, die Sie über den Befehl `docker images` ermitteln können:

```
$ docker images
REPOSITORY                         TAG      IMAGE ID       CREATED          SIZE
cleancoderocker/gateway            latest   d0fb381734ad   3 minutes ago    682MB
cleancoderocker/service-blogs      latest   e70aff5bb0c3   17 hours ago     676MB
cleancoderocker/service-users      latest   349c8369f237   17 hours ago     676MB
...
```

Erstellen der Docker-Compose-Datei

Erstellen Sie nun eine Datei *docker-compose.yml* mit dem Inhalt aus Listing 13.14. Dort werden die drei Services `gateway`, `service-users` und `service-blogs` definiert, wobei folgende Eigenschaften relevant sind:

- `image`: Über `image` definieren Sie das jeweils zu verwendende Docker Image. Für das Beispiel sind dies in meinem Fall »cleancoderocker/gateway«, »cleancoderocker/service-users« und »cleancoderocker/service-blogs«.
- `container_name`: Über diese Eigenschaft können Sie optional die Namen der zu erstellenden Container definieren.
- `expose`: Über `expose` geben Sie einzelne Ports eines Service an andere Services frei. Im Beispiel ist dies notwendig, um vom Gateway auf die beiden Microservices zugreifen zu können.
- `ports`: Über die Eigenschaft `ports` können Sie definieren, welcher Port eines Containers auf welchen Port des Host-Rechners gemappt wird. Für das Gateway definieren Sie bspw., dass der Port 8080 vom Gateway auf dem Host-Rechner über den Port 8090 bereitgestellt wird. Für die anderen beiden Services ist die Angabe nicht notwendig, da wir davon ausgehen, dass auf diese beiden Services von außen (also vom Host-Rechner) nicht zugegriffen werden soll.
- `environment`: Über diese Eigenschaft können Sie Umgebungsvariablen definieren. Die Umgebungsvariable `NODE_ENV` sollten Sie generell in Produktivsystemen auf den Wert »production« stellen, um unnötiges Logging, Caching etc., die während

der Entwicklung oder für das Debugging einer Applikation hilfreich sind, abzustellen. Im Fall des Gateways definieren Sie außerdem die beiden Umgebungsvariablen `URL_USERS_SERVICE` und `URL_BLOGS_SERVICE`, wobei Sie als Hostnamen den jeweiligen Namen des Service einsetzen.

- `command`: Über `command` definieren Sie, welcher Befehl innerhalb des jeweiligen Docker-Containers ausgeführt werden soll. Dies ist eigentlich nicht notwendig, weil die im Beispiel verwendeten Befehle bereits so als Standardbefehl in den Dockerfile-Dateien eingetragen sind. Was Sie aber wissen sollten: Über die Docker-Compose-Datei haben Sie die Möglichkeit, diese Befehle zu überschreiben, bspw. um einzelne Services im Debug-Modus auszuführen (entsprechendes npm-Skript `start:debug` vorausgesetzt).

```
version: "3"
services:
  gateway:
    image: "cleancoderocker/gateway"
    container_name: "gateway"
    environment:
      - NODE_ENV=production
      - URL_USERS_SERVICE=http://service-users:8080
      - URL_BLOGS_SERVICE=http://service-blogs:8080
    ports:
      - "8090:8080"
    command: "npm start"
  service-users:
    image: "cleancoderocker/service-users"
    container_name: "service-users"
    environment:
      - NODE_ENV=production
    expose:
      - "8080"
    command: "npm start"
  service-blogs:
    image: "cleancoderocker/service-blogs"
    container_name: "service-blogs"
    environment:
      - NODE_ENV=production
    expose:
      - "8080"
    command: "npm start"
```

Listing 13.14 Inhalt der Docker-Compose-Datei

Starten der Docker-Container über Docker Compose

Über den bereits bekannten Befehl `docker-compose up` lassen sich auf Basis der obigen Docker-Compose-Datei die Container erzeugen bzw. starten:

```
$ docker-compose up
Starting service-users ...
Starting service-users
Starting gateway ...
Starting service-blogs ...
Starting service-blogs
Starting gateway ... done
Attaching to service-blogs, service-users, gateway
service-users     |
service-users     | > service-blogs@1.0.0 start /usr/src/app
service-users     | > node ./src/start.js
service-users     |
service-blogs     |
service-blogs     | > service-blogs@1.0.0 start /usr/src/app
service-blogs     | > node ./src/start.js
service-blogs     |
gateway           |
gateway           | > gateway@1.0.0 start /usr/src/app
gateway           | > node ./src/start.js
gateway           |
service-users     | Running on http://0.0.0.0:8080
service-blogs     | Running on http://0.0.0.0:8080
gateway           | Running on http://0.0.0.0:8080
```

Anschließend sollten Sie die APIs der Microservices über das Gateway (das als Proxy fungiert) erreichen können:

```
$ http http://localhost:8090/api/v1.0/users
HTTP/1.1 200 OK
connection: close
content-length: 85
content-type: application/json; charset=utf-8
date: Tue, 08 May 2018 20:00:01 GMT
etag: W/"55-seLrqU3exkhRNsFNrmvstML/I70"
x-powered-by: Express
{
    "description": "A service for managing users",
    "title": "User Service",
    "version": "1.0"
}
```

```
$ http http://localhost:8090/api/v1.0/blogs
HTTP/1.1 200 OK
connection: close
content-length: 85
content-type: application/json; charset=utf-8
date: Tue, 08 May 2018 20:00:21 GMT
etag: W/"55-kaOV6oahUILaeTg/gKUfjVSFl78"
x-powered-by: Express
{
  "description": "A service for managing blogs",
  "title": "Blog Service",
  "version": "1.0"
}
```

Listing 13.15 HTTP-Zugriff auf die Microservice-Endpunkte über das Gateway

13.6.2 Ausblick

In diesem und den vorherigen Rezepten haben Sie gesehen, wie einfach das Deployment mithilfe von Docker und Docker Compose ist. Allerdings sollten Sie sich bewusst sein, dass im Fall von Node.js-Applikationen, die Sie in Form von Docker Images deployen, der Quelltext für jeden zugänglich ist, der auf das Image Zugriff hat. Wie Sie den Quelltext zumindest etwas schützen können, zeige ich Ihnen im nächsten Rezept.

Verwandte Rezepte

- Rezept 100: Ein Docker Image für eine Node.js-Applikation erstellen

13.7 Rezept 104: Den Quelltext bundeln und komprimieren mit Webpack

Sie möchten den Quelltext einer Node.js-Applikation schützen, indem Sie ihn bundeln und komprimieren.

13.7.1 Lösung

Wenn Sie eine Node.js-Applikation, wie in den vorherigen Rezepten beschrieben, in Form eines Docker Images deployen, hat theoretisch jeder, der Zugriff auf das Docker Image hat, auch Zugriff auf die darin enthaltene Verzeichnisstruktur und damit auf den Quelltext Ihrer Applikation.

Bei Sprachen wie Java, für die vor dem Deployment der Quelltext durch einen Compiler in Maschinencode kompiliert wird, besteht dieses Problem nicht, denn hier wird nicht der (für Menschen lesbare) Quelltext, sondern nur der (für Menschen in der Regel nicht lesbare) Maschinencode ausgeliefert.

Im Fall von JavaScript jedoch, das nicht kompiliert wird, stellt sich – vor allem wenn Sie kommerzielle Software entwickeln – die Frage, welche Maßnahmen Sie treffen können, um den Quelltext vor fremden Blicken zu schützen.

Eine Möglichkeit führt über sogenannte *Obfuscation*, also das Verändern des Quelltextes derart, dass er (für Menschen) sehr schwer verständlich ist. Hierzu zählen bspw. das Ändern von (hoffentlich sprechenden) Variablennamen in kryptische Abkürzungen (bspw. könnte aus `UserRepository` ein `u` werden oder – noch kryptischer – ein `$u$`) und das Umbenennen von Klassen oder Methoden.

Ein Tool, das in diesem Zusammenhang besonders im Bereich der Frontend-Entwicklung beliebt ist, ist das Tool Webpack (*https://webpack.js.org*). Dabei handelt es sich zunächst einmal um einen sogenannten *Module Bundler*, der dazu dient, JavaScript-Quelltext aus verschiedensten Quellen in so wenigen Dateien wie möglich zusammenzufassen bzw. zu *bundeln* (Abbildung 13.21). Webpack kann dabei sowohl mit *AMD*- und *CommonJS*-Modulen als auch mit Modulen aus dem ECMAScript-Standard umgehen.

Darüber hinaus kann Webpack nicht nur JavaScript-Dateien bundeln, sondern auch CSS-Dateien, Bilder und vieles mehr. Zudem kann es Code, der bspw. in TypeScript, CoffeeScript oder anderen Präprozessorsprachen wie dem in »React« verwendeten JSX geschrieben ist, dank sogenannter *Loader* (*https://webpack.js.org/concepts/loaders/*) in JavaScript umwandeln, ES2015-Code in ES5-Code konvertieren, die CSS-Präprozessorsprachen Sass und Compass in CSS übersetzen und vieles, vieles mehr.

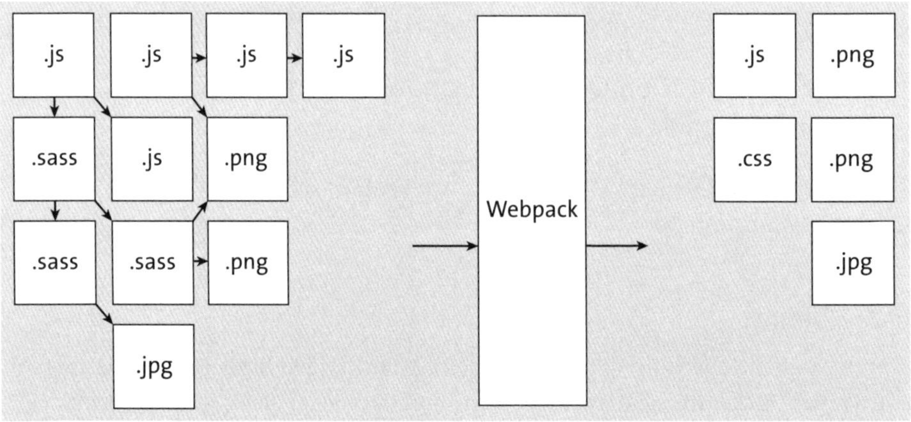

Abbildung 13.21 Das Prinzip von Webpack

Webpack wird hauptsächlich im Rahmen der Frontend-Entwicklung eingesetzt, vor allem wegen der Minifizierung des Quelltextes. Schließlich wirkt sich jedes Byte, das vom Server an den Client übertragen werden muss, auf die Übertragungsgeschwindigkeit aus, weswegen man hier an möglichst kleinen Quelltextdateien interessiert ist.

Aber auch im Rahmen der Backend-Entwicklung kann Webpack verwendet werden. Das Bundeln des gesamten Codes in eine einzige Datei sowie die Minifizierung des Quelltextes und die Obfuscation tragen alle dazu bei, den Quelltext nicht in einer lesbaren Form auszuliefern.

Hinweis

Wie sich Webpack für den Einsatz in der Frontend-Entwicklung verwenden lässt, beschreibe ich übrigens in meinem Buch »Professionell entwickeln mit JavaScript«.

Vorbereitungen

Um Webpack in Aktion zu sehen, legen Sie zunächst eine einfache Node.js-Applikation an:

```
$ mkdir webpack-example
$ cd webpack-example
$ mkdir src
$ npm init -y
$ npm i express
```

Erstellen Sie in dem Verzeichnis *src* eine Datei *Server.js* mit folgendem Inhalt:

```
const express = require('express');

module.exports = class Server {
  constructor(host, port) {
    this.host = host;
    this.port = port;
  }

  start() {
    const app = express();
    app.get('/api/v1', (request, response) => {
      response.send('Simple web service');
    });
    app.listen(this.port, this.host);
```

```
    console.log(`Running on http://${this.host}:${this.port}`);
  }
};
```

Legen Sie außerdem in dem Wurzelverzeichnis des Packages eine Datei *start.js* an, und kopieren Sie folgenden Inhalt dort hinein:

```
const PORT = 8080;
const HOST = '0.0.0.0';
const Server = require('./src/Server');
const server = new Server(HOST, PORT);
server.start();
```

Testweise können Sie die Beispielapplikation über folgenden Befehl aufrufen. Die Ausgabe sollte »Running on http://0.0.0.0:8080« lauten, und der Server sollte unter der URL *http://localhost:8080/api/v1* erreichbar sein:

```
$ node start.js
Running on http://0.0.0.0:8080
```

Installation von Webpack

Webpack kann – wie könnte es anders sein – über den Node.js Package Manager mithilfe des folgenden Befehls installiert werden. Seit Webpack 4 ist es außerdem notwendig, die CLI-Tools von Webpack zu installieren. Führen Sie daher die folgenden beiden Befehle aus:

```
$ npm i -D webpack
$ npm i -D webpack-cli
```

Konfiguration von Webpack

Webpack lässt sich über eine Konfigurationsdatei im JavaScript-Format konfigurieren, die typischerweise unter dem Namen *webpack.config.js* in das Wurzelverzeichnis der entsprechenden Applikation zu legen ist. Ein Beispiel für eine Konfigurationsdatei, welche die weiter oben gezeigte Beispielapplikation bundelt, finden Sie in Listing 13.16.

```
const path = require('path');

module.exports = {
  mode: 'production',
  target: 'node',
  entry: {
    app: ['./start.js']
  },
```

```
  output: {
    path: path.resolve(__dirname),
    filename: 'start.min.js'
  }
};
```

Listing 13.16 Eine einfache Webpack-Konfiguration

Wie Sie sehen, geschieht die Konfiguration über ein JavaScript-Modul, das die Konfiguration als Objekt exportiert. Innerhalb dieses Objekts lässt sich nun Verschiedenes konfigurieren:

- `mode`: Abhängig von dem hier angegebenen Modus (»development«, »production« oder »none«), wendet Webpack interne Optimierungen an, um den Code zu minifizieren.
- `target`: Bei `target` handelt es sich um die Zielplattform, für die Webpack das Bundle erstellen und in dem die gebundelte Applikation lauffähig sein soll. Im vorliegenden Fall bekommt diese Eigenschaft den Wert »node«, weil Sie den Code für diese Laufzeitumgebung entsprechend umwandeln möchten.
- `entry`: Diese Eigenschaft bildet den Einstiegspunkt in das Bundling. Typischerweise ist dies eine Datei, über die (direkt oder indirekt) der gesamte Quelltext der Applikation verlinkt ist (im Beispiel die Datei *start.js*).
- `output`: Über `output` definieren Sie das Verzeichnis, in das die gebundelte Applikation gespeichert wird, sowie den Namen der Bundle-Datei (im Beispiel *start.min.js*).

Die Konfiguration sagt also, dass *alles*, was ausgehend von dem Einstiegspunkt *start.js* benötigt wird, sprich sowohl die (interne) Datei *Server.js* als auch die (externe) Abhängigkeit »express«, in die Datei *start.min.js* gebundelt wird und diese Datei unter Node.js lauffähig sein soll.

Hinweis

Ob der Code beim Bundeln minifiziert wird oder nicht, hängt, wie oben erwähnt, von dem Wert der `mode`-Eigenschaft ab. Darüber hinaus ist es möglich, über die Eigenschaft `optimizations` einzelne Minifizierungstechniken bzw. Optimierungstechniken gezielt zu aktivieren und damit das Verhalten der `mode`-Eigenschaft diesbezüglich zu überschreiben.

Welche verschiedenen Minifizierungstechniken sich aktivieren bzw. deaktivieren lassen, können Sie der Webpack-Dokumentation unter *https://webpack.js.org/configuration/optimization/* entnehmen.

Webpack ausführen

Um Webpack auszuführen, verwenden Sie am besten npx. Über den Parameter --config können Sie dabei die eben definierte Konfigurationsdatei angeben:

```
$ npx webpack --config webpack.config.js
```

Webpack fasst nun Ihre gesamte Applikation in der Datei *start.min.js* zusammen. Wie man anhand der Konsolenausgabe sehen kann, werden dabei auch die externen Abhängigkeiten, die im *node_modules*-Verzeichnis liegen (sprich »express« inklusive seiner Abhängigkeiten), mit gebundelt. Standard-Module der Node.js-API wie »path«, »fs«, »buffer« etc. werden als extern erkannt und nicht mit in das Bundle aufgenommen:

```
Hash: 5f97be2dff4d486af4db
Version: webpack 4.30.0
Time: 4137ms
Built at: 2019-05-02 13:29:50
       Asset      Size  Chunks             Chunk Names
start.min.js   410 KiB       0  [emitted]  app
Entrypoint app = start.min.js
   [2] external "path" 42 bytes {0} [built]
   [4] external "fs" 42 bytes {0} [built]
   [6] external "buffer" 42 bytes {0} [built]
   [9] external "stream" 42 bytes {0} [built]
  [20] external "http" 42 bytes {0} [built]
  [22] external "util" 42 bytes {0} [built]
  [28] external "events" 42 bytes {0} [built]
  [31] external "net" 42 bytes {0} [built]
  [39] external "querystring" 42 bytes {0} [built]
  [40] external "url" 42 bytes {0} [built]
  [48] external "crypto" 42 bytes {0} [built]
  [52] multi ./start.js 28 bytes {0} [built]
  [53] ./start.js 138 bytes {0} [built]
  [54] ./src/Server.js 393 bytes {0} [built]
 [102] ./node_modules/express/lib sync 160 bytes {0} [built]
    + 106 hidden modules
```

Die gebundelte Applikation können Sie nun über folgenden Befehl starten:

```
$ node start.min.js
Running on http://0.0.0.0:8080
```

Hinweis

Die Datei *start.min.js* können Sie völlig unabhängig verwenden, d. h. sogar ohne *node_modules*-Verzeichnis auf gleicher Ebene, weil alle Abhängigkeiten im Bundle enthalten sind. Das Einzige, was vorausgesetzt wird, ist Node.js als Laufzeitumgebung.

Externe Abhängigkeiten nicht mit bundeln

Um nicht alle externen Abhängigkeiten des eigenen Quelltextes in das Bundle zu integrieren, ist es möglich, wie in Listing 13.17 zu sehen, über die Eigenschaft `externals` ein Array zu definieren, das die Namen der Packages enthält, die *nicht* in das Bundle integriert werden sollen.

Damit Sie hier nicht von Hand die Namen gesamter Packages eintragen bzw. warten und pflegen müssen, empfehle ich Ihnen den Einsatz des Webpack-Plugins »webpack-node-externals«, das automatisch die externen Abhängigkeiten ermittelt. Installieren Sie daher das Package wie folgt:


```
$ npm i -D webpack-node-externals
```

Über die Eigenschaft `whitelist` kann dem Plugin zudem eine Liste von Package-Namen übergeben werden, die dennoch mit in das Bundle integriert werden sollen. Dies kann z. B. dann sinnvoll sein, wenn Sie eigene Packages, die Sie als Abhängigkeit Ihrer Applikation verwenden, mit bundeln möchten.

```
const path = require('path');
const nodeExternals = require('webpack-node-externals');

module.exports = {
  target: 'node',
  entry: {
    app: ['./start.js']
  },
  output: {
    path: path.resolve(__dirname),
    filename: 'start.min.js'
  },
  externals: [
    nodeExternals(
    // {
    //   whitelist: ['my-internal-dependency']
    // }
```

```
    )
  ]
};
```

Listing 13.17 Webpack-Konfiguration mit Ignorieren externer Abhängigkeiten

Rufen Sie nun den Befehl für das Erstellen der Bundle-Datei mit der geänderten Webpack-Konfiguration auf, können Sie sehen, dass »express« als externe Abhängigkeit interpretiert und daher nicht in das Bundle mit aufgenommen wird:

```
$ npx webpack --config webpack.config.js
Hash: 5a36f869cf816c35e382
Version: webpack 4.30.0
Time: 347ms
Built at: 2019-05-02 13:59:39
       Asset      Size  Chunks             Chunk Names
start.min.js  1.26 KiB       0  [emitted]  app
Entrypoint app = start.min.js
[0] multi ./start.js 28 bytes {0} [built]
[1] ./start.js 138 bytes {0} [built]
[2] ./src/Server.js 393 bytes {0} [built]
[3] external "express" 42 bytes {0} [built]
```

Anschließend können Sie die gebundelte Applikation wieder über folgenden Befehl starten:

```
$ node start.min.js
Running on http://0.0.0.0:8080
```

Hinweis

Um die Anwendung jetzt laufen zu lassen, müssen die externen nicht gebundelten Abhängigkeiten in einem *node_modules*-Verzeichnis vorhanden sein.

13.7.2 Ausblick

In diesem Rezept haben Sie gesehen, wie Sie mithilfe von Webpack JavaScript-Quelltext bundeln und minifizieren können, um auf diese Weise den Quelltext vor dem Deployment zumindest etwas unleserlich zu machen und vor neugierigen Blicken zu schützen.

Schauen Sie sich im Zusammenhang mit diesem Rezept auch das Tool »pkg« (*https://github.com/zeit/pkg*) an. Hierüber ist es möglich, eine Node.js-Applikation in eine binäre, ausführbare Datei umzuwandeln. Mehr oder weniger auf Knopfdruck können Sie hiermit für Linux, macOS und Windows entsprechende Dateien erzeugen.

13.8 Zusammenfassung

Sie wissen jetzt, was Sie bezüglich des Publishings und des Deployments von Node.js-Applikationen beachten sollten und wie Sie Microservices mithilfe von Docker und Docker Compose aufsetzen. Konkret haben Sie in diesem Kapitel gelernt, wie Sie

- eine private npm-Registry verwenden (Rezept 98),
- Docker verwenden (Rezept 99),
- ein Docker Image für eine Node.js-Applikation erstellen (Rezept 100),
- einen Docker-Container starten (Rezept 101),
- Microservice-Architekturen konzipieren (Rezept 102),
- Microservice-Architekturen mit Docker Compose aufsetzen (Rezept 103),
- den Quelltext mit Webpack bundeln und komprimieren (Rezept 104).

Anhang
Rezept 105

Rezept 105: Auf dem Laufenden bleiben

Sie möchten sich über die aktuellen Features von Node.js auf dem Laufenden halten.

Lösung

Vorweg: Dieses Rezept ist sozusagen das Schlusswort zu diesem Buch, und ich möchte an dieser Stelle die Gelegenheit nutzen und Ihnen einige Quellen nennen, über die Sie sich bezüglich Node.js auf dem Laufenden halten können.

Zunächst wäre da die Website zum Buch unter *www.nodejskochbuch.de* zu nennen: Hier bzw. auf *www.philipackermann.de* werde ich zum einen Updates zum Buch veröffentlichen und zum anderen Informationen rund um das Thema Node.js.

Wenn Sie über neue Versionen von Node.js informiert sein möchten und insbesondere darüber, welche neuen Features in der jeweiligen Version hinzukommen, sollten Sie den offiziellen Blog unter *https://nodejs.org/de/blog/* abonnieren.

Je nachdem, welchen der in diesem Buch vorgestellten Package Manager Sie verwenden, ergibt es darüber hinaus Sinn, den entsprechenden Blog ebenfalls zu abonnieren. Den Blog von npm finden Sie unter *https://blog.npmjs.org/*, den für Yarn unter *https://yarnpkg.com/blog/* und den für pnpm unter *https://medium.com/pnpm*.

Unter *https://nodeweekly.com/* können Sie sich für den (englischsprachigen) Newsletter »Node Weekly« anmelden, der – wie der Name schon sagt – einmal pro Woche auf verschiedene (wiederum englischsprachige) Artikel rund um Node.js hinweist.

Allgemeine Informationen und News zum Thema Webentwicklung, aber mit Fokus auf JavaScript, finden Sie auch in meinem Blog »Tales from the Web Side« bei Heise Developer unter *https://www.heise.de/developer/Tales_from_the_Web_side-2548664.html*.

Wenn Sie darüber hinaus daran interessiert sind, welche Patterns und Best Practices bei der Entwicklung mit JavaScript generell – also nicht nur unter Node.js – eine Rolle spielen, sei an dieser Stelle noch mal auf mein Buch »Professionell entwickeln mit JavaScript – Design, Patterns, Praxistipps« hingewiesen. Das Buch richtet sich in erster Linie an Entwickler, die bereits Programmiererfahrung entweder in JavaScript selbst (wovon ich bei Ihnen selbstverständlich ausgehe) oder in mindestens einer anderen Programmiersprache haben und die ihre JavaScript-Kenntnisse vertiefen möchten. Das Buch hilft dabei, Entwurfsmuster und Architekturmuster zu verstehen und umzusetzen und einen professionellen Softwareentwicklungsprozess für die Entwicklung mit JavaScript aufzusetzen.

Darüber hinaus würde ich mich freuen, wenn Sie mir auf Twitter unter *@cleancode-rocker* folgen. Dort stehe ich schon mit vielen meiner Leser in Kontakt, gebe Tipps und nehme Feedback zu meinen Büchern entgegen. Ebenfalls auf Twitter finden Sie den Account *@nodejskochbuch*, über den ich News zum Thema Node.js und Aktuelles zu diesem Buch in der Twitter-üblichen Kurzform veröffentliche.

Ich freue mich auf einen regen Austausch zum Thema Node.js!

Ausblick

Bleibt mir nur noch, Ihnen, liebe Leser, abschließend zu danken für den Kauf dieses Buches und dafür, dass Sie bis hierhin durchgehalten haben :-). Ich hoffe, Sie hatten mit den insgesamt 105 Rezepten in diesem Buch viel Spaß und konnten vieles an nützlichen und vor allem neuen Informationen für Ihre Node.js-Projekte mitnehmen.

Philip Ackermann

Index

Q

R

S

T

U

V

Machen Sie sich fit für das App-Modell der Zukunft!

So machen Sie Ihre Webapp zum Benutzererlebnis! Hier finden Sie alle Grundlagen und jede Menge Praxisworkshops, um PWAs zu entwickeln. Erfahren Sie, welche Vorteile Ihnen PWAs bieten und wie Sie Webapps programmieren, die auf Android, iOS, Windows, Linux und macOS gleichermaßen gut funktionieren und performen. Christian Liebel zeigt Ihnen, wie Sie die Webstandards Service Worker, Push API, Payment Request API und Cache API effektiv nutzen und die Entwicklung Ihrer Webapps deutlich beschleunigen.

518 Seiten, gebunden, 39,90 Euro, ISBN 978-3-8362-6494-5
www.rheinwerk-verlag.de/4707